# 同心跨越三十年

## 浦发银行大事记（1993—2023）

上海浦东发展银行
复旦大学中国金融史研究中心 / 编

上海社会科学院出版社
SHANGHAI ACADEMY OF SOCIAL SCIENCES PRESS

## 编纂委员会

主　任　郑　杨

副主任　潘卫东　王建平　陈正安

委　员　姜方平　刘以研　王新浩　崔炳文　谢　伟
　　　　丁　蔚　李光明　吴景平

## 顾问委员会

主　任　庄晓天　吉晓辉

委　员　裴静之　张广生　金　运　傅建华　高国富

## 编纂工作办公室

主　任　李光明

副主任　苏显清　俞永杰　张　辉

编　辑　林　文　刘忆庆　孙毓斐　祝　越　王　颖
　　　　朱晓於　索彦峰

浦发银行 SPD BANK

同心跨越三十年
——浦发银行大事记（1993—2023）

上海浦东发展银行总部大楼

1992年8月,浦发银行筹建工作全面启动,租用上海市四川中路220号511室作为筹建办公用房

1992年12月28日,浦发银行第一届股东大会在上海展览中心友谊会堂举行,大会选举了董事会

1992年12月28日，浦发银行召开第一届董事会

1993年1月9日，浦发银行开业仪式在上海市宁波路50号隆重举行

1993年1月28日，浦发银行首次牵头银团贷款项目，为上海航空公司提供2200万美元贷款

1993年9月28日，上海浦东发展银行第一次团员大会召开，选举产生浦发银行第一届团委

1993年12月23日，浦发银行与荷兰银行共同牵头上海外高桥电厂5000万美元国际银团贷款

1994年3月28日，浦发银行开设第一家分行——杭州分行

1995年1月4日，浦发银行向上海市教育发展基金会捐赠人民币100万元

1995年3月11日，浦发银行召开首次思想政治工作会议

1995年4月，浦发银行推出国内银行业第一张IC智能卡，取名"东方卡"

1995年10月17日，浦发银行与浦东国际机场公司签订财务顾问协议

1995年11月11日,浦发银行举行第一届业务技术比赛

1996年4月20日,浦发银行北京分行揭牌仪式在钓鱼台国宾馆举行,中央及京沪有关领导300人出席

1996年11月，浦发银行与香港莲花国际有限公司合资组建华一银行，为在大陆台商提供金融服务

1996年12月12日，浦发银行成功置换上海市中山东一路12号大楼

1997年9月3日，浦发银行举行"全市普通高校助学贷款合作协议签字暨首笔助学贷款发放仪式"

1997年9月18日，浦发银行在中国香港发行5000万美元大额可转让浮息存款证，成功进入国际资本市场

1998年10月9日，浦发银行上海地区总部成立

1999年11月10日，经中国人民银行、中国证监会批准，浦发银行重组上市，成为上海证券交易所"银行第一股"

2000年5月22日，浦发银行举行上市银行服务社会咨询活动暨东方借记卡首发仪式

2000年7月11日，浦发银行担任上海市政府实事工程"交通一卡通"项目结算银行，并提供1亿元贷款

2000年10月14日，浦发银行首次举行全行大型文艺汇演，13家分、支行在上海电视台同台演出

2001年5月28日，浦发银行举行上市后的第一次股东大会，1300余名股东以记名投票方式表决

2002年1月21日，浦发银行香港代表处开业

2002年12月31日，浦发银行与美国花旗银行签署《战略合作协议》《股权购买协议》

2003年4月4日,浦发银行总行领导现场指挥全行数据大集中项目(628项目)在广州分行率先试点上线。至当年11月16日,628项目完成全行上线,实现真正意义上数据大集中、业务处理大集中

2004年2月4日,浦发银行举行浦发信用卡首发式,推出品牌贷记卡

2004年4月8日，浦发银行成为2010年上海世博会首批合作银行

2005年1月18日，浦发银行成功托管"中国—比利时直接股权投资基金"，中比基金是国内第一只产业投资基金

2005年3月29日，浦发银行参与国家重点工程"南水北调东、中线一期主体工程银团贷款"项目，为工程提供5亿元贷款

2006年1月9日，浦发银行向中国东方航空股份有限公司提供50亿元综合授信

2006年4月1日，浦发银行与国家开发银行签订《信贷合作协议》

2006年11月14日，浦发银行与微软（中国）有限公司合作，再造"小前台、大后台"运营流程

2007年8月28日，浦发银行发起设立的浦银安盛基金管理有限公司开业仪式在上海中山东一路12号举行

2007年11月1日—3日，浦发银行在昆明召开全行务虚会，确定了改革转型发展战略规划

2007年12月21日，浦发银行召开首次全行职工代表大会

2008年1月6日，浦发银行举办首个全行志愿者日活动

2008年5月，浦发银行志愿者赴汶川地震灾区赈灾

2008年12月26日，浦发银行投资参股设立的第一家村镇银行——绵竹浦发村镇银行正式开业

2009年2月17日，浦发银行与北京产权交易所有限公司、北京市国有资产经营有限责任公司签订并购融资业务合作协议

2010年11月11日，浦发银行喀什分行开业，成为国内首家在喀什地区开设营业机构的股份制商业银行，为喀什提供特色产业信贷支持、援建资金服务、跨境人民币业务等金融服务

2010年，浦发银行为中国葛洲坝集团公司发行5年期10亿元中期票据，双方签订《战略合作协议书》

2011年5月27日，上海国际旅游度假区暨上海迪士尼项目银团贷款框架协议签约仪式在上海举行，国家开发银行、浦发银行、交通银行等12家银行组成的银团与上海申迪集团签订了银团贷款框架协议。浦发银行是上海国际旅游度假区暨上海迪士尼项目银团的总牵头行之一和放款代理行

2011年6月8日，浦发银行香港分行正式开业

2012年5月11日，浦银金融租赁股份有限公司举行开业仪式，该公司由浦发银行与中国商用飞机有限责任公司、上海国有资产经营有限公司等合资组建，助推中国商用飞机公司实现我国民用飞机产业化及"实业＋金融"的新一轮发展蓝图

2012年8月15日，由浦发银行、美国硅谷银行合资建立的浦发硅谷银行在上海正式开业，这是国内首家拥有独立法人地位、致力于服务科技创新型企业的银行，专注于向其提供具有针对性和灵活性的全方位金融服务

2013年9月29日，浦发银行中国（上海）自由贸易试验区分行成立，成为首批设立自由贸易试验区分行的商业银行之一

2015年3月25日,浦银国际控股有限公司在香港会展中心举行成立仪式

2015年,浦发银行发布"一带一路"跨境金融服务方案,成为第一家发布"一带一路"综合服务方案的中资银行,创建的"五+五"跨境金融服务体系,实现了全流程、全方位、跨层次、跨市场、跨币种的跨境跨界金融服务。2015年8月4日,浦发银行与云南省人民政府签约支持"一带一路"发展

2016年9月13日，浦发银行拉萨分行开业，标志着浦发银行实现境内省级行政区域服务网络的全覆盖

2016年10月21日，浦发银行北京分行参与投资并主托管国内最大规模产业并购母基金——中关村并购母基金

2017年4月12日，浦发银行新加坡分行正式开业，是浦发银行在国外设立的第一家分行

2017年5月，浦发银行正式推出"e同行"同业合作电子化平台

2017年6月1日，浦发银行新一代核心系统上线，构建了全新的产品生产线，实现了"三大创新，三大提升"，为银行新一轮创新发展提供新的动能

2017年11月，浦发银行第一营业部荣获第五届"全国文明单位"称号，成为全行首家获此殊荣的单位

2018年2月6日，浦发银行伦敦分行正式开立，来自中、英两国政府、大型企业、金融同业的近250位嘉宾参加开业仪式

2018年9月13日，浦发银行与中国航天科技集团有限公司在北京举行战略合作协议签约仪式

2018年10月16日，浦发银行举办"奋进新时代 共筑浦发梦——纪念改革开放四十周年职工文艺汇演"

2019年2月20日，浦发银行发起"逐梦萤火虫"儿科医护人员进修千人计划，资助西部地区基层儿科医护人员在国内外具有儿科先进水平的医院完成进修学习

2019年3月7日，浦发银行与中国船舶工业集团有限公司签署战略合作协议

2019年9月5日，在国务院国有资产监督管理委员会与上海市人民政府深化合作共同推进落实国家战略签约仪式上，浦发银行分别与中国宝武集团、中国远洋海运集团签署战略合作协议

2019年10月13日，"腾飞的中国·奋进的浦发"2019年职工运动会在浦东源深体育馆举行

2020年5月15日，浦发银行与中国核工业集团在上海签署战略合作协议

2020 年 5 月 26 日，中国共产党上海浦东发展银行第一次代表大会召开

2020 年 5 月 26 日，浦发银行召开 2020 年全面从严治党工作会议

2020年6月11日，为支持湖北抗击疫情和经济重建，浦发银行与湖北省人民政府在武汉签署《关于金融支持湖北省经济高质量发展战略合作协议》

2020年7月1日，浦发银行党委全体成员瞻仰中共二大会址纪念馆

2020年8月4日，浦发银行与云南文山市人民政府签订村企结对帮扶协议，进一步落实推进上海市委、市政府"百企帮百村"村企结对精准帮扶工作

2020年8月7日，浦发银行与清华大学在清华园校区成立数字金融技术联合研究中心

2020年8月11日，浦发银行与华为技术有限公司签署战略合作协议

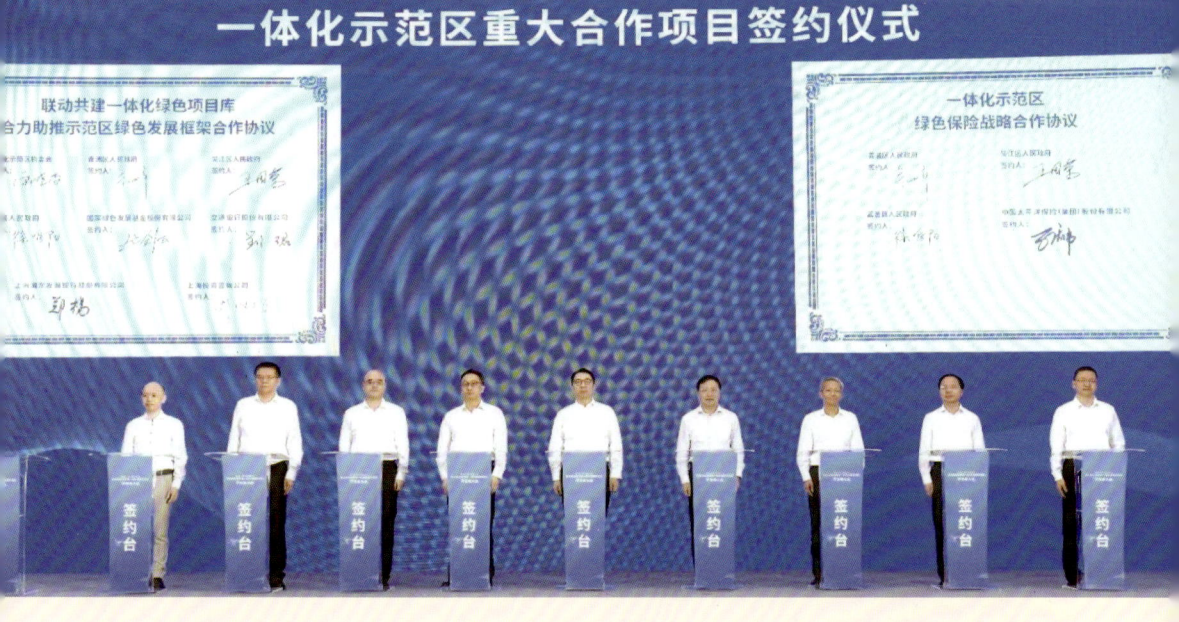

2020年8月26日，在长三角生态绿色一体化发展示范区开发者大会上，浦发银行与一体化示范区执委会、国家绿色发展基金股份有限公司、两区一县政府、上海投资咨询公司、交通银行共同签署《联动共建一体化绿色项目库　合力助推示范区绿色发展框架合作协议》

2020年9月25日，在2020IN·CLUSION·外滩大会上，浦发银行主办"开放金融与未来"论坛，正式发布《开放银行2.0——全景银行系列蓝皮书》，并联合发起成立"开放金融联盟"

2020年11月17日，河南省党政代表团一行访问浦发银行，双方签订战略合作协议

2021年1月29日，浦发银行召开全行第一次人才工作会议

2021年4月18日，"2021浦发银行上海半程马拉松"在上海浦东新区鸣枪开跑

2021年7月23日,浦发银行举办"永远跟党走 迈向新征程——庆祝中国共产党成立100周年职工歌咏大会"

2021年9月23日,浦发银行与中国建设银行在北京签署《新金融战略合作协议》

2021年9月24日，浦发银行与中国移动通信集团有限公司在总行签署新一轮战略合作协议

2022年1月9日，浦发银行举行"谱发展新篇·启资管未来"主题论坛暨浦银理财有限责任公司开业仪式

2022年1月9日，浦发银行与上海市浦东新区人民政府签署《共同打造社会主义现代化建设引领区全面战略合作协议》

2022年7月15日，浦发银行总行应对新型冠状病毒感染肺炎疫情工作领导小组召开2022年第十三次会议

2022年7月21日，上海浦东发展银行公益基金会揭牌成立

2022年8月22日，位于上海浦东世博会地区的浦发银行大厦（江边大楼）正式启用

2022年9月9日，以"加快打造社会主义现代化建设引领区更好服务改革开放发展大局"为主题的中央企业助力上海高质量发展大会举行，浦发银行与中国三峡集团、中国石化集团分别签署战略合作协议

2022年9月26日，浦发银行召开老干部座谈会

2022年10月16日，浦发银行组织收看收听中国共产党第二十次全国代表大会开幕会

2022年12月，浦发银行参加上海国有资本投资母基金有限公司揭牌仪式

2023年1月9日，浦发银行企业展厅在外滩12号中华厅揭幕

2023年2月17日，浦发银行荣获上海市人民政府颁发的首届"上海慈善奖"捐赠企业奖

2023年2月18日,"上海浦东发展银行开业三十周年表彰会"在总行举行

2023年2月18日,"上海浦东发展银行三十周年发展座谈会"在总行举行

浦发银行浦银中心办公大楼群

浦发银行
SPD BANK

# 序

在庆祝中国共产党第二十次全国代表大会胜利召开的重要历史时刻，在全党全国各族人民迈上全面建设社会主义现代化国家新征程、向第二个百年奋斗目标进军的关键时期，浦发银行迎来了30岁生日。经过近两年的编撰和修改，《同心跨越三十年——浦发银行大事记(1993—2023)》即将付梓，与业已出版的《浦发银行史(1993—2006)》和《上海市级专志·上海浦东发展银行志》组成了学习和研究行史的"三部曲"。本大事记能够顺利出版，我要衷心感谢长期关心和支持浦发银行发展的领导和社会各方，更要感谢锐意进取和踔厉奋发的全体"浦发人"。

30年前，国际形势风云变幻，国内改革风起云涌，党中央审时度势、高瞻远瞩，作出了开发开放上海浦东的重大决策，掀起了我国改革开放向纵深推进的进程。30年前的1月9日，上海浦东发展银行伴随浦东开发开放的时代节奏应运而生，结束了上海1949年之后没有地方性银行的历史。30年来，浦发银行从宁波路50号扬帆启航，肩负着"为社会主义金融事业闯新路"的光荣使命，承载着全体浦发人"建成一流商业银行"的伟大梦想，在党中央、国务院和上海市委市政府的坚强领导下，一代又一代浦发人始终不忘初心、牢记使命，坚持守正创新、砥砺奋进，取得了一个又一个突破，实现了一步又一步跨越，开创了浦发事业蓬勃发展的新局面。

——30年坚守使命、砥砺奋进，我们实现了从无到有、从有到强的历史跨越，稳步迈向世界先进银行行列。总资产从开业首年的87亿元人民币增长至2022年末的超过8.7万亿元人民币，占上海市国资总资产的1/3强。设立境内外一级分行42家，营业经营机构1 700余家，形成了"立足上海、辐射全国、走向世界"的发展格局。经营领域覆盖信托、租赁、基金、境外投行、货币经纪、科技银行、村镇银行等多个金融业态，实现了跨市场、跨领域多元化金融服务布局。市场影响力不断提升，《财富》世界500强排名第226位，《银行家》全球银行1 000强排名第18位。

——30年坚守使命、砥砺奋进，我们展现了金融报国、金融为民的使命担当，服务实体经济不断实现更大作为。始终在党和国家事业发展中找准定位，积极服务长三角一体化、京津冀、粤港澳大湾区等国家区域战略。全力服务上海浦东新区引领区建设、"三大任务""五个中心"等重大事项。持续强化对制造业、普惠小微、科技创新、绿色低碳、乡村振兴、民生消费等社会发展重点领域和薄弱环节的支持力度,为国家顺利实现百年奋斗目标贡献了浦发力量。

——30年坚守使命、砥砺奋进,我们形成了战略引领、多元均衡的发展局面,高质量发展进入新阶段。明确了"全面建设具有国际竞争力的一流股份制商业银行"的战略目标以及"以高质量发展为主线""以服务为根本""以市场为导向"的"三支柱"战略应对框架,全力推动轻型化、"双碳"和数字化"三大转型"。持续深化客户、业务、收入、渠道、区域等结构调整,发展结构进一步优化,三大板块业务收入占比日趋均衡。

——30年坚守使命、砥砺奋进,我们构建了集约高效、制衡有效的内控架构,全面风险管理体系建设成效显著。持续深化体制机制改革,推动构建垂直统一、集约高效、专业审慎的全面风险管理体系。持续加强内控体系建设,在公司、零售和金融市场三大业务板块设立合规官,推动各经营机构合规稳健发展。深入推进审计架构改革,实施审计垂直管理体制改革,审计监督效力显著提升,前、中、后台三道防线协同防控格局进一步完善。

——30年坚守使命、砥砺奋进,我们构建了科学合理、协调有序的治理机制,现代公司治理水平不断完善提升。不断优化体制机制,形成结构合理、程序严密、决策科学、运作高效、协调有序的公司治理机制。充分发挥党委"把方向、管大局、保落实"作用,优化"前置程序"和"三重一大"决策制度,优化党委与两会一层协调配合运作机制,形成了党的政治优势、组织优势与现代公司治理优势深度融合的新工作格局。在业内率先规范上市,较早引入境外战略投资者,在治理结构、经营管理等方面实现与国际通行规则接轨。

——30年坚守使命、砥砺奋进,我们打造了与时俱进、特色鲜明的企业文化,向心力、凝聚力、软实力持续提升。始终秉承"笃守诚信,创造卓越"的核心价值观,致力于以人为本的企业文化建设,大力弘扬奉献精神、责任意识、大局观念,有效增强了全行的凝聚力、向心力和战斗力。持续丰富完善浦发银行新版企业文化理念体系,"数字浦发""稳健浦发""奋进浦发""幸福浦发"形象深入人心,推动文化力转化为生产力、创造力。

——30年坚守使命、砥砺奋进,我们形成了从严治党、从严治行的党建格局,党的领导成为全行发展最坚强保障。坚持严思想教育、严干部管理、严纪律执行、严反腐倡廉,以高质量党建引领全行高质量发展。深入推进从严治党"四责协同"工作机制落地,发挥好巡察、纪检"利剑"作用,以责任落实激励"四责"主体在管党治党中协同发力。严格落实中央八项规定精神,在党风廉政建设和反腐败斗争上不断取得新进展，为更好服务经济高质量发展提供坚强保障。

奋斗充满艰辛，成就鼓舞人心。30年来，我们取得的一切成就，是党中央、国务院和上海市委市政府坚强领导的结果，是历届浦发银行党委带领全行勇于开拓、接续奋斗的结果，是全体浦发人锐意进取、辛勤付出的结果，是社会各界倾心支持、鼎力相助的结果。在此，我代表总行党委，向浦发银行6万多名干部员工，向所有关心、支持浦发事业的各界朋友，表示衷心的感谢和由衷的敬意！

回顾过往30年的奋斗历程，浦发银行在书写一部全国性股份制商业银行光辉创业、争当一流的历史进程当中，积累了具有根本性和长远指导作用的宝贵经验。具体有五条：

一是必须坚持和加强党的全面领导。浦发银行能够顺利扬帆远航30年，最关键的就是拥有党的全面领导这一重要法宝。新征程上，我们必须要继续坚持和加强党的全面领导，强化党建引领，筑牢全行发展的"根"与"魂"，坚持围绕中心、服务大局，推动党建和业务深度融合，确保全行发展行稳致远。

二是必须回归本源。我们只有坚持回归本源，把服务实体经济作为全行工作的出发点和落脚点，以市场为导向，通过改革创新与转型发展，始终坚持企业价值与社会价值的高度统一，为实体经济提供更加优质的综合金融服务，才能在为客户创造价值的过程中实现自身发展。

三是必须守正创新。立足世界之变、时代之变、历史之变，我们唯有继续坚持守正，恪守主责主业，才能不迷失方向、不犯颠覆性错误；唯有继续坚持创新，以变应变、与时俱进，才能把握时代、引领时代，持续焕发经营活力，确保基业长青。

四是必须坚持高质量发展。只有规模、质量、结构、效益有机统一的高质量发展才可持续。我们必须全面贯彻落实新发展理念，保持战略定力，加快转变发展方式，推动发展结构更加均衡合理，加快实现客户、业务、队伍的可持续发展，构建符合自身资源禀赋特征的高质量发展新格局。

五是必须守牢风险底线。事实已充分证明，只有按金融规律办事，才能行稳致远。我们必须转变观念理念，尊重规律、敬畏规则，坚守底线思维，强化风险合规内控，营造全员合规文化，夯实高质量发展基础。

这些历经风雨取得的宝贵经验，是我们新征程上做好经营发展一切工作的根本遵循和行动指南，必须在今后的工作中加以坚持和发展。

站在新的历史起点，中国共产党将带领全国各族人民，以中国式现代化全面推进中华民族伟大复兴。新征程是一个前景光明、机遇良多的美好时代，也一定是一个千帆竞发、勇进者胜的竞争时代。如果说上一个30年是浦发银行牢记使命、砥砺奋进的30年；那么下一个30年，就应该是浦发银行续写荣光、再创辉煌，朝着世界一流企业坚定前行的新30年。

——面向未来，我们将始终坚持和加强党的全面领导，以高质量党建奋力开创高质量发展新局面。以学习贯彻党的二十大精神为主线，把党的全面领导始终贯穿于经营管理各项工作之中。持续增强政治判断力、政治领悟力、政治执行力，深刻领悟"两个确立"的决定性意义，切实增强"四个意识"、坚定"四个自信"、坚决做到"两个维护"。充分发挥党委"把方向、管大局、保落实"的核心领导作用，落实好两个"一以贯之"，持续提升现代公司治理水平。以"永远吹冲锋号"的执着，深入推进全面从严治党、从严治行，充分发挥反腐败这一自我革命的利器作用，严格落实中央八项规定精神，深化落实"四责协同"机制，打造"廉洁浦发"，确保全行始终保持风清气正干劲足的政治局面。

——面向未来，我们将始终坚持志存高远，在服务国家经济社会发展大局中展现新担当。全面贯彻落实党中央、国务院和上海市委市政府决策部署，坚持金融工作的政治性和人民性，不断提升金融服务的专业性。以"金融报国""金融为民"的使命担当，牢记金融服务实体经济的光荣使命，坚定站稳人民金融立场，全力服务国家重大战略及上海重大任务，持续加大对制造业、普惠小微、绿色低碳、科技创新、乡村振兴、民生保障等经济社会重点领域和薄弱环节的金融支持力度，勇当金融服务中国特色社会主义事业发展的排头兵和先行者。

——面向未来，我们将始终坚持自信自强，在推进世界一流企业建设中加快实现"全面一流"新目标。坚定长期主义信念和高质量发展信心，发扬敢为、敢闯、敢干、敢首创的"四敢"精神，按照"产品卓越、品牌卓著、创新领先、治理现代"的世界一流企业建设标准，对标国内外先进同业找差距、补短板、固底板，推动全行朝着"全面一流"目标奋勇前进。认真答好"浦发十问"，统一思想认识，凝聚奋进力量，深化改革创新，持续提升市场核心竞争力，履行好作为国有金融企业的政治责任、经济责任和社会责任。

——面向未来，我们将始终坚持守正创新，以改革创新的时代精神全力推动经营发展取得新成效。坚持改革系统集成理念，在传承好传统优势的基础上，深入推进改革创新。持续深化体制机制改革，强化顶层设计，优化组织架构调整，以项目化、清单化、任务化来推进改革创新各项任务的落实。切实转变经营理念，加快推动转型发展，实现规模、结构、质量、效益的均衡协调发展，以高质量发展的新成效推动全行跳出商业银行经营发展的历史周期率。大力营造创新发展的环境，加强组织领导，强化创新成果转化，激发全员创新的强大活力。

## 序

——面向未来，我们将始终坚守底线思维，在不断完善全面风险管理体系中推动高质量发展行稳致远。严格落实金融监管要求，从总体国家安全观的高度强化风险内控合规管理，助力国家金融安全建设。坚持遵守市场规律、敬畏金融规则，持续深化风险领域的体制机制改革，调整优化风险合规内控管理的组织架构和制度流程，深入推进全面风险管理体系建设，加快提升应对重大冲击、穿越经济周期的风险管理能力，牢牢守住金融安全风险底线，不断夯实高质量发展的根基。

——面向未来，我们将始终坚持团结奋斗，让优秀的企业文化和干部人才队伍持续迸发新的生机和活力。丰富和发展具有时代特征、银行特色、浦发特点的企业文化，凝聚起全体浦发人团结奋进的磅礴力量，以优秀企业文化的"软实力"持续增强高质量发展的"源动力"。坚持"人才是第一资源"，积极践行"人才立行""人才强行"理念，持续锻造一批讲政治、守纪律、有品行、懂业务、善服务的高素质干部人才队伍，努力把浦发银行打造成为新时代人才集聚高地，持续增强高质量发展的内在动能。

修史问道，以启未来。系统梳理1992年浦发银行筹设以来蓬勃发展30年的历史史实，做好、做细、做深浦发银行行史的相关研究工作，总结我行发展历程中的历史经验，从历史中汲取精神力量，对于我行深入推进金融改革、加快体制机制创新，具有十分重要的意义。我们坚信，只要我们高举中国特色社会主义伟大旗帜，以习近平新时代中国特色社会主义思想为指引，全面贯彻落实党中央、国务院及上海市委市政府决策部署，科学把握新发展阶段，完整、准确、全面贯彻新发展理念，服务构建新发展格局，坚守长期主义，坚持高质量发展，坚定走中国特色金融发展之路，踔厉奋发、善作善成，我们就一定能全面建成具有国际竞争力的一流股份制商业银行，为上海加快建设社会主义现代化国际大都市、全面建设社会主义现代化国家作出新的更大的贡献！

郑杨

上海浦东发展银行党委书记、董事长

# 凡　　例

一、本书记述从 1993 年浦发银行开业至 2023 年 30 周年的历史事件。为体现历史完整性，记述内容上溯至 1992 年 2 月筹设浦发银行的设想被提出。

二、本书主要记录与浦发银行总行、分行及子公司直接相关的重大事件，对事件发生的背景与所涉其他人物、机构等不做具体介绍。

三、本书采用公历纪年，以相对完整的记事为一自然段，并按照年、月、日顺序排列。

四、本书记载事件时间尽可能落实到日，难以考订确切日期者，视情况系以月、年。

五、若同一日期有两条及以上记事，自第二条起以"是日""是月""是年"表示事件时间。

六、本书对于外国人名、地名、机构及职衔名称，采用标准译名。

七、本书对于公历日期及记事中的数字，通常采用阿拉伯数字。

八、本书记事采用的货币单位默认为人民币；当同一条目涉及不同货币单位时，则标明人民币、港元、美元、欧元等。

# 目　录

**序** / 郑杨 ································································· 1

**凡例** ······································································· 1

**大事记** ···································································· 1

　1992 年 ································································· 3
　1993 年 ································································· 6
　1994 年 ································································ 13
　1995 年 ································································ 20
　1996 年 ································································ 27
　1997 年 ································································ 33
　1998 年 ································································ 40
　1999 年 ································································ 47
　2000 年 ································································ 53
　2001 年 ································································ 59
　2002 年 ································································ 66
　2003 年 ································································ 73
　2004 年 ································································ 79
　2005 年 ································································ 86
　2006 年 ································································ 93
　2007 年 ································································ 99
　2008 年 ······························································· 105
　2009 年 ······························································· 114
　2010 年 ······························································· 122

| | |
|---|---|
| 2011 年 | 133 |
| 2012 年 | 155 |
| 2013 年 | 174 |
| 2014 年 | 191 |
| 2015 年 | 217 |
| 2016 年 | 249 |
| 2017 年 | 279 |
| 2018 年 | 303 |
| 2019 年 | 324 |
| 2020 年 | 347 |
| 2021 年 | 373 |
| 2022 年 | 409 |
| 2023 年 | 435 |

编后记 ……………………………………………………………………… 437

# 大事记

# 1992 年

**2月** 邓小平南方谈话公开发表后,上海市政府有关部门提出为开发、开放浦东而建立地方性银行的设想。

**3月** 上海市政府计划委员会主任徐匡迪受中共上海市委、市政府委托,带队专程到广东对几家股份制银行进行考察后,提出筹建上海地方性银行的计划和方案。经市委讨论决定,在保留上海市投资信托公司的前提下,另行筹建一家地方性银行,以服务浦东开发开放为主,带动长江流域经济发展,并明确了拟筹建银行的地方性、股份制、综合性性质。

**是月** 上海市副市长庄晓天带队赴北京,向中国人民银行汇报筹建上海地方性银行的设想,得到中国人民银行的大力支持,同意上海市政府一边筹建,一边报批。

**5月** 上海市政府成立筹建地方性银行领导小组,由上海市副市长庄晓天任组长,组员为市政府副秘书长陈祥麟、市计划委员会主任徐匡迪、中国人民银行上海市分行行长毛应樑、市计划委员会副主任裴静之、市财政局局长周有道、中国人民银行上海市分行原行长龚浩成、上海市投资信托公司总经理鲍友德、市计划委员会经济调研处处长杨祥海。筹建领导小组先后抽调上海市计划委员会副主任裴静之、中国工商银行上海市分行副行长金运、复旦大学世界经济系副主任陈伟恕、中国农业银行上海市分行总稽核梁沅凯担任具体筹建工作负责人。

**7月27日** 上海浦东发展银行(简称"浦发银行")筹建领导小组向中国人民银行上海市分行报送申请组建的有关材料,包括:《组建上海浦东发展银行可行性研究报告(一九九二年七月十五日)》《上海浦东发展银行章程》《上海浦东发展银行筹建领导人名单及筹建负责人简历》等材料。其中,《组建上海浦东发展银行可行性研究报告(一九九二年七月十五日)》的内容包括"银行名称、住所、性质""组建银行的必要性""注册资本和股份设置""银行业务范围""营业网点和人员来源"及"筹建工作计划"等。

**8月19日** 上海市政府在市政府大楼6号会议室召开会议,要求加快筹建浦发银行,力求在1993年1月1日开业;明确筹建工作由常务副市长徐匡迪分管,由副市长庄晓天直接领导。

**8月28日** 中国人民银行下达批复(银复〔1992〕第350号),同意筹建浦发银行,明确为股份制银行,注册资本金10亿元,含外汇5 000万美元。

**是月** 浦发银行筹建工作全面启动,首批组建了计财部、存汇部、信贷部、国际业务部、网点部、投资部、电脑部、人事部、办公室和行政管理部等部门。月底,到位人员计136人。

**9月18日** 浦发银行与上海纺织品总公司签订房屋使用权转让协议。上海纺织品总公司出让宁波路50号(上海商业储蓄银行旧址)给浦发银行作为行址;浦发银行对房屋使用权转移、动迁及其他损失补偿合计3 000万元,其中1 500万元作为上海纺织品总公司向浦发银行投资入股的股金。

**10月16日** 经中国人民银行上海市分行批准(沪金管〔1992〕第5296号),浦发银行在上海市宁波路50号筹建第一营业部。第一营业部于月底开始试营业,受理企业开户、结算,年底成功进行试决算。

**10月19日** 上海浦东发展银行在浦东新区登记成立。上海市工商行政管理局正式颁发浦发银行企业法人营业执照,注册号150123600;明确了浦发银行股份制的经济性质,主营金融和信托投资业务。

**10月22日** 浦发银行第一次发起人会议在上海市政府会议室召开。上海市常务副市长徐匡迪、副市长庄晓天和浦发银行筹建领导小组成员、筹建负责人及18家发起人单位共30余人参加会议。此次会议由金运主持,裴静之介绍浦发银行的筹建过程,陈伟恕介绍银行资本金筹集情况。浦发银行首批认购单位88家,其中18家认购100万股以上,视为浦发银行发起人单位,将作为投资单位代表进入董事会。18家发起人单位分别是上海市财政局、上海国际信托投资公司、上海久事公司、申能电力开发公司、宝山钢铁总厂、上海汽车工业总公司、上菱冰箱总厂、上海航空公司、中纺机股份有限公司、闵行联合发展有限公司、锦江(集团)联营公司、陆家嘴金融贸易区开发公司、外高桥保税区联合发展有限公司、上海石油化工总厂、金桥出口加工区开发公司、上海申实公司、上海第一百货商店股份有限公司和上海铁路局。

**10月30日** 上海黑白实业公司在浦发银行开立第一个往来账户。

**11月4日** 浦发银行正式向中国人民银行申报开业申请。

**11月6日** 经中国人民银行上海市分行金融行政管理处验资审核,核实浦发银行资本金计人民币79 400万元(含2 500万美元)到位,并出具资信证明。认股单位计88家,其中发起人股18家,合计认股5 300万股,占比66.75%。

**11月21日** 中共中央总书记江泽民为浦发银行开业题词:"为社会主义金融事

业闯新路"。

**12月28日** 浦发银行第一届股东大会暨第一届董事会在上海展览中心友谊会堂举行,第一届股东大会选举产生第一届董事会的25名董事:周有道(上海市财政局)、鲍友德(上海国际信托投资公司)、张桂娟(上海久事公司)、陈光华(申能电力开发公司)、王佩洲(宝山钢铁总厂)、王基铭(上海石油化工总厂)、陆吉安(上海汽车工业总公司)、蒋世隆(上菱冰箱总厂)、贺彭年(上海航空公司)、黄关从(中纺机股份有限公司)、鲁又鸣(闵行联合发展有限公司)、钱学中〔锦江(集团)联营公司〕、王安德(陆家嘴金融贸易区开发公司)、阮延华(外高桥保税区联合发展有限公司)、朱晓明(金桥出口加工区开发公司)、张昌谋(上海香港实业公司)、吴正林(上海第一百货商店股份有限公司)、张龙(上海铁路局)、徐克勤(中国浦实电子有限公司)、徐庆熊(万国证券公司)、庄晓天(上海浦东发展银行)、裴静之(上海浦东发展银行)、金运(上海浦东发展银行)、陈伟恕(上海浦东发展银行)、梁沅凯(上海浦东发展银行);选举毛应樑(中国人民银行上海市分行)为首席监事,靳曾德(上海市审计局)为副首席监事。第一届董事会选举庄晓天为董事长,裴静之、鲍友德、周有道、金运为副董事长,徐庆熊为董事;选举裴静之为行长,金运、陈伟恕、梁沅凯为副行长。

**12月31日** 中国人民银行下发《关于上海浦东发展银行正式开业的批复》(银复〔1992〕601号),核准《上海浦东发展银行章程》。中国人民银行上海市分行为浦发银行颁发经营金融业务许可证(银金管字09-0053号)。

**是月** 浦发银行计划财务部向交通银行上海分行办理首单同业拆借业务,拆入5 000万元,用于补充短期资金来源。这是浦发银行第一笔同业资金拆借业务。

# 1993 年

**1月2日** 中共上海市委下发《中共上海市委员会关于建立中共上海浦东发展银行党组的通知》,批准成立中共上海浦东发展银行党组,任命裴静之为党组书记,金运、陈伟恕为党组成员。次年增补朱恒为党组成员。

**是日** 上海市政府下发《上海市人民政府关于庄晓天等同志任职的通知》文件,任命庄晓天为浦发银行董事长,裴静之、鲍友德、周有道、金运为副董事长,徐庆熊为董事;任命裴静之为浦发银行行长,金运、陈伟恕、梁沅凯为副行长。

**1月7日** 中共中央政治局委员、中共上海市委书记吴邦国,上海市市长黄菊等成为浦发银行第一批人民币定期储蓄户。浦发银行职工赵庆华成为浦发银行第一个人民币活期储蓄户。上海市市民尹一成为浦发银行第一个外币储蓄户。

**1月8日** 浦发银行第一营业部、存汇部等业务部室迁入上海市宁波路50号。至当年4月,浦发银行各部室全部迁入。

**1月9日** 上海浦东发展银行开业仪式在上海市宁波路50号举行,中共中央总书记江泽民、国务院总理李鹏等党和国家领导人先后题词祝贺。中共中央政治局委员、中共上海市委书记吴邦国,上海市市长黄菊,中国人民银行常务副行长郭振乾和上海市领导谢希德、徐匡迪、庄晓天,以及上海市老领导陈国栋、胡立教等嘉宾出席开业仪式。黄菊和郭振乾为浦发银行开业揭牌。

**是日** 浦发银行开业典礼于下午在上海展览中心友谊会堂举行。中共中央政治局委员、中共上海市委书记吴邦国,上海市市长黄菊,中国人民银行常务副行长郭振乾,上海市领导谢希德、徐匡迪、庄晓天,上海市老领导陈国栋、胡立教等嘉宾以及金融同业、企事业代表300多人出席开业仪式。上海市常务副市长徐匡迪、浦发银行董事长庄晓天分别致辞。董事长庄晓天表示,浦发银行将立足改革创新,旨在办成国内外享有优良声誉的新型社会主义商业银行。

**是日** 浦发银行第一营业部正式对外营业。

**1月12日** 中共上海市计划委员会机关委员会批文(沪计直机委〔1993〕第4号),同意成立中共上海浦东发展银行总支部委员会。

**1月19日**　浦发银行下发《实行职工合同聘用制度的通知》,正式实行全员劳动合同聘用制度。聘用人员的合同签订按照分级管理原则进行,所有工作人员都必须与银行签订合同,确立双方的责、权、利。合同内容包括合同期限、聘用岗位、所负责任、应尽义务、工资待遇、保险福利待遇、合同的解除及违反合同应承担的责任等。

**1月28日**　浦发银行与上海巴黎国际银行、中国工商银行上海浦东分行、中国投资银行上海分行、中信实业银行上海分行、上海爱建信托投资公司等金融机构在上海海仑宾馆举行"上海航空公司2 200万美元银团贷款"签约仪式。浦发银行为该贷款项目牵头行,这是浦发银行第一笔银团贷款。

**2月6日**　浦发银行第一届工会委员会和经费审查委员会选举会议在第一营业部大厅举行,经全体工会会员无记名差额选举,推荐浦发银行工会第一届委员会成员是:缪宗兴、赵庆华、吴伯欣、林静生、刘斐、王皓;经审委员会委员是:王见梅、文建安、刘贵富。

**2月21日**　浦发银行向本部的直属党支部、政治工作办公室(后改名为政工部)、办公室、行政管理部、人事部、计划财务部、电脑部、信贷部、国际业务部、存汇部、投资部、网点部及第一营业部颁发公章,首批职能部室正式开始运作。

**是月**　浦发银行在中国银行上海分行开立美元、港币等9个币种的外汇现钞清算账户。

**3月3日**　浦发银行设立政工部,承担党组日常工作。

**3月10日**　浦发银行与美国美洲银行(Bank of America National Trust & Savings Association)签订第一家国外代理行合作协议,签约仪式在上海和平饭店举行,浦发银行副行长陈伟恕、国际业务部总经理陈玉琴及美洲银行副总裁兼中国业务部总经理鲍少明、中国业务部副总经理何伟霖等出席。

**3月16日**　浦发银行向中国人民银行呈报《上海浦东发展银行关于申请办理签发跨系统银行汇票的报告》。次年3月4日,中国人民银行批准浦发银行开办签发跨系统银行汇票通过中国人民银行代理兑付业务。

**3月23日**　经中国人民银行上海市分行批准并核发经营金融业务许可证,浦发银行第一家网点——上海石油交易所办事处成立。1995年8月该办事处更名为上海漕宝路营业所。

**3月25日**　国家外汇管理局批复同意并发给浦发银行经营外汇业务许可证(汇管字第BQY001号)。浦发银行获准经营的外汇业务范围是:外汇存款、外汇放款、外汇汇款、外汇借款、外币票据的承兑和贴现、外币兑换、贸易和非贸易结算、外汇担保、代客外汇买卖、代理买卖股票以外的外币有价证券以及资信调查、咨询见证等

11项。

**4月10日**　浦发银行外高桥保税区支行获中国人民银行上海市分行批准成立并获颁经营金融业务许可证，成为浦发银行第一个辖属分支机构。

**4月17日**　浦发银行上海外高桥保税区支行在外高桥保税区商务楼110室开业，中共中央政治局委员、中共上海市委书记吴邦国，上海市副市长夏克强到行视察。

**是日**　由浦发银行与外高桥保税区联合发展有限公司联合筹资组建的外高桥保税区第二联合发展有限公司在上海商城举行揭牌仪式。浦发银行董事长庄晓天出任该公司董事长。

**4月19日**　浦发银行第一营业部获国家外汇管理局上海分局批复，准许办理外汇业务。第一营业部对外办理美元、港币、日元等8个币种的外汇对公存款和外币个人储蓄存款，储种为定期和活期两种。

**5月3日**　浦发银行上海石油交易所办事处正式开展交易清算服务。

**5月14日**　浦发银行下发《实行管理岗位和专业技术岗位聘任制度的通知》。管理岗位中的部门经理和副经理、专业技术岗位中的高级专业技术人员，均由行长聘任。科级、中级及其以下人员则由部门经理提名，经人事部审核后，由行长委托分管副行长聘任。至此，浦发银行基本形成了聘用合同与岗位聘约相结合的人事管理制度。

**5月24日**　中国人民银行上海市分行发文（沪银金管〔1993〕第5207号），正式批复同意浦发银行加入上海证券交易所成为会员。

**5月27日**　浦发银行上海石油交易所办事处正式开业，为上海石油交易所及会员单位提供资金清算及交易结算等金融服务。当年吸收结算存款逾2.4亿元。

**是日**　浦发银行下发《关于固定资产分类折旧率实施的规定》，规定房屋及建筑物、机器设备和交通运输设备的年折旧率分别为3.2%、19.2%、16%。

**5月31日**　国家外汇管理局上海分局批准浦发银行成为上海外汇调剂中心经纪商会员。

**是月**　经中国人民银行上海市分行批准，浦发银行成为上海证券交易所会员单位，取得证券从业资质，成立信托证券部。该部实行内部独立核算的财务管理体制，从事信托和证券相关业务，先后争取了上海三毛股份有限公司（前身为上海第三毛纺织厂）1750万股A股股票主承销和万象、工缝两家股份公司股票发行分销业务，参与上海市发行1993年第一批股票认购证。

**6月28日**　经中共上海市计委机关委员会批复（沪计直机委〔1993〕29号），同意浦发银行成立中共上海浦东发展银行直属委员会；并同意委员会由金运、孔庆华、张玉华、徐器生、袁碧如、黄建平、缪宗兴组成,金运任书记,孔庆华任副书记。

**7月9日** 浦发银行陆家嘴支行正式开业,上海市副市长、浦东新区管委会主任赵启正与浦发银行董事长庄晓天为支行开业剪彩。

**7月12日** 浦发银行第一营业部获国家外汇管理局上海分局批准(沪银外〔93〕6229号),代理上海外汇调剂中心办理境内居民外汇调剂业务,定名为"上海外汇调剂中心境内居民外汇调剂代办处",业务范围为买入境内居民外汇,汇入汇款、存款、手持外钞。

**7月19日** 浦发银行在上海展览中心举行"上海公交车辆两亿元更新改造贷款项目"签约仪式,上海市副市长夏克强,浦发银行董事长庄晓天、行长裴静之、副行长金运等出席签约仪式。该笔贷款主要用于上海公交总公司更新改造1 000辆公交营运车,以改善市内交通状况。

**7月22日** 浦发银行上海外汇调剂中心境内居民外汇调剂代办处在上海市宁波路50号第一营业部正式挂牌,8月9日办理第一笔买入居民400美元的业务。

**8月9日** 浦发银行在上海锦江小礼堂举行主承销上海三毛纺织股份有限公司1 750万股A股股票签约仪式。上海市经济委员会、市纺织局主要领导和浦发银行行领导庄晓天、裴静之、金运、陈伟恕、梁沅凯以及上海三毛纺织股份有限公司主要领导出席签约仪式。浦发银行信托证券部经理黄建强和上海三毛纺织股份有限公司董事长王德义代表双方在协议书上签字。自9月3日开始,浦发银行在宁波路50号大厅开设了12个收款窗口,受理上海三毛纺织股份A股股票收款工作,共收股票认购款7 000万元,其中个人交款3 200万元。

**8月10日** 浦发银行印发《上海浦东发展银行信托工作的几点意见》,明确信托业务归口浦发银行信托证券部统一管理,其他有关业务部室及支行可由信托证券部委托代理信托业务,各代理单位仅限于办理信托存款、信托通知存款及甲、乙种委托贷款。凡浦发银行在异地设置分支机构,信托证券部同时在该地设点办理信托业务。

**8月26日** 浦发银行上海松江办事处正式成立。

**8月27日** 浦发银行第一届董事会第二次会议在上海龙柏饭店红木厅举行,会议由董事长庄晓天主持。会上一致通过了由行长裴静之作的《上海浦东发展银行工作报告》和由副行长金运作的《上海浦东发展银行资产负债管理办法(试行方案)》,并形成了《关于上海浦东发展银行资产负债管理办法的决议》。会议要求抓紧做好试点准备工作,同时将试行方案报中国人民银行,争取批准后正式实施。

**8月28日** 上海市证券管理办公室下发《关于认真做好今年第一批股票收款工作的通知》(沪证办〔1993〕第081号),浦发银行参与发售上海市发行的第一批股票认购证,并成立了领导小组,指定浦发银行本部、上海陆家嘴支行和许昌路办事处为门售网点,共发售认购证153.9万张。

**是月** 上海市人民政府根据国务院关于"对企业养老保险制度进行改革"的指示精神,决定委托浦发银行按有效、安全原则,通过投资、融资等活动对城镇职工养老保险基金实现保值增值。

**9月2日** 浦发银行以第一副牵头行身份,参加由法国里昂信贷银行上海分行牵头的"上海外滩京城3 000万美元银团贷款"项目,并承担600万美元的份额,这是浦发银行首次参加由外资银行组织的银团贷款。

**9月4日** 浦发银行与外高桥保税区开发(控股)公司《关于对上海市外高桥保税区新发展有限公司投资协议》签约,第一期到位资本金8 000万元。浦发银行行长裴静之和外高桥保税区开发(控股)公司总经理黄开旭分别在协议上签字。

**9月20日** 浦发银行与日本东京银行签订1 000万美元的短期双边贷款协议,这是浦发银行首次办理对外借款业务。

**9月28日** 浦发银行第一届共青团委员会经全体团员大会选举产生,由刘冰岩、刘胜、吕爱民、李峥、秦丽峰组成首届团委会,并由刘冰岩任书记。董事长庄晓天、行长裴静之出席会议。

**9月30日** 浦发银行《发展研究》正式创刊,调研部编发了第1期《发展研究》。《发展研究》由董事长庄晓天题写刊名,其编辑宗旨是为员工搭建研究问题、提出建议的平台,也是浦发银行领导了解情况的窗口、决策指挥的参谋。

**10月5日** 上海市黄浦区、杨浦区、南汇县、嘉定县成为第一批纳入浦发银行结算渠道的养老保险基金户;其中第一笔吸收的养老保险基金是黄浦区交来的3 182 688.67元。

**10月7日** 浦发银行上海南汇办事处正式营业。

**10月9日** 浦发银行印发《上海浦东发展银行国际业务部外汇业务管理办法试行稿汇集》,随文下发《外汇资金清算划拨会计核算试行办法》《外汇信贷办法》《外汇资金同业拆借(放)业务管理试行办法》《关于印鉴密押的使用与保管办法》和《各支行开展国际结算业务的管理意见》等6个管理文件。

**10月12日** 中共中央政治局委员、上海市委书记吴邦国到浦发银行视察工作,董事长庄晓天、行长裴静之等陪同参观行内设施和有关部门,并汇报工作。

**10月22日** 浦发银行印发《上海浦东发展银行二级存款准备金实施细则》,以保障资产负债管理体系正常运行,适当集中部分资金增强应变能力。

**11月2日** 浦发银行制定《同业拆借管理暂行办法》,规定了同业拆借原则和体制。

**11月5日** 中国人民银行上海市分行批准浦发银行设立社会保险基金部,并颁发经营金融业务许可证。浦发银行将按照养老保险基金"单独立账,单独核算"原则,受理社会保险基金信托存款,办理信托贷款、投资及融资性租赁、自营有价证券买卖、短期资金拆出等资金运用业务,并获得上海市工商行政管理局颁发的营业执照。随后,浦发银行先后在上海市黄浦区、杨浦区、南汇县、嘉定县进行试运行养老保险基金业务。至12月底,上海14个区县(包括浦东新区)的养老保险基金的汇缴、拨付结算业务先后纳入浦发银行结算渠道。

**11月12日** 浦发银行印发《信贷工作责任制暂行规定》等3个信贷专业文件,规定贷款审批分为信贷科长、基层行长、信贷管理部经理、行长等四级;明确了各岗位职责及工作失误应承担的责任;确立了对存贷款业务考核机制。

**11月16日** 经中国人民银行上海市分行批准(沪银金管〔1993〕第5475号),浦发银行开办具有定活两便性质的个人储户"礼仪储蓄"业务,存单面额为100元、200元、500元等三种。

**是日** 浦发银行印发《上海浦东发展银行关于修订会计科目的通知》,对原使用的会计科目进行相应修改,增加了部分一级科目和一些二级科目。

**是日** 浦发银行印发《关于支行级分支机构试行资产负债管理办法的通知》,决定全行从1993年第4季度起进行资产负债管理的试运行。

**是日** 浦发银行上海杨浦支行正式开业。

**11月29日** 浦发银行首家证券经营机构——杨浦证券营业部开业,地址位于杨浦区许昌路1296号。

**12月18日** 浦发银行下发《会计科目使用说明及部分业务使用账户、账号的通知》,除对每一科目进行描述、规定使用范围外,还发布了其他应收款及其他应付款科目账户归属使用说明,编制了"损益类科目账户账号一览表"和"特殊账户账号一览表",增设了部分二级科目,保留了大部分存贷款科目,所有科目本外币统一使用。自1994年1月1日起,全行统一实施修订后的会计科目。

**12月23日** 浦发银行和荷兰银行作为共同牵头行,由浦发银行、荷兰银行、法国里昂信贷银行、德国德累斯顿银行、东京银行、日本兴业银行、第一劝业银行、三菱银行、新加坡华侨银行、中法合资上海联合财务有限公司银行共同组成国际银团,向上海市电力公司贷款5 000万美元,用于上海外高桥电厂建设。签字仪式在上海锦沧文华大酒店举行,上海市常务副市长徐匡迪出席签字仪式并致辞,中国人民银行上海市分行副行长王华庆、荷兰驻华大使馆商务参赞 Peter Van Leeuwen、国家电力工业部和上海电力工业局领导、浦发银行董事长庄晓天等出席签约仪式。

**12月25日** 浦发银行与中国工商银行苏州分行、上海巴黎国际银行共同向苏州光明丝织厂发放520万美元贷款。这是浦发银行走出上海,支持长江流域经济发展战略而发放的首单外汇联合贷款。

**12月30日** 浦发银行印发《现金库房管理细则》和《关于加强业库现金管理的暂行规定》,对集中保管现金、金银、外币、有价证券,规范办理日常现金收付等方面制定操作细则,对库房设施、管理任务、人员职责、现金出库、入库和坚持查库等方面作出详细规定。

**12月31日** 财政部、中国人民银行、中国证券监督管理委员会联合发出《中华人民共和国国债一级自营商管理办法》和《国债一级自营商资格审查与确认实施办法》(财国债字〔1993〕第100号),浦发银行等19家信誉良好、资金雄厚的金融机构获准成为首批国债一级自营商,可直接向财政部承销和投标国债,并开展国债分销、零售业务。

**是年** 浦发银行人民币存款余额48.38亿元,贷款余额35.72亿元,外汇存款余额2.1亿美元,外汇贷款余额1.59亿美元,资产总额87.6亿元,税后利润1.3亿元。

# 1994 年

**1月1日** 浦发银行成立外汇交易室,接受客户委托,办理即期、远期(含择期)和5个币种的代客交易业务。全年共办理代客外汇买卖业务48笔,成交金额达991万美元。

**1月8日** 浦发银行静安证券营业部开业,位于巨鹿路758号。

**1月10日** 浦发银行第一届董事会第三次会议在上海展览中心友谊会堂召开。董事长庄晓天主持会议,副董事长、行长裴静之,副董事长金运分别向董事会作《1993年工作汇报和1994年工作安排的报告》《1993年经营目标完成情况的说明》,与会董事一致审议通过了上述两个报告及两个报告的决议。

**是日** 浦发银行成立一周年汇报会暨组建中外合资上海国际投资管理有限公司签约仪式在上海展览中心友谊会堂举行。会议由浦发银行行长裴静之主持,上海市副市长、浦东新区管委会主任赵启正,浦发银行董事长庄晓天先后在会上讲话。香港新鸿基有限公司董事兼新鸿基国际有限公司总经理冯耀辉、浦发银行副行长金运分别代表双方在协约上签字。

**1月19日** 浦发银行上海金山支行正式开业。

**1月22日** 浦发银行印发《上海浦东发展银行财务收支科目、账务及使用说明》。

**1月27日** 浦发银行下发《上海浦东发展银行关于编制一九九四年信贷财务计划的若干指导意见》,首次把"资本充足率、存贷款比例、贷款质量"指标纳入全行经营主要目标;同时,按照统一计划、分级核算、自负盈亏的原则,积极探索和逐步建立以效益和资产质量为重点的财务管理体制。

**1月28日** 浦发银行在上海市宁波路50号正式开办保管箱租赁业务,共9种规格,计7 400箱,在上海银行同业中首次采用电脑管理,首批租出1 600多箱。

**是月** 浦发银行向中国人民银行上报外省市机构设置规划:拟在北京和重庆、武汉、南京、宁波、无锡(江阴)、苏州(张家港)、温州等部分外省市设立分行或代办处,另借助于上海石油交易所在各地开设交易分所。

**是月** 中国人民银行上海市分行向浦发银行信托证券部核发金融许可证,规定浦发银行信托证券部实行内部独立核算的财务管理体制,由分业管理逐步过渡到独立核算,经营办理信托、委托、租赁、代理、担保、咨询、验资、保管箱等国内、国际人民币和外汇的信托业务。信托证券部相继设立信托二科、计财科、发行二科和外汇管理科。

**2月3日** 浦发银行"礼仪储蓄"在上海地区实现通存通兑。

**2月14日** 浦发银行总行下发《关于开展商品房抵押(人民币)贷款的通知》,先由总行信贷部推出,再由各分支机构陆续开展。

**2月22日** 经中国人民银行浙江省分行批准(浙银发〔1994〕第61号),同意浦发银行设立杭州广场办事处。

**是月** 浦发银行总行制定《国内分支机构管理办法(试行)》,明确实行统一领导的多层经营、分级考核的经营管理体制,规定实行总分支行的管理体制,并实行党组织关系属地化。

**3月14日** 浦发银行设立个人金融服务部(后改名为个人金融部)。

**3月21日** 浦发银行制定《异地联行资金(人民币)往来核算管理办法(试行稿)》《关于联行业务操作细则规定(人民币部分)》和《关于联行密押的规定(人民币部分)》,筹备建立系统内联行往来。

**3月28日** 经中国人民银行批准,浦发银行杭州分行开业,这是浦发银行跨出上海开设的第一家分行。中共浙江省委副书记、省长万学远等省委、省人大、省政府、省政协主要领导以及浙江省和上海市老领导李丰平、陈国栋、胡立教,中国人民银行上海市分行行长毛应樑,浦发银行领导庄晓天、裴静之、陈伟恕、梁沅凯等参加了开业仪式。

**是日** 浦发银行正式启用辖内人民币联行系统,按照"联行对开账户,相互存放款项,办理汇划业务,同步清算资金"原则,建立系统内联行往来,总行第一营业部、杭州分行成为首批系统成员。

**是月** 浦发银行石油交易所办事处与杭州广场办事处为沪杭两地石油交易所办理结算业务、存汇业务和现金支付,并通过过渡性联行,实现两地款项划拨。

**4月1日** 中国外汇交易中心成立,浦发银行按照国家外汇管理规定开办结售汇业务,当年结售汇5.83亿美元,在上海39家外汇指定银行中名列第五。

**是日** 浦发银行与美国花旗银行达成技术合作协议,安装使用花旗银行付款系统终端,借助于该系统直接划款至世界各地美元清算银行。

**4月5日** 浦发银行与上海南汇县人民政府共同举行"沪南公路延伸段土方工程建设资金融通签字仪式",浦发银行为沪南公路修建融资5 000万元。

**4月6日** 浦发银行下发《关于上海浦东发展银行管理机构调整的通知》,决定对现有的管理机构进行调整:一是提出指导思想和原则,即"积极稳妥、不断不乱、局部调整、逐步推进";二是设立资金财务部;三是设立发展研究部;四是成立客户联系领导小组和对外融资领导小组。

**是日** 浦发银行在原计划财务部基础上组建资金财务部,内设资金科、财务一科、财务二科、调查统计科;明确该部的主要职责是:按照资产负债管理要求,合理安排资产结构和负债结构,并负责全行各项经济指标的确定和财务管理。

**4月8日** 浦发银行下发《关于加强信贷管理工作的若干意见》,提出以实行资产负债比例管理和风险管理为中心的指导思想。

**4月15日** 浦发银行对外代理发售1994年二年期国库券,同时办理1991年国库券提前兑付换购1994年二期国库券。为此,浦发银行成立了国库券发行工作领导小组,明确第一营业部、信托证券部、外高桥支行为发售网点,实行国库券发售进度5日报制度。至5月25日,浦发银行顺利完成首次国库券发售工作。

**4月19日** 浦发银行召开首次信贷工作会议,行长裴静之,副行长陈伟恕、梁沅凯及各部(室)负责人、各分支机构分管行长和信贷科长参加会议。会上讨论下发了《信贷管理工作若干意见》《九四信贷工作安排》《信贷资产风险管理暂行规定(试行稿)》《流动资金贷款操作细则(试行稿)》《抵押贷款操作程序(试行稿)》《担保贷款操作程序(试行稿)》《信贷人员廉政规定》。

**是月** 浦发银行将国际业务部的外汇信贷业务及有关人员划归信贷部,与人民币信贷业务统一配套运作,实现本外币信贷综合经营和统一管理。

**5月26日** 浦发银行上海杨浦支行五角场营业所开业,这是浦发银行设立的第一个营业所。

**5月27日** 浦发银行上海青浦支行正式成立。

**6月3日** 浦发银行与上海市城市建设投资开发总公司合作组建浦发银行南市办事处。签约仪式在浦发银行举行,浦发银行行长裴静之与上海市城市建设投资开发总公司总经理谭企坤分别代表双方在协议书上签字。

**6月10日** 浦发银行与上海石化股份有限公司就合作组建浦发银行石化地区分支机构事宜签订协议。浦发银行行长裴静之与上海石化股份有限公司董事长王基铭分别代表双方在协议书上签字。

**是日** 浦发银行上海静安支行正式成立。

**6月28日** 浦发银行制定《国债交易管理暂行办法》,明确国债交易业务必须坚持"确保安全、保持流动、遵守规范、提高收益"的原则;明确了各部门管理职责,并规

**7月5日**　浦发银行印发《上海浦东发展银行会计制度与会计工作管理规定(试行)》,对会计凭证、账簿、账务组织、账务核对、错账冲正等17项工作作出具体规定。

**7月15日**　浦发银行印发《上海浦东发展银行出纳制度(试行)》,对出纳业务、现金收付整点与票币兑换、库房管理与现金运送、票样管理与反假票工作、差错处理、交接手续和出纳机具设备管理作出具体规定,对残缺人民币兑换方法和内部掌握作了说明。

**是日**　浦发银行印发《储蓄工作内部管理规定》,对储蓄账务核算管理、重要凭证管理、业务公章管理、现金库款管理、储蓄电算化管理和综合监督管理作出具体规定,并对储蓄存款提前支取、挂失止付、储蓄存款保密、查询、冻结、扣划,储蓄存款的所有权发生争执,涉及办理过户或支付手续等的处理要点作详细规定。

**7月18日**　国务院副总理朱镕基在中南海接见浦发银行董事长庄晓天、行长裴静之和副行长金运。朱镕基听取了工作汇报,对浦发银行工作给予高度评价。

**7月19日**　上海市人民政府下发《上海市人民政府关于朱恒同志任职的通知》(沪府任〔1994〕第0051号),任命朱恒为上海浦东发展银行副行长。

**7月20日**　浦发银行北京代表处成立仪式在北京钓鱼台国宾馆举行,中国人民银行总行领导、各专业银行总行领导、国家财政部、建设部、劳动部、中共上海市委、上海市人民政府等单位领导出席成立仪式。浦发银行北京代表处主要负责与中央部委和中国人民银行的日常性联络,并把争取设立浦发银行北京分行列为首要工作。黄莺飞为北京代表处首席代表,刘丽君为北京代表处代表。

**7月25日**　浦发银行设立稽核部和监察室。新设立的稽核部和监察室"两块牌子、一套班子"合署办公,行使对浦发银行各项业务的审计稽核和行政监察职责。

**7月26日**　浦发银行信贷部首次向境外自然人发放外币住房抵押贷款,金额为33万美元,期限1年。该笔业务的借款人是台北创统国际发展有限公司董事长兼总经理张代枫,以其所购房之合同项下的全部权益作抵押。

**8月5日**　浦发银行上海南汇证券营业部正式开业。

**8月8日**　浦发银行上海虹口办事处正式开业。

**8月10日**　浦发银行上海南市办事处正式开业,开业仪式在海伦宾馆举行。这是浦发银行首家银企合作经营机构。上海市副市长夏克强、上海市政府副秘书长吴祥明、中共上海市建委党委书记李春涛、浦发银行董事长庄晓天等参加开业仪式。

**是日**　浦发银行印发《上海浦东发展银行银行汇票核算办法》,批准了一批有权签发银行汇票业务的分支机构;规定签发跨系统银行汇票的核算为分散签发、集中移存,签发系统内银行汇票的核算为分散签发、统一清算。

**8月22日** 浦发银行向中国人民银行报送《上海浦东发展银行资产负债比例管理实施办法》:确立了行长统一领导;明确了资产负债管理的组织体系;确定了各项指标的分解及其管理;确定了资本成分,资产风险权数及统计口径;确定了对资产负债比例管理调控方法和营运状况监测的范围、方法和频度。

**8月24日** 浦发银行下发《关于加强对支行(办事处)资金财务管理问题的通知》,明确下拨给分支行的资金有偿使用分年摊销和分支行一、二级存款准备金的缴存比例,并且对上海市区和郊县支行实行不同缴存比例和存贷比例的差异化管理,分支行按各项业务收入的3%计缴总行管理费等。

**8月25日** 浦发银行作为牵头行,在上海锦沧文华大酒店举行"上海外高桥保税区新发展有限公司国际银团贷款"签字仪式,该笔贷款总计4 500万美元,用于"新发展自由贸易城"一期项目建设。德国商业银行香港分行、法国里昂信贷银行上海分行、日本第一劝业银行上海分行、日本东京银行上海分行、德国德累斯顿银行上海分行、汇丰银行上海分行、日本兴业银行上海分行、日本三菱银行上海分行、新加坡华联银行深圳分行、日本樱花银行上海分行、日本三和银行上海分行、日本住友银行香港分行、日本安田信托银行香港分行等13家外资银行共同参与了该银团贷款。这是浦发银行独立牵头的第一笔国际银团贷款,该国际银团的外资银行参加数、外资参加份额,均创外资银行在沪开设分行以来的最高纪录。

**8月31日** 浦发银行与美国天腾电脑公司正式签约,引进其HimalayaK10004型计算机系统作为全行核心业务处理主机。随后,浦发银行在天腾公司大型主机平台上开发运行了活期储蓄联机系统。

**9月2日** 浦发银行信贷部与上海新静安房地产股份有限公司签订浦发银行首单提供按揭贷款的协议,按揭楼盘为位于上海市南京西路永源浜2号地块的欣安大厦(东楼)。浦发银行按揭资金总量4 000万元,期限最长可至15年,成数最高为七成,全部贷款由新静安房地产公司提供担保。

**9月7日** 浦发银行召开全行稽核工作会议,副行长朱恒作《增强监管意识,加强稽核工作,把锐意开拓与强化管理同时抓起来》的工作报告;行长裴静之在会上发表讲话,进一步明确开拓和管理的关系。

**9月9日** 浦发银行印发《上海浦东发展银行核算报表网络和会计报表流程图》,使会计财务工作纳入规范化管理轨道。

**是日** 浦发银行陆家嘴支行储蓄业务挂入天腾主机运行。

**9月10日** 浦发银行第一营业部、石油交易所办事处等10家上海地区分支机构正式开办签发跨系统银行汇票业务。

**9月20日**　浦发银行上海闵行办事处正式成立。

**是月**　浦发银行新开发的外汇会计系统正式投入使用,分支行、营业厅柜台设立终端盒实行网络化操作,实现了利息计算控制,提高了账表信息输出量,并增加了联机处理功能。

**10月8日**　浦发银行上海徐汇办事处正式成立。

**10月9日**　浦发银行第一届董事会第四次会议在宁波新芝宾馆召开。会议由董事长庄晓天主持,与会董事一致通过了由行长裴静之所作的《巩固创业成果,加速业务拓展,力争全行业绩再上新台阶》工作报告。

**10月18日**　浦发银行上海周浦办事处正式成立。

**10月25日**　浦发银行向上海品杰海产有限公司发放首单私营企业贷款,金额300万元,期限4个月,采用房屋抵押方式,用于支持企业收购海产品。

**是日**　浦发银行与复星高科技(集团)有限公司签署授信协议。

**10月26日**　浦发银行印发《外汇业务会计核算分录》,对外汇业务操作中的会计科目运用和记账规则作了统一规定,确保会计核算的统一性和准确性。

**是月**　浦发银行通过远程终端方式完成储蓄业务联机网络系统建设,在第一营业部和杨浦、陆家嘴等17个支行实现通存通兑,储蓄业务进入联机时代。

**是月**　经中国人民银行批复同意,浦发银行加入全国电子联行系统,分配到100个联行行号。

**11月2日**　浦发银行印发《上海浦东发展银行会计核算管理若干规定》,对资金调拨控制、协议存款及计息、各类对账、凭证使用等内容作出具体管理规定。

**11月12日**　浦发银行印发《结算质量及会计制度执行考核办法(试行)》,明确了四方面的考核内容(结算工作的管理、结算纪律的执行、结算会计制度的落实、结算业务操作的及时准确和安全性),规定了考核项目及评分标准。

**11月15日**　浦发银行与上海金山石化股份有限公司合作组建的浦发银行上海石化办事处正式开业,营业地址为石化地区象州路74号,营运资金2 500万元。

**11月16日**　中国人民银行副行长戴相龙视察浦发银行,在浦发银行行长裴静之陪同下,视察了外汇交易室、保管箱库等,并与柜面操作人员交谈、询问业务进展情况。浦发银行董事长庄晓天,行长裴静之,副行长金运、陈伟恕、朱恒、梁沅凯等向戴相龙汇报业务工作情况。

**11月28日**　浦发银行上海川沙办事处正式成立。

**12月12日**　经中国人民银行上海市分行批复同意(沪银金管〔94〕5391号),浦发银行开办个人大额定期存款业务,起存金额1 000元,并以500元递增,存期分别为3个月、6个月、9个月、1年等四档。

**12月16日** 浦发银行成立投资监理部,并委托浦发银行南市办事处管理。

**是日** 浦发银行下发《关于加强信贷管理工作若干意见的补充意见》《外汇贷款办法》《中外合资经营企业中方股本贷款办法》等3个文件,进一步规范外汇信贷管理。

**12月28日** 经中国人民银行总行批准,浦发银行宁波分行正式开业。上海市老领导陈国栋、胡立教、顾传训,中国人民银行浙江省分行副行长胡平西,中共宁波市委副书记、常务副市长张蔚文,宁波市人大主任项秉炎,宁波市政协主席叶承垣,宁波市副市长章猛进,浦发银行董事长庄晓天,行长裴静之,副行长陈伟恕、朱恒等参加开业典礼。

**是年** 浦发银行本外币存款余额135亿元,贷款余额99.5亿元,总资产231.5亿元,实现利润3.21亿元,A股股票交易总额46亿元,B股股票交易总额2 300万美元,国债期货交易总额49.4亿元。

# 1995 年

**1月4日** 浦发银行向上海市教育发展基金会捐赠100万元,上海市副市长、市教育发展基金会谢丽娟,浦发银行董事长庄晓天、行长裴静之等出席捐赠仪式。

**1月5日** 浦发银行与香港新鸿基有限公司合资创建国内首家中外合资的投资管理公司——上海东新国际投资管理有限公司。

**1月6日** 浦发银行印发《上海浦东发展银行商业汇票会计核算手续》,分别就商业承兑汇票、银行承兑汇票和商业汇票贴现的受理作了具体规定。

**1月12日** 浦发银行印发《单位定期存款有关规定》,规定单位定期存款分3个月、6个月、1年、2年、3年、5年、8年期等7种,本金一次存入,由银行开具定期存单,并按不同利率档次分设账户。单位定期存款利息,按中国人民银行统一规定的利率计算。定期存单不得转让流通。

**1月16日** 浦发银行决定执行《关于进口开证收取保证金的暂行规定》,强调开立信用证必须坚持足额收取保证金,对受理客户开证申请、银行落实付款资金保障等提出分类指导意见。

**1月23日** 浦发银行向上海市计划委员会上报《关于1995年工作计划和新三年工作思路的报告》,提出"建成一流的、具有全国影响的商业银行"的战略目标。

**1月29日** 浦发银行向中国人民银行上海市分行提交《上海浦东发展银行关于申请开办人民币信用卡业务的请示》。

**是月** 浦发银行进驻上海商品交易所的建材、农贸和化工交易厅,设立派出柜。

**2月14日** 浦发银行在上海锦江小礼堂召开1995年全行工作会议,上海市人民政府副市长华建敏应邀出席会议并讲话,行长裴静之作题为《抓紧机遇,开拓创新,壮大实力,强化管理,为在年内把我行建成一个初具规模的商业银行而努力》的工作报告。会议从"存款立行""资金安全""发展国际业务""资产多元化""银行电子化""网点布局""稽核监督""精神文明建设"等方面,总结了1994年的工作。会议对全行1995年工作进行了部署,指导思想是:抓紧机遇、开拓创新、壮大实力、强化管理、完善机制;在确保安全性、流动性、盈利性的前提下,迅速把全行资产规模做大,把发展的步子迈得再大一点,努力在年内把浦发银行建成一个初具规模的、规范化的商业银行。1995年全行业务工作重点是:大力开展增存吸储,迅速壮大资金实力;优化信贷投向,提高资产质量,形成基本客户群体;同心协力,全面拓展外汇业务;加大改革力度,完善商业银行机制;开拓投资银行业务,促进企业转制改革;抓紧网点建设,加快电脑化进程;建立健全制度,强化内部管理。

**是日** 浦发银行下发《关于做好代收公共事业月费的通知》,明确公共事业费的代收和款项划转事项。同年,上海地区的水、电、煤气费可用东方卡电子转账。

**是日** 浦发银行制定《关于财务管理工作的若干意见(讨论稿)》,明确夯实基础、规范操作、实施有效控制、追求最大效益的全行财务管理工作目标;部署健全财务管理体制等4项基础工作和强化财务收支计划(含运算)管理。

**2月24日** 浦发银行下发《关于分支机构办理外汇业务申报审批和管理权限的规定》,明确全行外汇业务发展遵循"统一领导、全行联动、分级管理、各负其责"的原则,要求代理总行外汇业务的分支机构须合法稳健经营,有序规范操作;同时授权获自营外汇业务的分行可以直接审批下属机构代理外汇业务,并承担日常管理的职能。

**2月25日** 浦发银行金融研究会正式成立。金融研究会是在董事会和行长室领导下开展金融研究的群众性团体;主要任务是发动全行员工为本行的业务开拓和内部管理献计献策,开展群众性的业务探讨和理论学习,提高员工的素质。经自愿报名、部门推荐,有185人成为金融研究会首批会员,占浦发银行员工总数的16.8%。

**2月28日** 浦发银行制定《信贷资产风险管理暂行规定》,规定从1995年4月1日起,各分支行试行对企业每笔贷款申请进行风险测定,以此作为贷款审批、发放的重要参考依据。

**是日** 浦发银行印发《上海市内支行以下分支机构设置程序及管理办法》,详细规定了网点设置原则、区域范围、有关规定、报批程序和网点管理办法。

**是月** 浦发银行为德国赫斯特集团在上海的合资项目——赫斯特华新纤维有限公司提供金融服务,为该公司开立资本金账户。该公司首期股本金200万美元和600万元人民币汇入浦发银行。

**是月** 浦发银行信托证券部为上海品杰海产有限公司发行短期融资券500万元,成为国内首家为私营企业代理发行企业融资债券的金融机构。

**3月11日** 浦发银行召开首次思想政治工作会议。会议由党组书记、行长裴静之主持,直属党委书记、副行长金运作了《振奋精神,锐意进取,努力开创商业银行思想政治工作新局面》的工作报告。外高桥支行等5个党支部作了交流发言。市计划委员会副主任、计委直属机关党委书记曹臻,市纪委驻金融系统纪检组组长李克渊到会并讲话。

**3月23日** 浦发银行第一届董事会第五次会议在上海召开,会议由董事长庄晓天主持,副董事长、行长裴静之作1994年工作汇报和1995年工作安排报告。副董事长、副行长金运作1994年经营目标完成情况及股利分配说明。董事会审议并原则通过了关于上述两个报告的决议。

**3月27日** 浦发银行上海嘉定办事处正式开业。

**是月** 浦发银行作为国债一级自营商,承销1995年三年期无记名国库券2亿元。

**4月13日** 浦发银行总行召开外汇工作会议,董事长庄晓天、行长裴静之等出席会议。副行长陈伟恕向大会作《统一认识,大力推进,全面配合,严格管理,使浦发银行外汇工作更上一个新台阶》的报告。外高桥支行、徐汇办事处分别作了《以客户为中心,下活本外币配合这盘棋》和《积极创造条件争取外汇业务早日开办》的交流发言;国际业务部就推进分支机构开办外汇业务工作作了专项布置。董事长庄晓天、行长裴静之分别作讲话。

**4月14日** 浦发银行在上海锦江小礼堂召开存款工作会议。董事长庄晓天、行长裴静之、副行长金运及各部室经理(主任)、分支行行长(主任)、信贷、存款科长等参加会议。会上表彰了1994年"十佳揽存能手",资金财务部总经理作了《用活机制,抓好队伍,团结协作,为完成1995年的存款工作任务而共同努力》的报告。会后形成《关于加强存款管理工作的若干意见(试行稿)》。

**是日** 浦发银行向中国人民银行报送《关于实行全面资产负债比例管理的请示》。

**4月23日** 浦发银行作为全国智能卡建设的试点单位之一,在上海市浦东新区潍坊街道对部分居民试行发行2 000张银行IC卡——东方卡。同时建立起ATM和POS联机系统,实现上海地区17家支行及所辖网点人民币活期储蓄通存通兑。当年共发行东方卡19 177张,建立特约商户175家,投入使用的商户POS机313台,卡均存款余额为380元左右。

**4月24日** 浦发银行下发《关于进行清产核资的实施意见》,从组织机构建设、实施步骤安排、确定清产核资范围等方面提出了要求。

**5月3日** 浦发银行与美国联信增压器(上海)有限公司签约,向该公司提供1 600万美元贷款。

**5月9日** 浦发银行印发《二级存款准备金实施细则》,修改缴存比例:分行10%,支行15%;部分改变准备金用途,以认购政策性金融债券替代专项贷款。

**5月10日**　浦发银行在上海地区的各支行(办事处)营业所正式开通活期储蓄通存通兑业务,办理活期储蓄的存取、存折更换和存折补登业务;受理活期储蓄口头挂失的应急处理和活期储蓄补、留、修改密码等业务。

**是日**　浦发银行上海闸北办事处正式开业。

**5月12日**　浦发银行上海宝山办事处正式开业。

**5月15日**　浦发银行下发《关于分支行经营外汇业务(自营)的若干规定》,进一步完善分支行自营外汇业务所应具备的条件。

**是月**　浦发银行总行利用两个双休日,在上海市24个宣传点提供银行业务咨询、代客复算储蓄利息、介绍人民币识假方法、代收公用事业费、东方卡介绍等大型便民宣传、咨询、服务活动。行领导裴静之、金运、梁沅凯和有关部室负责人、各支行(办事处)领导以及员工共计3 500余人次参加了此次宣传服务活动。

**是月**　浦发银行市府大厦储蓄所开业。该储蓄所位于上海市人民大道200号市府大厦西侧底层,为上海市政府机关干部和工作人员提供金融服务。

**6月1日**　浦发银行与中国平安保险公司上海分公司协商,代理"少儿终身幸福保险"业务。

**6月9日**　浦发银行上海长宁办事处正式开业。

**6月23日**　浦发银行印发《资金调度与管理工作暂行办法》,明确浦发银行资金调度与管理体系的工作范围包含存贷比例管理、同业拆借管理、国债交易业务管理、二级准备金管理、备付金管理等5个方面,其中存贷比例管理为资金调度与管理的核心,要求保持在75%。

**6月27日**　浦发银行下发《关于严格执行资产负债比例指标的通知》,要求各分支行必须严格执行资产负债管理指标不得突破,总行按旬考核分支行存贷比例。

**是月**　经中国人民银行上海市分行批准,浦发银行首创向社会个人投资者公开发行企业短期融资券。当年为上海的申华实业、新世界股份、一百集团、市牛奶公司、农工商粮油等31家企业代理发行短期融资券,合计金额4.08亿元。

**7月1日**　浦发银行在全行范围内开通居民个人定活两便定额储蓄存款通存通兑,启用了新版100元和500元面额的定活两便定额储蓄存单。至当年底,定活两便定额储蓄异地间兑付量达161万元。至1996年,全行100个营业网点全部受理定活两便收储兑付。

**7月3日**　浦发银行印发《存汇工作内部管理达级评估办法(试行)》和《存汇工作内部管理达级评估标准(试行)》,标志着存汇工作"三A"达标升级活动正式启动。到1997年,第一营业部、杨浦支行、静安支行、徐汇办事处达到"AAA"级,其余直属支行均达到"AA"级。

**7月4日** 浦发银行为上海市公交车辆更新改造再次提供1亿元专项贷款,用于支持更新全市剩余的500辆公交"老爷车"。

**7月5日** 上海旭电玻璃有限公司贷款签字仪式在上海建国宾馆4楼大厅举行。此次贷款以浦发银行为牵头行,并由东京银行上海分行、(法国)里昂信贷银行上海分行、日本第一劝业银行上海分行、三菱银行上海分行、三和银行上海分行等共同参加,贷款金额2 800万美元。上海市计划委员会副主任程静萍、浦发银行行长裴静之等领导出席签字仪式。

**7月10日** 浦发银行决定建立总会计制度,印发《总会计工作暂行办法》,明确了总会计的配备范围、任职条件、工作职责、工作权限等。

**7月20日** 浦发银行南京分行举行开业庆典仪式。中共江苏省委书记陈焕友、江苏省省长郑斯林、省人大主任沈达人、副省长俞兴德、省委秘书长梁保华、省政协副主席胡福明,上海市老领导汪道涵,中国人民银行江苏省分行行长白世春等参加了开业庆典活动。

**7月31日** 浦发银行培训中心正式成立,设在上海市建国东路390号3楼。培训中心作为总行人事部所辖的教育管理职能机构和培训实体,为全行干部员工提供人力资源开发与培训服务。

**是月** 浦发银行开办"上海—浙江手拉手"定期有奖储蓄,是全国首个跨省市的定期储蓄。

**是月** 浦发银行下发《关于分支行办理银行汇票业务的补充规定》,规定银行汇票业务管理由管辖行负责,实行总、分、支行分级管理,并制定银行汇票业务机构的准入条件。

**8月24日** 浦发银行向(上海)外高桥联合发展公司发放5 000万美元国际银团贷款,签约仪式在上海外高桥保税区内举行。浦发银行作为参与行提供150万美元贷款,行长裴静之出席签约仪式。

**8月30日** 浦发银行向德沪合资企业——赫司特华新纤维公司提供相当于1 720万美元的人民币和美元混合贷款,上海市副市长华建敏,浦发银行董事长庄晓天、行长裴静之等参加签字仪式。

**是月** 浦发银行印发《稽核工作暂行规定》。

**是月** 浦发银行印发《关于设立分支机构的管理规定》,提出分支机构设立的原则,明确分支机构的组织体制,制定分支机构筹建、报批和设立的具体流程。

**是月** 浦发银行下发《关于落实1995下半年全行工作会议信贷管理措施的通

知》,全面推行以"三查"分离为基础的审贷分离制度,配置信贷审查岗,全面推行抵(质)押贷款,试行按风险度确定审批贷款权限等措施。

**10月17日** 浦发银行担任上海浦东国际机场财务顾问。协议签字仪式在上海海仑宾馆举行,上海市政府副秘书长兼上海浦东国际机场建设指挥部总指挥吴祥明,上海市计委、外经贸委、外汇管理局上海分局等领导,浦发银行董事长庄晓天,行长裴静之,副行长金运、梁沅凯等出席签字仪式。

**10月18日** 浦发银行与上海市黄浦区经济贸易委员会携手合作,推出国内第一张综合类消费优惠信用卡——"东方·黄浦联名卡",首发式在上海海仑宾馆举行。

**10月20日** 浦发银行第一届董事会第六次会议在湖南张家界召开。会议由董事长庄晓天主持,副董事长、行长裴静之作了《依法经营,规范操作,抓住机遇,开拓创新,为全面超额完成今年经营目标而努力》的工作报告;副董事长、常务副行长金运作了《关于上海浦东发展银行增资扩股情况的汇报》;董事长庄晓天作了《关于上海浦东发展银行第一届董事会成员变更事项的议案》的说明。

**是日** 浦发银行下发《关于开办个人使用支票业务的通知》,决定于当月在指定网点开办个人使用支票、银行本票业务;同时制定下发《个人使用支票、本票实施细则》《关于个人使用支票的业务处理手续》和《关于个人使用支票业务手工处理的暂行办法》。当月29日,浦发银行在第一营业部,上海虹口、长宁、静安支行及徐汇办事处开始办理个人使用支票和银行本票业务。

**是月** 浦发银行董事会决定将股份按1∶10的比例分拆,每股面值1元,公司总股本为10亿股。

**11月8日** 浦发银行江阴支行开业,这是浦发银行第一家异地直属的县级支行。江苏省副省长陈必亭、江苏省政府副秘书长陈德铭,上海市老领导胡立教,中国人民银行江苏省分行副行长黄正威,无锡市副市长吴经起、无锡市政协副主席华焕林,中国人民银行无锡市支行行长董伟,江阴市常务副市长孙福康等出席开业仪式。

**11月17日** 浦发银行印发《外汇资产负债比例管理办法(试行)》,明确外汇资产负债管理的组织机构、指标体系、资本成分、资产风险系数及统计口径、考核办法、调控措施等;并对总行资金财务部、国际业务部、信贷管理部在外汇资产负债管理中需承担的职责和相关部门联席议事规则等事项作了规定。

**11月20日** 浦发银行设立资产负债管理委员会,明确委员会为浦发银行本外币资产负债比例管理最高决策机构。行长裴静之任主任,副行长金运任副主任;委员会下设办公室,专司全行资产负债管理的日常监督、管理和考核职能。

**11月22日** 浦发银行国际业务部增设外汇管理科,加强了对全行外汇业务的政策辅导和督导管理。

**是月**　浦发银行杭州分行发行燃气专用东方卡。

**12月6日**　浦发银行印发《外汇资金管理暂行办法》，提出了"集中管理、分级核算"的管理原则，明确由资金财务部牵头，国际业务部负责实施外汇资金来源和运用过程中各项外汇资产和负债的流动性、安全性、盈利性，以及所面临的利率、汇率等风险的管理。

**是月**　浦发银行在天腾（TANDEN）计算机主机系统中建立并开通SWIFT（环球银行金融电讯协会）系统，用于外汇资金清算，日均收发报量达400笔。不久，浦发银行通过DDN专线和广域网络，将SWIFT系统改造成局域网络，实现了上海市中山东一路12号和宁波路50号两幢大楼之间的远程连接。

**是年**　浦发银行本外币存款余额272.4亿元，贷款余额205.7亿元，总资产489亿元，实现利润7亿元。

# 1996 年

**1月3日** 全国统一的银行间同业拆借交易系统在上海联网运行,浦发银行等14家商业银行总行成为全国同业拆借市场一级交易网络会员,首批进入全国银行同业拆借市场。

**1月13日** 浦发银行为纪念成立3周年,向社会公开发售由上海造币厂制造的1/10盎司纯金纪念章,共出售1 500枚。

**1月17日** 浦发银行在上海锦江小礼堂召开东方卡工作会议,行领导裴静之、朱恒、谈逸以及各部(室)、支行(办事处)等60多人出席会议。

**1月20日** 浦发银行下发《关于启用1996年新版礼仪储蓄存单的通知》,规定自1996年1月12日起,正式启用1996年新版礼仪储蓄存单;发行新版存单100元面额10万张,500元面额2万张,共吸收储蓄存款2 000万元。

**1月23日** 浦发银行向上海市财政局上报财务制度,确立了浦发银行财务体制实行"统一核算、统一调度资金、分级管理、自计盈亏、损益集中、逐级考核和分配挂钩"的管理模式和采取权责发生制的核算原则。

**是月** 中国人民银行正式批准浦发银行开办东方卡业务,浦发银行成为全国第9家开办银行卡业务的银行。

**2月2日** 国务院电子工业部部长胡启立来浦发银行视察工作。

**3月7日—8日** 浦发银行在上海西郊宾馆召开1996年全行工作会议。行长裴静之作了题为《以拓展市场为重点,提高资产质量和经济效益为中心,为长江流域经济腾飞和建立一流商业银行而努力》的报告。会议从"资产负债比例管理""扩大资金实力""风险防范机制""国际业务""分支机构建设""东方卡业务""中间业务""服务质量""内部管理""精神文明建设"等方面,总结了1995年的工作。会议对1996年全行工作进行了部署,指导思想和总体要求是:紧紧抓住商业银行机制探索和完善以及发展方式转变的关键,围绕深化改革这个核心,以拓展市场为重点,提高资产质量和经济效益为中心,在强化管理、规范操作的前提下,迅速在长江流域主要城市设立分支机构,不断提高全行经营管理水平,为长江流域经济发展和建立上海金融中心创造条件。

**3月11日** 中国人民银行批复同意浦发银行开办人民币信用卡(含IC卡)业务。

**3月20日** 浦发银行根据《商业银行法》,对《上海浦东发展银行章程》进行了修改：更名为"上海浦东发展银行股份有限公司";原章程第2条本行任务"为开发浦东和发展长江三角洲及沿江地区经济服务"改为"为开发浦东,振兴上海,发展长江流域及国内其他地区经济服务"。

**3月22日** 浦发银行第一届董事会第七次会议在上海新锦江大酒店召开。行领导庄晓天、裴静之、金运、朱恒、梁沅凯和全体董事出席会议。会议提出"全面实行资产负债比例管理和风险管理"的议案;行长裴静之作题为《以拓展市场为重点,提高资产质量和经济效益为中心,为长江流域经济腾飞和建立一流商业银行而努力》的工作报告。

**是日** 浦发银行下发《关于全面开展各项业务及制度执行情况大检查的通知》,成立由行长裴静之为组长,副行长朱恒为副组长的领导小组,小组成员为信贷管理部、信托业务部、资金财务部、国际业务部、个人金融部、工会等部(室)负责人,日常工作由稽核部、监察室具体负责。大检查着重对分支行的业务经营合法性,资产负债比例控制,资产质量,储蓄、出纳、结算、会计核算、信贷、国际业务、信托证券、财务会计等各项业务制度执行情况,领导决策和管理能力、劳动组织,人员分配,内部制约能力,业务状况以及对重大案件防范及查处等经营管理状况的检查。

**是月** 浦发银行在浦东国际机场现场办事处所在地——浦东新区施湾乡筹建总行直属的国际机场办事处,为国际机场项目工程提供就近服务。

**是月** 浦发银行承销1996年三年期无记名国债。

**4月4日** 浦发银行虹桥机场办事处正式开业。

**4月9日** 浦发银行下发《关于加强对外币储蓄存款业务管理的通知》,明确存汇部为全行外币储蓄存款业务的管理部门,负责对全行外币储蓄存款业务的领导和管理,对各分支行申办外币储蓄业务或扩大储蓄币种进行审批。

**4月17日** 浦发银行下发《关于开办存本取息定期储蓄的通知》,决定于1996年5月1日起正式开办存本取息定期储蓄;同时颁发《存本取息定期储蓄章程》。

**4月20日** 浦发银行北京分行开业仪式在北京钓鱼台国宾馆举行,全国人大副委员长雷洁琼、全国政协副主席万国权、原国务委员张劲夫、中共北京市委原第一书记段君毅和上海市老领导陈国栋、胡立教以及中国人民银行副行长殷介炎、上海市副市长华建敏、北京市副市长陆宇澄,浦发银行董事长庄晓天、行长裴静之、副行长梁沅凯等300多人出席了揭牌仪式。上海市副市长华建敏、北京市副市长陆宇澄先后在开业仪式上发表讲话。

**4月26日** 浦发银行召开"联行及汇票管理工作会议",存汇部提出改革联行清算办法,变手工编押为使用密押机编押。

**4月27日** 浦发银行召开全体员工大会,在全行上下大力开展窗口规范服务达标活动,提出以"舒心的环境、称心的服务、放心的质量"为内涵的达标要求。

**5月4日—7日** 浦发银行与国务院研究室财政金融司在杭州联合举办全国商业银行研讨会,重点探讨如何塑造新型银企合作关系和商业银行发展趋势等问题。浙江省副省长叶荣宝和国内数十家商业银行行长参加研讨会。

**5月7日** 浦发银行与中国建设银行上海市分行等4家银行组成银团,为上海地铁二号线工程建设提供3亿元贷款。

**5月21日** 上海市副市长、浦东新区管理委员会主任赵启正赴浦发银行研究浦东国际机场项目融资问题。

**5月22日** 浦发银行行长裴静之在上海陆家嘴、外高桥支行中层干部会议上宣布成立浦发银行浦东新区管理部,统一管理新区内所有网点,并加强与浦东新区政府的联系和协调

**是日** 浦发银行成立信贷管理部,统一管理全行的资产质量和资金安全。

**6月6日** 浦发银行上海奉贤办事处正式成立。

**6月12日** 浦发银行下发《关于按季发布"资产负债比例管理执行情况通报"的通知》。

**6月13日** 浦发银行代理发行上海申花集团短期融资券2 000万元。

**6月25日** 浦发银行印发《资产负债比例管理综合考核办法(试行)》,提出并逐步建立部门考核责任制,并进一步增强考核的可操作性。

**6月28日** 浦发银行向申雅密封件有限公司提供融资1.1亿元,以支持"桑塔纳"轿车配套产品密封条的生产。浦发银行行长裴静之、副行长金运,上海汽车工业(集团)公司副总裁叶平等出席签约仪式。

**6月29日** 共青团上海浦东发展银行第一次代表大会召开,选举产生了浦发银行第二届团委。

**7月3日** 上海市地铁二号线一期工程(浦东段)车站建设贷款签约仪式在新亚汤臣大酒店举行,浦发银行为该项目提供2亿元贷款,并签约承担该项目的财务监理工作。浦发银行董事长庄晓天,行长裴静之,副行长朱恒、梁沅凯出席仪式。浦发银行副行长朱恒与陆家嘴金融贸易开发公司总经理王安德、浦东土地发展(控股)公司总经理陈敏签署贷款合同。

**7月5日** 上海市政府下发《上海市人民政府关于金运等同志职务任免的通知》，正式任命金运为浦发银行行长。

**是日** 浦发银行印发《稽核专业人员岗位职责（试行）》。

**7月15日** 浦发银行为阿姆斯壮世界工作总公司在沪投资企业提供相当于1 200万美元的本外币混合贷款，以支持中国矿棉天花板等新材料产品的发展。该项目被列入上海市十二大重点工业项目之一。

**7月16日** 位于上海浦东陆家嘴金融贸易区中心位置浦东南路588号的"上海浦发银行大厦"正式开工兴建。

**7月18日** 国家外汇管理局批准浦发银行北京分行开办外汇业务。

**8月23日** 浦发银行设立信贷管理部，内设综合科、管理科、审贷科和检查科等4个科，主要职责是负责全行信贷业务和资产质量的管理。

**是月** 浦发银行印发《人民币同业拆借交易管理办法》和《人民币同业交易授权管理暂行办法》。

**9月3日** 浦发银行为强化全行外汇资金的统一管理，提高外汇资金营运效益，将国际业务部融资科更名为资金科，其原先承担的外汇融资等职能调整到信贷部。

**9月7日** 浦发银行印发《内部资金市场章程》和《内部资金市场核算办法》。

**9月11日** 浦发银行与万事达卡国际组织签署双方合作谅解备忘录，董事长庄晓天、行长金运及万事达卡组织总裁罗进出席。浦发银行成为万事达卡国际组织在中国的第8家会员银行，万事达卡组织将从技术和业务培训等方面提供支持，帮助浦发银行成为中国首张符合EMV国际标准的智能卡。

**9月21日** 浦发银行印发《重大业务事件快速上报制度的通知》，明确要求各级分支行的重大业务事件，应立即以各种方式报告上级管辖行稽核部门，同时应报告当地中国人民银行；对隐瞒不报、拖延上报重大业务事件的各分支机构，将给予相应的处罚并追究有关人员责任。

**9月25日** 浦发银行成立国际业务金融电子化领导小组，以行长金运为组长，实施对国际业务电子化系统开发的组织和推进工作。

**9月28日** 浦发银行成立浦东新区管理部。浦东新区管理部按照二级分行的机制运作和管理，下设资金财会部、信贷管理部、稽核部、营业部和办公室。

**是月** 浦发银行贷款2亿元支持江苏省重点工程——全省邮电系统移动通信网扩容工程建设，江苏省有关领导出席贷款签约仪式。

**10月1日** 浦发银行为适应储蓄业务发展，满足广大储户就近存取款的需要，开办全行系统内各类定、活期储蓄存款的托收转存和托收取现业务。

**10月7日** 浦发银行下发《关于开展内控制度稽核调查的通知》,明确开展内控制度稽核调查范围为：第一营业部、各分支行(含办事处)及各业务经营、管理部(室),包括信贷、信托、社保、个人金融、国际业务、资金财务部;针对经营决策、权限分工、岗位职责、操作规程、主要业务岗位、重点制度、检查监督等七个方面开展稽核调查,力争2—3年内全面建立和完善浦发银行的内控监督体系;努力做到部门之间、岗位之间相互制约、相互监督,将各项业务活动和业务操作、处理环节都置于内控制度监管之下,有效防范各类金融风险。

**10月8日** 浦发银行为辽宁远洋渔业股份有限公司(入选上证30指数)发放5 000万元贷款。这是浦发银行作为上海地方商业银行首次为沪市的异地上市公司提供优惠贷款。

**10月17日** 浦发银行向上海市老年基金会捐款50万元。

**是月** 浦发银行制定《1996年度东方卡业务考核办法》,考核内容分为指标考核、管理工作考核与拓展新业务嘉奖等3个层次。由于业务启动先后的原因,考核办法仅适用于上海地区受理东方卡业务的各支行(办事处)。

**11月4日** 浦发银行印发《结汇、售汇及付汇操作规程(试行)》,为规范结售汇操作和方便日后的检查监测奠定了基础。

**11月5日** 浦发银行决定自1997年1月1日起,存汇部负责全行本、外币出纳管理工作,负责修订、完善、健全有关外币出纳的规章制度及操作规程;第一营业部办理各支行领用及上解外钞,做好外币调运工作;国际业务部负责外币出纳、相关外汇政策管理,联络境外银行外币出运及调进工作等。

**11月8日** 中国人民银行作出《中国人民银行关于上海浦东发展银行增资扩股的批复》(银复〔1996〕0372号),同意浦发银行增资扩股10亿元,资本金达20亿元。

**11月11日** 浦发银行与香港莲花国际有限公司合资组建华一银行,签约仪式在上海花园饭店二楼举行。华一银行注册资本1亿美元,浦发银行持股10%,香港莲花国际有限公司持股90%。这是国内首家由海峡两岸金融界和企业界合资组建的华人商业银行,其业务定位是为投资中国大陆的台湾、香港地区及其他外资企业和个人提供金融服务。次年1月,中国人民银行批复同意(银函〔1997〕51号)合资组建华一银行。

**11月13日** 浦发银行下发《关于启用贰佰元面额礼仪储蓄存单的通知》,规定自1996年11月18日起,正式启用200元面额礼仪储蓄存单。

**11月15日** 浦发银行内部资金市场正式成立,成立大会在杭州召开。资金市场是内部资金调控机构,属非营利性的中介服务组织。内部资金市场成立后,资金市场部按照"用足、用活、用好"的原则与中国人民银行融资中心建立融资关系,并先后与广东发展银行、深圳发展银行、福建兴业银行等商业银行以及浙江、大连、广东、江苏、河南、湖南等融资中心建立融资关系。至1998年末,鉴于全国银行间同业拆借市场开始分批向商业银行授权分行开放,浦发银行关闭内部资金市场。

**11月19日** 浦发银行与美国美洲银行签订《受理 VISA/MASTERCARD 信用卡直接购货业务协议书》。自1997年12月1日起,浦发银行上海地区各支行(办事处)、第一营业部开始受理美洲银行委托代办外汇信用卡收单业务。

**11月20日** 浦发银行国际业务部增设外汇清算科,负责全行外汇资金清算。

**11月29日** 浦发银行成立清算中心,负责全行辖内联行汇划资金的清算。其后,浦发银行推行总、分行机构分设,清算中心划归上海地区总部。

**12月2日** 浦发银行印发《监管指标考核实施办法(试行)》,在《资产负债比例管理综合考核办法》的基础上,加列对分支行的考核内容。

**12月12日** 浦发银行以17亿元置换上海市中山东一路12号大楼(原市政府办公大楼)。

**是日** 浦发银行与为浦东国际机场配套项目——龙东大道拓宽工程提供4.5亿元中长期贷款及相关财务监理服务。

**12月16日** 浦发银行印发《外汇资金清算暂行办法》,明确外汇资金收付划拨实行"统一管理、集中划付、实收实付、逐笔清算"的原则,外汇资金清算严格执行权限管理、逐级审批、前后台分离的操作制度,还对总分支行外汇资金清算流程的规范操作作了相应规定。

**12月18日** 浦发银行温州支行开业。上海市老领导陈国栋、胡立教、汪道涵,中共温州市委书记张友余、温州市代市长钱兴中等领导出席了开业庆典仪式,这是浦发银行在上海以外地区设立的第6家直属分支机构,是第2家总行直属支行。

**是日** 浦发银行与上海市建设委员会合作开发的"城市交通智能卡付费网络"第一个项目——东方卡大众出租车付费系统正式开通,开通仪式在上海虹桥宾馆举行。东方卡在1252辆贴有"东方卡本车使用"标志的大众出租车上启动使用。次年3月底,所有大众出租车上全部开通了东方卡消费功能。

**是年** 浦发银行人民币存款余额371.49亿元,贷款余额230.99亿元,外汇存款余额5.24亿美元,外汇贷款余额6.81亿美元,资产总额754.9亿元。

# 1997 年

**1月1日** 浦发银行浦东新区管理部正式运作。

**1月3日** 浦发银行决定实施《关于信贷业务授权经营管理和审批权限的暂行规定》,强调按照单一法人原则,实施信贷业务授权经营,一级管理一级,一级向一级负责;有效建立信贷业务总、分、支三级监督网络,按属地受理、适度授权、集控风险的方式办理贷款业务。

**是月** 浦发银行制定《人民币同业拆借授权经营办法》,授权资金财务部参与全国银行间同业拆借市场进行同业拆借交易,授权杭州分行、南京分行、北京分行、宁波分行、江阴支行、温州支行参与当地全国银行间同业拆借市场二级网络,办理同业拆借业务。

**2月15日—17日** 浦发银行在上海汽车工业活动中心召开1997年全行工作会议。浦发银行董事长庄晓天、副董事长裴静之讲话。行长金运作了题为《坚持改革,开拓创新,规范运作,防范风险,为建立具有全国影响的、一流的现代商业银行而努力》的报告。从"资产负债管理""全行存款""信贷机制""国际业务""网点建设""金融电子化""中间业务""银行服务质量""稽核监察机制""思想政治工作"等方面,回顾与总结了1996年工作。会议对1997年全行工作进行了部署,指导思想和总体要求是:加大改革创新的力度,进一步探索、建立与完善商业银行机制;以拓展市场为重点,确立和强化全行营销体系;以提高资产质量与经济效益为中心,进一步加强内部管理,依法、规范经营,切实防范与规避金融风险;继续支持当地经济建设和发展,参与支持国有大中型企业的改革;深入开展"四讲一服务"活动,全面提高经营管理与服务水平;加强思想政治工作,建设一支高素质的干部员工队伍,为尽快建成具有全国影响的、一流的现代商业银行而努力。

**2月27日** 浦发银行下发《关于各分行,直属支行(办事处)设立个人金融部(科)和总行存汇部更名为会计部的通知》,决定储蓄业务划归个人金融部,存汇部更名为会计部,专司会计核算管理职能。更名后的会计部设立会计科、结算科、出纳科、综合科,增设会计检查辅导科。当年底,会计部制定了会计工作框架。

**2月28日**　浦发银行杭州分行正式加入杭州市中国人民银行"天地对接"系统，直接办理通过中国人民银行的电子汇划业务。

**3月1日**　浦发银行开办个人定期储蓄存款存单（折）小额质押贷款业务，并制定下发《个人定期储蓄存款存单（折）小额质押贷款章程》及《个人定期储蓄存款存单（折）小额质押贷款业务处理办法》，就质押品及贷款对象，贷款申请，贷款额度、期限、利率，贷款归还及逾期、展期处理，贷款合同解除及其他作了明确的规定。

**3月4日**　根据《东方卡信用透支业务管理规定（试行）》和《东方卡透支业务会计核算办法》，浦发银行东方卡透支业务进入试运行阶段，第一营业部、上海宝山办事处等5个单位参加试点。

**3月12日**　国家开发银行正式确定，由浦发银行独家承担上海浦东国际机场公司30亿元贷款的代理业务。

**3月21日**　浦发银行下发《关于调整资产负债管理委员会组成人员的通知》。经调整后的资产负债管理委员会由行长金运任主任委员，副行长谈逸任副主任委员；资产负债管理委员会下设专职办公室。

**3月25日**　浦发银行印发《外汇资金同业拆借管理办法》，规定按"总行统一授权，分级经营核算、加强授信管理、控制经营风险、规范操作、提高资金效益"的管理原则，办理外汇资金同业拆借，并对各种业务的操作流程作了具体规定。

**是月**　浦发银行首次以SWIFT（环球银行金融电讯协会）方式办理外汇汇款业务。

**4月8日**　浦发银行上海金桥办事处正式开业。

**4月23日**　浦发银行印发《资产负债管理委员会工作规程》。

**是日**　浦发银行制定《1997年无记名（一期）国债分销办法》，推出了包销和代销两种方式。

**4月28日**　浦发银行签约出任上海跨世纪示范性居住区——万里居住区项目的财务顾问，并融资8亿元。上海市副市长夏克强、市建设委员会主任张惠民等市、区有关部门领导和浦发银行相关领导出席签约仪式。

**4月30日**　浦发银行印发《辖属分支行开办外汇业务管理暂行规定》。根据国家外汇管理局要求，规定了分行申请开办外汇所应具备的条件；还就总行对分行开办外汇业务申请的验收办法、验收的基本要求和审批等内容作了具体规定。

**5月9日**　浦发银行与上海浦东新区经贸局联合举办上海离岸金融高级研讨会，副行长谈逸、行长助理顾亮出席会议。

**5月21日**　浦发银行下发《关于安装总行传信系统配制要求和有关事项的通

知》。传信系统是浦发银行与美国微软公司合作搭建的集电子邮件、日程安排和公共信息访问三大支柱功能为一体的电子化平台,总分行采用分布式结构,实现全行机构和员工之间的办公邮件通信。

**5月26日** 浦发银行与上海公交客运票务结算中心联合举行东方公交卡首发式。

**6月9日** 浦发银行向上海金地石化有限公司(由上海石化股份公司、美国大陆谷物公司和日本三菱商社合资组建)提供1.75亿元人民币贷款及由与4家外资银行(意大利罗马银行、法国里昂信贷银行、日本第一劝业银行、日本兴业银行)组成的1 500万美元俱乐部贷款,以支持该公司液化石油气的生产。浦发银行董事长庄晓天、行长金运、副行长陈辛、行长助理朱福涛及上海石化股份公司总经理吴亦新等参加了签字仪式。

**6月11日** 浦发银行印发《关于进一步健全会计、出纳、储蓄业务内控机制的十项措施》,并将十项措施编写成学习手册,要求分行、直属支行(办事处)认真组织学习,积极贯彻落实。十项措施是:全面审核存款账户;加强对存款账户印鉴卡的管理;切实加强对大额现金支付的管理;进一步加强空白重要凭证的管理;完善柜员制的监督机制;进一步严密利息计算的控制;进一步加强计算机核算业务的管理;加强营业场所的安全保卫措施和会计核算组织的制约机制;加强出纳库款管理;健全监督机制,增强坚持辅导力度。

**6月12日** 浦发银行下发《关于改变联行核算办法中有关账务处理问题的通知》,就有关账务结转等问题作了规定。新的联行核算办法从6月23日起实行。

**6月25日** 浦发银行制定《会计、出纳、储蓄业务内控监督管理的主要内容及规定》,对历年制定的会计、出纳、储蓄业务内部管理规章制度进行整理和补充。

**6月26日** 浦发银行与莲花国际有限公司合资组建的华一银行在上海陆家嘴金融贸易区内正式开业。

**是日** 浦发银行新虹桥办事处正式成立,并向上海东方国际(集团)公司提供3.6亿元贷款、向上海电气集团总公司提供本外币融资安排。上海市政府副秘书长、市外经贸委主任朱晓明,东方国际集团公司董事长王祖康,上海电气集团总公司总经理周飞达及浦发银行董事长庄晓天、副董事长裴静之、行长金运出席签约仪式。

**是月** 浦发银行召开全行金融风险防范工作会议。行长金运作了题为《在发展中防范与化解经营风险,为全面完成今年各项经营目标和工作而努力》的报告,稽核部、监察室作了《加强内控管理,防范金融风险,保证我行金融业务稳健运营》的发言。

**是月** 浦发银行下发《关于成立信贷部(科)和信贷部(科)更名为公司金融部

（科）的通知》，在全行成立信贷管理部门——总行、分行设立信贷管理部，直属支行（办事处）设立信贷管理科，原审贷科撤销；信贷管理机构成立后，总行和分行的信贷部更名为公司金融部，直属支行（办事处）的信贷科更名为公司金融科。至同年12月，公司金融部组织架构建设基本完成。

**7月1日** 浦发银行在上海地区正式向社会发行可透支的东方卡。

**7月8日** 浦东国际机场项目30亿元贷款的借款合同、担保合同暨委托代理协议签署，浦发银行正式成为国家开发银行浦东国际机场项目贷款的担保行和代理行。

**7月18日** 浦发银行根据中国人民银行下发的《关于停止办理不记名式礼仪存单、不记名式储值卡的通知》（银发〔1997〕66号），停止办理礼仪储蓄业务。

**7月21日** 浦发银行印发《代客外汇买卖操作规程》，明确全行代客外汇买卖业务由国际业务部统一办理，各分支行和第一营业部可委托总行办理外汇买卖，为企业提供即期、远期和择期外汇买卖金融服务。

**7月30日** 浦发银行制定下发《资产负债比例管理实施办法（本外币）》，建立全行性指标体系，包括10项监控性指标和6项监测性指标，把外汇业务、表外项目纳入考核体系。

**是月** 浦发银行初步完成对公业务同城联网系统的开发，在城市行TANDEM机上建立交换系统，继宁波分行投入试运行后，陆续推广到南京、江阴和上海地区各支行。

**是月** 全国银行间债券市场正式启动，浦发银行是全国银行间债券市场首批入市的16家商业银行之一，也是首批国债自营商、一级自营商、央行公开市场一级交易商和政策性金融债券承销团成员。

**8月18日** 浦发银行苏州分行正式开业，这是浦发银行在上海以外地区开设的第7家直属机构。全国政协常委韩培信，中共江苏省委常委、苏州市委书记杨晓堂，上海市老领导陈国栋、胡立教及浦发银行领导庄晓天、裴静之、金运等参加了开业仪式。

**8月20日** 浦发银行印发《经营管理综合考核办法》，实行了对分行完成外汇结算量计划指标加1分，完成结售汇计划指标加2分，没有完成上述指标扣2分的本外币经营业绩一体化考核，鼓励分行积极拓展外汇业务。

**8月28日** 浦发银行石化办事处与原金山支行合并更名为金山支行。

**是月** 浦发银行下发《1997年个人金融业务考核办法》，明确东方卡业务的考核重点为发卡量、发展商户量和东方卡存款量等3项指标，同时制定《东方卡业务内部管理考核细则》。

**是月** 嘉腾系统电子(中国)有限公司的 EXBILLS 系统在浦发银行上线,提高了浦发银行国际结算业务的电子化水准。

**9月1日** 经中国人民银行批准(银银管〔1997〕0110号),浦发银行在国内首家试点办理普通高校助学贷款,为当年入学的上海地区40余所全日制普通高校新生提供学费和生活费贷款。

**9月3日** 浦发银行在上海地区试办人民币助学贷款业务,参与范围包括44所普通高校。开办当日,浦发银行与上海市教委联合举行上海市普通高校学生助学贷款合作协议签字仪式,并向上海市教委助学贷款专项基金捐赠100万元,用于对优秀学生和经济困难学生的助学贷款贴息。截至1998年11月,有585名学生获得了79万元助学贷款。

**9月5日** 浦发银行向浦东新区城建局提供1亿元贷款,用于浦东金桥苑、银桥苑和海阳新村等约15万平方米的市政动迁房建设。浦东新区管委会副主任李佳能,浦发银行副行长谈逸、行长助理顾亮及新区城建局、财政局负责人出席签约仪式。

**9月8日** 浦发银行向上海市国家税务局上报《关于浦发银行管理体制和财务核算有关情况的报告》,系统介绍浦发银行统一核算、统一调度资金、分级管理、损益集中的财务集中管理模式。

**9月11日** 浦发银行召开全行财务工作会议,会后下发《上海浦发银行新建机构筹建费用管理暂行办法》《上海浦发银行固定资产管理暂行办法》。

**9月18日** 经国家外汇管理局批准(沪银外资〔1997〕012081号),浦发银行在香港资本市场成功发行5 000万美元大额可转让浮息存款证,债券期限为364天。签字仪式在香港举行,董事长庄晓天、副行长谈逸及香港银行界知名人士共同出席。这是浦发银行首次在香港地区的境外资本市场上筹措外汇资金。

**9月23日** 浦发银行与上海永乐股份有限公司签署全面银企合作协议,双方确立主办行关系。中共上海市委宣传部副部长方全林、上海广播电视局局长叶至康及浦发银行副行长陈辛出席签约仪式。

**9月25日** 浦发银行与上海五钢集团签订银企合作协议,为其提供财务顾问和本外币结算等全方位服务,并计划在1997年度安排2.2亿元贷款额度。浦发银行行长金运、副行长陈辛出席签约仪式。

**是月** 申能(集团)有限公司和上海外滩房屋置换有限公司分别与浦发银行签署证券经营机构转让协议。浦发银行证券交易席位及下属的杨浦、南汇、石化、静安等4个营业机构由东方证券有限责任公司出资收购,4家证券机构协议转让价为2 926万元,86名员工转入东方证券,完成了浦发银行证券业务与银行业务的分离,信托证券部更名为信托业务部。1999年,信托业务部划归上海地区总部。

**是月** 浦发银行首次分销凭证式国债。

**10月8日** 浦发银行印发《人民币联行核算办法》和《人民币联行资金清算操作细则》,开展第一次联行改革。

**10月9日** 浦发银行与中国高科集团股份有限公司(由全国174所高校组成的股份制上市公司)签订主办行协议。浦发银行将为其提供结算、代理贷款、担保和信息咨询等全方位金融服务,并承诺至次年9月止,向其提供1.2亿元贷款额度。

**10月28日** 经浦发银行总行及中国人民银行苏州分行批复同意,浦发银行苏州分行正式开办个人通知存款业务。

**10月31日** 浦发银行与上海市城市建设投资开发总公司签订银企合作协议,并在此后5年内向其提供包括本外币贷款、开立免担保信用证、优先办理银行承兑汇票等内容在内的5亿元循环贷款额度。浦发银行董事长庄晓天、副董事长裴静之、行长金运、副行长梁沅凯及上海市计划委员会副主任程静萍、上海市建设委员会副主任谭企坤出席了签约仪式。

**是月** 浦发银行宁波分行在电脑部的协同下,率先在宁波地区推出了自助银行,成为浦发银行第一家自助银行。

**11月27日** 浦发银行与上海复星高科技(集团)有限公司举行企业经营管理顾问签约仪式暨银企合作、推进科技产业化研讨会。浦发银行将向复星集团提供1亿元授信额度,并担任经营管理顾问,以促进科技产业化。上海市政府副秘书长兼市计划委员会主任韩正、市科技委员会主任华裕达、市科技工作党委书记朱寄萍、市体制改革委员会副主任朱星火等有关部门负责人出席会议并作讲话。

**是月** 浦发银行出台《实行〈岗位资格证书〉制度的暂行规定》,在业务岗位推行"持证上岗"制度。

**12月8日** 浦发银行空港办事处正式开业。该办事处将作为国家开发银行浦东国际机场项目30亿元贷款的代理经办行。同时,浦发银行承诺为机场油料项目提供3.49亿元贷款。浦东国际机场、上海市计划委员会、浦东新区管委会主要领导以及浦发银行领导出席开业仪式,浦东国际机场总指挥吴祥明、浦发银行董事长庄晓天为其揭牌。

**12月12日** 浦发银行南京分行所属南通支行正式开业,这是浦发银行在苏北地区开设的首家分支机构。

**12月15日** 浦发银行下发《关于加强外汇会计管理健全内控机制的通知》,重申各分支行必须明确一名外汇会计主管,负责对外汇会计日常核算工作和重要账务处理进行审核管理,按照先审核、后核算的原则,履行外汇会计事后监督职能,加强开销外汇账户管理,加强审核对外付款凭证,加强对非正常暂收暂付项宕账的控制,指定专人核对存放总行和存放同业的发生额和余额,准确做好外汇存贷款账户的计息等。

**12月16日** 浦发银行杭州分行辖属嘉兴支行正式开业。

**12月17日** 浦发银行杭州分行辖属绍兴支行正式开业,并与绍兴黄酒集团签署1亿元贷款意向书。

**12月21日** 由浦发银行总行牵头、温州支行作为代理行,牵头组织温州首个银团贷款,为浙江省及温州市重点建设项目——温州龙湾调峰电站提供3.6亿元贷款。

**12月30日** 浦发银行与上海东方明珠股份有限公司签订主办行协议,并由浦发银行提供2亿元产权收购贷款,以支持东方明珠公司收购奉浦大桥49%股权。上海市广播电视局局长叶至康、浦发银行行长金运出席签约仪式。

**是年** 浦发银行本外币存款余额604.65亿元,贷款余额398.18亿元,资产总额816.4亿元,实现利润9.89亿元,在14家股份制商业银行中名列第5位,在全国商业银行中名列第8位。

# 1998 年

**1月10日** 浦发银行增开荷兰盾、法国法郎两个币种的定期、活期储蓄业务。

**1月13日** 浦发银行与微软(中国)有限公司签署《浦发银行银行信息电子化建设合作备忘录》。浦发银行将采用微软公司先进的软件技术、管理方法,建设全行信息电子化系统。浦发银行副董事长裴静之、副行长谈逸及美国微软公司资深副总裁史蒂夫·鲍尔默(Steve Ballmer)出席签约仪式。

**1月25日** 浦发银行开办储蓄存款证明书业务,制定《出具〈存款证明书〉业务处理办法》,明确了《存款证明书》的开证范围和处理手续。随着业务发展,国债、理财产品等也逐渐纳入了存款证明范畴。

**是月** 浦发银行上海地区逐步对外受理 VISA/PLUS 外汇信用卡 ATM 取现业务。

**2月6日** 浦发银行转发中国人民银行《关于进一步加强贷款管理有关问题的通知》(银发〔1998〕19号),并结合浦发银行贷款实际,提出加强贷款管理的15条措施。

**2月8日—10日** 浦发银行召开1998年全行工作会议。董事长庄晓天出席会议并讲话,行长金运作了题为《认真学习贯彻十五大精神,积极创新商业银行机制体制,为把我行建成具有全国影响的、一流的现代商业银行而努力》的报告。会议从"全行业务""分支机构框架""运行机制"等方面,回顾与总结1997年全行工作。会议对1998年全行工作作了部署,指导思想和总体要求是:认真学习和全面贯彻"十五大"和全国金融工作会议精神,建立与完善适应并能促进市场经济发展的商业银行运行机制,并要在组织机构上有所突破;以拓展市场为重点,强化全行对外营销和服务工作;以提高经济效益与资产质量为中心,加强内部控制与管理,切实防范与化解金融风险;大力支持当地经济建设和发展,全面提高经营管理与服务水平;加强思想政治工作,加快形成一支观念新、业务精、素质高的干部员工队伍,为基本建成具有全国影响的、一流的现代商业银行而努力。

**2月16日** 浦发银行正式实施《个人金融业务综合统计月报表》编报制度,个人金融业务形成以东方卡为中心,个人储蓄和信贷等业务相结合的业务体系。

**是月** 浦发银行实施外汇业务操作系统与 SWIFT 系统、清算中心、第一营业部的联网,全面推广应用 SWIFT 系统。

**3月1日** 浦发银行决定在宁波分行营业部开展"本外币+出纳付款、储蓄+出纳收款"模式的综合柜员制试点。

**3月7日** 浦发银行下发《关于加强内部控制建设,开展整章建制工作的通知》。按照"规范经营、内控优先、制度先行"的原则,从 1998 年起,在全行开展以完善金融机构内部控制建设为核心的整章建制工作,争取用 1—2 年的时间建成一套权责分明、平衡制约、规章健全、运作有序的内控机制。

**3月28日** 浦发银行慈溪支行正式开业,慈溪支行是浦发银行宁波分行通过兼并慈溪租赁业务部而设立的支行,开创了区域内金融机构兼并的先例。

**是月** 由浦发银行自行设计开发的联行汇划清算系统,在江阴支行模拟运行成功。

**是月** 浦发银行根据"在锁定和化解资产风险的前提下,逐步清理信托资产"的工作要求,停止向信托客户发放新的贷款,按照有条件转(展)期、只收不放、到期收回的原则压缩信托资产总量。

**是月** 浦发银行向上海市人民政府报送《向社会公开募股并上市的方案》,申请拟向社会公开募集资金,募集股本总额为 28 亿元,其中 20.1 亿元股由浦发银行原股东持有,新增 7.9 亿元股向社会公众募集,占总股份的 28.22%,每股面值 1 元。

**4月17日** 浦发银行南京分行辖属无锡支行开业。当日,无锡支行与无锡小天鹅集团公司和威孚股份有限公司分别签订 1 000 万元贷款协议。

**4月21日** 国家外汇管理局同意浦发银行苏州分行开办外汇业务(汇管复字〔1998〕第 0192 号),有效期 3 年。

**4月24日** 浦发银行改变各分支机构异地通兑的定活两便定额储蓄兑讫存单实物交换办法,并下发变更后的《兑付异地行定活两便定额储蓄资金清算及兑讫存单交换的处理手续》。

**5月6日** 浦发银行制定《上海地区分支机构升格或更名管理办法》,明确经考核经营机构的经营状况、内控制度、业务量、营业面积、负责人资历以及从业人员结构等方面的情况,对符合条件的支行级办事处进行更名,符合条件的分理处(营业所)、储蓄所进行升格;同时对不符合升格条件的分理处和储蓄所进行必要调整和合理布局。经中国人民银行批准,浦发银行上海地区的 13 个办事处更名为支行,31 个分理处、10 个营业所完成更名和升格工作。

**5月11日** 国务院总理办公会议原则同意中国证监会提交的关于搞活证券市场

的八大措施,其中包括选择浦发银行进行上市试点的请示。浦发银行的重组上市工作进入实质性的启动阶段。

**5月15日** 浦发银行印发《经营管理综合考核办法》,在坚持公平、公正、公开原则且鼓励分支机构做大业务的基础上,再度修改完善经营管理综合考核办法。

**是日** 浦发银行首单行内联合贷款签约发放,由虹口、闵行、宝山等3家支行共同向上海轨道交通明珠线项目发放总额为2亿元的联合贷款。该贷款分4次发放,由虹口支行负责统一对外。

**5月18日** 浦发银行联行汇划清算系统完成调试工作,并印发《关于联行汇划清算系统试运行的通知》,决定先在上海、江阴、宁波等三地进行试运行;由第一营业部、宁波分行营业部、北仑办事处、余姚办事处为经办行,组成总行清算中心、分行清算部门和经办行的计算机网络体系。在后续4个月的试运行中,先后有13个分支行加入联行汇划清算系统,发生联行往来业务1.4万笔,清算资金量达4.8亿元。

**是日** 浦发银行与上海图书馆共同推出国内第一张文化类智能联名卡——东方上图卡,该卡在东方卡基础上融入上海图书馆读者证功能。

**是月** 浦发银行与上海市浦东新区社会发展局商定:在浦东新区中小学校开展"手拉手,心连心"帮困助学活动,开办"手拉手,心连心"帮困助学储蓄;同时制定《"手拉手,心连心"帮困助学储蓄章程》与《"手拉手,心连心"帮困助学储蓄办法》。

**6月1日** 浦发银行主要领导赴北京,向中国人民银行汇报浦发银行重组上市工作。次日,中国人民银行行长戴相龙和副行长刘明康召开专门会议听取汇报。

**是日** 浦发银行重庆分行开业暨1998年重庆市重点市政工程朝天门广场建设项目5 500万元贷款签约仪式在渝举行,中共沪、渝两地市委、市政府领导张德邻、蒲海清、徐匡迪等出席签约仪式。浦发银行重庆分行是重庆直辖后成立的第一家银行,也是第三家入渝的股份制商业银行。重庆分行将原用于开业庆典的20万元全部捐赠,用于在重庆市万州区五桥管委会兴建"浦发希望小学"。

**6月3日** 浦发银行上海黄浦支行正式开业。

**6月13日** 浦发银行举行股票承销机构定标会,董事长庄晓天、副董事长裴静之、行长金运、副行长陈辛及全体评委和来自全国的10家证券公司负责人参加。经上海市公证处公证,确定海通证券公司为主承销商,中信证券公司为上市推荐人,光大、君安、东方证券公司为副承销商。

**是日** 浦发银行杭州分行与浙江图书馆合作推出"东方浙图联名卡"。

**6月23日** 浦发银行举行上海市中山东一路12号大楼启用仪式,总行机关及第一营业部迁入,成为第一家总部入驻外滩金融街的商业银行。

**是日** 浦发银行向浦东国际机场供油工程、天津路综合改造项目提供5.5亿元人民币贷款,并利用外国政府贷款、出口信贷4 517万美元支持黄浦江人行隧道、浦东环保项目建设。

**是日** 浦发银行宝山办事处更名为宝山支行、奉贤办事处更名为奉贤支行、徐汇办事处更名为徐汇支行。

**6月28日** 浦发银行与长江有色金属现货市场签订银企合作协议,为其提供2.4亿元仓单质押贷款特别授信额度,客户可凭长江有色金属现货市场签字认可的仓单,向银行申请质押贷款。中共上海市委常委、副市长蒋以任,市政府副秘书长、市经济委员会主任黄奇帆及浦发银行副董事长裴静之、行长金运、副行长陈辛出席签约仪式。

**6月30日** 浦发银行与上海市黄浦、卢湾、嘉定、闵行等6个区政府签约提供1.41元贷款,支持上海市外环线环城绿化带工程建设。上海市建设委员会主任张惠民、上海市园林局局长、黄浦等6个区的分管副区长及浦发银行行长金运出席签约仪式。

**7月6日** 浦发银行南京分行与江苏省交通厅签约,提供3亿元贷款支持宁杭公路改造项目,并就承诺贷款3亿元支持宁通、宁连公路建设签订贷款意向书。

**7月28日** 浦发银行第一期贷款风险分类培训班在上海开班,行长金运到会作培训动员。截至9月底,共举办7期贷款风险分类培训班。

**是月** 浦发银行先后3次举办综合外管政策和外汇业务风险防范培训,全行分支行行长、中层干部、外汇从业人员1 000多人次参加了培训。

**8月18日** 浦发银行制定下发《外币储蓄章程(暂行)》和《外币储蓄业务规定(暂行)》。《外币储蓄章程(暂行)》分别制定了外币储蓄存款实行存款自愿、取款自由、存款有息、为储户保密的原则,接受储户美元、港币、日元、英镑、德国马克、澳大利亚元、荷兰盾、法国法朗、欧元(自1999年1月1日起)等币种的现汇、现钞储蓄,存期分活期和3个月、6个月、1年、2年等四档,规定了储户存入银行的起点金额。《外币储蓄业务规定(暂行)》明确了浦发银行办理外币储蓄业务,坚持内控制衡原则,实行双人临柜,钱账分管;账要复核,钞要鉴别复点;当时记账,日账日清;总分核对,定期查库;健全交接,人员调动须办理经管的账、证、章、款的当面交接手续,留有书面记录;章证分管,保管使用空白重要凭证的人员不得掌管和使用业务公章。

**8月19日** 浦发银行正式在上海黄浦支行推出第一台现金存款机。截至当年底,浦发银行自助银行在上海、宁波开通了取现、查询、存款等服务功能。

**8月21日** 浦发银行下发《稽核工作程序》,统一制定银行内部稽核机构和稽核人员开展稽核工作时应遵循的工作步骤,细化稽核工作过程中准备阶段、实施阶段、报告阶段、处理阶段、资料整理归纳阶段所需做的工作内容、实施方法和完成标准。

**是月** 浦发银行制定《关于加大信贷调整力度,严格规范经营,强化金融服务,稳健发展公司金融业务的指导意见》。该意见包括加大信贷结构调整;支持重点地区、重点企业;强化公司金融营销服务。

**是月** 浦发银行制定《员工行为规范(试行)》,自10月1日开始试行。该《规范》要求浦发员工具有仪表高雅、品行端正、诚实可信、敬业爱岗、开拓务实的精神风貌;包括形象规范、社交礼仪规范、行内公共场合行为规范、业务行为规范、文明用语规范。

**是月** 新东方卡系统完成开发和内部测试,浦发银行在行内各部门发行了一定数量、符合规范的东方卡,并在个人金融部、第一营业部和上海黄浦支行的配合下,进行了规范卡的试运行。

**9月24日** 共青团上海浦东发展银行第二次代表大会召开,选举产生浦发银行第三届团委。

**9月30日** 浦发银行制定《结汇、售汇及付汇操作规程》,强调办理售付汇业务应严格按照审售分离原则,做到售汇审核人员与售汇经办人员在人员、时间、空间的彻底分离,发挥互相监督、相互制约的内部监控作用,以纠正在加强结汇、售汇及付汇操作自律管理中存在的问题。

**是月** 浦发银行获得国家开发银行浦东国际机场南干线项目11亿元贷款的代理业务。

**10月8日** 英国首相安东尼·布莱尔(Anthony Charles Lynton Blair)一行参观浦发银行总行,董事长庄晓天、行长金运陪同参观。

**10月9日** 浦发银行下发《关于成立上海地区总部的通知》。上海地区总部的职能定位,对外是浦发银行的一个综合性职能部门,对内比照分行一级模式进行运作和管理;其主要职能是受总行领导和管理,为上海地区市场需求提供金融服务,领导、管理、监督、服务各支行及开展区域企业文化建设;下设办公室、人力资源部、资金财务部、会计部、稽核部、信贷管理部、公司金融部、个人金融部、外汇业务部、营业部和浦东新区管理部11个部(室),下辖上海地区23家支行及所属网点,原信托投资公司、存汇部清算中心、国际业务部贸易科和个人金融部清算科也相继划归上海地区总部。

**10月19日** 浦发银行上海崇明支行、川沙支行正式开业。

**10月29日** 经中国人民银行广东省分行批准(粤银复〔1998〕554号),浦发银行广州分行正式开业。

**是日** 浦发银行广州分行环保项目融资合作签约仪式在广州举行。广东省副省长王岐山、广州市副市长沈柏年,上海市老领导胡立教、海峡两岸关系协会会长汪道涵,浦发银行董事长庄晓天、副董事长裴静之、行长金运出席签约仪式。该环保项目由浦发银行广州分行与巴克莱银行附属巴克莱亚洲有限公司和富临(亚洲)有限公司合作,为国内垃圾处理项目筹措资金16.5亿元。

**是月** 浦发银行开始在全行各分支机构推行贷款风险分类,分类范围为1997年底各类表内贷款业务、委托贷款以及社保业务。

**是月** 浦发银行在上海地区开办个人通知存款业务,同时制定了《个人通知存款章程》。

**是月** 浦发银行完成对公异地联行系统的开发,在TANDEM机的基础上完成了储蓄异地通存通兑系统的开发,并先后在上海、江阴、南京、宁波、杭州、温州等地开通了活期储蓄、东方卡业务系统内异地通存通兑业务,总行计算机系统开始由城市行联机系统向全国联网系统转变。

**11月11日** 国家外汇管理局上海分局下发《关于上海浦东发展银行开办个人外汇买卖(实盘)业务的批复》(沪银外检〔1998〕6150号),同意浦发银行办理个人外汇买卖业务。

**11月13日** 浦发银行制定下发《关于代发工资转存储蓄业务的通知》,就代发工资转存活期储蓄的业务范围和受理申请、开户手续、办理转存等作了详细规定。

**是月** 浦发银行杭州分行与浙江省国际信托投资公司证券管理总部签订银证联网合作协议,联手实现银证转账业务。

**12月18日** 中国人民银行上海市分行批准浦发银行设置发行基金代理保管库(沪银发行〔1998〕4154号)。

**12月24日** 浦发银行印发《资金管理办法》,对银行的资金来源和运用作了规定,并对资本金、信贷资金、发行金融债券资金、向中国人民银行借款、同业拆借、投资和证券回购、系统内资金调度、存款准备金、二级存款准备金、结售汇及外汇买卖、非营利资金和利率管理、资金管理统计分析报告等业务活动和经营管理活动作了量化规定。

**是日** 浦发银行下发《关于保管箱库营业收入账务处理的通知》,规范保管箱库营业收入的账务处理。

**是月** 经中共上海市委批准,中共上海浦东发展银行党组改组为中共上海浦东发展银行委员会,金运任党委书记,谈逸、万晓枫任副书记,陈辛、徐器生任委员。同时建立中共上海浦东发展银行纪律检查委员会,万晓枫任书记,孔庆华任副书记,纪委与监察室合署办公。

**是月** 浦发银行浦东新区管理部职能转换,纳入上海地区总部。

**是年** 浦发银行本外币存款余额707.32亿元,贷款余额483.36亿元,总资产873.38亿元,实现利润11.6亿元。

# 1999 年

**1月1日** 浦发银行增开欧元定期、活期储蓄业务,并印发《欧元定期、活期储蓄业务的核算办法》。

**1月8日** PROP(参与人远程操作平台)系统银行端电子转账系统正式上线,浦发银行开始为上海证券交易所提供法人清算服务,实现了证券资金结算的同城和异地实时转账。

**1月22日** 浦发银行与东方证券有限公司签署全面合作协议,浦发银行董事长庄晓天出席签约仪式。

**1月26日—29日** 浦发银行在浦东香格里拉大酒店召开1999年全行工作会议。董事长庄晓天发表讲话,行长金运作题为《认清形势,迎难而上,抓住机遇,有效发展,以良好的精神状态迎接新世纪的到来》的报告。会议简要回顾了1998年的工作,并提出1999年全行工作的指导思想是:认真贯彻中央经济工作会议和金融工作会议精神,坚定信心,抓住机遇,团结拼搏,强化调控,有效发展,在保持业务快速发展的同时,加强金融风险的防范和化解工作,抓紧建立公司金融、个人金融、机构金融三位一体的营销体系,形成突出业务需求,体现集中统一、高效运作、有利管理的科技工作机制,加大人力资源开发,以物质文明和精神文明建设的新成绩迎接新世纪的到来。副行长谈逸、梁沅凯、陈辛分别就做好科技、风险防范和营销等工作提出具体意见。

**1月28日** 浦发银行东方卡业务系统成功接入全国银行卡信息交换总中心,成为首批加入银行卡中心的商业银行,实现了计算机系统由城市行联机向全国联网系统转变。

**是月** 浦发银行上海地区总部正式运行,实现总、分行机构分设,经营和管理职能的分离,从体制上保证总行统一法人的地位和作用,促进一级法人体制下的内部分级经营管理体制的最终形成。

**3月3日** 浦发银行下发《公司金融客户经理制暂行办法》,分别就公司金融客户经理制度的基本原则、客户经理职能等级设立、收入待遇、考核聘任等作出具体规定。

**3月8日** 浦发银行与北京图书大厦签订合作协议,网上书店 www.bjbb.com.cn 采用网上结算方式,国内可凭浦发银行东方卡和工商银行牡丹卡支付书款,海外则收取已通过安全协议的 VISA 和 MASTER 国际信用卡开展境外业务。

**3月23日** 浦发银行宁波分行与中国人民保险公司宁波分公司联合推出保税区出口企业信用保险及银行配套业务,为宁波保税区出口企业提供包括出口信用证贴现、国外买家资信调查和非证押汇等一系列全方位配套服务,以进一步支持外向型经济发展。

**是月** 浦发银行授权北京分行、南京分行加入全国银行间同业拆借市场。

**4月6日** 中国人民银行批复浦发银行开办汽车消费贷款,浦发银行印发《汽车消费贷款实施细则(试行)》。浦发银行选定上海地区总部、北京、南京、广州、杭州及重庆分行办理上海通用汽车公司生产的"别克"轿车汽车消费贷款业务。

**4月9日** 浦发银行制定《个人消费贷款管理办法(试行)》,规定个人消费贷款所涉及的"合理用途的消费品或服务",包括房屋装修、旅游及适于家用的耐用消费品及其他合理用途的产品及服务,但不包括住房、汽车及求学等三类消费品及服务。

**4月15日** 浦发银行北京分行储蓄业务实现通存通兑。

**5月11日** 浦发银行成立综合营销推进委员会,用于指导开展日常金融营销工作,统筹全行重大营销举措,解决整体营销工作中存在的问题,推进委员会办公室设在公司金融部,制定《综合营销推进委员会工作规程》,明确了面向市场、服务客户、拓展业务、提高效益的综合营销原则,通过"三位一体"全方位综合营销,推动各项业务全面发展。

**5月17日** 浦发银行与复旦大学签订银校合作意向书,双方在教育科技融资服务、学生助学贷款、财务顾问服务、人员培训、倡导高科技风险投资、开展知识银行等传统和新兴金融业务领域进行全方位合作,全力支持复旦大学建设成为世界一流的综合性大学。复旦大学校长王生洪及浦发银行董事长庄晓天、副行长陈辛、行长助理黄建平等出席了签约仪式。

**是日** 浦发银行与上海强生集团、农工商出租汽车公司共同开通东方卡出租车付费系统,持浦发银行东方卡可乘坐两家公司 8 200 辆出租车,从而使可持东方卡消费的出租车达 1.3 万辆,占上海出租车市场的 25%。

**是日** 浦发银行于上海黄浦支行试营业个人外汇买卖业务。

**5月21日** 浦发银行杭州分行与乍嘉苏高速公路指挥部签订该项目(浙江段)贷款协议书,贷款总额为 5 亿元,采取总、分、支三级联贷(总行承担 50%,分行、支行各承担 25%),用款计划分 5 年。

**5月22日** 浦发银行第一届董事会第三次临时会议在上海富豪环球东亚酒店召开。会议形成购入上海市中山东一路12号大楼、第一届董事会成员调整事项、以通讯表决方式召开1999年临时股东大会事项等三项决议。

**5月28日** 浦发银行苏州分行与苏州宝化炭黑有限公司举行银企合作暨项目贷款签约仪式。苏州分行将提供贷款1亿元及配套的流动资金，以支持其生产新工艺炭黑产品。苏州市副市长王金华、浦发银行副行长谈逸等出席签约仪式。

**是月** 经中国人民银行批复同意，浦发银行正式开办个人通知存款业务。

**是月** 浦发银行副行长梁沅凯率由信贷管理部和稽核部组成的工作小组对8个分行、直属支行开展了关于不良资产的清查和清收工作进展情况的调研和检查，调查了不良资产产生的原因、投向分布、大户情况和清收措施等。

**6月2日** 浦发银行第一届监事会会议召开，选举刘红薇为浦发银行监事长。

**6月3日** 浦发银行下发《关于加强对跨国公司营销工作的指导意见》，明确了公司客户群的基本定位，即在浦发银行分支行经营区域内的符合国家投资和产业政策并具有成长性的合作、合资、独资企业。

**6月14日** 浦发银行与韩国韩亚银行签订业务合作备忘录，加强双方在信息共享、经验交流、银行业务及人员培训等方面的合作。浦发银行行长金运、副行长谈逸及韩亚银行副行长尹乔重、韩国财经院驻沪财经官金斗铉出席签约仪式。

**6月15日** 浦发银行根据中国人民银行《商业银行授权、授信管理暂行办法》（银发〔1996〕403号）有关规定，制定下发《统一授信管理暂行办法》，界定了统一授信制度的性质，明确了最高综合授信限额的含义和使用原则，明确信贷管理部是全行统一授信的归口管理部门。

**6月18日** 浦发银行为规范浦发银行外币现钞领、解的操作规程，统一外币现钞领、解的账务处理，制定《外币现钞领解办法》。

**7月1日** 浦发银行在全国率先推出留学贷款业务，上海、北京、南京、杭州、宁波5家分行的17个网点先行办理留学贷款业务。

**7月20日** 浦发银行向中国人民银行报送《上海浦东发展银行股份有限公司章程》。根据央行《关于上海浦东发展银行上市问题的批复》（银复〔1998〕336号），并按照《中华人民共和国公司法》《中华人民共和国商业银行法》以及《上市公司章程指引》等法律法规，浦发银行对原银行章程进行了修改和完善，并经第二次临时董事会议（1998年9月27日）一致通过。26日，中国人民银行下发《关于上海浦东发展银行变更名称和注册资本的批复》（银复〔1999〕162号），同意浦发银行更名为"上海浦东发展银行股份有限公司"。9月，中国人民银行下发《关于核准上海浦东发展银行股份有限公司章程的批复》，即日起生效。

**7月21日**　浦发银行与中国旅行社、中国国际旅行社、中国青年旅行社、锦江旅游公司、上海华亭海外旅游公司等沪上5家知名旅行社合作首推旅游贷款，起点2 000元、最高不超过5万元，期限为半年和一年两种。

**8月1日**　为满足储户就近存取款需要，浦发银行开办系统内外币储蓄托收业务。

**8月9日**　浦发银行与上海创业投资有限公司签定《上海创业投资资金托管协议》，成为创投资金3家托管银行之一。

**8月28日**　浦发银行与上海交通大学签约建立战略性银校合作关系，将在3年内担任交大上海闵行校区二期开发等项目的财务顾问，并提供折合2亿元的融资额度；改造和建设已有的高等职业技术学院，并提高教育技术手段的现代化和信息化程度，早日发展远程教育；充分满足广大师生对个人金融服务的广泛需求和银行对人才培养、决策咨询等的需求。

**8月31日**　浦发银行与上海电力股份有限公司签订银企合作协议，浦发银行行长金运、副行长黄建平出席签约仪式。

**9月1日**　浦发银行与法国里昂信贷银行、美洲银行及日本第一劝业银行签订人民币同业借款和项目贷款合作协议，向该3家外资银行提供总额1.6亿元同业借款，并以俱乐部贷款等形式联手斥资4亿元，支持在沪的雀巢公司、阿姆斯壮公司等4家跨国知名企业发展。

**9月14日**　浦发银行印发《关于实施本外币一体化经营管理的若干意见》，确定了实施本外币一体化经营管理目标；明确资金财务部负责对全行资本金，一、二级存款准备金、备付金、外汇资产负债比例、外汇财务、外汇利润、本外币报表统计的管理和考核；要求分行相关业务职能部门依照总行外汇业务经营管理框架，行使对分行外汇业务经营管理的职责；要求尽快提高各级领导班子的外汇经营管理能力。

**9月15日**　浦发银行与法国东方汇理银行上海分行签订2亿元同业借款合同。

**9月23日**　经中国证券监督管理委员会批准（证监发行字〔1999〕127号），浦发银行采用网上定价方式向社会公开招股，在上海证券交易所成功发行人民币普通股4亿股，每股发行价格10元，扣除发行费用后，实际募集资金39.55亿元。

**9月29日**　中国证券监督管理委员会上海证券监管办公室核准浦发银行变更股本（沪证司〔1999〕157号），认定浦发银行为股份有限公司，并核准其股本由20.1亿元变更为24.1亿元。经过股本变更，浦发银行国家股比例由原来的12.87%降低到10.74%，法人股比例由87.13%降低到72.66%。其中，国有法人股的比例从65%降低到54.21%,新增了社会公众的股权比例16.60%。

**9月30日**  浦发银行转发中国人民银行《关于全面推行贷款五级分类工作的通知》,并提出贯彻意见,要求在技能培训、业务练兵以及清分档案材料整理的基础上,推行贷款风险分类,使之经常化、制度化,成为全行基础信贷制度。

**10月15日**  浦发银行与上海通用汽车有限公司签订《别克BUICK汽车消费贷款银企合作协议》,将在别克汽车消费贷款业务领域开展全面合作。浦发银行行长金运、副行长黄建平出席仪式。

**是日**  浦发银行北京分行与北京大学未名生物工程集团签约,为其提供1.5亿元贷款,以支持北大生物城建设。

**10月20日**  浦发银行与法国里昂信贷银行联合发放贷款,向法国最大的石油化工集团——埃尔夫阿托集团和世界最大的食品集团——瑞士雀巢集团在沪投资的两家企业分别提供2亿元混合贷款和6 000万元俱乐部贷款。

**11月3日**  德意志联邦共和国总理格哈德·施罗德(Gerhard Schröder)参观浦发银行总行,上海市副市长蒋以任,浦发银行董事长庄晓天、行长金运陪同参观。

**11月10日**  经上海证券交易所批准(上证上字〔1999〕第71号)),浦发银行4亿元股票正式上市交易,股票名称为"浦发银行",编号为600000。浦发银行是《商业银行法》《证券法》颁布实施后,首家由中国人民银行、中国证监会正式批准规范上市的股份制商业银行。

**是日**  上海市人民政府、中国人民银行上海市分行、上海市证券交易所等单位领导出席浦发银行A股股票上市仪式,中共上海市委主要领导和浦发银行董事长庄晓天共同为浦发银行A股股票上市鸣锣。当日,浦发银行股票开盘价为29.50元,收盘价为27.75元,换手率达54.4%,总成交金额48.59亿元,占当日上海证券交易所全部交易78.6亿元的61.82%。

**11月11日**  浦发银行下发《关于对外资银行、证券公司、证券投资基金公司开展人民币资金融资有关问题的通知》,明确对外资银行的人民币一般借款由总行办理,对外资银行分行的同业借款,由分行在授权授信范围内办理,对证券公司、证券投资基金公司的融资由总行统一操作。

**11月15日**  浦发银行上海地区总部贷款1.2亿元,支持杨浦区人民政府实事项目——"365"危棚简屋旧居改造工程。浦发银行将提供包括代理动迁费用及相关费用的发放、向动迁户提供楼盘信息和有关办理住房按揭业务手续的配套服务、法律咨询、为动迁户提供个人住房组合贷款和个人消费贷款等全套金融服务。

**12月9日**  上海市银行IC互通卡的首发仪式在浦发银行特约商户举行,标志着

IC卡试点工作取得了圆满成功。上海市政府、中国人民银行及其上海分行的有关领导到场祝贺。

**12月14日** 浦发银行在上海交通大学设立并颁发首届"浦发银行奖学金",并计划在3年中每年向上海交通大学提供5万元奖学金,每年奖励20名学生。

**12月27日** 上海公共交通卡系统正式运行暨公共交通卡首发仪式在上海举行。"公交一卡通"项目是上海市政府1999年12项实事工程之一,浦发银行参与该项目的可行性分析、总体方案设计和系统开发工作,为上海公共交通卡系统提供全面结算服务和金融支持。

**是年** 浦发银行各项存款余额达808亿元,各项贷款余额达549亿元,存贷比为67.7%,存贷款余额在全国同类型的10家股份制商业银行中分别排名第3位和第4位;全行总资产达1 033亿元,实现利润11.77亿元,在10家商业银行中排名上升至第2位;全行本外币不良贷款率8.93%,在10家股份制商业银行中排名第2位。

# 2000 年

**1月22日—24日** 浦发银行在上海银河宾馆召开2000年全行工作会议。董事长庄晓天讲话,行长金运作《认清形势,加快发展,深化上市银行机制体制建设,全面推动我行各项业务的新一轮增长》的报告。会议回顾了1999年工作的成绩与经验,对2000年全行工作进行了部署,指导思想和总体要求是:认真贯彻党的十五届四中全会、中央经济工作会议精神和中国人民银行对金融工作的指导意见,认清形势,抓住机遇,以有效、快速、健康发展为中心,强化管理为基础,调整结构为手段,防范风险为保证,采取有利于发展的积极政策和措施,上下联动,群策群力,扩大收入,增加效益,以良好的经营业绩和优质的金融服务回报社会和广大投资者,为国民经济的发展作出积极贡献。

**1月27日** 浦发银行下发《2000—2002年三年发展指导意见》,提出未来3年总体发展思路是以"发展"为主旋律,牢记"客户办行、科技兴行、管理立行"的宗旨,进一步完善业务框架、技术框架、组织框架和制度框架,进一步理顺经营运营机制、营销机制、风险防范机制、激励机制和创新机制,为把浦发银行建设成为具有全国影响的一流的现代商业银行打下坚实的基础。该意见确立了"必须体现本外币一体化管理,进一步理顺经营运行机制"的发展战略,提出了实现本外币一体化的管理目标。

**2月17日** 浦发银行牵头组织5家中外资银行向上海旭电子玻璃有限公司提供3亿元银团贷款,以支持该公司29英寸—34英寸大屏幕彩管生产线项目。

**2月22日** 浦发银行深圳分行开业庆典在深圳市五洲宾馆举行,上海市老领导胡立教、汪道涵,深圳市副市长庄心一,浦发银行行长金运、副行长谈逸等出席开业庆典。

**是日** 浦发银行深圳分行与深圳三九医药股份有限公司、盐田港股份有限公司签订银企合作协议,提供2亿元综合授信额度和1.5亿元3年期贷款。

**2月25日** 浦发银行昆明分行正式开业,当日签订支持昆明—石林公路改建项目的5亿元贷款意向书;同时,决定将原用于开业仪式的20万元捐赠给云南省的希望工程,捐建禄劝县甲甸希望小学。云南省副省长程映萱、中国人民银行成都分行副行长李宝上,上海市老领导胡立教、汪道涵等出席捐赠仪式。

**3月2日** 浦发银行设立产品开发部,下设综合管理科、项目管理科、项目一科和项目二科。

**是日** 浦发银行重庆分行与重庆渝高科技产业(集团)股份有限公司签订重庆市二郎城科技开发项目1亿元贷款意向合作协议;并将对参与投资建设该项目基础设施工程的客户,在符合银行信贷政策和贷款条件的前提下,优先予以贷款支持。

**3月4日** 浦发银行与中国工商银行上海市分行共同和上海市教育委员会签订全面合作协议,两家银行将在5年内给予市教委65亿元的贷款授信额度,并在资金运作、结算手段、单位理财等方面为市教委提供全套金融服务,以支持上海教育事业发展。浦发银行将与市教委联合成立贷款管理办公室,共同实施并完善对高教项目的财务监理,合力推进上海高教系统资金使用的集约化程度。上海市副市长周慕尧、浦发银行行长金运、副行长黄建平等领导出席。

**3月11日** 中国人民银行公告,重新颁发浦发银行金融机构法人许可证。其核定法定代表人为庄晓天、主要负责人为金运,注册资本24.1亿元,地址为上海市中山东一路12号。

**3月15日** 浦发银行与日本JCB国际信用卡公司签定服务协议,浦发银行副行长黄建平及JCB董事、总经理中西公等出席签约仪式。浦发银行可在全国(除香港、澳门、台湾)范围内开展JCB卡的商户收单及柜面取现业务。

**3月16日** 浦发银行广州分行与中国联通广东分公司签订了全面银企合作协议和3.28亿元项目贷款合同,重点支持中国联通广东数据通信网一期工程建设。

**3月31日** 浦发银行芜湖支行正式揭牌成立,这是浦发银行在全国设立的第12家直属分支机构,中共芜湖市委、市政府、中国人民银行芜湖中心支行领导等出席开业庆典,安徽省副省长张平发来贺信。当日,浦发银行芜湖支行与芜湖市交通局签订芜马高速项目合作协议。

**4月1日** 浦发银行开办教育储蓄存款业务,同时制定《上海浦东发展银行教育储蓄存款章程》及《上海浦东发展银行教育储蓄业务处理办法》。

**是日** 浦发银行上海地区总部、宁波分行正式启用电话银行方式办理个人外汇买卖业务。

**是日** 根据国务院《个人存款账户实名制规定》(银发〔1999〕第0134号)以及中国人民银行上海分行《关于停止办理不记名式定活两便储蓄存单等问题的通知》(沪银传〔2000〕第14号)要求,浦发银行办理个人存款账户开户时一律实行实名制,同时停止接受以单位名义代为职工办理的任何品种的储蓄存款。

**是月** 浦发银行会计部第二季度工作会议讨论通过《会计事后监督中心管理办法》，规定以分行（直属支行）或城市行为单位组建事后监督中心，隶属分行（直属支行）会计部。

**5月19日** 浦发银行与上海市高新技术服务中心和上海技术产权交易所签订银企全面合作协议，建立战略合作伙伴关系。根据协议，浦发银行将为经上述两家单位认定的成果转化项目单位和会员单位提供6亿元贷款额度，提供结算、融资、管理、咨询等在内的全方位金融便利和服务。同时，浦发银行将向上述两家单位及时提供有关金融管理政策、金融改革信息、金融工具衍变咨询，参与其经济战略性调整活动。

**是日** 浦发银行成立计算机安全工作委员会，作为全行信息安全组织的最高领导机构，由金运担任主任，顾亮担任副主任。

**5月27日** 浦发银行与上海工业投资（集团）公司签订银企合作协议，授予其8亿元综合授信额度，并同时签订1亿元流动资金贷款，主要用于奉浦工业区的开发建设，帮助推进上海工业技术改造和结构调整。上海市政府副秘书长、市经济委员会主任黄奇帆及浦发银行行长金运、副行长黄建平出席签约仪式。

**6月1日** 浦发银行各分行、直属支行人民币整存整取定期储蓄业务迁移至天腾主机上运行，实现了人民币整存整取定期储蓄业务在分行、直属支行范围内通兑。

**6月2日** 浦发银行与中国平安保险公司上海分公司签订业务合作协议，浦发银行副行长黄建平出席签约仪式。

**6月5日** 经中国人民银行批准，浦发银行授权宁波、苏州、南京、杭州、重庆、上海地区总部、广州、深圳分行以及江阴、温州支行发行东方借记卡。当月，浦发银行在上海推出国内第一张具有定活期存款自动互转功能的东方借记卡。东方借记卡的发行对象为个人，具有储蓄、消费、代发工资、代扣款项和个人理财等功能，不提供透支，在浦发银行系统内实现异地联网，并可在全国银行卡联网城市实现跨行ATM取款和POS消费。截至年末，全行共发行东方借记卡309 346张。

**6月12日** 浦发银行印发《综合柜员制管理规定（暂行）》和《综合柜员制业务操作规程（暂行）》，明确综合柜员制是集人民币会计、出纳、储蓄业务处理为一体的新型劳动组织形式，由前台综合柜员、后台复核员（监督员）组成。

**7月4日** 浦发银行与中国工商银行签署银行汇票代理业务协议，由中国工商银行接受委托，代理浦发银行签发的全国银行汇票的兑付。浦发银行行长金运、副行长梁沅凯和中国工商银行副行长张福荣出席签约仪式。

**7月10日** 浦发银行发文，决定将清算中心从上海地区总部划归总行，同时将辖属国际业务部的SWIFT中心移至清算中心。

**是月** 浦发银行决定将本外币资金经营划归资金财务部统一管理和经营,国际业务部的外汇资金科及外汇资金业务划归资金财务部,SWIFT电讯业务划归清算中心管理,初步形成了资金管理和经营分开、前中后台区隔、按照市场和资金产品设置的本外币一体化的资金管理和资金交易体系。

**是月** 浦发银行温州支行推出外汇宝业务。

**8月30日** 浦发银行与上海复星高科技集团签订《战略合作暨5亿元人民币综合授信协议》。

**是月** 浦发银行下发《关于开展促进就业基金担保贷款的指导意见》《促进就业基金担保贷款管理实施办法》《促进就业基金担保贷款会计核算办法》等规范性文件,在上海地区试行开办再就业贷款业务,是全国首批为下岗人员提供金融支持的银行。

**9月6日** 浦发银行组建金融机构部,负责全行对金融机构业务的营销、规划、执行、协调和管理,并与国际业务部合署办公,形成了公司金融、个人金融、机构金融"三位一体"的组织构架。

**9月8日** 浦发银行重庆分行举行渝黔高速公路贷款签约仪式暨东方卡首发仪式。根据贷款协议,浦发银行将向渝黔高速公路二期工程发放中长期贷款6亿元,期限15年,宽限期4年,以公路的收费权质押。

**是日** 浦发银行、中国工商银行上海市分行与同济大学签署全面合作协议,两家银行将在7年内授予其8亿元的贷款授信额度,为同济大学建设一流大学的目标提供金融支持。

**9月19日** 浦发银行与中国电信集团上海市电信公司联合发行东方电信联名卡并签署战略合作协议,这是沪上首张金融电信联名卡,行长金运出席签约仪式。

**是月** 浦发银行与上海市财政局签订《养老保险基金管理移交的协议》和《养老保险基金移交实施协议》,移交总额为146.11亿元。该《协议》要求:在1999—2006年的8年内,浦发银行以现金或有价证券,每年移交总额不低于18亿元,对暂未回收的基金,上海市财政局委托浦发银行按原贷款合同、契约关系予以收回。自1999年1月1日起,留存的养老保险基金余额每年以银行一年期存款利率计息,相应计入基金移交总额。

**10月8日** 上海市政府下发《上海市人民政府关于张广生等同志职务任免的通知》文件,正式任命张广生为浦发银行董事长。

**10月11日** 浦发银行与光大证券公司签约建立战略合作关系,同时授予其6亿元综合授信额度,为光大证券提供证券资金结算服务,双方共同开发银证通业务。浦发银行行长金运、副行长陈辛出席签约仪式。

**10月24日**　浦发银行与中国化工进出口总公司签署35亿元综合授信协议及资金管理协议,为其提供包括进出口贸易融资、本外币结算、网上查询、委托划款、资金实时清算等一揽子服务。

**11月1日**　根据《关于总行开办系统内银行承兑汇票转贴现业务的通知》,浦发银行开始试办与各分行、直属支行之间的系统内银行承兑汇票转贴现业务。

**11月7日**　浦发银行与中国银行签订全面业务合作协议。浦发银行行长金运、副行长朱恒和中国银行董事长、行长刘明康出席签约仪式。根据协议内容,双方将建立全面业务合作关系,合作内容包括资产、负债、中间业务和业务管理信息等;双方将促进信息共享、风险防范、客户资源、本外币资金拆借、零售业务、授信服务、资金清算等业务的全面合作。

**11月13日**　浦发银行与上海友谊(集团)有限公司达成战略合作协议,3年内向友谊集团提供总额近20亿综合授信,全面支持友谊集团发展连锁经营,为集团保持高速发展、形成规模经济效益提供金融支持。上海市副市长冯国勤等领导出席签约仪式。

**11月17日**　浦发银行下发《企事业单位信用等级评定办法(2000试行版)》,以规范全行对企事业法人客户信用等级评定工作,统一对企事业法人客户信用风险的评价标准,为信贷决策提供量化依据,努力构建信用风险量化评价的框架。

**11月22日**　浦东银行2000年度第一次临时股东大会召开,会议通过了庄晓天辞去董事、张广生出任董事的决议。

**是日**　浦发银行第一届董事会第七次会议召开,选举张广生为公司董事长。

**11月28日**　浦发银行南京分行签约贷款65亿元,支持京福高速公路徐州东段建设。江苏省常务副省长俞兴德,浦发银行董事长张广生、副行长陈辛等出席签约仪式。

**12月18日**　浦发银行印发《加强后备人才队伍建设的暂行办法》,随文下发《推行竞争上岗暂行办法》《管理岗位交流制度暂行办法》《管理岗位辅助职级制暂行办法》《管理岗位任职年龄规定试行办法》《管理岗位任期制试行办法》等5个配套办法,推出有利于年轻干部脱颖而出和健康成长的具体措施。

**12月25日**　浦发银行行长金运参加上海科技城捐赠签约仪式,由浦发银行与上海科技投资公司、托普集团各捐赠300万元,发起成立基金会。

**12月28日**　浦发银行与江苏省昆山市城市信用合作社签订收购兼并协议,浦发银行出资2 000万元收购兼并苏州昆山市开发区信用社,设立浦发银行昆山支行。

**是月**　经中国证监会批准,浦发银行设立新股申购资金验资专户。

**是年** 浦发银行资产总额达 1 307 亿元,在 9 家同类商业银行中排名第 5 位;本外币存款总额达 1 061 亿元人民币,在 9 家同类商业银行中列第 5 位;各项本外币贷款余额为 699 亿元,在 9 家同类商业银行中列第 4 位,存贷款余额比例为 66%;实现利润 12.31 亿元,在 9 家股份制银行中名列第 3 位。

**是年** 浦发银行位列英国《银行家》杂志"亚洲银行 100 强"榜单第 54 位;位列《欧洲货币》杂志"世界新兴市场银行"榜单第 79 位。

# 2001年

**1月2日** 浦发银行决定将个人金融业务资金清算划归清算中心办理,原由上海地区总部代理总行承担的活期储蓄异地通存通兑、东方卡异地往来、银行卡异地跨行往来和由总行向国际信用卡组织或外资银行请款的外卡取现、收单等业务的资金清算工作,改由清算中心处理。

**1月19日—20日** 浦发银行在上海锦江饭店召开2001年全行工作会议。行长金运作《坚持以市场为导向,以客户为中心的经营方针,为实现浦发银行新世纪新发展而努力奋斗》的报告。会议从"主要经营指标""市场拓展力度""内部管理机制""基础建设工作""企业文化建设"等方面回顾了2000年的工作。会议对2001年全行工作进行了部署,指导思想和经营目标是:认真贯彻党的十五届五中全会、中央经济工作会议精神,以市场为导向,以客户为中心,以提高核心竞争力为手段,努力实现效益优先、规模增长、质量进步的发展目标,用良好的经营业绩和优质的金融服务回报广大股东和客户。

**2月2日** 浦发银行并购工作小组召开会议,副行长朱恒主持,明确2001年并购工作计划和实施步骤。

**2月5日** 浦发银行正式开办上海证券交易所新股申购资金验资业务,为上海证券交易所、中央证券登记结算公司、验资会计事务所和新股发行主承销商,办理新股申购资金验资、汇划、冻结及解冻业务。

**4月10日** 浦发银行郑州分行挂牌开业,开业仪式暨对河南省高速公路建设项目授信、郑州环城公路贷款签约仪式在郑州中州饭店举行。上海市老领导胡立教、汪道涵,中共河南省委、省政府及郑州市有关领导,中国人民银行济南分行有关领导出席开业仪式。

**4月20日** 浦发银行印发《收购兼并工作情况通报》,明确了总行和分支行推进收购兼并工作的程序和各自工作职责。

**4月21日** 浦发银行天津分行正式开业,天津市常务副市长杨新成、副秘书长唐延芹等政府委办领导出席开业仪式。浦发银行天津分行与天津市科委、市工商联、市政府配套办等3家单位签定了总额为12亿元的信贷授信协议,支持天津经济的发展。当日,天津分行存款达到4.6亿元。

**4月23日** 浦发银行印发《信贷风险资产责任认定及追究办法》,明确规定对信贷业务中产生各类逾期或欠息3个月以上贷款、各类3个月以上垫款、产生呆账贷款和坏账损失的各级相关信贷调查、审查、审批人员以及各级行的分管信贷行长、行长进行处罚,同时明确信贷责任认定及追究程序、信贷责任的认定方法。

**是月** 浦发银行与香港上海汇丰银行有限公司合作,代办VISA、MASTER信用卡业务,代理大来信用证及日本国际信用卡公司(JCB)的外卡收单业务。

**5月13日** 浦发银行决定改变原来个人外汇买卖业务由总行统一报价的办法,改为由总行下发个人外汇买卖基准价格,分行根据总行报价指导意见、分行资金运营情况及当地的平均水平,自行制定浦发银行个人外汇买卖报价及大额优惠的幅度,进一步调动分行积极性。

**5月14日** 浦发银行与友邦保险控股有限公司签订合作协议,浦发银行行长金运、副行长黄建平出席签约仪式。

**5月17日** 浦发银行向三九集团提供15亿元综合授信额度,以重点支持该集团下属的三九医药、三九生化、胶带股份等上市公司的发展。

**是日** 浦发银行深圳分行与深圳航空公司签订银企合作暨1亿元综合授信协议。

**5月26日** 浦发银行与上海仪电控股集团签订银企合作协议,浦发银行行长金运、副行长黄建平、原行长裴静之和仪电集团董事长张林俭、副总裁俞浩铨等出席签约仪式。

**5月27日** 浦发银行与华鑫证券有限公司签订银企合作协议,行长金运、副行长黄建平出席签约仪式。

**5月29日** 浦发银行大连分行开业庆典暨项目合作签约仪式在大连富丽华大酒店举行。大连分行分别与大连市计划经济委员会、大连市建设投资有限公司、大连科技委员会、大连科技风险投资有限公司、新世纪金融租赁有限责任公司、中国北方航空公司、国家开发银行大连分行、大连大显集团分别签定项目合作协议书。中共大连市委、市人大、市政府、市政协领导等参加仪式。

**6月8日** 浦发银行与上海国际集团公司签订业务合作协议,双方将在资产、负债、中间业务和信息交流等各方面展开合作。浦发银行董事长张广生、行长金运、副行长朱恒、黄建平出席签约仪式。

**6月11日** 浦发银行下发《稽核特派员试行制度》二十七条,详细规定了稽核特派员的选拔条件、聘用要求、履行职责、工作内容和职权范围等。

**6月18日** 浦发银行南京分行与江苏舜天集团合作推出体育联名卡——"东方舜天联名卡"。

**6月20日** 浦发银行广州分行与广东国讯集团合作推出"东方神州在线"联名卡,除东方借记卡所有功能外,还可上因特网、打IP电话、银证通及在国讯集团有关商户享受购物优惠。

**6月24日** 浦发银行与上海外高桥造船有限公司签订银企合作协议。浦发银行将为其提供3亿元综合授信额度,并度身定制金融产品和理财方案,提供以东方卡为载体的各类增殖服务。

**6月28日** 浦发银行第二届监事会第一次会议召开,选举李关良为浦发银行监事长。

**是日** 浦发银行天津分行完成天津耀华中学改造扩建项目5 500万元贷款的审批投放。

**6月29日** 浦发银行与国通证券公司签订全面合作协议和银证通业务合作协议。

**是月** 浦发银行推出网上查询业务,向东方(借记)卡持卡人提供账单查询功能。

**是月** 浦发银行举办"专业审贷高级研讨班",为南京和杭州两家试点行纳入专业审贷职称系列的34位从业人员进行了岗位培训和考核,落实了资质认定、颁发岗位资格证书和持证上岗的组织保障措施。

**7月4日** 浦发银行设置外汇管理部。外汇管理部下设国际结算单证中心(总行二级部)、业务管理科。原国际业务部随即撤销。外汇管理部的主要职责为:贯彻落实中国人民银行和国家外汇管理局颁布的外汇管理政策,指导和推进浦发银行外汇业务合法、合规健康发展,筹建全行国际贸易结算单证业务处理中心,负责解决全行国际结算业务中疑难杂症、业务纠纷问题。

**是日** 浦发银行北京分行与北京京城控股有限责任公司签订银企合作协议,首期授予该公司总额为3亿元综合授信额度,并提供结算、融资等金融服务。

**7月10日** 浦发银行北京分行与金融街控股股份有限公司签署5亿元综合授信协议,向该公司提供包括投资项目融资策划、融资安排、风险管理、结算、财务和金融信息服务等一揽子金融服务。

**7月11日** 浦发银行设置风险管理部和资产保全部。风险管理部下设审贷中心、检查科和综合科。资产保全部下设政策管理、业务审批、资产处置、系统信息等4个科。风险管理部以全行信用风险、市场风险管理为主,同时作为风险管理委员会办事机构,协调落实对全行操作风险和策略风险管理。

**7月17日** 深圳证券交易所、中央登记结算公司深圳分公司同意接纳浦发银行为A股清算银行。

**7月18日** 浦发银行设立风险管理委员会,副行长梁沅凯任风险管理委员会主任,对风险管理的有关重大事项进行审议、督查、监督,风险管理部作为其常设办事机构。

**是日** 浦发银行广州分行与深圳中兴通讯股份有限公司签订银企合作协议,向其提供10亿元的综合授信额度,用于票据承兑、贴现、应收账款融资等方面的全面合作。

**8月2日** 浦发银行召开第一届董事会第九次会议,审议通过了2001年度公募增发人民币普通股、公司分支机构发展规划等议案。

**8月10日** 浦发银行与国家开发银行签订全面业务合作协议,双方将在结算代理、银团贷款、债券分销、中小企业贷款、资本市场运作等领域展开全面业务合作。

**8月16日** 浦发银行成为上海证券交易所指定的清算银行之一,为证券公司提供在沪深两地证券市场的资金清算划拨。

**8月22日** 浦发银行下发《关于加强支行建设的若干指导意见》,制定了加强支行建设的目标、原则和标准;明确支行建设的政策和措施;强调发挥总分行在加强支行建设中的领导作用。

**8月28日** 浦发银行下发《关于明确总行外汇管理部工作职责的通知》,明确外汇管理部的主要职能:一是贯彻落实外汇管理政策,指导和推进外汇业务合法、合规健康发展;二是筹建全行国际贸易结算单证业务中心,负责全行国际贸易结算业务的管理,解决全行国际贸易结算业务中疑难纠纷问题;三是负责与国际贸易结算业务相关的代理行联络工作;四是参与国际商会中国国家委员会银行技术与惯例委员会的相关工作等。

**8月29日** 浦发银行制定《综合柜员制管理办法》,分别对综合柜员制的岗位设置、岗位职责、岗位培训、岗位考核聘任及岗位收入作了具体规定。

**是月** 浦发银行完成信贷条线标准电子化工作平台一期的开发工作,系统具备客户管理、台账管理、信贷电子化、信贷风险管理和综合统计分析功能。

**9月3日** 浦发银行济南分行开业仪式暨贷款签约仪式在济南中豪大酒店举行,济南分行分别与中国电信集团山东分公司、山东移动通信公司、山东鲁能控股集团、济南市建设委员会签订银企合作协议。中共山东省委副书记陈建国、山东省副省长黄可华及省人大、省政府、省政协等党政领导参加开业仪式。

**9月4日**　浦发银行与东方证券有限责任公司签订银证通业务合作协议。

**9月11日**　浦发银行下发《关于下发"十五"信息化规划的通知》,提出用3—5年时间,构建新一代综合业务系统、管理信息系统和决策支撑系统,实现运行有序、管理高效和风险控制的有机结合,明确信息化建设坚持"统一领导、统一规划、统一标准、统一开发、统一管理"的原则,支撑银行信息化建设和优化业务流程。

**9月27日**　浦发银行向中国人民银行上报《应对WTO的进展情况、未来举措和政策建议》的报告,分析了中国加入WTO后给浦发银行带来的机遇和挑战,提出了9项具体的应对措施,包括决定成立金融机构部,积极拓展同外资银行的广泛合作,进一步巩固与大通、花旗等国际跨国银行合作关系,择优选择和引进长期国际战略投资者等。

**是月**　浦发银行召开深圳证券交易所A股资金清算业务专题会议,明确凡是涉及沪、深两地交易所券商客户的证券资金清算交易通过系统内处理的,由上海地区总部、深圳分行分别与沪、深证券交易所清算。

**10月17日**　浦发银行与国家开发银行在上海签订委托代理协议。根据协议,浦发银行各分行作为代理结算经办行,直接代理国家开发银行贷款项目的结算业务。

**10月22日**　浦发银行开发的"全行票据业务信息交流网"开始试运行,及时提供各地分行承兑的银行承兑汇票信息,公布各地贴现市场利率,建立了全行票据业务信息交流平台。

**10月23日**　浦发银行郑州分行与中国电信集团河南省电信公司在河南中州宾馆签订10亿元综合授信贷款合同。河南省副省长张洪华,浦发银行原董事长庄晓天、副行长陈辛等出席签约仪式。

**是月**　浦发银行人民币同业拆借查询登记系统正式启用。该系统主要包括"交易对手额度查询""资金交易登记""未到期交易查询"等三部分,各部分相互独立并构成一个完整的管理系统,主要用于全行人民币资金拆借的管理和监测。

**是月**　浦发银行下发《上海浦东发展银行人民币同业拆借查询登记系统管理暂行办法》,明确所有资金拆借交易必须通过该系统进行拆借查询、登记,未经授权不得突破拆借授权限额和交易对手授信额度。

**11月12日**　浦发银行按照职能优先、统一协调和精简高效等原则,组建了董事会办公室。董事会办公室下设综合管理、信息披露和市场并购等3个团队,并根据需要设立了董事会秘书授权代表,明确董事会办公室作为董事会的常设办事机构,承办董事会相关决议,督办、协调公司对外信息披露,加强股权管理及资本运作,召开股东大会、董事会、监事会等。

**11月15日** 浦发银行与中国化工进出口公司签订新一轮综合授信协议,授予该公司及其各子公司综合授信额度合计35亿元,同时为其6家子公司提供资金管理服务,并将合作范围由北京、上海扩展至整个华东地区。

**11月17日** 浦发银行与与海通证券公司签订业务合作暨银证通业务协议,副行长朱恒及总行、上海总部和杭州分行有关负责人参加。

**11月22日** 浦发银行深圳分行与三九集团签订协议,为其提供15亿元综合授信额度,并提供包括企业战略计划、资产经营、融资方案、资产及项目评估和财务监理等财务顾问业务。

**是日** 浦发银行深圳分行为深圳航空公司提供1亿元综合授信额度,以支持深航引进新飞机及进行相关的机务培训。

**11月24日** 浦发银行与中国外经集团、上海建工集团签订战略银企合作协议,为两家企业承建的越南国家中央体育场项目提供34亿元综合授信融资,独家办理该项目的一揽子融资服务。中共上海市委常委、副市长蒋以任,中国外经集团董事长朱小临,上海建工集团董事长蒋志权和浦发银行行长金运、副行长黄建平出席签约仪式。

**11月28日** 浦发银行获中国人民银行批准开办黄金业务,并成为上海黄金交易所的第一批金融类会员之一,可从事代理仓储、代理黄金买卖、黄金质押贷款、黄金寄售、个人黄金投资和黄金自营业务等9项业务。

**11月30日** 浦发银行与中国银河证券有限公司签订合作协议,浦发银行行长金运、副行长朱恒和银河证券总裁朱利出席签约仪式。

**是月** 浦发银行印发《人民币债券投资业务管理暂行办法》,明确人民币债券投资的对象主要是国债、金融债和其他类债券。

**是月** 浦发银行建立PROP系统银行端电子转账系统和中央登记深圳分公司的IST(综合结算平台)系统银行端电子转账系统,独创了A股法人资金结算个性化服务和B股结算资金实时到账服务的手段。

**是月** 浦发银行以SWIFT报文方式,通过中国银行进行外汇资金汇划,并在南京、宁波两个分行试运行。

**12月5日** 中国证券监督管理委员会授予浦发银行主办存管银行的业务资格。同时,浦发银行结算银行业务资格获得重新核准。

**12月6日** 浦发银行与中国石油化工股份有限公司签订15亿元综合授信额度框架协议,与中国石油化工股份(集团)签订10亿元综合授信协议,将合作范围扩大到集团下属上海石化、扬子石化、中石化浙江石油分公司和广东石油分公司等7家企业和浦发银行的5家分行。

**12月7日** 浦发银行为遏制新增不良资产,对新发生不良资产做到早预警、早介入、早清收,下发《关于建立不良资产"谈话"制度的意见》,明确对新发生逾期3个月以上的贷款、各类新发生3个月以上的垫款、各类欠息资产欠息累计达到6个月以上的,总行可约见分行负责人和具体经办人员了解不良资产的发生与清收情况,指出经办行在风险审查和监控方面存在的薄弱环节,提出具体整改意见,必要时追究相关责任人的责任。

**12月10日** 国通证券银证通业务正式上线。银证通以浦发银行东方卡为载体,支持两端发起交易。

**12月19日** 浦发银行重庆分行与重庆市计划委员会正式签定主城区排水系统工程项目贷款签字仪式。重庆市副市长黄奇帆、浦发银行副行长陈辛及重庆市计划委员会、市建设委员会、市政建设委员会、市财政局、重庆水务集团等部门领导出席签字仪式。浦发银行作为项目的国内主要贷款银行,将向该项目提供总额达4.13亿元中长期贷款,占国内银行贷款总额的60%。

**12月20日** 浦发银行召开第一届董事会第十二次会议,审议通过了《关于修改〈行长工作细则〉的决议》《关于修订〈呆账核销管理办法〉的决议》《关于同意核销呆账贷款的决议》《关于公司投资中国银联公司的决议》。

**12月22日** 浦发银行与上海浦东发展集团财务有限责任公司签订合作协议,上海市政府副秘书长、浦东新区区长胡炜及浦发银行董事长张广生、副行长黄建平出席签约仪式。

**12月28日** 浦发银行与中国工商银行上海市分行、中国建设银行上海市分行、交通银行上海分行,联合向中芯国际集成电路项目提供银团贷款4.8亿美元,其中浦发银行上海地区总部提供5 650万美元贷款。

**12月31日** 浦发银行与花旗银行在上海外滩12号大楼签订《战略合作谅解备忘录》。该备忘录明确,在获得中国银行业监管机构批准后,花旗银行将对浦发银行进行战略股权投资等事项。

**是年** 浦发银行实现利润14.4亿元,在9家股份制商业银行中,排名第3位;总资产达1 736亿元,本外币存款总额达1 482亿元,各项本外币贷款总额971亿元,存贷款余额在9家股份制商业银行中,排名第5位;不良贷款率7.57%。

**是年** 浦发银行位列英国《银行家》杂志"全球银行1 000强"榜单第321位。

# 2002 年

**1月2日** 浦发银行将原由上海地区总部代理的活期储蓄异地通存通兑、东方卡异地往来、银行卡异地跨行往来和国际信用卡组织或外资银行请款的外卡取现、收单等业务资金清算工作，改由清算中心处理，形成本外币合一、公私业务合一的统一清算平台。

**1月10日** 浦发银行在上海地区发行第一张符合"银联"标准的东方卡。

**1月21日** 经中国人民银行（银复〔2001〕第70号）和香港金融管理局批准，浦发银行香港代表处正式成立。上海市政府副秘书长李关良，香港金融管理局副总裁简达恒，浦发银行董事长张广生、行长金运、副行长朱恒出席成立仪式。香港代表处负责浦发银行与香港金融管理局的联系和沟通，收集、分析香港当地经济、金融信息和同业动态，谋求与香港金融机构间的合作，参与一级沟通和业务协调事宜，积极发掘、培养、引荐优秀潜在公司客户。

**1月23日** 浦发银行授权大连、天津、郑州、芜湖、深圳、广州、重庆、温州、苏州、北京、南京、宁波、杭州、上海、昆明等15家直属分支行发行带有"银联"标识的东方卡。

**1月23日—25日** 浦发银行采用视频会议形式召开2002年全行工作会议（第一阶段会议）。行长金运作题为《直面挑战，抓住机遇，开拓进取，为实现浦发银行超常规、跨越式的发展目标而努力》的报告。会议总结2001年全行工作的整体情况，并对2002年及此后5年全行工作和发展目标进行部署，指导思想是：坚持以改革和发展为主题，以转型和再造为主线，以创新和科技为动力，以规范和稳健为保障，以提高效益和质量为根本目的，努力实现超常规、跨越式发展，使浦发银行率先与国际通行准则相接轨，力争在综合竞争力方面成为中国股份制商业银行的领头羊。

**是月** 浦发银行开办债券结算代理业务，为东亚银行提供240万元的债券托管服务。

**是月** 浦发银行南京分行在国内率先推出个人经营性贷款业务，主要为个体或私营业主提供用于生产经营活动中临时性、季节性流动资金周转以及购置、安装或修理小型设备和装潢经营性场所等用途的人民币贷款,最长不超过5年。

**2月7日**　浦发银行与国元证券股份有限公司签署银证合作协议。

**2月8日**　浦发银行采用视频会议的形式召开2002年全行工作会议(第二阶段会议)。董事长张广生作题为《加快转型,率先接轨,快速发展,为成为我国股份制商业银行的领头羊而努力》的讲话,并对全行贯彻落实《五年(2001—2006)发展规划》以及做好2002年的工作提出要求。《五年(2001—2006)发展规划》是浦发银行建行以来第一个发展规划,正式提出:坚持以改革和发展为主题,以转型和再造为主线,以创新和科技为动力,以规范和稳健为保障,以效益和质量为目的,全面推进第二次创业,努力实现跨越式发展,争取率先与国际通行准则接轨,力争在综合竞争力方面成为我国股份制商业银行的领头羊。

**3月19日**　浦发银行召开第一届董事会第十三次会议和第一届监事会第十次会议,审议通过公司2001年年报等内容,聘任商洪波、张耀麟为浦发银行副行长。

**3月22日**　浦发银行向中国人民银行上报《关于浦发银行与花旗银行草签〈战略合作谅解备忘录〉的紧急请示》,报告拟在中国银行业监管机构批准后,准许花旗银行对浦发银行进行战略股权投资等事项。

**3月27日**　浦发银行北京分行与中投信用担保有限公司签署融资担保合作协议。分行每年授予中投信用担保有限公司20亿元担保授信额度,在此额度范围内的融资担保项目,分行将根据企业的具体情况简化贷款审批程序,为企业提供更加方便和快捷的融资服务,同时有效控制金融风险。

**3月28日**　浦发银行成都分行正式对外营业。

**3月29日**　浦发银行南京分行向南京大学提供5亿元授信额度,支持南京大学教育基础设施建设;同时,共同设立总额为50万元的SCI收录论文奖励基金,以鼓励国内大学的科学研究工作走向国际前沿。

**4月1日**　浦发银行大额支付系统率先在北京分行上线运行。

**4月3日**　浦发银行外汇管理部设立单证中心,从事国际贸易结算业务的集中处理。中心沿用了以城市行为单位的分布式流程,即系统和数据均分散在全国各地各个分支机构,业务操作也在各地分散进行。

**4月6日**　浦发银行西安分行开业,陕西省省长程安东、副省长巩德顺、省政府秘书长王忠民,上海市人大副主任刘伦贤及浦发银行董事长张广生、行长金运等参加开业仪式。浦发银行西安分行与国家开发银行西安分行、中国进出口银行西安代表处签订业务合作协议,与陕西省高速公路建设集团公司签订临潼—潼关高速公路收费权质押贷款协议。

**4月8日**　浦发银行引进的SAP人力资源系统上线，首期系统涵盖总行本部、上海地区总部、宁波分行和大连分行共2 800余员工的人力资源管理，覆盖面为全行员工人数的43%。

**4月10日**　浦发银行下发《2000年综合营销考核办法》，决定对各分行、直属支行每半年进行一次考核和奖励，实行负债业务与资产业务、中间业务考核相结合。

**4月11日**　浦发银行与中国人民保险公司签约代理销售"金牛"家庭财产险。浦发银行董事长张广生、行长金运与中保公司总裁唐运祥出席签约仪式。

**4月12日**　共青团上海浦东发展银行第三次代表大会召开，选举产生浦发银行第四届团委。

**4月22日**　浦发银行印发《贷款风险分类管理暂行办法》，明确了五级分类对象、标准、分类程序、管理职责等内容，建立了浦发银行贷款风险分类的框架体系。

**4月23日**　浦发银行党委下发《关于认真学习贯彻五年发展规划的通知》。

**4月25日**　浦发银行召开第一届董事会第十四次会议和第一届监事会第十一次会议，审议通过了2002年第一季度报告、公司章程修订草案等有关议案。

**4月28日**　浦发银行天津分行与天津市教委签订天津"十五"投资规划授信协议，授信4亿元支持天津理工学院等5所大学的扩建改造项目。

**是月**　浦发银行董事会下设战略、风险管理与关联交易控制、提名和薪酬与考核等4个专业委员会。除了战略委员会主席由董事长兼任外，其他3个委员会主席均由独立董事担任，且由独立董事担任委员。战略委员会由9人组成，其他3个委员会由7人组成。2005年，第三届董事会增设了第5个专业委员会——审计委员会。

**5月1日**　根据与中国人民保险公司签订的协议，浦发银行开始代销"金牛投资保障型家庭财产险"保单业务。截至年末，全行共销售"金牛"保险近6 000万元，保费收入近百万元。随着代销"金牛"保险产品，浦发银行保险代理销售进入了从分散代理向统一代理转变阶段。

**5月13日**　浦发银行与上海同盛大桥建设有限公司签署银企合作协议，提供结算和施工企业账户监管服务。

**5月16日**　浦发银行开办买方付息票据贴现业务。

**5月18日**　浦发银行在成都市锦江宾馆举行答谢全川各界暨项目合作签约仪式，四川省政府、成都市政府、中国人民银行成都分行有关领导等出席庆典活动。当日，浦发银行成都分行与二滩公司、四川路桥、成都烟厂等6家单位签订银企合作协议。

**5月30日**　浦发银行下发《关于调整综合营销推进委员会成员等有关事项的通

知》,根据中间业务发展需要,综合营销委员会增设中间业务推进办公室。

**是月** 浦发银行完成会计规章制度电子化工作,将建行10年来所有的会计规章制度完整地挂入浦发银行内部网,且提供文件检索功能。

**是月** 浦发银行天津分行作为上海企业代表,与天津市人民政府就天津地铁、天士力等项目签订13亿元合作协议。

**6月12日** 经中国人民银行批准(银复〔2002〕第0161号),浦发银行正式开办离岸金融业务。

**是日** 浦发银行与上海实业集团、中国石油化工股份有限公司等企业在总行签订离岸业务银企合作协议。

**6月24日** 国家级重点工程项目——上海国际航运中心洋山深水港一期工程项目75亿元的银团贷款签约仪式在上海举行,浦发银行为该银团贷款副牵头行,提供15亿元贷款资金。

**6月26日** 经中国人民银行批复,浦发银行设置离岸业务部,负责离岸客户的经营管理,针对离岸客户开展离岸存款、贷款、贸易融资授信、贸易及非贸易结算、同业拆借、债券投资、外汇担保、代客外汇买卖、中介咨询、顾问等业务。

**6月28日** 浦发银行2001年度股东大会在上海陆家浜路871号召开,会议选举产生公司第二届董事会,张广生、陈伟恕、陈辛、金运、祝世寅、黄建平等13人当选为公司第二届董事会董事。其中,公司管理人员董事5名,股东单位董事8名,独立董事2名(姜波克、夏大慰);李关良等6人当选为第二届监事会监事,万晓枫、杨绍红、王安海出任职工监事。当日,第二届董事会第一次会议选举张广生为浦发银行股份有限公司董事长,金运、祝世寅为副董事长,通过了董事会各专业委员会组成人员名单;聘任金运为浦发银行行长,聘任陈辛、黄建平、商洪波、张耀麟为浦发银行副行长。公司第二届监事会举行第一次会议,选举李关良为监事长。大会审议通过《公司董事会换届选举及提名独立董事候选人的议案》《公司监事会换届选举的议案》《公司修改章程的议案》《公司股东大会议事规则(修订案)》《公司董事会议事规则(修订案)》《公司监事会议事规则(修订案)》《公司独立董事工作制度》。

**是日** 浦发银行成立业务数据大集中项目组,正式启动新一代综合核心业务系统建设项目(又称"628项目")。

**是月** 浦发银行制定《东方国际借记卡章程》与《东方国际借记卡业务管理办法》。

**7月1日** 浦发银行设置法律事务室,负责综合信息、非诉讼业务和诉讼业务的管理;挂靠资产保全部,与资产保全部合署办公。

**7月2日** 浦发银行印发《关于进一步推进全行票据贴现业务发展的若干意见》，明确采取加大票据业务考核、资金向票据业务倾斜、扩大受理票据业务网点等项措施，拓展本外币票据业务。截至当年末，全行累计票据贴现余额达315亿元，为年初的4.28倍。

**7月3日** 浦发银行印发《专业审贷管理办法》和《专业审贷岗位职责暂行办法》，明确设立了首席信贷官、资深信贷主管、高级信贷主管、信贷主管、信贷分析师和助理信贷分析师等6个等级的专业审贷岗位，授权审批不同风险等级授信业务，建立了责任考核和条线集中管理的授信风险管理机制。

**7月18日** 浦发银行重组电脑部组织架构。电脑部更名为"信息科技部"，下设科技管理、开发维护、运行管理等3个中心。其主要职责：一是做好全行系统规划设计和科技工作"人、财、物"的管理，全面提升浦发银行信息技术能力和效率；二是采用矩阵式管理架构；三是实行技术职务系列的聘任制度。

**7月22日** 浦发银行在全行范围内开展"迎行庆十周年，攀营销新高峰"营销竞赛活动。

**7月25日** 浦发银行开始代理销售富国基金管理公司的"富国动态平衡"开放式基金。浦发银行成为国内第五家代销开放式基金的商业银行。

**7月27日** 浦发银行沈阳分行开业暨合作协议签约仪式在沈阳皇朝万豪国际酒店举行。沈阳分行分别与沈阳东软软件股份有限公司、辽宁省交通厅、沈阳飞机工业（集团）有限公司、沈阳公用发展股份有限公司、沈阳南湖科技开发集团公司、辽宁人民广播电台6家单位签订项目合作和银企合作协议，提供15亿元信贷资金支持。辽宁省政府、沈阳市政府、中国人民银行、上海市政府等有关领导参加开业仪式。

**是月** 浦发银行正式启动离岸业务，办理离岸对外担保、汇出汇入、贸易结算、同业拆放拆借、外汇买卖等项业务。截至12月31日，开立账户96户，其中非居民法人账户66户，非居民自然人账户30户，各项存款余额为6 979万美元，各项贷款余额为3 859万美元，离岸资产总额为7 706万美元。

**8月8日** 浦发银行宁波分行与宁波市教育局签署《宁波市教育局财务管理中心银行服务协议》，宁波市52家大中专院校、市属中学等单位的资金将在宁波分行开户。

**8月28日** 浦发银行与中国工商银行全面业务合作暨同业融资业务合作协议签字仪式在北京举行，浦发银行行长金运与中国工商银行行长姜建清出席。根据合作协议，双方将在代理结算、公司金融、电子银行、国际金融、银行卡等领域扩大业务合作与交流，并互设授信额度，加强融资业务合作。

**是日** 浦发银行与上海南站广场投资有限公司签订银企合作协议,并授予其15亿元综合授信额度。上海市政府副秘书长吴念祖,浦发银行董事长张广生、副行长商洪波等出席签字仪式。

**是月** 浦发银行制定《关于对外资银行在华分支机构人民币同业借款业务的指导意见》,提出强化总分行联动,积极推进对外资银行的同业借款业务,继续扩大上海地区外资同业借款市场份额,开辟和拓展上海以外地区外资同业借款业务。

**是月** 浦发银行深圳分行客户服务中心正式对外提供服务,服务号码为83778888,主要业务功能包括:咨询、查询、个人转账、单位转账、通知服务、客户管理、申请预约、证券保证金、决策支持和其他等十大类业务。

**9月4日** 浦发银行与中国石油化工股份公司签订新一轮授信额度协议,由浦发银行对中石化及其下属(控股)的上海石化、扬子石化、华东销售公司等单位授信20亿元额度。

**9月10日** 浦发银行与联想公司就浦发银行核心业务系统建设举行签约仪式。浦发银行行长金运、副行长张耀麟和联想公司总裁兼CEO杨元庆出席。

**9月20日** 浦发银行2002年第一次临时股东大会在上海沪警会堂召开,审议通过《关于延长公司增发不超过3亿股A股决议有效期限的议案》。

**9月30日** 浦发银行下发《关于加强和规范统一授信管理的若干意见》,对此前制定和颁布的《统一授信管理暂行办法》提出一些规范性意见,强调进一步建立审慎高效的现代银行授信制度,加强内部控制,防范授信风险。

**是月** 浦发银行开始在专业审贷岗位推行岗位资格证书制度。

**10月8日** 浦发银行业务系统平稳接入中国现代化支付系统。截至2003年末,总行及下辖16家分行成功接入中国人民银行大额实时支付系统,日均资金支付量达5 000笔。

**10月28日** 浦发银行第二届董事会第三次会议和第二届监事会第三次会议在上海静安宾馆召开,董事长张广生,监事长李关良,行长金运,党委副书记万晓枫,副行长陈辛、黄建平出席,会议审议通过《2002年第三季度公司业务经营情况和季度报告编制说明的议案》《公司财务制度》《部分股东股权转让的议案》。

**10月30日** 浦发银行完成ATM改造,POS改造率达到90%,银联借记卡累计发行49.7万张,银联信用卡(IC)累计发行1.5万张,实现全国银行卡联网联合的工作目标。

**是月** 浦发银行国际消费卡(借记卡)开始在浦发银行上海地区总部黄浦支行试运行。

**12 月 4 日**　浦发银行下发《企事业法人客户信用等级评定操作规程(暂行)》,明确了信用等级分类方法和标准,设定了经营管理、产品技术、市场环境、偿债能力、盈利能力等评定指标和参数,设定了 13 个客户信用等级,同时又根据浦发银行的风险承受能力,设定了 9 种交易等级。

**12 月 28 日**　浦发银行获中国证券业监督管理委员会核准(证监发行〔2002〕第 135 号),向社会公开发行不超过 30 000 万股人民币普通股。

**12 月 30 日**　浦发银行第二届董事会第四次会议、第二届监事会第四次会议在上海中山东一路 12 号大楼一楼大会议室召开,审议并通过《关于通过公司与花旗银行海外投资公司签署战略合作等协议的决议》《关于通过公司与花旗国际有限公司签署信用卡业务合作协议的决议》和《关于通过在引入国际战略投资者及业务合作中特别授权的决议》。

**12 月 31 日**　经国务院同意和中国人民银行批准(银复〔2002〕第 366 号),浦发银行与美国花旗银行在上海市外滩 12 号大楼正式签署《战略合作协议》《股份购买协议》《信用卡业务协议》等有关合作协议。根据协议,花旗银行海外投资公司将成为浦发银行唯一战略性参股的外国金融机构;浦发银行在花旗银行的协助下,通过设立独立的信用卡中心的方式,合作经营信用卡业务。花旗银行承诺,在个人金融、风险管理、财务管理、IT 系统改造、稽核及合规性管理和人力资源管理等领域提供技术支持及协助。浦发银行董事长张广生、行长金运、行长助理马力等行领导与花旗银行中国区总裁施耐德等出席签约仪式。

**是年**　浦发银行实现利润 18.67 亿元,总资产达 2 793 亿元,各项本外币存款余额达 2 439 亿元,各项本外币贷款年末余额 1 744 亿元,存贷款比例为 71.5%,不良贷款率降至 4.43%。

**是年**　浦发银行位列英国《银行家》杂志"全球银行 1 000 强"第 308 位。

# 2003 年

**1月8日** 经中国证券监督管理委员会核准,浦发银行首次通过增发渠道进行外部融资,增发人民币普通股3亿股,每股发行价格8.45元,实际募集资金24.94亿元,全部用于充实公司资本金。

**1月9日** 浦发银行上海地区总部在上海浦东陆家嘴金融中心举行入驻浦发大厦仪式,并正式推出东方国际消费卡。同时,上海地区总部与同济大学、陆家嘴股份有限公司、扬子江快运公司签订授信总额为18亿元的银企合作协议。上海市副市长杨晓渡到场祝贺,同济大学校长吴启迪、陆家嘴股份公司总经理朱国兴、扬子江快运公司董事长刘伟宁参加签约,浦发银行董事长张广生,行长金运,党委副书记万晓枫,副行长商洪波、张耀麟,行长助理马力等与部分总部员工参加仪式。

**1月15日** 浦发银行在北京举办"和你在一起"浦发银行10周年大型客户答谢会,以感谢中国人民银行、金融同业及在京各大中央级公司10年来对浦发银行的支持。中国人民银行银行管理司司长王华庆,中共北京市金融工委书记成燕红,浦发银行董事长张广生、副行长陈辛及各大企业、同业、媒体来宾近200人参加活动。

**1月23日—25日** 浦发银行在上海国际会议中心东方滨江大酒店召开2003年全行工作会议。行长金运作题为《深化机制体制创新,全面提升竞争能力,为把我行建成国际上较好的商业银行而努力奋斗》的报告。会议从"全行整体经营""市场营销工作""内部管理""支持保障体系建设"等方面回顾了2002年的工作,并总结了浦发银行建行10周年来的主要成绩和基本经验。会议对2003年全行工作进行了部署,指导思想和经营目标是:认真贯彻党的十六大精神,以机制体制创新为动力,以经营管理的市场化为手段,以与国际接轨为目的,与时俱进,奋发有为,全力推进市场营销,加快金融创新步伐,加大结构调整力度,提高内部管理水平,全面提升浦发银行的竞争能力,努力实现量的良性发展和质的稳步提高,为浦发银行今后10年的发展奠定扎实的基础。

**1月28日** 浦发银行在上海大剧院举办建行10周年新年交响音乐会。上海市人大常委会副主任任文燕、上海市副市长杨晓渡和浦发银行董事长张广生、党委副书记万晓枫、副行长黄建平、行长助理马力等出席。

**1月30日** 按照中国人民银行《关于加强反洗钱工作的通知》（银发〔2002〕第0351号）的要求，浦发银行制订并呈报《2003年度反洗钱工作计划》《反洗钱工作方案》。

**是月** 浦发银行上海地区总部成立客户服务中心，采用电话语音与人工坐席相结合的方式提供7×24小时服务，对外服务热线号码为68887000。

**2月10日** 浦发银行建立贷后检查专业队伍，由风险管理部召集，原则上每年安排不少于20批次的检查，每一批次由5—7人组成检查队伍，历时5—8个工作日。

**2月19日** 浦发银行设置基金托管部，负责全行基金托管业务，包括证券投资基金托管、社会保障基金等。

**2月20日** 经中国人民银行批准（银复〔2002〕第0355号），浦发银行正式发行国际借记卡。

**3月3日** 浦发银行制定并下发《东方国际消费（借记）卡业务管理规定（试行）》。

**3月21日** 浦发银行印发《预算管理暂行办法》，提出了基本指导原则：以实现全面预算管理为目标，完善预算机制，优化预算编制，强化预算执行，硬化预算约束，使预算成为各级预算单位开展日常经营管理活动的目标和依据。

**3月27日** 浦发银行青岛分行正式开业，青岛分行将原用于举行开业仪式的20万元捐赠给青岛市政府抗击"非典"。

**4月4日** "628核心系统项目"在浦发银行广州分行率先试点上线，经连续工作近48个小时，新系统开启联机交易，整个切换日工作宣告顺利完成。至11月，"628核心系统项目"实现全行上线，完成了新系统的客户化开发和全行所有分支机构的系统切换，构建了全行帐户集中处理、本外币一体化、对公对私一体化的大集中业务处理架构。"628核心系统项目"在浦发银行广州分行率先试点上线，经连续工作近48个小时，新系统开启联机交易，整个切换日工作宣告顺利完成。至次年4月15日，"628核心系统项目"上线取得圆满成功。

**4月8日** 浦发银行武汉分行开业，并分别与湖北省交通厅、武汉土地整理储备供应中心、长江证券有限责任公司签署授信总额为10亿元的合作协议。

**4月17日** 浦发银行根据中国人民银行《证券公司进入银行间同业市场管理规定》和中国证券监督管理委员会《证券公司管理办法》，印发《关于印发"境内证券公司统一授信管理暂行办法"的通知》，明确了授信对象、授信管理的业务范围，规定了授信额度评审办法，明确了各部门的具体职责分工。

**4月26日** 浦发银行第二届董事会第七次会议和第二届监事会第六次会议在上

海中山东一路12号大楼会议室召开,审议通过《浦发银行第一季度报告》《长期激励机制的议案》和《公司部分股东股权转让的议案》等议案。

**4月29日**　浦发银行召开2002年度股东大会,董事长张广生主持。会议选举6名独立董事,增选花旗银行龙肇辉为董事。大会审议通过《关于公司与花旗银行海外公司签署战略合作等协议的议案》《关于公司与花旗国际有限公司签署信用卡业务合作协议的议案》《关于公司在引入国际战略投资者及业务合作中特别授权的议案》等议案。

**5月6日**　浦发银行下发《关于确定北京等七家分行为个人金融营销机制体制改革试点单位的通知》,同时制订《个人金融营销体系建设方案(试行)》,确定北京、南京、广州、郑州、大连、深圳、西安7家分行为全行个人金融营销机制体制改革的试点单位。

**5月8日**　浦发银行下发《关于印发2003年综合营销竞赛办法的通知》,组织全行开展"超同业、拓市场、竞发展"综合竞赛活动。

**5月9日**　浦发银行下发《关于开展理财专员销售模式(保险业务)试点的通知》,决定自5月下旬起,在上海徐汇支行和闸北支行开展"理财专员销售模式"(保险业务)试点工作。理财专员销售模式是浦发银行与中国平安保险合作,由业务推荐人制度、理财专员服务制度、理财培训体系和销售考核激励体系等部分组成,主要由经过专门培训的银行理财客户经理实施保险产品销售,旨在改变银行被动销售简单保险产品的现状。

**5月15日**　浦发银行下发《关于在全行范围内开展创新大讨论活动的通知》,为期3个月的全行性创新大讨论活动正式启动。

**5月21日**　浦发银行向中国人民银行报送《反洗钱内控制度》《反洗钱工作岗位责任制》。

**是日**　浦发银行与中国平安人寿保险股份有限公司"浦发—平安理财专员销售模式合作项目"签约仪式在徐汇支行举行。

**5月23日**　浦发银行北京分行为香河国安建设开发有限公司办理8 000万元回购型应收账款保理预付业务,该业务是分行开办的第一笔应收账款保理预付业务。

**5月29日**　浦发银行与海康人寿保险有限公司全面合作协议签约仪式在浦发大厦举行,海康人寿总经理兼首席执行官蔡隆展等出席。

**6月4日**　浦发银行下发《关于对台资企业营销工作的指导意见》,明确经过台湾地区"投资审查委员会"审批通过的台湾大型投资项目中部分优质企业可视同跨境公司客户进行积极营销。

**6月20日** 浦发银行与微软(中国)有限公司签署全面合作协议。

**6月25日** 浦发银行上海地区总部与上港集装箱集团公司举行10亿元综合授信签约仪式,浦发银行董事长张广生、副行长商洪波出席签约仪式。

**6月26日—27日** 浦发银行在重庆召开"扁平化改革管理"座谈会,会后下发《会议纪要》和《总行关于积极稳妥地推进扁平化改革的若干思路》,力争通过半年时间进行进一步调查研究,出台浦发银行扁平化改革总体方案,以推进体制创新。

**是月** 浦发银行获得国家外汇管理局关于开办境内居民个人购汇业务的许可。

**是月** 浦发银行SAP系统一期项目的FI/CO财务成本和成本管理系统在全行上线,实现了全行财务数据的大集中。在此基础上,开始深化应用项目EAccounting(主要用于网上报销)和BW系统(用于制作业务报表)的开发工作。

**7月1日** 浦发银行深圳分行在深圳地区推出"浦发银行行家理财"个人理财业务品牌,面向高端个人客户提供一对一的理财业务行销和售后服务。

**7月4日** 浦发银行印发《综合业务授权管理暂行办法》,明确按照综合业务逐级有限授权的规定,对综合业务授权的原则、形式、分类、总行综合业务授权的规定、管理和工作程序,以及综合业务授权的评估、检查和监督、变更和终止等内容作了详尽的规定。

**7月8日** 浦发银行北京分行与中国航空工业第一集团公司签署10亿元综合授信协议。

**8月** 浦发银行金融机构部实行内设机构设置改革,改按科室设置的营销体制为以功能为依托的营销推进中心、产品推进中心及营销管理中心。

**是月** 浦发银行制定《信用卡(个人卡)章程》《信用卡(个人卡)业务管理办法》和《信用卡(个人卡)风险管理办法》。

**9月9日** 浦发银行"628核心系统项目"上线,全面推广"及时语"服务,当账户信息、资金余额、投资理财发生变动时,将第一时间为客户提供短信通知,成为最受欢迎的浦发银行个人金融产品之一。

**是月** 浦发银行正式完成引进花旗银行战略投资股权工作。花旗银行海外投资公司受让持有浦发银行非流通股18 075万股,占浦发银行总股本的4.62%,成为浦发银行的第四大股东,仅次于上海国际信托投资有限公司、上海上实(集团)有限公司、上海国有资产经营有限公司。

**10月8日** 浦发银行SAP-TR模块顺利上线,实现资金业务前后台系统联网,业务数据实时传送,业务信息智能化管理与业务系统操作风险可控,提升了资金核算与信息管理水平,浦发银行成为国内首家实施SAP本外币合一的资金业务后台系统的金融行业用户。

**10月13日**　国家外汇管理局巡视员王淑敏,中国人民银行上海分行行长胡平西、副行长方上浦等视察浦发银行,浦发银行行长金运、行长助理马力汇报工作。

**10月14日**　浦发银行与上海地产(集团)有限公司签署全面合作暨30亿元综合授信协议,签约仪式在上海中山东一路12号大楼举行。上海市政府副秘书长洪浩、上海地产(集团)有限公司董事长皋玉凤出席签约仪式。

**是日**　浦发银行与上海住房置业担保有限公司签署银企合作协议,签约仪式在上海中山东一路12号大楼举行。上海市政府副秘书长洪浩、上海地产(集团)有限公司董事长皋玉凤出席签约仪式。

**10月24日**　浦发银行全行启动金龙系列证券投资基金的代销工作,为期1个月,21家分行、292个网点同时代销。金龙系列基金由国泰基金管理公司发行,13家机构参与代销,是浦发银行获得基金托管资格后首次托管的证券投资基金。

**是日**　浦发银行《会计出纳操作及运行管理制度规范》发布,作为全行会计条线操作和管理指南、学习和培训教材、会计检查标准。

**10月27日**　浦发银行第二届董事会第九次会议在上海明天广场JW万豪酒店召开,审议通过《公司2003年第三季度报告》和《公司部分股权转让的议案》。

**11月10日**　浦发银行第二届董事会第十次会议在虹桥迎宾馆6号楼召开,审议通过《公司前次募集资金使用情况的议案》《公司符合发行可转换公司债券条件的议案》《公司发行可转换债券的议案》《公司发行可转换债券募集资金运用可行性分析的议案》《公司董事、监事及高级管理人员诚信义务守则》及《公司投资者关系管理办法》。

**11月16日**　浦发银行综合核心业务系统(628项目)实现全行上线,完成新系统的客户化开发和全行所有分支机构的系统切换,构建全行账户集中处理、本外币一体化、对公对私一体化的大集中业务处理架构,实现真正意义上的数据大集中、业务处理大集中。

**是月**　国家信息产业部正式将"95528"分配给浦发银行,作为浦发银行全国统一的客户服务短号码。总行启动"95528"开通项目,将"95528"首先应用于浦发银行电话银行业务,申请和开通了www.95528.com.cn域名。截至2004年3月12日,浦发银行基本完成了27个城市的通信管理局报备、五大电信运营商(电信、网通、移动、联通、铁通)开通等各环节任务。经过全面测试验收,各项功能符合原定要求,95528开通项目圆满完成。

**12月12日**　浦发银行、中国工商银行、广发银行共同向中外合资华晨宝马公司融资签约仪式在沈阳举行。浦发银行在人民币贷款中占25%的份额,在进口付款保函中占35%的份额。

**是日** 浦发银行2003年第一次临时股东大会在上海市北京西路1700号云峰剧院召开,审议通过《公司前次募集资金使用情况的议案》《公司符合发行可转换公司债券条件的议案》《公司发行可转换债券的议案》及《公司发行可转换债券募集资金运用可行性分析的议案》。

**12月21日** 浦发银行与中国广东核电集团在深圳市圣庭苑酒店签署企业年金托管协议。

**是月** 浦发银行制定《下岗失业人员小额担保贷款实施细则(试行)》。

**是年** 浦发银行总资产规模达3 710亿元,各项存款余额3 221亿元,本外币贷款余额2 551亿元,实现利润23.44亿元,不良贷款率下降至2.53%。

**是年** 浦发银行位列英国《银行家》杂志"全球银行1 000家"榜单第261位;位列美国《福布斯》杂志"全球企业2 000强"第941位;位列亚洲权威银行业刊物《亚洲银行家》"年度亚洲300强"第15位,居入榜的中国内地银行之首。

# 2004 年

**1月11日** 经中国银行业监督管理委员会批复同意（上海银监复〔2004〕第2号），浦发银行信用卡中心正式开业。信用卡中心租用上海市浦东南路588号浦发大厦第九层作为办公场所，设立市场营销、风险管理、财务控制、人事行政、运营技术5个部门。

**1月15日** 浦发银行编撰《推行扁平化矩阵式管理组织架构纲要（草案）》，明确了浦发银行推行扁平化组织架构改革的基本目标、主要内容及2004—2006年三阶段实施步骤。

**1月15日—16日** 浦发银行在上海明天广场JW万豪酒店召开2004年全行工作会议。董事长张广生讲话，行长金运作了题为《坚定奋斗目标，加快接轨步伐，力求可持续发展，为把浦发银行建设成为国际上较好的商业银行而不懈努力》的报告。会议从"创新企业组织""创新营销方式""提升管理效率""信息平台建设""人才管理机制"等方面总结了2003年工作。会议对2004年及此后3年全行工作进行了部署，指导思想是：统一思想、奋发图强，以树立可持续的发展观为导向，以全面深化改革创新为主线，借鉴国际主流、学习花旗经验、坚持浦发特色，加快全行在观念、体制、管理方式和运营机制等方面的变革和转轨——由粗放式经营管理向集约化经营管理转变，由层级式、职能型组织架构向扁平化、矩阵式组织架构转变，由单一性、非均衡的业务发展模式向多元化、协调型的业务发展模式转变，不断提升核心竞争力，为把浦发银行建设成为国际上较好的商业银行而不懈努力。会上，副行长张耀麟作"个金体制改革方案"说明，行长助理马力作"扁平化矩阵式改革方案"说明。

**2月4日** 经中国人民银行批准（银复〔2003〕第0042号），浦发银行信用卡中心正式发行浦发信用卡（个人卡）。首发仪式在上海中山东一路12号举行，浦发银行董事长张广生、行长金运、副行长张耀麟，美国驻沪领事馆总领事Douglas Spelman，花旗集团首席执行官Charles Prince、花旗集团中国区行长Richard Stanley及其他花旗集团高管参加仪式。

**2月18日** 浦发银行个人外汇结构型理财产品"汇理财"（第一期）产品发行，这是浦发银行利用市场新型结构型产品向客户提供的个人理财方案。当年,个人银行总部共推出三期"汇理财"产品。

**2月25日**　浦发银行第二届董事会第十一次会议在上海虹桥迎宾馆召开,审议通过《公司组织架构改革和业务调整的议案》《公司在香港设立经营性机构的议案》《公司发行次级定期债务的议案》《公司核销呆账贷款的议案》《公司部分股东股权转让的议案》等议案。

**2月26日**　浦发银行博士后科研工作站正式揭牌。浦发银行董事长张广生、行长金运,上海市人事局副局长毛大立,中国银行业监督管理委员会上海监管局局长王华庆,复旦大学副校长兼研究生院院长周鲁卫等有关嘉宾出席揭牌仪式。经国家人事部(人发〔2002〕97号)批准,浦发银行成为上海地区第一家被批准设立博士后科研工作站的商业银行。浦发银行博士后工作站挂靠复旦大学,2003年9月首批博士后研究人员进站并开展研究工作,该博士后工作站是浦发银行人才发展战略和企业文化战略的重要组成部分,其研究方向包括组织架构再造、金融产品创新、期权期股制度研究、资本运作、风险管理等研究方向。

**3月3日**　浦发银行董事长张广生、副行长商洪波接待来访的河南省副省长李新民一行,介绍浦发银行发展情况。

**3月30日**　浦发银行2003年度股东大会在上海美琪大戏院召开。会议审议通过了《公司2003年度董事会工作报告》《公司2003年度监事会工作报告》《2003年度利润分配预案》《公司2003年度财务决算和2004年度财务预算报告》等10项议案。

**4月6日**　经中国银监会批复同意(银监复〔2004〕第34号),浦发银行开办网上银行业务,提供个人网银和公司网银两项服务功能。个人网银包括大众和专业两个版本,提供业务的基本查询、客户名下账户资金互转,客户间的系统内转账和跨行转账、证券买卖、外汇买卖、开放式基金买卖、银证转账、对外支付等金融服务。公司网银提供信息直通车和公司网银两项服务功能,信息直通车主要是为客户提供各种账户信息、票据、贷款、总资产负债等查询和"及时语"信息服务;公司网银提供各类转账支付、开放式基金买卖、活期存款与定期存款互转、活期存款与通知存款互转、预约业务、集团信息查询、集团内部转账等服务。

**是日**　国家发展和改革委员会批准中国—比利时直接股权投资基金成立,浦发银行担任该基金托管银行,成为国内第一只产业基金托管银行。

**4月7日**　浦发银行企业集团暨关联企业授信风险管理会在西安召开。

**4月8日**　浦发银行正式全面开通"95528"客服电话,客户通过中国电信、中国移动、中国网通、中国联通和中国铁通等五大运营商的电话系统,拨打"95528",就可使用全行21家分行（直属支行）、27个城市的电话银行系统。

**是日**　上海2010年世博会首批银企合作签约仪式在市政府贵宾厅举行，上海市副市长周禹鹏及上海市世博局、市发展和改革委员会、市金融工作办公室领导出席签约仪式。上海世博土地控股公司董事长白文华分别与浦发银行、中国工商银行上海市分行、上海银行代表签署银企合作协议。

**4月26日**　浦发银行召开第二届董事会第十二次会议，审议通过《公司再融资方式由发行可转换公司债券改为增发新股的议案》《关于公司增发不超过7亿股人民币普通股发行方案的议案》等议案。

**4月28日**　浦发银行太原分行开业暨项目合作签约仪式在太原市山西国贸大饭店举行。太原分行分别与山西焦煤（集团）有限责任公司、省中小企业局、省信托投资有限责任公司、太原市住房公积金管理中心签订相关合作协议。中共山西省委、省政府、省政协和太原市有关领导出席。此前，浦发银行董事长张广生、行长金运、副行长商洪波在太原分别拜会中共山西省省委书记田成平、山西省省长张宝顺。

**是月**　经中国银联许可，浦发银行成为第一批开通"港澳通"业务的国内发卡机构，由香港收单业务服务机构提供东方卡刷卡消费及取现服务。

**5月12日**　浦发银行与中国保险（控股）有限公司在香港签订全面业务合作协议，确立双方合作伙伴关系。中国保险董事长杨超、浦发银行董事长张广生出席仪式并致辞。按照协议，浦发银行和中国保险的合作范围涵盖从总部到各分支机构、附属机构各个层面，主要合作领域涉及代理保险、保险投保、资金结算与现金管理、资金融通等。

**5月31日**　浦发银行2004年度第一次临时股东大会在上海美琪大戏院召开，审议通过《公司再融资方式由发行可转换债券改为增发新股的议案》《公司符合增发新股条件的议案》《公司增发不超过7亿股人民币普通股发行方案的议案》等8项议案。

**是月**　浦发银行在郑州召开会计运行管理座谈会，杭州、宁波、上海地区总部、南京、北京、天津、郑州、沈阳、济南、重庆、广州等11家分行参加会议。会议确立全面建立会计条线垂直管理体系的改革目标，并成立运营中心筹建工作组。

**6月4日**　浦发银行召开以"坚持科学发展，正确认识当前的宏观经济形势，坚决贯彻国家宏观调控政策，主动调整资产机构和经营策略，把浦发银行经营管理推向一个新的高度"为主题的全行视频会议。行长金运提出：要以科学发展观指引营销工作，要积极培育浦发银行的目标客户群，努力实现业务结构的顺利转型，不断丰富服务手段和服务方式。公司金融部代表作了《关于新形势下开展公司营销工作的若干指导意见》的报告。

**6月9日**　根据中国银行业监督管理委员会《关于上海浦东发展银行募集次级债务的批复》(银监复〔2004〕第51号)，浦发银行作为国内第二家发行次级定期债券的商业银行，与中国人寿保险(集团)有限公司等8家机构签订总额为60亿元的次级定期债券全部到账，债务期限为5年1个月，采取浮动利率方式。

**6月18日**　浦发银行长沙分行开业暨项目合作签约仪式在长沙华天大酒店举行。长沙分行与湖南省高速公路建设开发总公司、中联重工科技发展股份有限公司签署项目合作协议。湖南省副省长徐宪平等中共湖南省委、省政府，中共长沙市委、市政府主要领导出席开业仪式。

**6月28日**　浦发银行"层面扁平化"改革正式启动，计划将四大业务部门——公司及投资银行业务总部、个人银行业务总部、风险管理总部和资金业务总部撤销，并与原有二级部门进行整合，为"投行业务、资金市场和金融同业业务、中小和小微企业业务、财富管理、移动金融"五大战略发展进行组织准备。

**7月9日**　浦发银行召开全行网络工作会议。总行行长室全体、各部门负责人，各分行、直属支行行长室全体、各部门负责人，各支行行长通过线上视频参加会议。会上，行长金运作了题为《转变观念，加快发展，早日把银行建在网上为成为国际上较好的商业银行而努力》的讲话，明确了"把银行建在网上"的目标和要求，即把银行建在网上，网络要接入客户、网点、员工：客户通过网络接受银行的金融服务，银行网点通过网络处理业务，员工通过网络履行自己的工作职责。会议对网络建设工作作了部署：一是制定"把银行建在网上"的发展战略和IT架构；二是积极推进全行业务流程和组织再造；三是继续推进全行网络应用平台建设；四是加快实施各项管理信息系统。

**7月19日**　浦发银行长沙分行参加湖南省政府组织的"2004年湘西地区开发银企合作洽谈会"，签约2个项目，总贷款达6 000万元。

**8月9日**　浦发银行成立企业年金部。企业年金部下设企业年金市场发展、内部控制和账户管理3个团队，负责全行企业年金业务的经营管理，包括企业年金基金账户管理、受托咨询等。

**是日**　浦发银行成立合规部，下设政策法规部、风险监控部、咨询培训部、反洗钱部、法律事务部，进一步加强了内控机制建设，完善常规职能监督机制，保障各项业务依法合规经营和持续稳健发展。

**是日**　浦发银行成立客户服务中心。客户服务中心下设前台运营、客户关怀、知识库管理、流程管理和质量监督等5个部门。

**是日**　浦发银行成立个人银行总部，下设市场企划部、财富管理部、银行卡部、个人信贷部、电子渠道部、管理会计部和风险管理部等7个部门;原个人金融部即行撤销。

**是日** 浦发银行稽核部更名为审计部,负责全行审计工作的执行和管理,设立首席审计官,下设公司银行业务执行审计官、个人银行业务执行审计官、同业与资金业务执行审计官、信息科技与运营业务执行审计官和质量控制执行审计官。

**8月10日** 浦发银行哈尔滨分行开业暨银企合作签约仪式在哈尔滨香格里拉大酒店举行。哈尔滨分行分别与哈药集团有限公司、哈尔滨航空工业集团、泰福实业公司、哈尔滨市邮政局签订了项目合作协议和银企合资协议,黑龙江省副省长王利民出席开业仪式。此前,浦发银行董事长张广生、行长金运和副行长商洪波在哈尔滨拜会了黑龙江省省长张左己等领导。

**8月11日—13日** 浦发银行全行个人银行工作会议在浦东通茂大酒店举行。行长金运、副行长张耀麟和各分行有关领导出席。行长金运作讲话,副行长张耀麟作《明确目标,真抓实干,集中资源,重点突破,齐心协力推动全行个人银行业务的快速发展》的专题报告。

**8月28日** 浦发银行SWIFT网络转换为SWIFT Net网络,成为国内首批应用SWIFT Net网络的商业银行。

**是月** 浦发银行下发《关于加强分行个人银行机构管理的通知》,明确分行个人银行部承担市场营销和运营管理两大职能,落实"以客户为中心"的经营理念,加强市场营销工作,并规范运营管理流程以支持前台业务拓展,实现风险控制,各分行根据要求调整和充实个人银行部门及其下属机构。

**是月** 浦发银行制定《个人网上银行业务管理办法(试行)》,明确个人银行总部负责个人网上银行业务管理、产品开发和经营、网银主页维护管理、网银信息发布、全国性电子商户营销,分行个人银行部负责分行辖内网上银行业务管理、产品经营、客户销售和服务、提供分行特色产品营销信息、地区性电子商户营销。

**是月** 浦发银行正式启动自助银行建设样板建设项目,成立了自助银行样板建设推进小组,确定杭州、大连、深圳等3家试点分行。

**10月18日** 浦发银行开始代销9.63亿元嘉实浦安保本混合基金,总行确保基金实现认购总额12.96亿元。该基金由浦发银行担任主代销行、托管行和担保行,是国内首只由银行提供担保的保本基金。

**10月20日** 浦发银行资金后台SAP-TP系统二期项目上线,并于11月8日正式运行。

**10月30日** 浦发银行信息中心机房建成投入使用,启动生产系统由宁波路数据中心向漕河泾信息中心搬迁项目,总行28条通信线路完成切换。

**11月10日**　由上海市慈善基金会主办的"蓝天下的至爱——上海市首批多媒体募捐箱启用暨捐赠仪式"在浦发银行总行大厅举行。中华慈善总会荣誉会长、上海市慈善基金会理事长陈铁迪,上海市慈善基金会顾问沙麟以及浦发银行董事长张广生、党委副书记万晓枫等出席启用和捐赠仪式,并与浦发银行员工一起为慈善基金捐款。

**11月13日**　浦发银行第四届业务技术比赛在上海举行,共有21家分支行近200名选手参加6个比赛项目的角逐。

**是日**　浦发银行在广州举行信用卡发卡仪式,这是继浦发信用卡在上海首发后,全国第二个进行发卡的城市。

**11月27日**　浦发银行总行生产系统搬迁项目正式完成,为数据大集中后的628系统、采用国际先进ERP的SAP系统启用了一个高安全等级的新机房。

**11月30日**　浦发银行成立资产负债管理委员会办公室、财务部和资金部。资产负债管理委员会办公室是资产负债管理委员会的常设机构,负责监测日常流动性风险、利率风险和各类限额指标的执行情况,向资产负债管理委员会汇报并提供决策建议。财务部下设财务管理部、会计管理部、会计核算部(总行二级部)和统计、信息管理两个团队。资金部下设外汇交易、货币市场、债券投资、衍生产品和营销等5个团队,根据资产负债管理委员会的意见,负责实施全行流动性、利率/汇率风险管理,承担营利性交易、全行资金产品开发和营销,其统计管理职能暂挂财务部。

**是月**　浦发银行下发《信用卡还款渠道介绍及相关业务操作手册》,全行开放信用卡还款服务。浦发银行陆续开放信用卡网上银行购汇还款交易、信用卡ATM自助终端还款交易、柜面信用卡查询交易,同时下发《浦发信用卡新增信用卡还款渠道业务管理办法》。

**12月14日—16日**　反洗钱金融行动特别工作组(FATF)主席Jean-Louis Fort率高级代表团来华考察中国政府加入FATF的政治意愿以及反洗钱各相关领域履行反洗钱承诺的工作成效。作为考察对象中的唯一商业机构,浦发银行接受了工作组的考察,行长金运、副行长马力向考察组汇报了浦发银行在反洗钱领域开展的各项工作。2005年1月21日,中国正式成为反洗钱金融行动特别工作组观察员。

**12月18日**　浦发银行北京分行与昌平区人民政府举行银政合作签约仪式。根据协议,分行向昌平区所属企业提供20亿元意向性授信额度,用以支持辖区内优质企业发展和重大基础设施建设。

**12月23日**　浦发银行在深圳市五洲宾馆举行浦发信用卡新闻发布会暨浦发银行深圳分行VIP客户新年答谢会,浦发银行副行长张耀麟、花旗银行个人银行中国区总裁陈邦仁出席。浦发银行信用卡正式登陆深圳。

**12月26日** 浦发银行上海漕河泾信息园区竣工，园区总建筑面积为27 018平方米，集数据中心、应急指挥中心、开发中心、呼叫中心、培训中心诸功能为一体。

**12月30日** 浦发银行客户服务中心人工服务上线，西安、苏州两家分行成为率先接入试运行的分行。试运行分行的客户拨打95528，即可进入新系统，接受人工服务。客户服务中心将原有的电话银行业务与人工坐席服务集于一身，对原电话银行语音树作了调整和改进，支持通过坐席的人工服务实现业务咨询、投诉受理和业务辅助支持等需求。

**是年** 浦发银行总资产规模达4 555亿元，各项存款余额3 953亿元，本外币贷款余额3 109亿元，主营业务收入共计167.61亿元，实现税前利润30.49亿元，不良贷款率降至2.45%，不良贷款准备金覆盖率达117%。

**是年** 浦发银行位列英国《银行家》杂志"全球银行1 000强"第261位；位列英国《银行家》杂志和中国社科院中国商业银行竞争力研究中心"2003—2004年度中国商业银行综合竞争力"榜单第3位；位列美国《财富》杂志"中国上市公司100强"第46位。

# 2005 年

**1月5日** 浦发银行印发《审计特派办管理办法》,明确资产规模在30亿元以上,或设立3个支行(含营业部)以上的分行、直属支行设立审计特派办,并根据需要配备审计特派员和其他审计人员;未达到上述条件的分行、直属支行应指定审计联络员,报审计部备案;总行对审计特派办或审计联络点实行统一领导、垂直管理。

**1月10日** 浦发银行正式推出网上汇款业务。

**1月18日** 中国—比利时直接股权投资基金《资产委托管理协议》和《资产委托托管协议》签字仪式在上海中山东一路12号举行。国家财政部、国家发展和改革委员会、上海市金融服务办公室有关领导,比利时驻沪领事馆官员及中比基金管理公司董事长,海通证券公司领导等出席。

**1月26日—28日** 浦发银行在上海虹桥迎宾馆召开2005年全行工作会议。行长金运作题为《坚持科学发展,深化结构调整,加速战略转型,努力开创各项经营管理工作的新局面》的报告。会议从"结构调整""营销服务""风险管理""系统化改革""企业文化"等方面回顾了2004年全行工作。会议对2005年及此后三年全行工作进行了部署,指导思想是:顺应宏观经济和银行业发展的趋势,贯彻"三个代表"要求,坚持科学发展观,以效益为中心,以机制体制建设为核心,以系统建设和人才培养为支撑,加大结构调整和业务转型的步伐,鼓励创新、优化流程、严防风险、塑造品牌,努力为客户提供更趋多元化、更具差异性、更富竞争力的产品和服务,推动全行实现全面、协调、可持续发展,为把浦发银行建设成为国际上较好的银行奠定坚实的基础。

**是月** 浦发银行对信用卡持卡人开放代购汇服务,并指定第一营业部为客户代购汇代理机构,负责客户日常购汇与还款操作,并于次日予以平盘。

**是月** 浦发银行印发《总行个人信贷业务审批工作流程》,规定分行在总行授权范围内负责个人信贷业务的审批工作,个人银行总部负责分行超权限个人信贷业务的审批且为终审部门。

**2月1日** 经中国银行业监督管理委员会批复同意,浦发银行开办人民币理财业务,首次推出人民币、外币双币种组合理财产品——"汇理财"。当年累计发售"汇理财"系列理财产品8期共26款,实现销售金额1.6亿美元。

**2月18日** 浦发银行与中国中煤能源集团有限公司在北京港澳中心签署银企战略合作协议,浦发银行将向中国中煤集团提供总额为30亿元综合授信额度。

**3月22日** 浦发银行在杭州凯悦酒店举行主题为"扬帆杭州,启航优越生活"的浦发信用卡发卡仪式暨VIP客户答谢会。浙江省人民政府、浦发银行总分行及信用卡中心、花旗银行中国区、中国人民银行浙江省分行、浙江省银监局等机构领导、分行辖内70位浦发信用卡首批持卡人以及杭城商户代表近200位嘉宾参加仪式。

**3月29日** 浦发银行在北京人民大会堂签署南水北调主体工程银团贷款合作协议,北京分行、济南分行分别签署南水北调东线、中线工程银团贷款和质押合同。根据银团协议,浦发银行将为工程提供5亿元的贷款。

**是月** 浦发银行撤销原计算机安全工作委员会,成立信息安全工作委员会。

**是月** 浦发银行依托中国银联的平台,在全行ATM终端上开通外卡取现功能。

**是月** 浦发银行开通信用卡自动购汇还款业务,下发《信用卡自动购汇还款操作管理办法》。

**是月** 浦发银行颁布《关于印发〈上海浦东发展银行客户服务中心客户申诉处理管理办法〉及〈上海浦东发展银行客户服务中心"知识"管理暂行办法〉的通知》,明确了申诉处理的流程和各个环节的职责。

**4月1日** 浦发银行成立培训中心,主要职责是根据全行经营战略和人力资源开发需求,制订并实施全行性培训规划和计划,设计并组织各类重要培训项目,指导分支机构和各事业部的培训工作,构建网络教育平台,实施远程培训,组织培训教材体系、课程体系和师资队伍建设,负责全行各项培训类、职称类、资格类考务的规划、组织与申报工作及试题库建设等。

**4月15日** 浦发银行客服电话95528开通7×24小时人工服务,标志着在数据大集中的基础上实现了热线人工服务的大集中。

**4月27日** 浦发银行在上海云峰剧院召开2004年度股东大会,董事长张广生主持。会议审议通过《公司2004年度董事会工作报告》《公司2004年度监事会工作报告》《公司2004年度利润分配预案》《公司2004年度财务决算和2005年度财务预算报告》《公司续聘会计师事务所的议案》《公司关于前次募集资金使用情况的议案》。

**4月28日** 上海市副市长冯国勤、市政府副秘书长吉晓辉及上海市信息委、金融办、中国人民银行上海市分行、浦东新区相关领导莅临浦发银行信用卡中心检查指导,就信用卡风险控制、国内信用卡受理环境等问题进行交流讨论。浦发银行董事长张广生、行长金运、副行长张耀麟陪同参观。

**是月**　浦发银行设计开发个人隐私存款账户,名为"四方钱",为客户提供了一个完全专享、私有的储蓄空间。

**是月**　浦发银行运营中心筹建组制订《运营与科技条线组织管理架构改革方案》,概述了运营中心总体设想,提出了运营中心的定位、总体目标及运营组织架构和基本职能。

**是月**　浦发银行下发《关于进一步加强个人信贷业务贷后监控的通知》,首次设立了多维度监控指标,针对风险高发的业务和品种形成了个人信贷业务风险预警监控的指标体系雏形。

**5月12日**　浦发银行与中国保险(控股)有限公司在香港签订全面业务合作协议。双方合作范围包括代理保险、保险投保、资金结算与现金管理、资金融通等。浦发银行董事长张广生和中国保险董事长杨超出席签字仪式并致辞,浦发银行副行长马力和中国保险副总经理谢一群分别代表双方签署协议。

**5月26日**　浦发银行下发《关于加强个人信贷业务非现场监控的通知》,要求各审计特派办对所在分行执行情况进行一次审计检查;同时强调,从当年第三季度开始,将总行要求重点监控的个人银行客户、产品、违约贷款以及个人贷款系统录入情况纳入非现场审计监控重点,通过审计工作平台进行持续性监控。

**是月**　浦发银行下发《2005年个人信贷业务政策指引》,首次制定全行统一的个人贷款操作政策、流程。

**6月1日**　浦发银行公司及投资银行总部成立。该部是按事业部经营运作的管理机构,下设企业现金管理、贸易融资部、投行业务部、机构及大客户部、中小客户部、离岸业务部、资产托管部(原名基金托管部)、企业年金部、发展管理部和管理会计部。原公司金融部、金融机构部等部门随即撤销。

**6月2日**　浦发银行个人银行总部制定《个人银行总部本部目标管理考核办法》,明确考核目标;在考核指标上,考核结果的70%要与各部实际业绩挂钩,考核结果的30%与协作和支持其他部门以及个人银行总部整体经营业绩挂钩。

**6月9日**　浦发银行南昌分行开业暨银企合作签约仪式在南昌赣江宾馆举行,南昌分行分别与江西铜业、新钢、江铃汽车、南昌市政等企业签订银企合作协议,并向江西省教育厅捐赠25万元,用于支持江西教育事业。江西省省长黄智权、常务副省长吴新雄及南昌市党政领导出席。

**是日**　浦发银行在北京举行"浦发银行信用卡六城市发卡典礼",北京、天津、大连、南京、宁波、苏州六地同时发行信用卡。

**6月25日**　上海市常务副市长冯国勤、上海市政府秘书长杨定华和副秘书长吉晓辉视察浦发银行漕河泾信息园区。

**6月28日** "浦发创富——公司业务品牌暨财富之旅"启动仪式在上海国际新闻中心举行。同时，浦发银行在上海、大连、青岛、哈尔滨等8个城市举行"引领财富之旅"大型推广活动。"浦发创富"作为国内首家公司银行品牌，全面整合浦发银行公司银行产品与服务，并针对企业在生产、贸易、投资、理财等各方面的需求，逐步成为包括五大产品解决方案及三大客户服务方案在内的品牌体系。

**是日** 浦发银行2005年第一次临时股东大会在上海科学会堂召开，审议通过《修订公司章程的议案》《关于在银行间债券市场发行金融债券的议案》等，同意在全国"银行间债券市场"发行总额不超过120亿元的金融债券。

**是月** 浦发银行获评英国《银行家》杂志2005年科技奖——亚太地区年度科技与业务整合奖。浦发银行是唯一来自中国大陆的获奖单位。

**7月1日** 浦发银行行长金运与微软全球CEO巴尔默(Steve Ballmer)出席浦发银行与微软全面战略合作协议签字仪式。该协议的签订标志着浦发银行"将银行建在网上"的战略迈出实质性的一步。

**7月7日** 浦发银行与马鞍山钢铁(集团)控股有限公司在上海签署企业年金账户管理协议，这是浦发银行办理的第一笔企业年金账户管理业务。马钢集团副总经理胡献余及马鞍山市劳动局领导出席签约仪式。

**7月8日** 浦发银行"轻松理财"展示会暨银联标准东方卡发行仪式在北京举行，标志着浦发银行个人金融服务品牌建设工程正式启动。浦发银行董事长张广生、行长金运、副行长张耀麟，中国人民银行、中国银联、北京市银监局、北京市银行卡办公室领导以及近60家新闻媒体记者出席仪式。

**是日** "中央财经大学—上海浦东发展银行联合实践基地"成立暨首批学生实习团队活动启动仪式在中央财经大学举行。中央财经大学校长王广谦、党委副书记侯慧君，浦发银行副行长张耀麟等参加揭牌仪式。

**7月15日** 浦发银行成立运营与科技总部。运营与科技总部下设支付结算中心、贸易服务中心、资金后台服务中心、离岸运营中心、信用运营中心、运行监测中心、运营支持部。原信息科技部归运营与科技总部管理，原会计部、单证中心、清算中心撤销。

**8月2日** 浦发银行入选第一批企业年金基金管理机构，并获准开办企业年金基金账户管理业务。

**8月12日** 根据《中国人民银行关于上海浦东发展银行发行金融债券的批复》（银复〔2005〕第55号）以及《中国银行业监督管理委员会关于上海浦东发展银行发行

金融债券的批复》(银监复〔2005〕第205号),浦发银行70亿元高级债券在中央国债登记结算公司招标发行。浦发银行成为中国人民银行颁布《全国银行间债券市场金融债券发行管理办法》以来第一家发行高级金融债券的股份制商业银行。

**8月31日**　上海市人民政府下发《上海市人民政府关于金运等同志职务任免的通知》文件,正式任命金运为浦发银行董事长。

**是日**　浦发银行各分行正式上线运行风险管理信息系统。

**是月**　浦发银行在全行所有网点开放个人隐私存款账户业务受理。

**是月**　浦发银行制定《网上支付业务管理办法(试行)》,浦发银行网上支付业务正式运营。截至月末,全行拓展20多家著名电子商户,包括掌上通、淘宝网、当当网、腾讯网络(QQ)、中商网、贝塔斯曼、e龙网等,其中仅淘宝网每天的网上支付交易笔数峰值就达到489笔。

**9月5日**　浦发银行董事长张广生、副行长马力接待来访的比利时联邦议会访华团一行,并举行"中国—比利时直接股权投资基金运作情况介绍暨中比合作前景展望交流会"。

**9月6日**　浦发银行成立风险管理总部,下设风险政策管理部、操作风险管理部、资产保全部、公司业务授信审查部、公司业务风险管理部、公司业务资产保全部、个人银行风险管理部、资金市场风险管理部、运营与科技风险管理科。原个人银行总部风险管理部更名为个人银行风险管理部,原风险管理部、资产保全部、审贷中心随即撤销。

**9月14日**　浦发银行向国家外汇管理局申请加入银行间远期交易市场,并制定相关交易管理制度,包括《业务操作规程》《业务统计报告制度》《远期结售汇业务风险敞口和头寸平盘管理制度》《业务定价管理制度》等。

**9月15日**　浦发银行全国25家分行完成客户服务中心上线任务。在浦发银行设有分支机构的地区直接拨打95528,在浦发银行未设分支机构的地区拨打"区号+95528"即可进入电话银行系统并接受人工服务。

**9月17日**　浦发银行国际贸易结算操作系统(单证业务系统)在贸易服务中心、南京分中心、太原、长沙、哈尔滨和南昌分行同时上线,实现了国际贸易结算业务数据管理和操作应用的大集中,从而在国内同业中率先建成真正意义的国际贸易结算业务单证中心。当年,该系统在杭州、宁波分中心及20家分行成功上线。

**9月28日**　浦发银行2005年第二次临时股东大会在上海影城召开,选举产生第三届董事会、监事会。董事会由17名董事组成,其中股东代表董事8名,独立董事6名,高管人员出任董事3名。大会审议通过《关于在银行间债券市场发行次级债券的议案》。同日举行的第三届董事会第一次会议选举金运为董事长,祝世寅为副董事长。随后召开的第三届监事会第一次会议选举刘海彬为监事长。

**10月14日** 澳大利亚联邦总督杰弗里(Philip Michael Jeffery)一行赴浦发银行访问,浦发银行董事长金运、副行长马力陪同接待。

**10月22日—23日** 浦发银行与国务院发展研究中心金融研究所主办的"首届中国企业年金制度建设与市场发展高层论坛"在北京举行。劳动和社会保障部副部长刘永富、国务院发展研究中心副主任刘世锦、浦发银行副行长马力及劳动和社会保障部基金监督司、国家税务总局税务研究所、国务院发展研究中心金融研究所、中国社会保险学会、劳动保障部社会保险研究所等单位领导出席并做了重要的发言。

**10月24日** 浦发银行获国家外汇管理局批准办理远期结售汇业务。

**10月27日** 中共上海市委副书记、市长韩正,市委常委、常务副市长冯国勤视察浦发银行漕河泾信息园区。

**11月10日** 浦发银行发行白金信用卡发行典礼在上海博物馆一楼大厅举行。浦发银行信用卡金卡持卡人代表、合作伙伴及媒体近300人出席。白金信用卡定位于"市场上最好的会员酬宾和最尊贵礼遇",为持卡人提供商务及旅游服务便利及信用卡用卡安全服务。同日,在北京、上海、广州、深圳、杭州、天津、大连、南京、宁波和苏州10个城市也启动了浦发银行白金卡发行活动。

**11月23日** 浦发银行新增批量开通东方卡约定定活期互转的交易。

**11月28日** 浦发银行天津分行作为中国人民银行首批试点城市行,开通小额支付系统。当日,天津分行向招商银行发送首单业务。

**是月** 浦发银行在国内首推Email电邮汇款业务。Email电邮汇款是一种安全、方便、快捷的资金结算方式,汇款人无须提供或知晓收款人的收款账户,只需通过收款人提供的Email地址或手机号码便可实现双方资金结算和款项汇划。

**12月26日** 浦发银行根据《中国人民银行关于上海浦东发展银行发行次级债券的批复》(银复〔2005〕第118号)以及《中国银行业监督管理委员会关于上海浦东发展银行发行次级债券的批复》(银监复〔2005〕第55号),在银行间债券市场私募发行20亿元次级债券,债券期限为10年,发行利率为3.6%,以定向私募、承销团余额包销的方式发行。

**12月31日** 浦发银行将受托管理的养老保险基金资产和负债与上海安联投资发展公司实施并账处理,并整体划转上海盛融投资有限公司。次年4月,浦发银行与盛融公司签订《关于上海安联投资发展公司整体划转协议书》;次年12月,浦发银行与上海市财政局、上海盛融投资有限公司签订养老保险基金移交协议。

**是日** 浦发银行信用卡中心正式推出信用卡积分功能。持卡人在活动期间使用浦发信用卡进行消费、取现、免息分期项目,按照相应标准逐笔计算积分,积分可用于兑换礼品、航空公司里程、信用卡年费。

**是日** 浦发银行太原分行承销山西省首支短期融资券,为阳泉煤业(集团)有限责任公司承销10亿元短期融资券。

**是年** 浦发银行总资产规模达5 730亿元,各项存款余额5 055亿元,本外币贷款余额3 772亿元,实现利润42.31亿元,不良贷款占比降至1.97%,不良贷款准备金覆盖率达142.16%。

**是年** 浦发银行位列英国《银行家》杂志"全球银行1 000家"第270位,并荣获"亚太地区年度科技与业务整合奖"。

# 2006 年

**1月4日** 浦发银行在全行全面实施内部控制体系建设项目,明确从2005年12月开始,将于两年内建立系统、透明、文件化的内部控制体系,实施对各类风险系统连续、有效地控制。

**1月9日** 浦发银行与中国东方航空股份有限公司在上海中山东一路12号大楼签署银企合作协议和50亿元综合授信协议,上海市常务副市长冯国勤、中国东方航空股份有限公司董事长李丰华等出席签约仪式。

**1月14日** 浦发银行南京分行开通江苏省首个"自助银亭",同时开通全国第一家多功能升级版自助银行。

**1月20日—21日** 浦发银行在总行信息中心召开2006年全行工作会议。董事长金运作题为《明确目标,科学设计,稳步推进,为胜利实施全行第二个五年发展规划开好局、起好步》的报告,会议从"发展目标""经营情况""内部管理""体制改革""企业文化"等方面总结了2005年全行工作。会议对2006年全行工作进行部署,指出要顺应宏观经济和银行业发展的趋势,以效益为中心,以机制体制建设为核心,以系统建设和人才培养为支撑,加大结构调整和业务转型的步伐,推动全行实现全面、协调、可持续发展,为胜利实施全行第二个五年发展规划开好局、起好步。副行长马力通报《浦发银行五年规划》要点,相关部门汇报2006年工作要点。

**1月25日** 浦发银行印发《中小企业信用等级评定办法》,界定中小企业信用6个等级,根据不同行业及自身业务发展需求将客户分类,并分别制定不同的信用等级评定模板。

**2月15日** 浦发银行2006年第一次临时股东大会在上海影城举行。会议审议和表决通过《公司与花旗银行及其关联机构为加强持续战略合作签署〈战略合作第二补充协议〉的议案》。

**2月17日** 浦发银行"运营流程再造项目"正式启动,成立运营流程再造项目组。至6月19日,行长办公会议通过《运营流程再造项目立项报告》,项目完成并正式上线。

**2月22日**　浦发银行南宁分行开业暨银企合作签约仪式在南宁举行,中共广西壮族自治区党委副书记、区政府常务副主席郭声琨出席签约仪式。

**是日**　浦发银行长沙分行获得法国开发署2 500万欧元项目贷款的转贷银行资格。

**2月27日**　浦发银行成立战略发展部,该部下设战略推进和战略研究两个团队,原发展研究部即行撤销。

**是月**　浦发银行推出信用卡分期付款业务,分期付款业务的期数可分为6个月和12个月。在浦发银行指定的合作商户或商品范围内,持卡人可以分期付款方式订购商品。

**3月4日**　浦发银行工会会员代表大会召开,大会选举产生新一届工会委员会委员和经费审查委员会委员。

**3月30日**　浦发银行发行"轻松理财信用卡",这是国内第一张融合免息消费和理财功能的双账户理财信用卡。

**是月**　浦发银行获得国家外汇管理局关于开办本外币交叉理财的许可。

**4月1日**　浦发银行与国家开发银行上海中山东一路12号大楼签署信贷业务合作框架协议,国家开发银行副行长刘克崮等出席签约仪式。

**4月6日**　浦发银行先后召开股权分置改革相关股东会议和2005年度股东大会,大会通过了《浦发银行股权分置改革方案》。根据方案,浦发银行流通股股东每持有10股流通股获得非流通股股东支付的3股对价股份。

**4月12日**　浦发银行为切实防范和化解经营风险,预警和妥善处理重大风险事件,下发《风险管理条线关于建立重大风险事件报告及应急处理机制的暂行办法》。

**4月18日**　浦发银行上海地区总部更名为浦发银行上海分行,办公地址位于上海市浦东南路588号浦发大厦。

**4月21日**　浦发银行下发《关于总行办公室重组的通知》,行政管理部随即撤销,其职能并入办公室。办公室下设网站秘书、办公应用、公共关系、行政服务中心、安全保卫、财产管理六个团队。

**是日**　浦发银行成立机构管理部,网点部即行撤销。机构管理部下设分行绩效考核与管理、市场准入与退出、网点标准化建设3个团队。

**4月28日**　浦发银行召开《上海浦东发展银行企业社会责任报告》编委座谈会,以梳理全行企业社会责任方面以往工作和规划未来企业社会责任的工作方向,进一步树立银行良好的社会形象,拟由总行办公室牵头编制《上海浦东发展银行企业社会责任报告》。董事长金运到会讲话。

**4月29日** 天津市市长戴相龙在天津利顺德大饭店会见浦发银行董事长金运、副行长马力一行,双方就进一步扩大和促进沪津两地的经济往来和改革发展,以及渤海产业基金的相关事宜进行交流。

**是日** 共青团上海浦东发展银行第四次代表大会召开,选举产生浦发银行第五届团委。

**是月** 浦发银行开展全行个人信贷业务全面自查自纠工作,组织相关分行行长、分管风险(个金)行长、风险管理部、个金部、会计部、审计特派办等196人对26家分行开展个人信贷业务全面自查自纠工作。

**是月** 经中国银行业监督管理委员会同意,浦发银行温州支行升格为分行。

**5月12日** 浦发银行实施股权分置改革方案:非流通股股东支付的2.7亿股对价股份开始上市交易,非流通股股东持有的原非流通股股份在12个月内不得上市交易或转让。方案实施后,浦发银行总股本不变,原流通股股东持有的股份由改革前的9亿股增加为改革后的11.7亿股。

**是日** 在上海市浦东新区人民政府、上海市金融服务办支持下,浦发银行与花旗银行联合主办"浦东综合配套改革与金融创新研讨会",会议共同探讨以金融创新推动浦东综合配套改革的新途径、新方法。上海市常务副市长冯国勤、浦发银行董事长金运、花旗银行中国区CEO施瑞德、上海银监局副局长洪佩丽和国务院发展研究中心金融研究所副所长巴曙松等出席并致辞。

**5月30日** 浦发银行2006年第二次临时股东大会在上海云峰剧院举行,会议由董事长金运主持,会议审议并投票表决通过《公司修订〈公司章程〉的议案》《公司修订〈董事会议事规则〉的议案》《公司修订〈监事会议事规则〉的议案》等六项议案。

**是日** 浦发银行推出信用卡分期还款信贷功能,持卡人可在卡中心的授信额度内申请信用贷款,并按与卡中心约定期数按月等额通过信用卡偿还本金及利息。

**6月2日** "浦发银行—阿里巴巴"战略合作协议签约仪式新闻发布会在上海中山东一路12号大楼举行。浦发银行首家推出B2B网上支付网关,为阿里巴巴电子商务活动营造更加安全、快捷的B2B交易环境,开通针对中小客户的"资信绿色通道",定期进行相关客户资源与信息的共享,双方议定共同拓展电子商务市场。

**6月12日** 浦发银行完成"华安—浦发"银基通基金直销业务系统的全行上线。银基通是浦发银行与华安基金公司合作推出的基金交易业务,由浦发银行具体受理个人投资者的基金开户交易、直销签约交易、直销撤约交易、账户信息修改交易、变更资金账户交易、当场复核交易、查询类交易等七类交易。

**6月23日** 浦发银行对外发布国内银行业首家《企业社会责任》报告,该报告阐述了浦发银行的企业社会责任观,对浦发银行自1993年建行初期到2005年底所承担的企业社会责任历史沿革进行了梳理整合,同时对浦发银行未来承担社会责任的工作进行了有效规范和指导。

**6月26日** 根据中国人民银行支付系统建设实施计划,小额支付系统在浦发银行上海分32家支行上线。

**6月28日** 浦发银行推出的证券化产品"浦建受益"在深圳证券交易所挂牌上市。浦建受益是国内首家以市政基础建设资产回购为支撑的证券化产品,也是首家面向基金公司发售的企业资产证券化产品;总规模4.25亿元,以上海和无锡13个市政道路BT项目的回购款合同债权转让为专项资产,由国泰君安股份有限公司面向社会发行,浦发银行作为项目的财务顾问银行、担保银行和托管银行。

**6月30日** 浦发银行下发《关于加强合规风险管理、切实加强制度建设的通知》,要求根据机构改革后的组织架构、业务流程、岗位责任,梳理和修订业务和操作管理办法,指导和约束新体制下的业务运作,确保在充分控制合规风险的前提下,开展金融创新活动。

**是日** 浦发银行下发《关于推进分行合规风险管理机制建设的通知》,明确分行合规部的职能定位。

**是月** 经中国人民银行批准,浦发银行发行2006年浦发银行次级债券(简称:06浦发01)。此债券为10年期固定利率债券,发行总额为26亿元,经上海远东资信评估有限公司综合评定为AA级。

**7月6日** 浦发银行对外汇管理部承担的政策制度管理、日常管理、系统开发管理、报表管理等四大类32项外汇管理职能,进行逐项分解,纳入条线管理;同时明确了调整后公文报表流程、调整事项执行时间和要求以及对分行的指导意见等内容。8月7日,外汇管理部正式撤销。

**7月8日** 浦发银行在上海瑞安广场举行"浦发WOW(我)卡"发卡仪式,该卡在全国26个城市发行,主要针对年龄在22—27岁的年轻族群。

**8月4日** 浦发银行乌鲁木齐分行开业庆典和银企签约仪式在乌鲁木齐市鸿福大酒店举行。乌鲁木齐分行分别与新疆维吾尔自治区交通厅、新疆维吾尔自治区伊犁河流域开发建设管理局、新疆八一钢铁(集团)公司、新疆大黄山鸿基焦化有限责任公司和乌鲁木齐市水务(集团)有限公司签订银企合作协议,与国家开发银行新疆分行签订全面合作协议,并向乌鲁木齐市达坂城中学捐赠25万元。中共新疆维吾尔自治区党委副书记、自治区主席司马义·铁力瓦尔地及自治区党委、政府、政协、中共乌鲁木齐市委、新疆生产建设兵团领导等出席庆典及签约仪式。

**8月16日** 浦发银行长春分行开业庆典暨项目合作签约仪式在吉林省长春市南湖宾馆举行。长春分行分别与国家开发银行吉林省分行、中国网通集团吉林省通信公司、吉林省水务投资集团有限公司和吉林省中小企业局签署全面合作协议。吉林省人民政府、长春市人民政府有关领导参加庆典活动。长春分行还向吉林省长岭县永升卫生院捐赠20万元,用于改善贫困地区的医疗状况。

**是日** 中国人民银行、中国银行业监督管理委员会和中国证券监督管理委员会原则确定浦发银行为银行系基金管理公司的第二批试点单位之一,浦银安盛基金管理公司作为首家试点。

**8月31日** 浦发银行与中国预防性病艾滋病基金会联合在北京人民大会堂启动"121联合行动计划捐赠仪式暨浦发银行红丝带爱心行动"。

**是月** 国家发展和改革委员会批复同意浦发银行办理2 000万欧元法国开发署绿色中间信贷,期限15年。

**是月** 浦发银行开展贵宾中心和理财专区试点建设,明确贵宾中心专为金融资产达到30万元的贵宾客户提供"一对一"的服务;理财专区重点维护金融资产5万元以上的优质客户,由理财经理和大堂经理提供服务。

**是月** 浦发银行在国内推出"礼e汇款"。

**是月** 浦发银行成立信用卡系统回迁项目组,着手开展信用卡系统产品选型、需求差异分析、实施计划安排、系统培训等相关工作。

**9月14日** 浦发银行通过基金直销渠道参与国内首个QDII"华安国际配置基金"的发行。

**10月** 经向国家外汇管理局备案,浦发银行正式开办远期结售汇和人民币与外币掉期业务。

**是月** 浦发银行济南分行与新汶矿业集团企业年金理事会正式签订企业年金委托账户管理协议。分行正式成为新汶矿业集团企业年金的账户管理人,共实际管理年金账户6万余户,合同期限3年。

**11月6日** 经中国证券监督管理委员会核准,浦发银行实施新股增发,实际发行439 882 697股,每股发行价格为13.64元,实际募集资金59.10亿元,增发后公司总股本增至43亿股。

**11月7日** 浦发银行下发《公司合规政策》,促进与"建成国际上较好的商业银行"战略目标相适应的合规文化建设,建立有效识别、量化、评估、监控、测试合规风险的组织管理体系和内控系统,建设和完善合规长效机制,保障可持续发展战略的实现。

**11月14日**　浦发银行长沙分行获得长沙市财政局国库集中支付银行代理资格。

**11月22日**　浦发银行发行国内第一张"一张卡、双授权、三账户"的"轻松理财智业卡"。该卡集投资理财、信用卡、综合授信功能为一体,是国内首张三账户、双授信银行卡。

**11月24日**　浦发银行下发《操作风险管理政策(试行)》,定义了操作风险,划分了操作风险等级和类别,制定了操作风险管理政策目标,确立了12条操作风险管理方针。

**是月**　浦发银行制定下发《信用卡客户号与总行个人客户号归并的业务操作规范》,核心业务系统通过个人客户号统一管理客户的信用卡业务,完成信用卡客户资料与核心业务系统个人客户资料的合并工作。

**是月**　浦发银行客服中心率先建立符合ISO9001:2000标准的质量管理体系,并顺利通过中国质量认证中心(CQC)和英国皇家认证委员会(UKAS)会员赛瑞质量认证有限公司的外部审核。

**12月1日**　浦发银行沈阳分行与沈阳海关、中国电子口岸签署网上支付税费合作协议,正式启动分行银关通业务。

**12月4日**　浦发银行推出网上支付创新产品——"协议支付交易",并与基金公司合作,应用于网上基金直销业务,形成基金产品销售的电子商务模式。

**12月22日**　浦发银行沈阳分行与抚顺矿业集团有限责任公司签署企业年金账户管理服务协议,正式确立企业年金业务合作服务关系。

**是年**　浦发银行总资产达6 893亿元,本外币贷款余额达4 608亿元,各项存款余额5 964亿元,当年主营业务收入共计298.75亿元,实现利润60.34亿元,不良贷款率降至1.83%。

**是年**　浦发银行位列英国《银行家》杂志"全球银行1 000强银行"第251位,居上榜中资银行第9位。

# 2007 年

**1月9日** 浦发银行长沙分行与中国人民银行长沙中心支行国库处签订代理省级财政国库集中支付资金清算业务协议。

**1月25日—27日** 浦发银行在上海西郊宾馆召开2007年全行工作会议。董事长金运作题为《完善公司治理，加强机制传导，加快战略转型，开创浦发银行和谐发展新局面》的报告，系统阐述了"浦发银行的改革发展进入到新阶段""全行业务发展面临的新形势""公司治理改革和深化面临的新任务""加强公司治理机制传导，开创浦发银行科学、和谐、健康发展的新局面"等四方面内容。行长傅建华作题为《聚焦发展主题　紧扣转型主线　强化内部控制　实现全行持续、健康、协调、快速发展》的报告，从"企业绩效增长""经营模式转型""内控体系建设""全行各项基础建设"等四方面回顾了2006年全行工作情况。会议对2007年全行工作进行了部署，指导思想是：以科学发展观为统领，以战略转型、持续提升核心竞争力为主线，以强化内部控制为抓手，以深化改革、加强执行、提升管理、配套机制、促进创新为保证，达到效益和质量的统一，实现银行的持续、健康、快速、协调的发展。

**3月5日** 浦发银行印发《2006—2010年发展战略规划》，制定明确的定量和定性指标，提出了需要实施的四大战略：客户先导战略、业务均衡战略、创新驱动战略、综合经营战略。

**3月19日** 浦发银行印发《个人贵宾客户管理办法》，推出"浦发卓信"贵宾服务专用品牌，并于4月发行第一张"轻松理财白金贵宾卡"，向贵宾客户提供"一对一理财经理服务""全国网点免排队服务"、贵宾专属热线电话、专属网页、服务费率优惠等增值服务。

**4月11日** 浦发银行完成对海航集团的高额综合授信，并与海南航空股份公司签订飞机购置贷款合同，帮助海航引进国内第一架波音787飞机。这标志着浦发银行与海航集团在其首架波音787引进项目上的金融合作正式启动，也标志着浦发银行发力拓展国内航空企业金融业务取得又一硕果。

**4月17日** 浦发银行下发《关于设置总行数据处理中心机构的通知》，明确数据处理中心下设流水作业、专业管理、行政人事、技术保障四个团队，主要承担"运营流程再造——业务集中"项目中全行上收涉及支付结算业务数据录入、票据审核、差错处理、业务授权等专业业务的流水作业。

**4月18日**　上海市人民政府下发《上海市人民政府关于吉晓辉等同志职务任免的通知》文件，正式任命吉晓辉为浦发银行董事长。

**4月26日**　浦发银行北京分行与清华科技园签署总额20亿元银企合作协议。

**5月22日**　浦发银行2006年度股东大会在上海召开，会议选举吉晓辉、傅建华、Stephen Bird为董事。当日，第三届董事会第十六次会议举行，选举吉晓辉为董事长，傅建华、祝世寅为副董事长。

**5月23日**　浦发银行重新成立风险管理委员会，作为行长室领导下负责全行全面风险管理的决策机构，主任由行长担任。

**5月24日**　浦发银行长春分行与吉林省社会保险事业管理局签订合作协议。

**5月29日**　浦发银行北京分行与北京京能科技投资有限公司签署银企合作协议。

**6月6日**　浦发银行上海分行临港支行正式开业。

**6月14日**　浦发银行下发《"浦发卓信"品牌使用管理办法》，正式推出"浦发卓信"品牌。

**7月17日**　经中国银监会、中国证监会批复同意（证监基金字〔2007〕第207号），由浦发银行、法国安盛投资管理公司和上海盛融投资管理公司共同出资设立浦银安盛基金管理公司，浦发银行持有51%股权。

**8月2日**　浦发银行与中国交通建设股份有限公司签署战略合作协议书。

**8月21日**　浦发银行呼和浩特分行开业庆典暨项目合作签约仪式在呼和浩特市新城国宾馆隆重举行，分行分别与呼和浩特市人民政府、国家开发银行内蒙古分行、内蒙古电力集团公司和内蒙古伊泰集团公司签订全面合作协议。中共上海市委副书记、市长韩正，浦发银行董事长吉晓辉、行长傅建华、副行长商洪波出席仪式。开业仪式上，浦发银行呼和浩特分行将压缩开办费购买的救护车和医疗器械、流动医疗站捐赠给内蒙古兴安盟扎赉特旗巴达尔胡镇中心卫生院。

**8月27日**　浦发银行首个信贷资产证券化项目获中国人民银行正式批复，这是国内股份制商业银行发行的第一个信贷资产证券化产品。次日，根据浦发银行总行指令，各分支行完成相关入池操作。

**8月28日**　浦发银行发起设立的浦银安盛基金管理有限公司正式成立。开业仪式在上海中山东一路12号举行，上海市常务副市长冯国勤、浦发银行董事长吉晓辉、中国证监会上海监管局局长张宁、法国驻上海总领事馆总领事 Thierry Mathou、法国安盛投资集团最高执行董事会成员 Stephane Prunet、上海盛融投资有限公司总裁施德容等出席。

**是日** 浦发银行和花旗银行(中国)股份有限公司签署现金管理业务合作协议,签约仪式在上海市中山东一路12号举行。浦发银行副行长刘信义和花旗银行副行长高培德(Brett Krause)签署并交换合作协议。

**是月** 浦发银行天津分行承揽滨海新区大型拆迁代发项目,在拆迁现场为居民提供了为期2个多月的金融服务。

**9月1日** 中关村科技园区管理委员会、中国人民银行营业管理部、中国银行业监督管理委员会北京监管局联合举行中关村科技园区中小企业信用贷款试点工作信息发布会暨首批信用贷款合同签约仪式,浦发银行北京分行成为4家试点银行之一。

**是日** 浦发银行上海分行中小企业专营平台正式在襄阳支行建立,为推动分行中小企业业务快速发展开辟了空间。

**9月4日** 浦发银行在全国限量发行 WOW Visa 奥运卡,全力支持国家体育总局水上运动管理中心下辖的国家激流回旋皮划艇队冲击2008年北京奥运会。国家体育总局水上运动管理中心主要领导及 Visa 国际组织亚太区执行副总裁暨大中华区总经理张楷淳、浦发银行副行长张耀麟、花旗银行(中国)有限公司副董事长李亚文出席仪式,并共同为 WOW Visa 奥运卡揭幕。

**9月11日** 浦发银行开展首个信贷资产证券化项目的簿记建档、集中配售工作。其中A档最终定价4.33%,实现1.40倍超额认购;B档最终定价5.1%,实现1.23倍超额认购;C档最终定价9%,实现1.08倍超额认购。

**9月13日** 浦发银行荣获"2006年度全国银行间债券市场自营业务优秀结算成员"称号。

**9月18日** 浦发银行广州分行成功中标财政支付代理项目,成为广州市财政局遴选的代理服务银行之一。

**9月18日—20日** 浦发银行行长傅建华赴西安分行参加部分分行行长座谈会,并出席西安分行与陕西省机关事业单位社会保险基金管理中心战略合作协议签约仪式。

**9月25日** 浦发银行董事长吉晓辉、党委副书记冯树荣在总行接待中国保险监督管理委员会副主席周延礼一行。

**9月26日** 中国银行业监督管理委员会"中国银行业利用外资与开放"课题研究小组赴浦发银行开展调研。浦发银行行长傅建华,党委副书记冯树荣,副行长黄建平、刘信义参加会议。

**是月** 浦发银行协同中国金融期货交易所,以测试指标第一的成绩完成了与该所的链路测试、接口适应性测试、压力测试等3个部分系统技术测试工作,为浦发银行申请期货特别结算会员资格奠定了基础。

**是月** 浦发银行青岛分行与青岛海关签署合作协议,标志着青岛分行银关通业务上线。

**10月13日** 浦发银行董事长吉晓辉赴北京参加中国共产党第十七次全国代表大会。

**10月21日** 浦发银行南京分行与南京市鼓楼区人民政府签订银政合作协议。

**10月25日** 浦发银行呼和浩特分行与包钢集团签署银企合作协议,双方在授信业务、企业现金管理、理财增值服务、销售及供应网络融资服务、投资银行业务、资产托管业务、企业年金业务和对私服务等不同层面及多业务种类上开展全面合作。

**10月26日** 浦发银行第三届董事会第十九次会议在上海虹桥迎宾馆召开,会议就第三季度报告等议题进行了审议。

**是日** 新加坡国务资政吴作栋携夫人一行来浦发银行参观访问,副行长张耀麟陪同参观。

**10月30日** 浦发银行党委召开全行传达贯彻党的十七大精神视频会议,党委副书记冯树荣主持会议,党的十七大代表、浦发银行党委书记、董事长吉晓辉传达了会议精神,对全行学习贯彻党的十七大精神、扎实抓好银行的各项工作进行动员和部署。

**11月1日—3日** 浦发银行2007年全行务虚会议在昆明召开,行领导、各部室负责人、各分行、直属支行行长等70余人参加会议。行长傅建华作了题为《认清形势,聚焦思考,共谋浦发银行的发展大计》的前导发言。董事长吉晓辉作了题为《解放思想,审时度势,振奋精神,聚焦突破,把浦发银行建成具有核心竞争优势的现代金融服务企业》的总结讲话,对成立15年以来的经营成果进行了总结,分析了当前全行面临的形势与问题,提出要顺应国内银行由以传统的单一资金中介为主向全面服务中介转型、由银行领域向跨银行领域转移、由国内市场向国际市场迈进的潮流,对外塑造品牌,对内提升素质,加快发展和改革步伐,努力把浦发银行打造成为主要发展指标行业领先,差异化竞争优势明显,体制机制高效灵活,发展结构均衡合理,全面服务能力、价值创造能力、组织创新能力和可持续发展能力较强,具有核心竞争优势的现代金融服务企业。

**11月12日** 浦发银行南京分行发行江苏省第一张银行业与商户群联合推出的

联名卡——"浦发银行轻松理财1912联名卡"。

**11月14日** 浦发银行沈阳分行与特变电工沈阳变压器集团、康嘉互感器公司签订企业年金账户管理协议。

**11月16日** 浦发银行合肥分行开业暨项目合作签约仪式在合肥市稻香楼宾馆举行,分行分别与铜陵有色金属集团控股有限公司、淮北矿业(集团)有限责任公司等单位签署项目合作协议。安徽省省长王金山,上海市常务副市长冯国勤,安徽省常务副省长孙志刚,上海市金融党工委书记吴明,浦发银行董事长吉晓辉、行长傅建华、副行长商洪波等出席仪式。合肥分行向安徽省青少年发展基金会捐赠25万元助学基金,成立"浦发优秀困难大学生奖学金"。

**11月22日** 由中国人民银行上海总部主办、浦发银行协办的上海金融交易商峰会在上海东郊宾馆举行,上海辖区一级交易商和其他金融机构、在沪组织类机构近70人出席会议,浦发银行行长傅建华出席并致辞。

**11月23日** 浦发银行武汉分行与黄冈市人民政府签订财务顾问协议,分行将为黄冈市拟上市的30多家企业提供包括财务管理咨询、资产重组、上市前融资辅导等一系列财务顾问服务。

**11月26日** 浦发银行上海分行集中提回业务正式上线。

**11月27日** 浦发银行党委召开学习贯彻党的十七大精神报告会,上海市委党校冷鹤鸣教授应邀作了关于学习贯彻党的十七大精神辅导报告。

**11月28日** 浦发银行与加拿大PAYSTONE公司合作推出"浦发—PAYSTONE"国际汇款业务,在北京加拿大驻华大使馆举行签约仪式,浦发银行副行长张耀麟、国家外汇管理局领导、加拿大公使级参赞及PAYSTONE公司董事长等出席。

**11月29日** 国家劳动和社会保障部公布第二批企业年金基金管理机构,浦发银行获得企业年金基金托管人资格,银行资产托管业务范围涵盖企业年金、社保、基金、证券、信托、保险、产业/创投、专项、QDII和QFII等十大领域20余个品种。

**是月** 浦发银行正式启动信用卡中心IT基础架构回迁项目;12月9日,实现包含信用卡核心系统以及28个外围系统在内的整体系统架构迁移;次年4月29日,实现信用卡中心IT基础架构的全部回迁。

**12月7日** 历时两个月的"万达·浦发"杯股指期货仿真交易大奖赛落幕,参赛人数高达13 486人,总交易金额达38 560亿元,有效检验了期货相关的交易软硬件系统、行情系统、客服流程等,是一次银企携手合作备战股指期货的战略性活动。

**12月8日** 浦发银行将信用卡系统从新加坡花旗运营中心搬迁至浦发银行上海

漕河泾信息中心，实现信用卡系统从IBM大型主机移植到UNIX开放平台，开创了百万持卡人数据迁移的记录。

**12月13日**　浦发银行广州分行与粤财信托正式签署托管协议，与广发证券（投资管理人）、粤财信托签署三方合作备忘录。广州分行的第一笔证券投资信托类托管业务正式开始运作。

**是日**　浦发银行长沙分行辖属株洲分行正式开业。

**12月17日**　浦发银行下发与浦银安盛基金管理公司的业务合作方案，明确在"合法合规、资源共享、同等优先、阶段推进、互惠互利"原则下，双方围绕产品研发、销售管理、考核范围、营运支持、信息共享和品牌推广方面开展合作。

**12月21日**　浦发银行首次全行职工代表大会在上海市虹桥路2106号世博会议大酒店召开，全行90名职工代表参加大会，浦发银行党委书记、董事长吉晓辉出席大会并讲话。大会号召全行职工学习贯彻党的十七大精神，落实科学发展观，不断推进银行民主管理，维护职工合法权益，促进企业和谐稳定发展；大会审议通过《上海浦东发展银行职工代表大会暂行办法》《上海浦东发展银行员工奖惩办法（修订版）》《上海浦东发展银行员工薪酬福利手册》。

**是月**　浦发银行杭州分行成功营销浙江沪杭甬高速公路股份有限公司企业年金业务，在已签署企业年金账户管理合同的基础上，又与该公司签署了企业年金基金托管合同。

**是年**　浦发银行总资产9 149.80亿元，其中本外币一般贷款余额5 509亿元；公司负债总额8 866亿元，其中本外币一般存款余额7 634亿元；当年实现税前利润107.58亿元，实现税后利润54.99亿元；全年实现营业收入258.76亿元；不良贷款率为1.46%，不良贷款准备金覆盖率达191.08%。

**是年**　浦发银行位列英国《银行家》杂志"全球银行1 000强"第191位，首次跻身世界前200强；位列美国《福布斯》杂志"全球企业2 000强"第873位。

# 2008 年

**1月6日** 浦发银行开展首个全行志愿者日活动。在全国40多个中心城市,总、分行在同一天、同一主题、同一口号开展志愿者活动,从而号召全员参与,以爱心回馈社会的方式来庆祝15周年行庆。活动当天,全国有占员工总数1/3近6 000人的浦发人统一佩戴15周年纪念行徽和志愿者帽,围绕社区金融服务、环保、敬老、助孤等4个主题开展不同方式的公益活动,以志愿服务的形式,以爱心回馈社会的方式,为社会传递温暖和希望。自此,浦发银行建立以"全行志愿者日活动"作为每年伊始固定活动的长效机制。

**1月9日** 浦发银行董事长吉晓辉、行长傅建华在北京为浦发银行新标识揭幕,同时发布了浦发银行新的企业标识语——"新思维,心服务"。

**是日** 浦发银行与知名媒体《财经》杂志合作,在北京举办"中国上市银行的进阶之路"金融论坛。中国银监会副主席蒋定之、浦发银行董事长吉晓辉分别在会上作主题演讲,全面阐述了面对新形势,中国银行业尤其是上市银行必须着力在经营理念、发展方向、服务内容、制度安排和发展方式等五方面进行创新,努力实现从传统银行向现代银行的根本转变,并以此推动和促进中国银行业的加快转型和发展。财政部金融司司长孙晓霞、国家发展改革委财金司副司长曹文炼、中国证监会研究中心高级研究员高小真、中国社科院金融研究所所长李扬、世界银行高级金融专家王君等领导和专家分别围绕上市银行的进一步发展献言献策。

**1月10日** 浦发银行上海分行在上海东方艺术中心献演"浦发之夜"交响音乐会,庆祝浦发银行成立15周年,答谢社会各界长期以来的厚爱和支持。董事长吉晓辉等行领导及社会各界、VIP客户1 600余人出席。

**1月15日** 浦发银行、招商银行、华夏银行等3家银行与法国开发署在浦发银行总行签署信息备忘录,就6 000万欧元可再生能源和提高能效中间信贷项目达成协议。

**1月18日** 上海市副市长屠光绍,上海市金融服务办公室主任方星海、副主任季文冠等一行视察浦发银行,董事长吉晓辉向屠光绍等领导汇报浦发银行发展情况。

**1月21日**　浦发银行召开董事会专门委员会及全体独立董事会议,独立董事听取浦发银行2007年度经营情况的汇报。

**1月25日**　浦发银行太原分行辖属晋中分行正式开业。

**1月25日—26日**　浦发银行召开2008年全行工作会议。董事长吉晓辉作题为《坚持科学发展,聚焦工作重点,夯实发展基础,加快推进浦发银行现代金融服务企业建设》的报告,系统阐述"高度重视新形势下的科学发展""进一步提高全行科学管理水平""积极做好干部人才与企业文化建设"等三方面内容。行长傅建华作题为《转变发展方式,深化结构调整,打造竞争优势,努力开创科学发展的新局面》的报告,回顾了2007年全行工作的新变化和发展经验。会议对2008年全行工作进行了部署,指导思想是:以打造具有核心竞争优势的现代金融服务企业为目标,以科学发展为主题,以改革创新为动力,以提升管理为抓手,转变发展方式、深化结构调整、打造竞争优势,努力开创科学发展的新局面,为建成现代金融服务企业打好基础。

**1月29日**　浦发银行被推选为"上海市原有企业年金移交项目托管人招标项目"计划托管人。

**1月30日**　浦发银行长沙分行营销的某高速公路企业3亿元5年期的债务管理业务在国际市场成功交易。

**是日**　浦发银行苏州分行获得规模为2.52亿元的长三角创业投资企业的托管资格,在业内首开中外合作非法人制创投基金托管业务先河。

**2月6日—16日**　浦发银行发起"你刷浦发卡,我捐一元钱"活动,将爱心行动传播到社会。在此期间,浦发银行信用卡、轻松理财卡、东方卡、智业卡客户每一笔刷卡消费,浦发银行都将捐赠1元钱,整体捐赠500万元,紧急救助灾情严重的湖南、湖北、安徽、江西等四省。

**2月15日**　浦银安盛基金管理公司首只基金产品——"浦银安盛价值成长基金"获准发行。

**2月18日**　浦发银行南宁分行辖属柳州分行正式开业。

**2月19日**　浦发银行沈阳分行对辽宁省交通厅的30亿元贷款5年期利率互换业务正式成交。

**2月27日**　浦发银行党委召开2008年全行党建工作视频会议,总行党委领导班子成员和总行二级部总经理以上党员干部、分行党委领导班子成员和分行部门总经理以上党员干部参加了会议。会上,党委书记吉晓辉对2007年全行党建工作作了回顾,对2008年全行党建工作作了部署。党委副书记冯树荣主持会议并传达了全国宣传思想工作会议、全国组织部长会议、中央纪委二次全会精神。

**3月13日**　浦发银行应美国应用材料(西安)有限公司申请,与花旗银行"银银直连"业务在西安分行成功上线,这是浦发银行系统内第一笔银银直连业务。

**3月16日**　浦发银行受长江养老保险股份有限公司委托,运用新开发的业务平台开展企业年金托管及投资监督的运作管理工作。

**3月19日**　浦发银行在上海云峰剧院召开2007年度股东大会,董事长吉晓辉主持。会议审议通过了《公司2007年度董事会工作报告》《公司2007年度监事会工作报告》《公司2007年度利润分配预案》《公司2007年度财务决算和2008年度财务预算报告》《公司关于提名董事、独立董事的议案》《公司符合增发A股条件的议案》《公司公开增发A股股票的议案》《公司增发A股募集资金运用的议案》《公司前次募集资金使用情况报告的议案》《关于提请股东大会授权董事会及董事会获授权人士处理增发A股具体事宜的议案》《公司续聘会计师事务所的议案》,听取了《公司2007年度独立董事述职报告》。

**3月31日**　浦发银行南京分行中标成为南京市药品集中托管中心的资金结算银行。经过4个月的开发工作,托管中心结算支付系统于7月25日正式上线。

**4月8日**　经向中国人民银行、银行间市场交易商协会等监管部门备案,浦发银行开办人民币利率互换业务;当年推出多项利率挂钩产品,包括挂钩欧元指数的人民币结构性债务风险管理交易,挂钩"菜篮子"农产品价格的人民币结构性资产交易,以及离在岸联动、内保外贷合并远期购汇的组合产品交易。

**4月30日**　浦发银行广州分行辖属东莞分行正式开业。

**5月8日**　浦发银行呼和浩特分行、京泰发电公司、中国人寿养老保险公司内蒙古自治区中心签署企业年金业务合作协议,这是呼和浩特分行签署的第一笔企业年金业务合作协议。

**5月9日**　浦发银行全行品牌工作管理会议在总行培训中心召开,此次会议进一步明确了统一规范、做大做强"浦发银行"大品牌的战略思路,副行长刘信义到会讲话。

**5月11日**　中国商用飞机有限责任公司在上海举行揭牌成立仪式,浦发银行上海分行金桥支行成为该公司的验资行以及基本账户行。

**5月15日**　浦发银行作为中国中小企业金融战略合作联盟成员,与中国中小企业协会联合主办"2008中小企业大巡诊"活动,活动在北京京都信苑饭店拉开帷幕。

**5月22日—23日**　浦发银行全行纪检监察工作会议在总行培训中心召开。党委书记、董事长吉晓辉到会并作讲话,党委副书记、纪委书记冯树荣对2008年纪检监察工作提出总体要求并作部署。各分行纪委书记、纪检监察干部以及总行驻各分行审计特派员参加会议。

**5月26日** 浦发银行代理结算行业务(英镑)开通仪式在总行举行,中国人民银行及上海金融服务办公室有关领导,浦发银行行长傅建华、副行长黄建平出席开通仪式。

**是月** 中国人民银行推出美元等8个币种的境内外币支付系统,并公开招标境内外币支付结算银行。浦发银行作为唯一中标的股份制商业银行,成为4家结算银行之一,承担英镑、加元、澳元和瑞士法郎4个币种的代理结算银行职能。

**是月** 浦发银行与莱芜市商业银行签署《战略合作谅解备忘录》。

**6月17日** 浦发银行与国际金融公司(IFC)签署支持节能减排项目合作协议,IFC将为浦发银行提供5亿元的风险分担机制,以支持浦发银行为中国的节能减排项目提供总额达10亿元组合贷款。

**6月20日** 浦发银行与齐鲁证券有限公司举行全面合作伙伴关系签约仪式,浦发银行行长傅建华、副行长刘信义以及齐鲁证券董事长李玮出席。

**6月23日** 由中国金融期货交易所支持指导,浦发银行主办,各期货公司、机构投资者(基金管理公司、证券公司、保险资产管理公司)协助举办的"浦发创富杯"股指期货黄金联赛正式揭开帷幕。

**6月28日—29日** 浦发银行相继完成核心数据库升级和核心主机双机切换工作,标志着核心业务系统数据库升级工程完成。

**是月** 在《金融时报》主办,中国银行业协会与中国保险行业协会支持举办的"首届中国金融业呼叫中心评选"中,浦发银行95528客户服务中心获得"金融业最佳客户服务中心"称号。

**7月1日** 浦发银行杭州分行辖属义乌支行正式开业。

**7月8日** 浦发银行杭州分行辖属湖州支行正式开业。

**7月14日** 浦发银行召开第三届董事会第二十二次会议,通过《公司投资入股莱商银行的议案》。

**7月16日** 浦发银行与易方达基金公司签署基金公司专户理财托管合同,成为业内较早开展此项新型托管业务的股份制商业银行。

**7月18日** 经银监会批复同意,浦发银行总行批准芜湖支行升格为一级分行。

**7月29日** 浦发银行北京分行召开奥运金融服务誓师大会,全面启动奥运金融服务工作。

**7月30日** 浦发银行太原分行与山西省农村信用联社在外汇业务、理财产品销售、银团贷款、同业存款等业务领域达成合作意向。山西省农村信用联社存入太原分行10亿元同业存款。

**8月1日** 浦发银行芜湖分行揭牌暨项目合作签约仪式在芜湖市铁山宾馆举行，安徽省副省长文海英等出席仪式，芜湖分行与部分重点客户签署业务合作协议，芜湖分行同时宣布捐款20万元专项用于芜湖县浦发银行希望小学建设。

**8月8日** 浦发银行昆明分行与水电十四局大理聚能投资有限公司签署法国开发署三类外国政府转贷款转贷合同，由浦发银行作为转贷款银行，承接法国开发署（借款人）3 000万欧元的转贷款业务。

**8月12日** 浦发银行与澳大利亚国民银行签署《合作谅解备忘录》。根据《备忘录》，双方将在公司和机构银行、结构性融资、贸易融资和投资银行等产品领域进行深入合作，通过员工培训、业务研讨互访、业务工具信息交流、公司治理和风险管理方法交流、合规管理和政策法规交流等方式，实现共同服务双方客户的目标。

**8月13日—14日** 浦发银行行长傅建华一行赴西安分行调研指导工作，并会见陕西延长石油等客户。

**8月15日** 浦发银行成都分行辖属绵阳分行正式开业。

**8月27日** 浦发银行郑州分行营销分行首单企业私募股权投资前期资金业务，金额2亿元。

**9月8日** 浦发银行兰州分行开业。

**9月12日** 由上海对口支援都江堰市灾后重建指挥部、上海市人民政府合作交流办公室、都江堰市人民政府联合举办的"都江堰市灾后重建（产业发展）项目推介会"在上海召开。浦发银行与都江堰市政府签订50亿元授信贷款额度的《灾后重建银政合作框架协议》，浦发银行成都分行与都江堰市兴市投资有限公司签订《上海市援建首批项目七通一平配套贷款意向暨银企全面合作协议书》。

**是日** 浦发银行呼和浩特分行辖属包头分行正式开业。

**9月16日** 浦发银行与上海振华港口机械（集团）股份公司签署银企合作协议，浦发银行行长傅建华、副行长刘信义出席签约仪式。

**9月18日** 浦发银行直接股权基金业务部在天津正式揭牌成立。中共天津市委常委、天津市副市长崔津渡，浦发银行董事长吉晓辉、副行长刘信义等出席揭牌仪式。当日，浦发银行天津分行与天津滨海新区重点项目方举行签约仪式。

**9月19日** 浦发银行与海通证券举行直接股权投资业务合作签字仪式，双方建立直接股权投资金融服务战略合作伙伴关系，浦发银行行长傅建华、副行长刘信义出席签字仪式。

**9月20日** 浦发银行第五届业务技术比赛在信息中心成功举行，全行29家分行

199 名选手参加了"计算机输入百张小写传票"等项目的比赛。

**9月22日**　浦发银行与国元证券在总行举行全面业务合作签约仪式,浦发银行副行长刘信义出席。

**9月26日**　浦发银行董事长吉晓辉、副行长刘信义会见日本三菱商事总裁小岛顺彦一行,浦发银行与日本三菱集团签署银企合作协议。

**9月29日**　浦发银行与深圳市创新投资集团有限公司签署战略合作协议。作为深圳创新投资集团商定区域 PE 基金的财务顾问和托管银行,浦发银行将为深圳创新投资集团、其管理的 PE 基金及投资企业,在募集、投资、管理、退出的各阶段,提供包括财务顾问、资产托管、账户管理、现金管理、配套融资等在内的全方位、一体化综合金融服务。

**是日**　浦发银行南昌分行辖属九江分行正式开业。

**是月**　浦发银行上海分行成为中国商用飞机有限责任公司资金集中管理的中标银行。

**10月7日**　浦发银行承销发行同盛集团 2008 年度第一期短期融资券 30 亿元募集资金全额到账。同日举行短期融资券成功发行纪念仪式,上海市副市长沈骏、上海市政府副秘书长尹弘、同盛集团董事长刘作亮和浦发银行董事长吉晓辉、副行长刘信义等出席。

**10月8日**　浦发银行郑州分行与河南省最大的国有独资公司——河南投资集团有限公司签署 10 亿元贷款合同。

**是日**　浦发银行银行卡、活期一本通存折等相关业务收取手续费系统上线。

**10月10日**　浦发银行芜湖分行办理安徽省首单"商转公"贷款,与安徽响水涧抽水蓄能有限公司签订 5 亿元基本建设项目贷款合同。

**10月18日**　2008 年度农业综合开发投资参股企业成立大会暨河南省农业综合开发公司、河南省农业发展银行、浦发银行郑州分行战略合作协议签字仪式在河南人民会堂举行。会上,浦发银行郑州分行与河南省农业综合开发公司签订合作协议。

**10月21日**　浦发银行黄金自营交易业务正式进场交易,年末交易量达 20 721 公斤,在上海黄金交易所 162 家会员中列第五。

**10月22日**　浦发银行风险管理信息系统新增功能通过上线切换。上线当日,全行共办理业务 1 069 笔,其中 457 笔联机发放成功,比平均日交易量增加 20% 以上;当日完成 947 笔授信额度申请,其中 179 笔为正常新增额度流程业务。

**10月23日**　浦发银行兰州分行分别与甘肃省交通厅、甘肃酒泉钢铁集团、甘肃电力投资集团签订总额 76 亿元的业务合作协议,甘肃省政协主席陈学亨、甘肃省常务副省长冯健身等甘肃省和兰州市领导,浦发银行董事长吉晓辉、行长傅建华等出席签约仪式。同时,浦发银行兰州分行向国家级贫困地区定西市捐款20万元,向"5·12汶川大地震"严重受灾的陇南市捐款50万元。

**10月24日** 浦发银行成都分行辖属都江堰支行开业暨银政银企全面合作协议签约仪式在都江堰市举行。中共上海市委常委、副市长屠光绍,成都市副市长王忠林等参加签约仪式。浦发银行向都江堰市人民政府捐赠300万元,并与都江堰市签订50亿元重建专项授信银政合作协议和政府财务顾问协议;成都分行与成都文化旅游发展集团公司签订银企全面合作暨都江堰项目20亿元贷款意向协议,与都江堰兴市公司签订上海援建首批项目七通一平配套项目7亿元贷款合同。

**10月25日** 浦发银行第一届职工代表大会第二次会议在上海市青浦区青商公路1555号召开,党委书记、董事长吉晓辉,监事会主席刘海彬出席会议。会议审议通过《上海浦东发展银行提案工作实施办法》《上海浦东发展银行员工住房补贴办法》《上海浦东发展银行企业年金方案》等。会议选举上海浦东发展银行新一届董事会、监事会的职工董事、职工监事,其中职工董事为总行副行长黄建平;职工监事为总行党委副书记、总行工会主席冯树荣,郑州分行行长李万军,杭州分行行长杨绍红。

**10月30日** 浦发银行石家庄分行正式开业。

**11月7日** 浦发银行西安分行与陕西煤业化工集团有限责任公司在西安举行战略合作协议签约仪式。

**11月7日—8日** 浦发银行2008年全行战略管理会议召开。党委书记、董事长吉晓辉作题为《认清发展形势,提升管理水平,坚持科学发展,积极推进浦发银行现代金融服务企业建设》的报告,行长傅建华作题为《夯实管理基础,推进战略执行,强化配套落实,不断提高经营管理能力和可持续发展能力》的发言。

**11月13日** 浦发银行银税信息共享系统完成新功能的上线切换,系统整体建设全部完成。

**11月14日** 浦发银行与中国信达资产管理公司举行不良资产债权转让合同签约仪式,浦发银行行长傅建华、副行长商洪波出席签约仪式。

**11月18日** 浦发银行苏州分行市级财政非税项目上线,实现银行、执收单位和财政实时联网及数据实时传输。苏州分行跻身苏州市第一批全面代理非税收入的银行之一。

**是日** 浦发银行武汉分行与武汉港航管理局联合主办"黄金水道"中小企业船舶融资产品发布会。武汉分行与武汉港航管理局在会上签署战略合作协议,分行汉口支行与3家中小航运企业签署合作协议。

**11月20日**　浦发银行2008年度第一次临时股东大会召开,选举产生第四届董事会(董事:吉晓辉、傅建华、陈辛、杨德红、潘卫东、Stephen Bird、邓伟利、马新生、尉彭城、王观锚、沈思、沙跃家、朱敏、黄建平;独立董事:孙铮、李扬、刘廷焕、陈学彬、徐强、李小加、王君、赵久苏、张维迎、郭为)、监事会。同日,第四届董事会、监事会第一次会议召开,分别选举吉晓辉为董事长,傅建华、陈辛为副董事长,刘海彬为监事会主席。会议审议和表决通过《公司第三届董事会换届选举的议案》《公司第三届监事会换届选举的议案》和《公司修订〈公司章程〉的议案》等6项议案。

**11月26日**　浦发银行与莱商银行在莱芜市举行战略合作协议签约仪式。浦发银行傅建华行长讲话,副行长刘信义代表浦发银行签署合作协议。根据协议,浦发银行将认购莱商银行1.08亿股股份,占莱商银行股份总数的18%,为其第二大股东。双方将在公司治理、经营管理、银行业务、人员培训等领域开展全方位、多元化战略合作。

**12月1日**　浦发银行举办支票授信业务新闻发布暨产品推介会,正式推出"玲珑透"支票授信业务。该产品根据中国人民银行上海市分行和上海银监局《关于在上海市开展支票授信业务试点工作的指导意见》,于9月起在上海地区试点运作,经过3个月的顺利试运行并进一步优化完善后正式向长三角地区推广。

**是日**　浦发银行依托小额支付系统的"华东三省一市银行汇票业务"正式上线。浦发银行不仅能为苏、浙、皖、沪的客户提供全部人民币支付结算业务,更能在取消代理方式、不需移存汇票资金后,提高在人民币支付结算业务方面的经济效益。

**12月3日**　浦发银行与中国人寿养老保险股份有限公司签订企业年金托管合同。

**12月12日**　浦发银行召开"行史编写工作动员会"。董事长吉晓辉、党委副书记冯树荣作讲话,明确了行史编写工作的重要意义,并从思想认识、组织策划、编写原则等方面提出具体工作要求。

**12月17日**　由浦发银行主承销、浦发银行太原分行作为主办分行的国内第一支煤炭行业中期票据——山西焦煤集团有限责任公司中期票据(第一期)在全国银行间债券市场成功发行。

**12月25日**　浦发银行兰州分行代理甘肃省电力投资集团公司16亿元短期融资券业务。

**12月26日**　由浦发银行发起设立,四川剑南春集团有限责任公司等5家企业法人与4名自然人共同出资筹建的第一家村镇银行——绵竹浦发村镇银行正式开业。浦发银行投资2750万元,为第一大股东。浦发银行与绵竹市人民政府签订银政合作协议,并向绵竹灾区捐赠了棉被和电热毯各3 000床。

**是日** 浦发银行成都分行向四川发展(控股)有限责任公司发放20亿元贷款,成为首家与其建立实质性信贷关系的银行;同时争取到其子公司——四川高速公路建设开发总公司的中期票据主承销业务。

**12月30日** 浦发银行向中国石油财务(香港)有限公司发放2亿美元离岸贷款,此笔业务是浦发银行对中石油集团发放的首单离岸贷款,也是首单离岸双边循环贷款。

**是月** 浦发银行与中国铝业公司银企战略合作协议签约仪式在北京举行,浦发银行董事长吉晓辉、副行长刘信义等出席签约仪式。

**是年** 浦发银行总资产13 094亿元;新增资产3 944.45亿元,资产增量居股份制商业银行第1;公司负债总额12 677.24亿元,期末本外币一般存款余额9 472亿元,存款增量排名9家股份制银行第2;期末本外币贷款余额6 975亿元,贷款新增1 465.76亿元,高于当年全国金融机构增幅,贷款增量排名上升至第2位;全行利润首次突破100亿元,实现税前利润153亿元,实现营业收入345.61亿元;不良贷款率1.21%,不良贷款准备金覆盖率达192.49%。

**是年** 浦发银行位列英国《银行家》杂志"全球银行1 000强"第176位,居入榜中资银行第10位;位列美国《福布斯》杂志"全球企业2 000强"第676位。

# 2009 年

**1月9日** 浦发银行长沙分行与湖南省信用社联合社签署业务合作框架协议。双方拟合作业务范围包括资产、负债、中间业务和业务管理信息等方面。

**是日** 浦发银行南京分行辖属常州分行正式开业。

**1月19日** 浦发银行与东方航空股份有限公司在上海举行银企战略合作协议暨商旅合作伙伴协议签约仪式。中共上海市委常委、副市长屠光绍,上海市政府副秘书长蒋卓庆,上海市政府金融办主任方星海,浦发银行董事长吉晓辉、副行长姜明生等领导出席签约仪式。根据合作协议,浦发银行将向东航提供总额100亿元的综合授信额度,开展包括项目融资、债券发行、资产证券化、国际结算、离在岸联动授信等在内的多层次业务合作;同时,东航也将利用自身优势,为浦发银行提供全方位的航空产品。

**1月20日** 浦发银行与中国建筑材料集团公司在上海签署战略合作协议书及企业年金合作协议书,浦发银行副董事长陈辛、副行长刘信义等出席签约仪式。

**是月** 浦发银行举办第二次全行志愿者日活动,以"扶贫、助学、敬老、环保"为主题,全行5 000余名志愿者走上街头、走入社区、走进福利院,组织开展了不同形式的志愿者活动。

**2月5日—6日** 浦发银行召开2009年全行工作会议。董事长吉晓辉作题为《准确把握形势,树立必胜信心,坚持科学发展,全面推进浦发银行现代金融服务企业建设》的报告,详尽阐述了"准确把握全行面临的内外部形势""坚持科学发展,积极应对经济周期考验""切实加强党建、队伍和企业文化建设"等三方面内容。行长傅建华作题为《坚持科学发展,强化管理保障,积极应对挑战》的报告,回顾2008年全行经营管理工作的成绩和经验。会议对2009年全行工作进行了部署,工作思路和总体要求是:谋发展,促效益,抓管理,防风险;全面贯彻中央经济工作会议精神,坚持以科学发展观为指引,以效益为目标,实现持续稳定发展;以谋发展、防风险为主线,以提升能力、强化管理为保障,积极应对挑战,努力保持在股份制银行中的领先地位,把建设具有核心竞争优势的现代金融服务企业推向新阶段。

**2月6日**　浦发银行在上海召开村镇银行工作会议,副董事长陈辛就村镇银行建设工作作讲话,副行长刘信义及总行相关部门、12家分行和绵竹浦发村镇银行等主要负责人出席会议。

**2月17日**　浦发银行与北京产权交易所有限公司举行《并购融资业务战略合作协议书》签约仪式。同日,浦发银行北京分行与北交所、北京市国有资产经营有限责任公司签署《开展商业银行并购融资合作框架协议》,浦发银行董事长吉晓辉、行长傅建华等出席仪式。

**2月19日**　浦发银行石家庄分行分别与河北钢铁集团、河北省高速公路管理局、河北省中小企业信用担保中心签订合作协议。中共河北省委副书记、石家庄市委书记车俊,河北省副省长孙瑞彬,河北省政协副主席赵文鹤,浦发银行董事长吉晓辉,行长傅建华,党委副书记、纪委书记冯树荣,副行长商洪波等出席仪式。在石家庄期间,董事长吉晓辉一行拜会中共河北省委副书记、省长胡春华。

**2月20日**　浦发银行召开品牌战略规划项目启动会,副行长刘信义主持会议。

**2月26日**　浦发银行西安分行辖属宝鸡分行正式开业。

**是月**　浦发银行天津分行中标天津市南水北调市内配套工程银团贷款项目,取得副牵头行资格,支持天津市水务工程建设。

**3月5日**　浦发银行福州分行正式开业。开业当天,分行各项存款余额达6.92亿元,其中,储蓄存款8 600万元,对公存款6.06亿元。

**3月10日**　浦发银行当选为中国银行业协会保理专业委员会副主任单位。受银行业协会和保理专业委员会委托,浦发银行牵头制订《中国保理业务指引》。

**3月18日**　浦发银行西安分行与陕西有色集团签署100亿元战略合作协议。

**3月24日**　浦发银行广州分行担当牵头行的首单银团贷款业务——广州财富天地广场银团项目举行签约仪式。

**3月26日**　中国进出口银行将5 000万美元贷款资金划入浦发银行离岸客户——MCC RAMU NICO LIMITED(中冶瑞钼镍钴有限公司)的离岸账户。

**3月31日**　浦发银行与北京能源投资(集团)有限公司在总行贵宾厅举行战略合作协议和综合授信协议签约仪式,浦发银行董事长吉晓辉、行长傅建华、副行长刘信义等相关领导出席签约仪式。

**是日**　浦发银行西安分行与西电集团财务有限责任公司举办战略合作协议签约仪式。

**4月8日**　浦发银行南宁分行辖属桂林分行正式开业。

**4月17日**　浦发银行与上海联合产权交易所共同举办"推进上海并购中心建设

论坛",并正式签订战略合作协议,行长傅建华、副行长姜明生出席论坛和签约仪式。

**4月27日** 浦发银行与中国移动通信有限公司在总行大楼签署《业务合作框架协议》。浦发银行副董事长陈辛、中国移动通信集团公司副总裁李正茂出席签约仪式。

**4月29日** 上海市银行同业公会第十六次会员大会暨第九届理事会第一次会议在上海东郊宾馆举行,浦发银行作为新一届会长单位,由行长傅建华担任银行同业公会会长。

**是日** 浦发银行印发《2006—2011年发展战略规划(修订稿)》。该规划指出要把浦发银行建设成为主要发展指标行业领先,差异化竞争优势明显,体制机制高效灵活,发展结构均衡合理,全面服务能力、价值创造能力、组织创新能力和可持续发展能力较强的商业银行,为最终建成具有核心竞争优势的现代金融服务企业打下坚实的基础。

**是月** 浦发银行面向客户正式推出手机银行服务,构建网上银行、电话银行、自助银行、手机银行的电子银行服务体系。

**5月5日** 浦发银行于上海世博会议大酒店召开2008年度股东大会,董事长吉晓辉主持。会议审议通过了《2008年度董事会工作报告》《2008年度监事会工作报告》《2008年度利润分配预案》《2008年度财务决算和2009年度财务预算报告》《关于续聘会计师事务所的议案》《关于提名赵久苏为独立董事的议案》《关于发行2009年次级债券的议案》《关于公司符合非公开发行股票条件的议案》《关于公司非公开发行股票方案的议案》《关于公司非公开发行股票募集资金运用可行性的议案》《关于公司前次募集资金使用情况报告的议案》《关于提请股东大会授权董事会及董事会获授权人士处理非公开发行股票具体事宜的议案》,听取了《2008年度独立董事述职报告》。

**5月6日** 浦发银行在上海举行"心手相连,爱在指尖"手机银行爱心通道启动仪式,自此手机银行不仅具有缴费、汇款、理财、查询、买卖基金、股票等功能,客户还能通过手机银行实现爱心捐赠的心愿。仪式现场,行长傅建华通过手机银行捐赠1 000元,传递出"爱心"第一棒。截至5月12日,全行员工通过手机银行"爱心通道"向四川灾区捐款34.97万元。

**是日** 浦发银行广州分行辖属惠州分行正式开业。

**5月11日** 浦发银行与新疆维吾尔自治区人民政府签署银政合作及综合授信协议。

**是日** 浦发银行作为承销团成员,参与中国石油天然气集团公司2009年度第一期境内美元中期票据的发行,分销5 000万美元。本期中期票据不仅是中国境内首只获准注册发行的外币中期票据,也是中国非金融企业在境内发行的首只外币债券。

**5月12日** 浦发银行作为承销团成员,参与中石油财务有限责任公司2009年财务公司金融债的发行,分销3亿元。这是浦发银行首次参与财务公司金融债承销业务。

**5月15日** 浦发银行与陕西延长石油(集团)有限责任公司在总行举行银企战略合作协议签约仪式。

**5月26日** 上海徐汇滨江项目举行银企合作签约仪式,上海市副市长沈骏等领导应邀出席,浦发银行行长傅建华、副行长姜明生以及老领导庄晓天等参加签约仪式。浦发银行独家牵头为该项目组建首期49亿元银团贷款,以支持徐汇滨江地区土地前期基础性开发和公共环境建设。

**6月2日** 浦发银行第一届职工代表大会第三次会议在上海市莲花路1688号召开,傅建华行长向全体职工代表作工作报告,大会审议通过《上海浦东发展银行薪酬风险金管理办法》,大会选举了职工代表大会提案工作委员会成员等。

**6月11日—12日** 由上海银监局主办的上海浦东发展银行联动监管会议在重庆召开,全国33家监管局的代表出席会议,浦发银行副董事长陈辛到会并致辞。此次联动监管会议是中国银行业监督管理委员会、上海银监局和各地银监局共同研究推进浦发银行监管工作,强化属地监管和法人监管,促进监管信息交流和监管合作的有效方式。

**6月15日** 浦发银行与湖北省人民政府在武汉东湖宾馆签署银政战略合作协议,湖北省省长李鸿忠,中共湖北省委常委、省政府秘书长尹汉宁,副省长赵斌,省政府副秘书长邹贤启,武汉市副市长孙亚等出席签约仪式。根据协议,浦发银行将与湖北省政府在湖北省内基础设施建设、重大项目开发与投融资规划、重点企业收购与重组、财政性资金和社保资金归集与托管等方面开展全方位合作。

**6月16日** 浦发银行与江西省地方铁路建设集团公司、江西省投资集团公司在南昌举行综合授信暨银企合作签约仪式,江西省省长吴新雄、常务副省长凌成兴、副省长熊盛文等出席签约仪式。

**6月18日** 中国银联携手浦发银行、中国工商银行、中国建设银行等15家商业银行共同发行"建国60周年银联标准主题信用卡"。浦发银行副行长冀光恒出席仪式,并与中国人民银行、中国银行业监督管理委员会及其他各商业银行领导共同为新卡揭幕。

**6月28日** 浦发银行投资参股设立的第二家村镇银行——溧阳浦发村镇银行开业。

**7月6日**　经上海市旅游局评审,浦发银行上海分行成为上海市"旅行社质量保证金"唯一推荐服务银行。

**7月8日**　浦发银行协同香港贸易发展局、香港工业总会、香港中国企业协会、香港中华厂商联合会、香港中华总商会、香港总商会和莫萨克·冯赛卡律师行,在香港成功举办"企业国际化经营与金融服务研讨会"。浦发银行副行长刘信义,国家外汇管理管理局、商务部、香港贸易发展局、摩根大通、莫萨克·冯赛卡律师行等相关负责人出席会议。

**7月9日**　浦发银行上海分行为客户向新加坡某贸易公司就进口喷嘴加热器办理跨境人民币结算业务,标志着浦发银行跨境贸易人民币结算业务正式启动。

**7月16日—17日**　浦发银行对公客户关系管理系统(CRM)在南京分行试点上线。该系统的建设旨在提高浦发银行客户精细化管理水平与差异化经营能力,打造有效的信息支撑平台,提升经营管理能级。

**7月24日**　九三学社上海市委"上海金融中心建设"考察团赴浦发银行调研,浦发银行副行长刘信义陪同参观考察。

**7月27日**　中共上海市委副书记殷一璀,上海市委常委、组织部部长沈红光,上海市委常委、副市长屠光绍等一行来浦发银行开展市属金融系统党建工作调研。上海市金融工作党委书记季文冠及6家市属金融企业领导汇报了相关党建工作,浦发银行党委书记、董事长吉晓辉汇报浦发银行和上海国际集团党建工作开展情况。

**7月28日**　中国银行业协会银行卡专业委员会成立大会暨第一次全体成员会议在北京召开,浦发银行与中国工商银行、中国银行、中国建设银行、交通银行、招商银行、光大银行、中国银联7家单位任常委单位。

**是月**　浦发银行西安分行以独家财务顾问方式,为陕西省两个装机容量合计7万千瓦的水电项目引进清洁发展机制(CDM)开发和交易专业机构,并最终签署《减排量购买协议》,这是中国银行业首单清洁发展机制项目财务顾问业务。

**8月20日**　浦发银行参加"跨越海峡的爱心——援助台湾受灾同胞赈灾晚会",并向因"莫拉克"台风而受灾的台湾同胞捐赠200万元。

**8月22日**　浦发银行与新华通讯社在上海举行战略合作协议签约仪式,上海市副市长屠光绍等出席签约仪式。

**8月25日**　中共上海市委常委、市纪委书记董君舒一行赴浦发银行开展金融系统党风廉政建设工作调研。上海市金融工作党委书记季文冠及7家上海市属金融企业领导汇报相关党风廉政建设工作,浦发银行党委书记、董事长吉晓辉汇报了浦发银行党风廉政建设工作开展情况。

**8月27日** 浦发银行牵头出资设立的第三家村镇银行——上海奉贤浦发村镇银行正式开业。浦发银行董事长吉晓辉、副董事长陈辛、副行长姜明生出席开业仪式,上海市金融服务办公室、上海银监局、中国人民银行上海总部、上海市奉贤区人民政府等单位相关领导参加仪式。

**是月** 浦发银行先后参加中国人民银行组织的商业汇票系统第一批上线参与者的联调测试、模拟运行和接口验收。

**9月9日** 浦发银行与西部发展控股有限公司在总行签署合作框架协议。

**9月10日** 浦发银行个人银行"亿元营销精英俱乐部"正式成立,从全国13家分行选拔出42名营销一线的杰出代表成为俱乐部首批会员,副行长徐海燕参加成立仪式并讲话。

**9月11日** 浦发银行中小企业业务经营中心举行揭牌仪式。浦东新区区长姜樑,上海银监局局长阎庆民,浦发银行董事长吉晓辉、行长傅建华等领导出席揭牌仪式。

**9月17日** 由浦发银行发起设立的巩义浦发村镇银行在河南省巩义市开业,河南省政府副省长张大卫、郑州市政府和巩义市政府等主要领导参加。

**9月21日** 浦发银行非公开发行人民币普通股904 159 132股,每股发行价格16.59元,扣除发行等费用后,实际募集资金148.27亿元。

**9月28日** 渤海商品交易所揭牌及银企合作签字仪式在天津举行,浦发银行副行长刘信义出席揭牌仪式并签署银企合作协议。

**是日** 浦发银行长春分行辖属吉林分行正式开业。

**9月29日** 陕西省高速公路建设集团公司铜川至延安高速公路项目115亿元银团贷款成立。此次银团贷款,浦发银行西安分行作为牵头行和代理行,占有31亿元贷款份额。

**是月** 浦发银行天津分行与天津海关签订银行税款总担保业务合作协议。

**10月28日** 全国电子商业汇票系统建成并投入运行,浦发银行是全国首批上线的银行机构之一。当日,济南分行为客户成功开立了浦发银行第一张电子银行承兑汇票;天津分行作为转贴现业务试点行,从上海银行成功买入一笔电子银行承兑汇票。

**10月30日** "见证成长,共创未来——浦发银行客户答谢会暨北京大客户部揭牌仪式"在北京钓鱼台国宾馆举行,浦发银行董事长吉晓辉,行长傅建华,监事长刘海彬,副行长商洪波、刘信义、冀光恒等总行领导出席。董事长吉晓辉与受邀企业代表共同为总行公司及投资银行总部北京大客户部揭牌,来自国家部委、中央直属企业、北京市属企业的120余位高管和近20家在京主要媒体负责人应邀与会。

**是月** 浦发银行与国际金融公司签署损失分担协议，正式参加中国节能减排融资项目（CHUEE）。双方合作基本框架为：由浦发银行设立10亿元人民币合格贷款组合，国际金融公司提供50%的损失分担机制，用于支持国内中小能效项目的建设，项目的实施应节约10%能源。

**是月** 浦发银行信息安全工作委员会更名为信息科技建设委员会。

**11月5日—6日** 浦发银行2009年全行战略管理会议召开。党委书记、董事长吉晓辉作了题为《坚持科学发展，转变经营模式，突破效益瓶颈，深入推进浦发银行现代金融服务企业建设》的报告，行长傅建华作了题为《统一认识，聚焦效益，突出重点，推动浦发银行全面协调可持续发展》的讲话。

**11月6日** 浦发银行苏州分行与常熟农村商业银行签署银行理财产品托管协议和操作备忘录，满足常熟农村商业银行的个人理财产品发行和托管业务需求。

**11月7日** 由浦发银行发起设立的资兴浦发村镇银行正式开业，湖南省副省长韩永文及中共郴州市和资兴市委、市政府主要领导等出席。

**11月10日** 浦发银行跨境贸易人民币结算项目上线，实现SWIFT清算处理系统和大额支付系统之间的自动转换。

**11月13日** 浦发银行正式获得开办储蓄国债（电子式）相关业务资格，自11月中旬开始对外发售第七、八期储蓄国债（电子式）债券，发行当日全行国债托管开户数量已达到640户。

**11月18日** 浦发银行哈尔滨分行获得黑龙江龙煤矿业控股集团有限责任公司年金托管人资格。

**11月19日** 浦发银行黄金清算银行系统上线，并顺利完成首日运行。

**11月20日** 中共上海市委副书记、市长韩正，市委常委、副市长屠光绍，上海市政府秘书长姜平视察浦发银行。

**11月27日** 浦发银行上海分行为中船集团所属沪东中华造船（集团）有限公司办理金额计3 965万元的首单汇出汇款业务，用于支付香港船用配件的采购费用。

**12月1日** 浦发银行信贷资产证券化业务核心系统及管理报表功能上线投产。

**12月9日** 浦发银行个人银行客户关系管理系统上线。该系统的客户管理模块在全行投入生产应用，营销管理、财富管理等功能在哈尔滨、大连、深圳等分行开始试点。

**12月18日** 浦发银行合肥分行辖属淮南分行正式开业。

**12月24日** 浦发银行广州分行分别与广东粤海控股有限公司、恒大地产集团有限公司签署多银行集团资金管理使用协议,提供多银行集团资金管理系统的实施和建设服务。

**是日** 浦发银行成为华安基金管理公司首支集合资产管理计划——华安理财1号集合计划的托管及主代销银行。

**12月29日** 浦发银行通过招标方式成为上海航空有限公司境外SPV(Special Purpose Vehicle)公司融资租赁项下唯一融资主办行。

**12月31日** 浦发银行全行认购各类国债312亿元,在64家承销机构中名列第14位,荣获财政部颁发的"2009年记账式国债承销优秀奖",成为唯一获得该奖项的全国性股份制商业银行。

**是月** 浦发银行与中国中材集团有限公司在北京举行战略合作协议签约仪式。浦发银行董事长吉晓辉,副行长刘信义、冀光恒等出席签约仪式。

**是年** 浦发银行实现税前利润172.96亿元;资产总额16 227.18亿元;本外币一般存款余额12 953.42亿元,本外币一般贷款余额9 288.55亿元;按五级分类口径统计,集团后三类不良贷款余额74.60亿元;不良贷款率0.80%;不良贷款准备金覆盖率达到245.93%。

**是年** 浦发银行位列英国《银行家》杂志"世界银行1 000强"第137位,"全球银行品牌500强"第110位;位列英国《金融时报》"全球市值500强"第269位;位列美国《福布斯》杂志"全球企业2 000强"第443位。

# 2010 年

**1月9日** 浦发银行举办第三次全行志愿者日活动,以"低碳,让生活更美好"为主题,全行数千名志愿者开展了形式多样的环保志愿行动。

**1月13日** 浦发银行广州分行辖属佛山分行正式开业。

**1月15日** 浦发银行与上海兰马克股权投资管理有限公司在上海举行银企全面战略合作框架协议签约仪式。

**1月20日** 浦发银行与中国中煤能源集团有限公司在北京举行战略合作暨综合授信协议签字仪式。浦发银行行长傅建华,副行长刘信义、冀光恒等出席签约仪式。

**是日** 浦发银行济南分行辖属潍坊分行开业庆典暨银企战略合作协议签约仪式在潍坊富华国际会展中心举行。浦发银行副行长商洪波及山东省金融办公室、潍坊市人民政府、中国人民银行济南分行、山东省银监局等相关领导出席仪式。

**1月27日** 浦发银行西安分行向陕西社会水泥余热发电项目发放贷款2 200万元,国际金融公司(IFC)以50%的比例提供损失风险分担。

**1月28日** 由浦发银行发起设立的第六家村镇银行——重庆巴南浦发村镇银行正式开业。浦发银行董事长吉晓辉、副董事长陈辛,重庆市人民政府副秘书长廖庆轩,中共巴南区委、区政府主要领导,以及重庆市银监局、中国人民银行重庆营业部等相关领导出席开业仪式。

**是日** 浦发银行正式推出个人网上银行英文版。个人网上银行英文版采用手机短信动态密码、数字证书等安全认证工具,涵盖账户查询、活期存款、定期存款、通知存款、转账汇款、缴费支付、及时语、利率费率查询、外汇牌价、产品推介等个人金融服务功能。

**2月3日—4日** 浦发银行在上海东郊宾馆召开2010年全行工作会议。董事长吉晓辉作题为《认清形势,把握重点,提升效益,积极推进浦发银行现代金融服务企业建设》的讲话,分析了"当前面临的形势""全行效益提升和质量稳定""提高管理能力和创新能力"等三方面内容。行长傅建华作题为《准确把握机遇,加快结构调整,促进战略转型,推动全行实现有效益的可持续发展》的讲话,从"主营业务""创新能力""管理成效"等三方面回顾了2009年的经营管理工作。会议对2010年全行工作进行了部署,指导思想是:深入贯彻落实中央经济工作会议精神和金融监管部门的各项政策要求,坚持全行战略管理会议确定的战略方向,抓住宏观经济企稳回升和经济结构加快调整的时机,全力"抓机遇、调结构、促转型、增效益";继续加大对国民经济重点领域的投入,优化资产质量,加强风险管理,保持全行良好发展势头;加快结构调整,提高中间业务占比,促进经营模式转型,推动全行实现有效益的可持续发展。

**2月4日** 浦发银行新资本协议对公内部评级系统(一期)在全行上线。该系统取代了现有风险管理系统中信用评级功能模块,建立了违约概率、评级主标尺和评级手册,在评级模型、评级流程、用户操作界面、管理监控和评级结果等方面的应用得到全面提升。

**2月5日** 浦发银行首次党建工作会议在上海召开。此次会议的主要任务是认真贯彻党的十七大、十七届四中全会精神,总结新经验,研究新情况,以改革创新精神提高全行党建科学化水平,开创新形势下全行党建工作新局面,为建设具有核心竞争优势的现代金融服务企业提供强大保障。党委书记吉晓辉作了题为《提高党建科学化水平,促进我行可持续发展》的讲话,提出新形势下党建工作"三个必须""三个重点"的要求。杭州、郑州和成都等3家分行党委分别作了党建工作交流发言。根据会议精神,浦发银行党委制定《进一步加强和改进新形势下党建工作的若干意见》,探索建立能有效发挥党的政治优势与现代公司治理优势的机制。

**2月10日** 根据全行新一代理财平台投产规划,浦发银行首款封闭式对公信托型理财产品通过银行理财登记过户系统(TA)成功募集,标志着浦发银行TA系统正式启动生产运营。

**2月26日** 浦发银行援建的彭州市葛仙山镇九年制学校正式建成并举行移交仪式。自"5·12汶川大地震"发生后,浦发银行领导曾多次深入灾区慰问,并向彭州市葛仙山镇捐赠800万元用于援建当地学校。移交仪式当日,浦发银行又捐资50万元用于完善学校教学设施设备。

**3月9日** 浦发银行长沙分行发行长沙高新技术产业开发区20亿元企业债。

**是日** 浦发银行首单由总行引入、多家分行代理收付的集合资金信托计划——上海国际信托公司"京东方"集合资金信托计划成功试点,由上海分行和南京分行发行,4天内便成功代理1.5亿元,其中300万元(含)以上客户42人,100万—300万元客户8人。

**3月15日** 浦发银行首单直接投资的专项理财2010年第一期、第二期"债券盈"计划募集结束,3天内即完成了10亿元的销售指标,吸引贵宾客户836人、优质客户

3 590 人。上海、哈尔滨、北京分行分别以 31 566.5 万元、9 639 万元、6 510 万元的总销量在系统内排名前三位。

**3月18日**　浦发银行上海分行为携程旅行网办理 5 000 万元的跨境旅游酒店费用汇出业务。该笔交易是上海市银行同业中通过境外机构境内人民币账户结算的首单跨境业务。

**3月23日**　浦发银行国际市场自营黄金 OTC 业务后台清算模块上线，并完成首日业务运行。

**3月24日**　浦发银行个人网银行内批量汇款业务正式上线运行。该业务有效满足以个体工商户和小企业主为代表的个人客户进行批量支付和结算的需求，丰富了浦发银行个人汇款产品线。

**3月26日**　浦发银行福州分行对全行机构发售 4 期以国家开发银行信贷资产转让为基础的人民币理财计划，合计募集资金 10.845 亿元，包括 19 笔信贷资产。

**是日**　浦发银行石家庄辖属邯郸分行正式开业。

**3月30日**　浦发银行 2010 年第一次临时股东大会在云峰剧院召开，会议通过非公开发行股票的相关议案。

**是日**　浦发银行郑州分行辖属洛阳分行正式开业。

**是月**　浦发银行成功发放首单国际金融公司能效贷款，向企业发放 2 200 万元贷款，支持其 2 500 吨/天的水泥生产线 4.5 MW 的纯低温余热项目，贷款期限 2 年。

**4月6日**　浦发银行上海分行发行"创智天地一号"集合信托计划。该计划通过发行信托产品的方式，成功将风险资金、社会资金、资金管理公司、信托公司、担保公司、银行和政府集合起来，通过风险分摊的方式，为上海市杨浦区内的 7 家高成长性科技型企业提供了 5 000 万元 2 年期信托贷款。

**4月8日**　浦发银行与中国铁路物资总公司、大唐电信科技产业集团分别在北京举行战略合作协议签约仪式，浦发银行行长傅建华，副行长冀光恒、徐海燕等出席签约仪式。

**4月10日**　中共上海浦东发展银行委员会党校成立；当年 7 月、11 月举办了 2 期总行、直管干部党校培训班，来自总、分行的 100 名总行直管干部通过专题讲座、现场教学、跨班交流、小组研讨、行为训练等多种形式，开展进行党性修养、党的基本理论、宏观视野、领导艺术等方面的学习。

**4月15日**　浦发银行贵阳分行开业暨签约仪式在贵阳市国际会议中心举行，贵阳分行分别与贵州省国有资产监督管理委员会、贵州省经济和信息化委员会、贵州高速公路开发公司签订全面战略合作协议。中共贵州省委常委、常务副省长王晓东，省人大常委会副主任唐世礼,省政协副主席陈海峰等领导出席。同时,贵阳分行将当地政府奖励的一次性补助200万元捐赠给贵州省救灾捐赠办公室,用于支持当地抗旱救灾。

**4月19日** 浦发银行北京分行为中建材集团下属北方水泥公司设计并购融资方案,并为该企业发放浦发银行首单并购贷款,贷款总额6 240万元。

**4月21日** 浦发银行中标亚洲开发银行中国区能效项目,并成为唯一合作银行,共同推动和支持中国的能源效率信贷业务。

**是日** 浦发银行乌鲁木齐分行与东风新疆汽车有限公司及其经销商举行三方战略合作协议及首单7 000万元投放签字仪式。战略合作协议签订后,乌鲁木齐分行可为准入经销商投放近1.5亿元贷款。

**4月22日** 浦发银行被正式批准成为国际保理商联合会高级会员。

**4月28日** 浦发银行在上海云峰剧院召开2009年度股东大会,董事长吉晓辉主持。会议审议通过《2009年度董事会工作报告》《2009年度监事会工作报告》《2009年度利润分配预案》《2009年度财务决算和2010年度财务预算报告》《关于续聘会计师事务所的议案》《关于公司前次募集资金使用情况报告的议案》,听取了《公司2009年度独立董事述职报告》。

**是月** 浦发银行天津分行成为天津市首单获批的中期票据业务——天津保税区投资控股有限公司40亿元中期票据的联席主承销商。

**5月2日** 浦发银行副行长徐海燕在总行会见来访的广西壮族自治区人民政府主席马飚一行。

**5月6日** 甘肃省首个创业板上市企业——兰州海默科技有限公司在浦发银行兰州分行开立募集资金专户,并于当月11日首次入账企业募集资金存款8 000万元。

**5月11日—17日** 浦发银行2010年第2期支行行长综合管理能力高级研修班暨首期党支部书记培训班在总行举办,来自29家分行的42名支行行长参加。党委副书记冯树荣、副行长商洪波围绕"如何加强企业党建工作,促进支行全面建设,成为一名称职的支行行长",与学员们进行交流。

**5月18日** 浦发银行郑州分行首单牵头银团贷款项目——鹤壁至辉县高速公路银团贷款协议正式签署,该项目是河南省重大建设项目,项目银团贷款总金额为24亿元。

**5月28日** 由浦发银行发起设立的第七家村镇银行——邹平浦发村镇银行正式开业。浦发银行董事长吉晓辉、副董事长陈辛、执行董事沈思等总行领导出席开业仪式。山东省省长助理周齐,滨州市和邹平县党政主要领导及山东省金融办、中国人民银行济南分行、山东银监局等单位的领导应邀参加。在鲁期间，吉晓辉拜会山东省省长姜大明、常务副省长王仁元等领导。

**6月8日** 浦发银行苏州分行与苏州市科技局合作，牵头组建太湖科技产业园11亿元银团，搭建科技型企业融资服务平台以扶持高新技术企业。该笔银团贷款也是苏州市首单科技贷款。

**6月12日** 经浦发银行第四届董事会第九次会议审议通过，正式发布《上海浦东发展银行市场风险管理政策》，该文件明确市场风险管理的基本原则和要求，填补了浦发银行市场风险管理制度的空白。

**是日** 由中国银监会主办、浦发银行协办的"信贷资产证券化业务研讨会"在浦发银行总行召开。中国银行业监督管理委员会纪委书记王华庆在研讨会上作主题演讲，浦发银行行长傅建华出席会议并致欢迎辞，中国银行业监督管理委员会业务创新监管协作部主任李伏安、浦发银行副行长刘信义以及来自银行、信托公司、律师事务所和评级机构的代表出席会议。

**是日** "超越财富，寻找幸福"——浦发卓信心灵之旅全国巡讲活动启动仪式在浙江省人民大会堂举行。当年，浦发银行11家分行开展了浦发卓信心灵之旅全国巡讲活动。

**6月14日** 浦发银行人民币支付直通功能（CMT直通）上线，实现交易信息系统和核心系统人民币支付信息的交互；上线首日，顺利完成人民币对外支付约225亿元。

**6月17日** 浦发银行董事长吉晓辉在总行会见来访的中共湖南省委副书记梅克保一行，副董事长陈辛陪同会见。

**6月18日** 浦发银行对外发行2010年第一期"汇理财"进取系列个人结构性存款理财产品。该产品系浦发银行自主研发、自主管理的个人结构性存款理财产品，挂钩伦敦金下午定盘价，期限为3个月，币种为澳元。

**6月21日** 浦发银行公文管理系统在总行范围正式启用，系统涵盖公文管理、办公协作、个人办公、规章制度、系统管理等五大功能模块；7月底起，按照"试点先行，分区推广"的原则，在分行逐步推广。12月7日，公文管理系统在总行和34家直属分行正式运行。

**6月22日** 浦发银行福州分行为福建省华闽进出口有限公司向香港交易对手支付10.21万元。这是福建省首单跨境服务贸易人民币结算业务和福建省内股份制商业银行首单跨境贸易人民币结算业务。

**6月24日** 上海市政协主席冯国勤视察浦发银行，听取党委书记、董事长吉晓辉的工作汇报。冯国勤主席对浦发银行近年来取得的成绩给予充分肯定,并要求进一步加强企业文化建设,积极践行企业社会责任。上海市政协秘书长陈海刚及市政协有关方面负责人,浦发银行监事会主席刘海彬,副行长商洪波、姜明生、徐海燕等出席调研座谈会。

**6月25日** 浦发银行行长傅建华在总行会见来访的北京市金融工作局局长王红一行,副行长冀光恒等参加会见。

**是日** 由浦发银行发起设立的第八家村镇银行——泽州浦发村镇银行正式开业。

**6月26日** 浦发银行乌鲁木齐分行和中国工商银行、交通银行等18家当地金融机构,与新疆维吾尔自治区交通厅签订金融战略合作协议,共同给予新疆"十二五"交通建设项目860亿元信贷支持,并在贷款期限、利率水平方面给予优惠。

**6月28日** 浦发银行行长傅建华在总行会见来访的日本瑞穗实业银行行长佐藤康博一行,副行长刘信义等参加会见。

**是日** 浦发银行与江苏中烟工业有限责任公司在南京举行战略合作签约仪式,浦发银行副董事长陈辛出席仪式并致辞。

**7月4日** 浦发银行第三方连接网络重大生产变更顺利完成,标志着浦发银行"过渡期异地灾备建设项目"(即"119项目")取得重大进展。"119项目"是浦发银行重大信息化项目,旨在合肥综合中心建成前,在合肥建立过渡期异地灾备中心,在2010年底前建成核心、信用卡等异地灾备系统,至2011年上半年完成10个重要信息系统的异地灾备建设,全面提升全行IT持续运行能力。该项目规模庞大、工程复杂,涉及"两地三中心"的机房环境、网络通信、数据复制和应用系统各层面的改造和建设。

**7月5日** 浦发银行首期总行直管干部党校培训班在中国浦东干部学院开班,标志着总行党委3年内对直管干部进行党校轮训的计划正式启动。党委书记、党校校长吉晓辉出席开班典礼并作讲话,党委副书记、党校常务副校长冯树荣主持开班典礼。来自总分行不同条线的50名总行直管干部将参加为期两周的集中培训。培训班将从党性修养、党的基本理论、宏观视野、领导艺术等四方面,通过专题讲座、现场教学、跨班交流、小组研讨、行为训练、情景模拟、学员论坛等多种形式对学员进行培训。

**是日** 浦发银行杭州分行辖属衢州支行正式开业。

**7月17日** 浦发银行党委副书记冯树荣、副行长商洪波在总行会见来访的内蒙古自治区人民政府副主席布小林一行,总行相关部门和呼和浩特分行负责人参加会见。

**7月20日**　浦发银行西安分行与陕西省教育厅在西安举行"陕西省教育战略合作协议签约暨浦发励教基金启动仪式",西安分行与陕西10所学校签订共计15亿元金额的贷款合同书,双方共同启动"浦发励教基金"。

**是日**　浦发银行长沙分行辖属郴州分行正式开业。

**7月21日**　浦发银行行长傅建华在合肥会见中共安徽省委常委、合肥市委书记孙金龙,双方就浦发银行合肥综合中心项目建设有关工作交换意见。浦发银行执行董事黄建平、总行相关部门和合肥分行负责人参加会见。

**7月22日**　浦发银行南京分行辖属淮安分行举行开业庆典,浦发银行董事长吉晓辉出席并为淮安分行开业剪彩。在淮安期间,吉晓辉分别会见江苏省政府副秘书长、江苏省金融办主任汪泉,淮安市委书记刘永忠等领导。

**7月24日**　浦发银行同城灾备机房搬迁工作圆满完成。34家分行连接总行的广域网线路(联通线路)成功连接到上海市北京东路689号东银大厦新同城灾备机房,全部计算机设备也从上海市宁波路50号顺利搬迁至新同城灾备机房并正常开机运行,总行"两地三中心"信息科技场地建设取得重大进展。

**8月6日**　浦发银行与中国储备棉管理总公司在总行举行战略合作协议签约仪式。浦发银行董事长吉晓辉、行长傅建华、副行长刘信义,中国储备棉管理总公司总经理雷香菊等参加。

**8月9日**　浦发银行与黑龙江北大荒农垦集团签署战略合作协议,签约仪式暨农业产业金融创新合作启动仪式在哈尔滨举行,黑龙江省省长栗战书,浦发银行董事长吉晓辉、副行长刘信义等出席活动。

**8月13日**　浦发银行向上海航空有限公司发放飞机融资租赁项下贷款4 300万美元,实现境外SPV融资租赁项下飞机融资业务零的突破。

**8月15日**　浦发银行成为首批32家上海清算所普通清算会员之一。

**8月18日**　浦发银行合肥分行辖属安庆分行正式开业。

**8月21日**　浦发银行离岸网上银行贸易服务项目完成上线。

**8月24日**　浦发银行正式获批黄金期货自营会员资格,成为上海期货交易所第6家获得该资格的商业银行。2010年,全行在上海黄金交易所的年度自营和代理贵金属总交易量超过200吨,在25家银行类会员排名前五,在股份制商业银行市场排名第2,获得"上海黄金交易所2010年度优秀会员"称号。

**8月25日**　浦发银行大连分行完成分行首单离岸网银进口开证业务。

**8月27日**　由浦发银行发起设立的第九家村镇银行——甘井子浦发村镇银行正

式开业。中共辽宁省委常委、大连市委书记夏德仁,浦发银行董事长吉晓辉、副董事长陈辛、执行董事沈思及大连市和甘井子区党政主要领导、大连银监局领导参加开业式。在辽期间,吉晓辉还拜会了辽宁省委常委、大连市委书记夏德仁,副市长曲晓飞等。

**是日** 浦发银行广州分行辖属中山分行正式开业。

**是月** 浦发银行与中国葛洲坝集团公司于在总行举行战略合作协议签约仪式,浦发银行董事长吉晓辉和中国葛州坝集团总经理杨继学出席。浦发银行行长傅建华、中国葛洲坝集团党委书记丁焰章分别代表双方签署战略合作协议,浦发银行副行长刘信义、总行相关部门和武汉分行相关负责人出席签约仪式。

**9月3日** 浦发银行青岛分行辖属烟台分行正式开业。

**9月6日** 上海市税务局党组书记、副局长庄晓玖一行赴浦发银行开展党建联建活动,浦发银行党委书记、董事长吉晓辉,党委副书记冯树荣,副行长刘信义参加活动。冯树荣在双方座谈中重点介绍浦发银行"抓党建、促发展"的各项工作,总行有关部门负责人分别作了当前宏观经济形势、浦发银行发展规划、金融产品的介绍。庄晓玖在发言中表示要积极落实相关税务政策,支持浦发银行科学发展,服务上海国际金融中心建设。

**9月9日** 浦发银行长沙分行中标长沙市市级财政国库集中支付银行代理项目,获得该项业务的代理资格。

**9月15日** 浦发银行杭州分行辖属金华分行正式开业。

**9月20日** 浦发银行2010年第二次临时股东大会在上海云峰剧院召开。会议选举沙跃家、朱敏为第四届董事会董事,选举张维迎、郭为为第四届董事会独立董事,选举李庆丰为第四届监事会监事。会议审议通过了《关于支付外部监事津贴的议案》。

**是日** 浦发银行成都分行辖属内江分行正式开业。

**9月25日** 浦发银行出席《贷款转让交易主协议》签署暨全国银行间市场贷款转让交易启动仪式,并与山西晋城市商业银行通过全国银行间市场贷款转让交易系统,达成全国首单可拆分贷款转让交易。截至当年底,浦发银行先后与华一银行、昆仑银行和华融资产管理公司签署资产转让协议。

**9月26日** 浦发银行与中国化工集团公司签署战略合作协议,为中国化工提供包括存款和理财服务、银行融资服务、现金管理服务、国际业务服务、债务风险管理服务、投资银行服务、离在岸国际金融服务等多方面一揽子全面金融服务,意向签订授信金额100亿元。

**9月27日** 浦发银行行长傅建华在总行会见亚洲开发银行副行长拉克什米·万卡塔查兰一行,以及世界500强之一的美国江森自控亚太区高层官员。双方就在中国推动清洁能源和合作发展绿色信贷进行交流,并表示尽快实施在建筑节能融资领域的合作,浦发银行副行长刘信义等参加会见。

**9月28日** 浦发银行长沙分行与湖南新能源创业投资基金企业签署托管协议。

**是日** 浦发银行郑州分行辖属许昌分行正式开业。

**9月29日** 浦发银行西安分行辖属榆林分行、太原分行辖属长治分行正式开业。

**10月8日** 浦发银行为摩根大通银行香港分行开设跨境人民币同业往来账户。

**10月14日** 浦发银行完成向中国移动通信集团广东有限公司非公开发行人民币普通股2 869 764 833股,每股发行价格13.75元,扣除发行费用后,实际募集资金391.99亿元。发行完成后,中国移动集团持有浦发银行20%股份。

**10月24日** 浦发银行天津分行与天津市科委签署"十二五"期间科技金融全面合作协议。

**10月26日** 浦发银行石家庄分行辖属唐山分行正式开业。

**11月1日** 浦发银行发起设立的第十家村镇银行——江阴浦发村镇银行正式开业。浦发银行副行长刘信义,执行董事沈思,江苏省原常务副省长、江苏省慈善总会会长俞兴德及江阴市部委办局、各乡镇负责人,江苏省金融办、中国人民银行南京分行等领导参加仪式。

**是日** 浦发银行沈阳分行辖属葫芦岛分行正式开业。

**11月4日** 由浦发银行呼和浩特分行主承销的内蒙古自治区首单中小企业集合票据在中国银行间市场发行,募集资金1亿元。

**是日** 浦发银行福州分行辖属泉州分行正式开业。

**11月6日** 浦发银行第六届业务技术比赛在总行培训中心举行。党委书记、董事长吉晓辉,党委副书记冯树荣,副行长商洪波、姜明生、冀光恒、徐海燕等出席开赛仪式并观摩比赛,为获得单位团体奖的分行颁发奖杯。全行35个参赛单位292名选手参加了"PC机输入百张小写传票""银行卡开卡信息录入""手持式单指单张人民币反假点钞""公司银行网银综合应用""个人理财规划方案决赛"等5个项目的比赛。

**11月7日** 浦发银行乌鲁木齐分行、杭州分行与阿克苏地区人民政府签署银政全面战略合作协议,签约仪式在阿克苏举行。根据协议,在未来5年,乌鲁木齐分行、杭州分行将联合为阿克苏地区及浙江省在阿投资企业提供100亿元综合授信,重点支持该地区基础设施建设、特色产业和民生工程建设,并提供包括现金管理、投行、融资顾问等业务在内的一揽子金融服务。

**11月11日** 浦发银行喀什分行开业庆典暨揭牌仪式在喀什举行,中共中央政治局委员、上海市委书记俞正声,上海市人大常委会主任刘云耕,上海市政协主席冯国勤,新疆维吾尔自治区党委书记张春贤及自治区主要领导等出席开业仪式。这是国内第一家在喀什地区开设营业机构的股份制商业银行。

**11月17日** 浦发银行与中国中铁股份有限公司在北京中国中铁大厦举行战略合作协议签约仪式。浦发银行董事长吉晓辉和中国中铁董事长李长进分别致辞,浦发银行副行长刘信义和中国中铁副总裁、财务总监李建生分别代表双方签署战略合作协议,浦发银行副行长冀光恒等出席签约仪式。

**11月19日** 浦发银行通过交易商协会衍生产品委员会审核,获得银行间市场第一批信用风险缓释工具核心交易商资格。

**11月22日** 浦发银行苏州分行与中国移动江苏有限公司苏州分公司签署战略合作框架协议。苏州分行将在现金管理、供应链融资、个人银行等方面为苏州移动提供全方位金融服务,双方还将在综合V网、移动数据专线等方面进行合作。

**11月24日—26日** 浦发银行2010年全行战略管理会议召开。党委书记、董事长吉晓辉作了题为《把握形势,明确思路,强化执行,推动现代金融服务企业建设持续较快发展》的报告,行长傅建华作了题为《新形势,新思路,新举措,推动浦发银行步入可持续发展新阶段》的讲话。

**11月25日** 浦发银行与中国移动战略合作协议签约仪式在上海举行,中共中央政治局委员、上海市委书记俞正声,上海市委副书记、市长韩正出席签约仪式。上海市委常委、副市长屠光绍在仪式上致辞,代表上海市委、市政府向浦发银行与中国移动开展战略合作表示祝贺。浦发银行董事长吉晓辉、中国移动董事长王建宙分别在签约仪式上致辞,浦发银行行长傅建华和中国移动总经理李跃代表双方签署战略合作协议。中国移动投资入股浦发银行,首次实现股权上的深度合作,开创了中国电信企业和金融业合作的崭新模式。

**11月28日** 浦发银行首张零售评分卡——个人住房抵押贷款申请评分卡在上海分行预审批系统成功上线。

**12月1日** 浦发银行南昌分行辖属赣州分行正式开业。

**12月3日** 《上海浦东发展银行东北装备制造业综合金融服务方案》首发活动暨沈阳装备制造业高峰论坛在沈阳举行,辽宁省副省长陈超英出席并致辞。

**12月6日** 浦发银行网上支付跨行清算系统上线。该系统是浦发银行二代支付系统中最先建设的一个子系统,主要处理客户通过在线方式提交的跨行转账汇款业务以及跨行账户信息查询等业务。该系统实行7×24小时连续运行工作的模式,业务处理采用实时传输及回应机制,客户在线发起业务后,可及时了解业务的最终处理结果。

**12月8日** 浦发银行合肥综合中心项目开工仪式在合肥市滨湖新区举行。安徽省副省长花建慧、合肥市市长吴存荣,浦发银行行长傅建华、监事会主席刘海彬、副行长商洪波以及安徽、上海两地政府有关部门、银行业监管机构领导出席仪式。合肥综合中心项目竣工后,将集科技信息、数据处理、集中作业和客户服务为一体,成为浦发银行灾备中心和后台运行、服务综合中心。

**12月10日** 浦发银行与长江养老保险股份有限公司、太平洋财产保险股份有限公司、太平洋人寿保险股份有限公司在昆明举行全面战略合作暨企业年金业务启动会。

**12月16日** 由浦发银行发起设立的第十一家村镇银行——韩城浦发村镇银行正式开业。浦发银行副董事长陈辛、执行董事沈思,渭南市和韩城市主要党政领导,陕西省金融办、中国人民银行西安分行、陕西银监局等单位的领导应邀出席。在陕期间,陈辛拜会陕西省副省长洪峰,并主持召开浦发村镇银行行长座谈会。

**是日** 浦发银行合肥分行辖属蚌埠分行正式开业。

**12月30日** 浦发银行昆明分行辖属玉溪分行正式开业。

**是年** 浦发银行营业收入498.56亿元;税前利润252.81亿元;税后归属于上市公司股东的净利润191.77亿元;总资产21 914.11亿元;本外币贷款余额11 464.89亿元;负债总额20 681.31亿元,其中,本外币存款余额16 386.80亿元;按五级分类口径统计,集团后三类不良贷款余额58.80亿元;不良贷款率0.51%;不良贷款准备金覆盖率达到380.56%。

**是年** 浦发银行位列英国《银行家》杂志"全球银行1 000强"第108位,"全球银行品牌500强"第76位;位列美国《福布斯》杂志"全球企业2 000强"第224位,"中国品牌价值榜50强"第15位。

# 2011 年

**1月5日** 浦发银行在深圳召开部分分行行长座谈会,行长傅建华主持,听取分行行长对2011年全行经营管理工作的建议和意见。深圳、南京、广州、天津、大连、济南、长沙等分行行长及相关部门负责人参加座谈会。

**是日** 浦发银行兰州分行与甘肃省非公有制经济工作委员会签订战略合作协议,兰州分行向省非公企业工委推荐的部分重点非公有制企业提供30亿元贷款授信,并在金融顾问服务,中小企业集合票据、短期融资券、中期票据以及引进战略投资者等方面提供金融服务,帮助非公有制企业切实解决融资难题。

**1月10日** 经国家外汇管理局审核,浦发银行成为首批12家银行间外汇市场远期掉期做市商之一,可在中国外汇交易中心银行间外汇市场,开展人民币外汇货币掉期交易。

**是日** 浦发银行开封分行开业庆典暨项目签约仪式在开封开元大酒店会议中心举行,河南省副省长张大卫、浦发银行董事长吉晓辉出席开业仪式。在豫期间,吉晓辉还拜会了河南省副省长刘满仓。

**1月14日** 浦发银行在"中国银行业世博金融服务暨2010年度中国银行业文明规范服务千佳示范单位表彰大会"上,获得中国银行业世博金融服务组织奖和创新奖、2010年度中国银行业文明规范服务千佳示范单位评选活动突出贡献奖等奖项,行长傅建华出席大会并致辞。

**1月20日** 浦发银行与德国商业银行(Commerzbank)正式签订跨境人民币支付代理结算协议书,开立跨境人民币同业往来账户。

**是日** 浦发银行福州分行签订黄金租赁框架协议,与福建省广东商会暨福建省江西商会举行战略合作协议签约仪式。

**1月26日** 浦发银行与交通银行签署全面合作协议,上海市副市长屠光绍,上海市政府副秘书长蒋卓庆,上海市金融党委书记季文冠,交通银行行长牛锡明,浦发银行董事长吉晓辉、行长傅建华等领导出席签约仪式。双方将在资金业务、资产业务、贸易金融、电子银行、离岸金融等方面开展全面合作。

**是日** 浦发银行沈阳分行辖属本溪分行正式开业。

**1月27日—29日** 浦发银行2011年全行工作会议在上海召开。此次会议旨在新五年发展战略规划的统领下,进一步统一思想、开拓奋进,以科学发展观为指导,以创新驱动为"第一动力",以加快转型发展为主线,明确2011年工作思路和主要措施,为新五年规划的实施起好步、开好局。

**1月27日** 浦发银行与江苏远洋(香港)船务有限公司签署2 640万美元10年期船舶融资协议。

**是日** 浦发银行太原分行签署首单牵头银团贷款——晋中龙城高速公路项目29.5亿元银团贷款合同,其中太原分行作为牵头行和代理行承贷额14.5亿元。

**1月29日** 浦发银行第四届文艺汇演在上海东方艺术中心举行,总行领导班子成员、历届老领导以及800余名干部员工观摩演出,来自34家分行和总行相关部门的员工奉献了各类精彩节目。

**是月** 浦发银行正式开展人民币债券交易账户业务,涵盖价差交易、做市交易等各种交易账户交易策略。

**是月** 浦发银行举办第四次全行志愿者日活动,以"传递关爱,幸福中国"为主题,全行8 000余名志愿者以形式多样的慈善公益活动,向身边的客户、亲人、社区,以及需要帮助的弱势群体奉献爱心。

**是日** 浦发银行行长傅建华在总行会见国际金融公司首席执行官拉尔斯特纳尔一行。双方回顾了目前在绿色金融、中小企业融资方面的良好合作,就未来在绿色金融、贸易融资、中小企业、水资源、中西部开发等领域开展深入合作交换意见,并表示要共同努力将现有合作推升至一个新的水平。浦发银行副行长刘信义及总行相关部门负责人参加会见。

**2月15日** 上海迪士尼项目中方公司——申迪集团宣布,由国家开发银行、浦发银行和交通银行担任银团共同安排行,浦发银行同时担任提款代理行。

**是日** 浦发银行武汉分行工会被湖北省总工会授予"省级模范职工之家"荣誉称号。

**2月21日** 浦发银行成都分行辖属德阳分行正式开业。

**2月23日** 浦发银行上海分行承销上海市首单科技型中小企业集合票据,发行金额7亿元,发行期限3年。

**2月25日** 浦发银行贵阳分行、水城钢铁(集团)公司贵阳销售公司、贵阳金东方市场管理有限公司以及8家水钢一级钢材经销商在贵阳分行举行贸易融资服务签约仪式。

**2月26日** 浦发银行北京分行核心前置平台升级上线,标志浦发银行2011年信息科技重大工程"总分行核心系统平台升级项目"初战告捷。总行副行长商洪波、冀光恒莅临现场进行动员和指挥。

**是月** 浦发银行天津分行与新远景基金管理公司签署开户协议,这是天津分行首个私募股权基金类客户集团账户,也是浦发银行首个私募股权基金类客户开立集团账户案例。

**3月2日** 欧盟代表团、辽宁省环保厅相关领导考察浦发银行沈阳分行,探讨清洁生产周转基金合作议案和策划实施计划。沈阳分行凭借产品方案、融资实力、项目评估、信贷管理、风险管控等综合实力中标该项目。

**是日** 浦发银行兰州分行举办上海在甘企业代表座谈会,邀请来自设备制造、餐饮、酒店、物流商贸等行业的12家上海企业在甘分公司、上海在甘投资企业代表,围绕合作促进共同发展进行座谈。上海市政府驻西安(西北)办事处主任陈惠忠一行参加座谈。

**3月7日** 浦发银行兰州分行分别与甘肃敦煌种业、天水星火机床签订《银行间债券市场非金融企业债务融资工具承销协议》,拟承销金额分别为6亿元、4亿元,领跑甘肃金融同业短期融资券业务。

**3月9日** 浦银安盛基金公司发行旗下首只货币市场基金,成为公募基金行业获批发行的第46只货币市场基金,募集成立规模38亿元,位居同期行业货币基金规模第17位。

**3月11日** 浦发银行杭州分行与浙江省经济和信息化委员会、各省级行业协会签署战略合作协议。根据协议,分行将设立行业发展专项资金,在未来5年内为合作平台上的企业提供总额不低于100亿元融资服务,用于支持浙江省"十二五"工业发展规划中所涉及的重点产业发展。

**3月14日** 内蒙古自治区人民政府金融办、中国人民银行呼和浩特中心支行、自治区工商联联合主办的2011年自治区西部民营中小企业项目融资对接会在鄂尔多斯召开,浦发银行呼和浩特分行应邀参加会议。会议期间,呼和浩特分行与8家企业签订合作协议。

**3月18日** 浦发银行上海分行与上海虹桥商务区管理委员会签署全面战略合作备忘录,推动虹桥商务区建设。

**是日** 浦发银行天津分行与天津市武清区人民政府签署全面战略合作协议。根据协议,天津分行将从金融服务和金融创新方面发挥优势,全面支持区重点项目建设,促进区内科技型中小企业发展。

**3月22日**　浦发银行乌鲁木齐分行完成分行首单保理代付业务。

**是日**　浦发银行首单信贷资产证券化项目——"浦发2007年第一期信贷资产证券化项目"完成清算,结束其历时3年6个月的运行。项目通过入池资产的真实出售,释放贷款规模40多亿元,扣除浦发银行持有次级档债券的风险资本占用,释放风险资产24亿元。

**3月23日**　浦发银行武汉分行为神龙汽车有限公司发行3亿元混合型保本保收益理财产品,这是武汉分行为其专门订制发行的理财产品,也是武汉分行发行的首单保本保收益理财产品。

**3月24日**　浦银安盛基金公司在上海召开2011年第一次股东会会议,上海浦东发展银行股份有限公司股东代表姜明生、AXA INVESTMENT MANAGERS S. A. 股东代表Bruno、上海盛融投资有限公司股东代表章曦出席此次会议。此次股东会大会批准完成第一届董事会、监事会换届工作,选举产生第二届董事会、监事会。新一届董事会选举姜明生任董事长,Bruno Guilloton任副董事长,黄跃民任监事长。

**是日**　浦发银行太原分行与中国移动通信集团山西有限公司签署战略合作协议,标志着太原分行与山西移动建立紧密型战略合作伙伴关系。

**是日**　浦发银行福州分行为该行重点客户——海峡基金定向发行3 000万元票据池类理财产品。

**是日**　浦发银行青岛分行与青岛市黄岛区民泽小额贷款公司建立合作关系,实现小额贷款公司平台开发的新突破。

**3月24日—25日**　浦发银行金融机构业务调研会在宁波召开,浦发银行行长傅建华、副行长刘信义出席会议,与上海、宁波、南京、北京、广州、深圳、天津、西安、武汉、哈尔滨、福州分行金融机构业务主管行领导等共同讨论商业银行金融机构业务的市场概况和未来总体发展趋势等相关问题。

**3月25日**　浦发银行面向全行对公客户,公开发行2011年首款资金类对公理财产品。此次发行的非保本浮动收益型债券理财产品是针对对公客户资产保值增值需求专门设计的一款个性化理财产品,并首次通过公司网上银行销售。

**是日**　同业市场利率互换(IRS)业务电子化交易确认功能在浦发银行总行端正式启用,改变了该类业务的手工作业模式。启用电子化交易确认后,前台交易达成并经后台审核无误,即可在交易中心客户端对自动生成的标准化格式交易确认书进行确认操作。

**3月27日**　浦发银行SWIFT灾备系统异地实际业务切换演练取得成功。灾难恢复人员通过成功启用合肥灾备中心的SWIFT灾备系统接管生产交易,处理真实业务报文 10 余笔,同步完成核心业务系统记账。

**3月28日** 浦发银行额度管理系统第一阶段建设项目正式投产使用,系统上线 3 个月运行平稳,通过一季度全行授信业务高峰的考验。

**是日** 浦发银行兰州分行与安宁区人民政府签订战略合作协议。根据协议,银政双方将本着互利互惠、合作双赢的原则,在信息交流、相互支持等方面,建立紧密、稳定的合作关系。

**3月30日** 浦发银行正式开展黄金期货交易业务。

**3月31日** 浦发银行北京分行与北京市供销合作总社签署全面战略合作协议。浦发银行副行长兼北京分行行长冀光恒出席签约仪式。

**是日** 浦发银行贵阳分行与中国移动贵州有限公司签订战略合作框架协议,标志着贵阳分行移动金融合作工作取得重大突破,与本地中移动分公司合作进入实质性的发展阶段。

**是月** 浦发银行巴塞尔新资本协议项目的重要组成部分——新资本协议操作风险管理标准法项目正式启动,预计在年内申请达标。

**4月6日** 浦发银行西安分行在第 15 届中国东西部合作与投资贸易洽谈会"专利技术推介融资对接会"上,与陕西天宇制药有限公司、西安安德药业有限公司签署融资意向协议,搭建批量拓展中小企业营销平台。

**4月7日** 由浦发银行南昌分行与江西省工业和信息化委员会共同举办、以"绿色信贷,促低碳经济发展"为主题的政银企对接会在赣江宾馆举行。浦发银行副行长刘信义到会并作主题演讲,近 70 家企业代表参会并参与互动洽谈活动。会议重点宣传推广了浦发银行绿色金融特色产品和优势,南昌分行现场与 3 家重点企业客户签订战略合作协议,签约金额 1.54 亿元。

**是日** 浦发银行贵阳分行成功办理首单 5 000 万元国内信用证代付业务。

**4月13日** 浦发银行副行长商洪波会见青海省副省长高云龙,就西宁分行筹建工作进行深入交流。

**4月15日** 浦发银行喀什分行、广州分行与广东援疆指挥部在喀什签订全面战略合作协议,该协议为广东援疆资金的落地打下坚实基础。

**是日** 浦发银行下发《关于落实与中国移动客户服务与渠道资源共享工作的通知》,对浦发银行与中国移动公司在网点自助设备交互布放、移动话费代缴、VIP 财富讲堂、VIP 稀缺资源共享等四个方面的合作内容、合作方式、工作措施等提出具体要求。

**4月18日** 浦发银行南京分行辖属扬州分行正式开业。

**4月20日**　浦发银行石家庄分行辖属唐山分行开业。

**4月21日**　浦发银行呼和浩特分行主承销的分行首单短期融资券——内蒙古博源控股集团16亿元短券项目注册通过,5月5日首期6亿元在银行间市场成功发行。

**4月25日**　浦发银行贵阳分行向第九届全国少数民族传统体育运动会捐赠35万元。

**是日**　浦发银行北京分行作为主承销商的电信科学技术研究院20亿元短期融资券额度通过债券交易商协会审批通过,北京分行将在未来2年内为该企业提供总额不超过20亿元的滚动债券发行服务。

**4月26日**　浦发银行合肥分行获"2011年度安徽省金融创新工作先进单位"荣誉称号。

**4月27日**　浦发银行太原分行为金圆水泥有限公司纯低温余热电站项目发放首单AFD项目贷款1 000万元。

**4月28日**　浦发银行在上海云峰剧院召开2010年度股东大会,董事长吉晓辉主持。大会审议通过了《审议公司2010年度董事会工作报告》《公司2010年度监事会工作报告》《公司2010年度财务决算和2011年度财务预算报告》《公司2010年度利润分配预案》《关于公司新聘会计师事务所的议案》《关于公司发行次级债券的议案》,听取了《公司2010年度独立董事述职报告》。

**是日**　中国银行业监督管理委员会副主席周慕冰赴大连甘井子浦发村镇银行视察指导工作,重点了解甘井子村浦发镇银行总体经营情况,尤其是涉农贷款和员工的日常管理情况。周慕冰指出,村镇银行一定要充分发挥自身的特点,多支持农业、中小企业的发展,抓住机遇,做出规模与品牌。

**是日**　长江养老保险股份有限公司中南区养老金中心揭牌仪式在锦江国际大酒店举行,长江养老保险股份有限公司总裁李春平,湖北省、武汉市的各级领导,浦发银行武汉、广州、郑州、南宁分行养老金业务负责人及太平洋保险产(寿)险武汉、广州、郑州、南宁的业务负责人参与仪式。该中心的设立促进了浦发银行与长江养老保险股份有限公司战略合作关系的进一步深化,同时也将有力推动武汉分行养老金业务的发展。

**4月29日**　浦发银行贵阳分行荣获中国人民银行2010年支付系统运行管理"安全运行奖",成为贵州省唯一当年加入系统、当年获奖的金融机构。

**是日**　上海金融发展投资基金与浦发银行签署独家托管协议,浦发银行托管国内最大规模PE基金。

**是日**　凯雷复星(上海)股权投资基金管理公司账户及基金的基本账户落户浦发

银行上海分行长宁支行。

**是月** 浦发银行上海分行成为上海外资 PE 试点政策首家托管银行。

**是月** 浦发银行郑州分行为河南省顺成集团煤焦有限公司发放 4 000 万元 IFC 能效贷款。该贷款将用于顺成集团干熄焦项目建设,项目建成后将对企业实施节能降耗起到积极作用。

**5月4日** 浦发银行上海分行积极响应上海市银监局、上海市金融工委关于号召上海银行业青年送金融服务和知识"进园区、进郊区、进社区"的倡议,于五四青年节正式启动了为期 2 个月的"百场理财宣讲"进社区活动,活动覆盖上海地区 125 个网点周边 3 千米范围内社区。

**5月5日** 浦发银行天津分行完成首单汇出汇款融资项下海外代付业务,德泰行国际贸易有限公司进口代付业务通过荷兰商业银行代付成功。

**5月6日** 上海市政协主席冯国勤率领上海市政协考察团视察浦发银行桂林支行。冯国勤对浦发银行在桂林地区的业务发展给予了充分肯定,并鼓励浦发银行借助中国-东盟自由贸易区建设、新一轮西部大开发和广西北部湾经济区开发开放等重大机遇,开拓创新、做大做强,与地方经济共同成长,为富民强桂做出更大贡献。广西壮族自治区政协主席马铁山、桂林市政协主席粟增林、浦发银行副董事长陈辛等陪同视察。

**是日** 浦发银行太原分行辖属运城分行正式开业。

**5月10日** 浦发银行厦门分行举行开业暨签约仪式,中共福建省委常委、厦门市委书记于伟国,厦门市委副书记、市长刘可清,浦发银行党委书记、董事长吉晓辉,副行长商洪波等领导出席仪式。厦门分行与厦门建发集团等 7 家重点企业签订了全面战略合作协议,并向厦门红十字会捐款。

**是日** 浦发银行深圳分行首家异地分行——珠海分行开业。珠海市人民政府副市长王庆利,中国人民银行珠海市中心支行行长李灿宇,中国银行业监督管理委员会珠海监管分局副局长冯可励,浦发银行监事长刘海彬、深圳分行行长张耀麟等嘉宾出席开业典礼。

**5月16日** 浦发银行正式获得香港金管局批准并获得银行牌照,成为第 8 家可于香港从事所有银行业务的中资银行。

**是日** 亚洲开发银行与浦发银行绿色建筑投融资合作签字仪式在上海举行。浦发银行副行长刘信义、亚洲开发银行驻中国代表处首席代表保罗·海登斯共同签署《损失分担协议》,这标志着亚洲开发银行、浦发银行与世界 500 强企业江森自控在国内建筑节能融资领域全面合作的开启,浦发银行在国内商业银行界中率先全面介入建筑节能融资金融服务。

**5月17日** 苏州盛世鸿方股权投资基金(有限合伙)在浦发银行温州分行办理直接股权投资基金托管业务,温州分行实现了股权投资基金托管业务零的突破。

**5月19日** 浦发银行西安分行与西安国际港务区签署战略合作协议,并与西安国际陆港保税物流投资建设有限公司签订"西安保税物流园区(一期)项目建设"6亿元贷款协议,为国内首个"国际陆港"、西安区域外向型经济发展重要平台——国际港务区提供精准金融服务。

**5月23日** 浦发银行长沙分行与三一集团达成合作协议,参与三一集团中期票据联合主承销业务。

**5月25日** 浦发银行广州分行联合中国移动发行借贷合一联名卡,将移动通信技术与银行金融服务相融合,通过技术和服务创新向广大客户提供更优质便捷的服务。联名卡由主卡(标准卡)和副卡(手机卡)组成,包含电子现金、贷记账户和借记账户等3个相互独立的账户。其中,主卡(标准卡)为标准双磁条卡,采用物理合并贷记与借记账户的形式,分别记载贷记和借记账户;副卡(手机卡)为加载于带有支付功能的手机或与手机绑定的多应用非接触式芯片卡,记载电子现金和贷记账户。

**是日** 浦发银行在全行范围内推出首款利多多公司开放式理财产品。该产品为7天周期型开放式理财产品,具有周期运作、不间断滚动投资、每期有收益等优点。

**5月27日** 上海国际旅游度假区暨上海迪士尼项目银团贷款框架协议签约仪式在上海举行,国家开发银行、浦发银行、交通银行等12家银行组成的银团与上海申迪集团签订银团贷款框架协议。中共上海市委常委、副市长屠光绍出席仪式并致辞,浦发银行董事长吉晓辉出席仪式,行长傅建华代表浦发银行签署框架协议。此次银团贷款框架协议的签署,基本确定"总体授信,根据具体子项签订借款合同"的融资模式,也标志着上海国际旅游度假区暨上海迪士尼项目的银团融资方案基本确定。

**是日** 浦发银行武汉分行与国家开发银行湖北省分行在上海签署全面合作框架协议,浦发银行行长傅建华、副行长刘信义出席签约仪式。

**5月29日** 浦发银行核心系统平台完成升级切换任务,并恢复对外服务。经过一周的生产运行,新核心系统正常平稳,平均交易时间由0.15秒缩短至0.03秒,批处理时间由4.5小时缩短至1.5小时,日交易处理能力由1 000万笔提升至超过3 000万笔。

**5月31日** 浦发银行与中国进出口银行在北京签署全面合作协议,进出口银行董事长兼行长李若谷、浦发银行董事长吉晓辉、行长傅建华等领导出席签约仪式。双方将在经济合作、银团贷款、贸易融资业、资金业务等方面开展全面合作。

**是日** 浦发银行乌鲁木齐分行落地新疆天山水泥股份有限公司塔里木分公司4.5 MW低温余热电站信贷项目,完成分行首单绿色信贷业务。

**是日** 浦发银行乌鲁木齐分行落地农六师国有资产经营管理有限公司3亿元信托代理收付计划,标志乌鲁木齐分行银信集合资金信托合作业务取得零突破。

**是日** 浦发银行与天津市燃气集团有限公司在上海举行战略合作协议签约仪式。

**6月1日** 浦发银行天津分行运用法国开发署绿色能效项目融资(AFD)和总行定向支持额度,为天津大沽化工股份有限公司24万吨离子膜法烧碱节能改造项目融资2.3亿元,其中400万欧元为法国开发署直接提供的中间信贷,其余部分由天津分行发放项目贷款。该项目为天津分行首单绿色信贷业务。

**6月8日** 浦发银行香港分行在香港举办开业庆典仪式暨答谢晚宴。总行行长傅建华、副行长刘信义及多家境内分行负责人出席开业仪式,香港分行与中化香港(集团)有限公司、中国铁路物资(香港)控股有限公司及金川集团国际资源有限公司分别签署银企合作协议。中共上海市委常委、副市长屠光绍,中央人民政府驻香港特区联络办公室副主任郭莉,香港特区政府财经及库务局副局长梁凤仪,香港金融管理局副总裁阮国恒,香港证监会主席方正,上海市政府外事办公室兼港澳事务办公室副主任张伊兴,上海市金融服务办公室副主任葛大维,上海银监局副局长谈伟宪等沪港两地领导,以及中资和港资大型企业、香港金融同业的300余位嘉宾应邀出席仪式。香港分行是浦发银行第一家境外分行,标志着沪港金融合作迈出了具有历史意义的一步。

**是日** 金川集团与浦发银行香港分行、兰州分行签订战略合作协议。

**6月9日** 浦发银行印发《关于加强香港分行管理工作的指导意见》,明确了加强香港分行管理工作的主要原则,并从建立业务联动机制、实施产品审批备案管理、加强客户授信管理、建立人事审批制度、推进财务授权管理和资金支持、制定和梳理相关规章制度等6方面提出具体要求。

**6月10日** 经海关总署正式批准,浦发银行新一代海关税费支付系统——新银关通系统正式上线应用。该系统在整合海关总署原银关通及上海海关EDI支付系统各项功能的基础上,对两系统现有缺陷进行了优化和升级,进一步提高了系统操作的便利性,丰富了系统功能。

**是日** 浦发银行与天津克运国际物流集团有限公司签署《银企外币资金池战略合作协议》,标志浦发银行境内企业外币资金池业务实现突破。

**是日** 浦发银行呼和浩特分行与中国移动通信集团内蒙古有限公司战略合作框

架协议签署仪式在新城宾馆举行,呼和浩特分行、中国移动内蒙古公司领导班子及自治区、呼和浩特市两级主要媒体参加签约仪式。

**6月12日** 浦发银行石家庄分行辖属保定分行正式开业。

**6月14日** 浦发银行总行与香港分行完成同业资金拆出交易业务,金额分别为8 888万港元和2 888万美元。

**是日** 浦发银行青岛分行办理首单电子票据银承业务。该客户结算采用银行承兑汇票为主,通过电子商票系统进行结算可以节省客户业务办理时间、简化客户业务办理流程。

**6月14日—15日** 由中国银行业监督管理委员会主办、浦发银行承办的《资本充足率管理办法》暨国际金融监管改革研讨会在北京召开。中国银行业监督管理委员副主席王兆星和各部门负责人,以及11家拟实施新资本协议的商业银行分管行领导和部门总经理出席研讨会。研讨会就《商业银行资本充足率管理办法》和国际金融监管改革的最新动态进行了深入学习和探讨。

**6月15日** 浦发银行与徐州工程机械集团有限公司签署战略合作协议。根据协议,浦发银行将为徐工集团提供包括存款、理财、银行融资、现金管理、国际业务、债务风险管理、投资银行和离在岸国际金融等一揽子全面金融服务,并授予100亿元意向性授信额度。

**是日** 浦发银行长沙分行与长沙高新技术产业开发区签订战略合作协议。浦发银行副行长刘信义,中共长沙市委副书记、常务副市长谢建辉,浦发银行长沙分行行长李荣军等出席签约仪式。

**6月16日** 浦发银行呼和浩特分行辖属呼伦贝尔分行开业,内蒙古自治区人民政府副主席布小林、副秘书长张津,中共呼伦贝尔市委书记罗志虎、市长张利平,浦发银行董事长吉晓辉等出席开业仪式。呼伦贝尔分行与蒙东能源有限责任公司等5家单位签署银企合作协议。

**6月17日** 浦发银行代理中国商飞公司,完成第15笔债券质押式回购交易。该业务开办一个月,累计成交金额已达72亿元。

**6月18日** 新一代网点平台及服务流程建设项目一期工程在浦发银行深圳新洲支行、景田支行试点投产。系统投产半个月以来,运行较为平稳,试点分行借助于平台的新功能、新流程,有效推动网点各类资源的一体化协同,客户及员工体验良好。

**6月20日** 浦发银行石家庄分行与中国移动河北公司签订战略合作协议。根据协议,双方将以资源共享、优势互补、互利共赢为原则,将首先在渠道共享、VIP共享、机场贵宾服务、火车站贵宾对外开放等领域展开合作,进而在对公结算、代发工资、企业年金、移动支付等领域开展深度合作。

**是日** 浦发银行广州分行为广发银行深圳分行和中国建设银行广东省分行办理国内信用证项下人民币代付业务1 000万元,实现了系统内首单代付他行业务零的突破。

**6月22日** 浦发银行上海分行发放上海国资系统内最大一笔并购贷款项目——同盛集团39.5亿元并购贷款,并通过一揽子并购融资服务方案,取得同盛集团后续36亿元5年期中期票据独家主承销资格。

**6月23日** 浦发银行董事长吉晓辉拜访浙江省副省长、中共温州市委书记陈德荣,温州市常务副市长彭佳学。双方将加强浦发银行与温州市的合作,携手发展,大胆探索金融改革创新,并在温州重大项目建设等方面加大金融支持力度,促进双方合作共赢。

**6月24日** 由浦发银行发起设立的第十三家村镇银行——平阳浦发村镇银行正式开业。浦发银行董事长吉晓辉、副董事长陈辛、执行董事沈思及温州市主要领导出席开业仪式。

**6月28日** 浦发银行呼和浩特分行行长李光明荣获"全国五一劳动奖章"。

**是日** 浦发银行长沙分行成为中国建材股份有限公司并购郴州石墨项目的独家财务顾问行和独家并购贷款行,并发放首单7亿元并购贷款。

**是月** 福建海峡产业基金与浦发银行签署独家托管协议和战略合作协议,浦发银行取得海峡产业基金独家托管人资格。

**是月** 浦发银行推出同业代付业务。截至当年7月底,已有16家分行开展同业代付业务,同业代付余额达到79.51亿元。

**7月7日** 浦发银行上海分行与上海付费通信息服务有限公司签署战略合作协议,就备付金托管及EBPP业务(电子账单处理及支付系统)合作达成一致。上海分行将作为付费通公司客户备付金的托管行,对付费通公司的客户备付金进行监管。另外,双方将在付费通EBPP业务上开展更深层次的战略合作,并在全国范围内加强用户、渠道共享,利用各自的业务及资源优势为用户提供创新服务。

**7月8日** 浦发银行新银关通系统启动仪式在上海举行。海关总署、上海市商务委员会、上海海关相关领导,浦发银行副行长刘信义以及部分企业和媒体代表出席仪式。

**是日** 浦发银行在"多银行集团资金管理系统"内开发了多项特色服务功能,主要包括定期存款业务、通知存款业务、利多多业务、统管资金池业务和代发工资业务,向多银行集团客户提供了适应多种组织架构及管理模式的基础理财功能、代发工资及统管资金池查询功能,其中定期存款业务和通知存款业务还支持自动比对的台账同步功能。

**是日** 浦发银行第一届职工代表大会第四次会议在上海市莲花路1688号召开。

**7月11日** 浦发银行贵阳分行与贵州兴仁县人民政府签订总额为30亿元银政全面合作协议。

**7月14日** 浦发银行南昌分行与江西省建工集团正式签署3.6亿元短期融资券主承销协议,首次取得融资券主承销商资格。

**7月15日** 浦发银行大连分行营销首单跨境人民币境外发债业务。大连中升集团在香港市场发行人民币外债所获8亿元,由香港汇入中升集团在大连分行开立的人民币外债专户。

**7月18日** 国家外汇管理局批准浦发银行开办自营及代客人民币对外汇期权交易业务,浦发银行正式获得银行间外汇市场及对客户人民币对外汇期权业务资格。

**7月20日** 由新华社主办的"首届沪上金融家颁奖仪式"在上海举行,30位在金融界具有影响力、为上海国际金融中心建设做出突出贡献的杰出人才受到表彰,浦发银行行长傅建华与其他9位金融领军人物当选"沪上十大金融家"。

**7月21日** 浦发银行广州分行与广州无线电集团有限公司合作发行"轻松理财——广电认同卡"。该卡是"轻松理财卡"系列产品之一,具有向持卡人提供现金存取、转账结算、消费支付、自动还款和个人理财等"轻松理财卡"所有功能。

**7月21日—22日** 浦发银行董事长吉晓辉赴山东调研。在山东期间,吉晓辉出席济南分行与东营市人民政府战略合作协议签约仪式及东营分行开业仪式,分别会见山东省省长助理陈光以及东营市、莱芜市相关领导。

**7月27日** 浦发银行科技工作会议在上海召开。董事长吉晓辉、监事会主席刘海彬等总行领导出席会议。行长傅建华在会上作题为《统一思想认识,围绕转型发展,推进科技战略,开创我行科技创新发展的新局面》的讲话。会议深刻分析当前信息科技工作所面临的机遇和挑战,深入剖析了新五年战略发展规划对全行科技工作的新要求,明确"十二五"全行科技工作的总体目标、指导思想和原则。会议要求全行强化科技战略执行能力,扎实开展全面构建高效的信息科技体制机制、加强信息科技资源配置与运维保障、加强信息科技管理能力建设、全力推进重点领域战略性项目、营造科技工作良好氛围等5项主要工作。

**是日** 浦发银行南京分行与香港分行开展境内外联动营销,为客户办理15 004万美元内保外贷业务。这是香港分行成立后与境内分行开展的首单联动业务。

**7月28日** 浦发银行与中国移动合作研发的手机支付业务完成生产验证,生成首张借贷合一联名卡,实现全业务流程的贯通。浦发银行总行为规范开展借贷合一联名卡业务,制定并下发《中国移动浦发银行借贷合一联名卡业务管理办法》,明确了职责权限、产品基本原则、基本业务流程与规则等相关事项。

**7月29日** 浦发银行武汉分行与武汉东湖新技术开发区管委会在光谷华美达酒店举行"携手、成长、共赢——浦发银行'银元宝'科技型成长企业综合金融服务论坛",在湖北省推出"银元宝"科技金融综合服务业务方案,并在活动现场与武汉东湖高新区管委会、湖北省创业投资公会共同签订"武汉东湖国家自主创新示范区科技金融平台建设"合作协议。

**是月** 浦发银行正式在全行范围内销售对公结构性存款理财产品,并于8月4日完成首期产品的设立。公开发售的对公结构性存款理财产品为收益率固定、风险较低的稳健型产品,以吸收新增资金为主要目标,具有本金安全、收益稳定、T+0兑付、按照一般性存款进行行内核算、考核收入双计等特点。

**8月3日** 浦发银行"新一代网点平台及服务流程建设项目"顺利推进,新一代网点平台在浦发银行上海分行分批上线运行。新一代网点平台及服务流程建设项目是总行落实扎实推进以客户为中心战略要求的重要举措,通过实现对各类网点系统前端功能的整合,有效支持厅堂一体化管理,更好地提升客户体验和柜员体验。

**8月8日** 浦发银行广州分行与香港分行合作开立首单跨境人民币信用证业务,进一步促进广州分行和香港分行的业务联动,充分利用境内外联动的营销模式提升整体竞争力。广州分行辖属佛山分行在获知香港分行可办理跨境人民币信用证业务后,及时向客户勤丰贸易进行产品推荐并向香港分行提出授信申请,在与香港分行充分沟通后,给予该客户5 000万美元额度。

**8月9日** 浦发银行制定并下发《外包风险管理政策》,明确了浦发银行外包管理的组织架构及职责权限,并对开展外包业务条件、准入管理、尽职调查、合同/协议签订、信息保密等事项进行了规定。

**是日** "浦发银行·徐工集团银企战略合作协议签约仪式"在上海举行,浦发银行董事长吉晓辉、徐工集团董事长王民出席仪式并致辞,浦发银行副行长刘信义与徐工集团副总裁、总会计师吴江龙分别代表双方签署协议。

**8月11日** 中共湖南省委副书记、省长徐守盛,副省长韩永文会见浦发银行党委书记、董事长吉晓辉,党委副书记、行长傅建华一行。

**8月17日** 浦发银行深圳分行成为深圳市便民创新项目——"手机深圳通"项目的合作银行之一。深圳分行个人客户可将其浦发银行账户绑定为深圳通账户的结算账户,坐公交、地铁、出租车时可刷手机付费,并可享受充值和查询服务。

**8月18日**　浦发银行上海分行与中国移动上海分公司签署战略合作协议。根据协议，双方将着力推进上海国际金融中心及智慧城市建设，依托各自在市场营销、客户服务、渠道建设、资金管理、信息服务、队伍建设等方面的优势，开展多层次、多领域、全方位的业务合作。

**8月19日**　浦发银行广州分行与中国建设银行广东省分行共同签署战略合作协议，正式确定双方战略合作伙伴关系。

**8月20日**　浦发银行天津、大连、芜湖分行作为"总分行核心系统平台升级项目"的第一批次单位，实现了核心前置平台升级上线。

**8月25日**　浦发银行厦门分行与中国移动厦门分公司签订战略合作协议，双方将在基础电信、基础银行业务以及移动金融和电子商务领域开展深度合作；强化客户共享、加强交叉营销，重点推动中国移动浦发银行借贷合一联名卡的发卡工作；深化渠道和资源共享，重点在彩信平台信息推广、客户俱乐部活动共享、理财咨询等方面开展持续互动合作。

**8月26日**　浦发银行长沙分行与长沙中联重工科技发展股份有限公司签订《个人工程机械按揭合作协议》，金额达20亿元。中联重科董事长、首席执行官詹纯新，浦发银行长沙分行行长李荣军等出席签约仪式。根据协议，除在长沙分行辖属区域外，中联重科的客户还可在浦发银行深圳、济南、西安、武汉、石家庄等分行辖属地区办理此项业务的异地按揭。

**8月31日**　浦发银行重庆分行与中国移动重庆分公司先后签订《资金归集协议》与《集团账户协议》，就资金归集与账户管理进行明确，标志着重庆分行正式成为中移动重庆分公司主要资金归集行之一。

**是日**　浦发银行北京区域发展调研座谈会在北京召开。会议研究"十二五"期间在北京区域发展的战略思路、总体要求、市场定位和对策措施，行长傅建华参加座谈会并代表总行作讲话，要求未来5年北京分行的发展速度要快于当地同业，要形成差异化的经营特色，进一步做大做强，实现总行在北京区域的战略目标，从根本上提升浦发银行在北京乃至全国的市场占比和品牌形象。副行长刘信义、副行长兼北京分行行长冀光恒等出席会议。

**是月**　浦发银行宁波分行开发账户年检系统，该系统提高了账户年检效率，减轻柜员工作量，实现对账户年检档案的数字化管理，是提升工作效率、创新管理手段的一种有益尝试。

**是月**　浦发银行信用卡开通银联无卡支付业务。银联无卡支付业务上线后，浦发银行信用卡在银联网络的交易将全面覆盖线上和线下交易领域，支持面对面及非面对面、有磁及无磁不过卡交易等各种用卡场景，信用卡使用功能得到全方位提升。

**9月1日—7日** 浦发银行首款总行模式中国移动专属理财产品在北京、广州和大连分行成功试点发行，累计实现销售额约3.8亿元。

**9月2日** 浦发银行长春分行与吉林省信用担保投资有限公司全面合作签约仪式在长春举行，双方将共同为中小企业发展提供更加便捷的融资渠道，同时还将在存款、委托贷款、投融资等方面开展广泛而深入合作，发挥各自优势，互补互惠，携手共赢。

**9月7日** 浦发银行与郑州宇通集团有限公司在上海举行战略合作签约仪式。浦发银行董事长吉晓辉和郑州宇通集团董事长汤玉祥出席签约仪式，浦发银行副行长刘信义等参加签约仪式。

**是日** 浦发银行北京分行为东方集团财务有限公司提供的多银行资金管理系统正式上线。资金管理结算系统将传统的支付、结算业务与互联网技术相结合，为客户提供及时、科学、安全的支付结算业务。

**9月13日** 浦发银行在浙机构与中国移动浙江公司战略合作协议签约仪式在杭州举行，杭州分行、宁波分行、温州分行分别与浙江移动签署《战略合作框架协议》和《战略合作备忘录》。同时，现场举行了"中国移动·浦发银行借贷合一联名卡"落地浙江的启动仪式。

**9月15日—16日** 浦发银行承办的全国股份制商业银行行长联席会议在重庆召开。会议围绕"'十二五'期间股份制商业银行科学发展之路"主题，深入研讨"'十二五'期间银行如何将自身的转型发展与服务民生相结合，如何更好围绕金融消费者需求开展产品创新、提升服务品质，实现全面、协调、可持续发展"。中国银监会、中国人民银行总行、中国银行业协会、当地政府、当地银监局、当地人民银行领导及12家股份制商业银行行长、12家股份制商业银行战略发展部或发展研究部负责人等出席此次会议。

**9月16日** 浦发银行北京分行运作并完成北京分行首单京港联动存款项目，吸收国内A股小非减持款1.4亿元。

**9月16日—19日** 浦发银行总行与上海分行共同开展中国人民银行支付系统切换演练。此次演练验证了在人行支付系统切换到无锡备份中心的情况下，浦发银行大小额支付（上海地区）、电子商业汇票、网上支付跨行清算、境内外币支付等系统持续运行能力。总行在演练前建立了位于合肥的大小额支付灾备系统，并在此次演练中成功实施了灾备切换。

**9月17日** 浦发银行与青岛啤酒集团有限公司在上海中山东一路12号大楼举

行战略合作协议签约仪式,浦发银行董事长吉晓辉和青啤集团董事长金志国分别致辞,浦发银行副行长徐海燕和青啤集团副总裁孙玉国分别代表双方签字。

**9月19日** 浦发银行西安分行办理分行首单以标准厂房为抵押1 000万元个人综合授信业务。

**9月20日** 浦发银行北京分行与国电联合动力技术有限公司在分行举行战略合作协议签约仪式,总金额100亿元。

**9月21日** 浦发银行与天津钢铁集团有限公司在上海举行战略合作协议签约仪式,浦发银行董事长吉晓辉和天津钢铁集团董事长韩贵义出席签约仪式。

**9月26日** 浦发银行南昌分行与中国移动江西有限公司在嘉莱特和平国际酒店举行战略合作协议签约仪式,双方将在多项业务领域开展广泛深入合作,共促发展,这也是双方在中国移动与浦发银行总对总框架协议下的一次战略对接。

**9月30日** 浦发银行市场风险内部模型系统(IMA)系统上线。该系统具备估值计量、头寸监控、风险价值计量、压力测试等十二大功能模块,满足监管机构关于市场风险内部模型法的管理要求。

**10月11日** 浦发银行董事长吉晓辉赴合肥分行调研,并视察浦发银行合肥综合中心项目建设基地。期间,吉晓辉拜会中共安徽省委常委、常务副省长、省委秘书长詹夏来以及安徽省金融办、中国人民银行合肥中心支行、安徽银监局主要领导。

**是日** 中国银行业监督管理委员会下发《中国银监会关于上海浦东发展银行筹建金融租赁公司的批复》(银监复〔2011〕第421号),批准上海浦东发展银行股份有限公司与中国商用飞机有限责任公司、上海国际集团有限公司联合筹建金融租赁公司。

**10月12日** 浦发银行天津分行被天津市安监局指定为天津市安全生产风险抵押金的唯一代理银行。

**10月13日** 上海浦东新区"全国知识产权质押融资试点"工作签约仪式在浦东新区办公中心召开,浦发银行董事长吉晓辉、副行长兼上海分行行长姜明生等参加签约仪式。浦发银行作为参与签约的两家银行之一,与浦东新区科技委员会签署《浦东新区知识产权质押融资试点战略合作协议》。

**10月18日** 浦发银行与深圳华强集团有限公司在上海举行战略合作协议签约仪式,浦发银行董事长吉晓辉和深圳华强集团董事长梁光伟出席仪式,浦发银行副行长徐海燕和深圳华强集团副总裁张哲生分别代表双方签署协议。

**是日** 浦发银行北京分行为北京现代京城工程机械有限公司发放6 800万元跨境人民币代付融资。此笔业务不仅是北京分行首单跨境人民币代付业务,也是首单京港联动资产业务,标志着分行产品运用能力得到提升,京港合作取得新的进展。

**10月19日** 宝钢工程技术集团—浦发银行绿色产融创新论坛暨银企战略合作签约仪式在上海成功举办。宝钢集团董事长徐乐江、浦发银行董事长吉晓辉、副行长刘信义出席活动,宝钢工程技术集团总经理蒋为民、浦发银行副行长兼上海分行行长姜明生共同签署了银企战略合作协议。

**10月21日** 浦发银行与上海警备区特种警备团举行军民共建协议签约仪式。浦发银行党委副书记冯树荣和特种警备团政委张敬东分别代表双方签署协议,浦发银行副行长姜明生和上海警备区有关领导出席签约仪式。根据军民共建协议,双方将在爱国主义教育,经济、金融、信息化知识培训,军营一日活动等方面开展合作,并加强双方志愿者和文体活动的交流。

**10月26日** 浦发银行北京分行与北京京西创业投资基金管理有限公司在分行举行银企战略合作协议签约仪式,浦发银行副行长兼北京分行行长冀光恒,首钢总公司副总经理兼京西创业董事长、总经理孙永刚出席签约仪式并致辞。

**10月28日** 浦发银行苏州分行推介台湾地区的中华开发工业银行与浦发银行签署包括信用证、托收、TT项下的总对总代付协议,并与该行合作办理13笔共计约1 007.55万美元的TT项下代付业务,这是浦发银行首单、首批与台湾地区银行合作的境外代付业务。

**是日** 浦发银行昆明分行完成泗南江水电项目"国际碳保理"试点。

**10月29日** 浦发银行"超越财富,寻找幸福——浦发卓信智慧之旅"在贵州饭店国际会议中心举行。来自中国人民银行贵阳中心支行、贵州银监局、中国移动贵州分公司以及浦发银行贵阳分行个人高端客户近400名嘉宾受邀参加此次活动。此次活动是贵阳分行成立以来承办的规模最大、层次最高、影响最大的个人客户联谊活动。

**10月31日** 浦发银行昆明分行完成国内第一单"回购型国际碳保理"业务——云南滇能泗南江水电开发有限公司CDM碳减排保理贷款338万欧元发放。该笔业务填补了国内"国际碳保理"贷款业务的空白。

**是日** 浦发银行天津分行与天津市科委在天津政协俱乐部联合举行"科技企业融资路演观摩会暨天津市科技金融服务中心、浦发银行科技支行揭牌仪式",天津市科技金融服务中心正式落户天津分行科技支行。天津科技支行暨天津科技金融服务中心的设立与落成,标志着天津分行在天津科技金融领域的品牌优势。同时,科技金融服务中心作为市级科技综合服务机构将成为天津分行积累科技型企业资源的重要渠道。

**是日** 浦发银行乌鲁木齐分行办理系统内首单金额为188万美元跨境人民币境外放款业务,并通过境外机构在浦发银行开立的境内人民币账户(即NRA人民币账户)完成放款资金划转结算。

**是日** 浦发银行长沙分行与长沙高新区签署《科技支行风险补偿基金合作协议》,对长沙高新区8家小微企业授信近2 000万元,并与区内10余家科技型小微企业达成合作意向。

**是月** 浦发银行与中化集团财务公司签订财务公司集中代理支付业务协议。

**是月** 浦发银行人民币资金池实现整体升级,新老签约客户将统一在新一代现金管理平台上使用和体验全新的人民币资金池功能。

**11月1日** 浦发银行太原分行通过无形资产质押、股东特别担保及锁定现金流等风险缓释措施,与山西科达自控工程技术有限公司达成协议,以专利权质押为担保方式提供1 000万元短期流动资金贷款。

**是日** 浦发银行"周周享盈1号"和"利多多公司7天周期型"开放式周期型理财新产品正式面向个人和公司客户销售,由上海分行试点运行。

**11月3日** 浦发银行为规范一级分行对辖属二级分行的风险管理,强化一级分行对二级分行的风险管理职能,制定下发《二级分行风险管理办法》,进一步明确二级分行信用风险、操作风险、合规及法律风险等风险管理的职责、权限及具体要求。

**11月4日** 浦发银行举办《2011中国私募股权基金市场研究报告》发布会暨第一届"浦发创富"股权基金高层论坛。全国社会保障基金理事会、国家发展和改革委员会相关领导应邀出席论坛,涵盖产业投资基金、政府引导基金、创业投资企业、私募股权基金等在内的国内外60多家股权投资管理机构参加了论坛。浦发银行在会上发布了《2011中国私募股权基金市场研究报告》,表达了希望通过自身努力搭建多方沟通交流平台,积极参与股权基金业务的愿望,并对商业银行多元化、综合化参与股权基金业务,共同推动私募股权基金行业发展进行了展望。

**11月6日** 由中国银行业协会主办、浦发银行承办的2011年中国银行业个人住房贷款业务联席会议在上海召开,浦发银行副行长徐海燕出席会议并致辞。会上,监管机构分析了当前银行业个人住房贷款业务所面临的形势和问题,就加强个人住房贷款业务风险管理和合规自律进行了工作指导,浦发银行就该项业务开展经验作交流发言。会议选举浦发银行为"中国银行业协会个人住房贷款联席会议"(首届)执行主席。

**11月8日** 浦发银行与中国盐业总公司在上海举行战略合作协议签约仪式,浦发银行董事长吉晓辉,副行长刘信义、冀光恒出席仪式。

**是日** 浦发银行与广东省、广州市重点国有企业——广东省广晟资产经营有限公司、广州越秀集团在上海举行战略合作签约仪式。浦发银行行长傅建华、副行长刘信义参加仪式。

**是日** 浦发银行信用卡开通生活缴费服务平台,持卡人登录浦发银行网上银行后即可使用浦发信用卡缴付水电煤等公共事业费用,缴费种类包括自来水、电气、燃气、固话和手机费等。

**11月9日—10日** 浦发银行2011年战略管理会议召开。党委书记、董事长吉晓辉作了题为《深化思想认识,坚持既定目标,狠抓执行落实,加快推进以客户为中心战略步伐》的报告,行长傅建华作了题为《凝聚共识,落实责任,强化执行,全面实施以客户为中心的新五年发展战略规划》的讲话。

**11月11日** 浦发银行济南分行为山东十方环保能源有限公司办理350万元首单"垃圾填埋发电项目国际碳保理"业务(CDM保理),填补济南当地国际碳保理业务领域空白。

**是日** 浦发银行北京分行通过并购综合金融服务,支持华润医药集团下属北京医药股份有限公司对江苏医药流通龙头企业的股权收购。

**11月14日** 共青团上海浦东发展银行第五次代表大会召开,选举产生浦发银行第六届团委。

**11月17日** 浦发银行武汉分行与中煤科工集团武汉设计研究院在浦发银行大厦举行战略合作协议暨30亿元综合授信合同签约仪式,浦发银行武汉分行行长陈海宁和中煤科工武汉设计研究院院长吴嘉林分别代表双方签字。

**11月18日** 浦发银行北京分行与北京医药股份有限公司并购贷款合同签约仪式在分行举行,浦发银行副行长兼北京分行行长冀光恒、北京医药股份有限公司董事长陈济生出席签约仪式并致辞。

**是日** 浦发银行天津分行帮助天津滨海新区建设投资集团有限公司在资本市场募集50亿元资金,并揽获50亿元募集资金存款。这是天津地区单笔最大金额的中期票据业务。

**11月19日** 浦发银行信用卡申请评分卡在全行范围内上线应用,包括移动联名卡小额授信在内的信用卡授信审批,将统一调用全行零售评分卡决策系统,实现审批的标准化和自动化。

**11月22日** 浦发银行贵阳分行与中国移动贵阳分公司签署资金委托归集协议,贵阳分行将负责中移动贵阳分公司代办商资金的异地跨行集中归集。

**11月23日** 浦发银行总行联合上海、广州、深圳分行在2011年上海市第一期、第二期政府债券发行中承销3年期和5年期债券共计2.8亿元。

**是日** 浦发银行董事长吉晓辉在上海会见吉林省副省长竺延风一行,副行长商洪波、刘信义，执行董事沈思以及总行相关部门和长春分行负责人参加会见。

**11月24日** 浦发银行合肥分行与中国人寿财产保险股份有限公司在合肥举行"轻松理财——国寿财险"安徽地区认同卡项目合作签约仪式。此次联合发行的"轻松理财——国寿财险"认同卡是集企业品牌联合、资金集中支付、投资理财、消费延期、跨行取款免费等多种金融服务功能及费率优惠的企业专属银行卡，为中国人寿财产保险股份有限公司安徽分公司全省财务集中管理搭建支付结算载体。

**11月25日** 浦发银行杭州分行举办"浦发银行'银通宝'支持中小企业成长行动启动仪式"。"银通宝"业务是浦发银行专门为义乌国际商贸城市场中小企业（商户）量身定制的金融产品，业务规模总量10亿元，用于支持市场中小企业（商户）发展。

**是日** 浦发银行"移动支付关联系统"完成升级扩容工作。升级范围以信用卡系统群为主，涵盖信用卡核心、发卡审批、业务集中等22个应用系统。整个升级扩容工作分6个批次、22次变更实施，对各系统主机、存储、操作系统、数据库和中间件等基础软硬件进行了升级，并同步完成了新旧系统间数据迁移工作。

**11月27日** 浦发银行广州分行与联昊通速递有限公司在东莞举行轻松理财"财运通联昊通速递联名卡"首发仪式，推出全国快递行业的第一张银行联名卡，不但向联昊通公司上、下游客户提供系列金融服务礼遇，还提供了速递行业应用特定的增值服务。此次联名卡发行是广州分行继拓展物流、速递企业贷款资金归集后的又一次新的突破，打通了物流、速递企业上下游客户的资金链条。

**11月30日** 中共上海市委、上海市人民政府授予浦发银行成都分行"上海市对口支援都江堰市灾后重建先进集体"称号。

**12月6日** 浦发银行武汉分行与武汉经济发展投资（集团）有限公司举行战略合作协议签署仪式，武汉分行行长陈海宁与武汉经发投集团董事长马小援签署战略合作协议。

**是日** 浦发银行南京分行辖属连云港分行正式开业。

**12月7日** 浦发银行济南分行首单合同能源管理模式的IFC能效贷款——雷奇节能科技股份有限公司"临沂新程金锣肉制品集团有限公司热电3#、4#、6#、7#炉节电改造项目"完成贷款发放，标志着济南分行在绿色贷款领域实现新的突破。

**是日** 浦发银行西安分行与西安曲江文化产业投资（集团）有限公司在总行举行战略合作协议签约仪式。浦发银行行长傅建华和西安曲江新区管委会主任、西安曲江文化产业投资（集团）董事长李元出席签约仪式，副行长徐海燕和西安曲江文化产业投资（集团）执行总经理王建军代表双方签署战略合作协议。

**12月8日** 浦发银行公司业务条线首本产品经理手册——《公司及投资银行产

品经理岗位手册(2011版)》正式发布。该手册整合了百余项公司业务产品及各类解决方案,为产品经营工作提供帮助和指导。

**12月9日** 上海市科学技术委员会与浦发银行主办的"科技点亮金融——2011年度上海市科技小巨人授牌暨'科技小巨人信用贷'产品启动会"在浦东卓美亚喜马拉雅酒店大会议厅举行。浦发银行董事长吉晓辉、副行长兼上海分行行长姜明生,上海市科技工作党委书记陈克宏,上海市科技委员会副主任陈鸣波等领导到会并讲话,浦发银行总行及上海分行、上海市科委相关处室、市科创中心、各区县科委、小巨人企业代表等近300人出席发布会。

**是日** 浦发银行兰州分行发行甘肃省敦煌种业股份有限公司3亿元短期融资券,进一步巩固了区域内该项业务的竞争优势。

**12月13日** 浦发银行与厦门国贸控股集团有限公司在浦发银行总行举行战略合作协议签约仪式,浦发银行行长傅建华和厦门国贸集团董事长何福龙出席签约仪式,浦发银行副行长刘信义和厦门国贸集团副总裁李植煌分别代表双方签署战略合作协议。

**是日** 浦发银行重庆分行与重庆重铁物流有限公司正式签订战略合作协议。

**是日** 浦发银行天津分行完成首单内保外贷业务。此业务申请人是滨海新区一民营企业家在香港注册的离岸公司,急需一笔资金向海外购买设备,用于境内生产,天津分行经过与总行投行业务部及香港分行沟通内保外贷指标及融资成本后,为客户提出了利用内保外贷模式,使得其香港公司获得了低成本融资方案。

**12月18日** 浦发银行流动性风险二期和银行账户利率风险(一阶段)管理信息系统投产上线。流动性风险和银行账户利率风险管理信息系统由浦发银行自主研发设计,基本实现国外同类型产品所拥有的功能模块,并符合浦发银行资产负债内部管理需要和新资本协议最新监管要求。

**12月28日** 浦发银行正式对外推出私人银行服务,来自全国的首批客户代表受邀在总行私人银行旗舰店参加开业活动。

**是日** 经中国证券监督管理委员会核准(证监许可〔2011〕第2112号),浦银安盛基金管理有限公司获得特定资产管理业务资格。

**12月29日** 浦发银行为加强金融同业授信工作的规范性,提高授信工作质量与效率,有效落实全行对金融同业客户授信的统一管理,制定下发《金融同业客户授信额度管理办法》,明确职责与分工,完善金融同业授信业务品种与分类,进一步规范额度设立、额度使用以及风险控制等相关工作。

**是日** 浦发银行贵阳分行辖属遵义分行、郑州分行辖属安阳分行正式开业。

**是日** 浦发银行与台湾兆丰国际商业银行在上海举行业务合作备忘录签约仪

式,浦发银行董事长吉晓辉和兆丰银行董事长蔡友才出席仪式并致辞,浦发银行副行长刘信义和兆丰银行副行长赖昭铣分别代表双方签署备忘录。这是自两岸经济合作框架协议签署以来,浦发银行首度与台湾地区银行签署业务合作备忘录。

**是月** 浦发银行天津分行获得中水北方勘测设计研究有限责任公司企业年金账户管理资格,营销辖内首单企业年金转移业务,是天津分行养老金业务发展的重大突破。

**是年** 浦发银行实现营业收入 679.18 亿元,同比增长 36.23%;实现税前利润 358.39 亿元,同比增长 41.76%;税后归属于上市公司股东的净利润 272.86 亿元,同比增长 42.28%。集团资产总额 26 846.94 亿元,同比增长 22.51%;本外币贷款余额 13 314.36 亿元,同比增长 16.13%。集团负债总额 25 351.51 亿元,其中,本外币存款余额 18 510.55 亿元,同比增幅 12.84%。不良贷款率 0.44%,较 2010 年末下降 0.07 个百分点;不良贷款准备金覆盖率达 499.60%,比 2010 年末提升了 119.04 个百分点。

**是年** 浦发银行位列英国《银行家》杂志"全球银行品牌 500 强"第 91 位;按核心资本计,位居"全球银行 1 000 强"第 64 位,较上年大幅上升 44 位,居上榜中资银行第 7 位;位列美国《福布斯》杂志"全球 2 000 强"第 234 位,居上榜中资企业第 16 位,上榜中资银行第 7 位。

# 2012 年

**1月9日** 上海市人民政府下发《上海市人民政府关于吉晓辉等同志职务任免的通知》，正式任命吉晓辉为浦发银行行长。

**1月11日** 浦发银行与国泰君安证券股份有限公司在总行举行全面业务合作协议签约仪式，浦发银行董事长吉晓辉和国泰君安证券董事长万建华出席签约仪式，浦发银行副行长刘信义和国泰君安证券副总裁顾颉分别代表双方签署合作协议。

**1月12日** 浦发银行大连分行辖属丹东分行正式开业。

**1月13日** 浦发银行全行个人贷款余额（不含信用卡）突破2 500亿元。

**1月16日** 浦发银行制定《个人信贷业务总对总合作项目管理办法》，进一步推动个人信贷"零售业务批量做"的营销模式，促进公私业务联动，加深与战略客户的合作紧密度。

**1月18日—19日** 浦发银行召开2012年全行工作会议。党委书记、董事长吉晓辉作题为《强化客户经营，加大创新驱动，夯实管理基础，推进新五年发展战略规划执行进入新阶段》的经营工作报告，并在会议总结时作讲话。会议指出：全行在2011年认真贯彻落实国家宏观调控政策和有关监管要求，确定了"聚焦客户、创新驱动、转型发展"的工作指导思想，平稳把握信贷投放节奏，稳步推进转型发展，加快创新步伐，提升管理水平，增强可持续发展能力，各项工作取得优异业绩。会议明确了2012年全行经营管理工作的指导思想，要求全行继续贯彻落实新五年发展规划和以客户为中心的战略要求，更加注重统筹协调，更加注重执行力的有效提升，扎实推进2012年各项经营管理工作，实现规模、结构、效益、质量的协调发展，提出要重点做好四方面工作：一是强化客户经营，促进主营业务和收入水平稳步增长；二是加强创新驱动有效性，持续提升客户服务能力；三是坚守风险底线，加强合规内控管理；四是完善整体营运体系，提升基础管理水平。

**1月19日** 浦发银行杭州分行办理全行和当地银行同业首单个人股权质押贷款。

**1月20日** 浦发银行济南分行完成山东十方垃圾填埋气发电项目"国际碳保理"

试点。

**1月30日** 浦发银行深圳创意旅游信用卡荣获首届"广东5 000万网友最喜爱十佳信用卡"。

**是月** 浦发银行举办第五次全行志愿者日活动,以"传递关爱,责任先行"为主题,全行8 000余名志愿者以形式多样的慈善公益活动,为促进和谐社会建设贡献力量。

**2月2日** 浦发银行董事长吉晓辉会见宁波市市长刘奇,市政府副秘书长、金融办主任姚蓓军等有关领导。双方就进一步加强合作、促进共同发展深入交换意见。

**2月3日** 浦发银行香港分行在港首次发行存款证,首单1.15亿港元。

**2月6日** 浦发银行深圳分行合规部获中国人民银行授予"全国反洗钱工作先进集体"荣誉称号,深圳分行运营管理部总经理刘军获"全国反洗钱工作先进个人"荣誉称号。

**2月8日** 浦发银行乌鲁木齐分行与麦趣尔集团股份有限公司、新疆沈宏集团股份公司、新疆昌茂矿业股份有限公司等9家拟上市公司签署《企业上市战略合作协议》。

**2月9日** 浦银安盛基金公司在上海召开2012年第一次股东会会议,上海浦东发展银行股份有限公司股东代表姜明生、AXA INVESTMENT MANAGERS S. A. 股东代表Bruno、上海盛融投资有限公司股东代表章曦出席。会议就《关于增加公司注册资本的议案》进行了审议。公司三方股东达成协议,一致同意对浦银安盛基金进行增资扩股,公司注册资本金从2亿元增加至2.4亿元。

**2月10日** 浦发银行青岛分行首单法国开发署(AFD)绿色信贷业务——青岛海之新能源有限公司实施首钢京唐厂前区地源热泵替代项目成功提款2 000万元,实现2012年青岛分行投行绿色信贷业务开门红。

**2月13日** 贵阳朗玛信息技术股份公司IPO上市募集资金1.42亿元成功归集浦发银行贵阳分行,这标志着贵阳分行资本化客户营销取得实质性突破。

**2月14日** 浦发银行推出同享盈之"爱你久久"情人节专属理财计划。该产品投资期限99天,寓意爱情长长久久;预期年化收益率5.20%,为"我爱你"的谐音。产品发行3天,累计销量超过1.72亿元。

**2月15日** 浦发银行武汉分行与湖北中企投资担保有限公司签署战略合作协议。

**2月16日** 浦发银行与大众保险股份有限公司在上海举行全面合作协议签约仪式,浦发银行董事长吉晓辉和大众保险董事长张兴出席仪式,浦发银行副行长刘信义和大众保险总经理麦邵斯代表双方签署合作协议。

**是日**　浦发银行重庆分行首单绿色信贷业务——茂田水泥"IFC能效贷款—水泥余热发电"项目成功放款。

**2月17日**　浦发银行与苏州创元投资发展（集团）有限公司战略合作协议签约暨中期票据发行庆典仪式在苏州举行。苏州市副市长浦荣皋、苏州市国有资产监督管理委员会主任卢国柱、中国人民银行苏州市中心支行副行长王文卓、创元集团董事长董柏等出席仪式。

**是日**　浦发银行昆明分行与与云南省药材商会签署《金融服务战略合作协议》，搭建起银行、商会、企业等三方互利共赢的合作平台，将通过与园区合作平台的建设实现小微企业客户的批量导入。

**2月20日**　浦发银行长沙分行实现跨境贸易人民币结算业务零的突破。

**是日**　浦银金融租赁股份有限公司发起人大会暨第一次股东大会、第一届董事会第一次会议、第一届监事会第一次会议在上海市中山东一路12号举行，会议选举陈辛任董事长，周启民、朱仲群、刘长江、向瑜任董事；选举马恒儒任监事会主席，裘和鸣任监事，郝昆任职工监事；聘任向瑜任总裁，甘霄宁、汪天光任副总裁，李洁任财务总监。会议还批准《浦银金融租赁股份有限公司章程》《三年发展战略规划》《2012年经营计划》等议案。

**2月24日—28日**　浦发银行在银行间债券市场发行300亿元小企业贷款专项金融债券，此次发行是浦发银行自成立以来发行的最大规模债券。总行相关部门利用央行下调存款准备金率的时机，适时启动发行工作，债券票面利率较同期限政策性金融债收益率仅高出近40个基点，融资成本得到有效控制。

**2月25日**　浦发银行正式推出个人网上银行理财版，以资金闭环流动为前提，在个人网上银行简化版基础上新增银行理财产品、第三方存管、黄金交易、基金投资、外汇宝等投资理财类服务，满足客户资产管理和投资理财需要。

**3月2日**　浦发银行乌鲁木齐分行在乌鲁木齐市中和大酒店举行"携手、成长、共赢"浦发银行、融资性担保公司大型业务合作签约仪式。会议邀请金融监管机构、市经信委和28家担保公司负责人进行业务交流，并现场与7家融资性担保公司签署4.5亿元融资担保额度协议。协议的签订进一步促进担保公司与浦发银行在中小企业贷款、票据承兑、贸易融资、项目融资、信用证等方面开展担保业务的合作。

**3月5日**　浦发银行哈尔滨分行首单中票业务——哈尔滨物业供热集团有限责任公司中期票据业务发行。

**3月7日**　浦发银行押品管理业务咨询项目正式立项，由风险管理总部会同新资本协议办公室共同牵头实施，以推进浦发银行新资本协议项目规划的顺利实施。

**是日** 浦发银行首款7天周期型理财产品——周周享盈1号保有量突破20亿元，达到21.5亿元。

**是日** 浦发银行西安分行辖属渭南分行正式开业。

**3月18日** 浦发银行济南分行辖属聊城分行开业。

**是日** 浦发银行乌鲁木齐分行中小企业业务经营中心获乌鲁木齐市2011年度支持中小企业发展先进单位称号。

**是日** 浦发银行青岛分行辖属威海分行正式开业。

**3月21日** 浦发银行2012年度全行纪检监察（视频）会议召开。浦发银行党委副书记、纪委书记冯树荣出席会议并讲话。会议总结回顾近年来浦发银行党风廉政建设和反腐败工作情况，深入分析当前反腐倡廉工作面临的形势，进一步明确工作思路，并对2012年各项工作进行全面部署。

**3月22日** 浦发银行上海分行与沃尔沃建筑设备（中国）有限公司签署《工程机械按揭业务合作协议》，双方将开展个人工程机械按揭业务合作。

**3月23日** 浦发银行厦门分行与宝姿国际企业有限公司签署战略合作协议，宝姿国际企业有限公司董事长陈启泰、总裁陈汉杰，浦发银行厦门分行行长黄旭东等领导出席签约仪式，双方将在现金管理、供应链金融、离岸金融服务、投资银行及高端个人消费等领域开展深入合作。

**3月26日** 浦发银行杭州分行为长安国际信托股份有限公司开立国内信用证，标志着全行首单挂钩国内信用证信托收益权理财产品在杭州正式落地。

**3月27日** 浦发银行南昌分行联合重庆分行发行的全行首单集合资金信托产品——"五矿信托—江锂科技"信托贷款集合资金信托计划正式成立。

**3月30日** 浦发银行西宁分行开业仪式在青海省胜利宾馆举行。中共青海省委副书记、省长骆惠宁，副省长高云龙，浦发银行党委书记、董事长吉晓辉，副行长商洪波、冀光恒及青海省、西宁市有关部门领导及受邀企事业单位客户等出席开业典礼。开业仪式上，西宁分行分别与西宁经济技术开发区管委会等4家重要客户签订了战略合作协议，还分别向青海省大通县、青海省红十字会进行了捐赠，用于支持教育事业和公益事业。开业仪式前，吉晓辉拜会中共青海省委书记强卫。

**是日** 浦发银行长沙分行首单合同能源管理模式的IFC能效项目贷款提款。

**是日** 浦发银行青岛分行辖属威海分行正式开业。

**4月5日** 中国银行业监督管理委员会作出《中国银监会关于浦银金融租赁股份有限公司开业的批复》（银监复〔2012〕第166号）。

**4月6日**　浦发银行入选上海市教育培训机构学杂费管理项目合作银行,负责上海市黄浦、静安、徐汇、长宁、闸北、奉贤、金山、宝山、崇明等九区的教育培训机构专户管理及服务工作。

　　**是日**　浦发银行与陕西能源集团有限公司在西安举行战略合作协议签约仪式。浦发银行副行长刘信义和陕西能源集团董事长梁平出席签约仪式。浦发银行西安分行行长杨志辉、陕西能源集团总经理张斌成分别代表双方签署战略合作书。

**4月10日**　浦发银行举行"吉祥三宝"启动仪式暨媒体发布会,正式推出针对特定领域中小企业的创新服务模式——"吉祥三宝",即针对园区中小企业的"银元宝"模式,针对交易市场中小企业的"银通宝"模式,以及针对供应链上下游中小企业的"银链宝"模式。

　　**是日**　浦发银行作为"上海国际旅游度假区暨上海迪士尼项目"银团总牵头之一,与上海申迪集团有限公司在"上海市2012年重大项目建设推进会暨银团贷款签约仪式"上签署银团贷款协议。该仪式由上海市发展和改革委员会、上海市银监局、中国人民银行上海总部联合召集19家主要中资商业银行上海分行以及有关项目单位举行。

　　**是日**　浦发银行现金类自助设备新增代缴中国移动话费功能。该项功能上线后,客户可使用浦发银行借记卡通过自助设备,完成全国28个省(直辖市)移动话费查询、话费充值、后付费号码缴费签约等业务。

　　**是日**　浦发银行北京分行与中国环保机械行业协会签订战略合作协议,北京分行副行长李永昌、工信部节能与综合利用司副司长高东升及中国环保机械行业协会会长王亦宁出席签约仪式并致辞。

**4月16日**　浦发银行与宝钢集团有限公司举行总对总战略合作签约仪式。浦发银行董事长吉晓辉、宝钢集团董事长徐乐江出席签约仪式,浦发银行副行长刘信义、宝钢集团副总经理周竹平分别代表双方签署战略合作协议。

　　**是日**　浦发银行北京分行举办特色支行授牌仪式暨"吉祥三宝"产品推介会。北京市银监局、中关村管委会、市经济和信息化委员会、市文化促进中心、通州金融办等相关领导及40余户中小企业客户受邀出席活动。浦发银行副行长兼北京分行行长冀光恒和总分行有关部门领导参加活动。

　　**是日**　浦发银行呼和浩特分行获得内蒙古自治区首支大型产业投资基金——内蒙古自治区战略创新产业基金(设计规模200亿元,首期募集额度不低于50亿)的托管资格。

**4月17日**　浦发银行沈阳分行与中国旅行社总社(辽宁)有限公司签订《出境旅

游保证金服务合作协议》。

**4月18日**　浦发银行宁波分行分别与宁波昆石股权投资合伙企业、宁波软银天保创业投资合伙企业签约两单直接股权投资基金托管项目，托管规模分别为1.13亿元和0.81亿元，实现分行股权基金托管业务零的突破。

**4月23日**　浦发银行乌鲁木齐分行与中国移动新疆公司签订战略合作协议，双方将进一步在市场、业务和渠道等方面展开全面合作，推进移动金融、移动电子商务、手机支付等多项移动通信与金融产品的融合创新业务。中国移动新疆公司总经理白志刚、浦发银行乌鲁木齐分行行长钱理丹等出席签约仪式。

**4月24日**　浦发银行天津分行与天津市知识产权局签署战略合作协议，计划在未来3年中安排20亿元授信额度支持科技型中小企业融资，并主要通过专利权质押类融资途径实现。同时，分行与天津市、区两级工商局合作搭建商标专用权质押融资平台，为拥有驰著名商标企业提供创新金融服务。

**4月25日**　浦发银行兰州分行联合甘肃省工业和信息化委员会举办"小微企业金融服务项目对接会"。对接会上，兰州分行与甘肃省民营经济研究会、江苏商会、浙江企业联合会、安徽商会、上海商会、兰州高新技术开发区、白银高新技术开发区、兰州东部品牌广场、兰州嘉和冷冻市场签订总金额29亿元的战略合作协议，与5家企业签订总额5 000万元的授信协议。

**是日**　浦发银行呼和浩特分行为土默特右旗兴盛煤炭有限责任公司办理辖内首单3 700万元应收账款类自偿性贸易融资业务。

**是日**　浦发银行印发《关于进一步促进贸易融资业务发展的通知》，要求全行充分认识发展贸易融资业务的重要意义，优化业务流程，加大支持推进力度，促进贸易融资业务快速稳健发展。

**4月28日**　浦银金融租赁公司首单租赁业务——都江堰兴市水业有限公司8亿元融资租赁项目投放。

**4月30日**　浦发银行推出首单对公及对私理财资金受让存量同业代付资产业务，武汉分行、广州分行对公司客户、中国移动员工发行存量同业代付理财产品。

**5月3日**　"首都非公经济金融服务周"启动仪式暨银企融资对接会在北京举行，北京市副市长程红、北京市金融局局长王红与北京市工商联等相关领导参加此次活动，浦发银行北京分行副行长李永昌出席仪式并代表分行与北京市工商联、北京市私营个体经济协会签署信贷支持合作协议。

**5月4日**　浦发银行在总行信息中心举行"庆祝共青团建团90周年暨青年先进表彰大会"。党委书记、董事长、行长吉晓辉作题为《传承光荣传统，推动转型发展，实现青年价值》的讲话。大会号召和动员全行青年牢记使命、不负重托，在推动银行转型发展的征程中体现价值、创造辉煌。大会颁发了"2011年度先进团组织""青年文明号""2011年度浦发银行十佳青年"等奖项，这是浦发银行首次对先进青年员工进行的全行性表彰。

**5月7日** 浦发银行兰州分行、西宁分行与青海环境能源交易所在西宁分行举行座谈，就深化双方合作进行充分沟通。期间，双方签订战略合作协议，将在太阳能光伏产业信托产品研发和运用、融资授信、项目推介服务及其他金融相关产品合作方面进行深入合作。

**5月8日** 浦发银行乌鲁木齐分行与自治区工商联（总商会）签订全面战略合作协议。

**是日** 浦发银行石家庄分行辖属沧州分行开业。

**5月9日** 浦发银行上海分行与中航商用航空发动机有限责任公司在总行举行《全面战略合作协议暨综合授信协议》签约仪式，浦发银行副行长兼上海分行行长姜明生出席仪式。

**5月11日** 浦银金融租赁股份有限公司开业仪式在上海市兴国宾馆举行。中共上海市委常委、副市长屠光绍，中国人民银行上海总部党委委员、国家外汇管理局上海市分局副局长郑杨，上海银监局副局长蒋明康，浦发银行董事长吉晓辉，中国商用飞机集团有限责任公司董事长金壮龙、总经理贺东风，以及财政部驻上海市财政监察专员办事处、中国民用航空华东地区管理局、上海市金融服务办公室、上海市徐汇区等有关单位的领导出席开业仪式，屠光绍、金壮龙为浦银租赁开业揭牌。上海市副市长屠光绍、浦发银行董事长吉晓辉、中国商飞总经理贺东风、浦银租赁董事长陈辛分别致辞，浦银租赁总裁向瑜与都江堰兴市水业有限公司董事长周建强签署合作协议。

**是日** 浦发银行上海分行完成辖内静安支行营业部、黄浦支行营业部、彭浦支行3家试点新一代网点平台及服务流程建设项目二期个人综合存取款功能的上线工作，业务操作时间大幅降低，在厅堂一体化管理、提升服务品质和运营效能、提高客户体验方面效果明显。

**5月14日** 由昆明市人民政府、中国人民银行昆明中心支行、中国银监会云南监管局主办的"支持中小企业融资、壮大实体经济——银政合作签约暨昆明市中小企业服务中心挂牌仪式"举行，浦发银行昆明分行将向昆明市人民政府项目库内的中小微企业提供不低于15亿元的意向性新增贷款。

**5月15日** 浦发银行深圳分行与深圳市机场（集团）有限公司举行战略合作协议签约仪式，浦发银行董事长吉晓辉与深圳机场集团主要领导出席签约仪式，浦发银行深圳分行行长张耀麟、深圳机场集团副总经理秦里钟分别代表双方签署战略合作书。

**是日** 浦发银行向公司机构客户正式推出"利多多现金管理1号"产品。该产品为开放式保证收益型理财产品，具备开放式T+1产品及周期型产品特点，投资于信用类债券、回购、同业拆借、同业存款以及信托计划等资产标的，能够兼顾客户流动性及投资收益需求。

**5月16日** 浦发银行上海分行与中国移动上海分公司签署《"共建智慧城市引领无线生活"合作框架协议》，在移动金融产品及服务方面加大创新力度，推动上海国际金融中心与智慧城市建设的交互共进，实现包括金融IC卡服务等在内的全方位持续合作。

**是日** 浦发银行沈阳分行辖属丹东分行开业庆典暨银政、银企合作协议签约仪式在丹东皇冠假日酒店召开。中共丹东市委书记戴玉林，市政协主席于国平，市委常委、常务副市长孙轶，市委常委、市纪委书记李建潮等相关领导，以及当地知名企业代表80余人出席。

**5月17日** 浦发银行天津分行与天津市保障住房建设投资有限公司签署战略合作协议，浦发银行总行副行长刘信义，中共天津市委常委、副市长崔津渡出席签约协议，浦发银行天津分行行长崔炳文和天津保障房公司总经理岳玉贵分别代表双方签署战略合作协议。天津分行为天津市保障住房建设投资有限公司提供50亿元综合授信，用于天津市公共租赁住房项目建设和城市改革综合配套开发的保障性安居工程项目建设。

**5月18日** 浦发银行与天津渤海化工集团有限公司在天津签署银企战略合作协议。浦发银行副行长刘信义、天津渤化集团董事长赵立志出席签约协议。

**5月23日** 上海市经济和信息化委员会、中国人民银行上海总部、中国银行业监督管理委员会上海监管局、上海市商业委员会等四部门联合召集50家银行业金融机构代表、18个区县代表以及部分企业代表，在东郊宾馆举行上海金融支持产业实体产业经济发展大会，浦发银行荣获"上海市服务贸易和服务外包企业最佳伙伴银行奖"。

**5月29日** 浦发银行哈尔滨分行与黑龙江省住房和城乡建设厅签署战略合作协议。

**是日** 由浦发银行主承销、中国银行联席承销的包钢集团2012年度第一期30亿元中期票据在银行间市场成功发行，总行、呼和浩特分行、包头分行三级联动，实现呼和浩特分行中期票据主承销业务零的突破。

**5月30日** 全国社会保障基金理事会以信托贷款形式，向杭州市保障房项目发放6亿元信托贷款资金,全部款项进入借款人在浦发银行杭州分行开设的监管账户,成为浦发银行首单与全国社保基金进行合作的保障房项目信托贷款。杭州分行拥有独家办理资格,为借款人提供担保、单一信托计划托管、贷款资金监管、销售回款资金监管和项目融资财务顾问等多项服务。

**5月31日** 浦发银行武汉分行与中国东方航空武汉有限责任公司签订战略合作框架协议,武汉分行行长陈海宁与东航武汉公司总经理蒋飞飞分别代表双方签字。

**6月1日** 浦发银行北京分行成功办理分行首单国内信用证福费廷包买让渡业务,金额5 000万元。

**6月7日** 浦发银行与厦门建发集团有限公司在厦门举行战略合作协议签约仪式。浦发银行副行长刘信义、厦门建发集团总经理吴小敏出席签约仪式。

**是日** 南京高新技术经济开发总公司5亿元融资租赁资金入账,浦发银行南京分行首单金融租赁业务在浦银金融租赁股份有限公司的联动合作下完成。

**是日** 浦发银行济南分行向香港分行开立5.06亿元跨境人民币融资性保函,为山东海运公司的境外公司在香港分行提款7 200万美元,成为济南分行首单与香港分行联动的"内保外贷+船舶融资"业务。

**6月8日** 浦发银行武汉分行与武汉钢铁(集团)公司在上海举行战略合作协议签约仪式。浦发银行总行副行长刘信义和武汉钢铁(集团)总会计师赵小明出席签约仪式,标志着武汉分行成为第一家与武汉钢铁(集团)开展战略合作的股份制商业银行。

**是日** 浦发银行长沙分行举行"在湘批量设立村镇银行启动暨签字仪式及三方会谈"活动,标志着浦发银行在湘批量设立村镇银行事宜正式启动。中共湖南省委、省政府领导,监管部门领导及浦发银行总分行领导出席签约仪式。

**6月10日** 全国政协副主席、科技部部长万钢在浦发银行副董事长陈辛陪同下,视察浦发银行天津分行科技支行。万钢参观了科技支行的银行服务区、综合金融服务区、股权投资服务区和路演对接服务区,鼓励浦发银行通过多种渠道搭建特色融资平台,营造良好发展环境。

**6月12日** 浦发银行广州分行为中储粮油脂工业东莞有限公司办理全行首单"人民币信用证+人民币与外币掉期"业务,总分行上下积极联动,通过创新金融产品,成功实现了银企双赢,并为分行今后开展类似业务、推动分行负债业务的发展具有示范意义。

**6月13日** 浦发银行在上海云峰剧院召开2011年度股东大会,董事长吉晓辉主持。会议审议通过《2011年度董事会工作报告》《2011年度监事会工作报告》《2011

年度财务决算和 2012 年度财务预算报告》《2011 年度利润分配预案》《关于续聘会计师事务所的议案》,听取了《公司 2011 年度独立董事述职报告》《公司监事会关于 2011 年度董、监事履职评价情况通报》。

**6 月 18 日**　浦发银行与中国移动在上海举行以"移动金融,改变生活"为主题的战略合作产品发布会。浦发银行董事长吉晓辉、中国移动通信集团公司董事长奚国华出席发布会并共同启动产品发布仪式。发布会上,浦发银行与中国移动联合发布了 4 款移动支付领域的战略合作产品,包括中国移动浦发银行联名卡及演进产品 NFC 手机、全网客户话费代缴、生活缴费和手机汇款。此次战略合作产品的推出标志着通信行业和金融业在手机支付业务领域的深入合作取得了实质性的突破,双方战略合作产品平台搭建初见成效。监管机构有关领导,中国移动通信集团公司副总裁沙跃家,浦发银行副行长姜明生、徐海燕出席发布仪式。

**是日**　浦发银行兰州分行营销甘肃省首只生物产业创业基金——甘肃生物产业创业投资基金,实现基金账户营销突破。

**6 月 19 日**　浦发银行杭州分行成功发放全行首单沃尔沃工程机械设备贷款,为沃尔沃浙江地区经销商浙江立洋机械有限公司提供按揭贷款。

**6 月 21 日**　浦发银行与中国东方航空股份有限公司在上海续签银企合作协议,中共上海市委常委、副市长屠光绍,上海市政府副秘书长、市财政局局长蒋卓庆,上海市金融党委书记潘志纯,上海市金融服务办公室主任方星海,浦发银行董事长、行长吉晓辉,东方航空董事长刘绍勇、总经理马须伦出席签约仪式。此次是双方第三次签署银企合作协议,浦发银行将向东方航空提供 200 亿元综合授信额度,并将充分发挥离在岸平台优势,在境外资金归集、离岸美元贷款、联动飞机融资、跨境资金池、商品套期保值、衍生品交易等方面与东方航空合作开展业务创新。

**6 月 26 日**　中共湖北省委常委、襄阳市委书记范锐平,湖北银监局邓智毅局长一行赴上海拜访浦发银行董事长吉晓辉、副董事长陈辛、副行长商洪波,双方就加强浦发银行与襄阳市的经济金融合作进行充分交流。

**是日**　浦发银行与申银万国证券股份有限公司在上海举行全面业务合作协议签约仪式,浦发银行董事长吉晓辉和申银万国证券副董事长储晓明出席签约仪式,副行长刘信义和储晓明分别代表双方签署合作协议。

**6 月 27 日**　浦发银行个人金融资产余额首次突破 5 000 亿元。其中,非存款类金融资产较年初增加 680 亿元,贡献占比达 68%。

**6 月 28 日**　随着花旗银行新加坡分行支付跨境人民币信用证项下偿付资金人民币 751.4 万到浦发银行香港分行指定账户,深圳分行与花旗银行、香港分行合作办理的跨境人民币项下假远期信用证宣布落地,浦发银行跨境人民币业务再创假远期信用证新模式。

**是日** 浦发银行西宁分行与青海温州商会举行党员共建暨银企合作座谈会。期间,西宁分行与青海温州商会会员企业青海博海煤炭开发有限公司、青海景丰矿业有限公司签订业务合作协议,双方将在多个领域加强合作,实现优势互补,促进共同发展,实现"银企共赢"。

**7月1日** 浦发银行手机银行在业内率先推出"手机导医"功能。客户可以通过手机银行查找周边医院地址,了解各家医院的门诊特色和强项。钻石客户还可直接通过手机银行预约名医,一键解决医院信息、特色查询及就医预约。

**7月5日** 浦银金融租赁公司首单公交车租赁——乌鲁木齐市城市交通投资有限责任公司2亿元项目投放,租赁物为乌鲁木齐市首条BRT线路的公交车辆。

**7月6日** "2012浦发银行济南分行西藏光明行"新闻发布会暨援藏车队启动仪式举行。此次"西藏光明行"活动由济南分行独家冠名,济南分行将资助西藏日喀则地区的120名藏族白内障患者实施复明手术,并联合山东省援藏办、山东省立医院和《视周刊》,组成爱心车队,深入藏区,走访日喀则市、白朗县、南木林县、昂仁县、聂拉木县的贫困小学,为孩子们送去学习用具,进行沙眼检查、护眼知识讲课,并开展慈善爱心捐助。

**7月9日** 浦发银行西安分行办理落地分行首单国内信用证福费廷包买让渡业务。

**7月13日** 国电电力发展股份有限公司60亿元超短期融资券成功发行,此笔债券由浦发银行(簿记行)、招商银行联席主承销完成。该笔业务成为超短期融资券推出以来,浦发银行系统内首单主承销的超短期融资券业务。

**7月17日** 浦发银行上海分行首家专注于小微企业金融服务的新型楼宇银行——市北高新园区支行正式开业,成为分行支持小微企业发展、创新经营管理模式、推动网点转型的重要举措。

**7月18日** 浦发银行石家庄分行与沧州渤海新区管理委员会签署战略合作协议,这是石家庄分行签署的第一份银政合作协议。

**是日** 浦发银行杭州分行与交通银行浙江省分行签订《全面业务合作协议》,同时签订10亿元互换项目资源的《银团业务合作协议》。

**7月23日** 浦发银行获得2012年上海市政府债券主承销资格,并正式签定主承销协议,这是浦发银行首次获得地方政府债券主承销商资格。

**7月25日** 浦发银行香港分行首次负责担任牵头行的中化集团方兴地产2亿美

元的银团贷款协议正式签署。

**7月31日** 浦发银行济南分行与蓝色经济区产业投资基金托管协议签约仪式在济南举行，浦发银行副行长刘信义、济南分行行长耿光新，山东海洋投资有限公司董事长包剑英等领导出席了签约仪式。

**是日** 浦发银行董事长吉晓辉在总行会见江西省副省长胡幼桃一行。

**8月1日** 国家外汇管理局副局长邓先宏、经常项目司司长杜鹏一行赴浦发银行天津分行调研货物贸易外汇管理制度改革情况，并与现场客户进行交流。

**8月3日** 浦发银行石家庄分行发放全行、全省首单6 000万元"合同能源管理模式＋IFC绿色信贷"贷款。

**8月6日** 浦发银行苏州分行与太仓市城市建设投资集团有限公司等5家企业签署非金融企业债务融资工具承销及合作协议，太仓市金融办、中国人民银行、银监局监管办等领导参加此次签约仪式。

**是日** 中国银行间市场交易商协会下发首批3个资产支持票据（ABN）试点项目的注册批文。其中，由浦发银行上海分行营销成功的上海浦东路桥建设股份有限公司资产支持票据试点项目，系由浦发银行独家承销的资产支持票据。

**8月7日** 中国银行业监督管理委员会印发《关于浦发硅谷银行有限公司开业的批复》（银监复〔2012〕第415号），浦发硅谷银行是由浦发银行和美国硅谷银行发起设立的一家合资银行，是国内首家独立法人科技创新银行。

**8月8日** 浦发银行与上海出入境检验检疫局在上海举行战略合作协议签约仪式。浦发银行董事长吉晓辉、上海出入境检验检疫局局长徐金记出席签约仪式。副行长姜明生、上海出入境检验检疫局副局长李晋分别代表双方签署协议。

**8月10日** 浦发银行沈阳分行受邀参加辽宁省知识产权局举办的辽宁省专利质押工作座谈会，成为沈阳市唯一获评"辽宁省专利质押先进单位"的金融机构。

**8月15日** 由浦发银行、美国硅谷银行合资建立的浦发硅谷银行在上海正式开业。中共中央政治局委员、上海市委书记俞正声出席仪式并为其揭牌，上海市委常委、副市长屠光绍，浦发银行董事长吉晓辉，美国硅谷银行董事长魏高思（Ken Wilcox）出席仪式并致辞。浦发硅谷银行总部设在上海，是国内首家拥有独立法人地位、致力于服务科技创新型企业的银行，也是自1997年以来首家获得监管机构批准的合资银行，将专注于向科技创新型企业提供具有针对性和灵活性的全方位金融服务，以最快的速度和最有效的模式积极支持科技创新产业发展。

**8月16日** 浦发银行与绍兴银行全面业务合作协议签约仪式在上海举行。浦发银行副董事长陈辛和绍兴银行董事长骆有才出席仪式并致辞，绍兴市副市长冯建荣出席签约仪式。

**8月20日** 浦发银行宁波分行办理分行首单全额人民币质押项下美元保理融资业务。该全额质押项下应收账款保理融资方案,采用回购型暗保理方式:以企业180万人民币一年期存单为质押,为其办理保理融资26.5万美元,应收账款账期360天。

**8月21日** 天津市银监局授予浦发银行天津分行"天津银行业农村金融服务先进单位"荣誉称号。

**8月23日** 浦发银行与上海市闵行区人民政府、上海国际集团在总行举行战略合作协议签约仪式。浦发银行董事长吉晓辉,中共闵行区委书记孙潮、区长莫负春,上海国际集团总裁邵亚良出席仪式,闵行区副区长蔡小庆、上海国际集团副总裁潘卫东、浦发银行副行长姜明生代表三方共同签署协议。此次战略合作协议的签署,将进一步深化三方合作和交流,共同推进闵行区"一轴一带三大功能区"建设。

**8月24日** 浦发银行与山东黄金集团有限公司在上海举行战略合作协议签约仪式。浦发银行董事长吉晓辉、山东黄金集团董事长王建华出席签约仪式,副行长徐海燕、山东黄金集团副总经理李国红分别代表双方签署协议。

**8月27日** 浦发银行与山西省人民政府在太原举行战略合作协议签约仪式。浦发银行董事长吉晓辉,中共山西省委常委、常务副省长李小鹏出席签约仪式,副董事长陈辛、副行长刘信义及山西省政府有关领导等参加签约仪式。

**8月28日** 浦发银行太原分行首单1.6亿元融资租赁项目落地,太原分行和浦银金融租赁公司建立业务合作关系,与山西襄矿集团下属山西瑞恒化工有限公司达成合作。

**8月29日** 浦发银行上海分行关税网上支付担保创新业务——"通关盈"产品正式开办。该业务为上海分行独创,具有市场领先性,有助于批量拓展进口企业客户。

**是日** 浦发银行在湖南省批量设立村镇银行发起人大会正式召开,浦发银行副董事长陈辛、执行董事沈思出席会议。会议审议通过《股东征邀说明书》《村镇银行筹建工作方案》《村镇银行的可行性报告》《董事、监事提名办法》等多项决议,并签订了《发起人协议书》。

**8月30日** 浦发银行召开二级分行工作会议,董事长、行长吉晓辉作了题为《统一认识,明确目标,强化管理,稳步推进二级分行持续健康发展》的讲话,要求全行按照新五年发展战略规划要求,在创新驱动、转型发展过程中,强化二级分行的管理,构建科学合理的二级分行经营管理模式,充分发挥二级分行的作用,稳步推进二级分行持续健康发展。

**是日** 浦发银行石家庄分行办理分行首单5亿元国内信用证福费廷业务。该笔业务为包买让渡型福费廷业务，借助于他行对信用证项下单据权利的最终买断，在不占分行任何贷款规模和风险资产的情况下，利用买断行的资金帮助浦发银行企业获得融资。

**是日** 浦发银行深圳分行离岸飞机经营租赁项下应收账款融资业务在离岸放款，完成全行首单关于飞机融资业务创新。深圳分行以飞机租金收入为还款来源，并采取了抵押、保险权益转让及应收租金转让等多项风险缓释措施，为离岸客户 Sino Aero Leasing Co., Limited 办理授信融资 7 000 万美元，授信期限最长 10 年。

**8 月 31 日** 浦发银行石家庄分行与河北国大连锁商业有限公司联合举办"浦发银行—国大连锁"联名卡新闻发布会，双方将在"浦发银行—国大连锁"联名卡发放、国大 36 524 连锁店非接 pos 机具布放、代发工资、信用卡业务等业务方面展开合作。同日，石家庄分行还举行"中国移动·浦发银行借贷合一联名卡"发卡媒体见面会。

**9 月 1 日** 浦发银行上海分行成为薪资卡的试点分行。薪资卡是总行所推面向优质代发企业的银行卡，符合人民银行 PBOC2.0 标准，能够加载行业应用，将为上海分行在高端代发企业的营销工作创造有利条件。

**9 月 3 日** 浦发银行天津分行与浦银金融租赁公司合作完成首单 5 亿元融资租赁业务，该笔业务以天津渤化永利化工股份有限公司持有的年产 50 万吨甲醇生产装置及辅助设备为租赁物开展售后回租业务，融资期限 4 年。

**9 月 6 日** 浦发银行第一届职工代表大会第五次会议在上海市莲花路 1688 号召开。会议选举吴国元、耿光新为第五届监事会职工监事。

**是日** 浦发银行与上海市慈善基金会携手推出"阳光慈善"托管综合服务产品，浦发银行副行长刘信义、上海市慈善基金会常务副理事长施德容出席产品启动仪式。"阳光慈善"托管产品将商业银行托管人制度独创性地引入公益慈善领域，托管银行通过全程全额的托管服务来保障和监管每一分善款的安全和使用。此次"阳光慈善"一期产品募集的善款将定向用于"生命之光——造血干细胞移植项目"和"共享阳光——新生代农民工培训"两个项目。

**是日** 浦发银行与哈尔滨市呼兰区人民政府在哈尔滨万达索菲特大酒店签署银政合作协议，浦发银行执行董事沈思和中共呼兰区委、区府主要领导出席仪式。

**9 月 8 日** 浦发银行第七届业务技术比赛在总行信息中心举行，党委书记、董事长吉晓辉出席开赛仪式、观摩比赛，并为获得单位团体奖的分行颁发奖杯。全行 36 个参赛单位的 348 名选手参加了"PC 机输入百张小写传票""银行卡开卡信息录入""手持式单指单张人民币反假点钞""公司银行网银综合应用""个人银行 PCRM 系统综合应用"等 5 个项目的比赛。

**9月11日** 浦发银行20周年行庆主题公益活动——"放眼看世界"儿童斜视公益慈善手术项目在上海启动,浦发银行董事长吉晓辉、党委副书记冯树荣、副行长刘信义,上海儿童健康基金会名誉理事长谢丽娟、上海市卫生局等有关部门及监管机构领导出席启动仪式,上海"慈善大使"姚明应邀参加仪式。该项目旨在为困难家庭的斜视儿童提供手术费援助,帮助孩子纠正视力,进而拥有自信和美好未来。该项目将在2012—2014年持续开展,首先在上海、重庆启动,并逐步推进到贵阳、昆明、乌鲁木齐、呼和浩特等具备条件的中西部城市,计划资助2 000余位困难家庭斜视儿童接受手术。该项目2012年度投入250万元(其中167万元由浦发银行员工捐赠),资助900余位困难家庭斜视儿童接受手术。截至2014年度,项目累计投入资金约650万元。

**9月18日** 浦发银行与香港恒基集团战略合作协议签约仪式在上海正式举行。浦发银行副行长徐海燕、香港分行行长张丽,香港恒基集团执行董事李镜禹、郭炳濠等出席签署仪式。此次战略合作是浦发银行首次与在港龙头企业建立总对总合作关系,有助于浦发银行在香港金融业内树立良好形象。

**9月19日** 浦发银行在湖南省批量设立村镇银行创立大会召开。茶陵、衡南、沅江、临武四家浦发村镇银行正式创立。上海市政协主席冯国勤、湖南省副省长韩永文、浦发银行董事长吉晓辉出席大会并讲话。

**9月20日** 浦发银行上海分行辖属外高桥支行为"货代通"产品试点企业——泓明货运成功申请45万美元"货代通"业务专项额度,并完成首单试点业务操作,标志着上海分行以个案形式进行研究推进的"货代通"产品已成功落地。

**是日** 浦发银行长沙分行辖属湘潭分行开业。浦发银行副董事长陈辛,中共湘潭市委副书记、市长胡伟林,以及有关领导出席开业庆典暨爱心捐助仪式。

**9月21日** 上海市人民政府下发《上海市人民政府关于朱玉辰等同志职务任免的通知》文件,正式任命朱玉辰为浦发银行行长。

**9月25日** 浦发银行长沙分行与鹰皇商务科技有限公司、长沙远大住宅工业有限公司正式签署三方战略合作协议。

**9月26日** 浦发银行南京分行辖属宿迁分行正式开业,标志着浦发银行在江苏同类股份制商业银行中率先实现了在江苏省地级市的网点全覆盖,同时南京分行也成为系统内第一家实现省辖市全覆盖的省级分行。江苏省人民政府副秘书长、省金融办主任汪泉,浦发银行董事长吉晓辉、行长朱玉辰、副行长商洪波,宿迁市市长蓝绍敏,浦发银行苏州分行行长傅浩等近300人参加仪式。

**是日** 浦发银行西安分行办理首单他行电子银行承兑汇票贴现业务,指导客户通过他行网银收票和发起贴现申请,最终实现成功放款。

**是月** 浦发银行与浙江省物产集团公司签署银企战略合作协议,双方按照"总对总、额度共享、涵盖全国"的框架原则,以供应链金融、网络金融创新合作为重点,构建双方常态化、长期稳定的银企合作关系。

**是月** 由浦发银行北京分行和法国外贸银行共同担任联合牵头行、北京分行作为付息代理行的中信国安集团7.5亿元银团贷款成功签约,标志着浦发银行北京分行在牵头银团贷款业务方面再次取得突破。

**10月8日** 浦发银行获得国家外汇管理局颁发的电子银行个人结售汇业务经营资质,自此具备开展电子银行直联个人结售汇的条件和能力,可以为客户提供实时报价、结售汇以及年度总额查询等服务。

**10月9日** 浦发银行贵阳分行与贵州省创业投资引导中心签署基金托管协议,贵州省首只政府引导基金正式落户贵阳分行。

**10月11日** 浦发银行在上海云峰剧院召开2012年第一次临时股东大会,董事长吉晓辉主持。会议审议通过《公司关于董事会换届改选的议案》,选举吉晓辉、朱玉辰、陈辛、沈思、杨德红、潘卫东、沙跃家、朱敏、马新生、尉彭城、王观锡为第五届董事会董事;选举陈学彬、赵久苏、张维迎、郭为、华仁长、周勤业、孙持平为第五届董事会独立董事。会议审议通过《公司关于监事会换届改选的议案》,选举刘海彬、李庆丰、张林德、夏大慰、胡祖六、陈世敏为第五届监事会监事。同日举行的第五届董事会第一次会议选举吉晓辉为董事长,朱玉辰、陈辛为副董事长,聘任朱玉辰为行长;同日举行的第五届监事会第一次会议选举刘海彬为第四届监事会主席。

**10月20日** 浦发银行个人手机银行签约用户达102.59万,首次突破百万。

**10月23日** 由浦发银行开发的商业汇票管理系统风险票据预警功能正式上线。风险票据预警功能上线后,浦发银行商业汇票管理系统能够对业务中受理的票据自动进行风险票据识别,如发现该票据系法院公示催告票据,则自动产生风险票据预警信息,并在系统首页醒目提示。

**10月24日** 浦发银行石家庄分行在河北省沧州市举办"管易贷"信贷服务政策发布暨管道行业银企对接会。对接会上,石家庄分行与当地两家处于上市辅导期的优质客户签订1.1亿元融资合作协议,另有11家企业提出约3.5亿元的融资需求意向。

**是日** 浦发银行天津分行托管"太平洋—天津公共租赁房债权投资计划"。由太平洋资管公司作为受托人,国家开发银行作为担保人及独立监督人,天津分行作为托管行,开创天津市运用保险资金以债权形式投资不动产的新业务模式。

**10月28日** 浦发银行济南分行与山东省商业集团签署《单用途商业预付卡预收资金存管协议》，成为全行首家签约单用途商业预付卡存管业务的分行。

**10月30日** 由北京市科委主办的"北京生物医药产业跨越发展工程（G20工程）一期工程总结表彰会"在首都大酒店举行，浦发银行北京分行被授予"最佳金融机构"称号，成为获此荣誉的两家银行之一。

**11月1日** 浦发银行北京分行为北京经济技术投资开发总公司提供的多银行资金管理系统在该公司正式上线。该系统以集中总公司内存量资金的管理思想为核心，资金计划、多样化的决算业务为基础，通过浦发银行多银行资金管理系统和各商业银行银企互联接口集成，满足并实现经开总公司多种资金业务的核算要求，实现跨行资金的监控、调拨和集团内沉淀资金的科学归集。

**11月9日** 沅江浦发村镇银行正式开业，湖南省政协副主席龚建明、浦发银行副董事长陈辛及各级政府相关部门领导出席开业仪式。

**11月16日** 茶陵浦发村镇银行正式开业，湖南省人大常委会副主任陈叔红，浦发银行副董事长陈辛、执行董事沈思及各级政府相关部门领导出席开业仪式。

**11月20日** 榆中浦发村镇银行召开创立大会暨第一次股东大会，浦发银行执行董事、董事会秘书沈思，甘肃省银监局、兰州市政府金融办等有关领导出席会议。

**11月22日—23日** 浦发银行2012年全行战略管理会议在武汉召开。浦发银行党委书记、董事长吉晓辉作题为《坚定目标，强化应对，聚焦重点，持续推进全行发展战略规划实施》的报告，行长朱玉辰作题为《凝聚共识，突出重点，统筹推进，全面贯彻战略管理会议精神》的总结讲话。总行领导班子成员出席会议，各分行、总行各部门主要负责人近100人参加了会议。在武汉期间，吉晓辉在武汉东湖宾馆拜会中共湖北省委书记李鸿忠、湖北省省长王国生，以及国家开发银行、湖北省交通投资集团有限公司、湖北联合交通投资开发有限公司、中国移动通信集团湖北有限公司等重要客户。

**11月27日** 临武浦发村镇银行正式开业，浦发银行副董事长陈辛、中共郴州市委主要领导、湖南省金融办副主任张立东及各级政府相关部门领导出席开业仪式。

**是日** 浦发银行与青岛城市建设投资集团在总行举行战略合作协议签约仪式，浦发银行行长朱玉辰、青岛市金融工作办公室主任白光昭、青岛城市建设投资集团董事长王爱国出席签约仪式。

**是日** 浦发银行杭州分行办理全行首单个人养老消费信贷项目，为入住杭州市紫荆老年养生公寓的优质客户发放首期贷款300万元。

**11月30日** 浦发银行太原分行辖属朔州分行正式开业。

**12月10日** 由浦发银行作为主发起单位设立的第17家村镇银行——临川浦发村镇银行正式开业,副董事长陈辛、执行董事沈思出席开业仪式。中国人民银行南昌中心支行行长高小琼、江西省银监局副局长李洪,以及抚州市、临川区党政主要领导应邀出席。

**12月11日** 浦发银行天津分行牵头与天津市历史风貌建筑整理有限责任公司签署22亿元"天津市历史风貌建筑示范点及五大道历史文化街区项目"银团贷款协议,用于推进天津市历史风貌建筑的整修和活化。

**12月12日** 浦发银行小微信贷工厂正式上线运行。信贷工厂一期定位为单户授信500万元以下小微企业提供授信服务,打造专业化、流程化、集约化的小微授信服务平台。上线当天,杭州、南京两家试点分行从信贷工厂发起多笔业务,通过信贷工厂为4家小微客户申请业务并于当天放款。

**是日** 浦发银行杭州分行辖属舟山分行开业,标志着浦发银行在12家全国性股份制商业银行中,率先在浙江全省地级市实现了网点全覆盖。浙江省有关领导及中共舟山市委书记梁黎明、舟山市市长周国辉出席舟山市人民政府和浦发银行杭州分行战略合作交流会。中国人民银行杭州中心支行副行长郑南源、浙江银监局副局长傅平江、中国人民银行舟山中心支行行长吴勇敏、舟山银监分局局长郑子凯等出席舟山分行开业典礼。

**是日** 浦发银行南昌分行辖属上饶分行开业。

**12月13日** 浦发银行与上海市徐汇区人民政府举行战略合作协议签约仪式,浦发银行行长朱玉辰、徐汇区区长过剑飞出席签约仪式,浦发银行副行长姜明生、徐汇区副区长鲍炳章分别代表双方签署协议。

**12月14日** 由浦发银行主承销的首单商业银行金融债——上海农村商业银行2012年金融债券发行。此次金融债券发行规模50亿元,期限3年,采用固定利率发行,发行利率4.4%;投资者认购倍数1.57倍,实现了债券的超额认购。

**12月15日** 浦发银行福州分行国投信托"金雕63号"单一资金信托计划正式起息。分行理财资金通过券商定向资产管理计划,投资直接股权基金份额收益权信托。此次合作的海峡基金是国家发改委批复成立的首只由海峡两岸共同发起的产业投资基金,浦发银行是唯一托管银行。

**12月17日** 浦发银行作为主发起单位设立的第18家村镇银行——呼兰浦发村镇银行正式开业,浦发银行副董事长陈辛、执行董事沈思、哈尔滨市和呼兰区党政领导出席。开业仪式上,呼兰浦发村镇银行与哈尔滨利民经济技术开发区等企事业单位签订业务合作协议,并向呼兰区农业局进行捐赠。

**12月18日**　浦发银行大连分行筹建的上海黄金交易所指定金库正式启用。该金库于2011年2月1日申请筹建,2012年12月12日顺利通过验收,是大连地区首家、东北地区第3家上海金交所指定仓库。

**是日**　浦发银行昆明分行辖属楚雄分行、哈尔滨分行辖属齐齐哈尔分行正式开业。

**12月20日**　浦发银行与内蒙古伊泰集团有限公司在上海举行战略合作协议签约仪式,浦发银行行长朱玉辰、伊泰集团总经理张东海出席仪式,浦发银行副行长徐海燕、伊泰集团总会计师刘春林分别代表双方签署协议。

**12月27日—28日**　浦发银行发行120亿元次级债券,及时补充了附属资本,有效维持了较高的年末资本充足率水平。此次债券为15年期固定利率品种,票面年利率5.2%。

**是年**　浦发银行实现营业收入829.52亿元,同比增长22.14%;实现税前利润447.54亿元,同比增长24.88%;税后归属母公司净利润341.86亿元,同比增长25.29%。资产总额31 457.07亿元,同比增长17.17%,不良贷款率为0.58%,不良贷款准备金覆盖率达到399.85%。

**是年**　浦发银行以24.5亿美元的品牌价值位列英国《银行家》杂志"全球银行品牌500强"第62位;按照核心资本计,位列"全球银行1 000强"第57位,较上年度上升7位,在上榜中资银行中排名第8位;按资产总额计,位列"全球银行1 000强"第56位;位居美国《福布斯》杂志"全球企业2 000强"第153位,居上榜中资企业第11位、上榜中资银行第6位。

# 2013 年

**1月5日** 新华社直属的中经社控股有限公司与杭州兴利投资有限公司合作设立的新华浙江大宗商品交易中心在浙江省人民大会堂正式签约组建。浦发银行杭州分行与交易中心（筹）签订金融合作协议，与中国农业银行浙江省分行共同成为交易中心仅有的两家主要合作银行。

**1月6日** 中共山东省委常委、常务副省长孙伟，山东省政府副秘书长张德宽等赴浦发银行济南分行视察并看望一线干部员工，并对济南分行的发展理念、经营业绩和为支持地方经济发展所做出的贡献给予肯定。

**1月10日** 浦发银行兰州分行瑞德集团商户代缴费项目正式上线运行。该业务以银行卡为载体，客户通过个人网银、手机银行、柜台和自助缴费终端等四大渠道自助缴纳所有物业费用，是分行首个本地化代缴费项目和首个以金融IC卡为载体的缴费项目。

**1月11日** 由中国国债协会主办、浦发银行承办的金融债券市场形势分析暨迎新春座谈会在上海召开，财政部、中国人民银行、证监会和中国国债协会相关领导出席，浦发银行副行长商洪波致辞。

**1月14日** 浦发银行印发《个人银行客户关系管理办法》，结合客户分类分层策略，根据全行个人银行客户经营管理实践情况和个人银行客户统一视图成果，进一步规范并完善了个人银行客户关系管理流程。

**1月16日** 2013年中国移动—浦发银行战略合作推进会在武汉举行，中国移动集团公司副总裁沙跃家和30个省公司分管市场营销副总经理及相关负责人，浦发银行副行长徐海燕和36家分行移动战略合作分管行长及相关负责人参加会议。会议对双方战略合作开展情况进行总结，并对2013年分支机构推进工作进行部署。

**1月20日** 浦发银行西宁分行银保通系统正式上线，实现西宁分行与各保险公司销售平台的对接。

**1月22日—23日** 浦发银行在上海西郊宾馆召开2013年全行工作会议。董事长吉晓辉作题为《坚定方向，突出重点，提升管理，振奋精神，推动全行发展与转型迈向新阶段》的讲话,系统阐述"发展是硬道理,转型发展是大方向""提升风险管理能力,打造转型发展的稳固防线""以集约化为重点,构建转型发展的内在机制和内生动力""增强使命感、责任感,为转型发展凝聚合力"等4个方面内容。行长朱玉辰作题为《聚焦重点,转型发展,强化管理,努力开创全行科学发展新局面》的报告,从"资产负债与经营效益""结构调整与转型发展""风险内控管理""各项基础管理"等4个方面回顾了2012年经营管理工作。会议对2013年全行工作进行了部署,指导思想是:深入贯彻党的十八大和中央经济工作会议精神,落实银行业监管工作会议要求,按照2012年战略管理会议确定的方向,坚定不移地推进五年规划实施,以客户为中心,有效服务实体经济,加强风险管理,切实提升经营效益;积极推进转型,推动重点领域突破;深化改革,打造科学管理的现代金融服务企业。

**1月23日** 浦发银行建行20周年员工表彰大会午在上海文化广场隆重举行。在成立20周年之际,中共中央政治局委员、上海市委书记韩正,上海市委常委、副市长屠光绍对浦发银行工作作出重要批示,副市长屠光绍专程到浦发银行对浦发银行成立20周年表示祝贺。表彰大会由行长朱玉辰主持,董事长吉晓辉致辞,对浦发银行20年发展所取得的辉煌成就进行了回顾,对进一步加快转型发展,早日实现战略发展目标提出了更高要求。大会对为浦发银行建行和发展做出卓越贡献的历任老领导,建行20周年特别荣誉奖、金鹰奖和金牛奖获奖代表,以及创始员工进行了表彰。

**是日** 浦发银行宁波分行与宁波梅山保税港区管委会签署战略合作协议。

**1月28日** 浦发银行乌鲁木齐分行辖属阿克苏分行正式开业。开业仪式上,阿克苏分行与阿克苏市政府及纺织工业城开发区管委会分别签署全面战略合作协议书。

**是月** 浦发银行举办第六次全行志愿者日活动,以"感恩同行,传递正能量"为主题,全行8 000余名志愿者开展形式多样的慈善公益活动,为20周年行庆献礼。

**是月** 浦发银行杭州分行推出针对义乌龙腾电脑市场经营户的5年期个人经营性贷款,由市场管理方提供担保,与175家经营户达成合作意向。

**2月5日** 浦发银行青岛分行办理全行首单亚洲开发银行(ADB)损失分担机制建筑节能贷款——青岛正大有限公司与上海江森自控(JCI)建筑节能合作项目,总额51.75万元。

**2月20日** 浦发银行与中国南车股份有限公司在上海举行战略合作协议签约仪式。浦发银行董事长吉晓辉、中国南车董事长郑昌泓出席签约仪式,浦发银行副行长刘信义、中国南车副总裁詹艳景分别代表双方签署协议。

**2月27日** 富民浦发村镇银行正式开业,浦发银行副董事长陈辛、执行董事沈思,昆明市政协副主席傅汝林,中共富民县委副书记、县长周开龙等领导应邀出席。开业仪式上,富民浦发村镇银行向富民县慈善协会捐赠10万元。

**2月28日** 青岛市融投资担保商会2012年度会员大会召开,浦发银行青岛分行应邀参会,与融投资担保商会签订战略合作协议。

**3月1日** 宁波海曙浦发村镇银行创立大会暨第一次股东大会在浦发银行宁波分行举行。浦发银行执行董事沈思、宁波市海曙区副区长张宁辉出席会议。

**3月6日** 浦银金融租赁公司首单直接租赁——珠海港洪湾港务有限公司、珠海市港金实业发展有限公司5 673.44万元项目投放,租赁物为起重机等工程机械,供货厂商为三一重工股份有限公司。

**3月11日** 浦发银行长春分行推出"对公保险兼业代理费"业务,涉及汽车金融业务项下的库存保险中间业务手续费,并逐渐扩大业务领域。

**3月14日** 中共浙江省委、浙江省人民政府授予浦发银行杭州分行等97家单位2012年度"低收入农户奔小康工程"结对帮扶工作先进单位荣誉称号,并予以通报表彰。

**3月15日** 浦发银行西宁分行市公积金贷款平台正式上线,实现西宁分行与市公积金中心的贷款平台接入。

**3月16日** 浦发银行西安分行辖属渭南分行正式开业。

**3月16日—17日** 浦发银行苏州分行由苏州市人民路1478号迁址至苏州市工业园区钟园路718号。

**3月19日** 浦发银行召开2013年度党风廉政建设暨纪检监察、案防工作(视频)会议,党委书记、董事长吉晓辉作讲话,党委副书记、行长朱玉辰主持会议并作总结,副行长商洪波对全行案防工作进行部署。中共上海市纪律检查委员会二室主任刘晓明、上海市金融纪工委书记石琦出席会议并讲话。会议全面分析了当前党风廉政建设、反腐败斗争以及案件风险形势,明确了下一阶段工作思路和具体要求。会议要求全行用党的十八大精神统一思想行动,认真贯彻落实中央、上级和总行党委各项部署,紧紧围绕全行中心工作,深入开展党的作风建设和反腐倡廉建设,切实加强纪检监察工作,落实案防责任,坚守案件风险底线,全面做好2013年党风廉政建设、纪检监察和案防工作。

**是日** 浦发银行与山东海洋投资有限公司在总行签署战略合作协议,浦发银行副行长冀光恒、山东海洋投资有限公司董事长包剑英等出席签约仪式。

**3月26日** 浦发银行合肥分行与合肥华泰集团股份有限公司举行中期票据承销协议签约仪式。浦发银行合肥分行副行长刘仁权与华泰集团副总裁张保华签署10

亿元的中期票据承销协议。

**3月27日** 浦发银行长春分行成功办理全行首单保险资管托管业务,托管保险资管计划7 000万元。

**3月29日** 浦发银行上海分行成功为上海小糸车灯有限公司办理跨境人民币项下沪港联动国际双保理业务,该业务为浦发银行首单创新业务,标志着上海分行在人民币跨境结算业务创新上的再一次成功突破。

**是月** 浦发银行为进一步丰富贵金属自营业务品种,提升贵金属交易能力与水平,积极参与金融市场改革,向上海期货交易所申请开展白银期货自营交易。

**4月3日** 浦发银行兰州分行应邀参加庆阳市政府举办的庆阳能源化工集团有限公司成立大会,并与庆阳能源化工集团有限公司签订战略合作协议。

**4月11日** 浦发银行正式开办上海黄金交易所白银产品自营交易业务,当日在上海黄金交易所成交白银延期交收合约3 200千克,累计成交金额1 800余万元。

**4月12日** 乌鲁木齐米东浦发村镇银行召开发起人大会暨银政合作签约仪式,浦发银行副董事长陈辛、执行董事沈思,乌鲁木齐分行行长钱理丹等出席仪式。

**4月17日** 浦发银行武汉分行与香港分行开展首单负债业务联动,为中国外运长航船务贸易有限公司开立境外公司账户,这是武汉首单国有大型央企的境外公司账户成功营销至香港分行开立,为充分利用境外渠道平台拓展负债业务树立了标杆。

**4月18日** 浦发银行与上海证券交易所联合举办"我是股东——中小投资者走进浦发银行"活动,董事长吉晓辉、行长朱玉辰分别就投资者关系管理、投资者权益保护、发展战略等与70多名中小投资者代表、媒体代表进行沟通交流,副行长刘信义、姜明生共同解答投资者关心的问题。

**是日** 浦发银行北京分行与银泰投资股份有限公司在北京银泰中心举行战略合作协议签署仪式,浦发银行副行长冀光恒、北京分行行长崔炳文及中国银泰投资总裁沈国军、银泰资源股份有限公司董事长杨海飞参加签约仪式。

**4月22日** 浦发银行太原分行与山西信托签署战略合作协议,双方将在创新业务、联合业务、基础业务等三大领域开展合作。

**是日** 浦发银行西安分行落地分行首单金融资产转让业务。

**4月23日** 浦发银行杭州分行和杭州万泰认证有限公司联合举办"节能减排,绿创未来——金融创新与能源认证一体化服务对接会",此次合作是国内金融机构与认证机构首次为节能相关企业实施一体化服务的创新举措。

**4月25日** 浦发银行推出面向小微企业创新融资产品和服务——"信贷工厂"和"微小宝"。"信贷工厂"和"微小宝"在客户引入、客户评价和产品配套、系统流程构建等方面进行创新,以小微企业群体特征为模式设计依据,以小额、分散、大数法则作为风险控制手段,以工厂化运作流程作为效率提升的平台,全面打造了全新的小微金融服务体系。

**4月26日** 浦发银行与中国生物多样性保护与绿色发展基金会在北京钓鱼台国宾馆举行合作签约仪式,全国人大常委会原副委员长桑国卫,中共中央统战部原副部长、中国生物多样性保护与绿色发展基金会理事长胡德平,浦发银行行长朱玉辰、监事会主席刘海彬出席签约仪式。此次合作签约是浦发银行以金融机构与民间社会组织开展创新合作方式,积极贯彻党的十八大精神,推动生物多样性保护与绿色发展,共建生态文明的一项重要举措。国家环境保护部、中国银行业监督管理委员会、绿色环保组织有关领导,建筑环保领域企事业单位代表及新闻媒体近百人出席仪式。

**是日** 浦发银行厦门分行与台湾万泰商业银行签订《跨境人民币支付代理结算协议》和《跨境人民币同业约定存款业务协议》,厦台金融合作取得一项重要成果,厦门分行成为全行首家开办对台跨境人民币业务的分行。

**4月28日** 浦发银行长春分行信贷工厂系统正式上线。该系统建立起从企划到预警、贷后管理在内的中小企业全流程专业化管理模式及独立的小微企业授信流程和业务管理系统。

**5月7日** 浦发银行沈阳分行发放"车标贷"——个人出租车经营权质押贷款,向出租车运营公司发放3笔贷款合计1 200万元。

**5月16日** 浦发银行在上海云峰剧院召开2012年度股东大会,董事长吉晓辉主持。会议审议通过了《公司2012年度董事会工作报告》《公司2012年度监事会工作报告》《公司2012年度财务决算和2013年度财务预算报告》《公司2012年度利润分配预案》《公司关于续聘会计师事务所的议案》《关于修改〈公司章程〉的议案》《关于实施董事、监事及高级管理人员责任保险的议案》《关于独立董事津贴制度的议案》《关于外部监事津贴制度的议案》,听取了《公司2012年度独立董事述职报告》《公司监事会关于2012年度董事、监事履职评价情况的报告》。

**5月20日** 浦发银行长沙分行完成全国首单并购类债务融资工具业务,湖南黄金集团近1.48亿元并购非公开定向债务融资工具募集资金到账。

**5月23日** 浦发银行与湖北省人民政府在武汉东湖宾馆举行战略合作协议签约仪式,中共湖北省委副书记、省长王国生,浦发银行行长朱玉辰出席签约仪式,并分别代表双方签署战略合作协议。

**是日** 浦发银行武汉分行与海通证券湖北分公司在武汉举行银证业务合作协议签约仪式,浦发银行行长朱玉辰、湖北证监局局长芮跃华、海通证券副总经理吴斌出席签约仪式,浦发银行武汉分行行长陈海宁、海通证券湖北分公司总经理屠惠敏代表双方签署协议。

**5月24日** 浦发银行在上海举行NFC手机支付产品上市发布会,隆重推出国内第一张具有自主知识产权、基于SIM卡的手机支付银行卡。浦发银行副行长姜明生、中国移动集团副总裁沙跃家、中国银联副总裁柴洪峰、上海银监局副局长谈伟宪出席发布会。

**是日** 浦银金融租赁公司获得上海市食品药品监督管理局颁发的医疗器械经营许可证,证号:沪000030。

**5月24日—26日** 浦发银行行长朱玉辰赴长沙分行进行调研考察,并与湖南省代省长杜家毫、副省长韩永文、秘书长戴道晋进行会谈。

**5月27日** 浦发银行兰州分行在行内双保理业务领域实现新突破,为客户大唐连城电厂设计以客户为核心买方的"1+N"买断型售后回租融资租赁保理业务方案。首单1亿元保理融资成功发放。

**是日** 浦发银行客户服务中心成都分中心正式投入运营,标志着客户服务中心按照"一个综合管理板块+N个分中心"的架构跨出了第一步。成都分中心最多可设立800个席位,主要承担远程人工服务的各项呼入、呼出业务。

**5月29日** 云南省副省长和段琪赴浦发银行昆明分行调研。

**是日** 浦发银行北京分行为中国移动通信有限公司完成港币的购汇及境外支付业务,总额约42亿元。该笔业务对报价条件、交易风险控制以及流动性支付等,均提出了较高要求。

**5月31日** 浦发银行厦门分行与厦门市湖里区人民政府签订战略合作协议。

**6月3日** 浦发银行上海分行与宝山区人民政府在宝山区政府大楼举行战略合作协议签约仪式,浦发银行监事会主席刘海彬、宝山区区长汪泓、浦发银行上海分行行长王新浩出席仪式。

**6月6日** 中共山东省委副书记、省长郭树清在济南会见浦发银行行长朱玉辰,山东省委常委、常务副省长孙伟等省政府有关领导参加会见。

**6月10日** 浦发银行长春分行"汽车金融管理信息系统"正式上线。

**是日** 浦发银行西宁分行财政集中支付系统正式上线。

**6月17日** 浦发银行与上海清算所签署《资金结算银行服务协议》,成为其结算银行,承担人民币资金结算相关职能。

**6月20日** 浦发银行长沙分行举办"投贷宝"产品发布会暨"千户工程"授牌仪式。湖南银监局有关负责人、中小企业代表及长沙分行行长李荣军出席发布会。

**6月21日** 浦银金融租赁公司2013年度第一次临时股东大会、第一届董事会第五次会议在中山东一路12号一楼大会议室举行,会议批准《关于非公开向特定对象发行股份、增加注册资本》的议案,《关于公司〈章程〉修正案》的议案,同意向上海龙华国际航空投资有限公司非公开定向发行2.5亿股,发行成功后,公司董事会由5名董事变更为7名董事。新增的2名董事分别由上海浦东发展银行股份有限公司、中国商用飞机有限责任公司各提名1名。公司监事会由3名监事变更为5名监事。新增的2名监事由上海龙华国际航空投资有限公司提名1名,公司职工大会(或职工代表大会)民主选举产生1名。

**6月25日** 浦发银行北京分行与中国石油天然气集团公司、海富通基金管理有限公司合作完成全国首只养老金产品——海富通昆仑信托型养老金产品,并取得50亿元托管规模,期限10年。

**6月27日** 浦发银行风险管理座谈会在洛阳召开,会议由副行长刘信义主持,会议着重研究分析当前资产质量变动情况和原因,区域经济形势对资产质量变化的影响及对全年趋势预判,并对主要风险点及风险管理存在问题和挑战进行深入探讨。

**是日** 浦发银行郑州分行主承销的河南中孚实业股份有限公司2013年度第一期10亿元非公开定向债务融资工具发行成功,募集资金顺利到账,实现分行首单独立主承销的定向工具发行。

**6月28日** 浦发银行海口分行举行开业仪式,浦发银行行长朱玉辰、副行长商洪波出席并为海口分行开业揭牌。开业仪式上,海口分行分别与海南省发展控股有限公司等4家重要客户签订战略合作协议,并向海南省医疗救助基金会进行捐赠。在琼期间,朱玉辰拜会中共海南省委副书记、省长蒋定之。

**是日** 浦发银行根据财政部《不良贷款批量转让管理办法》制定下发《上海浦东发展银行不良资产转让管理办法》,通过制度形式规范不良资产批量转让业务。

**是日** 浦发银行郑州分行与洛阳市人民政府在洛阳举行战略合作协议签约仪式。中共洛阳市委副书记、市长李柳身,浦发银行副行长刘信义,郑州分行行长赵春玲等出席签约仪式。根据协议,双方将重点围绕洛阳市新区开发、旧城改造、城镇化建设、污水治理等重点领域进行深入合作。

**是日** 浦发银行深圳分行推进发行广东省首单场外交易私募债。

**是日** 宁波海曙浦发村镇银行正式成立。

**是月** 浦发银行个人手机银行客户数突破200万户,达201.6万户。全月手机银行交易金额约82亿元,超过2012年1—11月的总和。

**7月5日** 浦发银行杭州分行举行金融研究会成立揭牌仪式,该会是浦发银行系统内首家正式成立的分行级金融研究会,旨在通过学习研讨、互动交流、实证研究等方式,为杭州分行乃至整个浦发银行的转型发展助力。

**7月11日** 浦发银行北京分行与北京经济技术投资开发总公司签订战略合作协议,中共大兴区委书记李长友、北京经济技术开发区管委会主任张伯旭、北京经济技术投资开发总公司总经理白文,浦发银行北京分行行长崔炳文等领导出席签约仪式。

**7月12日** 浦发银行长春分行办理首单电票转帖业务。

**是日** 浦发银行广州分行小微客户澳医生物的授信获批,标志着广州分行落地首单信贷工厂业务。

**7月19日** 浦发银行厦门分行与中国交通建设股份有限公司海西区域总部签订战略合作协议。根据协议,厦门分行在5年内向中交海西总部提供150亿元意向性融资安排;双方将建立长期稳定的战略合作关系,并在项目融资、现金管理、投资银行、基金托管等各方面展开全面合作。

**是日** 浦发银行郑州分行与建业住宅集团(中国)有限公司举行签署战略合作签约仪式。

**7月22日** 浦发银行福州分行辖属漳州分行正式开业。

**7月23日** 浦发银行杭州分行与支付宝合作开发第三方支付代理缴费项目,实现上线试运营,与支付宝平台成功实现功能性对接。该业务利用浦发银行的渠道优势和结算便利,帮助收、付款单位或个人方便、快捷、高效地完成收款和支付工作,实现了双方资源的双向共享与整合。

**7月25日** 浦发银行长春分行向长春凯撒国际大饭店有限公司发放5600万元经营性物业贷款,标志着长春分行首单经营性物业贷款正式落地。

**7月30日** 由中国银行业协会组织的中国银行业发展研究优秀成果评选(2012年)通报大会在北京召开,浦发银行共7项研究成果获奖。其中,专著《移动金融——创建移动互联网时代新金融模式》在各类银行业金融机构报送的803项成果中脱颖而出,获得特等奖;《新形势下个人住房贷款业务发展研究》《商业银行业务连续性管理中的资源建设相关问题研究》两篇论文获得二等奖;《构建基于数据指纹和链式存储的历史数据查询系统,填补历史数据近线存储空白》《中国私募股权基金市场研究报告》两篇论文获得三等奖;《"大数据"趋势下商业银行应对策略研究》和《社会融资结构变迁与商业银行战略转型》两篇论文获得入围奖。

**8月2日** 浦发银行与上海期货交易所在上海签订战略合作协议,上海期货交易所理事长杨迈军、总经理刘能元和浦发银行董事长吉晓辉、行长朱玉辰出席签约仪式。

**8月3日** 浦发银行宁波分行实现核心前置平台升级上线。

**8月6日** 中国商用飞机有限责任公司与浦银金融租赁股份有限公司首次业务对接会在上海市场中路3115号综合实验室召开,中国商飞公司总会计师田民、浦银租赁公司董事长陈辛及双方相关业务部门负责人参加会议。

**8月8日** 浦发银行与珠海市人民政府在上海举行战略合作协议签约仪式。行长朱玉辰、副行长商洪波及珠海市领导等出席签约仪式。

**是日** 浦发银行召开党的群众路线教育实践活动督导组成立和培训会议。党委书记、董事长吉晓辉作动员讲话,上海市金融系统教育实践活动第一督导组组长王益民就如何开展好活动督导作讲话,会议宣布总行党委成立10个督导组,对各分行党委和各直属单位党委教育实践活动开展情况进行督导。会议强调,要充分认识督导工作的重要意义,准确把握督导工作重点,加强督导组自身建设,以有效的督导工作确保教育实践活动健康深入开展,促进全行进一步改进工作作风,提高工作效率和战略执行力,增强服务客户、服务实体经济、服务员工、服务基层的能力,为浦发银行转型发展提供坚强保障。

**是日** 浦发银行天津分行在宝坻区举行宝坻浦发村镇银行股份有限公司(筹)发起人大会暨银政合作协议签约仪式,浦发银行执行董事沈思、中共宝坻区区委书记贾凤山、区长李森阳等出席会议。

**8月14日** 浦发银行昆明分行信用运营影像作业及管理系统正式成功投产试用。

**8月16日** 中国移动供应链在线融资业务在浦发银行广州分行上线运行。该业务依托供应链在线融资系统,通过与中国移动广东分公司采购系统成功对接,批量获取供应商的订单、收货、请款和付款信息,整合企业信息流、物流、资金流。

**是日** 浦发银行正式推出以"微理财"为特色的微信银行服务,借助于微信公众账号平台,通过文字、语音、地理位置、快捷键等交互方式,将银行理财与微信服务融合,向微信用户提供理财产品购买所需的产品查询、产品购买、网点预约、账户查询等全流程的理财服务。

**8月19日** 中国银行业监督管理委员会上海监管局作出《关于核准浦银金融租赁股份有限公司变更注册资本金、调整股权结构及修改公司章程的批复》(沪银监复〔2013〕第532号),批复事项如下:(1)同意公司注册资本由27亿元人民币增加至29.5亿元人民币。(2)增资完成后,公司股东单位名称、出资额、出资比例如下:上海浦东发展银行股份有限公司,出资18亿元人民币,出资比例61.02%;中国商用飞机有限责任公司,出资6亿元人民币,出资比例20.34%;上海国际集团有限公司,出资3亿元人民币,出资比例10.17%;上海龙华国际航空投资有限公司,出资2.5亿元人民币,出资比例8.47%。(3)核准公司修改后的章程。

**是日** 浦发银行推出手机银行智能收付款功能,通过将二维码、音频技术与传统的银行汇款功能相结合,客户只需拍摄或收听二维码便可当场实现行内及跨行汇款。

**8月20日** 浦发银行2013年"倡廉洁,促合规,防案件"知识竞赛决赛在总行信息中心举行。党委书记、董事长吉晓辉出席并作讲话,要求在宣传教育工作中,领导干部要以身作则,加强对重点环节和重要人群的教育,并要细化常规教育方式。上海市金融纪工委副书记、纪检监察室主任徐敏应邀出席并参加颁奖。

**是日** 浦发银行合肥分行与安庆市政府达成合作,完成安庆市"城市一卡通"项目建设工作,发行首批一卡通。"城市一卡通"以符合标准的金融IC卡为依托,可在安庆市内实现公共交通、缴纳水、电、燃气、有线电视等小额快速支付领域"一卡通",并且可实现非接触式快捷闪付。

**8月21日** 浦发银行太原分行开办个人互助合作经营性贷款业务,首批21位个人客户成功提款6 000万元。

**是日** 浦发银行杭州分行辖属义乌江东小微企业专营支行正式开业,这是浦发银行开设的首家专门为小微企业办理信贷业务的专营支行。

**8月23日** 浦发银行"电商通"产品上线暨银电合作签约仪式在义乌举行,10亿元专项贷款规模支持浙江义乌电商企业,旨在有效解决电子商务企业普遍存在的融资难问题,标志着浦发银行在服务电商金融产品创新方面迈出重要一步。

**8月27日** 浦发银行广州分行联合中国移动通信集团广东有限公司举办"中国移动—浦发银行NFC手机支付产品发布会",推出我国第一张具有自主知识产权、基于SIM卡的手机支付银行卡。

**8月28日** 浦发银行与国泰君安证券公司合作的代理结算业务正式上线运行,成为行业内首款与证券公司在支付结算领域的合作产品。该业务从证券公司向人民银行申请资格时便共同参与,具有排他性,提升了重点客户对浦发银行的业务依存度;并借助于代理结算业务合作,在证券行业的支付与结算业务领域拓宽合作空间;同时带来额外的超额存款沉淀及结算手续费收入。

**是日** 浦发银行北京分行行长、总行集团客户部总经理崔炳文出席中国电力国际有限公司组织召开的银团贷款签约仪式,并代表浦发银行签署《电力项目融资合作协议》。

**8月30日** 浦发银行天津分行办理新型城镇化贷款,为天津新家园投资公司综合授信10亿元,参与由国家开发银行天津分行牵头组建的银团贷款,专项用于"天津市武清区梅厂示范小城镇农民安置用房建设项目"。

**是月** 浦发银行郑州分行办理完成城镇化贷款,一次性向郑州航空港区航程置业公司授信25亿元,用于保障性及政策性住房开发建设工作。

**9月1日** 浦发银行南昌分行完成离、在岸联动保理项下"保证通"业务,采取基于未来应收账款保理项下的离岸进口开证并叙作进口押汇融资模式,为江西铜业通过其离岸平台——江铜香港公司进口开证并办理贸易融资。

**9月2日** 浦发银行25位来自分行的年轻后备干部赴总行17个部门报到,开始为期1年的挂职锻炼。总分行后备干部双向挂职锻炼工作是总行党委打造适应战略转型的高素质干部人才队伍,增强后备干部人才的实践锻炼和提高综合素质,扩大后备干部人才培养渠道的一项重要举措,2013年为首次实施。

**是日** 浦发银行武汉分行辖属襄阳分行正式开业。

**9月4日** 浦发银行与武汉市东湖高新区管委会签署战略合作框架协议。

**9月5日** 浦发银行与湖南省人民政府签署战略合作协议。根据协议,浦发银行将在3年内向湖南省提供总额1000亿元以上的金融服务和支持。中共湖南省委副书记、省长杜家毫,浦发银行党委书记、董事长吉晓辉,副行长冀光恒等领导出席并共同见证签约。

**9月6日** 浦发银行与腾讯公司在上海举行战略合作协议签约仪式。浦发银行董事长吉晓辉、行长朱玉辰、副行长冀光恒,腾讯公司董事会主席兼首席执行官马化腾出席签约仪式。双方此次签署战略合作协议,开创了中国互联网企业与金融业跨界合作的崭新模式,双方将以共建互联网金融生态圈为核心,以提升用户服务体验价值为诉求,在互联网金融等领域开展互利共赢的多元化全面战略合作。

**9月11日** 浦发银行北京分行办理分行首单国内信用证福费廷包买票据业务,金额约1亿元,期限3个月。

**9月12日** 浦发银行与中国电力建设集团有限公司及所属湖北片区公司举行战略合作协议签署仪式,武汉分行分别与湖北省电力建设第一工程公司、湖北省电力建设第二工程公司、湖北宏源电力工程股份有限公司、湖北省电力勘测设计院、武汉铁塔厂等五家企业签署了战略合作协议。

**是日** 浦发银行兰州分行成功定制并销售分行首单单一私人银行定制化产品,实现浦发银行私人银行理财产品在个性化设计方面的突破。

**是日** 浦发银行广州分行辖属江门分行正式开业。

**9月15日** 世界银行行长金墉访问浦发银行,浦发银行行长朱玉辰、副行长冀光恒参加会谈,就浦发银行在中国气候变化领域发挥的作用、为国内能源效率和绿色建筑项目提供融资支持等方面进行深入交流。

**9月16日** 浦发银行杭州分行为出国移民客户办理全行首单"移民贷"业务。该笔贷款金额300万元,期限3年,以借款人名下商用房抵押,并追加160万元存单质押担保,负债联动成效显著,信用风险较低。

**是日** 浦银金融租赁公司投放首单航空类租赁——华夏航空股份有限公司一台CF34飞机发动机售后回租项目,融资金额2 900万元。

**9月26日** 浦发银行南昌分行辖属物华支行"无障碍服务示范点"正式挂牌,成为江西省首家银行业"无障碍服务示范点"。

**9月27日** 浦发银行郑州分行与河南投资集团有限公司举行签署战略合作签约仪式。根据协议,郑州分行将为河南投资集团三年内提供400亿元融资支持,实现优势互补、合作共赢。

**是日** 浦发银行与郑州商品交易所在郑州签署业务合作框架协议,浦发银行行长朱玉辰、郑州分行行长赵春玲、郑州商品交易所理事长张凡等出席签约仪式。根据协议,双方将在保证金存管、仓单融资、资产管理、厂房保函、客户培育等业务上开展深入合作与多元创新。

**9月29日** 浦发银行上海自贸试验区分行正式挂牌,与上海自贸试验区同一天成立挂牌,为总行下设的一级境内分行。同日,上海自贸试验区分行发布《自贸区金融服务方案1.0》。

**9月30日** 浦发银行资产负债管理委员会办公室更名为资产负债管理部,下设资产负债计划处、司库及价格管理处、经营绩效管理处、资本经营及投资管理处。

**是日** 浦发银行审计部根据组织架构优化调整原则,下设质量控制审计处、信息科技审计处、公司业务审计处、零售业务审计处、资金业务审计处、财务运营审计处。

**是日** 浦发银行济南分行向济南公交总公司发放新能源汽车采购贷款3.2亿元,获法国开发署绿色信贷配套支持资金200万欧元。

**是月** 浦发银行印发《关于规范自营与理财资金投资项目类资产业务准入管理有关事项的通知》,就自营与理财资金投资项目类资产业务营销受理、立项审浦银办发核、业务审批等提出规范要求。

**10月8日** 浦发银行推出同享盈之"Q点理财"计划。该系列产品于每周一晚8点至次日早8点通过网上银行、手机银行专属发行,为投资者提供错峰理财、移动理财的捷径。"Q点理财"首发当晚,6亿元销售额度在13分钟内即告售罄。

**10月10日** 浦银金融租赁公司2013年度第二次临时股东大会、第一届董事会第六次会议在上海市徐汇区莲花路1688号举行,会议增选刘海彬为公司第一届董事会董事,原董事会董事不变,并增选卢淑荣为公司第一届监事会监事,周顺华为职工监事。

**是日** 浦发银行石家庄分行与国药乐仁堂医药有限公司签署《票据池业务合作协议》,石家庄分行将为客户提供票据保管、查验、托收、贴现、质押融资、统计管理等一揽子票据金融服务。

**10月11日** 浦发银行南昌分行与抚州市人民政府在江西省抚州市举行战略合作协议签约仪式,浦发银行副董事长陈辛、中共抚州市委主要领导出席签约仪式,南昌分行行长邓从国与抚州市市长张和平分别代表双方签署协议。

**是日** 浦发银行南昌分行办理分行首单海外预付业务,为客户完成179万美元境外预付业务融资,实现了南昌分行在境外预付业务领域的突破。

**10月14日** 浦发银行兰州分行与甘肃大陆桥投资开发有限公司签订战略合作协议。

**10月15日** 浦发银行与大连商品交易所战略合作协议在大连分行签署,浦发银行行长朱玉辰、大连商品交易所总经理李正强出席签约仪式。大连分行将在保证金存管、仓单融资、资产管理、客户培育、风险管理等业务上与大连商品交易所展开合作。

**是日** 浦发银行济南分行辖属日照分行正式开业。

**是日** 浦银安盛基金公司召开2013年度第三次股东会会议,上海浦东发展银行股份有限公司股东代表姜明生、AXA INVESTMENT MANAGERS S.A.股东代表Bruno、上海盛融投资有限公司股东代表章曦出席,会议对《关于第二次增加公司注册资本的议案》进行了审议。三方股东达成协议,决定浦银安盛基金公司注册资本由2.4亿元增至2.8亿元。

**10月17日** 浦发银行首批银行理财管理计划经过连续两天的销售,完成40亿元预定销售目标。银行理财管理计划是中国银监会最新推出的创新试点产品,浦发银行系首批试点银行之一。

**10月23日** 浦发银行与新鸿基地产集团在上海签署战略合作协议,浦发银行副行长冀光恒、新鸿基地产集团执行董事兼CFO陈国威出席签约仪式。

**10月24日** 浦发银行厦门分行与瑞达期货股份有限公司正式建立战略合作伙伴关系,并就期货保证金存管和银期转账、期货公司基金销售结算资金监管、资产管理计划等创新业务,以及资金存放、资金托管等传统业务的开办达成意向。

**10月28日** 浦发银行董事长吉晓辉在总行会见汇丰集团主席范智廉一行。双方充分肯定近年来业务合作取得的良好成效,希望继续加强交流,不断拓展更深层次的合作联动。执行董事、董事会秘书沈思及总行相关部门负责人参加会见。

**10月29日** 浦发银行苏州分行为昆山刚毅精密电子科技有限公司办理台资企业集团内部跨境人民币双向借款业务,台资企业集团成员之间通过签订书面借放款合同,双方协定利率与期限,办理跨境人民币借款和放款业务。

**10月30日** 浦发银行董事长吉晓辉在总行会见高盛集团总裁盖瑞·科恩(Gary Cohn)一行,双方就上海自贸区业务机遇、国内经济金融发展形势等进行交流,浦发银行执行董事、董事会秘书沈思以及总行相关部门负责人参加会见。

**10月31日** 浦发银行伦敦代表处在伦敦市金融城正式揭牌成立,浦发银行行长朱玉辰、副行长刘信义出席揭牌仪式。中国驻英国大使刘晓明、英国贸易投资部长格林勋爵、伦敦市市长鲍里斯·约翰逊及中英两国200余位政界商界领导和嘉宾应邀出席揭牌仪式。伦敦代表处是浦发银行继香港分行之后在海外设立的第一家代表机构,对浦发银行国际化发展战略有重要意义。

**是日** 浦发银行上海分行完成分行首单"微贷通"业务。该业务是由上海市科技创业中心牵头,浦发银行等4家银行及上海联合融资担保有限公司、上海创业接力融资担保有限公司针对科技小微企业联合推出的贷款产品。该产品沿用履约贷款的模式,采取"政府+银行+担保公司"的合作机制,通过政府投入一定风险补偿资金为引导,由担保公司对贷款本息全额承担连带保证责任。贷款利率不超过同期贷款基准利率上浮20%,年担保费率为2.5%,企业按时还本付息后还可享受担保费50%的财政专项补贴。

**是日** 浦发银行兰州分行辖属酒泉分行正式开业。

**是月** 浦发银行新一代网点平台排班管理功能成功投产上线,实现分行、营业网点人力资源动态调配,首创"分行柜员池管理"概念,通过整合网点柜员资质、技能和作息等信息、业务量数据,有效指导网点岗位和人员安排,对于临时性"富余"人员,可以通过"柜员入池"功能由分行统一调配,对于临时性人员缺口,也可以向分行申请借入。分行可实时了解所辖网点人员配置和"柜员池"情况并进行网点间的人员调配,提高运营人员利用率,以系统数据来支撑提高网点排班的决策水平。

**11月1日** 浦发银行在门户网站正式发布贷款基础利率报价,并对上海、南京、天津等分行的客户发放首批以浦发银行贷款基础利率定价的贷款。贷款基础利率是浦发银行对最优质非金融类企业客户执行的贷款利率,其他贷款利率可根据借款人的信用情况,考虑抵押、期限、利率浮动方式和类型等要素,在贷款基础利率基础上生成。

**11月3日** 浦发银行微信银行推出"微取款"服务,成为首家通过微信提供无卡取款服务的银行。开通手机银行支付功能的客户可在微信银行中直接回复借记卡号末四位、金额,或根据页面提示选择卡号信息等完成预约申请,随后在浦发银行 ATM 通过短信预约码等信息,完成无卡取款。

**11月6日** 根据中国证券监督管理委员会许可(证监许可〔2013〕第1418号),浦银安盛基金管理有限公司设立全资子公司——上海浦银安盛资产管理有限公司,注册资本2 000万元。

**11月8日** 浦发银行广州分行辖属江门分行正式开业,浦发银行副董事长陈辛、中共江门市委书记刘海出席开业暨爱心捐赠仪式并为分行揭牌。开业仪式上,广州分行与江门市人民政府签署银政合作协议。

**11月11日** 浦发银行推出两款"双11"专属理财产品,通过微信银行等电子渠道销售,6亿元额度全部售罄。"双11"当日,浦发银行互联网支付系统实现单日交易规模6.16亿元、116.63万笔,分别为去年的2.96倍、1.66倍;实现互联网支付业务商户合作手续费收入64.49万元;在支付宝当日总交易规模占比较去年增长40%,市场份额有效提升。

**11月18日—19日** 浦发银行召开2013年全行战略管理会议。董事长吉晓辉作了题为《积极应对挑战,攻克经营难关,开创全行转型发展新局面》的主题报告和《统一思想,明确路径,再铸辉煌》的总结讲话,行长朱玉辰作了题为《围绕五大突破,强化战略执行,打好五大战役》的讲话。

**11月22日** 经中国金融期货交易所正式复函同意,浦发银行成为首批获得指定存管银行资格的股份制银行。浦发银行计划以《银期合作综合金融服务方案》为重要抓手,推进实施"1+6"重点产品策略,积极拓展银期业务合作,加快银期转账上线测试,加快保证金存管、资产管理、标准仓单质押融资等重点产品布局。

**是日** 浦发银行香港分行正式获得证券及期货事务监察委员会(SFC)颁发的第一及第四类受规管活动的牌照,标志着香港分行可参与的业务种类与范围将更加丰富和广泛。

**11月25日** 浦发银行首家金融超市——福州融侨锦江社区支行正式开业。金融超市是浦发银行在客户聚集社区化的新形势下,围绕"以客户为中心"战略,落实客户下沉、促进零售转型的重要举措。

**是日** 浦发银行北京分行为中节能清洁技术发展有限公司股权并购攀枝花市恒德废物集中处理有限公司发放3 000万元并购贷款,在有效形成对国家重点扶持发展行业央企营销突破的同时,将并购业务所覆盖行业范围首次拓展到节能环保领域。

**12月2日** 浦发银行石家庄分行与邯郸市中小企业信用担保有限公司合作推出"速保贷"融资服务模式。该模式通过银保双方共同选择营销目标,对目标园区、市场内的中小客户实施集中营销、批量开发;对于双方共同认可的客户,各自简化审查审批程序,快速提供融资支持。

**12月3日** 浦发银行与上海申迪(集团)有限公司签署战略合作协议,浦发银行董事长吉晓辉、申迪集团董事长范希平出席签约仪式,浦发银行副行长冀光恒、申迪集团总裁是明芳分别代表双方签署协议。副行长刘信义、姜明生和相关部门负责人,上海分行有关负责人出席签约仪式。

**12月6日** 浦发银行全行个人金融资产余额突破7 000亿元,提前完成全年个人金融资产经营目标;财富类产品销量近13 700亿元,同比增幅75.3%,财富业务对金融资产增量贡献达到85%。

**12月9日** 浦发银行南昌分行迁入新址南昌市红谷中大道1402号"浦发银行大厦"办公营业。

**12月11日** 浦发银行针对电商金融服务搭建大数据平台,推出"电商通2.0"产品,实现线上经营、线上审批与线上贷款,有效满足小微电商融资普遍存在的"短、频、急"需求,提供"多、快、好、省"的服务体验——更多的贷款机会、更快的申贷速度、更好的信用贷款和更节省的融资成本。

**12月12日** 浦发银行南昌分行辖属宜春分行在宜春迎宾馆举行开业庆典暨政银企战略合作协议签约仪式,浦发银行副董事长陈辛出席开业暨爱心捐赠仪式,并与中共宜春市委书记邓保生共同为宜春分行揭牌。南昌分行行长与宜春市政府领导签署银政战略合作框架协议,宜春分行与3家企业现场签订银企合作协议。当天,宜春分行还向袁州区柏木乡中心小学爱心捐赠12万元,用于改善学校硬件和软件设施。

**12月13日** 浦发银行在银行间市场成功发行历史上首期同业存单,发行规模30亿元,期限3个月,参考收益率5.25%,得到市场认可并获全额认购。

**是日** 浦发银行长沙湘江世纪城社区支行开业,这是湖南省首家金融持牌社区银行,也是浦发银行在全国开设的第二家社区银行。

**是日** 浦发银行与新华资产管理股份有限公司在武汉举行全面业务合作备忘录签约仪式。

**12月18日** 第一张浦发村镇银行借记卡在奉贤浦发村镇银行发出,填补了浦发村镇银行卡业务的空白。该项目于2013年8月底启动,经过4个多月的努力,完成近百个交易的开发,实现了借记卡信息管理、账务交易管理、对账管理,以及与浦发银行核心系统清算并账等功能。此外,村镇银行借记卡系统还提供ATM存取款、网上平台、客服语音及人工服务、短信通知等功能。

**是日** 浦发银行沈阳分行辖属铁岭分行正式开业。

**是日** 浦发银行深圳分行落地分行首单备付金合作存管业务。

**12月26日** 浦发银行杭州分行与中国交通建设股份有限公司华东区域总部签署战略合作协议。根据协议,杭州分行将在未来5年内向对方提供400亿元的意向性融资安排,双方将首先在"杭州绕城高速公路西复线"等投建项目上开展紧密合作。中国交通建设股份有限公司执行董事、财务总监傅俊元,浦发银行副行长冀光恒,杭州分行行长赵峥嵘以及双方相关机构负责人参加签约仪式。

**是日** 浦发银行行长朱玉辰一行赴温州分行调研,听取温州分行工作情况报告并看望一线工作人员。期间,朱玉辰分别会见中共温州市委书记陈一新、市委常委朱忠明、市委秘书长仇杨。

**是日** 大连商品交易所复函同意浦发银行期货保证金存管业务资格的申请。浦发银行成为首家获得大商所指定存管银行资格的全国性股份制银行。

**12月28日** 浦发银行杭州分行开办"远洋宝"业务,依托具有竞争优势的远洋渔业企业,采用"公司+船东"的担保方式,在落实船舶抵押和管理公司保证、追加船东联保等担保措施的前提下,由分行直接向远洋船东个人授信,提供建造或更新远洋渔船及出洋捕捞的资金。

**12月30日** 浦发银行与中国人民保险集团股份有限公司在北京签署全面合作协议,浦发银行行长朱玉辰、人保集团董事长吴焰出席签约仪式,浦发银行副行长冀光恒、人保集团副总裁李玉泉代表双方签署协议。

**是年** 浦发银行实现营业收入1 000.15亿元,同比增长20.57%;实现利润总额538.49亿元,同比增长20.32%;税后归属于母公司股东的净利润409.22亿元,同比增长19.70%。集团资产总额36 801.25亿元,同比增长16.99%,其中本外币贷款余额17 674.94亿元,同比增长14.43%;集团负债总额34 728.98亿元,其中,本外币存款余额24 196.96亿元,同比增长13.37%。不良贷款率0.74%,较2012年末上升0.16个百分点;不良贷款的准备金覆盖率达到319.65%,比2012年末下降80.20个百分点,公司贷款拨备率(拨贷比)2.36%,较年初提高0.05个百分点。

**是年** 浦发银行位列英国《银行家》杂志"全球银行1 000强"第53位,居上榜中资银行第8位;位列美国《福布斯》杂志"全球企业2 000强"第125位,居上榜中资银行第7位;位列美国《财富》杂志"财富世界500强"第460位,居上榜中资企业第88位、上榜中资银行第9位。

# 2014年

**1月2日** 人民币利率互换集中清算业务上线。浦发银行作为首批参与机构,与工商银行完成以FR007为参考利率、名义本金5 000万元的利率互换交易,成为当日首单集中清算的人民币利率互换交易,也是国内首单纳入集中清算的场外金融衍生品交易。

**是日** 浦发银行印发《内部审计工作规划(2013—2015年)》。

**1月3日** 为支持和推进金融超市建设工作,浦发银行推出《金融超市运营支持方案》。该方案在落实监管要求及浦发银行规定的基础上进行了积极探索:一是运营模式创新,向符合要求、拥有相关资质的金融超市综合服务岗人员开放部分柜面业务权限,实现部分业务现场办理;二是管理原则明确,准确传达监管及总行对金融超市运营管理的具体要求和指导意见,明确机构和人员的职责权限,确保合规运营、风险可控;三是内容丰富翔实,形成统一的服务产品清单和全渠道功能列表,编制运营工作控制要点等基础材料,为金融超市安全运营提供有力支撑。

**1月7日** 浦发银行与中国金融期货交易所在上海签署战略合作协议,浦发银行行长朱玉辰,中国金融期货交易所董事长张慎峰,副总经理胡政、陈晗等出席签约仪式。根据协议,双方将在保证金存管、银期转账一线通、国债充抵保证金、资产管理,以及国债期货市场建设、客户培育等领域深入开展多元合作。

**是日** 浦银租赁公司与河南水利建设投资有限公司达成9亿元融资租赁协议,顺利落地当年首单融资租赁业务,打造"股、债、贷"三位一体的融资与服务体系。

**是日** 浦发银行印发《关于提升零售信贷业务议价能力及综合收益的指导意见》,要求严格执行定价管理策略,落实各类零售信贷产品的交叉营销和产品组合方案,提升整体收益贡献。

**是日** 浦发银行成都分行辖属雅安分行正式开业。

**1月8日** 浦发银行成都分行辖属凉山分行正式开业。

**1月9日** 浦发银行发起设立的天津宝坻浦发村镇银行正式开业,浦发银行副董事长陈辛,执行董事、董事会秘书沈思出席开业仪式,天津市宝坻区区长李森阳、天津市市金融办副主任孔德昌等领导应邀出席。

**1月10日**　浦发银行总行召开船舶保函境外仲裁应诉维权案例专题分析研讨会,浦发银行副行长刘信义、江苏银监局代表、总行风险管理部门和南京分行有关负责人、总分行专案小组成员参加会议。该案例为南通某船厂的保函境外仲裁及其上诉申请案,是浦发银行首次在境外维权中取得全面胜利,也是国内银行业涉外保函诉讼全面免除银行责任的少有案例。

**1月14日**　浦发银行杭州分行与浙江省科技厅签署2014年科技型中小企业保证保险贷款合作协议。

**是日**　浦发银行大连分行为客户办理全行首单非美元增强型结汇区间赢业务。

**1月16日**　江西省副省长胡幼桃赴浦发银行南昌分行新址"浦发银行大厦"进行调研考察,并慰问一线员工。

**1月17日**　浦发银行第五届董事会第十六次会议采用通讯表决方式召开,应参加表决董事18名,实际表决董事18名,一致通过《公司关于2014年分行发展规划的议案》《公司关于2014年支行发展规划的议案》。

**是日**　浦发银行大连分行首个个人互助合作基金项目贷款发放,标志着大连分行零售信贷业务试水弱担保方式实现重大突破。

**是日**　浦发银行武汉分行被武汉市人民政府授予"2013年度支持武汉经济发展融资创新奖"。

**是日**　浦发银行合肥分行承销发行华安证券2014年首期短期融资券,发行金额8亿元,实现了浦发银行系统内证券公司短期融资券零的突破。

**1月19日**　浦发银行印发《二级分行及辖属机构风险管理人员委派管理指导意见》,明确人员委派、归属、薪酬、考核、交流等方面要求,旨在推进二级分行及辖属机构风险垂直化管理。

**1月22日**　浦发银行郑州分行与许昌市人民政府在许昌签订3年200亿元战略合作协议。

**1月24日—25日**　浦发银行全行工作会议在上海召开,党委书记、董事长吉晓辉作了题为《认清改革大势,增强内生动力,加快推进全行转型创新步伐》的讲话,行长朱玉辰作了题为《深化改革,强化执行,提升效益,全面推进转型发展》的经营工作报告,总结了2013年全行经营管理和党建工作,分析了当前面临的外部形势和经营环境,对2014年全行经营管理和党建工作的目标、任务和重点工作作了全面部署。

**1月26日**　浦银金融租赁股份有限公司召开第一届董事会第七次会议,审议通过《关于在境内保税地区设立项目公司的议案》《关于2013年度财务报表及审计报告的议案》。

**1月27日** 中国人民银行公布首批10家支付机构备付金银行名单,浦发银行获得首批业务资格。

**1月28日** 浦发银行正式推出股权基金退出顾问服务。该服务由浦发银行担任股权基金客户的财务顾问,整合运用自身资源,充分发挥在企业上市、场外交易市场挂牌交易、并购重组、股权转让等领域的专业优势,为股权基金订制多元化的退出方案,协助股权基金顺利完成退出。股权基金退出顾问服务,包括上市退出服务、并购退出服务、场外市场交易退出服务、私募二级市场退出服务等。

**是日** 浦发银行苏州分行办理13亿元的委托资产管理业务。该业务由苏州分行作为受托人或投资顾问,对渤海银行北京分行的委托资产进行投资和管理,提供资产配置、投资建议等专业化服务。

**是月** 浦发银行举办第七次全行志愿者日活动,以"情系社区,志愿先行"为主题,全行志愿者们走进社区,普及金融知识,宣传社区安全,践行社会责任。

**2月6日** 浦发银行天津分行启动施行风险经理委派制度,首批派驻支行风险经理全部到岗。天津分行制定《风险经理管理暂行办法》,明确派驻行授信业务审批授权安排;首批选择4家支行派驻风险经理,后续将加快推进辖内风险经理派驻工作。

**2月11日** 浦发银行小微金融业务整合工作正式启动。经过一个半月的积极推进,总行层面,小微金融业务职能基本厘清,业务架构和人员整合基本到位,统一客户标识、加强产品融合、建立统一授信管理制度等工作有序开展;分行层面,截至3月末,各分行均已制定小微金融业务整合方案,36家分行已设立小企业金融服务中心,小微金融专营力量得到进一步增强。

**是日** 浦发银行与上海清算所在上海举行战略合作协议签约仪式,浦发银行董事长吉晓辉、行长朱玉辰出席仪式。

**2月12日** 浦发银行上海分行将"手机卡、银行卡、地铁支付"三合一,升级推出全国首个融合移动支付、金融服务、地铁出行的"中移动浦发手机支付地铁应用"服务。该服务对原中国移动手机钱包进行了全新功能升级;用户开通该功能后,可直接"刷"手机乘坐上海地铁,并在手机上自助在线完成电子现金充值、查询等常规业务,也可携带手机至浦发银行营业网点、ATM等服务渠道进行充值查询,或在地铁站点服务中心对最近10笔的地铁进出消费交易进行查询。

**是日** 浦发银行与无锡市人民政府在上海举行政银合作协议签约仪式,浦发银行董事长吉晓辉、无锡市市长汪泉出席仪式,行长朱玉辰、无锡市常务副市长黄钦分别代表双方签署协议。根据协议,双方将在城镇化建设、"智慧城市"建设、先进制造业和战略性新兴产业、绿色环保行业、重点技术改造项目等方面加强合作,浦发银行将重点支持无锡科技型中小企业发展和产业升级转型。

**2月13日** 浦发银行广州分行与时代地产控股有限公司在广州举行战略合作签约仪式。

**是日** 浦发银行2014年第一次总行风险管理委员会会议召开,会议审议通过《上海浦东发展银行2014年度业务经营风险偏好策略》《上海浦东发展银行2014年度信贷投向政策》《上海浦东发展银行2014年度公司授信业务存量结构调整方案》《上海浦东发展银行2014年度业务审批授权方案》和《上海浦东发展银行资产损失核销管理办法》议案。

**2月14日** 浦发银行北京分行为中国联合水泥集团有限公司办理5亿元融资租赁售后回租业务,开创了北京分行在融资租赁售后回租业务领域的先河。

**2月21日** 浦发银行2014年首期50亿元信贷资产证券化信托资产支持证券招标成功,2月24日完成缴款,并于2月25日正式成立信托。该项目基础资产共涉及24家分行,为全行腾挪50亿元贷款规模、释放48亿元风险资产,主动资产负债管理效果显著。项目优先档证券采用招标发行方式,中标加权平均利率比贷款池加权平均利率低0.44%,较前期其他同业发行的优先档证券利率低约0.6%。

**2月22日** 浦发银行合肥分行完成全行37家分行综合业务系统密钥灾备备份接收工资,包括各分行主密钥备份生成、移交和集中保管工作,实现灾难恢复场景下的主密钥启用。

**2月27日** 浦发银行第五届董事会第十七次会议采用通讯表决方式召开,应参加表决董事18名,实际表决董事18名,一致通过《公司关于资产负债管理政策(2014年)的议案》《公司关于银行账户利率风险操作及内控管理规程的议案》以及《公司关于〈资产损失核销管理办法(修订稿)〉的议案》。

**是月** 浦发银行天津分行获得天津市社会保险基金管理中心代办社保缴费定点银行资格,可对外提供全险种的资金代缴服务。

**3月1日** 浦发银行开始对双币种信用卡进行产品升级,为持卡人提供外币交易自动购汇为人民币入账功能,并在2014年底前免除外汇兑换手续费,提供更加便捷的服务和更高品质的支付体验。

**3月3日** 浦发银行召开2014年度党风廉政建设大会。党委书记、董事长吉晓辉作讲话,党委副书记、副董事长陈辛部署2014年全行纪检监察、审计、合规和保卫工作具体要求。中共上海市纪律检查委员会二室主任刘晓明、上海市金融纪工委书记徐敏出席会议并讲话。会议全面分析了当前党风廉政建设、反腐败斗争,以及审计、合规、案防及保卫工作所面临的形势,明确了下一阶段工作思路和具体要求。会议强调,全行要强化反腐倡廉宣传教育,加强监督检查队伍建设,严肃执行组织纪律监督检查,严格落实党风廉政建设责任制度,严厉惩处腐败行为,全面深化作风建设,不断开创银行党风廉政建设和反腐败工作新局面。

**是日** 郑州商品交易所发布公告,核准浦发银行为郑商所期货保证金指定存管银行,浦发银行成为首批首家获得郑商所期货保证金指定存管银行资格的股份制商业银行。

**3月4日** 中国融资租赁有限公司青岛分公司2500万元保理融资到账,浦发银行青岛分行完成分行融资租赁保理业务。

**3月5日** 上海自贸区业务(央企)座谈会在浦发银行北京分行举办,来自11家央企集团的24位代表、上海自贸区管委会专家及浦发银行总行集团客户部总经理兼北京分行行长崔炳文等50人参加了会议。

**是日** 浦发银行与Asia Vest Partners Limited等签订《关于南亚投资管理有限公司5 000 000股普通股之股权转让协议》,收购南亚投资管理有限公司100%股权,总对价为现金850万港元。

**3月7日** 浦发银行杭州分行与义乌市人民政府签署《共同推进义乌市金融专项改革政银战略合作协议》,浦发银行董事长吉晓辉、副行长冀光恒,中共义乌市委书记李一飞等出席签约仪式。根据协议,双方将在共同推进义乌市金融专项改革创新、优化综合资源配置、创新金融产品服务等方面加强合作。总行相关部门、杭州分行及义乌支行有关负责人参加签约仪式。

**3月8日** 浦发银行重庆分行以贸易融资作为突破口,营销居重庆进出口企业首位的达丰(重庆)电脑公司,贸易金融业务取得历史性突破。

**3月12日** 浦发银行发放首单金额400万元的世界银行—上海长宁区建筑节能和低碳城区建设项目贷款。该项目为上海市政府"十二五"重点工程,计划对长宁区内150幢2万平方米以上的楼宇进行节能改造,其中世界银行作为低息资金提供方,浦发银行和上海银行分别作为项目执行机构。

**3月13日** 浦发银行启动零售信贷资产证券化。总行明确理财资金投资个人股票质押回购业务的突破方向。深圳、厦门、广州、上海、苏州、大连等分行办理以上市公司董事长持有的上市公司股票为标的券的个人股票质押回购业务,合计审批通过金额和已发放金额均超10亿元。

**3月15日** 浦发银行南昌物华支行受邀在中国银行业协会"《2013年度中国银行业服务改进情况报告》发布暨文明规范服务百佳示范单位表彰会"上与残障客户一

起表演主题节目，展现浦发银行为残障客户提供的无障碍服务及给予残障客户的尊重与关怀，得到与会代表认可。

**3月18日**　浦发银行发布《公司关于研究受让上海国际信托有限公司控股权的公告》，首次披露正在与上海国际集团有限公司研究受让上海信托控股权的相关事宜，项目正式启动。

**是日**　浦发银行第五届董事会第十八次会议在上海召开，出席会议董事及授权出席董事18名。经与会董事审议，一致通过《公司2013年度董事会工作报告》《公司2013年度经营工作报告》《公司关于2013年年度报告及其〈摘要〉的议案》《公司2013年度财务决算和2014年度财务预算报告》《公司关于2013年度利润分配的议案》《公司关于2014年度选聘会计师事务所的议案》《公司关于2013年度董事履职评价的报告》《公司2013年度独立董事述职报告》等14项议案。

**是日**　浦发银行上海分行完成IC卡加载多应用工作，发行加载金融功能居民健康卡。该卡具备居民健康卡和银行卡双重功能，居民在联网医疗机构就医时，可用该卡代替医院诊疗卡，在医院自助设备上直接进行费用结算，并可将该卡附加在社会保障卡上，实现银行卡、居民健康卡和社会保障卡的"多卡合一"。

**3月20日**　浦发银行批准建立"浦发银行大连离岸业务创新中心"，这是全行第三家区域性离岸中心，也是浦发银行在东北地区设立的首家离岸业务创新中心。

**3月25日**　浦发银行零售决策管理系统上线小微企业"电商通"业务审批决策功能；通过与信贷工厂业务系统的对接，有效支持"电商通"业务依托专属评分卡快速识别和评价客户、实现线上审批和贷款定价的新模式，以互联网思路为基础，以大数据模型为支撑，为后续同类业务复制和拓展打下了较好的基础。

**3月26日**　浦发银行信用卡微信公众号服务平台——"浦发信用卡微客服"累计绑定关注用户突破100万，分流人工来电25万余通，获取办卡申请近5万笔，获取万用金申请1.3万笔，办理金额超过1 300万元，有效发挥了"微"渠道对信用卡传统业务的撬动作用。

**3月27日—28日**　浦发银行在福州召开社区支行、小微支行建设及网点转型工作调研座谈会，行长朱玉辰、副行长姜明生和总行相关部门、部分分行负责人参加会议。会议要求全行充分认识浦发银行网点转型的重要性和紧迫性，统一思想、坚定信心，扎实推进社区支行和小微支行建设，保质保量完成300家建设任务，大力推进轻型网点建设。

**3月28日**　浦发银行苏州分行与苏州市经信委签署《"智慧城市"专项战略合作协议》，成为苏州分行"智慧城市"综合金融服务方案推出后签订的首份业务合作协议。根据战略合作协议,双方将在智慧交通、智慧市政、智慧公共服务、智慧物流、智慧医疗、智慧信息化基础设施等重点领域开展合作。分行将协助设计"智慧城市"整体投融资方案,充分利用"股债贷"多元化融资特色服务,扶持"智慧城市"相关科技型中小企业发展,支持地区产业结构转型升级和"智慧城市"规划实施。签约仪式结束后,苏州分行为近60家与会企业举办了"绿动苏州智慧未来"绿色信贷及智慧城市金融服务专场推介会。

**3月31日** 中国银行业监督管理委员会作出《关于浦银金融租赁股份有限公司在境内保税地区设立项目公司开展融资租赁业务资格的批复》,核准浦银金融租赁公司在境内保税地区设立项目公司开展融资租赁业务的资格。自此,浦银金融租赁公司具备在上海自贸区、天津东疆保税港区以及其他境内保税地区设立项目公司,开展飞机、船舶、大型设备等跨境融资租赁业务的准入条件。

**4月2日** 浦发银行杭州分行托管义乌商城集团和清华控股共同发起成立义乌首只私募股权投资基金——义乌惠商紫荆母基金。该基金首期计划募集规模为5亿元,是落实义乌金融专项改革方案的一项重要举措,重点投资市场整合提升、消费升级、节能环保、医疗健康等战略性新兴产业和领域。

**4月3日** 浦发银行乌鲁木齐分行发行新疆前海集团公司9亿元中期票据,填补了乌鲁木齐分行在南疆产业发展的空白点,是分行在援疆过程中实现的首单由当地银行发行的债务融资业务。

**4月4日** 浦发银行重庆分行与协信地产控股公司举办战略合作座谈会及签约仪式。

**4月5日** 浦发银行上海分行开展小额外币存款利率市场化后首批定期存款业务。当日,上海分行通过开启绿色通道、逐笔议价逐笔报备的方式,完成3家企业的4笔小额定期存款业务。

**4月7日** 浦发银行董事长吉晓辉、行长朱玉辰在北京与中国人民银行、中国银行业监督管理委员会、中国证券业监督管理委员会及中国移动集团领导会晤,就发行优先股相关事项进行沟通。浦发银行副行长冀光恒、执行董事沈思等参加会见活动。

**4月10日** 浦发银行在业内首家推出微信汇款服务,全面布局移动金融业务。

**4月14日** 浦发银行北京分行推出自行创新研发的首款科技类小企业专属产品——"快速贷"。该产品是北京分行确立"改善客户结构,以科技型企业为主导"的小企业金融业务发展思路后推出的首款主打产品,解决以往调查、审查前后台标准不一致,客户开发后消化时间长、营销成功率低、单户营销成本高等问题,以标准化方式准入审批客户,从接触到放款可在2周内实现。

**是日** 浦发银行首期总行直管干部经营管理高级研修班在中国浦东干部学院开班,副行长徐海燕出席开班仪式,50名总行直管干部参加培训。研修班从党性教育和领导力提升、宏观视野、金融创新和发展战略等四方面开展培训。

**4月15日** 浦发银行与郑州商品交易所"银期通"系统在浦发银行郑州分行正式上线,并为万达期货有限公司成功办理了首单期货保证金转账业务。

**4月16日** 浦发银行召开保密工作领导小组会议,通报国家安全局对加强银行网络安全运营相关要求和中共上海市保密委员会关于组织开展涉密中央文件保密管理专项检查工作安排,审议通过新版《上海浦东发展银行商业秘密目录》。会议要求全行树立并加强保护国家秘密、商业秘密的意识,严格执行保密相关规定,进一步强化对商业秘密尤其是涉及核心竞争力商业秘密的保护。

**4月17日** 浦银金融租赁公司2014年度第一次股东大会在上海市徐汇区莲花路1688号举行,会议审议通过《关于变更公司住所及修订〈公司章程〉的议案》。

**4月18日** 青岛市自行发起筹建的"四板"交易平台——青岛蓝海股权交易中心举行开业暨首批企业挂牌仪式,包括众恒科技在内的首批共13家企业完成挂牌。浦发银行青岛分行与蓝海股权交易中心签订战略合作协议。

**4月19日** 浦发银行核心网建设项目顺利完成第一阶段投产上线。该项目是根据浦发银行新一代信息系统建设规划启动实施的基础设施平台项目,对现有核心广域网进行改造和优化,将原有点对点型网络改造为具备高度灵活性、可扩展性、前瞻性和智能化的环状网络。

**4月23日** 浦银安盛基金公司通过书面表决的方式召开2014年第二次股东会会议。经股东会大会批准,选举产生第三届董事会、监事会,姜明生任董事长,Bruno Guilloton任副董事长,黄跃民任监事长。

**4月24日** 浦发银行郑州分行超短期融资券项目取得突破,河南投资集团有限公司2014年度第一期超短期融资券15亿元募集资金到账。该笔超短期融资券是河南省内首单超短期融资券,也是分行首次牵头主承销的地方国企超短期融资券。

**4月25日** 浦东新区经济和信息化委员会—浦发银行上海分行"智慧城市"专项战略合作签约仪式在浦发大厦成功举办,浦东新区经济和信息化委员会主任傅红岩、浦东新区经济和信息化委员会副主任张爱平、浦发银行上海分行副行长沈建忠分别代表双方签署协议。此次签约将加深和密切浦东新区和浦发银行的政银合作关系,特别是在浦东新区"智慧城市"建设领域的合作。浦发银行将在未来3年内为浦东新区智慧城市建设提供50亿元融资支持,重点支持浦东新区智慧交通、智慧市政、智慧公共服务、智慧物流、智慧医疗、智慧信息化基础设施等重点领域建设。

**4月28日** 浦发银行第五届董事会第十九次会议在上海召开,出席会议董事及授权出席董事18名。经与会董事审议,一致通过《公司关于符合非公开发行优先股条件的议案》《公司关于非公开发行优先股方案的议案》《公司关于非公开发行优先股预案的议案》《关于修订〈公司章程〉的议案》等16项议案。

**是日** 浦发银行信用卡中心通过ISO 27001信息安全管理体系(ISMS)的认证审核,在国内同业中首家以"零不符合项"整体通过该项认证,相关服务在信息安全管理标准方面达到国际认证标准。

**是日** 浦发银行信用卡中心联合福州分行完成信用卡车位分期交易,实现浦发银行信用卡大额分期交易零突破。

**4月28日—29日** 浦发银行青岛分行应邀参加青岛市政府组织的政银合作共建优惠贷款平台签约仪式暨融资产品发布对接会,与青岛市经济和信息化委员会签订战略合作协议。

**4月30日** 浦发银行与光明食品(集团)有限公司在总行举行战略合作协议签约仪式,浦发银行董事长吉晓辉、副行长冀光恒,光明集团总裁曹树民出席仪式。根据协议,双方将建立长期战略合作关系,进一步加强在企业资金管理、投融资、离在岸金融服务、上海自贸区业务等领域的合作。

**是日** 浦发银行首次向银监会正式报送内部资本充足评估报告,内容涉及全面风险评估、整合性压力测试、资本规划等方面,进一步推进了《商业银行资本管理办法》在浦发银行的实施。

**是日** 浦发银行私人银行客户数突破1万户,达到10 544户,私人银行客户金融资产总量近1 900亿元,较私人银行业务开办之初增长近3倍。

**是月** 浦发银行天津分行在全行首先实现移动营销终端全网点覆盖。移动营销终端集客户管理、业务介绍、产品查询、销售等功能为一体,能够帮助营销人员提供随身营销服务,使营销推广工作更具实时性和便利性,可随时随地管理客户信息,实时开展产品销售,并可降低运营成本,为高端客户提供更加优质的一对一服务,摆脱实体网点束缚。

**5月6日** 浦发银行与内蒙古自治区人民政府在呼和浩特市举行战略合作协议签约仪式,浦发银行董事长吉晓辉、副行长冀光恒出席仪式。根据协议,双方将进一步加强银政战略合作,浦发银行将充分发挥综合金融服务优势,积极支持内蒙古自治区重点项目、基础设施和民生工程建设。在内蒙古期间,吉晓辉分别与中共内蒙古自治区党委书记王君、呼和浩特市市长秦义举行会谈,就进一步加强沟通、深化合作进行了探讨和交流。

**5月7日** 浦发银行与上海国盛（集团）有限公司在总行举行战略合作协议签约仪式，浦发银行董事长吉晓辉、行长朱玉辰，国盛集团董事长张立平、总裁刘信义出席仪式。根据协议，双方将建立长期战略合作关系，进一步加强在企业资金管理、投融资、离在岸金融服务、财务顾问等领域的合作，实现优势互补、合作共赢。

**5月8日** 浦发银行主承销的10亿元中广核风电有限公司附加碳收益中期票据在银行间市场成功发行，成为国内首单与节能减排紧密相关的绿色债券，填补了国内与碳市场联动的直接融资产品的空白。该笔碳债券通过在产品定价中加入与企业碳交易收益相关的浮动利息收入，使债券投资者间接参与到蓬勃发展的国内碳交易市场。企业则可通过发行碳债券将其碳交易的经济收益与社会引领示范效应结合，降低了综合融资成本。

**是日** 由上海金融业联合会组织的"2013年上海金融业改革发展优秀研究成果"评选颁奖大会在上海召开，浦发银行共7项研究成果获奖。其中，专著《移动金融——创建移动互联网时代新金融模式》在各类银行业金融机构报送的成果中脱颖而出，获得一等奖；《探索建立以资产管理为核心的私人银行业务经营模式》论文获得二等奖；《货币政策对银行间市场流动性影响效应的实证研究及启示》《如何驱动商业银行国际化：市场拉动与监管助推双重视角》《P2P信贷平台：新型金融模式对商业银行的启示》等3篇论文获得三等奖；《以自贸区改革为突破口，打造中国经济升级版》《中国上海自由贸易试验区：总体情况、开放措施、负面清单及改革展望》等2篇论文获得入围奖。

**5月13日** 浦发银行在北京中关村举行科技金融服务品牌——"科技巨人"发布仪式。副行长冀光恒与科技部火炬高技术产业开发中心副主任张卫星共同启动"科技巨人"品牌发布平台。"科技巨人"是浦发银行针对以科技型企业为代表的具有成长性和成长需求的企业客户推出的特色服务，核心理念为"跨界、无界"，即服务跨界、成长无界。发布仪式上，浦发银行与全国中小企业股份转让系统有限公司、北京分行与部分优秀股权基金分别签署战略合作协议。

**是日** 浦发银行北京分行为北京市千叶珠宝首饰有限公司办理实物黄金租赁业务，客户租赁Au99.99成色黄金147千克（价值约3 808万元），租赁费5.5%，租赁期限1年。该笔业务是北京分行首单黄金租赁业务。

**5月14日** 浦发银行正式推出上海自贸区跨境直贷业务。

**5月16日** 浦发银行上海分行举办跨境人民币业务推介会暨《自贸区金融服务方案3.0》发布会。

**5月20日** 浦发银行芜湖分行首单跨境人民币信用证成功落地。该笔信用证金额达4 500万元涉及跨境人民币、转口贸易领域,是芜湖分行跨境人民币业务发展的重大突破。

**5月22日** 经中国人民银行、国家发展改革委员会批准,浦发银行在香港发行离岸人民币高级债券(点心债)。债券发行规模为10亿元,扣除发行成本后的实际募集资金为9.94亿元,债券期限3年,票面利率为固定利率4.08%。

**是日** 浦发银行与腾讯公司联合发布旨在加强移动支付安全产业链协作的"移动支付安全联合守护计划",副行长姜明生出席发布仪式。该计划将整合浦发银行在移动金融服务领域的优势资源,以及腾讯公司在移动支付及安全领域的丰富经验,成立国内首个定位于移动支付产业链安全环境建设的公益性平台,通过移动支付产业链的合作,提供系统性的安全解决方案,为消费者提供更可信赖的支付保障。

**5月24日** 上海自贸区管委会与中国人民银行共同组织的"自贸试验区跨国公司总部外汇资金集中运营管理试点银企签约仪式"举行。仪式上,上海分行副行长沈建忠代表浦发银行分别与跨境通、美狄斯广告、麦维讯电子等3家企业现场签约。

**5月26日** 浦发银行在上海市新华路160号上海影城召开2013年度股东大会,出席股东及代理人共432人,所持有表决权的股份9 083 106 848股,占公司有表决权股份总数的48.693 9%。此次会议以现场及网络投票的方式表决,审议通过《公司2013年度董事会工作报告》《公司2013年度监事会工作报告》《公司关于符合非公开发行优先股条件的议案》等共13项议案。

**是日** 浦发银行石家庄分行与河北信投集团签署银企战略合作协议。

**5月28日** 浦发银行第五届董事会第二十次会议采用通讯表决方式召开,会议应参加表决董事18名,经表决通过了《公司关于上海国际集团有限公司集团授信的议案》《公司关于优先股发行后填补股东即期回报的议案》。

**是日** 浦发银行与广州市城市建设投资集团有限公司、中国人寿集团公司就广州国寿城市发展产业投资基金项目签署项目融资协议,标志着国内首单险资对接产业投资基金融资项目在浦发银行成功落地,基金总规模200亿元。

**是日** 浦发银行大连分行与大连万达影城深化合作,在原B2C在线支付基础上,联合发行大连分行首张借记IC联名卡——"万达影城—浦发银行"影乐卡。

**是月** 浦发银行杭州分行与杭州市民卡公司的"智慧医疗"合作项目正式落地,杭州分行定制的"智慧医疗多功能自助机"在杭州市8家市级医院以及部分省级医院、社区医院正式投入使用。"智慧医疗"项目是杭州市政府为破解看病手续烦琐问题推出的一项便民服务工程,由杭州市民卡公司负责推进。杭州分行在项目开展初期便与该公司紧密合作,最终作为7家合作银行中唯一股份制银行,正式承接"智慧医疗"及交通卡等业务合作。

**6月1日** 浦发银行参加巴塞尔委员会关于监管制度改革的研究和全球测算,为资本监管制度的深入改革提供支持和依据。

**6月3日** 浦发银行银川分行开业仪式暨宁夏自治区政府与浦发银行战略合作协议签约仪式在银川举行。中共宁夏自治区党委书记、人大常委会主任李建华,宁夏自治区主席刘慧会见浦发银行党委书记、董事长吉晓辉一行。

**是日** 浦发银行广州分行落地国内首单融资租赁保理对接离岸资金业务,通过与浦银金融租赁公司的合作,对接浦发银行离岸资金,办理1500万美元融资租赁业务。

**6月5日** 浦发银行西安分行获得陕西省新材料高技术创业投资基金托管权,签署托管协议。该基金由陕西省政府牵头发起,基金规模2.55亿元,主要支持陕西省内处于初创期的高新技术企业。

**6月10日** 浦发银行第五届董事会第二十一次会议采用通讯表决方式召开,会议经表决通过《公司关于不良资产转让立项及实施方案的议案》。

**6月12日** 中共中央政治局委员、上海市委书记韩正率市委有关领导赴浦发银行调研座谈。韩正在浦发银行董事长吉晓辉、行长朱玉辰的陪同下,看望慰问上海分行第一营业部基层员工。座谈会上,韩正听取工作汇报,充分肯定浦发银行所取得的成绩;同时强调要借助于本轮深化金融改革的有利时机,进一步提高综合实力,加快发展。

**6月13日** 浦发银行获得对英镑直接交易做市商资格,正式成为银行间外汇市场人民币对英镑直接交易做市商。

**是日** 浦发银行上海分行首批通过中国人民银行分账核算单元验收。

**是日** 浦发银行青岛分行办理"保付通"业务,为在岸企业的离岸关联公司开出期限6个月、金额1558万美元的远期信用证。

**是日** 浦发银行深圳分行首单1亿元深港联动前海跨境人民币贷款业务正式落地。前海跨境人民币贷款业务由前海注册客户向深圳分行提出业务申请,由注册地在港银行(含浦发银行香港分行)直接向境内申请人发放跨境人民币融资,贷款用途限于前海建设与发展项目。

**6月18日** 在中国人民银行上海总部组织的自贸区分账核算业务启动仪式上,浦发银行与光明米业集团上海国际贸易有限公司签约,标志着浦发银行自贸区分账核算系统通过中国人民银行验收,成为首批获准开办自贸区分账核算业务银行。

**是日** 浦发银行获得首批上海国际黄金交易中心结算银行资格。黄金国际板业务推出后，境外投资者可通过离岸人民币进入国内黄金交易市场，参与上海黄金交易所所有交易品种投资。该业务的开设不仅引入了境外投资者直接入市交易，还进一步增强了上海黄金交易所的国际影响力，并将通过在上海自贸试验区内建立黄金交割仓库，推进上海建设成为亚洲乃至全球范围内具有影响力的黄金转口贸易中心。

**是日** 浦发银行西宁分行小企业金融服务中心正式成立。

**6月20日** 浦发银行召开浦发村镇银行工作（视频）会议，副董事长陈辛、执行董事沈思出席会议。浦发村镇银行管委会全体成员，25家浦发村镇银行董事会、监事会、高级管理层成员参加会议。会议分析了浦发村镇银行当前运行状况，进一步明确支农支小的经营定位，以"三大工程、三大实力、四项机制、四个制度"为核心，安排部署浦发村镇银行下阶段工作任务，要求进一步深化村镇银行机制建设，突出发挥董事会核心作用，夯实管理基础，严守风险底线，引领村镇银行稳健可持续发展。

**6月20日—22日** 第三届中国（广州）国际金融交易博览会召开，浦发银行广州分行应邀参加。广州分行副行长董轶哲与广州碳排放权交易中心总裁靳国良代表双方签署《碳金融创新合作协议》。

**6月24日** 浦发银行行长朱玉辰赴天津市滨海新区开展工作调研。期间，朱玉辰分别拜会中央政治局委员、天津市委书记孙春兰，天津市委常委、常务副市长崔津渡。

**6月25日** 浦发银行科技金融研讨会在天津举行，浦发银行行长朱玉辰出席并讲话，副行长冀光恒及国家科技部、天津市科技委员会、中国人民银行天津分行、天津银监局有关领导应邀出席。研讨会上，与会领导和专家就政府支持科技型企业相关政策、浦发银行科技金融创新服务品牌——"科技小巨人"、浦发银行支持科技型企业的服务特色以及未来科技金融发展思路和相关举措等进行了深入研讨。研讨会期间，举行了浦发银行首批直接股权投资基金成立暨签约仪式和"科创天使"全程金融服务方案发布仪式。

**是日** 浦发银行郑州分行首单法国开发署（AFD）绿色信贷业务——河南鑫磊能源有限公司实施130万吨/年焦炉煤气热电联产项目成功提款，标志着郑州分行绿色信贷业务实现新突破。

**6月26日** 浦发银行第五届董事会第二十二次会议在上海召开，经与会董事审议，一致通过《公司关于信贷资产损失核销的议案》《公司关于向上海金山工业区提供农村综合帮扶资金的议案》。

**是日** 浦银金融租赁公司以通讯表决方式召开了2014年度第一次临时股东大会，增选傅能、郑闻为公司第一届董事会董事；刘海彬到龄退休，辞去董事职务。同日，公司以通讯表决方式召开第一届董事会第九次会议，选举傅能为第一届董事会副董事长。

**6月27日**　浦发银行与中国移动、复旦大学联合发布移动金融3.0标准和《移动金融产业发展趋势与新生代用户研究》报告。移动金融3.0标准在业内首次描绘未来移动金融生态圈环境中用户便捷的金融体验以及银行全新的服务模式，阐述移动金融未来发展态势，为移动金融生态圈参与者判断行业发展趋势提供科学、权威的依据。

**6月29日**　浦发银行第一届职工代表大会第七次会议在上海市莲花路1688号召开，会议审议并通过《薪酬延付管理方案》《社区银行用工及薪酬管理暂行意见》等两项议案。第五届监事会职工监事向大会报告履职情况。

**6月30日**　由中国银行业协会组织的中国银行业发展研究优秀成果评选（2013年）通报大会在北京召开，浦发银行共4项研究成果获奖。其中，《中国上海自由贸易试验区：总体情况、开放措施、负面清单及改革展望》获得二等奖，《2013中国私募股权基金市场研究报告》获得三等奖，《全球金融中心格局演变与上海的发展策略研究》和《积木式产品模式拓展收入增长点》获得优秀奖。

**7月1日**　上海清算所人民币利率互换集中清算业务正式上线，浦发银行与渤海证券以FR007为参考利率、名义本金5 000万元的交易，成为当日首单提交上海清算所集中清算的代理业务。交易首日，浦发银行代理清算业务量在全市场机构中位列第二。

**是日**　浦发银行推出"普发宝"现金管理增值服务。客户可通过该服务关联货币基金，并进行购买与赎回。"普发宝"具备同类产品的投资低门槛（一元起购）、日日复利、交易零手续费、随时可申赎的特点，在流动性与安全性方面表现更为突出。

**7月7日**　浦发银行与上海国际集团有限公司正式签署《受让上海国际信托有限公司控股权备忘录》。双方将本着诚信原则，共同确定股权收购方案的具体内容并予以推进，以达成并签署公司受让上海国际信托有限公司控股权的具体协议以及其他法律文件。

**7月16日**　浦发银行2014年"科技小巨人"创新金融之旅活动在杭州未来科技城（海创园）成功举办。现场，浦发银行杭州余杭支行与杭州未来科技城管委会签订加强金融合作战略协议，与杭州余杭科技担保有限公司、杭州恒生科技园、浙江华正新材料股份有限公司分别签订全面战略合作协议。

**7月18日**　浦发银行第五届董事会第二十三次会议采用通讯表决方式召开，会议表决通过《上海浦东发展银行股份有限公司关于〈全球系统重要性银行评估及指标披露管理办法〉及 2013 年度评估指标的议案》。

**是日** 海南省遭受特大台风"威玛逊"灾害,浦发银行海口分行第一时间组织全行范围的爱心募捐,共募集善款 110 余万元,支持灾区人民重建家园。

**7 月 22 日** 浦发银行重庆分行与西南证券签署人民币利率互换代理清算协议,成为首批完成该业务签约的分行及西南证券唯一代理清算行。

**7 月 25 日** 浦发银行推出微信银行"商旅套餐",通过微信银行打通商旅套餐的营销宣传与客户购买渠道,促进提升商旅套餐营销效能。

**7 月 26 日** 浦发银行总行以及辖属间接参与者上海分行、海口分行、银川分行切换为第二代支付系统。第二代支付系统是全国支付清算体系建设的重大项目,此次切换旨在完成大小额支付系统报文标准切换以及网上跨行支付清算系统前置迁移,是对浦发银行支付系统的一次重要升级换代。系统切换期间,徐海燕副行长率第二代支付系统领导小组现场指导,切换项目顺利完成 74 项系统操作和业务验证任务。系统切换后的首个工作日中,第二代支付系统发生往来账 36 233 笔,清算金额共计 2 360.93 亿元,完成上线目标。

**7 月 30 日** 中国人民银行正式批准浦发银行开办黄金进口业务,该业务资格的获批,将有效提升浦发银行在贵金属业务领域的市场形象与市场地位。开展黄金进口业务将有力推动浦发银行贵金属业务领域的多元化综合经营,做大做强贵金属交易:一是开展寄售金业务,平抑国内现货黄金供需缺口,增强市场流动性与安全性;二是丰富黄金租赁业务现货渠道来源,更好地服务黄金产业;三是对冲自营黄金交易风险敞口,进一步提升贵金属业务风险管理能力;四是增加黄金原料供给渠道,增强自主定价实物金的竞争优势。

**是日** 浦发银行广州分行 4 家"浦发银行农村金融服务站"正式营业,广州分行与广州市政府在广州增城市朱村街丹邱村举行揭牌仪式。

**7 月 31 日** 浦发银行温州分行接受当地武装部门的授牌,成立全国首家"随军银行女子民兵分队"。

**是月** 浦发银行人民币单位结算卡——"米卡"在上海分行和深圳分行启动试点工作,首次实现单位结算账户通过 IC 卡方式进行资金划拨。

**是月** 浦发银行信用卡"万用金"业务在分期期数、申请渠道、使用范围等方面全面升级,提供分期及一次性收取手续费两种灵活模式,最长提供 36 个月分期还款服务,并可通过客服热线、信用卡中心官方微信账号、浦发银行网上银行等多种渠道申请办理。

**是月** 浦发银行第三方存管 3.0 系统正式投产上线。该系统在原投资资金存管系统基础上进行了平台化升级改造。除承接原有证券第三方存管、融资融券存管、商品市场存管功能外，浦发银行借助于该系统推出非金融支付机构客户备付金存管业务品种，并率先与上海付费通信息服务有限公司开展了客户备付金存管的试运营。

**是月** 浦发银行全面升级账单服务，为持卡人提供电子账单、短信账单和彩信账单，以及微信银行、网上银行、手机银行、客户服务热线等多种账单查询渠道。在新推出的微信账单服务中，持卡人只需关注并绑定"浦发银行信用卡中心"官方微信账号，即可于每月账单日的次日获取账单信息。

**8月1日** 浦发银行天津分行主承销的天津东方财信投资集团有限公司债务融资工具首期20亿元资金足额募集到账。该笔业务是全国首单小城镇私募债，募集资金主要用于支持天津市东丽区军粮城示范镇建设项目。

**是日** 河北省小额票据贴现管理中心沧州市分中心在浦发银行石家庄分行辖属沧州分行揭牌运营。该中心由中国人民银行石家庄中心支行牵头，河北省工信厅、工商联、金融票据协会以及河北银监局联合组织，旨在落实支持小微企业发展的一系列政策要求，切实解决小微企业融资难、小额票据流通不畅的实际问题。作为沧州区域唯一小额票据贴现中心，沧州分中心开业运营后将全面受理300万元以下的小额票据贴现业务。

**是日** 浦发银行福州分行"微盟卡"开卡仪式在平潭综合实验区举行。

**8月4日** 浦发银行完成国内首单场外人民币铁矿石、动力煤掉期代理清算业务。人民币铁矿石掉期、动力煤掉期是国内首个以人民币现货价格指数为结算标的，采用场外撮合交易、场内清算的大宗商品金融衍生品。浦发银行上海分行和厦门分行及时对接河北敬业钢铁和厦门国贸集团对铁矿石等大宗商品套期保值的业务需求，完成首单人民币铁矿石掉期代理清算业务，共计买入铁矿石CISQ414合约单边规模3万吨，单边清算总金额1905万元。在太原分行和上海分行的参与下，首单人民币动力煤掉期代理清算业务由秦皇岛市杭远煤炭经销有限公司、上海敦士海运有限公司以及上海筑金投资有限公司完成，共计买入动力煤CSS0814合约单边规模1.8万吨，单边清算总金额880.2万元。

**8月6日** 浦发银行西安分行与中国移动陕西分公司签署多项重点业务合作协议，就进一步加深在信用卡分期租机、"和利贷"代理商金融服务、高端客户共享、高校客户拓展、NFC手机支付等多个领域的合作，进行了深入探讨；重点就业务流程、合作模式、沟通机制、保障措施等进行了磋商；围绕重点业务协议，明确双方落实责任部门，确保合作协议真正落地、取得实效。

**8月8日** 浦银金融租赁公司购买的首架波音B737-800飞机完成通关手续并

交付山东航空公司运营。此笔业务是浦银金融租赁公司首单飞机租赁业务、首单经营租赁业务和首单保税租赁交易结构业务。

**8月10日** 浦发银行自贸区自由贸易账户(FT账户)开户数突破100户,达到125户,在股份制商业银行中居第一。

**是日** 浦发银行推出业内首个"大宗商品综合金融服务方案",聚焦客户对大宗商品价格波动的风险管理需求,帮助客户有效规避经营风险。该方案在同业中率先专注服务大宗商品产业客户群,为客户提供个性化金融解决方案,实现多层次交易市场全覆盖、产业供应链客户全覆盖、多样化银行服务全覆盖、多渠道风险管理全覆盖;率先将主动风险管理理念融入融资服务,坚持依托产业链向大宗商品生产、加工以及贸易类客户提供融资支持,满足产业客户实际经营中产生的融资需求;率先把人民币铁矿石掉期和人民币动力煤掉期代理清算产品纳入大宗商品服务方案,帮助大宗商品客户实现稳健经营。

**8月14日** 浦发银行联合新华社共同发布"2014年上半年度新华—浦发长三角小微企业景气指数",浦发银行副行长姜明生出席发布会并致辞。长三角小微企业景气指数综合考虑小微企业经营中的各类重要因素,通过动态的纵向比较和不同行业、规模、区域的横向比较,揭示长三角地区小微企业的景气特征。经测算,2014年上半年度长三角小微企业景气指数为105.48,处于"微景气"区间。

**8月15日** 中国银行业监督管理委员会作出《关于浦发银行非公开发行优先股及修改公司章程的批复》,同意浦发银行非公开发行不超过3亿股的优先股,募集金额不超过300亿元,并按照有关规定计入公司其他一级资本。其中,2014年发行量不超过1.5亿股,募集金额不超过150亿元。

**是日** 浦发银行上海分行为中国银行上海市分行开立同业机构自由贸易账户(FTU),开立全行首个FTU结算账户。

**8月20日** 浦发银行开办远期替代型、区间型、价差和期差型等三大类16个新型人民币外汇期权业务,涵盖普通期权、价差期权、海鸥期权、比例期权等多个交易品种。开办当日,交易额即达8000万美元,为2014年前7个月期权业务累计交易量的28%、上年全年累计交易量的85%。青岛、天津、大连、北京、广州、厦门、杭州、深圳、福州、长春等10家分行,在业务开办首日办理卖出普通欧式期权、价差组合期权业务。

**8月21日** 浦发银行北京分行与北京股权交易中心签署战略合作协议,正式成为其推荐机构会员单位,并抓住与三板、四板市场陆续签约的契机,探索涉及资本市场的业务合作模式。

**8月22日**　浦发银行以12.61亿元成功竞得上海市浦东新区世博园区A片区13A-01地块土地使用权,土地总面积7 649.4平方米。世博A片区定位为国际知名企业总部聚集区和具有国际影响力的世界级商务区,浦发银行计划将上海总部新址迁入世博园区。

**8月25日**　浦发银行召开全行资本管理高级方法合规达标动员会议,总行分管副行长、相关部门负责人和各分行行长、分管风险工作行领导、风险管理部门负责人参加。会议对浦发银行资本管理高级方法合规达标工作进行了全面部署,要求全行高度重视、各司其责、积极准备,确保通过中国银监会现场检查并获准实施资本管理高级方法。

**是日**　浦发银行第三次被中国人民银行授予英镑、加拿大元、澳大利亚元和瑞士法郎境内支付系统代理结算银行资格。

**8月26日**　浦发银行济南分行与菏泽市政府战略合作协议签约暨菏泽分行开业仪式在菏泽市五洲国际大酒店举行,浦发银行副董事长陈辛、中共菏泽市委书记于晓明出席签约仪式,菏泽分行分别与菏泽市交通集团、东明石化集团等5家重要客户签订银企合作协议。

**8月28日**　上海黄金交易所正式启动银行间黄金询价交易尝试做市业务,浦发银行获得银行间黄金询价交易尝试做市商资格,并于9月1日正式开展黄金询价交易尝试做市业务。

**是日**　由浦发银行主办的汽车金融研讨会在武汉分行举行,东风汽车集团及旗下核心厂商,以及上下游供应商、经销商代表参会。研讨会借助于浦发银行与东风汽车集团的合作平台,通过现场交流方式,向东风汽车核心生产企业、供应商和经销商,介绍浦发银行汽车供应链融资服务方案、现金管理服务方案及相关理念,演示浦发银行供应链电子信息平台,着重就统管资金池、跨境资金池等多项特色产品与电子渠道服务进行推广。

**8月29日**　浦发银行副行长冀光恒出席由山西省委、省政府召开的金融支持山西经济结构调整与转型升级座谈会。座谈会上,浦发银行太原分行与山西省地方铁路集团有限责任公司签署银企战略合作协议,并确定18个重点签约支持企业(项目),合计签约金额近80亿元。

**8月30日**　浦发银行福州分行与福建省海洋与渔业厅举行合作备忘录签字仪式,建立面向未来的全面战略合作伙伴关系。

**9月2日**　浦发银行第五届董事会第二十五次会议采用通讯表决方式召开,会议表决通过《公司关于新增和调整总行相关职能部门的议案》《公司向云南鲁甸地震灾区捐款事项的议案》。

**9月3日** 浦发银行与徽商银行举行全面业务合作协议签约仪式,浦发银行行长朱玉辰、徽商银行主要领导出席。根据协议,双方将建立全面合作伙伴关系,进一步加强公司金融、同业市场、贸易融资、投资银行等领域的合作,促进优势互补、共同发展。

**是日** 浦发银行南宁分行与广西北部湾股权托管交易所股份有限公司签署战略合作协议,正式成为其综合会员,达成全面战略合作伙伴关系。

**9月11日** 浦发银行总行召开风险管理专业岗位序列试点工作动员会议,正式启动专业岗位序列推进工作,行长朱玉辰在会上作动员讲话。专业岗位序列建设工作深入探索解决员工职业发展的瓶颈问题,纵向打开职业发展空间,充分肯定专业能力和工作价值;横向拓宽职业发展通道,激发员工的潜能与活力,促进全行加快培养和储备中高级人才,为战略发展提供充足的人才供给。总行以专业岗位序列建设为契机,逐步构建覆盖全行各类岗位的矩阵式职业发展平台,加快实现人才集聚。

**是日** 浦发银行获得上海清算交易所航运及大宗商品金融衍生品交易资格,正式参与航运及大宗商品金融衍生品自营交易。获得此项交易资格后,浦发银行可将代客大宗商品金融衍生品交易品种由原先的有色金属、能源和农产品延伸至航运指数、铁矿石和动力煤及未来计划推出的铜、PTA、集装箱航线、内贸煤炭航线等业务品种。

**是日** 浦发银行分别面向个人和公司客户推出"天添盈2号"理财产品和"月添利"理财产品。"天添盈2号"是在"天添盈1号"基础上,聚焦客户对大额流动性资金的理财需求,主要特点包括:申赎快捷,购买和赎回需求可在T+1工作日确认;风险较低,主要投资债券等多元化资产;交易便捷,可通过营业网点、网上银行、手机银行、电话银行等多种渠道交易。"月添利"理财产品紧密契合公司客户理财需求,面向大型企业集团、中小企业、微型企业等各类公司客户发售,具有收益高、起息快、兑付早、起点低等特点。

**9月13日** 浦发银行济南分行和中国移动山东公司签署战略合作暨业务推进协议。

**9月16日** 浦发银行与江西省人民政府在南昌举行战略合作协议签约仪式。中共江西省委书记强卫、省长鹿心社和浦发银行董事长吉晓辉出席,江西省副省长李炳军与浦发银行副行长冀光恒分别代表双方签署协议。根据协议,双方将建立紧密、稳定的战略合作关系,浦发银行将为江西省城镇化建设、现代服务业、现代农业、中小微企业等重点领域提供金融服务和支持。

**9月17日** 浦发银行落地首单LPR利率互换交易,交易对手为上海银行,合约期限2年,名义本金1亿元。

**是日** 浦发银行董事长吉晓辉在总行会见花旗集团首席执行官高沛德一行。双方回顾和肯定以往合作成果,希望继续加强合作,不断延伸业务合作领域。

**9月18日** 上海黄金交易所国际板在上海自贸试验区正式启动,浦发银行通过主板市场席位参与国际板首日交易,并在开市后率先完成国际板iAu99.99合约交易。

**是日** 浦发银行与北京排水集团、国家开发投资公司、全国社保基金、中国工商银行联合发起设立的北京市水环境基金在北京签约,中共北京市委、市政府领导出席签约仪式,浦发银行朱玉辰行长出席并致辞,浦发银行北京分行成为该基金独家托管银行。水环境基金总规模为100亿元,主要投资于北京市污水处理、再生水利用等重大水务项目。签约仪式上,浦发银行与北京排水集团、国家开发投资公司、全国社保基金、中国工商银行共同签署战略合作备忘录。

**是日** 浦发银行召开全行存款偏离度管理工作(视频)会议,全面部署全行存款偏离度管理工作,总行相关部门主要负责人,分行、二级分行行长、分管业务行领导和相关部门负责人参加。会议提出要深入贯彻落实《中国银监会办公厅、财政部办公厅、人民银行办公厅关于加强商业银行存款偏离度管理有关事项的通知》要求,确保存款偏离度达标工作落实到位,总行将对存款偏离度执行情况加强考核。

**9月19日** 浦发银行召开首批分行赴总行挂职干部总结座谈会,董事长吉晓辉,副董事长陈辛,副行长商洪波、冀光恒,执行董事、董事会秘书沈思出席。会上,挂职干部分别汇报挂职期间的工作情况和感想,并结合挂职岗位围绕业务发展、创新管理、风险控制和队伍建设等方面提出多项富有建设性的建议和意见。吉晓辉指出,挂职交流是加强干部队伍培养,提高干部全局意识、战略理解能力和实施能力的有效手段。经过一年实践,挂职工作切实提升挂职干部解决问题的能力,并对促进总行部门改进管理发挥积极作用。

**是日** 浦发银行北京分行获得国新科创股权投资基金托管资格,开立基金托管账户并签署托管协议。该基金由中国国新控股有限责任公司发起设立,首期规模50亿元,是国内首只具有国资背景的专注于央企股权投资及资本运营的股权投资基金。

**是日** 浦发银行上海分行与英飞尼迪创业投资基金、上海创业接力融资担保有限公司合作,通过股权与债权结合、基金与基地配合、金融与科技整合,创新设计科技金融"投贷包"服务方案,并完成首单业务落地。

**是日** 浦发银行石家庄分行辖属廊坊分行正式开业。

**9月23日** 浦发银行个人授信贷款支用评级模块在全行正式上线,实现按贷款用途对支用申请进行评级和审批,提高了支用审批的标准化和规范化水平,在有效管控风险的前提下提高了工作效率。

**9月24日** 浦发银行在哈尔滨举行浦发银行现代农业产业金融服务中心揭牌仪式暨现代农业产业金融服务方案发布会,副行长冀光恒出席并致辞。浦发银行通过服务模式、产品体系、营运机制等领域的创新整合,打造现代农业全产业链金融服务模式,积极构建"1-2-3"农业产业金融服务体系,即"一个中心"——成立现代农业产业金融服务中心,探索现代农业产业金融服务创新实践,"两条主线"——现代农业全产业链与金融服务链相匹配,金融产品深度嵌入农业经营活动,"三个提升"——针对农业产业链的生产、流通和消费环节,促进提升农业生产效率、农产品流通效率和农产品消费品质。

**9月25日** 浦发银行第五届董事会第二十六次会议采用通讯表决方式召开,表决通过《公司关于向中国银监会提交资本管理高级方法实施申请的议案》《公司关于信贷资产损失核销的议案》《公司关于2014年第二批不良资产批量转让立项及实施方案的议案》《公司关于浦银金融租赁股份有限公司授信方案的议案》。

**9月26日** 浦发银行合肥综合中心项目经合肥市规划局验收合格,并获得《合肥市建设工程竣工联合验收意见书》。合肥综合中心项目以2014年9月30日竣工验收为目标,在6月30日基本完成相关实施工程实物量的基础上,相继进行系统机电联合联调测试、分部分项验收,紧密结合机房区域装饰工程和合肥分行区域装饰工程报建报验进度,最终按计划完成了规划核实、土地核实、消防验收、人防验收、环保验收、抗震验收所要求的资料申报和查勘、验收,供水、供电和燃气验收,以及食品药品监督局验收、市政接入验收、城建档案馆竣工档案验收等工作。

**9月28日** 浦发银行广州分行与国家开发银行广东省分行举行全面合作签约仪式。

**是月** 浦发银行运营模拟培训平台上线,并在全行推广使用。

**10月1日** 浦银金融租赁公司购买的首架空客A330-300宽体客机降落在天津滨海国际机场,并完成通关手续,交付中国国际航空公司西南分公司投入国庆"黄金周"运营。本笔业务是浦银租赁第一单宽体机租赁业务。

**10月8日** 浦发银行长沙分行与中移电子商务有限公司签订《备付金存管合作协议》,成为中移电商公司唯一备付金存管银行。

**10月10日** 浦发银行与大连商品交易所联合举办"银期聚力,共赢未来"2014年铁矿石期货产业论坛,来自全国各地的50余家期货公司、铁矿石产业客户代表共计90余人应邀参会。与会嘉宾围绕铁矿石行业发展以及银行、期货市场、期货品种产业客户的三方合作，进行了充分研讨与交流，浦发银行对近期推出的代客大宗商品衍生品交易业务、铁矿石掉期和标准仓单质押融资业务进行了介绍。

**10月11日** 在中央民族工作会议暨国务院第六次全国民族团结进步表彰大会上，浦发银行乌鲁木齐分行喀什分行荣获全国民族团结进步模范集体光荣称号。

**10月14日** 浦发银行上海分行与上海市黄浦区人民政府举行全面战略合作协议签约仪式。浦发银行董事长吉晓辉，中共黄浦区区委书记周伟、区长彭崧出席，浦发银行副行长冀光恒、黄浦区副区长吴成分别代表双方签署协议。根据协议，双方将在外滩金融集聚带、区域重点项目等领域加强合作，建立紧密、稳定的战略合作关系，积极促进地方经济发展。

**是日** 浦发银行发布小微金融品牌，并推出整合结算、融资、资金管理等业务的小微综合金融服务方案，标志小企业金融服务对象从中小微企业下沉至小微企业与个体工商户、小企业主等两大个人群体。

**10月18日** 浦发银行第八届业务技术比赛在总行信息中心成功举行。总行领导吉晓辉、朱玉辰、陈辛、商洪波、姜明生、冀光恒观摩比赛并为获奖单位和个人颁奖，上海市金融工会领导应邀出席开赛仪式。此次技术比赛设置"PC机输入百张小写传票""手持式单指单张人民币反假点钞""合规与运营尽责知识竞赛""公司业务客户经理综合岗位技能""零售银行客户经营综合技能"等5个项目，全行40个参赛单位的近400名选手参加比赛。

**10月19日** 在第七届中国·雅安动物与自然国际电影周期间，浦发银行向中国保护大熊猫研究中心雅安碧峰峡基地捐赠871万元，捐资仪式在四川雅安碧峰峡举行。经协商，这笔捐款用于建设安碧峰峡大熊猫科普教育中心。

**10月20日** 浦发银行第三批18家分行切换为第二代支付系统，全行第二代支付系统上线切换工作完成。

**10月21日** 浦发银行第五届董事会第二十七次会议采用通讯表决方式召开，参加表决董事17名，表决通过《公司关于修订〈会计基本制度〉的议案》《公司关于〈反洗钱管理办法〉的议案》《公司关于〈投资企业管理办法〉的议案》等7项议案。

**10月22日** 浦发银行与天津海关签署合作备忘录，浦发银行副行长冀光恒、天津海关关长李佩林出席，天津分行行长张湧代表浦发银行签署合作备忘录。

**10月24日** 中国银监会及多地银监局检查组领导一行赴浦发银行开展为期一个月的资本管理高级方法实施评估现场检查工作。浦发银行相关人员全力配合，从信用风险、市场风险、操作风险、风险加权资产、审计、数据IT等各模块领域，向评估组专家全面展示了实施成绩，浦发银行将根据监管所提出的问题清单全力推进整改工作,改顺利通过监管机构对资本管理高级方法实施的验收检查。

**10月27日** 国家发展和改革委员会作出《国家发展改革委关于国翔(天津)航空租赁有限公司借用国际商业贷款批复》,同意浦银金融租赁公司设立在天津东疆保税区的国翔(天津)航空租赁有限公司借用国际商业贷款9100万美元,用于为中国国际航空股份有限公司引进一架空客A330-300飞机,浦银金融租赁公司外汇融资取得实质性进展。

**10月30日** 浦发银行第五届董事会第二十八次会议采用通讯表决方式召开,通过《公司关于2014年第三季度报告的议案》《公司关于施行新会计准则财务报表重新列报的议案》。

**11月1日** 浦发银行与张江高科技园区管委会、凤凰财经联合主办的2014年中国科技金融高峰论坛在上海举行。全国人大常委、财经委员会副主任委员辜胜阻,中共上海市委常委、常务副市长屠光绍出席,浦发银行行长朱玉辰作开幕致辞及主题演讲,副行长冀光恒与嘉宾共同启动"中国科技金融天使联盟"。此次论坛以"寻找中国的硅谷银行"为主题,通过探讨硅谷银行模式,寻找金融创新支持科技创新型企业的突破之路。在浦发银行倡议下,论坛发起组建"中国科技金融天使联盟",通过整合各界力量打造全方位、综合化科技金融服务平台,服务科技型企业成长。浦发银行在全国设立的14家科技支行和科技特色支行将成为科技金融天使联盟创新基地。国家科技部、中国银行业监督管理委员会、中国科技金融促进会、上海市金融办、上海银监局有关领导出席论坛。

**11月3日** 浦发银行行长朱玉辰、执行董事沈思在北京参加中国证券业监督管理委员会"浦发银行300亿元优先股发行审核委员会"审批大会,浦发银行通过发行审批。

**11月4日** 浦发银行西宁分行落地分行首单中期票据,为西宁城市投资管理有限公司发行第一期5亿元短融和第一期15亿元中票。该企业为监管目录内的政府融资平台企业,是青海省首家成功发债的平台企业。

**11月12日** 浦发银行广州分行与广州市国资委、广州金融控股集团在广州举行战略合作签约仪式。

**11月14日** 浦发银行呼和浩特分行首单债务融资工具配套个性化同业理财业务落地。内蒙古伊泰集团有限公司2014年度非公开定向债务融资工具10亿元募集资金顺利到账(注册发行总金额30亿元,首发10亿元),同时通过创新资管业务以该定向工具为投资标的5亿元个性化同业理财产品成功发行。

**11月15日** 由中国并购公会主办、浦发银行协办的第十一届中国并购年会在北京举行,浦发银行冀光恒副行长出席年会并作主题演讲。本届年会以"开启产业并购的黄金年代"为主题,重点围绕亚太经济、金融政策、并购热点、互联网金融等展开研讨。年会召开期间,由浦发银行牵头组建的并购融资联盟正式揭牌,浦发银行承办的中航投资并购项目被年会授予"2014年最佳并购融资奖"。

**11月17日**　浦发银行押品管理系统一期正式上线,与风险管理系统对接,可实现对上海、郑州、成都、海口、厦门、长沙、宁波、广州共计8个城市的对公房产类押品的动态价值评估,包括估值引擎和贷前/贷后价值评估流程。该系统提高了押品评估工作的客观性、合理性与审慎性,提升了全行押品价值管理专业化与精细化水平,同时也为满足监管对新资本管理中的合格缓释品认定的要求提供了基础。

**11月20日**　浦发银行南昌分行在江西省委、省政府2013年度金融机构支持江西经济发展考核中,荣获"直接融资贡献奖"。

**11月25日**　浦发银行第五届董事会第二十九次会议在上海召开,审议通过《公司关于收购上海国际信托有限公司方案的议案》《公司关于与上海国际集团有限公司等签署附条件生效的股权转让协议的议案》《公司关于发行股份购买资产方案涉及关联交易的议案》《公司关于信贷资产损失核销的议案》等7项议案。

**是日**　浦发银行广州分行与东莞市人民政府正式签署战略合作协议,同时东莞分行与东莞实业投资集团公司签署《东莞基金股权构化融资协议》。

**11月27日**　浦发银行上海分行与上海市长宁区人民政府举行战略合作签约仪式,上海分行党委书记、行长王新浩,中共长宁区委副书记、区长谢峰出席并致辞。根据协议,双方将建立全面战略合作关系,建立健全联席会议制度和对口长效工作机制,进一步加强在区域重点项目建设中的合作深度与相互支持力度,全力配合推进长宁区"三区两带"城市布局建设、推动经济发展方式转型,实现共同发展。

**11月28日**　浦发银行作为银行业内第三家、股份制银行第一家,非公开发行1.5亿股优先股,每股面值100元,股息率为6.0%。扣除发行等费用后,实际募集资金149.60亿元。

**是日**　浦发银行长沙分行辖属衡阳分行正式开业。

**是月**　浦发银行杭州分行与杭州未来科技城(海创园)管委会、余杭科技担保有限公司合作成立海创园首个金融风险池项目,并与多家科技型企业签订银企战略合作协议。该项目依托三方共同出资成立的风险池基金,由海创园管委会推荐符合新兴产业导向的优质成长型科技企业,经三方尽调后通过担保公司担保模式给予企业融资。

**12月2日**　浦银安盛基金公司为满足海外机构进入中国市场的投资顾问服务需求,积极与外方股东合作推动首单合格境外机构投资者(QFII)业务落地,向国际化发展迈出第一步。

**12月4日** 浦发银行深圳分行创新推出离岸福费廷业务，是浦发银行首批离岸福费廷试点分行。

**12月4日—5日** 浦发银行召开2014年全行战略管理会议，董事长吉晓辉作了题为《适应新常态，谋划新举措，构建新模式，努力开创浦发银行发展新格局》的主题报告，行长朱玉辰作了题为《实施五大改革，推动战略落地，夯实浦发银行持续发展基础》的讲话。

**12月5日** 全国中小企业股份转让系统有限公司联合云南省证监局、金融办等政府监管机构在昆明市高新区举办首届"云南'新三板'信息披露培训暨投融资对接座谈会"。会上，浦发银行昆明分行作为唯一受邀签约银行，与昆明理工恒达科技股份有限公司、云南杨丽萍文化传播股份有限公司、云南大泽电极科技有限公司签署《上海浦东发展银行企业新三板业务战略合作协议》。

**12月11日** 浦发银行与上海市浦东新区人民政府举行全面战略合作协议签约仪式。浦发银行董事长吉晓辉、行长朱玉辰，浦东新区区长孙继伟出席签约仪式，浦发银行副行长冀光恒、浦东新区副区长周亚分别代表双方签署协议。根据协议，双方将以浦东新区综合配套改革试点为契机，共同推进创新型金融产品和服务在区内企业的先行先试，有效促进地方实体经济的稳健发展。

**12月12日** 浦发银行哈尔滨分行辖属大庆分行正式开业，浦发银行副董事长陈辛出席开业仪式，大庆市常务副市长于洪涛、黑龙江省银监局副局长李兰应邀出席。在大庆期间，陈辛会见大庆市市长夏立华。

**是日** 浦发银行郑州分行辖属商丘分行正式开业。

**12月15日** 浦发银行董事会发布公告，浦发银行与联席保荐人中信证券股份有限公司、国泰君安证券股份有限公司签订《上海浦东发展银行股份有限公司非公开发行优先股募集资金专户存储监管协议》。

**是日** 第九届中国北京国际文化创意产业博览会在国际展览中心开幕，浦发银行北京分行首次参加博览会，并作为全国首家支持版权交易的银行，与首都版权产业联盟在博览会现场签署战略合作协议。

**是日** 中国人民银行上海总部作出《关于浦银金融租赁股份有限公司进入全国银行间同业拆借市场的批复》，同意浦银金融租赁公司进入全国银行间拆借市场。

**12月19日** 浦发银行第五届董事会第三十次会议于上海召开。经审议一致通过《上海浦东发展银行股份有限公司关于董事变更的议案》，同意提名陈晓宏、董秀明、陈必昌为公司董事候选人。

**12月22日** 浦发银行上海自贸试验区分行完成FTN项下跨境并购贷款,6亿元贷款资金发放至蓝色光标国际传播集团FTN账户。该笔业务从企业提出需求到放款完成及股权交割仅耗时数周时间,采取全程参与企业并购谈判、同步操作授信审批的方式,克服了系统首次运行、客户首次授信、时间要求紧迫等困难,通过FT系统完成开户、放款、购汇、划款等操作。

**12月23日** 浦发银行武汉分行首单股权基金业务落地,"湖北省交投"股权基金项目30亿元融资款到账,该业务为分行第一单股权基金项目,也是湖北省首单PPP股权基金业务。

**12月26日** 浦发银行"小微金融"品牌发布会在总行举行,副行长姜明生出席。发布会上,浦发银行同步推出《小微通信金融服务手册》,结合"和利贷"产品在供应链金融领域应用的大数据经验,针对通信运营商供应链上下游小微客户的金融需求,通过"一张银行卡片、两个在线平台、三类融资产品、四项增值服务",为通信领域的小微客户提供专属服务。

**是日** 浦发银行郑州分行与河南省人民政府合作设立河南省新型城镇化发展基金,并举行签约仪式。河南省常务副省长李克、副省长李亚,浦发银行副行长冀光恒、郑州分行行长赵春玲、上海信托总经理张文桥等人出席签约仪式。

**是年** 浦发银行实现营业收入1 231.81亿元,同比增长23.16%;实现利润总额620.30亿元,同比增长15.19%;税后归属于母公司股东的净利润470.26亿元,同比增长14.92%。集团资产总额41 959.24亿元,同比增长14.02%;其中本外币贷款余额20 283.80亿元,增幅14.76%。集团负债总额39 326.39亿元,其中本外币存款余额27 240.04亿元,增幅12.58%。不良贷款率1.06%,较2013年末上升0.32个百分点;公司贷款拨备率(拨贷比)2.65%,较年初提高0.29个百分点。

**是年** 浦发银行位列英国《银行家》杂志"全球银行1 000强"第44位,居上榜中资银行第8位;以26.64亿美元的品牌价值位列"全球银行品牌500强"第75位,居上榜中资银行第10位;位列美国《财富》杂志"财富世界500强"第383位,居上榜中资企业第81位、上榜中资银行第9位;位列美国《福布斯》杂志"全球企业2 000强"第130位,居上榜中资企业第16位、上榜中资银行第9位。

# 2015 年

**1月5日** 浦发银行南宁分行首单股权融资项目——广西西江集团10亿元股权融资落地,为南宁分行带来了12.1亿元股权基金托管业务规模。

**1月6日** 浦发银行第五届董事会第三十一次会议采用通讯表决方式召开。会议通过《公司关于2015年境内机构设立计划的议案》和《公司关于2015年境外机构设立计划的议案》。

**1月8日** 浦发银行福州分行辖属莆田分行正式开业。

**1月9日** 中国银监会下发《关于浦发银行增资浦银国际控股有限公司的批复》(银监复〔2015〕第22号),同意浦发银行向浦银国际增资等值5亿港元,并于1月28日完成增资。浦银国际公司注册资本增至5.05亿港元。

**是日** 浦发银行呼和浩特分行落地分行首单大额存单业务,内蒙古自治区农信社在线购买浦发银行在公开市场发行的金额1亿元、期限3个月的大额存单。

**1月10日** 浦发银行举办第八次全行志愿者日活动,以"相知相伴,同心同行"为主题,全行志愿者们走进养老院,陪老人聊天;走进商圈,宣传导盲犬服务;走进万绿园,倡导关爱人居环境等,以丰富的形式传递社会温暖。

**1月19日—20日** 浦发银行2015年全行工作会议在上海召开,党委书记、董事长吉晓辉作题为《准确把握形势,深化改革攻坚,增强四种意识,全面完成五年发展战略规划目标》的总结讲话,行长朱玉辰作题为《深入推进改革,服务实体经济,筑牢风控体系,扎实做好各项经营管理工作》的经营工作报告,全面总结2014年全行经营管理和党建工作,深刻分析当前面临的外部形势和经营环境,对2015年全行经营管理和党建工作的目标、任务和重点工作作了全面部署。会议指出:2014年,全行认真贯彻落实国家宏观调控政策和有关监管要求,加强战略应对和统筹引领,积极攻克四大难关,努力打好五大战役,持续深化五大突破,取得了良好的经营成效。会议明确,2015年全行经营管理工作的指导思想是:深入贯彻中央经济工作会议精神,适应中国经济新常态,积极服务实体经济;按照监管要求和去年战略管理会议确定的方向,持续深化以客户为中心战略,加强客户经营与风险管理,推进五大改革,促进创新转型,保证经营效益,全力完成"十二五"收官任务,为开创下一个五年规划新格局奠定坚实基础。会议最后强调,全行要注重从4个方面全面做好经营管理和党建工作:一是准确把握形势,积极适应经济新常态;二是因势而变,全面提升创新驱动发展能力;三是深化改革攻坚,进一步增强统筹推进能力;四是切实增强四种意识,深入推进党建和干部队伍建设。

**1月20日** 浦发银行杭州分行为杭州长三角纺织品有限公司办理全行首单承付通业务。

**是日** 浦发银行2015年工程机械贷款资产证券化信托资产支持证券在银行间市场顺利发行,这标志着国内首单以工程机械贷款为基础资产的信贷资产证券化项目取得成功,同时也标志着基于供应链金融的资产证券化项目的创新突破。该项目总发行规模14.66亿元,分优先A、优先B及次级三档证券。

**1月26日—27日** 浦发银行董事长吉晓辉赴天津分行进行调研。在天津期间,吉晓辉分别会见中共天津市委常委、副市长段春华和副市长阎庆民,就天津自贸区的金融创新及浦发银行创新支持天津自贸区等内容进行商洽。

**1月30日** 浦发银行银川分行落地分行首单自营投资融资业务,为银川土地储备中心发放自营投资融资12亿元。

**是日** 浦发银行郑州分行"千亿工程"股权基金项目中,河南省财政首单5 000万元母基金注册资金落地。该母基金落地,标志着郑州分行成为浦发银行首家实现与省级政府全面开展基金业务合作的分行。

**是日** 浦发银行广州分行辖属肇庆分行正式开业。

**是月** 浦发银行温州分行获得公司客户直营工作试点资格。

**2月1日** 浦发银行上海分行启动分账核算境外融资业务。上海分行、香港分行、自贸区分行、总行离岸四方充分联动,为3家企业办理分账核算单元境外融资业务,融资币种涵盖人民币和美元,期限涵盖有1个月和3个月。由于业务属于系统内拆借,大大提高资金效率,并且借用境外资金极大地降低了企业的融资成本,获得监管、企业、市场的全面好评。

**2月9日** 浦发银行昆明分行参加由云南省委、省政府发起的金融支持现代农业"双百"行动集中签约授信仪式,昆明分行副行长潘岭出席签约仪式并代表分行与云南省内7家现代农业龙头企业签订合作意向书。

**是日** 浦发银行合肥分行辖属宣城分行正式开业。开业仪式后,宣城分行与宣城市人民政府签署战略合作协议,浦发银行副董事长陈辛、宣城市常务副市长李明出席签约仪式。

**2月11日**　浦发银行兰州分行与甘肃省住房资金管理中心签订业务合作协议。

**2月12日**　浦发银行哈尔滨分行举办黑龙江农垦北大荒商贸集团有限责任公司与现代农业产业金融服务中心战略合作协议签约仪式,浦发银行哈尔滨分行行长刘永平,北大荒商贸集团董事长王克坚、书记郑绪凯出席仪式。

**2月13日**　浦发银行上海分行为适应小微业务发展需要,依托"标准化、高效率"的授信流程,为进一步做大高收益贷款规模,正式发布《上海浦东发展银行上海分行"房抵快贷"业务手册(1.0版)》,首单业务从贷款申请至分行审批通过仅用了4天时间。

**2月17日**　浦发银行西安分行首单自营资金投资项目类业务、首单存款互换业务资金落地。

**2月26日**　浦发银行宁波分行营销分行首单黄金租赁业务,客户租赁黄金110千克,市值2 710万元。

**是月**　"浦银快贷"与安徽移动B2B平台实现系统对接,标志着浦发银行"在线和利贷"正式上线。该业务基于中国移动B2B平台上的下游经销商历史在线订货情况、订单信息、酬金数据以及法人代表或实际控制人的征信情况,通过与浦发银行网贷系统、金融超市、互联网交换平台等系统的对接,由浦发银行给予小微经销商个人发放全在线、免担保的小额短期个人经营性贷款。

**3月1日**　浦发银行上海分行开立全行首个自贸区FTI账户,实现自贸区个人业务创新突破。

**3月3日**　浦发银行广州分行辖属南沙自由贸易试验区支行正式开业。

**3月5日**　浦发银行联合上海世博发展(集团)有限公司以59.139 5亿元竞得上海市浦东新区世博会地区A片区绿谷地块土地使用权。该项目坐落在浦东新区高科西路博城路和云台路国展路合围区域,占地面积4.7万平方米,总建筑面积24万平方米,紧邻世博中国馆,计划打造为以商务为主,休闲、生活为一体的"世界级工作社区",具体包含相关商业、文化娱乐、酒店公寓等配套功能,建成后将促进上海城市功能转型和中心城区功能深化提升。

**3月6日**　浦发银行非公开发行1.5亿股优先股,每股面值100元,扣除发行等费用后,实际募集资金149.60亿元。

**是日**　浦发银行深圳分行辖属前海分行正式开业。

**3月10日**　浦发银行西安分行落地全行首单代理国内信用证业务。

**3月17日**　浦发银行印发《零售银行理财经理管理办法(A/1)》和《零售银行客户经理管理办法》,进一步加强零售银行营销队伍建设。

**3月18日**　浦发银行推出《自贸区金融服务方案5.0版》，针对上海自贸区扩区后的陆家嘴、金桥、张江、世博和保税区等五大片区，形成区域专属金融服务。陆家嘴片区重点服务银证保等金融机构的存管、托管和资产业务合作，提供国际版金融交易市场交易资金清算及结算服务、服务跨国公司集团总部跨境资本管理。金桥片区重点提供先进制造业供应链金融、境外融资、股权投资基金结构化融资等服务，推动金桥四新经济发展和总部经济能及提升。张江片区重点通过跨境资金管理、科技金融服务、投贷联动、设备融资租赁等业务，服务生物医药、集成电路、科技创新等企业，推动张江形成"国家自主创新示范区＋自贸区"的"两自联动"政策叠加效应。世博片区重点聚焦项目建设的境外融资、总部经济的跨境资金管理、文化及会展行业与私募股权基金的联动服务；保税区片区着重服务跨境贸易、货运物流和港口服务企业，通过结构性贸易融资、跨境联动融资、货代通、航付通、通关盈、集中代收付，促进保税区以国际贸易、航运物流、技术服务等为主体的第三产业业态发展。

**3月25日**　浦发银行2015年"千人千户"小微客户培育计划全国接力行活动在上海启动，副行长姜明生出席启动仪式。截至当年11月，"千人千户"已入库客户达到1 958户，其中企业类客户751户，个人类客户1 207户。

**是日**　浦发银行以上海科创中心方案落地为契机，在原有小微科技金融服务的基础上，升级推出"小微科创金融服务"体系。该体系由"一个培育库""一套融资产品"和"一张创业卡"组成。"一个培育库"即"千人千户"小微客户培育库，对入库优质科创小微客户提供成长全程的综合金融服务；"一套融资产品"指根据小微科创客户不同成长周期的融资需求，有针对性的提供孵化贷、成长贷、税收贷和投联贷的融资产品；"一张创业卡"是在商人卡基础上，与地方政府共同合作，针对当地科创小微客户定向推出的具备现金、融资、结算于一体的综合功能卡片。

**是日**　浦银国际控股有限公司在香港会议展览中心举行开业仪式。浦发银行副行长、浦银国际控股有限公司董事长冀光恒出席仪式并致辞，中央人民政府驻香港特别行政区联络办公室、香港证券及投资学会、香港交易及结算所有限公司以及香港金融同业机构负责人应邀出席开业仪式。

**3月26日**　浦发银行审计部增设投资管理审计处，以加强对投资企业经营集团化管理，进一步建立完善涵盖主要投资企业的内部审计体系。

**3月27日**　浦发银行昆明分行发行首单资产支持票据业务，云南祥鹏航空有限责任公司2015年度第一期资产支持票据正式缴款起息，实现了昆明分行债务融资工具产品种类新的突破，也是民航行业内第一单以客票款作为资产的资产支持票据业务。

**3月30日** 浦发银行召开全行《2016—2020年发展战略规划》编制工作动员会,全面部署安排新五年战略规划编制工作,董事长吉晓辉、行长朱玉辰出席会议并讲话。吉晓辉在会上着重强调了新五年战略规划编制工作的重要意义,要求总行各部门和各公司积极顺应形势变化,通过编制新五年战略规划推动全行适应新常态,打造新模式,努力实现建设现代金融服务企业战略目标。

**是日** 上海清算所正式推出回购交易中央对手清算业务,并同步推出代理清算机制。业务上线首日,浦发银行与交通银行完成银行间债券市场首单债券回购净额清算交易业务,并作为综合清算会员代理理财账户与交易对手,完成首批债券净额代理清算业务。

**是日** 浦发银行郑州分行首单"千亿基金"母基金投资项目落地,17.66亿元资金入账。

**4月1日** 浦发银行召开营业税改征增值税业务改造项目启动会议,副行长潘卫东出席。会议对营改增项目政策背景、浦发银行前期准备工作,以及营改增项目对银行业务流程管理、营销方案管理、大客户管理、供应商管理、采购管理、合同管理、IT系统管理等业务前中后端的影响进行了分析,对浦发银行推进营改增项目的工作思路、策略、可能遇到的问题及应对解决措施进行了研究讨论。会议要求总行相关部门有效落实营改增项目的重点工作部署和具体工作安排,确保项目按时完成。

**4月2日** 中共安徽省委常委、合肥市委书记吴存荣赴滨湖新区视察浦发银行合肥综合中心,听取中心建设和合肥分行工作情况汇报。浦发银行副行长徐海燕、合肥分行行长董琢理参加会谈。

**4月7日** 浦发银行召开2015年度浦发银行党风廉政建设大会。党委书记、董事长吉晓辉作讲话,中共上海市金融纪工委书记徐敏出席会议并讲话,党委副书记、行长朱玉辰主持会议。会议全面分析了当前党风廉政建设、反腐败斗争所面临的形势,针对存在的主要问题,明确了当年度的主要任务。会议强调,全行要从严治党,坚定不移地加强纪律建设;强化问责,坚定不移地落实"两个责任";聚焦主业,坚定不移地推进惩治腐败;防范风险,坚定不移地依法合规经营;规范程序,坚定不移地严格干部任用;严格要求,坚定不移地强化队伍建设,为深入推进浦发银行改革创新、转型发展作出新的贡献。

**是日** 浦发银行手机银行完成第三次重大改版升级,手机银行全新7.0版正式发布,新版本对界面风格进行了优化,设计了扁平化菜单,对直销银行、小微手机银行等功能进行全方位整合。

**4月9日** 浦银金融租赁公司成立资产管理部和航空业务部。两部门的成立对建立航空业务专业化发展体制，提升专业化风险管控能力，进一步加强租赁资产管理、租后管理，夯实资产管控工作基础起到积极作用。

**4月10日**　浦发银行董事长吉晓辉赴昆明分行调研，听取了昆明分行领导班子的工作汇报，并看望了基层一线员工。在昆明期间，董事长吉晓辉与云南省省长陈豪进行会谈。

**4月16日**　浦发银行推出二维码支付服务，同步支持线上、线下两种支付场景。

**4月20日**　上海市人民政府下发《上海市人民政府关于刘信义等同志职务任免的通知》文件，正式任命刘信义为浦发银行行长。

**是日**　浦发银行广州分行广东自由贸易试验区南沙分行正式开业。

**是日**　浦发银行天津分行自由贸易试验区分行、厦门分行辖属龙岩分行正式开业。

**4月22日**　浦发银行广州分行与中国移动广东分公司签署战略合作协议。浦发银行总行副行长姜明生和中国移动广东公司总经理钟天华参加仪式。根据协议，双方将以"跨界、融合、发展、增效"为合作宗旨，加强业务互补，延伸战略合作内涵。

**4月23日**　浦银安盛基金管理有限公司在《证券时报》主办的"中国基金业明星基金奖"评选活动中荣获"2014年度明星基金公司成长奖"，旗下产品浦银安盛价值精选混合型基金荣获"三年持续回报股票型明星基金奖"。

**是日**　浦发银行上海分行实现在上海市全辖142个网点及自贸区分行，均可办理自贸区FT业务。

**4月24日**　浦发银行联合湖南省人民政府金融办、中国人民银行长沙中心支行、湖南银监局共同主办，浦发银行长沙分行承办的"万家优惠千户基准"——湖南省银行业支持"大众创业、万众创新"行动正式开幕。长沙高新技术产业开发区、长沙经济技术开发区、宁乡经济技术开发区、株洲高新技术产业开发区、湘潭高新技术产业开发区、衡阳高新技术产业开发区、郴州高新技术产业开发区等七大国家级园区被授予"浦发银行小微企业'千人千户'工程孵化基地"。仪式上，长沙分行与首批进入"千人千户"小微企业及个人客户代表现场签订基准利率贷款优惠协议。

**4月26日**　浦发银行银川分行首单短期融资券业务落地，为宁夏宝丰能源股份有限公司承销的10亿元短期融资券在交易商协会注册通过，并已完成5亿元发行工作。

**4月27日**　浦发银行行长刘信义在上海会见内蒙古自治区人民政府常务副主席符太增、副主席王波一行，浦发银行副行长冀光恒、总行相关部门、呼和浩特分行有关负责人参加会见。

**4月28日** 浦发银行与福建省人民政府在上海市中山东一路12号大楼举行战略合作框架协议签约仪式,浦发银行行长刘信义、副行长冀光恒及中共福建省委、省政府主要领导出席仪式。

**是日** 中共中央、国务院在人民大会堂举行全国劳动模范和先进工作者表彰大会,浦发银行上海分行闵行支行祝玉婷荣获"全国劳动模范"称号,并参加表彰大会。

**4月30日** 浦发银行上海分行在上海自贸区扩区后,为扩区范围内的企业——上海陆家嘴金融贸易区开发股份有限公司开立FT账户,发放1亿元FTE贷款,实现了自贸区扩区后首单FTE账户贷款,成本较境内一般融资降低20%。

**是月** 浦发银行深圳分行成立"新三板"成长型客户综合服务小组,并推出《"新三板"成长型客户综合服务指南》;以"新三板"拟挂牌或已挂牌企业股权质押贷款为目标,提供"股、债、贷"全方位服务。

**是月** 浦发银行信用卡联合腾讯微信平台及格瓦拉生活网,共同推动建设微信卡包的"卡券互通"功能,实现异业合作投放卡券的微信卡包业务。

**是月** 浦发银行北京分行"浦共赢"发展、"浦和赢"成长两只直投基金落地,成为全国金融系统内首个由银行主导的直接股权投资基金。该基金通过股权投资于优质高科技成长型企业,在为企业配套提供传统贷款的同时,分享企业未来高成长带来的股权增值收益,从而提升浦发银行的整体资产收益率。

**5月1日** 依托于新一代企业信贷服务项目,浦发银行信用运营平台系统正式投产上线。该平台系统功能涵盖合同管理、放贷管理、担保管理、信贷资料管理、运营参数管理、满意度评价、运营灵活统计查询等七大模块,不仅覆盖了信用运营业务流程的全生命周期,而且集信用运营体制、机制建设等管理功能及信息决策支持功能为一体。

**5月4日** 浦发银行启动"'靠浦一生·幸福一路'浦发金融服务走近客户"全国普惠金融活动。全行青年员工主动走近客户,开展路演营销,以"社区""厂区""园区"为核心,围绕"易理财、易支付、易生活、易融资"等主题,通过《金融魔法书》《健康加油站》等手绘读本,以寓教于乐的方式传播普惠金融知识,推进落实消费者权益保护工作,积极践行社会责任。

**是日** 浦发银行北京分行搭建"印鉴通"智能管理系统,实施印鉴卡片电子化管理。

**5月6日** 浦发银行石家庄分行辖属衡水分行正式开业。

**5月8日** 浦发银行蓝色经济金融服务中心揭牌仪式暨海洋经济发展论坛在青岛举行,副行长冀光恒出席并致辞。该中心是国内银行业首家海洋经济专营机构,围绕"海洋资源开发"与"海洋空间利用"两个切入点,锁定海洋经济产业重点行业,在海洋能源、海洋生物、海洋装备制造、海洋科技、海洋物流等领域细分市场,形成特色化产品体系和金融服务方案,并在专项资源、专项授权、专项产品等方面给予支持。揭牌仪式上,浦发银行蓝色经济金融中心分别与青岛市蓝色经济区建设办公室等海洋经济相关管理、科研、服务机构及有关企业签订战略合作协议。

**是日** 浦发银行信用卡业务"浦大喜奔"App应用服务端正式上线。新版"浦大喜奔"App定位为"金融理财和消费服务于一体的特色金融生态圈平台",引入电商服务模式,提供更及时和交互的金融和消费服务,不仅能实现各种信用卡基础业务,还具备强大的生活日用功能,设有娱乐、商城、海淘、生活、精品等多个板块。

**5月9日** 浦发银行副行长潘卫东带领总行相关部门主要负责人赴合肥指导浦发银行异地灾备机房搬迁工作。总行相关部门和合作公司共计230余人在2天内将托管在合肥电信机房的68个应用系统、390台设备搬迁至位于合肥综合中心的合肥灾备机房,连接各类线缆3500余根,无设备丢失和人为损坏,应用系统运行正常,圆满完成搬迁任务。

**5月11日** 浦发银行广州分行办理IFC(国际金融公司)担保项下国际福费廷业务。

**5月13日** 在上海市残疾人联合会、上海市银行同业公会的指导下,浦发银行上海分行正式启动窗口服务手语培训,涵盖中国手语及上海手语,内容包括日常的交流、金融服务交流、信用卡、理财等多个方面的银行服务常见用语。

**是日** 浦发银行个人手机银行客户数突破800万户,较2014年末增长22.4%;客户数从300万户增至800万户仅用时17个月。

**5月14日** 中共中央政治局委员、国务院副总理马凯,中国银行业监督管理委员会主席尚福林以及中国人民银行副行长易纲等一行,在上海市委、市政府领导的陪同下,视察浦发银行虹桥支行,察看营业网点理财销售录音录像制度及日常管理情况,并召开调研座谈会。马凯对浦发银行贯彻党中央国务院对金融工作的一系列决策部署,特别是在支持实体经济,小微企业、科技企业金融服务方面的工作和成绩予以充分肯定,并提出5点要求:一是要牢固树立坚持为实体经济服务的意识,力争实现实体经济和金融业良性互动局面;二是要主动为小微企业、科技企业提供金融服务,为大众创业、万众创新创造环境;三是要继续千方百计降低社会融资成本,进一步挖掘服务收费减免潜力;四是要积极适应经济新常态,大力支持稳增长、调结构、促转型;五是要通过降本提效、主动作为积极拓展业务,保持健康发展。

**5月15日** 浦发银行在上海云峰剧院召开2014年度股东大会,董事长吉晓辉主持。会议审议通过《公司 2014 年度董事会工作报告》《公司 2014 年度监事会工作报告》《公司 2014 年度财务决算和 2015 年度财务预算报告》《公司 2014 年度利润分配预案》《公司关于 2015 年度续聘会计师事务所的议案》《公司关于修订〈公司章程〉的议案》《公司关于董事变更的议案》《公司关于发行减记型合格二级资本工具的议案》，听取了《公司 2014 年度独立董事述职报告》《公司监事会关于 2014 年度董事、监事履职评价情况的报告》。刘信义、邵亚良、顾建忠、陈晓宏、董秀明、陈必昌当选董事。

**是日** 全国社会保障基金理事会理事长谢旭人一行考察杭州市经济适用房建设项目现场。该项目为浦发银行杭州分行与全国社会保障基金理事会于 2012 年 5 月合作信托贷款支持建设。

**是日** 浦发银行办理住房抵押贷款资产证券化（MBS）托管业务，中标广州当地城商行发起的 MBS 托管。此次 MBS 托管中，浦发银行作为独立第三方，提供托管账户开立、资金清算、会计核算与估值、报表报告、信托资金再投资监督、收益计算与分配、核实监督信托公司费用的计提及支付等服务，同时从资产端维护信托计划受益人的合法权益。

**5 月 18 日** 浦发银行党委书记、董事长吉晓辉为全行党员干部宣讲"三严三实"专题教育党课，强调要深刻领会"三严三实"的重大意义和丰富内涵，牢牢把握"三严三实"专题教育的实践要求，确保"三严三实"专题教育顺利推进。

**5 月 19 日** 山东能源国际贸易有限公司首批 13 户上游供应商 1+N 供应链保理融资业务落地浦发银行济南分行。该公司是山东能源集团的全资子公司，主要承担山东能源集团供应物流贸易专业化运作职能。济南分行结合企业采购特点，为其制订个性化业务方案，通过该项业务盘活山东能源集团的闲置授信额度，提高客户满意度。

**5 月 21 日** 浦发银行南宁分行与桂林市政府在总行举行战略合作框架协议签约仪式，浦发银行行长刘信义，中共桂林市委书记赵乐秦、市长周家斌出席仪式，浦发银行副行长冀光恒和市长周家斌分别代表双方签署协议。根据协议，双方将围绕桂林市新一轮发展规划，进一步深化和加强银证合作，积极支持实体经济发展。

**5 月 22 日** 浦发银行上海分行发放自贸区 FT 境外融资项下"银租保"贷款，既为承租人获取境内外利差收益，也为分行获得全额保证金存款。自贸区"银租保 3.0"是"银租保"的最新升级，将 FT 境外融资与"银租保"对接，银行可直接凭借自身 FT 境外融资额度引入境外低成本资金，节省经营支出，提高盈利空间。

**是日** 浦发银行芜湖分行将"参付通""跨境兑"等新产品与传统的出口保理业务结合起来，成功办理全行首单出口保理项下"参付通"业务。

**是日**　中共浦银金融租赁股份有限公司委员会成立。楼戈飞任书记，向瑜任副书记，甘霄宁和汪天光任委员。

**5月28日**　浦发银行与上海置信碳资产管理有限公司签署国家核证自愿减排量（CCER）质押融资贷款合同，办理国家碳交易注册登记簿系统上线后国内首单CCER融资。交易双方完成了CCER在整个交易、融资环节的确权、估值、质押、放款等流程。

**是日**　浦发银行南昌分行成功办理全行首单地方政府债务过渡性融资业务，授信总额31.6亿元，标志着该行在业务模式创新应用方面再次取得突破。当日，10亿元总行自营资金直接投资于九江市城市建设投资有限公司，用于承接其即将到期的债务。

**5月29日**　广东省省长朱小丹、副省长陈云贤、广州市市长陈建华一行赴浦发银行广州分行丹邱农村金融服务站视察调研。

**是日**　浦发银行海外金融服务产品体系发布会暨南沙自贸区客户论坛在广州举行，副行长冀光恒出席。海外金融服务产品体系是将香港分行、上海自贸试验区分行以及总行离岸业务部业务平台整合为"一个产品体系、一个服务方案、一个营销机制"的产品客户服务体系；针对客户需求，通过统一的国际业务平台产品体系，形成一揽子的产品解决方案和协同营销机制。发布会期间，浦发银行广州分行与16家企业集团签订《自贸区银企战略合作协议》，为企业提供最符合需求的金融服务方案。

**是日**　由上海金融业联合会组织的"2014年上海金融业改革发展优秀研究成果"评选颁奖大会在上海召开，浦发银行共29项研究成果获奖。其中，《互联网金融生态及规制研究》在各类银行业金融机构报送的成果中脱颖而出，获得一等奖；《再议社会融资成本：宏观与微观视角》和《公租房资产证券化法律问题研究》2篇论文获得二等奖；《银行监管统计数据质量管理良好标准评估与实践》《自贸区国际要素交易平台创新及其重要意义》《金融市场流动性与商业银行资产配置行为研究》《"完善自贸区生态体系　推进金融服务创新"的相关建议》等4篇论文获得三等奖；另有《利率市场化改革条件下商业银行的战略转型和创新方向》等22篇论文获得入围奖。

**是日**　浦发银行广州分行与南沙自贸区市场监督管理局签署战略合作框架协议，成为首批签约6家银行中唯一的股份制商业银行，双方将在信息共享、金融产品、商事登记服务等方面加强合作，优势互补，建立联络机制，共同服务南沙经济社会发展。

**5月31日**　浦发银行同业存单业务累计发行256期，累计发行规模近2 300亿元，累计认购客户数超110家，同业存单余额及发行量居全市场排名第二。

**是月** 浦发银行上海分行为政府单位定制发行"爱上海阳光卡",满足卡内资金专款专用的客户需求,并为其员工配套提供银行卡刷卡就餐服务。

**是月** 浦发银行运营模拟操作培训平台在分行全面落地。

**6月1日** 浦发银行香港分行私人银行中心正式成立。自此,香港分行拥有三大系统(资金产品系统、反洗黑钱系统、贸易融资系统),并形成三大客户群体(公司客户、机构客户以及私人客户)和三大产品体系(贸易产品、资金产品、结构性产品)的新格局。

**是日** 浦发银行芜湖分行主承销的安徽山鹰纸业股份有限公司2015年度第一期15亿元短期融资券取得注册通知书,标志着芜湖分行实现债务融资工具承销业务的突破。

**6月2日** 中国移动—浦发银行战略合作第四次联席会议在北京举行,浦发银行行长刘信义和中国移动集团总裁李跃出席。会议确定新五年战略合作的方向,明确在"和金融"体系引导下,深入开展大市场、基础银行和行业应用三大领域战略合作。会后,浦发银行与中国移动全资子公司——咪咕文化科技有限公司签署战略合作协议。根据协议,双方将在互联网金融、消费、文化及新媒体领域开启全面合作,携手进军互联网市场。副行长姜明生、冀光恒等参加会议和签约仪式。

**6月3日** 浦发银行与大连市人民政府在上海举行战略合作协议签约仪式,浦发银行行长刘信义,中共辽宁省委常委、大连市委书记唐军出席仪式,浦发银行副行长冀光恒与大连市副市长卢林、大连金普新区管委会副主任李光分别签署战略合作协议。协议约定,浦发银行将向大连市政府提供总额为500亿元的金融服务和支持,其中包括由浦发银行和大连市政府共同出资注册首期规模为200亿元的大连城市发展基金;同时浦发银行还签订向国家级新区大连金普新区提供总额为200亿元的金融服务和支持合作协议。

**是日** 浦发银行办理与国家开发银行的首单12亿元场内回购交易,成为与该行直接开展理财业务线上资金交易的首批银行之一。

**6月5日** 浦发银行党委召开第一次"三严三实"专题学习讨论会,中共上海市委组织部原副部长冯小敏就全面落实从严治党要求、加强领导干部党性修养作辅导报告,党委副书记、行长刘信义主持会议,并交流学习体会。

**6月5日—8日** 浦发银行联合中国移动合作推出创新型理财产品——同享盈之"先机理财"计划。该款产品以较低门槛的理财产品形式,为客户提供轻松获得热销机型的机会;通过跨界合作,将理财现金收益转变为中国移动专供的热门稀缺手机机型,客户在购买理财产品后一定时间内便可收到相应手机,产品到期后归还本金。

**6月10日**　中共宁夏回族自治区党委书记李建华,自治区党委常委、银川市委书记徐广国,自治区党委常委、自治区常务副主席张超超等党政领导赴浦发银行银川分行调研,围绕"开放宁夏"听取了银川分行关于创新发展的工作汇报。

**是日**　浦发银行在上海、北京、天津、深圳等4家总行科技金融中心先行试点推出针对科技型企业的创新产品——政府科技补贴贷款,向获得地市级(含)以上政府专项资金补贴的科技型企业提供短期融资,客户最高可向浦发银行申请获得补贴额2倍的信用贷款额度。

**6月11日**　浦发银行郑州分行发行首单20亿元长期限含权中期票据,同时也是全行煤炭行业评级AA+的首单业务。

**6月14日**　浦银国际公司获香港公司注册处同意,在香港设立浦银国际融资有限公司和浦银国际投资管理有限公司两家子公司,分别开展企业融资、股票承销、债券承销、咨询顾问等投行业务和资产管理与直接投资等业务。

**是日**　浦发银行北京分行与中国电影股份有限公司签订战略合作协议,内容涵盖影片投资、影院建设及电影衍生品等电影产业链多个环节。

**6月15日**　浦发银行发行首期人民币大额存单。中国人民银行颁布《大额存单暂行管理办法》后,浦发银行等9家商业银行作为首批发行银行,可面向机构客户和个人客户推出大额存单业务。浦发银行首次发行的大额存单分为6个月和12个月两个期限,采用固定利率方式发行,执行利率为同期人民银行整存整取存款基准利率的约1.4倍,其中对公大额存单首日发行共计销售59笔、约23亿元;个人大额存单首日发行共计销售1.3亿元,受理客户申购近140笔。

**6月16日**　湖南省首单超短期融资券——湖南省高速公路建设开发总公司2015年度第一期超短期融资券15亿元募集资金到账,由浦发银行长沙分行担任承销。

**6月17日**　浦发银行南昌分行与江西省农村信用社联合社"银银全面业务合作"签约仪式在南昌分行举行,浦发银行南昌分行行长葛宇飞与江西省农村信用社联合社主任叶磊分别代表双方签约。双方将以"相互支持、密切合作、平等互利、共同发展"的原则,在公司金融、同业市场、财富代理、结算代理、贸易结算和融资、资金业务、投资银行、托管与养老金、电子银行渠道、航运金融等业务领域进一步加强合作,建立全面合作伙伴关系。

**6月17日—18日**　第九届中国企业国际融资洽谈会——科技国际融资洽谈会在天津举办。洽谈会期间,浦发银行天津分行与天津市科委签署《支持科技型企业升级发展战略合作协议》，并共同策划举办天津科技金融开放服务日活动，通过科技金融创新行动发布、机构战略合作签约、企业项目路演、创业咖啡、新三板企业辅导等活动，与百余家企业及合作机构进行了交流互动。

**6月18日** 浦发银行搭建一体化零售客户服务频道——"靠浦生活"，并入驻浦发手机银行。"靠浦生活"频道全面整合金豆积分、特惠礼遇、贵宾服务等内容，以权益消费和银行卡消费为主线，打造浦发银行"基础客户天天有活动，贵宾客户时时享优惠"的零售服务特色。

**6月19日** 浦发银行总行金融市场部（北京）成立揭牌仪式在北京金融街洲际酒店举行。

**是日** 浦发银行天津分行推出外币汇增利理财产品。该产品由天津分行基础资产业务和期权衍生交易业务组成，通过运用各种金融工具，对客户资金进行管理。

**是日** 浦发银行信用卡推出融入交互体验功能的"云账单"和智慧客服"随心听"特色服务。

**6月23日** 浦发银行西安分行首单旅游行业国资整合财务顾问暨债务融资项目落地。

**6月25日** 浦发银行济南分行与泰安市人民政府战略合作签约暨泰安分行开业庆典仪式在泰安市美若山水大酒店举行。浦发银行总行副行长刘以研，济南分行行长孔建，中共泰安市委副书记、市长王云鹏，副市长展宝卫等领导以及社会各界代表出席庆典仪式。

**6月26日** 浦发银行深圳分行落地全国首支投资REITs项目的公募基金——鹏华前海万科REITs封闭式混合型证券投资基金，由此成为国内首家成功托管公募REITs基金的境内商业银行。

**6月28日** 由中国银行业协会组织的中国银行业发展研究优秀成果评选（2014年）通报大会在北京召开，中国银行业协会对获奖个人及单位进行表彰，浦发银行共6项研究成果获奖。其中，《互联网金融生态及规则研究》荣获特等奖；《2014中国私募股权基金市场研究报告——国资企业改革专题》《巴塞尔协议Ⅲ与国际财务报告准则的协同影响研究》2篇论文获得二等奖；《金融市场流动性与商业银行资产配置行为研究》《商业银行支付交易大部分数据分析方法探讨》和《杠杆收购案例和要点》获得优秀奖。

**6月29日** 浦发银行武汉分行与湖北交投集团财务有限公司签署战略合作协议。

**6月30日** 浦发银行银川分行实现宁夏自治区内第一笔债务平滑基金业务，银川市城市建设投资控股有限公司债务平滑基金业务5亿元项目落地。

**是日** 大连育龙中小企业发展基金设立合作框架协议签字仪式在大连市政府国际会议厅举行。浦发银行大连分行作为合作及托管银行与基金管理方大连育龙中小企业发展基金管理公司、出资方大连市工业发展投资公司、大连长波物流有限公司、大连澳南房地产开发公司共同签署基金设立合作框架协议。

**是日** 大连市建投基础设施投资基金首期41.77亿元资金正式拨付到位,从属于浦发银行大连分行与大连市政府共同发起设立的总规模为200亿元的大连城市发展基金。该项目落地为大连市银企合作提供了新模式,也为分行公司业务的创新发展打开了良好局面。

**是日** 浦发银行发布"一带一路"跨境金融服务方案1.0版本。该方案结合"一带一路"沿线特色及客户需求,面向相关企业提供从国际贸易、工程建设、实体投资、跨境资金管理、全球资产管理与配置到全球资产托管等多层次、宽领域金融服务,助力境内企业顺应"一带一路"国家倡议,迅速实现"走出去"。

**是月** 浦发银行在网上金融超市推出"浦银点贷"网络消费贷款服务,首期产品面向代发与理财客户推出。产品推出一周,累计受理客户申请超过7 500户,审批通过率近30%,贷款余额1.1亿元。该服务高度契合网络消费贷款特点:一是速度快,审批仅需1分钟;二是效率高,贷款全流程仅需5分钟;三是效益高,贷款利率上浮;四是成本低,全程在线自动处理。截至7月末,已为近5 000人提供消费融资服务,累计授信ят7亿元,取得良好市场反响。

**是月** 浦发银行推出"一表两卡"服务模式。"一表两卡"服务模式通过整合借记卡、信用卡渠道资源,加大零售客户获取和产品交叉销售。在该模式下,客户只需填写一张申请表,即可同时申请信用卡和借记卡。

**是月** 浦发银行创立客服中心"双活"灾备机制。此次上线的灾备机制,综合国内同业"双活"模式和"灾备"模式的优点:一是信息数据整合,服务无缝延续;二是业务分配均衡,人员充分利用;三是优化排队策略,提升客户体验。

**是月** 浦发银行推出"浦银快贷"POS贷系列产品,针对POS商户推出POS贷业务,首单10万元放款在郑州分行落地,贷款执行利率11.16%。浦发银行POS贷可为浦发银行20余万户存量收单商户提供便利的互联网融资服务,增加客户黏性,鼓励客户使用浦发银行POS机进行结算,带动低成本的结算存款。

**是月** 浦发银行在全行启动运营"光盘行动"专项检查工作,切实加强运营操作风险管控。此次检查分为专项排查和复查两个阶段,针对近期内外部检查发现的运营基本制度执行问题,通过总行检查与分行自查、现场与非现场检查相结合的方式,加大对现金收付及查库、双人会同、钥匙与密码管理、自助设备装卸钞及账务处理、个人账户资料及支付授权管理、对公账户开户及变更、印鉴核验、重要物品及权限管控等业务关键环节的检查。

**7月1日** 浦发银行2015年第一次临时股东大会在云峰剧院召开,通过了收购上海信托的相关议案。

**是日** 浦发银行上海分行国际机场支行被选为上海市首家并且为唯一办理境外旅客购物离境退税的银行机构。

**7月2日** 浦发银行下发《关于加强与浦银租赁公司业务协同的通知》,对浦银金融租赁公司与浦发银行的合作模式给出了明确的指导意见。该通知明确了浦发银行与浦银租赁业务协同的目的意义、职责分工、合作模式、费用收取、考核激励、管理要求。

**7月4日** 浦发银行人民币代理结算系统直联功能上线,并代理浦发硅谷银行开展首单结算业务。

**是日** 浦发银行新一代零售信贷服务系统顺利投产。该系统以打造"以客户为中心的开放型零售信贷流程银行"为目标,凸显了6项功能亮点,包括:配置化产品创新平台、多维度授权管理机制、规则驱动化作业流程、一体化风险经营机制、便捷化数据分析支撑和多样化组合管理手段等,将更好地为零售信贷业务的高速发展提供坚实有效的系统支撑。

**7月6日** 浦发银行出具《关于提名浦银金融租赁股份有限公司第二届董事和高管人选的函》,提名楼戈飞、向瑜、刘长江、蔡涛为浦银金融租赁股份有限公司第二届董事会董事,建议楼戈飞任董事长、向瑜任总裁、甘霄宁任副总裁。

**7月7日** 浦发银行正式推出"SPDB+"浦银在线互联网金融服务平台。"SPDB+"将通过逐步串联和整合集团内银行、基金、信托等资源,打造集团统一的互联网金融服务平台,以及与线下无差异服务的全新"线上浦发银行"。"SPDB+"作为浦发银行互联网金融服务品牌,围绕"打造一个平台、服务三类重点客群、构建三种服务模式、形成三个产品特色"展开。

**7月15日** 在世界移动大会上,浦发银行携手中国移动推出全国首台运用4G技术的无线远程智能银行(VTM),客户与远端视频客服通过无线交互的方式,即可进行音视频交流并完成业务办理。

**7月16日** 浦发银行合肥分行为安徽节能环保科技有限公司发放省内首单基于合同能源管理的保理业务。该业务针对分行确认的优质合同能源管理项目,由节能服务公司将节能服务合同项下的未来收益权转让浦发银行,从而取得浦发的融资支持。作为合肥分行首单绿色金融特色产品,该业务预计每年可减少标准煤燃烧近1.5万吨,减少二氧化碳排放3.8万吨。

**7月17日** 浦发银行昆明分行政府债务平滑基金业务落地,成为云南省首家开展政府债务过渡性融资业务的金融机构,完成了全部150亿元投放工作。

**是日** 由浦发银行天津分行独立主承销的中飞租融资租赁有限公司2015年度第一期中期票据完成缴款,评级AA,金额3.4亿元,期限5年,最终发行利率6.5%。至此,中飞租融资租赁有限公司暨天津地区首单租赁公司中期票据,同时也是天津自贸区首单租赁公司中期票据落地。

**是日** 浦发银行落地首单外币利率互换交易,名义金额1 000万美元,期限3个月。

**7月20日** 浦发银行宁波分行落地全国首单上海清算所大宗商品金融衍生品人民币苯乙烯掉期业务。

**是日** 浦发银行上海分行通过IT服务管理体系认证审核,获得中国信息安全认证中心信息技术服务管理体系(ISO20000)认证证书,成为首家通过IT服务管理国际标准认证的分行。

**7月22日** 浦发银行合肥分行与铜陵市政府正式签署战略合作协议。浦发银行合肥分行行长董琢理,中共铜陵市委书记宋国权、市长倪玉平、常务副市长江娅等参加签约仪式。

**是日** 上海期货交易所正式与浦发银行签约,浦发银行成为首批获得上期所指定存管银行资格的同类股份制商业银行之一。

**7月25日—26日** 浦发银行2015年总行核心业务系统灾难恢复演练圆满完成,副行长潘卫东率总行灾难恢复领导小组赴合肥现场指挥演练工作。演练期间,核心业务灾备系统接管全行业务运行19个小时,处理约1 300万笔交易,并首次在灾备中心开展核心业务系统部分夜间批量处理。

**是日** 浦发银行宁波分行办理分行首单出口双保理海外预付业务,标志着宁波分行在有效利用境外低成本资金及与香港分行联动业务的途径上取得了新突破,并将进一步提升客户满意度,实现银企共赢。

**是日** 浦发银行首批理财资金投资境外优先股业务在深圳分行和广州分行落地。在得知交通银行将在境外发行优先股后,浦发银行总行积极与交通银行总行沟通。深圳分行同步与主承销商——交通银行香港分行取得联系,明确表达投资意愿,最终获得投资份额。广州分行则采取了离岸理财资金认购境外金融机构结构性票据劣后级份额,由境外银行对结构性票据发行方发放贷款,共同投资交通银行境外优先股。

**7月28日—30日** 浦发银行副行长刘以研赴拉萨考察,启动拉萨分行筹建工作,并代表浦发银行与中共西藏自治区党委常委、自治区常务副主席丁业现进行会谈,介绍浦发银行经营发展情况,表达在藏设立分行,积极参与上海金融援藏工作的意愿。在拉萨期间,副行长刘以研还与上海市人民政府驻西藏办事处相关领导进行交流,考察拉萨分行筹备组办公选址等相关工作情况。

**7月28日** 浦发银行苏州分行和杭州分行分别办理均价"双倍利"远期结汇业务和简单结构"双倍利"远期结汇业务,金额分别为600万美元和900万美元。"双倍利"远期结汇产品在浦发银行原有普通远期结汇业务基础上,嵌入卖出期权业务,结汇价格优于普通远期结汇价格,同样适用于未来有单笔结汇需求的客户,无论到期价格如何变化,交割价格不变且高于普通远期结汇。

**7月29日** 云南省工信委、财政厅、中国人民银行昆明中心支行主办的"支持工业企业信贷融资,解决企业生产性流动资金"签约仪式举行。签约仪式上,浦发银行昆明分行与省工业和信息化委员会签署《惠企贷合作协议》。

**7月30日** 浦发银行理财销售录音录像系统在首家试点行——南昌分行上线,实现个人理财类产品销售过程录音录像同步监控,将有助于促进规范理财销售人员销售行为,切实保护消费者权益。全行统一录音录像系统将"四个统一"作为建设标准,即"统一入口",理财销售人员及管理人员通过财富E站即可登陆,完成录音录像文件录制、查询和调阅;"统一设备",总行统一招标录音录像专用桌面摄像头,切实保障录音录像视频音频质量;"统一规范",总行统一制定录音录像操作规范和标准话术,明确录音录像产品范围,确保关键信息提示准确、完备;"统一存储",录音录像文件录制实时上传分行统一存储,录制人员中途无法截取、更改或删除,切实保障文件保存安全隔离,录制完成可即时调阅,快速便捷。

**是日** 安徽省首单AA级永续债成功发行,由浦发银行合肥分行担任承销。债券发行人为中建材旗下子公司,发行金额6亿元,发行利率5.5%,远低于市场同级别、同期限平均发行价格。

**7月31日** 浦发银行与中国移动联合开展的2015年校园营销活动拉开序幕,是浦发银行与中国移动新一轮战略合作框架下,首个全国范围的大型营销活动。此次活动以深化"和金融"体系为抓手,以共同市场拓展为目标。浦发银行为此次活动专门配置了"中移动and青春卡(校园版)"信用卡产品,加入中国移动面向高校新生打造的"和石榴"权益包,借助于中国移动QQ空间、微信等线上推广渠道,以及营业厅、高校驻点路演等线下兑换渠道,共同开拓校园客户市场,获取和培养新生代客群。

**是月** 浦发银行首单自贸区FTE理财产品在上海自贸试验区分行落地,在同类股份制商业银行中首家完成FTE理财产品发行。上海自贸试验区分行通过向FT账户(区内机构自由贸易账户)客户发行专属理财产品,募集资金投资自贸区内非标准化资产,为自贸区高科技企业提供融资。该产品的结构和资金运用具有跨境投资特点,产品销售对象包括境外FTN客户(境外机构自由贸易账户)和区内FTE客户,资金投向为自贸区内的基础资产。

**8月3日** 浦发银行西安分行首单集团式票据池——陕西能源集团有限公司票据池业务落地。

**8月4日** 浦发银行与云南省人民政府在昆明举行支持云南省参与"一带一路"建设战略合作框架协议签字仪式暨浦发银行昆明离岸业务创新中心揭牌仪式。浦发银行董事长吉晓辉、云南省省长陈豪出席仪式并为离岸业务创新中心揭牌,浦发银行副行长姜明生与云南省副省长和段琪分别代表双方签署战略合作框架协议。根据协议,双方将围绕"一带一路"国家重点项目建设、基础设施网络建设、滇中城市经济圈一体化发展、新兴产业培育发展等加强合作,积极促进云南经济和社会发展。

**8月5日** 浦发银行苏州分行落地"远期兑"业务,由境内分行根据客户申请,委托境外合作银行为客户未来跨境收付款资金办理货币转换及划转,通过锁定"远期兑"未来收入项下结汇汇率,为客户带来额外收益,为分行带来跨境人民币结算量、存款沉淀和跨境联动手续费收入。

**是日** 浦发银行苏州分行落地全国首单募集资金用于股权投资的债务融资工具,该笔债务融资工具期限较长,是市场上首单用于股权投资的债券。

**是日** 浦发银行宁波分行办理全行首单双倍利期权衍生产品,金额100万美元,标志浦发银行在期权类衍生产品领域业务开拓新突破。

**8月11日** 浦银金融租赁公司首单上海自贸区飞机租赁业务落地,向东方航空交付1架融资租赁737-800飞机。

**是日** 浦发银行昆明分行办理省内首单离在岸联动融资租赁保理业务,通过融资租赁公司外债额度,对接低成本美元资金,满足优质客户低成本融资需求。

**8月12日** 浦发银行印发《二级分行合规风险管理办法(B/0)》,对二级分行合规部门和合规案防管理专岗设置、岗位职责、垂直委派制管理、考核评价等提出了明确要求,进一步规范了二级分行合规案防风险管理。

**8月18日** 浦发银行累计发行大额同业存单316期,发行余额达近2 000亿元,居全国银行业同业存单市场第一位,发行总金额约3 400亿元,居市场第二位。

**是日** 浦发银行"电商通-云贷365"产品上线暨合作签约仪式在义乌幸福湖国际

会议中心举行。该产品以大数据为基础、电商经营活动数据为依据,结合电商信用,为电商客户打造的专属产品,具有大数据、高收益、简操作等特点,通过"线上+线下"方式,可以有效控制风险。

**8月21日**　浦发银行正式向中国银行业监督管理委员会递交关于伦敦代表处升格为分行的请示。

**8月25日**　浦发银行与上海市交通委员会在总行举行战略合作协议签约仪式,浦发银行行长刘信义、上海市交通委员会主任孙建平出席,浦发银行副行长冀光恒与上海市交通委员会副主任杨小溪分别代表双方签署协议。根据协议,双方将加强重点交通工程项目合作,助力上海国际航运中心建设、公交优先发展规划及综合交通管理,不断深化银政合作内涵。签约仪式前,刘信义与孙建平共同见证浦发银行上海分行与上海公共交通卡股份有限公司银企合作协议签约。

**是日**　浦发银行兰州分行落地分行首单政府债务平滑融资业务,首单起息规模20.475亿元,期限5年。

**8月26日**　浦发银行"梦卡"全系列正式上市,打破原有信用卡产品的设置,全面推出一卡一平台个性化定制服务。客户可在同一平台自主选择VISA、美国运通、银联、万事达四大卡组织品牌及专属权益,挑选各种材料和图片定制卡面,并自由组合专属特权,使信用卡产品完全贴合个人需求。

**是月**　浦发银行上海分行办理FTU跨境兑业务。该业务融合自贸区分账核算单元和跨境兑业务的创新组合,企业提出FTU跨境兑业务申请后,可将外币收入通过自贸区分账核算单元以约定的即期汇率结汇,再汇入企业开在浦发银行的一般账户,即可享受境外汇率又不影响结算效率。

**是月**　浦银大学精心打造"互联网+"培训和学习模式取得阶段性成果,全行学习与发展管理系统、移动学习微信号相继上线,开启了全行员工通过PC端和移动端网络培训学习的新模式。全行学习与发展管理系统统一了在线学习、在线考试等多个系统的登陆界面,将员工学习、考试、授课、证书等多种信息数据进行整合和统一管理;打通了外网登陆瓶颈,满足员工随时随地参加学习的需求;"我的E课"和"数字图书馆"为员工提供多样化、个性化学习资源,培训计划、审批、评估和培训档案管理等功能可实现培训全流程管理。同时,移动学习微信号作为浦发银行移动学习项目的第一阶段应用,开发了微课堂、培训班服务、培训动态推送、移动阅读等功能模块,丰富了学习场景和学习方式。

**9月1日**　浦发银行推出信用卡App"扫码支付"功能,丰富特殊支付通道,进一步提升信用卡O2O便捷生活体验。新功能上线后,"浦大喜奔"App单日下载量突破

9万。

**9月2日** 浦发银行长春分行与四平市人民政府在长春市会展中心举行战略合作签约仪式。双方将在政府平台整合、政府债务优化、重点城建项目建设、融资模式创新及银行网点建设等方面进行深度合作,长春分行利用多种融资渠道为四平市政府提供总额100亿元人民币的金融服务和支持。

**9月7日** 浦发银行联合线上运动软件"咕咚",共同打造的"为爱开跑,靠浦一生"活动正式启动。此次活动面向行内外所有热爱跑步的人群,为达到一定千米数的用户提供购买更高收益理财产品的机会,累积千米数则可用于捐赠斜视儿童手术项目。

**是日** 浦发银行青岛分行与青岛市经济和信息化委员会正式签署基金股权投资与银行债权投资战略合作协议,成为青岛市工业转型升级引导基金首批4家合作银行之一。

**是日** 浦发银行上海分行签约担任上海最大城中村项目——"三林楔型绿地城中村"项目银团牵头行之一。该项目是上海地产集团构建"城市更新"功能平台的创新举措,创导了"由政府引导、村民自愿、社会参与、市场运作"的城中村改造新模式,项目占地面积3.66平方千米,总投资约500亿元,银团贷款总额314亿元。

**9月9日** 经中国人民银行和银监会批准,浦发银行在全国银行间债券市场成功发行300亿元减记型二级资本债券。本期债券是浦发银行首单符合巴塞尔资本协议Ⅲ要求的减记型二级资本工具,债券期限10年,年利率为固定利率4.5%;利率与同日发行的邮储银行二级资本债券持平,创下了国内银行自2014年二级资本债券发行以来,绝对利率以及与政策性金融债相比利差的双低。

**是日** 浦发银行香港分行定价发行50亿美元中期票据计划项下首单3年期5亿美元中期票据。该项目是浦发银行首次在境外发行美元债券,多项发行工作在同类股份制银行中取得领先:认购总额达35.5亿美金,超额倍数达7.1倍,均在同类股份制银行中排名第一;定价区间发行息差收窄25个基点,在同类股份制银行中降幅最大;投资者国别最为多元化,除亚洲投资者外,英国、德国、瑞士、卢森堡、葡萄牙、澳洲、以色列等地投资者积极认购;吸引国家主权基金、中外资银行、国际顶级对冲基金、全球资产管理公司等高质量投资者参与;二级市场首日表现良好,市场价较初始发行价略高3—5个基点,有利于50亿美元中期票据项下后续不同币种不同期限项目的发行。

**是日** 浦发硅谷银行正式启动人民币业务。

**9月11日** 浦发银行海洋经济金融服务中心(舟山)成立,是继青岛之后设立的第二家在海洋经济领域的总行级专营机构。

**是日** 浦发银行宁波分行根据客户对融资期限、融资成本、灵活用款的核心要求,重点突破融资租赁业务模式,成功落地首单融资租赁跨分行联动业务,签约2.4亿元,并完成首单1亿元放款。

**9月15日** 浦发银行郑州分行与河南水利投资集团有限公司共同设立河南浦银水利股权投资基金,河南省首个水利产业投资基金正式成立。该基金采用有限合伙制形式,基金总规模为100亿元,首期规模14.5亿元。

**9月17日** 浦发银行天津分行与国家知识产权局专利审查协作天津中心签订全面战略合作协议。

**是日** 浦发银行芜湖分行与宣城市人民政府在宣城分行举办"浦银—宣城城市发展基金(平滑基金)项目合作框架协议"签约仪式。该平滑基金总规模20亿元,其中浦发银行出资16亿元,宣城市国投公司代表市政府出资4亿元,主要用于平滑宣城市政府债务,拉长还款期限。

**是日** 浦发银行上海分行为韦尔半导体成功办理分行首单集团式票据池业务。

**9月18日** 浦发银行金融市场部(深圳)成立,50余家金融机构到场参加揭牌仪式。作为浦发银行在异地布局的重要战略机构,金融市场部(深圳)借力深圳地区金融改革领先、金融机构集中、金融创新活跃的地域优势,依托粤港澳区域特色经济优势,进一步加强与深圳乃至全国主要同业机构的互动交流,开展各要素市场开展多层次、多元化的深度合作,努力成为浦发银行、深圳区域金融市场业务领域的排队兵。

**9月20日** 浦发银行获得上海清算所标准债券远期综合清算会员资格。标准债券远期集中清算业务以虚拟国开债远期合约为交易主体,采用现金交割方式,具有实时成交、交易集中、无授信限制等特点。同时,通过上清所引入的代理清算机制,清算会员还可为不具备会员资格的市场机构(非清算会员或客户)代理参与标准债券远期交易。

**9月21日** 浦发银行信用卡中心客服分中心(合肥)入驻总行合肥综合中心园区,作为异地灾备中心有效支撑地处上海的信用卡呼叫中心的相关业务。

**9月22日** 万达集团董事长王健林、一方集团董事长孙喜双一行拜访浦发银行,并与浦发银行签署战略合作协议。浦发银行董事长吉晓辉,副行长冀光恒、刘以研等领导出席签约仪式,冀光恒与万达集团副总裁刘朝晖分别代表双方签署战略合作协议。协议约定,浦发银行将向万达集团提供总额300亿元金融支持,双方在并购业务、供应链融资、债券承销、客户资源共享等领域将加强全方位业务合作。

**是日** 浦发银行携手中国移动,在全国范围内发售以iPhone 6S为实物理财收益标的的新一期"先机理财"产品。销售首日,38家分行共17 588位客户参与抢购,仅17秒即售罄,吸引客户资金超过26亿元。

**是日** 浦发银行落地全行首单签约、入金的私人银行客户境内家族信托项目。

**是日** 浦发银行"金豆公益"平台上线,首期推出"宝贝新生"关爱病患孤儿行动和"时刻守护"预防弱势儿童走失行动两个公益项目,客户通过捐助金豆积分,为困难儿童提供生活用品和安全腕表。

**9月23日** 浦发银行广州分行、天津分行落地"移动智能医疗项目"和"Q医智慧门诊手机"App,体现传统就医模式向"智慧"就医模式的转变,标志浦发银行"SPDB+"战略在医疗领域正式落地。患者可通过微信或App,提升预约挂号、支付、预约、候诊、排队叫号、查阅报告等诊疗和服务能力,享受全流程就医服务。

**是日** 浦发银行在南京举办首期"外滩12号同业合作沙龙",邀请近20家货币类基金产品规模靠前、合作潜力较大的基金公司进行专项研讨交流。

**9月25日** 浦发银行南昌分行首单股权基金结构化融资项目落地,20亿元理财资金划入上饶市上投一号基金管理中心(有限合伙)开立在上饶分行的托管专户。该基金总规模26.01亿元,主要用于向上饶市紫阳房地产开发有限公司进行增资扩股,用于上饶市老火车站棚户区综合改造安置房(御景新苑)项目。

**是日** 浦发银行广州分行为广东物资集团公司发行广东省内首单永续中期票据,债券发行价格在全国同级别企业3+N期限永续债中再创新低。

**9月30日** 浦发银行武汉分行首单政府平滑基金项目——宜昌国投26.97亿元落地。

**是日** 浦发银行营销公募基金公司认购大额同业存单达到近400亿元。

**10月8日** 人民币跨境支付系统(一期)(Cross-border Interbank Payment System,简称CIPS)正式投产,浦发银行作为首批直接参与银行,完成系统上线工作。浦发银行行长刘信义出席中国人民银行举办的CIPS投产仪式并代表商业银行发言。CIPS主要为境内外金融机构人民币跨境和离岸业务提供资金清算和结算服务,一期系统主要功能为便利跨境人民币业务处理,支持跨境货物贸易和服务贸易结算、跨境直接投资、跨境融资和跨境个人汇款等业务。浦发银行同期推出《跨境人民币综合服务方案5.0》,加大海外宣传力度,成功营销8家境外银行通过浦发银行代理首批接入CIPS。

**是日** 浦发银行总行集中作业平台合肥作业中心正式投产运行,标志着浦发银行集中作业正式跨入"双中心"模式。投产后的合肥作业中心与现有上海作业中心形成互为灾备、各有侧重、交叉互补的共享作业平台。

**10月9日** 浦发银行正式发布《商业保理公司金融服务方案1.0》,结合自身专业经营优势,向商业保理公司提供信息咨询、贸易融资、直接融资和现金管理等综合性一揽子金融服务,通过深化业务合作共同助力中小企业发展。该服务方案采用"四+四"结构,根据商业保理公司业务发展不同过程,提炼出企业四大需求,即信息咨询、间接融资、直接融资、现金管理,在此基础上有针对性地推出信息咨询、贸易融资、投资银行、现金管理等四方面多层次宽领域金融服务,内容涵盖行业咨询、政策法规咨询、应收账款融资、资产支持票据、资产支持专项计划、信托计划、资金收付服务等领域。

**10月10日** 浦发银行郑州分行首单PPP业务通过总行审批,总授信额度5.6亿元,标志着郑州分行在项目融资领域的发展转型取得重大进展,开创了银政合作的崭新局面。

**10月12日** 浦银金融租赁公司以通讯表决方式召开2015年度第一次临时股东大会,审议通过《关于上海国际集团转让公司股份的议案》,同意上海国际集团有限公司以无偿划转方式将其所持本公司3亿元股(每股面值1元,持股份额占比10.17%)转让给上海国有资产经营有限公司,公司其他股东放弃优先购买权。上海国际集团有限公司根据《公司法》及《浦银金融租赁股份有限公司章程》所拥有的股东权利和义务一并转移至上海国有资产经营有限公司。

**10月13日** 浦发银行手机银行推出"HCE云闪付"产品。持有浦发信用卡的客户仅需在手机银行App中选择已有信用卡进行申请,即可在线开通HCE云支付,在全国400多万台具有中国银联"Quick Pass"标识的POS机上进行NFC"闪付"消费。

**是日** 浦银国际全资子公司——浦银国际投资管理有限公司申请香港证监会4号牌(就证券交易提供意见)、9号牌(资产管理),以及浦银国际融资有限公司申请香港证监会6号牌(就企业融资提供意见)获得核准。

**是日** 浦发银行先后推出"电子支付密码器""跨地区开立公司网银""企业手机银行预约网点排号"等智能化互联服务。

**10月15日** 浦银国际控股有限公司在开曼群岛设立首只离岸美元基金。

**是日** 第九届上海中小微企业金融洽谈会开幕式在上海新国际博览中心举行,浦发银行作为上海标志性金融企业参展。中共上海市委常委、常务副市长屠光绍,中共上海市金融党委书记孔庆伟,市金融服务办公室主任郑杨在浦发银行行长刘信义的陪同下,赴浦发银行展台参观指导,并听取浦发银行小微金融突出成果汇报。

**10月19日** 浦发银行总行客户服务中心合肥分中心成立,入驻总行合肥综合中心园区,承接普通、综合业务来电,客服中心三地互为备份格局初步形成。

是日　新疆维吾尔自治区人民政府和社会资本合作(简称PPP)项目签约仪式在乌鲁木齐举行。浦发银行作为首批新疆维吾尔自治区政府PPP项目的合作银行,成立专业PPP项目顾问团队,为自治区PPP项目提供项目设计方案、项目评审、基金运作和管理等综合性顾问服务,最终与自治区政府顺利签订《PPP战略合作协议》。

**10月22日**　浦发银行贵阳分行辖属毕节分行营业部正式开业。

**10月23日**　浦发银行在第五届"浦发创富"股权基金高层论坛上,推出针对PE融资的创新金融服务,并与基金机构现场签署意向性融资合作协议。浦发银行此次推出的PE融资服务,主要针对市场知名产业基金、并购基金、创投基金、政府引导基金及母基金等,提供包括股权基金并购贷款业务及股权基金结构化融资业务在内的多种创新型金融服务。

是日　浦发银行发行自贸区跨境同业存单,发行规模5亿元,发行利率低于境内同期限存单5BPs,筹集资金用于推动自贸区业务发展,促进区内企业降低融资成本,更好满足自贸区实体经济融资需求。

**10月26日**　浦发银行与均瑶集团在上海举行战略合作协议签约仪式,浦发银行董事长吉晓辉、行长刘信义,均瑶集团董事长王均金出席仪式。浦发银行副行长冀光恒与均瑶集团总裁王均豪分别代表双方签署协议。根据协议,双方将加强在同业合作、投行业务、融资业务等领域的全方位合作,不断深化银企合作内涵。均瑶集团下属均瑶如意文化公司将基于和迪士尼公司的战略合作,与浦发银行共同推出独家迪士尼红包贺岁金等产品,促进提升浦发银行和均瑶集团品牌价值。

**10月27日**　由上海浦江创新论坛中心和浦发银行联合承办的浦江创新论坛分论坛——"科技金融高峰论坛"在上海举行,国家科技部副部长李萌,中共上海市委常委、常务副市长屠光绍出席并作开幕致辞,浦发银行行长刘信义发表主题演讲。会上,由浦发银行联合中国科技技术发展战略研究院、中国科技金融促进会、上海市科学学研究所共同研究的《中国科技金融生态年度观察(2015)》正式发布,在业内首次推出"科技金融生态圈"理念,探讨如何搭建"全方位、专业化、一站式"的创新型金融服务平台,对接并解决科技企业的全程金融需求。

是日　浦发银行北京分行中标北京市市级财政国库集中支付代理银行资格。

**10月29日**　上海市政府正式发布《上海建设具有全球影响力的科技创新中心临港行动方案(2015—2020)》,并举办临港地区建设国际智能制造中心推介会。浦发银行上海分行成为临港地区唯一战略合作银行,为区域内科技型企业提供金融服务,同时将位于临港地区的港城支行定位为服务"国际智能制造中心"的科技特色支行。

是日　浦发银行与青岛市人民政府在青岛举行战略合作备忘录签约仪式,浦发银行行长刘信义及青岛市主要领导出席仪式。根据协议,双方将建立长期战略合作关系,积极开展科技金融等领域业务合作,加强优势互补,促进合作共赢。

**10月30日** 浦发银行发行第273期同业存单,发行量达到189亿元,创全市场同业存单单期发行量历史新高,当日发行量成为浦发银行同业存单单日最高。

**是日** 浦发银行正式对外发布"社区生活圈"平台,以社区银行网点为中心辐射周边社区。平台有效整合了社区银行、社区居民、社区商户间的供给和需求,打通金融服务"最后一公里"。

**11月1日** 浦发银行银川分行5.7亿元盛大游戏私有化并购结构化融资项目落地,成为全行首单落地的中概股私有化并购融资项目。

**11月2日** 浦银国际收到深圳市外商投资股权投资企业试点工作领导小组办公室《关于批准浦银国际股权投资管理(深圳)有限公司业务资格的函》(深府金发〔2015〕第92号),取得外商投资股权投资管理业务资格。该资格的取得将有利于浦银国际通过跨境直投基金引入境外资金,为境内企业股权投资提供资本金支持。

**11月3日** 浦发银行与国泰君安证券在上海举行深化合作座谈会暨全面战略合作协议签约仪式,浦发银行董事长吉晓辉、国泰君安证券董事长杨德红出席,浦发银行副行长潘卫东和国泰君安证券副总裁蒋忆明分别代表双方签署协议。

**11月5日** 根据中国人民银行批复,浦发银行正式成为银行间外汇市场人民币对瑞郎直接交易做市商,可为国内客户提供包括报价、产品、清算在内的人民币对瑞郎直接交易服务。

**是日** 浦发银行首款贵金属理财产品——尊享盈贵金属1号募集起息。该产品面向私人银行客户限量发售,投资范围为境内外贵金属市场及银行存款,以风险较低的跨市场、跨品种套利为主,波段交易为辅,有效丰富客户资产配置,是目前利率下行市场环境中具有比较优势的高收益理财产品。

**是日** 浦发银行西宁分行与海东市人民政府、海东工业园区在海东市举行战略合作暨政府债务平滑基金业务合作签约仪式。按照协议,"十三五"期间,西宁分行通过信贷、股权基金等模式向海东市城市基础设施建设、棚户区改造、生态环境建设、环境保护、交通建设、水利建设、扶贫开发、矿产资源开发、公用事业等重点行业和重点领域等方面提供总额超过300亿元的综合融资支持。

**11月6日** 上海市人民政府下发《上海市人民政府关于孙建平同志任职的通知》文件,任命孙建平为浦发银行监事会主席。

**11月11日** 浦发银行行长刘信义赴济南分行调研,听取分行工作汇报,并看望了一线员工。在济南期间,刘信义分别与中共山东省委副书记、省长郭树清,山东省委常委、济南市委书记王文涛进行会谈,就进一步密切银政合作,共同推进山东省及济南市经济社会发展进行深入交流。

**是日** 中国银行业监督管理委员会上海监管局作出《关于核准浦银金融租赁股份有限公司变更股权的批复》(沪银监复〔2015〕第629号),核准上海国有资产经营有限公司持有公司10.17%的股权。股权变更后,浦银金融租赁公司注册资本仍为人民币29.5亿元,浦发银行、中国商用飞机有限责任公司、上海国有资产经营有限公司和上海龙华国际航空投资有限公司分别出资18亿、6亿、3亿和2.5亿,出资比例分别为61.02%、20.34%、10.17%和8.47%。

**11月12日** 中国人民银行发行第五套新版人民币,浦发银行顺利完成各项发行配套工作。

**是日** 浦发银行重庆分行首单平滑基金业务——理财资金投资永川区政府存量债务业务成功落地,额度20亿元,期限5年。

**11月13日** 中国银行业监督管理委员会正式批复同意浦发银行筹建拉萨分行。

**是日** 浦发银行广州分行通过与香港分行的跨境业务联动,办理南沙自贸区跨境人民币贷款业务。

**11月15日** 浦发银行"为爱开跑,靠浦一生"外滩健康跑暨第二期"放眼看世界"慈善捐赠仪式在上海举行。浦发银行行长刘信义、上海市儿童健康基金会名誉理事长谢丽娟、上海市卫生和计划生育委员会主任沈晓初等有关领导出席,副行长姜明生主持仪式。刘信义致辞并宣布启动第二期"放眼看世界"斜视儿童公益手术项目,代表浦发银行向上海市儿童健康慈善基金会捐赠了爱心支票,按照"为爱开跑"活动累积的112万千米跑步里程捐赠了112位斜视儿童公益慈善手术费用,并承诺浦发银行2017年度对项目捐助总额不低于150万元的公益善款。

**11月17日** 浦发银行推出手机银企对账服务,支持单位客户通过公司手机银行App自助办理银企对账业务。该服务利用手机银行"可移动"性,进一步提升了单位客户的对账体验,有效提高了银企对账效率。

**是日** 新加坡金融管理局与上海市金融服务办公室在新加坡联合举办"新加坡—上海金融论坛"。浦发银行行长刘信义出席论坛并作了题为《上海自贸区金融改革预期及对东盟市场的影响》的主题演讲。新加坡金融管理局副局长罗惠燕、上海市金融服务办公室秘书长姚嘉勇以及两地金融业嘉宾出席论坛,共同探讨两地金融市场的热点问题和未来趋势。在新加坡期间,刘信义行长与新加坡金融管理局副局长王宗智进行会谈,双方围绕浦发银行经营发展情况、中国经济发展趋势、浦发银行新加坡分行申设等进行深入交流。

**11月19日** 浦发银行开办代客账户商品交易业务。该业务是浦发银行针对零售个人客户推出的交易型产品,客户使用较少资金,即可买卖原油、大豆和铜,交易模式灵活,有利于客户充分把握市场机会。

**11月20日** 浦发银行北京分行与清华控股有限公司在清华科技园正式签署总对总战略合作协议。浦发银行北京分行行长崔炳文、清华控股副董事长兼党委书记龙大伟分别致辞。

**是日** 浦发银行联合上海期货交易所举办有色金属贵金属行业研讨会,30余家产业客户代表参会。会上,浦发银行就当前代客大宗商品衍生交易业务、黄金租赁业务和标准仓单质押融资业务进行了介绍,并从银行的角度分享了银期合作的经验和案例。

**11月23日** 捷克共和国总理博胡斯拉夫·索博特卡在第四次中国—中东欧国家领导人会晤期间到访上海,并参观访问浦发银行,浦发银行董事长吉晓辉、副行长潘卫东等陪同参观。

**是日** 上海信托的信托资产突破6 000亿元,较年初增长2 168多亿元。

**是日** 浦发银行与申江集团在上海举行战略合作协议及专项融资协议签约仪式,浦发银行行长刘信义、申江集团董事长徐孙庆出席。

**是日** 浦发银行郑州分行发行河南省交通系统首单永续中票15亿元。这是河南省交通系统首单可计入权益类科目的创新产品,也是国内债券市场首单期限为"6+N"的永续中票,可有效满足大型企业降低企业资产负债率的需求。

**11月24日** 浦发银行推出"浦银点贷——安居贷"产品,将住房贷款批量获客与"SPDB+"网贷平台对客户经营的系统化支撑两大优势相结合,践行消费信贷"住房+消费贷款"的发展策略,带动房贷消费贷齐增长。该产品是新增住房贷款客户专享的线上网络贷款,个人借款人在申请办理浦发银行个人住房贷款业务时,浦发银行结合客户及其家庭的综合还款能力、风险等级、抵押物价值等因素,以自动化方式配套对客户进行网络消费贷款主动授信。业务推出第一周,天津、宁波等分行率先实现放款。

**是日** 浦发银行与华泰证券在上海举行深化合作座谈会暨全面战略合作协议签约仪式,浦发银行行长刘信义、华泰证券总裁周易出席,浦发银行副行长潘卫东和华泰证券副总裁张海波分别代表双方签署协议。

**是日** 浦发银行北京分行、香港分行联动完成全行首单离岸资金投资境外债券业务。浦发银行设计"投资+承销"的业务模式,由北京分行、香港分行叙做离岸理财对接境外债券业务,同时凭借总行和香港分行投资,获得企业发债全球协调人角色。

债券发行过程中,香港分行积极调动全球投资者网络的投资交易,确保债券成功发行;浦银国际全力配合,及时完成离岸资金与债券交收。

**是日** 浦发银行杭州分行签署全行首单人民币跨境支付系统代理业务,标志着杭州分行成功建立全行首个人民币跨境支付系统(CIPS系统)直接、间接参与者的同业代理关系。

**是日** 经中国银行业监督管理委员会批复,浦发银行伦敦代表处升格为分行。

**是日** 浦发银行广州分行在佛山市财政局市级财政国库集中支付代理银行资格项目中,中标财政直接支付和财政授权支付子项目,成为浦发银行首家获得市级财政国库电子化资格的分行。

**11月26日** 浦发银行长沙分行落地湖南省首单自贸区版跨境双向人民币资金池业务,为跨国集团公司有效解决了境内外资金双向流通问题。

**11月26日—27日** 浦发银行召开2015年全行战略管理会议。董事长吉晓辉作了题为《服务实体经济,明确发展思路,聚焦工作重点,推动现代金融服务企业建设迈入新阶段》的讲话,行长刘信义作了题为《适应新常态,落实新战略,开创经营管理新格局》的讲话。

**11月30日** 浦发银行上海分行冠字号码查询平台正式上线。该系统通过新一代网点平台查询,免去了支行每日繁复的数据备份,记录数据完整性、及时性得到提高,为网点受理客户冠字号查询业务提供了方便。上海分行共计648台A类点钞机、35台清分机,376台存取款一体机上线。

**是日** 浦发银行首次月度资产负债配置会召开,行长刘信义、副行长潘卫东出席,会议听取了全行10—11月资产负债业务执行情况,并就12月全行资产负债配置策略进行讨论。

**是日** 浦发银行广州分行分别与清远市德晟投资集团有限公司、清远市公路管理局及广东晶通公路工程建设集团有限公司签订合作框架协议。

**12月1日** 中国银行业监督管理委员会上海监管局作出《关于浦银金融租赁股份有限公司开办信贷资产证券化业务资格的批复》(沪银监复〔2015〕第674号),核准浦银金融租赁公司开办信贷资产证券化业务资格,为公司拓展融资渠道、节约资本、实现轻型化发展创造了外部条件。

**是日** 浦发银行杭州分行与杭州联合银行签署《跨境人民币代理清算服务协议》,成为浦发银行首单与境内中资同业机构达成的CIPS跨境人民币代理清算业务合作。分行为杭州联合银行提供SWIFT接入方式提供"专案打造"的个性化接入合作服务方案,合理评估SWIFT接入、银银直连及支付系统直连等模式的优劣,降低客户接入成本,于2016年全面铺开跨境清算合作。

**12月2日** 浦发银行银川分行荣获银川市支持地方经济发展最高奖项——"最佳支持地方重点项目奖",成为银川市唯一一家获此奖项的商业银行。

**12月3日** 浦发银行举办首期"新技术、新产品、新业态"创新论坛,总行相关部门,上海、南京、北京、天津分行以及相关领域客户等60余人参加。此次论坛邀请浦发银行战略合作伙伴——孟家港国际储运发展有限公司董事长作为演讲嘉宾,介绍以"互联网+物联网"为发展理念的新型煤炭产业链业务新模式。与会单位围绕孟家港创新业务模式,以及异地客户服务、互联网获客、授信管理、法律关系、合规管理、系统对接等内容展开深入探讨,并就新形势下服务各类新模式、新业态达成共识。

**12月4日** 由浦发银行石家庄分行主承销的30亿元永续中票(长期限含权中票)募集资金到账,标志河北省内首单永续中票成功发行。

**是日** 浦发银行上海分行、香港分行联合完成瑞安房地产有限公司(Shui On Development (Holding) Limited)离岸行内银团贷款业务。此笔贷款位于上海,由上海分行负责项目的整体推进和具体操作,香港分行担任牵头行。授信方案无缝衔接企业融资需求,降低企业的融资成本。

**是日** 浦发银行印发《产品经理专业岗位序列管理办法(B/O)》,加强全行产品经理专业队伍建设,拓宽专业员工职业发展道路和晋升空间,进一步完善人力资源激励约束机制。

**是日** 浦发银行武汉分行与湖北省供销总社签署战略合作协议。

**12月7日** 浦发银行福州分行辖属福建自贸试验区福州片区分行正式开业。

**12月8日—9日** 随着沪公积金2015年第一期个人住房贷款资产支持证券1号和沪公积金2015年第一期个人住房贷款资产支持证券2号募集资金到位,以及项目信托计划的设立,由浦发银行独家主承销的中国银行间市场首单住房公积金个人住房贷款资产支持证券创新项目成功落地。本期证券由上海市公积金中心为发起机构,上海信托为发行人,浦发银行担任主承销商、簿记管理人和资金保管行,发行总规模69.63亿元。

**12月10日** 浦银国际投资药明康德项目,搭建专门的离岸基金架构负责运营项目,顺利实现与总行投贷联动的第一步,并与淡马锡控股公司、汇桥资本、高瓴资本、博裕资本等国际一流股权投资基金的合作过程中实现跨境并购领域新的突破,获得极高的市场声誉。

**是日** 浦发银行新一代管理会计系统全面上线投产,该系统采用自主研发模式,打造全行统一的管理会计核算体系,完成了行内各类信息资源的整合,实现账户级经济增加值(EVA)和风险调整后的资本收益率(RAROC)计算,形成员工、客户、产品、责任中心、条线等多维度盈利信息,从而为客户准入退出、产品定价、绩效管理、预算管理等各项工作,提供基础性的内部管理核心平台。

**12月11日** 浦发银行远程授权和集中监控项目第一批上线现场推广会在南昌分行召开。副行长徐海燕到会指导,总行运营管理部、科技开发部、科技管理部及14家分行相关部门负责人和专家参加了会议。

**12月12日** 中国银联联合20余家商业银行,在北京共同发布HCE"云闪付"手机支付产品,浦发银行作为首批合作银行参与发布与布展活动,副行长姜明生出席发布会。浦发银行"云闪付"产品基于全球领先的HCE(主机模拟卡片)和Token(支付标记)技术,实现移动支付安全性与便利性的最佳结合。

**12月15日** 浦发银行与无锡市人民政府举行股权投资母基金暨城市发展基金战略合作协议签约仪式,浦发银行行长刘信义、无锡市市长汪泉出席仪式。双方将以两个基金项目的成立和运作为契机,培育和扶持一批具有持续创新能力的实体企业,推动区域性产业升级,积极促进无锡经济社会持续健康发展。

**是日** 浦发银行公司微信银行上线,利用腾讯微信平台,向企业、事业单位客户提供的集账户管理、金融服务、营销宣传、互动交流等服务为一体的移动金融服务。

**12月16日** 浦发银行推出95528旗下的微信客服和双向视频服务功能。95528旗下的微信客服功能首次引入"智能+人工"的双重服务模式,具备自然语言、人工辅助联机交易和文字互动式平台等特点,由"智能机器人"通过智能语义理解,解读客户诉求,超出受理范围的由专属团队在线提供人工服务。双向视频方面,客户借助于社区银行VTM机具,可通过屏幕上的客服代表,在线进行资料填写和审核,几分钟内即可完成发卡、解挂、密码重置、风险评估等必需人工审核的业务。

**是日** 浦发银行上海分行推出"科易通"多层次资本市场配套服务方案,旨在帮助企业引入发展所需的各类资源,助力支行营销资本市场客户。

**是日** 由浦发银行南京分行主承销的供应链票据发行,成为全国首单注册成功并落地的供应链债务融资工具。供应链票据以供应链中的核心企业作为发行人,募集资金用于补充上下游企业的流动性需求,可降低核心企业资金运营成本,进一步稳固和强化其业与上下游的合作关系。

**12月17日** 浦发银行与上海信托的集团协同项目——"上海信托'红宝石'安心稳健系列投资资金信托基金(上信-H-7001)转托管"顺利完成托管人切换,项目托管行由兴业银行正式变更为浦发银行上海分行。本项目的运营,标志着浦发银行与上海信托保管业务全面合作的正式开启。

**是日**　浦发银行制定下发《上海浦东发展银行资产损失核销客户"黑名单"管理办法》,首次建立对资产损失核销客户的违约信息共享和信用惩戒体系。

　　**是日**　浦发银行呼和浩特分行"在线银链宝——伊利贷"项目成功上线,成为浦发银行首家推出网络贷"一家做全国"模式的分行。

　　**是日**　浦发银行郑州分行辖属南阳分行正式开业。

**12月18日**　浦发银行香港分行正式加入成为香港交易所场外结算公司会员,并成为该公司首家内地非国有股份制商业银行会员。

　　**是日**　浦发银行厦门分行辖属福建自由贸易试验区厦门片区分行正式开业。

　　**是日**　浦发银行香港分行成为香港交易所旗下香港场外结算公司正式结算会员。

**12月22日**　浦发银行郑州分行落地河南省内首支水利产业基金项目,首期投资2个地市的水利项目和1单水务股权投资项目。该基金首次作为战略投资者,参股河南水利投资集团子公司水务公司,实现郑州分行股权投资项目新突破。

**12月24日**　浦发银行印发《财务管理制度》,旨在建立符合现代商业银行管理要求的财务管理体制,促进各项业务健康、持续发展,提高经营效益,提升股东价值和企业价值。

　　**是日**　浦发银行苏州分行落地全国首单募集资金用于股权投资的债务融资工具。该笔债务融资工具期限较长,是市场上首单用于股权投资的债券。

　　**是日**　浦发银行南宁分行与桂林银行股份有限公司正式签署《跨境人民币代理清算服务协议》,标志着南宁分行在人民币跨境支付系统(CIPS系统)同业代理业务合作上有了新的突破。

**12月25日**　浦发银行上海自贸区跨境双向人民币资金池建池总数达到100个,入池账户超过500户,累计交易量突破1 000亿元,在上海所有银行中排名第一。

**12月28日**　浦发银行办理上海自贸区分账核算单元(FTU)外币同业拆借业务。

**12月29日**　中国银行业监督管理委员会下发《关于浦发银行修订公司章程的批复》(银监复〔2015〕第681号),核准浦发银行修订后的公司章程。

**12月30日**　浦发银行与湖北省人民政府签署《长江经济带产业基金合作协议》。中共湖北省委书记李鸿忠、省长王国生,浦发银行副行长潘卫东出席签约仪式,并为湖北省长江经济带产业基金管理公司揭牌。长江经济带产业基金的设立,是湖北省委、省政府抢抓"一带一路"、长江经济带开发开放和长江中游城市群建设等国家重大建设机遇做出的重要举措,旨在推进湖北省战略性新兴产业发展、传统产业转型升级,推动"大众创业、万众创新"。

**12月31日** 浦发银行投产上线预算管理一期系统,实现预算管理基础数据的自动采集,以及母公司业务预算编制、汇总、指标下达、执行期结果跟踪、滚动调整等全流程控制。

**是月** 浦发银行北京分行与国家开发银行全资子公司——国开金融公司合作,设立100亿元国开新型城镇发展基金,首期50亿元资金落地起息。

**是月** 浦发银行北京分行落地全行首单SWIFT银企直连人民币支付业务,成为浦发银行首个支持跨国集团公司,通过SWIFT银企直连处理境内人民币支付业务的成功案例。北京分行成为大众汽车(中国)投资有限公司境内唯一人民币结算银行,留存客户近40亿元人民币存款。

**是年** 浦发银行实现营业收入1 465.50亿元,同比增长18.97%;实现利润总额668.77亿元,同比增长7.81%;税后归属于母公司股东的净利润506.04亿元,同比增长7.61%。集团资产总额50 443.52亿元,同比增长20.22%;其中本外币贷款余额22 455.18亿元,同比增长10.70%。集团负债总额47 257.52亿元,其中,本外币存款余额29 541.49亿元,同比增长5.76%。不良贷款率1.56%,较2014年末上升0.50个百分点;不良贷款准备金覆盖率达211.40%,比2014年末下降37.69个百分点;贷款拨备率(拨贷比)3.30%,较年初提高0.65个百分点。

**是年** 浦发银行位列英国《银行家》杂志"全球银行1 000强"第35位,居上榜中资银行第8位;以40.32亿美元品牌价值位居"全球银行品牌500强"第58位,居上榜中资银行第10位;位列美国《财富》杂志"财富世界500强"第296位,居中资企业第59位;位居美国《福布斯》杂志"全球企业2 000强"第84位,居上榜中资企业第15位、上榜中资银行第9位。

# 2016 年

**1月4日** 浦发银行印发《风险偏好管理办法》,持续推进全面风险管理体系建设,进一步加强风险管理的有效性和科学性,引导全行从被动风险管理转变为主动风险经营。

**1月8日** 证通公司"联网通汇服务平台"试点上线,正式向证券业机构提供证券和银行账户间以及证券账户之间的互联互通服务。浦发银行为首批交易支持银行之一,为证通公司提供支付结算业务支持。

**是日** 中新(重庆)战略性互联互通示范项目联合实施委员会第一次会议在重庆召开,浦发银行副行长潘卫东作为代表与英利国际签署《海外发债意向性协议》。

**1月14日** 浦发银行西安分行落地分行首批"e企付"业务,两家上市公司通过"e企付"服务,先后完成跨行支付。该业务是业内首创的基于互联网、供应链金融思维的服务模式,客户可脱离传统银行服务模式开展支付结算、资金管理、投资理财等业务。

**1月16日** 浦发银行青岛分行与上海财经大学青岛财富管理研究院签订战略合作协议,上海财经大学校长樊丽明,中共青岛市委常委、副市长王广正,浦发银行青岛分行行长孙轶卿等出席签约仪式。此次战略合作是青岛分行深化落实建设学院式银行的重要内容。

**是日** 浦发银行武汉分行办理全行首单以单一外币结算的买断型跨境融资租赁保理业务,融资金额1 600万美元,由中国葛洲坝集团融资租赁有限公司担任出租人及卖方,中国葛洲坝集团股份有限公司担任承租人及买方,以浦发银行买方承保额度作为为离岸放款的风险缓释措施,资金来源、使用、还款全部采用美元结算,并引入境外低成本资金,有效降低了客户融资成本。

**1月19日** 浦发银行印发《关于全行组织架构优化调整的通知》,调整范围涉及总行层面的公司业务板块、零售业务板块、金融市场板块、风险板块、科技板块、运营板块,以及一级分行、二级分行层面的有关部门,切实解决浦发银行转型发展中的突出矛盾和问题,为"十三五"战略实施提供坚实组织保障。

**是日**　浦发银行印发《内部控制评价管理办法》，规范内部控制评价工作，评估和分析浦发银行及附属机构的内部控制现状，持续完善并保持内部控制体系的有效性和适宜性，保障战略发展和内部控制目标充分实现。

**1月20日**　浦发银行信用卡中心流量"银行"正式开业，跨界电信领域，将"银行"概念引入流量经营，打造具有金融属性的流量"银行"，推出流量的"存、贷、汇"功能。活动上线5日内，登陆用户数已达35.3万，新增流量银行账户20万，发出流量达2.43亿GB，新增微信关注客户数1.1万。

**1月21日**　浦发银行重庆分行落地分行首单期权组合产品——"区间赢"，这也是重庆分行落地的首单人民币对外汇期权交易。

**是日**　浦发银行广州分行落地全国首单PPP业务，此次梅州PPP项目是全国首单商业银行全程参与的，涵盖股权及债权的一体化综合融资服务模式，为全行银政合作开辟新模式和新渠道。

**1月21日—22日**　浦发银行召开2016年全行工作会议。董事长吉晓辉作了题为《深化认识，转变方式，补齐短板，为实施新五年发展战略规划开好局》的讲话，行长刘信义作了题为《落实战略任务，提升经营效益，强化风险管控，实现新五年规划成功开局》的经营工作报告，全面总结2015年经营管理情况，揭示工作中所面临的具体问题，对2016年全行经营管理的重点任务进行部署。

**1月22日**　浦发银行乌鲁木齐分行落地分行首单"e企付"业务。

**1月26日**　浦发银行与中国移动在北京签署新一轮战略合作协议，浦发银行董事长吉晓辉、行长刘信义、副行长姜明生，中国移动董事长尚冰、总裁李跃、副总裁沙跃家出席签约仪式，刘信义与李跃分别代表双方签署协议。未来5年，双方将继续围绕"和金融"体系，构建大市场营销、基础银行、基础电信及行业应用三大领域的战略合作。

**是日**　中国移动—浦发银行战略合作执行委员会第十一次会议在北京召开，浦发银行副行长姜明生、中国移动副总裁沙跃家出席会议。此次会议是双方新五年战略合作协议签订后召开的首次执行委员会会议，明确了双方新五年将继续以互联网＋为平台深化合作，扩大市场规模，提升项目效益，推动重点区域分对分合作开展，标志着双方由项目合作迈向全面市场营销合作的新阶段。

**1月27日**　浦发银行簿记发行绿色金融债券，实现国内绿色金融债券从制度框架到产品发行的正式落地。此次绿色金融债券经中国人民银行和中国银监会核准，在银行间债券市场以簿记建档的方式公开发行，发行规模200亿元，债券期限3年，年利率为固定利率2.95%，超额认购2倍以上，获得良好市场反响。

**是日** 浦发银行青岛分行应邀出席建设"一带一路"枢纽型港口示范基地暨青岛港航产业发展联盟成立会议。青岛分行与青岛国际航运服务中心、山东海运股份有限公司签署战略合作协议,三方将发挥各自优势强强联合,通过创新航运金融服务模式,为联盟成员提供综合航运金融服务。

**1月28日** 浦发银行与中国商用飞机有限责任公司在上海举行战略合作协议签约仪式,浦发银行董事长吉晓辉、行长刘信义,中国商飞董事长金壮龙、总经理贺东风出席,浦发银行副行长潘卫东与中国商飞周启民副总会计师分别代表双方签署协议。根据协议,未来5年,双方将继续围绕支持中国航空事业,构建金融、航空双体系目标,在投行业务、财务公司、海外项目融资等领域开展全面合作创新。

**是日** 浦银金融租赁股份有限公司以通讯表决方式召开2016年度第一次临时股东大会,选举楼戈飞、向瑜、刘长江、蔡涛、周启民、党铁红、周磊为公司第二届董事会董事。

**是月** 浦发银行手机银行社交汇款功能完成上线,将基于手机银行用户的微信联系人,以社交化方式实现面向好友的转账汇款服务。

**是月** 浦发银行举办第九次全行志愿者日活动,以"为爱开跑"为题,全行志愿者将跑步里程转化为公益基金,捐助斜视儿童手术,共有32万余人参与,足迹遍布全国40个城市及海外,累计向"爱佑新生"上海宝贝之家病患孤儿关爱项目捐赠22.25万元,用于救助来自全国各地福利机构在沪治疗的病患孤儿。

**是月** 浦发银行将手机银行数据库从网上银行服务系统剥离,在先进服务器设备上独立运行,手机银行系统处理能力实现翻倍提升。

**是月** 浦发银行上线公司业务微信通知服务,提供账户变动微信提醒、理财业务微信提醒等常用业务提醒,以及国内、国际贸易结算业务微信通知服务。

**2月1日** 浦发银行南京分行落地大宗商品盒式期权组合交易业务。

**是日** 浦发银行银川分行与中国移动宁夏分公司签订全面业务合作协议。

**是日** 浦发银行西安分行营销中国石油化工股份有限公司陕西石油分公司,上线浦发银行TCR现金收缴业务。TCR现金收缴业务相较于上门收款模式,具有成本低、管理方便、资金量清晰、入账速度快等特点;相较于收款机模式,降低了客户准入门槛,节省系统对接时间,有利于大批量快速推广。

**2月2日** 浦发银行科技金融服务中心(天津)揭牌,建立科技金融的专营机制。

**是日** 浦发银行与物产中大集团股份有限公司在上海举行战略合作协议签约仪式,浦发银行董事长吉晓辉、行长刘信义,物产中大集团董事长王挺革、总经理周冠女出席,刘信义与周冠女分别代表双方签署协议。

**2月3日**　浦发银行西安分行辖属咸阳分行开业。

**2月4日**　浦发银行南京分行落地全国首单高校建设类PPP股权基金业务,采用有限合伙制基金模式,以股权方式增资国内高校建设项目公司,用于校区投资建设。

**2月18日**　苹果公司(Apple Inc.)正式宣布,在中国大陆地区推出Apple Pay服务。浦发银行作为首批合作银行之一,实现了银联借记卡和贷记卡的全面支持,在第一时间通过官方微信、微博等渠道开展营销宣传,用户绑卡活跃。截至次日中午,浦发银行借、贷记卡累计绑卡量超过10万张。

**是日**　浦发银行天津分行成为天津市滨海高新区"创通票"项目与政府唯一合作银行。

**2月19日**　浦发银行党委书记、董事长吉晓辉一行赴太原分行进行考察调研,并参加太原分行"三严三实"专题民主生活会。在山西省期间,吉晓辉拜会山西省副省长王一新等领导。

**是日**　中国银行间市场交易商协会公告正式推出统一注册多品种债务融资工具债券发行模式(DFI模式)的注册发行细则。浦发银行北京分行入围全国首单DFI模式多品种债务融资工具主承销团。当日下午,浦发银行协同中国银行、中国农业银行、中国工商银行、国家开发银行、招商银行、光大银行、渤海银行等,为中国华能集团公司在DFI模式下发行债券并报会,经协会确认受理。这是央企首单DFI模式下的债券发行业务。

**2月20日**　中共云南省省委副书记、省长陈豪一行赴浦发银行昆明分行调研,并看望营业部一线员工。省长陈豪对昆明分行大力支持云南省参与"一带一路"国家建设和昆明离岸业务创新中心成立半年多来取得的工作成效给予了充分肯定,要求借助昆明离岸业务创新中心平台做好跨境贸易融资产品,进一步提升对云南省"一带一路"建设的金融服务能力,为云南省稳增长、调结构、促跨越提供强有力支撑。

**是日**　浦发银行太原分行构建"运营管理部差异化服务支撑—重点客户专属运营服务—综合化联动营销运营专属销售"的网格式、梯队式、有机联系的运营服务体系,积极配套分行客户经营策略。

**2月23日**　浦发银行乌鲁木齐分行作为新疆自治区人民政府首批PPP项目顾问银行和基金合作银行,与自治区政府代表方——新疆投资发展(集团)有限公司共同成立新疆浦银新投丝路基金有限公司,标志着乌鲁木齐分行与自治区政府合作进入新阶段,为争取政府类资金支持奠定坚实基础。

**2月25日**　浦发银行福州分行平潭支行向台胞发出全国首张台企台胞信用信息

报告单。

**2月26日** 浦发银行南昌分行主承销的江西省非金融企业永续中票发行,首期发行利率创全国永续中票推出以来同级别、同期限发行企业的新低。永续中票具有可计入权益,可根据净资产40%独立核算注册额度等特点,能有效拓展融资渠道,为发行人控制资产负债率开辟新途径。

**是日** 浦发银行苏州分行落地具有规范意义的股权直投业务,利用理财资金通过资管通道,作为有限合伙人出资认购禾文基金LP份额。

**2月29日** 兴铁产业投资基金关账签约仪式在南昌举行,中共江西省委常委、常务副省长毛伟明及部分省直部门、省属国有企业、金融机构相关负责人出席。兴铁产业投资基金由江西省铁路投资集团公司发起设立,是全国第一支市场化运作的省级铁路产业基金,募集资金规模300亿元,其中浦发银行承担20亿元,用于支持江西省铁路产业发展。

**3月1日** 浦发银行深圳分行创新与浦银国际和浦银安盛投贷联动集团协同模式,并落地与浦银国际联动的认股选择权业务,实现深圳分行与浦银国际在科技金融投贷联动业务合作模式上的突破,并协同浦银安盛实现单笔最大认股选择权收益。

**是日** 浦发银行南京分行正式开通向江苏省希望工程捐款的网上银行子功能,成为江苏省银行业中第一个在网上银行开通此项功能的银行。

**3月3日** 浦发银行开展全行首单上海自贸区内CNH自营外汇交易,标志自贸区内外汇业务和跨境交易能力的全面提升。

**3月4日** 浦发银行上海分行完成全行首单FT项下跨境人民币进口代付业务,利用FT账户进行跨境人民币进口贸易融资。境外代付行根据浦发银行要求,将代付款项直接支付给出口商,到期时企业以销售回款为第一还款来源偿还代付行融资,企业最终以远低于国内贷款的利率获取了人民币融资资金。

**是日** 浦发银行举行集中采购方案评审会议,集中采购方案评审委员会机制正式落地。该机制将单一部门审批采购方案的模式完善为评审委员会审批,使采购管理工作更为规范化和精细化。

**是日** 浦发银行深圳分行辖属横琴自贸区分行为珠海控股投资集团有限公司办理跨境双向人民币资金池业务,落地分行首单跨境双向人民币资金池业务。

**3月6日** 浦银金融租赁股份有限公司以通讯表决方式,召开浦银金融租赁股份有限公司第二届董事会第一次会议,选举楼戈飞任公司董事长,聘任向瑜为公司总裁,聘任甘霄宁、张伟菁为公司副总裁,李洁为公司财务总监,聘任甘霄宁为董事会秘书。次日,董事会选举张明华任公司第二届监事会主席。

**3月8日** 浦发银行行长刘信义在总行会见中共广西壮族自治区党委常委、常务副主席唐仁健一行。刘信义表示,浦发银行将进一步加强与广西壮族自治区的合作对接,积极支持和服务广西经济社会发展。

**是日** 浦发银行广州分行办理理财资金投资房地产夹层融资业务,浦发银行理财资金出资支持国内地产龙头企业标的项目前期融资,通过股加债的创新结构设计,帮助企业前移融资时点、降低企业净负债率。

**是日** 浦发银行合肥分行与亳州最大的政府融资平台——建安投资控股集团有限公司签署战略合作协议。

**是日** 浦银国际全资子公司——浦银国际融资有限公司申请香港上市保荐资格获得核准,为浦银国际实现IPO保荐业务的突破取得前提条件。浦银国际持有的香港证监会号第6牌(就机构融资提供意见),也是浦发银行唯一的上市保荐牌照,进一步完善了集团大投行的业务布局。

**3月9日** 浦发银行上海分行完成FT银团贷款,发放1 000万美元FTN长期贷款,提升国际结算量2.38亿美元。同时,上海分行作为FT银团贷款的结算代理行,项目产生的全部租金收入将在未来10年归集到借款人开立在浦发银行的FTN账户。

**3月10日** 浦发银行公布非公开发行普通股股票预案,向上海国际集团有限公司及其间接持股的全资子公司——上海国鑫投资发展有限公司非公开发行股票,募集资金总额不超过148.30亿元,发行价格为16.09元/股,发行数量为不超过921 690 490股。

**是日** 浦发银行信贷资产私募证券化项目募集资金到位。此项目由浦发银行作为委托人,上海国际信托有限公司作为受托人,私募发行但参照公募资产证券化要求实施,设立严格的资产筛选标准,通过在信托计划项下设计各期信托单位的结构安排,提供了操作便利,缩短了产品的设立发行周期。项目总规模9.2亿元,分为优先档和次级档,基础资产涉及南京分行、宁波分行提供的3笔高评级优质客户贷款收益权。首期发行采用市场化方式向机构投资者进行私募定向发行,通过证券化手段,资产池对应贷款实现全部出表,贷款规模及风险资产得到全部释放。

**是日** 浦发银行与融创房地产集团有限公司在上海举行战略合作协议签约仪式,浦发银行董事长吉晓辉、行长刘信义,融创集团董事会主席孙宏斌出席,浦发银行行长刘信义与融创集团行政总裁汪孟德分别代表双方签署协议。根据协议,未来双方将在投行业务、融资业务、现金管理、跨境服务等领域开展全方位的合作。

**3月14日** 浦发银行合肥分行落地全行单笔最大额增利型购汇业务,金额5 300

万美元。该业务通过欧式期权组合产品,在同业中取得显著竞争优势:一方面,客户无需支付期权费,仅支付2%—6%的保证金即可以明显优于普通远期购汇的价格锁定未来购汇价格,增强客户黏性;另一方面,对于大额交易客户,通过低比例保证金带来可观资金沉淀,保障业务收益。

**3月15日** 浦发银行完成上海国际信托有限公司97.33%股权过户事宜,由上海市黄浦区市场监督管理局核准并签发新营业执照,上海国际信托有限公司正式成为浦发银行的控股子公司。

**是日** 浦发银行西宁分行开发的西宁市公积金结算系统投产上线,该系统可实现市公积金贷款户的自动批量还款,有效降低了作业中心以往手工扣款的工作量。

**3月16日** 浦发银行上海分行开立上海期货交易所经纪会员专用资金账户。

**3月17日** 浦发银行乌鲁木齐分行与阿勒泰地区行署签订100亿元战略合作协议。

**是日** 浦发银行重庆分行落地分行首单大宗商品盒式期权组合交易业务,该笔通过盒式期权组合代理客户买入和卖出看涨、看跌期权,锁定客户期初取得期权费以及到期行权时的交割支出。

**3月18日** 浦发银行发行人民币普通股999 510 332股购买上海信托97.33%股权,每股发行价格16.36元,交易对价163.52亿元。

**是日** 浦发银行第二届职工代表大会第一次会议召开,选举耿光新、吴国元为第六届监事会职工监事。

**是日** 浦发银行正式发布"浦商赢"电子商务平台金融服务方案。该方案将为电商平台客户提供信用增级、资金监管、交易场景、支付体系、账户管理、会员服务、融资贸易等七大服务。发布当天,浦发银行与中移动电商、苏宁云商、联邦快递、唯品会、北京百付宝、中国交通网、易煤网、浙江钢铁网、生意宝、聚贸网等国内知名电商建立业务合作关系。

**是日** 浦发银行重庆分行落地分行首单票据池质押融资业务。

**3月24日** 浦发银行西宁分行落地分行首单藏区平滑基金业务。该笔业务申请理财资金总规模20亿元,用于青海省海西蒙古藏族自治州一类债务,并纳入州财政预算的新建项目资本金。

**3月25日** 浦发银行成功发行第二期150亿元绿色金融债券。本期绿色金融债券以簿记建档的方式公开发行,债券期限5年,全场认购倍数达1.5倍以上,票面利率为3.20%,与可比政策性金融债的利差仅为17个基点左右。

**是日** "靠浦生活"频道全新升级上线,标志浦发银行零售客户服务营销工作步入2.0时代。通过超值秒杀、线上线下特惠礼遇、在线预约挂号以及打造"全球行"服务体系等手段，实现针对客户活动、特惠服务、健康服务、出行服务的4个"升级"，客户黏性得到有效增强。

**是日** 黑龙江省PPP融资支持基金《战略合作框架协议》签约仪式在哈尔滨举行，省长陆昊、副省长郝会龙出席，浦发银行副行长潘卫东应邀出席。浦发银行哈尔滨分行行长刘永平与黑龙江省财政厅厅长王庆江分别代表双方签署协议。

**3月26日** 浦发银行西安分行辖属榆林分行作为住房公积金银行结算数据应用系统的试点分行，如期通过住建部的验收并上线。浦发银行成为首家与住房和城乡建设部实现总对总系统上线的全国性股份制商业银行。

**3月29日** 浦发银行为规范全行合规报告管理工作，客观全面反映合规风险状况，印发《合规报告管理办法》，明确全面客观、及时准确、务实有效等工作原则，以及各单位常规和专项报告工作的具体管理要求。

**是日** 浦发银行上海分行完成FT项下"保理盈"业务，成功发放60万美元出口保理融资。

**3月30日** 浦发银行乌鲁木齐分行与喀什地区行署签订100亿元战略合作协议，乌鲁木齐分行党委书记、行长钱理丹代表分行签署协议。此次签约是浦发银行落实社会责任，积极开展金融援疆的再次实践，是分行紧抓喀什作为"一带一路"核心区、中巴经济走廊的起点以及喀什经济开发区建设的全新历史发展机遇，不断提升品牌形象，加快发展步伐的坚实行动，将充分发挥分行各项金融产品和业务优势，助力喀什地区重点产业、民生工程及扶贫开发等项目的投融资渠道建设，为喀什地区政府、各类企事业单位及居民提供各类融资支持，为喀什地区的经济发展和长治久安做贡献。

**4月5日** 浦发银行零售银行产能提升项目——"鸿雁计划"在济南、昆明、武汉3家分行启动并落地实施，标志着零售银行专业化经营近10年来首次对一线营销队伍进行的系统化、标准化、流程化培训管理正式拉开序幕。

**4月6日** 浦发银行上海自贸试验区分行发行FT美元理财产品，投资标的为浦发银行授信客户境外子公司发行的美元债券，并由浦发银行离岸资金和FT理财资金通过浦银国际资产管理计划予以对接。

**是日** 浦发银行贵阳分行与铜仁市政府合作设立143亿元"铜仁浦发武陵山扶贫投资发展基金"，标志贵州省内首只由股份制银行与政府合作的扶贫基金落地。

**4月7日** 浦发银行为加强股权投资管理、规范股权投资行为，印发《投资决策委员会议事规则》，明确投资决策委员会和相关部门的职责与权限，规范组织管理和成员构成、会议程序和决策流程等事项。

**4月8日**　浦发银行与恒大集团在总行举行战略合作协议签约仪式。浦发银行董事长吉晓辉、行长刘信义，恒大集团董事长许家印出席，浦发银行副行长潘卫东与恒大集团董事局副主席兼总裁夏海钧分别代表双方签署协议。根据协议，未来双方将在投行业务、融资业务等领域开展全方位的合作。

**4月12日**　浦发银行完成首单司库在岸向香港分行拆入外币资金交易，全年通过香港分行融入境外资金日均规模达到6.5亿美元。

**4月14日**　浦发银行印发《2016年绩效考核管理办法》，建立了以目标奖励、绩效奖励、专项奖励三位一体的相对绩效考核模式。

**是日**　浦发银行西安分行落地陕西省首单专项"海绵基金"，与陕西省西咸新区沣西新城管理委员会合作成立"西咸新区沣西新城浦沣绿色海绵发展投资基金"，专项投资西咸新区沣西新城完成海绵城市建设。基金总额17亿元，浦发银行理财资金通过浦银安盛资管公司作为有限合伙人，向海绵基金出资12亿元，其他有限合伙人及一般合伙人缴款5亿元。

**4月15日**　浦发银行上海分行落地全行首单国际福费廷二级市场包买业务，由上海分行作为受让行，无追索权地从浦发银行自贸区FTU买入一笔收取信用证项下款项的权利，并完成客户融资款项的发放。业务流程方面，仅需占用预先核定的承兑行额度，无需发起线上审批，流程快捷简便。

**是日**　浦发银行北京分行与启迪数字集团签订战略合作协议，这是北京分行参与投资全球最大的集群式创新服务网络及新"数字产城"战略、构建中国"数字产城"创新生态圈的重大举措。随后，北京分行为客户在境外发行1亿美元3年期债券，这是北京分行首次开展境外美元债业务。

**是日**　浦发银行长沙分行行长李征出席中共湘潭市委、市政府举办的湘潭市第十三届政银企融资对接活动。签约仪式上，长沙分行与湖南桑顿新能源有限公司、湖南崇德工业科技有限公司、湘潭杰诚联合汽车制品有限公司签订意向协议，合计金额1.65亿元。

**4月18日**　浦发银行重庆分行参加中新（重庆）互联互通股权投资基金签约暨授牌活动。在签约仪式上，重庆分行与重庆渝富资产经营管理集团有限公司签订合作协议，签约意向金额200亿元。

**4月20日**　浦发银行昆明分行与昭通市人民政府召开银政合作座谈会议。会议决定，昆明分行将借鉴贵州铜仁武陵山扶贫投资发展基金成功经验，与昭通市人民政府探索开展昭通市扶贫发展基金业务，并在昭通设立分支机构。

**是日**　浦发银行武汉分行与湖北省宜都市政府签署银政合作协议,湖北省金融办公室、中共宜昌市委、市政府相关领导及浦发银行武汉分行领导出席签约仪式。

**4月23日**　浦发银行推出双向外汇宝交易业务,进一步丰富投资者对外汇交易的多元化投资需求。

**4月26日**　浦发银行合肥分行落地安徽省高速地产集团5亿元中期票据,实现省内首单房地产中期票据。

**是日**　浦发银行杭州分行落地莲都区丽龙高速公路南山互通至丽新公路建设PPP综合融资业务,既是分行首单PPP项目综合融资业务,也是2016年浙江省内首单交通行业以PPP模式开展的项目。杭州分行作为社会资本方与浙江隧道工程公司合作,以"融资＋融智"的专业金融服务方案,为客户提供"股权＋债权"一体化综合融资。

**是日**　浦发银行广州分行与广州公共资源交易中心签署《投标保证金金融服务合作协议》,双方结合各自信息化交易和供应链融资优势,共同致力交易中心小微企业投标金融服务。

**是日**　浦发银行天津分行落地分行首单异地股权PPP融资业务,与天津膜天膜科技股份有限公司合作,将浦发银行理财资金通过浦银安盛资管计划,对异地公司进行增资股权,资金最终用于向当地上市公司异地PPP项目的建设。

**是日**　浦发银行广州分行与广发基金签署全面合作协议。

**4月27日**　浦发银行温州分行落地全行单笔投资顾问业务,浦发银行作为投资顾问,与城市商业银行、农村商业银行、农村信用合作社等委托人签订《投资顾问协议》。客户将资金委托予受托管理人,由受托管理人设立专项资管计划/信托计划/其他形式的SPV,受托管理人根据浦发银行投资指令,将委托资产在金融市场上从事各类金融工具的组合投资及管理,从而实现委托资产收益最大化。

**是日**　浦发银行与中国德力西控股集团在上海签署战略合作协议,浦发银行董事长吉晓辉、行长刘信义,德力西集团董事局主席兼总裁胡成中出席签约仪式,浦发银行副行长潘卫东与德力西集团执行副总裁陈晓东分别代表双方签署协议。

**4月28日**　浦发银行召开2015年度股东大会,董事长吉晓辉主持。会议审议通过《公司2015年度董事会工作报告》《公司2015年度监事会工作报告》《公司2015年度财务决算和2016年度财务预算报告》《公司关于2015年度利润分配的预案》《公司关于2016年度续聘会计师事务所的议案》《公司关于董事会换届改选的议案》《公司关于监事会换届改选的议案》《公司关于〈不良贷款减免管理办法〉的议案》《公司关于金融债发行规划及相关授权的议案》《公司关于符合非公开发行普通股股票条件的议案》《公司关于非公开发行普通股股票方案的议案》《公司关于非公开发行普通股股票预案的议案》《公司关于非公开发行普通股股票涉及关联交易事项的议案》《公司关于非公开发行普通股股票募集资金运用可行性报告的议案》《公司关于前次募集资金使用情况报告的议案》《公司关于签署附条件生效的股份认购协议的议案》《公司关于提请股东大会授权董事会办理本次非公开发行普通股股票相关事宜的议案》《公司关于非公开发行普通股股票摊薄即期回报及填补措施议案》《公司董事、高级管理人员关于公司填补回报措施能够得到切实履行的相关承诺的议案》《公司关于未来三年股东回报规划(2016—2018年)的议案》《公司关于中期资本规划(2016—2018年)的议案》,听取了《公司2015年度独立董事述职报告》《公司监事会关于2015年度董事、监事履职评价情况的报告》。会议选举吉晓辉、刘信义、姜明生、潘卫东、邵亚良、顾建忠、沙跃家、朱敏、董秀明为董事,华仁长、王喆、田溯宁、乔文骏、张鸣、袁志刚为独立董事;选举孙建平、吕勇、陈必昌、李庆丰、赵久苏、陈世敏为第六届监事会监事。

是日　浦银金融租赁股份有限公司第二届董事会第二次会议在公司本部举行,审议通过《2016—2020年发展战略规划》等议案。

是日　浦发银行现金类自助设备(取款机、存取款一体机)推出2.0新版。

**4月29日**　浦发银行第六届董事会第一次会议选举吉晓辉为董事长,刘信义为副董事长,聘任刘信义为行长。同日举行的第六届监事会第一次会议选举孙建平为第六届监事会主席。

是日　浦发银行与上海银行、上海农商银行在总行举行三方战略协同合作协议签署仪式,中共上海市金融党委书记孔庆伟、浦发银行董事长吉晓辉、上海银行董事长金煜、上海农商银行董事长冀光恒出席。根据协议,三方将在金融市场、投资银行及公司业务、零售业务等领域开展全面合作,积极探索金融服务与实体经济的协同发展,联手开创进入新常态下金融领域发展的崭新模式。

是日　浦发银行上海分行叙做FTU分账核算单元风险参与业务。该业务的融资币种涵盖本外币,可通过FTU充分运用境内和境外两个市场的资金价格。

是月　浦发银行与国利货币签订《代理经纪业务与项目推介业务合作协议》,以推动分行发挥自身优势和国利货币开展代理经纪和项目推介业务。

**5月4日**　浦发银行"spdb+"集团化新版门户网站正式对外提供服务。新版门户网站对接集团内各子公司网站,通过板块化布局,整合个人、企业、同业三大重点客户服务;通过与新版个人网银的深度融合,打造以交易为导向的一体化、开放式运作的零售服务平台;率先在业内应用HTML5技术,通过全屏大图、滑动翻页等方式,营造了清新时尚的视觉效果。

**5月5日** 浦发银行主承销的"沪公积金2016年第一期个人住房贷款资产支持证券"发行,成为银行间市场最大规模个人住房贷款资产支持证券,浦发银行最终承销69.20%的优先档证券。

**是日** 浦发银行为适应利率市场化要求,完善资产负债组合管理,规范主动负债管理工作,提升负债精细化经营水平,发挥负债组合经营协同效应,印发《主动负债管理办法》,明确管理架构与职责,梳理主动负债的管理原则、工作机制、相关报价管理规则等事项。

**是日** 浦发银行住房按揭贷款余额突破3 000亿元。

**5月6日** 浦发银行西安分行落地全行首单影视传媒基金,这也是陕西省首单金融机构支持的影视基金,专项用于电视剧项目投资。

**是日** 浦发银行南昌分行辖属吉安分行正式开业。

**5月10日** 浦发银行召开2016年度党风廉政建设工作会议。党委书记、董事长吉晓辉作讲话,党委副书记、纪委书记陈正安主持会议。总行审计部、法律合规部和纪检监察室通报了2015年度全行各单位执行中央精神、上级规定、总行要求的总体情况。会议传达了中央和上级党委、纪委会议精神,全面分析当前党风廉政建设、反腐败斗争所面临的形势,针对存在的主要问题,明确今年的主要工作任务。会议强调,要尊崇党章,严格执行《中国共产党廉洁自律准则》和《中国共产党纪律处分条例》,增强全行党员的党章党规党纪意识;要将作风建设抓细、抓深、抓常、抓到底,确保在坚持中深化、在深化中坚持;要坚持执纪必严、有腐必惩,坚决遏制违规违纪和腐败现象滋生蔓延势头;要发挥巡视工作的利器作用,推动巡视工作向纵深发展;要切实全面加强基层党的建设,推动全面从严治党向基层延伸。

**是日** 浦发银行武汉分行理财经理精细化过程管理系统上线。该系统具有客户材料自动化归档、客户信息自动化统计、营销目标自动化提醒、分析报告自动化形成等多项功能,能动态记录理财经理每一次与客户沟通的关键信息和需求,与PCRM系统相关功能形成互补,为客户精准营销和精细化管理提供了系统支持和专业支持。

**5月11日** 浦发银行党委召开"两学一做"学习教育工作部署会。党委副书记、纪委书记陈正安代表总行党委出席并讲话,全面阐述"两学一做"学习教育的重大意义,重点强调开展好"两学一做"学习教育的组织领导及工作要求。

**是日** 浦发银行南宁分行办理绿色金融债支持固定资产贷款项目,用于支持向南方电网综合能源广西有限公司投放梧州工业园区20 MW分布式光伏并网发电项目固定资产贷款。

**5月12日** 浦发银行昆明分行与昆明市人民政府签订金融战略合作协议。根据协议,昆明分行将利用多种融资渠道为昆明市提供总额不低于1 000亿元金融支持,主要用于城市发展基金、PPP基金、产业基金,旅游、教育、医疗等重点行业,"一带一路"重点项目建设以及"五网"建设和城市基础设施建设,滇中城市经济圈一体化及新兴产业培育发展,国有企业改革、中小微企业扶持等,并在信贷政策、资源配置等方面给予昆明尽可能多的倾斜,为昆明的市场主体提供优质的"一站式"综合金融服务。

**5月13日** 浦发银行董事长吉晓辉与中共山西省委书记王儒林,省委副书记、省长李小鹏,副省长王一新等山西省主要领导进行会谈,就深入推进山西省经济建设和金融服务,深化"十三五"期间浦发银行与山西省政府的战略合作等进行交流。

**是日** 浦发银行召开网点转型试点工作启动会议,副行长姜明生、徐海燕出席并讲话,网点转型工作领导小组部分成员,以及上海、天津、长沙、兰州等4家试点分行参加会议。会议介绍了网点转型试点方案,明确网点转型试点工作的行动计划,并就各试点分行的转型工作推进设想进行了沟通和交流。

**是日** 浦银国际取得香港证监会1号牌(证券交易)资格,开启股票承销业务和债券承销业务,打造完整的投行产业链,实现投行业务的突破。

**5月16日** 浦发银行上海分行落地全行首单公司理财个性化定价业务。公司理财产品个性化定价功能,可在浦发银行确定的浮动范围内针对不同客户,在标准理财产品收益率基础上设置向下浮动点数,下浮点数自动体现为销售手续费增量,实现客户差异化理财定价。

**5月18日** 浦发银行信用卡中心推出"梦享贷"系列个人现金分期产品。"梦享贷"下设9类场景式产品,全面涵盖消费者多元化、场景化的金融需求。

**是日** 浦发银行加入伦敦金银市场协会(LBMA),并被正式授予会员资格,成为加入该协会的第五家中资银行和国内第一家股份制商业银行。

**5月20日** 浦发银行为加强并表风险管理,强化风险隔离要求,防范金融风险的跨境、跨业、跨机构传染,印发《风险隔离管理办法》,明确全面管理与分类管理的原则以及各相关单位职责与权限,梳理股权隔离、人员隔离、业务隔离、声誉隔离、信息隔离、流动性隔离等管理工作要点。

**是日** 浦发银行深圳分行落地全行首单人民币国际福费廷二级市场包买业务,金额5 209.4万元。

**5月23日** 浦发银行上海分行办理FT项下境内外联动人民币期权业务。根据境内外各币种汇率波动差异,总行设计了境内外联动期权业务方案,同步在境内和FT单元内买卖同金额、同期限、同执行价格的看涨期权,满足客户套期保值需求。

**5月24日** 浦发银行直管干部领导力高级研修班在中国浦东干部学院举行开班仪式,党委副书记、浦银大学校长陈正安出席开班仪式,来自总行18个部(室)、19家分行及3家子公司的40位学员参加培训。

**是日** 浦发银行通过上海黄金交易所银行间黄金询价系统,通过双边询价方式,完成首单黄金租借询价交易。

**5月25日** 浦发银行召开部分新任直管干部、处级干部座谈会,行长刘信义出席会议。来自总行13个部室的3位新任直管干部和12位新任处级干部分别围绕如何积极转换角色、努力适应岗位要求畅谈体会,并对进一步强化岗位职责、推进业务发展提出意见和建议。

**是日** 浦发银行印发《合规案防工作考核管理办法》,取消考核加分项目;将总行部门日常监督管理中发现涉及合规案防的重要问题纳入考核扣分范围;增强内部审计在合规案防考核评价中的作用;强化整改监督考核,督促总分行切实履行整改监督职责。

**5月30日** 浦发银行为加强资本管理,提升资本经营效率,促进业务稳健运行,印发《资本管理办法》,明确资本管理的基本目标和原则,梳理各单位职责与权限,提出资本充足率管理、资本充足评估、资本配置与管理、账面资本管理、信息披露与报告等工作要求。

**是日** 浦发银行深圳分行落地全行首单与香港分行合作的买断型融资租赁保理。该业务在深圳分行作为进口保理商(及承租人授信行)承担境内承租人信用风险的担保前提下,以租赁公司作为通道,引入香港分行低成本融资资金,无需开立保函,简化业务流程的同时为客户节省融资成本。

**5月31日** 浦发银行西安分行成功发放法国开发署(AFD)能效贷款,放款金额2 080万元,全部为AFD资金。

**是日** 浦发银行南京分行与连云港市人民政府签署战略合作协议,签约仪式上,连云港市金融控股集团和浦发银行连云港分行签署《连云港市土地开发基金合作协议》。南京分行将充分发挥自身的信贷资源、资产管理等综合优势,进一步深化与连云港市合作关系,加快推动"一带一路"交汇点核心区建设。

**6月2日** 浦发银行太原分行辖属晋城分行正式开业。

**6月4日** 浦发银行核心系统数据库版本升级项目完成投产上线。

**6月5日** 浦发银行香港分行举办2016浦发普爱"为爱开跑,靠浦一生"(香港站)慈善长跑筹款活动。百余名浦发银行香港分行的员工、长跑爱好者以及热心参与者一早便集合在北大屿山欣澳港铁站海滨。此次筹款的全部款项将捐给圣雅各福群会并用于支持香港青少年发展的慈善用途。

**6月7日** 浦发银行长沙分行上线全行首批省级公积金直连系统。

**是日** 浦发银行香港分行举办"中资企业国际化的机遇与挑战研讨会",邀请港交所首席中国经济学家巴曙松教授、海通国际首席执行官林涌博士与各中资企业、投行、基金、保险等机构领导相互交流,分享讨论中资企业国际化的趋势与机遇,并探讨中国企业未来的发展方向。浦发银行总行行长刘信义、副行长崔炳文出席并致辞。

**6月13日** 浦发银行制定并印发《2016—2020年发展战略规划》。浦发银行将紧紧围绕具有核心竞争优势的现代金融服务企业的发展愿景,继续深化以客户为中心的战略,着力对接好国家和上海市"十三五"规划的目标任务,更好地服务实体经济。

**是日** 浦发银行港股通托管业务落地,由浦发银行托管的"东证资管明睿二号券商集合产品"正式开始向香港联交所市场进行证券投资,并于6月15日通过浦发银行资产托管系统"港股通法人结算模式"功能,完成交收。

**6月14日** 浦发银行为充分发挥重点授信客户管理机制优势,聚焦资源精准投放,印发《重点授信客户管理办法》,完善重点授信客户整体业务推进的过程化管理,规范重点授信客户成员企业额度授信审批管理要求,优化管理流程,明确职责,细化操作规范,提升政策操作性。

**6月15日** 广东安居宝数码科技股份有限公司与浦发银行广州分行在分行本部签署战略合作协议,广东安居宝数码科技股份有限公司董事长张波、浦发银行广州分行行长李荣军等出席签约仪式。

**6月16日** 上海市副市长周波率上海市国资委、市金融办相关负责人赴浦发银行调研座谈。周波听取浦发银行董事长吉晓辉工作汇报,充分肯定浦发银行"十二五"期间取得的发展、进步和成绩,指出浦发银行在当前日益复杂的经济金融环境下保持了良好的发展态势,为"十三五"期间的改革发展奠定了良好基础,希望浦发银行加快金融创新和转型发展,进一步发挥在深化国有企业改革中的积极作用,为经济社会发展及上海"四个中心"、科创中心和自贸区建设作出更大的贡献。

**是日** 浦发银行对台金融服务中心在厦门正式揭牌,副行长崔炳文、厦门市副市长倪超以及当地金融办、中国人民银行、银监局等有关领导出席。该中心是针对台资客户的专业化金融服务中心,依托厦门当地的区位优势和政策优势,打通浦发银行离岸、自贸及海外分行等国际业务平台,整合支付结算、贸易金融、金融市场、投资银行等多元化产品,汇集浦银国际、上海国际信托有限公司、浦银金融租赁股份有限公司等集团内子公司优势资源,为台资同业、企业及零售客户提供"一站式、专业化、综合化"的金融服务方案。揭牌仪式上，浦发银行同时发布"对台同业金融服务方案""台资企业金融服务方案"及"台胞个人金融服务方案"。

**6月17日** 浦发银行与中国核工业建设集团公司在北京签署战略合作协议，浦发银行副行长崔炳文、北京分行行长夏云平出席签约仪式。

**是日** 经中国人民银行批复，浦发银行正式成为银行间外汇市场人民币对南非兰特直接交易做市商，并为该货币提供每日中间价报价。

**6月18日** 云南省人民政府印发《关于同意设立云南浦发扶贫投资发展基金的批复》，同意云南省扶贫办与浦发银行昆明分行合作发起设立云南浦发扶贫投资发展基金，总规模1000亿元。

**6月20日** 浦发银行与上海市普陀区人民政府在总行举行全面战略合作协议签约仪式，浦发银行董事长吉晓辉、中共普陀区区委书记施小琳出席，浦发银行行长刘信义和普陀区代理区长周敏浩分别代表双方签署协议。根据协议，双方将在区域重点项目建设以及并购金融、科技金融、消费金融等领域加强银政合作，促进地方实体经济稳健发展。

**6月21日** 中共云南省委副书记钟勉及云南省人民政府相关领导一行赴浦发银行总行会见董事长吉晓辉、行长刘信义，双方就共同推进云南省经济社会建设，积极贯彻落实中央金融扶贫工作要求，以及在"沪滇合作"框架下持续深化银政合作等进行深入交流，并就扶贫基金、公路基金等具体项目进行磋商。

**6月22日** 在上海金融业联合会组织举办的"2015年上海金融业改革发展优秀研究成果"评选中，浦发银行共23项研究成果获奖，获奖数量在同业中名列首位。其中《上海浦东发展银行股份有限公司关于发行股份购买资产的创新报告》获得一等奖；《共享经济模式下智慧银行体系的构建》《大数据时代下的卓越运营方式》《大数据分析驱动银行运维体系创新》《商业银行资本管理高级方法风险模型及应用的内部审计技术研究》《商业银行市场化利率定价机制研究》和《互联网＋产业链金融：背景与应对》等6篇论文获得二等奖；《传统商业银行智能网点转型动力与目标》《2015中国私募股权基金市场研究报告》《银行运营流程再造过程中业务流程设计和分工原则》《资产管理业务与资本市场相关的新投向和新形式》《商业银行移动金融应用常见安全风险点和测试实践》等5篇论文获得三等奖；另有《大数据支撑技术探讨》等11篇论文获得入围奖。

**是日** 浦发银行为加强并表风险管理，提升协同管理效应，落实信息隔离要求，印发《信息协同与隔离管理规程》，梳理基本原则以及各单位职责与权限，明确相关协议签订及解除，权限申请、注销等流程，敏感信息知情人管理机制等工作事项。

**6月23日** 浦发银行石家庄分行代表当地国有及股份制银行,参加中国金融部门评估规划(FSAP)评估团来华开展的金融监管、中国企业债务、房地产市场、银行资产质量管理等议题专项访谈。

**是日** 香港金融管理局正式批准浦发银行香港分行设立网银系统项目。

**是日** 浦发银行深圳分行落地分行首单政府债务平滑基金,通过该笔业务实现分行在政府类业务的重大突破,尤其是底层资产涉及政府二类债务的置换业务。

**6月24日** 浦发银行基金业务外包服务系统正式上线。系统包括资产估值与会计核算系统、基金登记过户系统、资金清算系统等,可为基金业务提供稳定的TA登记、资金清算、估值核算等全流程化系统服务。

**6月30日** 浦发银行上海分行落地自贸区大宗商品交易市场跨境电子商业汇票业务,为上海有色网金属交易中心的境内外交易会员办理全国首单自由贸易账户跨境电子商业汇票。

**是日** 浦发银行广州分行落地全行首单利率期权业务。

**7月5日** 浦发银行与中国航空发动机集团在上海举行战略合作框架协议签约仪式,浦发银行董事长吉晓辉、中国航空发动机集团董事长曹建国出席,浦发银行行长刘信义和中国航空发动机集团总会计师张民生分别代表双方签署协议。根据协议,双方将在重点项目建设、并购业务、现金管理、产业基金等领域加强银企合作,实现优势互补、合作共赢。浦发银行副行长王新浩、崔炳文等参加签约仪式。

**7月6日** 浦发银行合肥分行自主开发"一户一策业绩分配系统"和"中间业务收入分配系统"两个特色项目。"一户一策业绩分配系统"通过计算机后台以先进先出的方式自动核算业绩,同时区分活期、定期和特殊性质资金,减轻分行手工计算的工作量,有力提升分配查询效率。"中间业务收入分配系统"可直接从后台系统抓取分行端收入流水,同时兼顾总行端收入的手工录入,由机构对每笔收入进行分配,及时反映中收数据,提高分配效率和准确性。

**7月7日** 中共西藏自治区党委常委、自治区常务副主席丁业现率西藏自治区政府发改委、财政、交通、电力等部门负责同志赴浦发银行拉萨分行考察调研筹建工作,并看望慰问干部员工。

**是日** 浦发银行推出移动收单产品——"收银宝MPOS"。收银宝MPOS将传统POS功能与智能移动设备App应用相结合,可受理刷卡消费、电子现金闪付等多种交易。

**7月8日** 在中国银行业协会组织举办的中国银行业发展研究优秀成果评选(2016年)中,浦发银行共2项研究成果获奖。其中《商业银行资本管理高级方法风险模型及应用的内部审计技术研究》荣获三等奖,《全国性股份制商业银行信息安全绩效全视图指标体系研究与实践》获得优秀奖。

**7月9日** 浦发银行首次分行业务集中系统灾难恢复演练圆满完成。

**7月14日** 浦发银行发行第三期150亿元绿色金融债券。本期绿色金融债券以簿记建档的方式公开发行,债券期限5年,债券票面利率为3.40%,全场认购倍数达2.27倍。

**是日** 浦发银行为进一步提升总、分行经营效率和管理成效,充分发挥二级分行作为经营主体的积极性,切实推进二级分行分类管理,印发《二级分行管理办法》,明确各单位职责与权限,在党组织建设、干部管理、组织架构、岗位管理、授权管理、网点建设等方面提出管理要求。

**是日** 浦发银行武汉分行与鸿泰国资集团签订战略合作协议。根据协议,双方将重点在债券承销、资产并购、现金管理等领域加强合作,实现优势互补,合作共赢。

**7月15日** 浦发银行完成自2016年中国人民银行发布境外机构投资者进入银行间市场新政以来的首次代理客户投资额度变更备案,成为首批5家银行间债券市场结算代理人备案机构之一,也是唯一完成备案的股份制商业银行,获批额度占新政实施后中国人民银行已批复总额度的8%。

**7月18日** 浦发银行办理国内首单场外人民币电解铜掉期代理清算业务。人民币电解铜掉期由上海清算所研发,是国内首个以上海有色网信息科技有限公司发布的SMM1#电解铜现货价格指数为结算标的、采用场外撮合交易、场内清算的大宗商品金融衍生品。

**是日** 浦发银行兰州分行辖属高新科技支行正式开业。

**7月19日** 浦发银行天津分行与南开大学、天津大学分别在南开大学津南校区、天津大学八里台校区签署全面合作协议并举行"浦发励志奖学金"捐赠仪式。

**7月21日** 浦发银行完成首单铜均价期权交易,交易参考标的为伦敦金属交易所铜,到期结算价不同于以往的单一交易日标的资产的定盘价,而是根据定价区间内每日标的资产定盘价的算术平均值确定。

**7月22日** 浦发银行与西安市人民政府在总行举行全面战略合作协议签约仪式,浦发银行行长刘信义、西安市市长上官吉庆出席,浦发银行副行长崔炳文和西安市副市长李婧分别代表双方签署协议。

**7月26日** 浦发银行广州分行与广发信德投资管理有限公司在分行本部签署战略合作协议。

**7月27日** 浦发银行制定下发《关于加强分行资产保全工作机制建设的通知》,

开始在全行落地"专设部门(团队)""专项考核"及"专设队伍"的资产保全基础机制要求,实现保全工作的集中化、集约化、专业化。

**7月30日** 浦发银行与云南省政府在昆明举行《金融扶贫合作协议》签约仪式。浦发银行董事长吉晓辉、云南省省长陈豪出席,浦发银行党委副书记、纪委书记陈正安参加见证,浦发银行副行长谢伟与云南省副省长张祖林分别代表双方签署协议。根据协议,双方将共同出资设立"云南浦发扶贫投资发展基金",精准对接贫困地区脱贫发展规划,重点支持贫困地区加强基础设施建设和完善基本公共服务,促进扶贫企业带动贫困户发展特色产业。

**8月2日** 浦发银行拉萨分行与拉萨经济技术开发区签订全面战略合作协议,中共拉萨市委常委、秘书长、拉萨经开区党工委书记袁训旺,浦发银行拉萨分行行长白海忠出席仪式。

**8月3日** 浦发银行携手SLUSH、上海张江高科技园区管理委员会、张江集团,举办2016年SLUSH上海创业大会启动仪式。"浦发—SLUSH"联名创业卡同时发布。姜明生副行长出席仪式并发言,为联名创业卡首位持卡人——"愤怒的小鸟"创始人Peter Vesterbacka授卡。"浦发—SLUSH"联名创业卡配套融资支持、融智服务、价格优惠、绿色通道、多样渠道等五重专属权益,持卡人统一纳入浦发银行"千人千户"小微科创客户培育体系,符合条件者可获得"创业贷"融资便利,实现自主签约提款和资金循环使用。

**是日** 浦发银行南昌分行独立承销的2016年第一期中期票据32亿元发行,这是2016年以来全国银行间市场公募发行单笔金额最大的永续中票,也是江西省上饶市首单永续中票和国企债务融资工具。

**是日** 浦发银行杭州分行与中国移动通信集团浙江有限公司签署全面战略合作协议,浦发银行杭州分行行长赵峥嵘和中国移动通信集团浙江有限公司总经理郑杰等参加签约仪式。

**8月8日** 浦银国际完成第一单债券承销项目,成功担任复星控股9 000万美元债联席配售代理人,实现了债券承销业务零的突破。

**8月9日** 浦发银行推出借记卡产品"女神卡"。该卡是为女性客群量身订制的专属主题卡产品,针对女性客户在工作、生活中的金融需求,提供全方位的,集支付结算、理财、融资服务于一体的综合金融服务。

**8月16日** 浦发银行拉萨分行与西藏自治区山南市人民政府签订《"十三五"战略合作协议》,协议金额达100亿元。

**8月17日** 浦发银行与山东黄金集团在上海举行战略合作框架协议签约仪式,

浦发银行行长刘信义、山东黄金集团董事长陈玉民、总经理李国红出席。根据协议，双方将在股权基金、海外并购、债务融资工具承销、黄金租赁等领域加强银企合作。

**是日**　浦发银行广州分行与广州住房公积金管理中心在分行本部签署合作协议，正式拉开公积金"点贷"业务合作帷幕。此次广州分行与广州住房公积金管理中心合作的公积金"点贷"产品将在更大的舞台上发挥作用，同时带来与公积金中心更大的合作空间。

**是日**　浦发银行苏州分行落地FOF母基金投资业务，采用基金份额形式参与母基金投资，可在享受母基金双重优选机制下较低的风险收益的同时，借助于观察员、咨询委员等身份参与基金决策管理。

**8月18日**　浦银国际承担全球协调人与簿记行双重角色，为中国铝业公司发行海外债券8亿美元，期限5年，票面利率4%，吸引亚洲及欧洲投资者踊跃认购，实现11倍高额认购倍数。浦发银行最终获得该笔债券1.5亿美元最高投资份额。

**8月22日**　浦发银行与长江证券在总行签署总对总战略合作协议，浦发银行行长刘信义、长江证券董事长尤习贵出席见证。根据协议，双方将进一步加强重点业务合作规划，促进基础业务创新化发展、成熟业务规模化推广、创新业务项目化落地，不断深化全面业务合作内涵。

**8月23日**　浦发银行初步建立管理会计建设一体化管理体制，管理会计系统运维职能从财务会计部统计处调整入资产负债管理部经营绩效管理处。

**8月25日**　浦发银行引入的"鹏华兴盛定期开放灵活配置混合型证券投资基金"通过中国证券监督管理委员会审核并正式发行成立。该基金为混合型基金，初始规模为8亿元，是浦发银行落地的首单公募基金资产托管业务。

**8月31日**　中国首单SDR（特别提款权，Special Drawing Right）债券在银行间市场发行，浦发银行参与投资，并中标1 000万份SDR，折合人民币9 315万元。

**是日**　浦发银行与中国银联、华为公司开展合作，支持Huawei Pay服务。浦发银行借记卡和信用卡持卡客户可在具备该功能的华为手机"钱包"App内快速绑卡，在中国银联"Quick Pass"POS机上完成无卡支付。

**是日**　浦发银行广州分行与广州农村商业银行在分行本部举行战略合作研讨会并签署全面合作协议。

**9月1日**　浦发银行与中国银联、小米公司开展合作，支持Mi Pay服务。浦发银行借记卡和信用卡持卡客户可在具备该功能的小米手机"钱包"App内快速绑卡，在中国银联"Quick Pass"POS机上完成无卡支付。

**9月5日**　浦发银行行长刘信义在总行会见青海省副省长张光荣一行，双方围绕丰富银政合作内涵、支持地方实体经济发展,以及拓展合作空间进行沟通和交流。

**9月6日** 浦发银行宁波分行"融资租赁＋国际证"业务起息,标志着采用融资租赁售后回租模式下开立国际信用证的新模式落地。该笔业务为全行首单尝试,为浦发银行提升国际结算量、负债和中收提供新的思路。

**9月7日** 浦发银行第四届工会会员代表大会第一次会议在上海召开,上海市金融工会领导,浦发银行党委书记、董事长吉晓辉,行长刘信义,党委副书记、纪委书记陈正安出席会议。会议审议并通过浦发银行第三届工会委员会工作报告、经费审查委员会工作报告,选举产生浦发银行工会新一届领导机构,通过新修订的浦发银行工会委员会工作规程和经费审查委员会工作条例。

**9月8日** 作为"创业在上海"大赛系列活动之一,浦发银行上海分行举办浦发银行金融服务专场活动暨"科技创客贷"产品发布会。"科技创客贷"是针对初创期及成长期的科创小微企业及创业者个人设计的信用贷款,采取定性与定量相结合的多维度评价体系,更为全面地评估创客群体的成长性。该产品打破了传统"重报表"的授信审查模式,采用创始人经历、家庭情况、企业情况、外部认证等独特评价维度,主动发掘创业者"闪光点",形成可量化的评分表,帮助更多创业者获得信用贷款额度。

**9月9日** 浦发银行与上海华谊(集团)公司在总行举行战略合作协议签约仪式,浦发银行行长刘信义、上海华谊(集团)公司董事长刘训峰出席。根据协议,双方将在泛市值管理、并购融资、投行业务等领域加强银企合作,不断深化合作内涵,实现优势互补、合作共赢。浦发银行副行长王新浩、崔炳文等参加仪式。

**是日** 浦发银行哈尔滨分行落地分行首单PPP项目贷款——大庆市信息惠民工程6 000万元项目贷款。

**9月10日** 浦发银行开展全行首次境外机构重大突发事件应急演练工作。演练场景为香港分行所在办公大楼因发生疑似恐怖袭击被封锁,分行启动BCP应急处置方案,紧急撤至灾备中心继续开展业务。同日,香港分行信息系统灾难恢复演练圆满完成,这是首次境外分行信息系统灾难恢复演练。

**9月12日** 浦发银行董事长吉晓辉一行赴拉萨分行开展调研,并与中共西藏自治区党委书记吴英杰等相关领导进行会谈。自治区区党委常委、拉萨市委书记齐扎拉,区党委常委、自治区常务副主席丁业现,区党委常委、秘书长王瑞连及浦发银行副行长姜明生、徐海燕等陪同参加会见。

**9月13日** 浦发银行拉萨分行正式开业,并在拉萨举行"上海浦东发展银行与西藏自治区人民政府金融合作协议签约暨西藏公益项目启动仪式"。浦发银行董事长吉晓辉和西藏自治区人民政府主席洛桑江村出席仪式并为拉萨分行揭牌,浦发银行副行长徐海燕和西藏自治区人民政府常务副主席丁业现分别代表双方签署金融合作协议，项目合作总资金达600亿元，西藏自治区相关部门、拉萨市以及监管机构等单位领导和嘉宾应邀出席仪式。

**是日** 浦发银行呼和浩特分行与乌海市人民政府签署战略合作协议，通过股权基金结构化融资方式向乌海市政府提供融资10亿元，支持乌海市2016年纳入国家棚改计划的棚户区改造项目的资本金投入。该改造项目共包括9个子项目，涉及拆迁安置户数9 821户，总投资约53.04亿元，彻底改善棚户区居民居住条件。

**9月19日** 浦发银行通过银行间债券市场现券匿名点击平台（X-Bond），达成首单现券交易，成为首批参加该业务的机构之一。

**是日** 浦发银行上海分行首个浦银快贷—在线供应链项目发放首单贷款，标志着上海分行互联网金融创新工作的又一个里程碑。浦银快贷—在线供应链项目是浦发银行携手核心企业联合推出的在线供应链融资服务方案，依托总行网贷系统，为遍布全国的小微经销商提供在线贷款服务，打破地域分布，突破时间限制，引领核心企业携手经销商共同跨入"秒贷"时代。

**9月20日—22日** 浦发银行携手中国移动发售实物收益型理财产品——"先机理财"之iPhone7 Plus产品，3天销售2 520笔，实现销售金额4.28亿元，吸引3万名客户超过50亿元资金参与抢购。

**9月22日** 浦发银行总行主办、广州分行承办的"2016浦发银行跨境人民币同业研讨会"在广州举办，包括中国工商银行首尔分行、广发银行澳门分行、光大银行香港分行、中国农业银行迪拜分行、泰国开泰银行深圳分行、永丰银行、合新国际商业银行、德意志银行香港分行在内的25家境外金融机构参加。

**9月23日** 浦发银行行长刘信义在总行会见爱尔兰国务部长Eoghan Murphy，双方就出境金融服务、飞机租赁业务、金融科技服务、境外机构发展等方面加强合作机会进行深入探讨，浦发银行副行长姜明生等参加会见。

**是日** 中梁地产集团有限公司与浦发银行在上海外滩12号大楼签署战略合作协议，中梁集团董事长杨剑、浦发银行副行长崔炳文出席签约仪式。

**10月10日** 浦发银行与工业和信息化部信息中心在广州举行战略合作协议签约暨产融创新实验室揭牌仪式，工业和信息化部副部长辛国斌、浦发银行行长刘信义出席，并为双方合作建立的"产融创新实验室"揭牌。根据协议，双方将在创客中国平台、产融创新等领域加强银政合作，提升金融与科技融合发展的能力，不断深化合作内涵。

**是日** 浦发银行推出"浦发—沪江网校卡"。该卡是为在校大学生以及年轻白领等"轻"人群量身定制的专属主题卡产品。它针对"轻"人群在学习与生活中的金融需求与成长需求,通过借记卡平台,全方位提供集支付结算、理财、融资服务于一体的综合金融服务以及学习、培训、社群互动等形式丰富的金融领域知识服务。同时,浦发银行正式公布了"新贵客户计划",为"轻"人群提供一揽子的学习＋金融成长服务,包括为客户提供突破地域与机构的支付结算优惠,以及金融导师等创新项目。

**10月11日** 浦发银行北京分行与中国建材集团签署战略合作协议。浦发银行董事长吉晓辉、行长刘信义、中国建材集团董事长宋志平、总经理曹江林出席,浦发银行副行长崔炳文、中国建材集团总会计师武吉伟分别代表双方签署协议,协议金额350亿元。

**是日** 浦发银行推出"攒金宝"业务。该业务具有起点低、积攒黄金、平摊成本、兑换实物黄金等特点,可在浦发银行手机银行直接办理,按周或按月定投,流程简单,投资品种包括黄金、白银、铂金及钯金。

**10月13日** 浦发银行召开《国际财务报告准则第9号——金融工具》(IFRS 9)项目启动会,副行长潘卫东、刘以研出席会议。会议提出:IFRS 9项目将作为浦发银行今明两年的重点项目,涉及范围广、准备工作重、技术要求高,实施时间紧迫,总行将成立IFRS 9项目领导小组和项目工作小组统筹推进项目实施;要高度重视项目的实施难度和影响程度,前中后台部门共同参与,做好全方位准备,尤其要高度重视信息系统的改造工作;要落实工作责任,各参与部门及人员需紧密协作、通力配合,严格按照项目计划时间表层层推进,认真贯彻执行项目管理的各项要求,确保项目按时保质圆满完成。

**10月14日** 浦发银行香港分行与九龙仓集团、会德丰集团举行战略合作协议签约仪式,浦发银行监事会主席孙建平、九龙仓集团第一副主席周安桥、会德丰集团执行董事徐耀祥出席,副行长崔炳文代表浦发银行分别与对方代表签署协议。根据协议,香港分行与九龙仓集团、会德丰集团建立长期战略合作关系,不断拓宽合作领域,深化合作内涵。

**10月15日** 浦发银行完成信用卡发卡系统升级。当日零点,投产切换工作准时启动,副行长潘卫东现场指挥并实施调度。此次投产过程分11个阶段,近400项任务,共计1 200余人通力协作、分步实施,完成了数据迁移、系统切换、应用恢复、双机切换、交易测试、业务验证等多项工作。当日17:38,升级后的信用卡发卡系统正式对外服务。

**是日** 浦发银行正式对外推出新版手机银行,进一步提升了手机银行功能:一是强化数据挖掘应用,提升投资理财专业化服务能力;二是延展数据采集范围,提升主动精准营销能力;三是打造全新移动金融交互体验。

**是日** 浦发银行兰州分行与甘肃省武威市人民政府在市政府招待所签署《战略合作协议》《甘肃(武威)国际陆港建设基金合作协议》。兰州分行党委书记、行长景红卫,武威市市长李明生分别代表双方签字。

**10月18日** 浦发银行为盘活不良资产,规范不良资产转让行为,印发《不良资产转让管理办法》,明确各相关单位职责与权限、梳理立项、实施方案的制定和审批、转让交易、资产交割后续事项处置、转让业务管理等工作事项。

**10月20日** 经中国银行业监督管理委员会批准,浦发银行转让所持富邦华一银行20%股权的交易完成交割,交易价款为2 132 845 120.71元。转让完成后,浦发银行不再持有富邦华一银行的股权。

**是日** 浦银国际完成首单股票承销项目,担任兴证国际(8 407.HK)的联席账簿管理人,实现了股票承销业务零的突破。

**10月21日** 浦发银行北京分行落地投资并主托管国内最大规模产业并购母基金业务。该基金总规模300亿元,一期规模100亿元,浦发银行一期参与20亿元。

**10月22日** 浦发银行第九届业务技术比赛在总行信息中心举行,吉晓辉、孙建平、陈正安等总行领导观摩比赛并为获奖单位和个人颁奖,上海市金融工会领导应邀出席开赛仪式。本届比赛设置人民币点钞(手持点钞+机器点钞)、PC机输入小写传票、公司电子银行技能、零售银行客户经营综合技能、法律合规知识等5个比赛项目,全行39个参赛单位的近400名选手参加比赛。

**是日** 浦发银行开展总行信息系统灾难恢复综合性演练。此次演练是浦发银行首次对采用SOA松耦合架构的系统开展的真实切换演练,参加演练的企业级客户信息管理、金融IC卡和集中式收单三个信息系统重要程度高、业务中断影响大。经过各参演部门的通力配合,历时3小时35分钟,136项技术切换和业务验证全部完成。

**是日** 浦发银行芜湖分行与苏商经济发展促进会签署战略合作协议,芜湖市人民政府相关领导、浦发银行芜湖分行行长陈凌云共同出席,300余名芜湖知名苏商企业家参加签约仪式。

**10月24日—25日** 浦发银行第二次全行二级分行工作会议召开,董事长吉晓辉作主旨讲话,行长刘信义作工作报告。会议要求全行按照新五年发展战略规划的要求,在深入推进现代金融服务企业建设过程中,强化二级分行管理,加快推进二级分行转型,开创二级分行经营管理新局面。

**10月25日** 浦发银行哈尔滨分行与中国人民银行哈尔滨中心支行成功进行电子商业汇票再贴现业务操作,涉及3笔电子商业汇票,金额总计1 228万元。此举标志着浦发银行成为黑龙江省首家成功办理电子商业汇票再贴现业务的商业银行。

**是日** 浦银国际(香港)有限公司成立。

**10月27日** 浦银金融租赁股份有限公司2016年度第二次临时股东大会在公司本部举行,会议批准《关于非公开向特定对象发行股份、增加注册资本的议案》。此次发行股份数量为20.5亿股,其中向上海浦东发展银行股份有限公司发行12.51亿股,向中国商用飞机有限责任公司发行4.17亿股,向上海国有资产经营有限公司发行2.085亿股,向上海龙华国际航空投资有限公司发行1.735亿股。此次发行完成后,公司注册资本变更为50亿元,四方股东持股比例不变。

**10月30日** 浦发银行深圳分行落地全行首单境内外联动跨境并购投资业务。在前期浦发银行作为联合牵头行,深度参与腾讯海外银团并购贷款项目的基础上,深圳分行联动浦银国际,启动对标公司的股权投资评估工作,并初步获得腾讯的投资份额,成为此次并购中仅有的两家参与"银团+财团"的商业银行之一,项目最终投放7500万美元。

**10月31日** 云南省能源投资集团有限公司5亿元绿色非公开定向债务融资工具募集资金到账,由浦发银行昆明分行独立主承销,发行期限5年,票面利率3.98%,标志着浦发银行系统及云南省首单绿色债务融资工具落地,实现分行在银行间债券市场主承销产品种类方面新的突破。

**11月1日** 在第十一届中国国际航空航天博览会上,浦银金融租赁股份有限公司与中国商用飞机有限责任公司签订20架C919大型客机订购协议。

**11月4日** 经中国外汇交易中心、全国银行间同业拆借中心批准,浦银金融租赁股份有限公司自2016年11月8日起成为外币拆借会员。

**11月8日** 浦发银行与苏州元禾控股股份有限公司在苏州签署战略合作协议,浦发银行副行长谢伟,中共苏州市委常委、常务副市长王翔出席签约仪式。根据协议,双方将在股权投资、并购融资、债券承销、财富管理等业务领域全面加强银企合作,不断拓展和深化合作内容,实现优势互补、合作共赢。

**是日** 中共广东省委宣传部与浦发银行在广州珠岛宾馆签署《"文化+金融"战略合作协议》,中共广东省委常委、宣传部部长慎海雄,常务副部长郑雁雄,浦发银行董事长吉晓辉,副行长谢伟出席并见证协议签署。此次签约标志着浦发银行将通过多元的金融资源和服务,助力广东文化产业转型升级,着力构建全新的文化金融服务体系,打造广东"文化+金融"的新局面。

**11月9日** 浦发银行举行私募投资基金金融服务研讨暨基金外包业务发布会,正式启动私募基金外包业务。基金外包业务是浦发银行在传统托管业务及私募基金募集资金监督业务基础上,增加为私募基金提供包括份额登记、估值核算和信息披露等在内的各项综合化外包服务。

**是日** 共青团浦发银行第六次代表大会召开,111名团代表出席会议。会议选举产生了第七届共青团委员会,王旋任书记,谷斌、邢轩任副书记。

**11月10日** 浦发银行沈阳分行成为沈阳地区银税互动工作商业银行合作伙伴。

**是日** 浦发银行福州分行与中国进出口银行福建省分行签署战略合作协议,中国进出口银行福建省分行行长王须国、浦发银行福州分行行长黄光泽参加签约仪式。

**11月11日** 浦发银行正式成为银行间外汇市场人民币对加拿大元直接交易做市商。

**11月14日** 浦发银行与华东建筑集团在上海举行战略合作协议签约仪式,浦发银行行长刘信义,华东建筑集团董事长秦云、总裁张桦出席,浦发银行副行长王新浩、华东建筑集团副总裁沈立东分别代表双方签署协议。根据协议,双方将建立长期战略合作关系,将在并购融资、交易银行、资产管理等领域加强银企合作。

**11月17日** 上海国际信托有限公司全资子公司——上信资产管理有限公司出资2000万元,设立上海浦惠数字金融服务有限公司,持股比例100%。该公司定位为涵盖产品研发与销售、资产转让与交易、系统开发与外包、客户专业化管理与服务、金融信息咨询的综合性互联网金融公司。

**11月17—18日** 浦发银行2016年全行战略管理会议召开。董事长吉晓辉作了题为《促战略落地,抓管理提升,谋转型发展,深入推进新五年发展战略规划实施》的报告,行长刘信义作了题为《深化认识,突出重点,强化执行,确保新五年发展战略规划有效实施》的讲话。

**11月18日** 浦发银行昆明分行辖属保山分行正式开业。

**11月21日** 浦发银行上海分行汽车金融部正式成立。汽车金融部是为实现汽车金融业务专业化经营而设立的专营部门,依靠"数字化、集约化"管理理念,实现营销上的批量获客、操作上的模板作业、风控上的集中管理,走出一条分行特色的业务道路。

**是日** 浦发银行制定下发《不良资产收益权转让业务管理办法》,探索实施不良资产收益权转让处置。

**11月22日** 浦发银行郑州分行与商丘市人民政府举行战略合作协议签约暨浦银商发城建基金启动仪式。根据协议,郑州分行将在城市建设、水利交通、大棚户区改造等重点领域加大对商丘市的支持力度,充分发挥"千亿基金"的引领作用,全力推动商丘市社会经济蝶变升级。

**11月25日** 经中国外汇交易中心审核,浦发银行被确定为首批人民币外汇期权波动率曲面报价行。

**是日** 浦发银行西安分行落地全行首单产业套保交易。

**11月26日** 浦发银行与陕西省扶风县人民政府签署银政合作协议并举行扶风浦发村镇银行发起人会议。

**11月29日** 浦发银行修订印发《二级分行管理办法》。

**是日** 浦发银行南昌分行辖属吉安分行正式开业。

**11月30日** 浦发银行银监口径本外币存款余额突破3万亿元,达30 492亿元,较年初增长1 429亿元,存款规模居股份制同业领先水平。

**是月** 浦发银行落地股权众筹资金监管业务,推动米筹金服上线。

**12月1日** 浦发银行社区和小微支行集约化运营专题研讨会在福州分行召开。

**是日** 浦发银行青岛分行落地青岛地区首支银行股权投资的影视文化类基金。该只基金总份额1亿元,浦发银行作为优先级合伙人出资6 000万元。

**是日** 浦发银行拉萨分行与中新航资本管理有限公司签署战略合作协议,拉萨分行行长白海忠、中新航董事长武恒君等出席签约仪式。

**12月2日** 浦发银行获得新三板资金结算业务资格。

**是日** 浦发银行杭州分行DFI债务融资工具项下永续中票业务落地,期限3+N年,票面年利率4.2%。交易商协会推出债务融资工具的储架制新规后,杭州分行对吉利集团进行重点营销,完成30亿元债券包销授信的审批工作,入围企业DFI债务融资工具承销团,并最终落地该笔业务。

**12月5日** 浦发银行武汉分行首单抗洪救灾及灾后重建专项贷款2.36亿元落地。

**是日** 浦发银行与分众传媒信息技术股份有限公司在总行举行战略合作协议签约仪式,浦发银行行长刘信义、分众传媒董事长江南春出席。根据协议,双方将建立长期战略合作关系,并在发债、海外融资、并购融资、资产管理等领域加强银企合作。

**12月6日** 浦发银行南宁分行与广西北部湾银行合作办理远期结售汇业务首单业务正式落地,业务交易额合计714.5万美元,是分行首次代理广西北部湾银行客户办理外汇衍生业务。

**12月7日—9日** 浦发银行监事会主席孙建平赴昆明调研,并拜会中共云南省委书记、省长陈豪。

**12月8日** 上海票据交易所开业,中国票据交易系统试运行。当天上午,浦发银行作为首批上线的43家机构之一,完成了全市场首单银票质押式回购交易。

**是日**　浦发银行承销全国首单自贸区债券 30 亿元。该债券由上海市财政局发行,期限 3 年。浦发银行凭借在自贸区业务领域的综合优势,成为 8 家主承销团成员之一,承销此次自贸区债券,承销金额 2.7 亿元,利率 2.85%,并引入香港分行作为境外投资者参与分销。

**是日**　浦发银行上海分行落地二级市场投资自贸债业务。该债券是银行间市场首只自贸债,发行人为上海市政府,投资者均为自贸区内 FTU 和境外合格机构投资者。

**12 月 14 日**　浦发银行天津分行与天津市滨海新区签署全面战略合作协议,浦发银行董事长吉晓辉、行长刘信义,中共天津市滨海新区区委书记宗国英、区长张勇参加签约仪式。

**12 月 15 日**　浦发银行呼和浩特分行与通辽市人民政府签署战略合作协议。根据协议,"十三五"期间,呼和浩特分行将通过表内授信、股权基金、PPP 融资等多种方式,向通辽市公路交通基础设施建设、新型城镇化、科教文卫旅游、水利生态环保等重点领域项目建设提供融资支持。

**12 月 16 日**　浦发银行通过中国银行业信贷资产流转登记中心,完成首个个贷不良贷款收益权公开转让交易,合计转让债权收益权本息 38.29 亿元。

**12 月 19 日**　浦发银行完成全国首单上海碳配额远期代理清算业务。当日,由银行间市场清算所、上海环境能源交易所研发的上海碳配额远期产品上线试运行交易,浦发银行作为综合清算会员完成系统上线,为该产品提供代理清算服务。

**是日**　浦发银行印发《子公司经营业绩评价管理办法》,旨在建立子公司科学、有效的绩效业绩评价体系。

**12 月 22 日**　浦发银行行长刘信义出席网点转型试点工作总结会议,听取上海、天津、长沙、兰州等试点分行的工作汇报。刘信义在会议中指出:网点转型是"十三五"期间全行战略重点项目,要围绕数字化、集约化战略要求,深入思考、积极推动,2017 年全面推进网点转型落地,实现降本增效转型目标。副行长姜明生、潘卫东、徐海燕,上海、天津、长沙、兰州等试点分行负责人及总行相关部门负责人参加会议。

**是日**　浦发银行与巴塞罗那足球俱乐部达成战略合作,联合推出国内首张巴萨中国官方合作信用卡——"浦发—巴萨梦之队卡"。该卡上线 5 天,进件量突破 5 万件。

**是日**　浦发银行郑州分行辖属信阳分行正式开业。

**12 月 23 日**　浦发银行广州分行和广州期货联合主办"量剑出鞘,资管共赢——泛资管时代的资产配置与量化对冲"主题论坛,分析当前经济形势,探讨金融同业合作创新发展机会。广州分行和广州期货在论坛上签署战略合作协议。

**12月26日** 浦发银行与浙江省人民政府签署战略合作框架协议,共同推进钱塘江金融港湾建设,浦发银行行长刘信义出席签约仪式。未来5年,浦发银行将向浙江省人民政府提供1 000亿元资金支持。根据协议,浦发银行将充分发挥金融控股集团优势,利用旗下子公司等平台,在优势企业培育、做强上市公司、引入产业基金、提供金融综合外包服务等方面提供优质高效的服务,并在5年内为浙江各类基金(包括各级政府产业引导基金)提供资金支持;利用行业资深和领先的跨境金融服务优势,为钱塘江金融港湾企业搭建与香港、纽约、伦敦等国际金融中心的交流平台,提供优质高效便捷的境外金融服务。

**是日** 浦发银行与上海国际信托有限公司联合发布"放眼看世界"慈善信托,并完成在上海市民政局的备案。该信托是按现行法律法规要求和慈善信托标准模式设计的首款信托产品,也是上海国际信托有限公司积极发挥集团优势,协同母行落地的首款慈善信托。由浦发银行作为委托人出资,上海国际信托有限公司担任受托人,信托财产定向捐赠用于"上海市困难家庭眼疾儿童免费手术公益慈善项目"。同时,浦发银行私人银行推出高净值客户专属的"浦爱公益理财计划",理财计划到期时,投资者部分收益将自动作为善款,银行同时捐助同等数额善款合并作为慈善捐赠支出,用于购买慈善信托份额。

**是日** 浦发银行拉萨分行与中国移动西藏公司签订战略合作协议,中国移动西藏公司董事长、总经理范冰,浦发银行拉萨分行行长白海忠出席签约仪式。

**12月29日** 浦银国际作为联席全球协调人和联席账簿管理人,助力中信建投在港上市,融资总额达到81.97亿港元。此项目是浦银国际承销的首个中大型新股项目,是打开香港资本市场的里程碑项目。浦银国际客户作为锚定投资者下单,获得70%的订单认购,成为此项目单笔获配额最多的客户。

**12月30日** 浦发银行北京分行与中国铝业公司合作成立中铝国企改革基金,在中铝大厦举行揭牌仪式。中国铝业公司董事长葛红林,副总经理敖宏、刘才明,顺义区常务副区长霍光峰,浦发银行副行长潘卫东、北京分行行长夏云平等出席揭牌仪式。基金的成立开创了金融机构支持央企发展的新渠道,为中国铝业公司提供了长期、稳定的资金支持,促进了金融资本与产业资本的深度融合。

**是日** 浦发银行印发《接受监管机构检查工作指引》,明确总、分行在接受各类监管机构全面现场检查工作中,各相关部门在组织分工、任务分配、资料提供、人员访谈及检查事实沟通确认等环节的原则与要求。

**是年** 浦发银行实现营业收入1 607.92亿元,同比增长9.72%;利润总额

699.75亿元,同比增长4.63%;税后归属于母公司股东的净利润530.99亿元,同比增长4.93%。集团资产总额58 572.63亿元,同比增长16.12%;其中,本外币贷款余额27 628.06亿元,同比增长23.04%。集团负债总额54 843.29亿元,其中,本外币存款余额30 020.15亿元,同比增长1.62%。不良贷款率1.89%,较上年末上升0.33个百分点;不良贷款准备金覆盖率169.13%,较上年末下降42.27个百分点;贷款拨备率(拨贷比)3.19%,较上年末下降0.11个百分点。

**是年** 浦发银行位列英国《银行家》杂志"全球银行1 000强"第29位,居上榜中资银行第7位,成本收入比全球第1位;以63.93亿美元品牌价值位列"全球银行品牌500强"第37位,居上榜中资银行第10位,品牌评级上调至AAA-;位列美国《财富》杂志"财富世界500强"第227位,居上榜中资企业第48位、中资银行第9位;位列美国《福布斯》杂志"全球企业2 000强"第57位,居上榜中资企业第12位、中资银行第7位。

# 2017 年

**1月3日** 浦发银行董事长吉晓辉、行长刘信义在总行会见振华重工董事长宋海良、总裁黄庆丰一行。双方围绕产融结合、PPP、"一带一路"、股权投资、融资租赁等领域进行深入交流,表达了继续深化合作、携手共赢的共同愿望。副行长王新浩、崔炳文等参加会见。

**1月4日** 浦发银行行长刘信义在总行会见云南省副省长张祖林一行。双方回顾"云南浦发扶贫投资发展基金"的设立和运行情况,对下一步深化落实中央金融扶贫工作要求,扩大金融扶贫工作的深度和广度,助力云南省打赢脱贫攻坚战进行深入交流。浦发银行副行长刘以研、谢伟等参加会见。

**1月5日** 浦发银行举办第十次全行志愿者日活动,以"温暖守护——贫困地区儿童保险礼物募捐行动"为主题,全行志愿者们热情参与,在办公室、网点、社区、商圈掀起"行小举、显大爱"的公益热潮,累计约3.4万人参与,为"保险礼物"公益项目捐赠71.8万元。

**是日** 浦发银行与中国儿童少年基金会、上海保险交易所三方共同发起"无忧计划——儿童保险礼物公益项目",为贫困儿童、留守儿童设计专属保险产品,实现精准扶贫、长效扶贫。浦发银行行长刘信义出席在北京召开的启动仪式并代表浦发银行捐赠200万元。作为首家捐赠机构,浦发银行将通过该公益项目为云南省5个县市近10万名建档立卡的贫困儿童提供给付型重大疾病和报销型住院医疗费用保险保障。签约仪式前,浦发银行行长刘信义与全国妇联副主席、书记处书记邓丽进行会谈。

**1月9日** 浦发银行南昌分行辖属九江支行正式升格为二级分行,更名为九江分行。

**1月12日** 浦发银行个人手机银行在线客服功能上线。该功能可随时随地为客户提供便捷的金融服务,客户在浦发银行手机银行结算、融资、支付等各项业务遇到困难或疑惑,可发送问题给在线客服,在线客服实时给予解答。

**1月13日** 浦发银行为提升外包风险管控能力、预防并减少外包服务意外中断或终止对业务运营造成的不利影响,印发《外包服务业务连续性管理办法》,明确职责分工,提出外包服务业务连续性管理要求及具体措施。

**是日**　浦发银行香港分行收到香港交易所正式通知,加入香港中央结算系统。香港中央结算系统负责为所有获准在港交所上市及买卖的证券提供托管、结算和交收的服务。成为香港中央结算参与者后,香港分行可代替客户执行证券买卖交收指示及代持,并可为投资者提供高效、便捷的结算渠道和服务。

**1月16日**　浦发银行长沙分行辖属岳阳分行正式开业。

**1月18日**　浦发银行北京分行与爱尔兰贸易与科技局、爱尔兰驻华大使馆举行出国金融战略合作签约仪式,此次签约合作是浦发银行第一次与外国政府机构共同开展出国金融业务合作。

**1月19日—20日**　浦发银行召开2017年全行工作会议。董事长吉晓辉作了题为《稳中求进,改革创新,强化执行,努力完成全年工作目标》的讲话,要求全行坚持稳中求进的总体思路,坚定发展信心,充分发挥集团经营优势,推动各项工作再上台阶。行长刘信义作了题为《保收入,控风险,调结构,加快新五年发展规划攻坚突破》的经营工作报告,总结2016年经营管理情况,研判形势、谋划对策,全面部署2017年工作。

**1月25日**　浦发银行为加强公司并表管理工作,维护公司稳健运行,防范金融风险跨境跨业传染,印发《并表管理办法》,明确并表管理范围与管理职责分工,梳理业务协同管理、公司治理、全面风险管理、资本管理、内部交易管理、风险隔离、配合银行监管等事项。

**是日**　浦发银行为加强客户洗钱风险评级,进一步完善和规范评级工作流程和要求,提高评级工作质量,印发《客户洗钱风险评级管理办法》,明确职责与权限,梳理评估指标及方法、离在岸客户的评级管理要求、金融机构客户的评级管理要求、风险分类控制措施、名单类客户的管理机制、档案管理等事项。

**是日**　浦发银行北京分行落地投资四板私募债业务。北京分行通过自营资金,投资于浦银安盛设立的专项资管计划,再由该专项资管计划投资于由北京中关村科技融资担保有限公司所承销的中关村创新成长企业债,支持符合"两高六新"标准、成长性良好的科技型企业。中关村担保公司对其所承销的债券的本息兑付进行全额担保,同时对专项资管计划承担担保责任并出具担保函,以保证该资管计划本息收益的及时性和安全性。

**是月**　浦发银行推出"精英贷""好房贷"消费贷款产品方案。"精英贷"是以批量化、标准化、兼顾区域差异化为原则,通过对客户准入要求的细化分层、贷款额度测算的标准量化,按额度测算模型,对满足要求的客户快速授予信用额度的个人信用贷款业务方案,最高额度可达100万元,私行客户最高额度可达300万元。"好房贷"是指主要从优质房产入手,为拥有优质房产的客户提供标准化、快速化、个性化的房产抵押消费贷款服务,并可依据客户在贷款续存期内的资金流情况,提供"安心还""随心还""无忧还"等3种可定制化还款方式。

**2月6日** 浦发银行为确保主要风险得到识别、计量或评估、监测和报告,资本水平与风险偏好及风险管理水平相适应,以及资本规划与银行经营状况、风险变化趋势及长期发展战略相匹配,印发《内部资本充足评估管理办法》,明确职责与权限,梳理风险偏好、风险评估、资本规划、监测和报告、压力测试等工作事项。

**2月22日—24日** 浦发银行发行2017年首期150亿元金融债券,并在市场资金面相对紧张的情况下,取得理想发行结果。本期债券以簿记建档的方式公开发行,债券期限为3年,发行过程中投资者踊跃认购,全场认购倍数达2.04倍,票面利率为固定利率4.0%。与同期限政策性金融债相比,利差仅15个基点,低于同期限AAA金融债20个基点、低于1年期大额定期存单10个基点。

**2月23日** 浦发银行行长刘信义在总行会见英国伦敦金融城市长庞安竹(Dr. Andrew Parmley)一行,双方就浦发银行在英国的战略布局和发展规划、绿色金融、科技金融等方面进行了深入交流。

**2月24日** 浦发银行伦敦分行筹备组收到英国监管反馈,经PRA(英国央行审慎监管局)与FCA(英国金融行为监管局)讨论一致同意,免去对伦敦分行"挑战会议"环节,直接进入其内部审核批复程序,这是对正常申设流程环节的重大突破。

**是日** 浦发银行广州分行与中国移动广东分公司在全球通大厦签署《2017年大数据战略合作协议》,标志着广州分行与广东移动在传统银行业务合作基础上,全面探索及深化双方在互联网金融、大数据授信、线上获客获贷等领域的合作,打造广州分行"互联网金融"合作旗舰标杆。

**是日** 浦发银行广州分行流花支行正式开业,这是浦发银行首家建筑行业特色支行。

**3月1日** 浦发硅谷银行北京分行正式开业。

**3月2日** 浦发银行代销对公定制基金专户产品。腾讯科技(深圳)有限公司通过浦发银行对公代销渠道,申购上投摩根为其定制的一对一专户产品,首批两笔申购金额为20亿元。

**3月6日** 浦发银行召开2017年度浦发银行党风廉洁建设工作会议,党委书记、董事长吉晓辉作讲话,党委副书记、纪委书记陈正安主持会议。会议传达了中央和上级党委、纪委有关精神,全面分析了当前党风廉洁建设、反腐败斗争所面临的形势,针对存在的主要问题,明确了当年度的主要工作任务。会议强调,要把握3个重点,深入学习贯彻六中全会精神;要以"钉钉子"精神持之以恒抓好中央八项规定精神贯彻执行;要不断深化完善管党治党各项制度;要忠实履行全面从严治党的政治责任,加强党内监督;要强化巡视的尖兵利器作用,并对全行纪检监察干部队伍建设提出了具体要求。

**是日** 浦发银行南宁分行与广西壮族自治区国有企业座谈会暨战略合作协议签约仪式在南宁举行,广西壮族自治区副主席陈刚、浦发银行副行长崔炳文出席会议并讲话。签约仪式上,南宁分行与广西投资集团有限公司、广西北部湾投资集团有限公司、广西交通投资集团有限公司、广西金融投资集团有限公司、广西西江开发投资集团有限公司、广西北部湾国际港务集团有限公司、广西铁路投资集团有限公司、广西柳州钢铁集团有限公司、广西建工集团有限公司等9家自治区国有企签署合作协议。"十三五"期间,南宁分行将提供不少于1 000亿元的授信额度支持。

**3月7日** 浦发银行信用卡中心推出"里程银行"服务,拓宽积分兑换里程的机制。

**是日** 浦发银行南宁分行与威宁投资集团公司签订全面战略合作协议,南宁分行将在3年内向威宁投资集团的重点项目、基础设施建设工程、民生产业和经济实体等项目提供总额人民币100亿元直接融资与间接融资的资金支持和金融服务。

**3月9日** 中国移动—浦发银行战略合作执行委员会第十二次会议在上海召开,浦发银行副行长潘卫东、中国移动副总裁沙跃家及双方战略合作执委会成员出席会议。会议部署以线上平台为载体优化员工服务、移动信息化助力浦发数字化经营、全力推进互联网渠道联合营销、深化跨界创新产品合作和加强战略合作经验推广五个方面工作,对双方在数字化和大连接战略下推动产业融合、共促转型发展、实现互惠共赢起到了积极指导意义。

**3月14日** 上海文化产业股权投资母基金发起方工作推进会在浦发银行总行召开。浦发银行行长刘信义出席并致欢迎词,中共上海市委宣传部、上海市闵行区人民政府、上海精文投资有限公司、上海双创投资中心的相关领导出席。会上,刘信义介绍了浦发银行金融创新支持"双创"的新举措,并表示将积极支持上海文化产业股权投资母基金发展,更好地贯彻并服务于国家"双创"战略。

**3月15日** 浦发银行与广州市政府、中国国新控股有限公司广州基金在北京首都大酒店签署《国新央企运营投资基金合作协议》。中共中央政治局委员、广东省委书记胡春华,广东省委副书记、省长马兴瑞,广州市市长温国辉,广州市常务副市长陈志英,中国国新控股有限责任公司总经理莫德旺,浦发银行行长刘信义出席签约仪式,副行长谢伟代表浦发银行与广州市政府、中国国新控股有限公司、广州基金管理共同签署协议。此次合作协议的签署将建立各方之间战略合作关系,共绘央企混合所有制改革美好蓝图。

**是日** 浦发银行与上海国盛(集团)有限公司在总行举行战略合作协议签约仪式。浦发银行董事长吉晓辉、上海国盛(集团)有限公司董事长孔庆伟出席。根据协议,双方将在国企改革、新兴产业、科创中心、金融园区、产业基金、现金管理等领域加强合作,不断深化合作内涵,实现优势互补、合作共赢。副行长王新浩、崔炳文等参加签约仪式。

**是日** 浦发银行行长刘信义出席中国银行业协会在北京举办的"《2016年度中国银行业服务改进情况报告》暨文明规范服务千佳示范单位发布会"。会上,浦发银行北京分行营业部、宝鸡分行营业部作为2016年度"千佳"单位代表上台领奖;浦发银行荣获"中国银行业文明规范服务工作突出贡献奖"。

**是日** 浦发银行香港分行落地跨境资产托管业务,为客户浦银国际投资管理有限公司开立托管账户。

**3月16日** 浦发银行第二届职工代表大会第二次会议召开,选举陈正安为第六届监事会职工监事。

**是日** 浦发银行拉萨分行与西藏百益集团有限公司签署战略合作协议,百益集团总经理马德伟、百益超市总经理侯建军、浦发银行拉萨分行行长白海忠出席签约仪式。

**3月20日** 浦发银行完成质押SDR(特别提款权)债融入人民币交易。

**3月21日** 浦发银行新加坡分行正式获得新加坡金融管理局颁发的银行牌照,获准开业。

**是日** 浦银安盛基金公司在上海召开2017年第一次股东会会议。浦发银行股东代表姜明生、AXA INVESTMENT MANAGERS S.A.股东代表Bruno Guilloton、上海国盛集团资产有限公司股东代表金杰出席会议。经股东会大会批准,完成了公司第三届监事会换届工作,选举产生了第四届董事会、监事会。新一届董事会选举谢伟任董事长,Bruno Guilloton任副董事长,檀静任监事长。同日,第四届董事会第一次会议审议通过《关于公司组织架构调整的议案》,同意筹建设立上海、北京和深圳分公司。

**是日** 浦发银行青岛分行与交通银行青岛分行签署全面业务合作协议,浦发银行青岛分行行长孙轶卿与交通银行青岛分行行长杨勇分别代表双方签署协议。根据协议,双方将进一步加强在公司、投行、金融市场等领域的合作,实现共同发展目标。

**3月22日** 浦发银行南昌分行为九江市置地投资有限公司发行保障房非公开定向债务融资工具,金额10亿元,这是江西省首单保障房定向工具。

**是日** 浦发银行哈尔滨分行落地教育机构收费资金监管业务,通过客户单独开立浦发银行名义中间账户的模式提供服务。

**3月29日** 浦发银行温州分行落地离在岸联合项目贷款。该笔业务模式为:第一阶段由浦发银行发放美元贷款,期限为15个月,并配套货币互换业务(CCS),将美元浮动利率债务转换为人民币固定利率债务,以锁定汇率风险及财务成本;第二阶段由温州分行发放相同额度贷款,置换第一阶段到期的美元融资,贷款期限81个月。

**3月30日** 浦发银行第六届监事会第十七次会议召开,选举陈正安为第六届监事会副主席。

**是日** 浦发银行科技金融中心、深圳分行、深圳市科技金融服务中心联合举办私募股权投资基金合作峰会暨浦发银行科技金融1.0方案发布会。

**3月31日** 浦银金融租赁股份有限公司首单银行承兑汇票支付购买价款租赁业务落地,向海口公交投放1亿元,用于采购新能源公交车。

**是日** 浦发银行互联网支付手续费月度收入首次迈上亿元台阶,达1.06亿元,同比增长173.76%;当年1—3月累计实现手续费收入2.84亿元,是上年同期的2.58倍。

**是日** 浦发银行上海分行落地自贸区外币对货币掉期业务,并配套落地自贸区首单外币对远期交易,业务总规模500万欧元。

**4月1日** 浦发银行正式启动天眼系统建设,以实现风险管理的数字化、集约化、智能化和自动化为目标。

**是日** 浦发银行上海分行集中影像监督全面上线,监督人员可在T+0.5个工作日后实施监督,监督方式从线下转到线上,大大提高监督的效率和精准性,并通过监督结果形成风险视图,整合区域行、网点、柜员等3个维度的差错情况,为分支行现场和非现场检查定位网点及检查内容提供数据化支持。

**是日** 中国(重庆)自由贸易试验区正式挂牌运营,浦发银行重庆分行与西部物流园合作的重庆物流服务产业供应链金融中心、跨境结算中心成功入选重庆自贸区首批重点签约项目。

**4月6日** 上海市人民政府下发《上海市人民政府关于高国富等同志职务任免的通知》,正式任命高国富为浦发银行董事长。

**是日** 浦发银行联合中国移动,推出电话"云语音"外呼和手机SIM盾两项数字化安全交易认证工具。"云语音"服务在用户进行交易时,通过防转接电话向用户播报动态安全检验码,降低了用户手机因病毒、木马等导致的短信劫持风险。手机SIM盾将金融安全数字证书植入用户手机SIM卡中,实现了UKEY与手机终端的一体化,用户携带和使用更加便捷。

**4月9日** 浦发银行合肥分行辖属滁州分行正式开业。

**4月11日** 浦银国际控股有限公司作为联席保荐人和联席全球协调人,协助国泰君安(2611.HK)完成165亿港元H股IPO,实现了境外上市项目零的突破。

**4月12日** 浦发银行新加坡分行开业,是浦发银行在国外设立的第一家分行。新加坡分行致力于贯彻浦发银行的国际化发展策略,聚焦新加坡、辐射东南亚,为国内外的客户及金融伙伴在中国、新加坡及东南亚有效搭建跨境金融桥梁。上海市人民政府副秘书长兼市国资党委书记、市国资委主任金兴明,新加坡贸工部兼文化、社区及青年部高级政务部长沈颖,中国驻新加坡大使馆临时代办房新文,新加坡金融管理局助理局长梁新松,新加坡国际企业发展局副局长尤善钡,浦发银行行长刘信义、副行长崔炳文出席开业仪式。

**是日** 由新加坡金融管理局和上海市金融服务办公室联合主办的"第三届新加坡—上海金融论坛"在新加坡举行,上海市政府副秘书长兼市国资党委书记、市国资委主任金兴明,中共上海市金融党委书记、市金融办主任郑杨,新加坡金融管理局副局长罗惠燕、助理局长梁新松,浦发银行行长刘信义出席论坛并参加圆桌讨论。此次论坛上,浦发银行还与新加坡交易所签署战略合作协议;新加坡分行与中船能源(新加坡)有限公司、上海隧道工程股份(新加坡)有限公司、青建(南洋)控股有限公司以及丰树产业私人有限公司等分别签署银企合作协议。

**是日** 浦发银行南京分行与淮安市人民政府举行战略合作协议对接活动,双方成功签署500亿元战略合作协议。中共淮安市委书记姚晓东出席对接活动并讲话,淮安市代市长蔡丽新与浦发银行南京分行行长刘永平签订战略合作协议。

**是日** 浦发银行海口分行辖属三亚分行正式开业。

**4月13日** 浦发银行印发《银行账户利率风险管理办法》。

**4月15日** 西藏自治区政协副主席、工商联主席阿沛·晋源率西藏自治区党委统战部和工商联的相关负责同志到浦发银行拉萨分行调研座谈。

**4月17日** 浦发银行与中国国新控股有限责任公司举行战略合作协议签约仪式,浦发银行行长刘信义、中国国新控股总经理莫德旺出席仪式。双方将以签署战略合作协议作为契机,加强在产业升级、央企混合所有制改革试点、投资基金等方面的合作。浦发银行副行长崔炳文、谢伟等参加会谈及签约仪式。

**4月18日** 国新央企运营投资基金管理(广州)有限公司揭牌仪式在广州举行，标志着国新央企运营投资基金正式设立，浦发银行副行长谢伟出席揭牌仪式。国新央企运营投资基金总规模1 500亿元，首期500亿元，其中浦发银行出资300亿元。基金聚焦中央、地方国有企业改革，主要投资于中央企业和地方国企的资产证券化、供给侧结构性改革、混合所有制改革、市场化改制上市等；通过专业化的资本运作，深耕央企运营及改制领域，做强做优做大国有企业，以实现互利共赢、共同发展。

**4月20日** 浦发银行杭州分行通过上海证券交易所，发行票据资产支持专项计划，发行规模为6.07亿元。

**4月24日** 浦发银行党委与上海申通地铁集团有限公司党委在总行联合召开党委中心组联组学习会议暨总对总战略合作备忘录签约会，浦发银行党委书记高国富、行长刘信义，申通地铁集团董事长俞光耀、总裁顾伟华出席会议。会上，双方围绕党建工作和经营发展情况进行积极探讨与交流，并表示将以签署战略合作协议为契机，加强在轨道交通建设项目融资、国资国企改革等方面的深入合作。

**4月25日** 浦发银行召开2016年度股东大会，行长刘信义主持。会议审议通过《公司2016年度董事会工作报告》《2016年度监事会工作报告》《公司2016年度财务决算和2017年度财务预算报告》《公司关于2016年度利润分配的预案》《公司关于2017年度续聘会计师事务所的议案》《公司关于选举董事的议案》《公司关于选举监事的议案》《公司关于发行减记型二级资本债券的议案》《公司关于延长本次非公开发行普通股股票股东大会决议有效期的议案》《公司关于提请股东大会延长授权董事会办理本次非公开发行普通股股票相关事宜有效期的议案》，听取了《公司2016年度独立董事述职报告》《公司监事会关于2016年度董事、监事履职评价情况的报告》《公司2016年度关联交易情况的报告》。会议选举高国富、傅帆为董事，陈维中为独立董事，孙伟为监事。次日，第六届董事会第十九次会议选举高国富为董事长。

**4月26日** 浦发银行完成2017年第二期金融债券的簿记定价。本期债券以簿记建档的方式公开发行，债券期限3年。浦发银行在完成200亿元基础发行规模的同时，行使了20亿元的超额增发权，累计发行规模220亿元。全场认购倍数为1.21倍，最终实现了票面利率4.2%定价，发行价格与同期限政策性金融债的利差仅14个基点，同时低于同期限AAA金融债40个基点。

**是日** 湘西浦发武陵山扶贫投资发展基金签约仪式在吉首隆重举行。该基金是湖南省第一支由商业银行为主发起设立的扶贫基金，基金设计总规模300亿元，存续期10年，其中浦发银行长沙分行出资254.85亿元，占比近85%。基金用于湘西自治州扶贫开发项目，主要投向农村公路(旅游公路)、棚改及相应土地整理、农村水利工程及环境治理、扶贫异地搬迁等民生工程建设,是金融业服务国家脱贫攻坚战略的创新尝试,将助力湖南省扶贫工作进一步深入开展,促进扶贫事业更加惠民富民。

**是日** 浦发银行拉萨分行与西藏银行签署战略合作协议,浦发银行拉萨分行行长白海忠、西藏银行董事长白玛才旺、行长肖军出席签约仪式。

**4月28日** 浦发银行宁波分行落地首单股权直投业务,起息3 000万元,该业务是全行首单全流程按市场化规则操作的股权直投业务。

**是日** 浦发银行南京分行与南京经济技术开发区、江苏省信用担保有限责任公司举行战略合作对接活动,三方签署《"政银保"战略合作协议》。此次的"政银保"主要是面向开发区内重点支持项目——光电显示、装备制造、生物医药、下一代汽车、集成电路、激光智能制造,由政府牵头建立专项风险补偿基金,园区、担保、合作银行约定按照6∶3∶1的比例,各自承担相应的风险,构建一种可持续的风险共担模式,鼓励和引导中小企业产业发展、促进产业转型,将极大解决中小企业融资难的问题。

**5月10日** 浦发银行信用卡中心推出"衣食住行娱"一站式服务。用户登录浦发银行信用卡官方客户端——"浦大喜奔"App,即可选择所需要的服务,将选购、支付、服务享用形成一个灵活便捷的消费闭环。

**5月12日** 浦发银行上海分行闵行支行个人银行部经理祝玉婷在上海市第11次党员代表大会上当选为中国共产党第19次全国代表大会代表。

**5月15日** 浦发银行温州分行落地买断型融资租赁保理业务。

**5月16日** 浦发银行与大连市人民政府在上海签署《"十三五"金融战略合作协议》,浦发银行党委副书记、行长刘信义,中共辽宁省委常委、大连市委书记谭作钧,大连市市长肖盛峰出席仪式,浦发银行副行长王新浩与大连市副市长洪登金分别代表双方签字。此次签约的成功举行,是浦发银行与大连市政府进一步深化合作、共创双赢的新突破。

**5月17日** 浦发银行推出"纪念日存单"。此次推出的纪念日存单以"喜乐""挚爱""福宝""康寿"为四大主题,分别围绕"给自己""给爱人""给孩子""给父母",引导消费者用存单来"保存生活中点滴美好",从而让传统的存单作为"价值凭证"的意义更加延展。每款主题存单均包含存单、封套和定制心意卡。

**5月18日** 重庆铜梁浦发村镇银行正式开业,成为铜梁区第一家法人银行。

**5月22日** 浦发银行首单QDII托管项下结售汇业务落地上海分行,新增购汇业务量4亿美元,为分行带来中间业务收入和日均存款沉淀,同时带动国际业务结算量。

**5月23日** 浦发银行南京分行与无锡市人民政府合作成立"无锡太湖(浦发)股

权投资母基金"100亿元,拟撬动500亿元左右的资金投入实体经济领域,推动金融机构加大对"直接融资类"和"产业基金类"创新产品的推广。

**5月24日** 由中国人民银行、国家海洋局、国家发改委、财政部等四部委组成的金融支持海洋经济联合调研组,专程赴浦发银行蓝色经济金融服务中心(青岛)实地调研。联合调研组听取浦发银行蓝色经济金融服务中心的工作汇报,就金融支持海洋经济发展中面临的机遇和挑战、海洋经济信贷支持政策、海域权抵押等内容进行交流。

**5月24日—26日** 浦发银行参与银行间市场首轮外汇期权冲销业务。此次冲销全市场提前终止期权合约114笔,共计40.63亿美元;其中浦发银行合约占27笔,计34.20亿美元。

**5月25日** 浦发银行副行长崔炳文赴宁波分行考察并拜会宁波市市长裘东耀,双方就浦发银行参与宁波市"中国制造2025"试点示范城市、"一带一路"综合实验区建设、宁波市重大项目建设,以及与宁波市金融控股有限公司共同成立产业基金进行深入交流。宁波市人民政府秘书长张良才,宁波市人民政府办公厅主任王仁元,宁波市人民政府副秘书长、金融办主任姚蓓军等出席会议。

**5月26日** 浦发银行外滩12号线上同业合作平台——"e同行"在上海对外发布,副行长谢伟出席发布仪式。"e同行"以"开放、共享、交流"为开发理念,在电子化平台上为各行业金融机构客户提供场外资金交易与资产转让渠道,实现同业之间更互动、更高效、更便捷的合作体验。"e同行"支持报价、询价、确认交易、历史查询、统计分析等各项功能,同业机构可借助于该平台发布产品、寻找交易对手、达成交易意向。

**是日** 浦发银行印发《合规案防工作考核管理办法》,明确职责与权限,梳理考核内容、考核流程、考核量度,并随附合规案防工作考核指标体系。

**5月31日** 浦发银行上海分行上线试运行检查集中模式。该模式将逐步实现支行现场检查工作由分行集中检查人员承担,以总分行非现场检查全景风险视图为基础,通过全面检查、专项检查、突击检查等形式,选择重点支行、重点业务、问题网点与柜员开展检查,并且侧重总行检查内容外的相对重点风险,实现现场检查的"精准灌溉",形成对风险领域的精准打击。

**是日** 浦发银行成为首批获得能源中心指定存管银行资格的股份制商业银行之一。该资格的获得,为浦发银行全面拓展能源类大宗商品衍生品自营、代客代理业务,以及为境内外上下游产业客户和投资者提供更好的服务奠定了基础。

**6月1日** 浦发银行新一代核心系统投产切换成功宣布仪式在上海举行。行长刘信义主持仪式,总行全体在沪领导班子成员出席。新一代核心系统建设是浦发银行实施"以客户为中心"战略、打造浦发银行核心竞争优势的重大关键举措,将为浦发银行新一轮创新发展提供新的动能。

**6月5日** 浦发银行与湖南省人民政府国有资产监督管理委员会签署《湖南省国有企业改革转型战略合作框架协议》,双方将共同发起设立800亿元人民币湖南省国企改革转型基金,推动优质骨干企业改革转型减负增效、加速产业升级,实现国有企业规模与效益大幅提升。

**是日** 浦发银行长沙分行落地国企改革领域直接股权投资业务。此项目通过"政府搭建平台—省级资金投入—浦发银行牵头募集社会资本参与"的方式,解决国企供给侧改革的资金问题,推动优质骨干企业改革转型减负增效、加速去产能过程及产业升级,以实现集团客户降低资产负债率、调整负债结构、节约财务费用、提升外部评级为目标。

**6月8日** "上海双创文化产业投资母基金"揭牌,浦发银行行长刘信义、副行长王新浩与中共上海市委宣传部、市金融服务办公室、闵行区人民政府相关领导出席。"上海双创文化产业投资母基金"由浦发银行和市委宣传部、闵行区政府、上海双创投资中心共同参与设立,总规模20亿元,是全国唯一文化行业主管部门引导、市场化运作、金融机构平层参与的母基金。

**是日** 在上海金融业联合会组织举办的"2016年上海金融业改革发展优秀研究成果"评选中,浦发银行研究成果《共享生态下商业银行消费金融创新策略研究》获得银行类一等奖,《数字化时代商业银行转型思考》获得银行类二等奖,《集团化专业化数字化的审计技术研究与实践应用》《金融科技时代银行业软件测试的思考与实践》和《浦发银行现金领域创新实践》获得银行类三等奖。

**是日** 浦发银行北京分行与中国铁建金融租赁有限公司举行《基础设施融资战略合作协议》签约仪式。

**6月9日** 浦发银行宁波分行落地全行首单房地产抵押项下离在岸联合经营性物业贷款业务,完成前两笔提款,金额等值7亿元人民币。

**是日** 浦发银行开展国际金租借及配套国际金OTC衍生交易套期保值业务,吸收相对低成本的长期限负债合计19.5亿元。

**6月15日** 浦发银行南京分行与泰州市人民政府签署合作协议,双方将围绕推进金融改革创新、支持产业转型升级开展战略合作。泰州市长史立军、浦发银行副行长谢伟出席签约仪式并致辞,泰州市副市长张小兵、浦发银行南京分行副行长陈香分别代表双方签字。南京分行将与南京市政府共同探索政府与银行战略合作的新领域、新模式,依托双方资源优势,开展深层次、全方位、多领域合作,支持南京市主导产业发展、提供融资融智服务、科技金融和普惠金融服务等。

**6月20日** 浦发银行落地国债做市支持业务。浦发银行作为12家国债做市支持参与机构之一,在首批国债做市支持业务中,向财政部出售面额2亿元的2017年记账式附息(九期)国债,占操作总额的16.7%。此次国债做市支持操作方向为随买,操作券种为2017年记账式附息(九期)国债,操作额12亿元,最终中标价格为99.8436元(百元面值),参考收益率为3.4901%。

**6月22日—23日** 浦发银行与中国移动通信集团公司在合肥联合召开业务合作研讨会,浦发银行与中国移动集团公司及双方31个省级机构相关部门参会。基于新五年战略合作精神及第十二次战略合作执委会重点合作项目工作部署,与会双方就强化互联网平台对接、推进客户营销、深化跨界创新产品合作、提升用户规模及中国移动信息化产品在浦发银行数字化转型中的应用等方面,进行了深入探讨。

**6月23日** 浦发银行"每一步都值得——我与浦发"迎接行庆25周年演讲比赛在上海举行。浦发银行行长刘信义出席开赛仪式、观摩比赛,并为获得一等奖的选手颁奖,党委副书记陈正安、副行长谢伟、工会主席吴国元观摩比赛并参加颁奖。

**6月28日** 浦发银行2007年第一次临时股东大会在上海市莲花路1688号召开。会议审议并通过《公司关于修订〈公司章程〉的议案》《公司关于修订〈股东大会议事规则〉的议案》《公司关于修订〈监事会议事规则〉的议案》《公司关于符合非公开发行普通股股票条件的议案》《公司关于调整非公开发行普通股股票方案的议案》《公司关于修订非公开发行普通股股票预案的议案》《公司关于本次非公开发行普通股股票涉及关联交易事项的议案》《公司关于前次募集资金使用情况报告的议案》《公司关于与特定对象签订附条件生效的股份认购协议之补充协议的议案》《公司关于非公开发行普通股股票摊薄即期回报及填补措施(修订稿)的议案》和《董事、高级管理人员关于公司填补回报措施能够得到切实履行的相关承诺的议案》。

**6月29日** 浦发银行承办的中国人民银行"普及金融知识,守住'钱袋子'"金融知识普及现场活动在上海市宝山区友谊路街道举行,浦发银行副行长王新浩出席活动并发表讲话。

**6月30日** 浦发银行"客户综合定价管理系统"(简称CPAS)一期正式投产上线。客户综合定价管理系统一期包括三大功能:一是通过建立客户贡献及单笔业务贡献模型,满足客户贡献查询的需要,协助申请和审批人对客户贡献情况形成统一认识;二是在利率超限审批模式基础上,探索综合贡献指标(ROA、RAROC)的客户定价模式;三是支持灵活展示和比较过去一段时间的客户增量贡献,便于总分行对优惠政策实施效果进行后督。

**是月** 浦发银行北京分行落地代理承销业务。该笔业务引入行外保险资金,为中国化工集团投放"5+N"永续债权融资30亿元,为企业在银行表内贷款、发行债券融资之外,提供了一条新的融资解决方案。

**7月1日** 浦银金融租赁股份有限公司新一代租赁业务核心系统——CL2015系统上线。核心系统包括业务子系统、资金子系统、报表子系统,优化了各类数据结构和质量,提升了整体流程的系统化水平对财务、资金的支持水平得到了进一步加强,使监管报表自动化程度大幅增加。

**7月3日** 浦发银行在"债券通"正式开通后,成为首批与境外机构投资者达成交易的债券通做市机构。截至首日上午,浦发银行交易笔数为全市场第一,单笔交易金额为股份制行第一。

**7月5日** 浦发银行与爱尔兰佳富中国固定收益基金(GaveKal China Fixed Income)达成两笔债券交易,合计金额6 000万元。这是浦发银行在结算代理模式下首次与境外非央行机构在银行间债券市场完成交易。

**是日** 浦发银行以总行名义委托香港分行定价发行中期票据计划项下3年期和5年期浮息债7.5亿美元。

**是日** 浦发银行与周大福企业有限公司在总行签署战略合作协议,浦发银行副行长崔炳文出席仪式,香港分行行长张丽、周大福高级副总裁彭维分别代表双方签字。

**7月7日** 甘肃省交通产业投资基金暨全省第二批公路PPP项目框架协议签约仪式在兰州举行。浦发银行兰州分行与甘肃省交通建设集团有限公司签署《合作设立甘肃省交通产业投资基金框架协议》。

**7月12日** 浦发银行与中国太平洋保险(集团)在总行举行战略合作协议签约仪式,浦发银行党委书记、董事长高国富,行长刘信义,太平洋保险(集团)董事长孔庆伟,总裁霍联宏出席签约仪式。

**是日** 经中国银行业监督管理委员会山东监管局批准,浦发银行转让莱商银行股份有限公司18%股权的交易完成交割。该项目交易价款为9.79亿元,受让方为齐鲁交通发展集团有限公司,转让获得投资收益为2.41亿元。转让完成后,浦发银行不再持有莱商银行股权。

**是日** 浦发银行上海分行零售信贷—网贷前置系统成功上线。作为总行网贷系统与各类网贷合作方之间的科技桥梁,该系统的上线为浦发银行加快网贷项目上线速度以及完善网贷项目管理机制奠定了坚实的系统基础。

**7月13日** 浦发银行福州分行与中国(福建)对外贸易中心集团有限责任公司签署战略合作协议,中国(福建)对外贸易中心集团有限责任公司总经理陈军华、浦发银行福州分行行长黄光泽等参加签署仪式。

**7月18日** 浦发银行深圳分行办理"万科1+N供应链金融业务"之银商保业务。该业务首次通过与国内银行同业合作,办理国内保理风参业务,金额3.1亿元,为系统首创。

**是日** 浦发银行正式对外发布"e企行"综合服务平台,副行长崔炳文出席发布会,工业和信息化部、中国总会计师协会、浪潮集团及上海、北京、深圳等地区的中小企业政府主管部门、园区、孵化器等单位领导共70多人参会。"e企行"综合服务平台是为中小企业提供在线财务、在线进销存、在线订单、在线融资和专业服务等一系列在线综合服务的云端服务平台。

**7月20日** 浦发银行香港分行在银行间外汇交易中心备案成为中国银行间外汇市场会员,并自动获得"债券通"业务香港结算行资格。

**是日** "宁波市金融消费纠纷人民调解委员会调解工作室"揭牌仪式在浦发银行宁波分行举行,旨在有效化解日益增长的金融消费纠纷,按照投诉处理工作金融机构主体责任要求,达到就近化解、规范化解和满意化解的目标,对金融机构积极履行化解金融消费纠纷矛盾的主体责任,具有积极的探索和推广意义。

**是日** 浦发银行青岛分行与青岛广电教育全媒体集团有限公司签署战略合作协议。通过战略合作,双方将在巩固已有合作基础上,深入开展联名卡、青少年活动推广、学费收缴、信用卡活动等多领域的合作,共同探索金融服务与青少年教育合作发展的新模式。

**7月21日** 浦发银行独立主承销的厦门翔业集团有限公司2017年第三期超短期融资券(债券通)募集资金到账,标志国内首单"一带一路债券通"债务融资工具成功发行。

**7月28日** "京津冀资产管理公司战略合作联盟签约仪式"在北京举行,浦发银行北京分行作为唯一的银行业机构代表受邀参加,并与京津冀三方国有资产管理公司签署合作意向书。根据合作协议,北京分行拟就北京非首都功能疏解等业务开展相关合作,具体包括向联盟企业疏解项目提供北京地区贷款授信、专项基金优先级资金等综合金融服务。

**是日** 浦发银行杭州分行上线全行首单互联网联合贷款项目。

**7月29日** 浦发银行与《21世纪经济报道》联合主办的2017年中国资产管理年会在上海举行,浦发银行副行长谢伟出席年会并致辞。年会同时发布《2017中国资产管理发展趋势报告》，揭晓2017中国资产管理"金贝奖"评选结果。浦发银行荣获"最佳资产管理银行""最佳海外资产管理创新银行"荣誉称号，"步步高升"系列理财计划获得"最具人气理财产品"奖，浦银国际荣获"2017卓越竞争力私募基金管理公司"称号，上海国际信托有限公司荣获"2017最佳品牌建设信托公司"称号。

**7月31日** 浦发银行长春分行票交所登记票源、操作再贴现业务落地。此笔业务在全行及长春当地金融机构均为首单。

**8月2日** 浦发银行与乐瑞资产管理股份有限公司发行和管理的"乐瑞宏观配置基金"通过交易中心本币交易系统，达成人民币利率互换交易。该笔交易由浦发银行代理清算，是浦发银行首单代理私募投资基金清算的利率互换交易。

**8月4日** 在中国银行业协会组织举办的中国银行业发展研究优秀成果评选（2017年）上，浦发银行共2项研究成果获奖，其中《共享生态下商业银行消费金融创新策略研究——基于"云＋端＋智能"的视角》荣获二等奖，《M1与M2增速差持续扩大趋势下商业银行经营策略思考》获得优秀奖。

**8月8日** 浦发银行与上海市杨浦区人民政府在总行举行全面战略合作协议签约仪式，浦发银行行长刘信义、上海市杨浦区区长谢坚刚出席仪式。

**8月10日** 浦发银行与深圳证券交易所在深圳签署战略合作协议，浦发银行董事长高国富、深交所总经理王建军出席仪式。双方将在协议框架下，在境内外开展合作，共同服务科技型中小企业，实现信息共享和平台对接，推进产品创新和跨境服务，同时推进科技金融信息服务平台建设，提高金融资源和科技资源整合对接效率，促进金融和科技深度融合。浦发银行副行长崔炳文，总行相关部门、浦银国际和深圳分行有关负责人参加签约仪式。

**8月10日—14日** 浦发银行完成2017年第三期金融债券的发行，债券期限为3年，发行规模130亿元。

**8月11日** 浦银安盛基金公司公募资产管理规模突破1 000亿元。

**8月14日** 浦发银行香港分行与中国太平保险集团旗下中国太平人寿保险（香港）有限公司签订银保合作协议，浦发银行香港分行行长张丽、中国太平保险（香港）有限公司行政总裁李清华、太平人寿香港行政总裁王鑫出席签约仪式。

**8月16日** 在上海市国有资产监督管理委员会指导下，浦发银行总行与上海分行共同主办"2017金融服务上海国企海外发展论坛"，浦发银行副行长崔炳文，上海市国资委总经济师叶劲松，市国资委及上海实业、上汽集团、上海电气等26家市国资委直属企业负责人参会。论坛围绕全球跨境投资演变与中国企业对外投资新趋势、跨境监管政策走势解析与展望、浦发银行国际平台协力企业海外发展等主题，邀请国内知名学者作主题演讲,与会人员开展了多元、务实的交流。

**8月17日** 浦发银行石家庄分行落地"浦发银行—君乐宝"快贷供应链融资方案互联网融资线上流程,成为分行首单浦银快贷供应链融资业务。"君乐宝快贷"是分行与石家庄君乐宝乳业有限公司合作,通过将君乐宝订单系统与浦发银行网贷系统对接的方式,利用互联网高速、快捷的信息处理模式和广泛的客户渠道,实现君乐宝产品经销商在线融资申请、审批、签约、支用的业务模式。

**8月18日** 浦银金融租赁股份有限公司首次在银行间市场公开发行"浦信2017年第一期租赁资产支持证券",规模为2 286 496 504.83元。

**8月21日** 浦发银行西安分行对接并独立运营的法院案款管理系统,在西安市中级人民法院正式投入使用,标志着西安分行成为全行首家落地"法院一案一账户"项目的分行。

**8月23日** 浦发银行首单新加坡交易所(SGX)橡胶远期代客交易在杭州分行落地,满足了客户境内橡胶价格价差锁定的需求。

**8月24日** 申万宏源证券融出资金债权资产证券化项目发行,由浦发银行北京分行担任项目安排人,标志全行首单融出资金债权ABS落地。

**8月25日** 浦发银行召开大数据洞察与服务平台建设项目动员大会。

**8月29日** 浦发银行对公及机构客户代客账户交易客户端及相关系统正式投产运行,在广州分行落地首单交易。该客户端系统可实时向终端客户推送浦发银行贵金属、商品标准合约的买卖价格、走势图,并实时响应客户发起的交易请求,客户还可定制技术指标组合辅助进行交易。

**是日** 浦发银行与国际清算银行达成其市场首单国开债一级市场分销业务,金额6.6亿元。

**是日** 浦发银行总行、南京分行与苏宁金融签署《苏宁—浦发教育缴费项目战略合作协议》。此次浦发银行携手苏宁金融在App上线教育缴费业务,成为双方落地智慧教育的有益尝试。该业务首批支持全国范围内共40多个城市超500所学校的学费缴付,覆盖大学、中学、小学、幼儿园等不同层级。

**8月30日** 由浦发银行北京分行担任联席主承销商的中央汇金投资有限责任公司2017年度第一期政府支持机构债券完成缴款起息,标志全行首单政府支持机构债券落地。

**是日** 浦发银行太原分行落地"离岸直贷"项目,在银企人民币业务合作的基础上,结合企业经营出口特点,利用浦发银行离岸业务优势,拓展企业外汇业务合作领域。

**8月31日**　浦发银行个人手机银行用户数超过2 000万户,达2 061.68万户;当年新增482.87万户,较2016年同期增加13.22%;当年交易规模3.03万亿元,同比增长45.27%。全行资产托管业务规模突破9万亿元,达到9.12万亿元,同比增长45%以上,较2016年初增长近2倍。

**是月**　浦发银行上海分行对接上海"科创中心"建设,积极支持区域经济发展,多举措助力上海市杨浦区建成高水平的国家双创示范基地。通过与上海市杨浦区人民政府签署战略合作协议,上海分行将为杨浦区内的重点建设项目及企业提供总额200亿元授信额度,助力杨浦区内滨江区域等旧区改造、"双创"项目建设。除信贷支持实体经济外,分行还将通过完善电子银行结算网络,提供"云监管"等服务手段,为政府的补贴资金提供监管服务、提升资金运营效率,提升杨浦区公共财政管理能力。

**9月3日**　浦发银行合肥、芜湖两分行合并,其管理关系整合系统完成切换上线。

**9月4日**　浦发银行非公开发行人民币普通股1 248 316 498股,每股发行价格11.88元,扣除发行等费用后,实际募集资金148.17亿元。

**9月4日—5日**　浦发银行行长刘信义赴大连分行、营口分行调研并听取工作汇报。在大连期间,刘信义随上海市政府代表团参加"上海企业大连行"系列合作交流活动,并出席上海大连对口合作项目签约仪式。

**9月11日**　浦发银行与东亚银行(中国)有限公司在上海签署《全面业务合作备忘录》,浦发银行副行长崔炳文、东亚银行(中国)有限公司行长林志民出席签约仪式。根据备忘录,双方将在资产托管、资产管理、代理清算、企业融资和投资银行、交易银行及客户交叉服务、贸易结算和融资、同业市场业务、自贸区业务、电子渠道、风险管理及战略合作等业务领域开展合作,实现战略合作伙伴、产品优先选择及客户资源共享等三方面的合作共赢。

**9月14日**　浦银安盛基金公司三方股东代表——浦发银行股东代表谢伟、AXA INVESTMENT MANAGERS S. A. 股东代表Bruno、上海国盛集团资产有限公司股东代表金杰通过书面表决的方式,召开2017年度第三次股东会会议(临时),就公司递交的《关于增加公司注册资本及修订〈公司章程〉的议案》进行审核和表决。公司三方股东达成协议,决定公司注册资本由2.4亿元增加至19.1亿元。

**9月15日**　以"金融服务助力国资国企改革"为主题的浦发银行第四届并购高峰论坛在天津举行,副行长崔炳文出席。此次论坛上,浦发银行联合上海国有资本运营研究院发布《2017国有资本投资运营公司发展与金融服务报告》。报告从"样本调研和案例研究"出发,对国有资本投资运营公司的发展历程和运行现状进行了分析,并以各地创新的先行者为指引,全面系统地阐述国有资本投资公司和运营公司的组建模式、运营特点与创新实践。期间,浦发银行天津分行与天津多家知名国资平台及重点国有企业签署战略合作协议。

**是日** 浦发银行落地大宗商品勒式期权组合交易。该笔业务中,浦发银行贵金属交易台响应客户需求,根据伦铜市场走势代理客户买入勒式期权组合交易,并且以最低成本完成平盘,确保客户收益。

**9月19日** 扶风浦发村镇银行正式开业。

**9月21日** 上信资产管理有限公司出资2 000万元参股融联易云金融信息服务(北京)有限公司,持股比例6.25%,以落实国务院"互联网+"行动计划,促进普惠金融发展,创新银行间合作模式。

**9月22日** 浦发银行北京分行与中铁十六局集团有限公司签订战略合作协议。双方就产业基金、结构化融资、金融去杠杆、PPP项目合作等深入交换意见,就共同推进PPP等投资类项目,进一步开展全方位、多层次合作达成共识。

**9月24日** 浦发银行香港分行核心及反洗钱系统回迁升级项目完成投产上线切换工作,正式对外营业。此次香港回迁项目共涉及海外核心、海外总账、反洗钱及各类周边业务系统共20多个系统。

**9月25日** 浦发银行上海分行落地全市首单上股交挂牌企业FT跨境可转债业务,通过FTE账户引入境外资金对接区内科创企业——上海天旅航空用品股份有限公司。这次成功的尝试将有助于吸引更多境内外资金聚焦科技创新,对注册在自贸区内的科技型挂牌企业获得便捷的跨境投融资服务具有参考意义。

**9月25日—26日** 浦发银行"贯彻全国金融工作会议精神——成都分行风险事件举一反三工作会议"在上海召开。浦发银行党委副书记、行长刘信义作主题报告,党委副书记、纪委书记陈正安,副行长刘以研、崔炳文作交流发言,党委书记、董事长高国富对会议进行总结。会议强调,全行上下要端正经营理念,按金融规律办事,牢固树立"一家法人、一个银行"理念,强化合规内控和风险管理,进一步加强党的建设、队伍建设和文化建设,真正把思想认识统一到全国金融工作会议精神上来,更加关注如何更好地服务实体经济,推动浦发银行新一轮健康可持续发展。总行各部门、各子公司及分行领导班子成员、中层及以上干部、二级分行(区域支行)领导班子成员,以及总行其他本部直管干部通过视频参会。

**9月27日** 浦发银行认养的大熊猫"浦浦""发发"落户沈阳森林动物园。

**9月28日** 浦发银行南宁分行与中国人民财产保险股份有限公司广西分公司签署战略合作协议。南宁分行将在原有联名卡薪资代发、代理保险产品销售的合作基础上,深化与中国人保财险广西分公司在资金融通业务、保险资金托管业务、现金管理业务和电子商务等多方面开展全方位金融合作,加强业务交流,创造银保业务发展的新局面。

**10月12日** 中国人民银行支付系统巡检工作小组视察浦发银行支付系统运维保障情况,对浦发银行支付系统运行情况予以充分肯定。视察期间,工作小组就互联网金融形势下银行传统业务转型,支付业务未来发展,以及建立、健全支付清算系统安全生产三道防线等内容,与浦发银行相关部门进行了的深入交流,并对浦发银行在支付业务所作的积极探索给予了高度评价。

**是日** 由浦银安盛资管担任管理人的"浦银安盛资管—申万宏源证券融出资金债权1号资产支持专项计划"在深圳政权交易所正式挂牌。作为深交所首单由基金子公司作为管理人、券商融出资金债权作为基础资产的挂牌ABS产品,该计划基础资产为申万宏源证券持有的融出资金债权,优先级证券债项评级AAA级,储架发行规模和首期发行规模均居市场前列。

**是日** 在上海市金融服务办公室召开的自贸区第八批金融创新案例发布会上,浦发银行上海分行凭借"FT跨境飞机租赁融资"项目,第八次入围金融创新案例。浦发银行也是唯一一家连续8次入围的股份制商业银行。

**10月13日** 浦发银行明星理财产品——"步步高升"系列规模首次突破千亿元,达到1 032.39亿元。

**10月17日** 浦银金融租赁股份有限公司向中国南方航空公司交付一架空客A320CEO飞机。至此,公司飞机资产规模达到109.7亿元。

**10月18日** 浦发银行与大众集团在总行举行战略合作协议签约仪式。浦发银行董事长高国富、行长刘信义,大众集团董事长杨国平、大众企管总经理赵思渊出席。浦发银行副行长王新浩和赵思渊分别代表双方签署协议。根据协议,未来双方将在现金管理、银行融资、投资银行、资本市务、国际业务等领域加强银企合作。

**10月20日** 浦发银行南宁分行与上海明匠智能系统制造有限公司合作成立智能制造产业基金项目,将提供最高4亿元的资金投向工业4.0智能工业的改造升级服务。

**10月23日** 浦发银行西安分行办理陕西省内首单中国(陕西)自由贸易试验区企业再贴现业务。

**10月26日** 浦发银行上海分行联合银联上海分公司,发布浦发银行"魔都"联名信用卡。作为上海市首张以城市爱称命名的信用卡,"魔都"信用卡融合了上海城市发展内涵,以年轻精英为主要营销对象,结合了绿色出行、智慧城市和民生热点,为持卡人提供餐饮美食、住房租赁、共享交通、时尚精品、城市旅游等专属礼遇和全新体验，是一张独具上海本地特色的都市生活时尚类信用卡。

**10月31日** 浦发银行信用卡中心推出"全能额度"平台，全面实现信用卡额度自助管理，通过建立一体化信用额度管理平台，全景式向持卡人展现与信用卡额度相关业务。用户可使用"浦大喜奔"App或官方微信登陆平台，进行信用卡固定额度查询、提高或降低信用额度申请、信用卡交易限额设置、取现额度及专项分期额度查询等操作。

**11月1日** 浦发银行广州分行主办的"浦发银行—恒大足球"联名信用卡全球首发合作发布会在广州恒大中心召开。

**11月6日** 浦发银行第三批19家分行上线场外业务交易管理系统。至此，全行38家境内分行全部成功接入该系统。场外业务交易管理系统实现了业务前中后台一体化处理、全流程刚性控制，在大幅提高时效性的同时，降低了业务的操作风险。此外，系统加载了会计集中处理、账务上收总行、自动输出各类管理类报表、企业信贷系统对接等功能，满足了业务管理的相关需求。

**11月8日** 由浦发银行主办的"政采e贷"业务交流研讨会在郑州举行，来自24个省市财政系统的政府采购主管部门参加。此次业务交流研讨会针对解决中小企业融资难的痛点重点推介"政采e贷"方案。方案通过"大数据＋互联网"的模式，大大降低授信客户准入门槛，具有免担保、随借随还、"秒级"放贷的业务特色，在促进政府采购与中小型供应商的业务合作，推动政府采购制度创新与诚信体系建设方面的潜在优势，也吸引与会人员的关注。

**是日** 由浦发银行承办的中国银监会"银行业金融机构外包服务联合核查结果通报会"召开，中国银监会、16家各地银监局、110余家银行业金融机构近300人参加会议。会议就外包机构在票据处理、客户资料录入、呼叫中心和制卡类服务的核查结果情况进行了通报，并现场进行了交流讨论。

**11月9日** 浦发银行与雪松控股集团有限公司在广州签署战略合作协议。浦发银行副行长谢伟、雪松控股集团董事局主席张劲等出席签约仪式。

**11月14日** 浦发银行北京分行首届"新时代，新征程"——中国企业国际金融峰会在北京召开，北京分行行长夏云平出席会议并致开幕词，中国移动、中国石油、中国航天、中海油、京能集团、京东集团等50家企业高管，以及22位重点私人银行客户应邀参加了峰会。

**11月16日** 国家开发银行在银行间债券市场开展人民币金融债券置换招标业务试运行，浦发银行落地市场首单债券置换业务。此次国开债置换选择以荷兰式价格进行招标，置换总量15亿元，浦发银行中标5 000万元。

**11月17日** "浦银安盛资管—申万宏源证券融出资金债权2号资产支持专项计划"发行,由浦银安盛基金担任管理人,浦发银行担任资产证券化项目安排人、资金托管人。该专项计划获得深圳证券交易所出具100亿元储架发行额度,采用结构化分层技术,发行总规模30亿元,期限18个月。

**是日** 浦发银行2017年第二次临时股东大会在上海莲花路1688号召开,审议通过可转债发行的相关议案。

**11月18日** 太保智能收款系统项目(一期)正式上线,标志浦发银行与太保集团的深度合作全面展开。作为全行首个保险类综合智能收款项目,系统立足于太保交易结算全流程,整合银联、微信、支付宝三大收款通道,有效提升线下保费收款功能,降低保费收款成本,提高综合收款效率。

**11月22日** 浦发银行海口分行三沙市永兴岛机场ATM自助服务点正式投产运行。该自助服务点是浦发银行在中国最南端的一个自助服务点,也是三沙市第一家全国性股份制商业银行设立的离行式自助服务点。

**是日** 浦发银行与上海城投(集团)有限公司在上海城投总部举行全面战略合作协议签约仪式,浦发银行董事长高国富、上海城投董事长蒋曙杰出席,浦发银行副行长王新浩、上海城投副总裁王志强分别代表双方签署协议。根据协议,双方将建立长期战略合作关系,在财务公司业务、重大项目融资、投行业务、国际业务等领域加强银企合作。

**11月23日** 浦发银行对外发布科技金融服务平台。该平台借助于金融科技(FINTECH)技术,实现多方资源整合和信息集成共享。平台利用独特算法,对科技型企业发布融资需求与投资人进行智能匹配,帮助企业有针对性的开展项目对接;同时为投资机构和上市公司提供项目筛选功能,高效精准地查找优质项目,大大提高科创领域投融资对接成功率。

**11月24日** 浦银金融租赁股份有限公司与中国南方航空公司合作开展飞机融资租赁引进的一架B737-800飞机成功降落广州白云机场并交付使用。这是在浦发银行广州分行、浦银金融租赁股份有限公司、南方航空与南沙自贸区政府各方合作的基础上,浦银金融租赁股份有限公司首单落地南沙自贸区的飞机融资租赁业务,也是广州分行首单参与的飞机融资租赁跨境金融业务。

**11月28日** 全国首单自贸区非公开定向债务融资工具业务(自贸区PPN)在银行间市场缴款发行,浦发银行参与承销并投资3 000万元。此次自贸区PPN是进一步推动债券市场对外开放而推出的重要金融创新,由浦发银行合作伙伴——上海张江高科技园区开发股份有限公司在银行间市场发行,债券期限3年,总规模1亿元。

**是日**　浦发银行推出"互联网纪念日存单"。作为纸质纪念日存单的升级版,互联网版纪念日存单的优势在于快捷的在线开户、在线办理、在线转赠功能,用户可以通过浦发银行手机银行、直销银行等 App 直接办理,并通过微信将有意义的存单转赠给友人。

**11 月 29 日**　浦发银行上线全客户权益平台,成为业内首家推出全量客户经营平台的银行。该平台关注用户体验,操作简单方便,根据不同财富阶段的客户,推出爱奇艺、优酷、QQ 音乐等视听会员的入门级权益,也兼顾了机动车加油、五星酒店优惠等热门权益。客户还可以通过权益频道查看手续费率、网点优先服务、理财咨询、信用卡权益等个性化信息,实现了以单一客户为中心的跨渠道查询入口。

**11 月 30 日**　浦发银行太原分行为晋能集团有限公司注册发行专项扶贫债券。该笔债券是全国首单光伏扶贫专项债券,也是山西省首单产业扶贫专项债券。本笔扶贫中期票据注册发行金额 5 亿元,期限 3 年,债项评级为 AAA 级,债券募集的资金中 2 亿元用于吕梁市方山县光伏扶贫项目建设。

**是日**　浦发银行西安分行落地分行首单股权直投业务,金额 2.6 亿元。这是西安分行获得总行股权直投试点分行资格后首单直投业务,也是陕西省首单完成募集的军民融合产业投资基金。

**是月**　浦发银行上海分行第一营业部荣获第五届"全国文明单位"称号,成为全行首家获此殊荣的单位。"全国文明单位"是中央文明委授予创建单位的国家级荣誉,是对相关单位物质文明和精神文明建设工作的最高肯定。

**12 月 5 日**　浦发银行北京分行与工银瑞信基金管理有限公司在总行大楼签署战略合作协议,浦发银行副行长谢伟、工银瑞信总经理郭特华等出席仪式。

**是日**　中共西藏自治区党委常委、政府副主席姜杰一行赴浦发银行拉萨分行调研金融支持实体经济相关工作的推进情况,同时看望总行授信管理部赴藏调研组人员,并与总行调研组进行工作座谈。

**12 月 6 日**　浦发银行与易方达基金举行"易方天地,谱写宏篇"——战略合作签约会。根据协议,浦发银行将为易方达基金提供全方位一揽子金融产品的配套支持、资金融通、开发新产品等服务。同时,双方将在债券承销、金融产品销售、金融租赁、资金托管、银行理财产品、信托计划、资产管理计划、优良客户推荐等方面实施战略性合作,实现双方资源互享,互惠共赢,共担金融服务实体经济的重要责任。

**是日**　浦发银行杭州分行为杭州余杭创新投资有限公司发行创新型债务融资工具。该笔债务融资工具期限 3 年,总注册金额 30 亿元,此次首发 5 亿元,成为全行落地的首单"双创债"。

**12月8日**　浦发银行首款小微企业专属T+0理财产品——"天添利微计划"规模首次突破百亿元,达到100.19亿元。

**是日**　浦发银行发起智能金融创新联盟,通过搭建集各方智慧的智能金融创新平台,与科技企业在AI技术、数据、场景等方面开展合作,以实现人工智能在金融领域的创新探索和深度应用。百度集团、科大讯飞股份有限公司、上海清算所等企业或机构首批加入该联盟。

**12月10日**　浦发银行核心产品化系统双活切换完成演练。此次演练中,核心产品化系统在148秒内,实现从上海运行全自动切换到合肥运行。合肥核心系统接管全行业务1小时27分钟,共处理35万余笔交易,单笔交易平均耗时19毫秒,从合肥回切上海用时166秒,各项运行指标符合预期。

**12月11日**　浦发银行北京分行联合上海自贸区分行,落地全行首单配套客户海外发债资金币种转换的自贸区联动外币对货币掉期业务,名义本金3亿美元。

**12月12日**　上海银监局核准上海国际信托有限公司修订章程,将党建工作总体要求纳入公司章程,明确党组织在公司法人治理结构中的法定地位。

**12月13日**　浦发银行党委书记、董事长高国富一行在成都拜会中共四川省委书记王东明、四川省副省长朱鹤新等领导。

**12月14日**　浦发银行党委书记、董事长高国富在上海会见到访的甘肃省委主要领导,双方就支持甘肃工业强省战略、加快交通基础设施建设、深化国企改革、设立产业发展基金、加强金融合作以及金融人才交流等领域进行广泛、深入交流。

**12月15日**　浦发银行以合肥分行为试点,推出建筑领域工人实名管理和监管代发平台,帮助政府监管单位以网络化、信息化的管理手段公正透明地履行监管职,保障农民工工资发放合法权益不受侵害。该平台在合肥举行的"浦惠金融,智慧工地"——建筑领域资金监管代发业务研讨会上发布,会上同时举行了浦发银行与安庆市住建委系统上线启动仪式。

**12月18日**　浦发银行获英国审慎监管局(PRA)批准,在英国伦敦设立分行。

**是日**　浦发银行南京分行与江苏省信用再担保集团有限公司在南京签署"新才贷"业务合作协议,浦发银行南京分行行长刘永平、江苏再保集团总裁孙宝成出席签约仪式。

**12月21日**　浦发银行深圳分行私人银行部正式挂牌成立。浦发银行副行长潘卫东、深圳分行及浦银国际相关负责人出席挂牌仪式,40家金融机构主要负责人、300多位分行私行客户、创投企业客户参加此次活动。

**12月26日**　浦发银行发布业内首款智能App,率先实现语音智能交互应用,并升级推出融合智能算法等技术的"浦发极客智投";此外,在智能 App 中还完成了风控的全流程数字化再造,为用户构筑起了覆盖线上线下全场景的智能风控体系。

**12 月 28 日** 浦发银行石家庄分行与保定市机关事业社会保险所签订《保定市职业年金基金归集账户托管协议》,标志全行首单职业年金归集户托管业务落地。

**12 月 29 日** 浦发银行深圳分行落地分行首单理财资金投资永续债权业务,一次性起息 18 亿元。

**是年** 浦发银行实现营业收入 1 686.19 亿元,同比增长 4.88%;实现利润总额 698.28 亿元,同比下降 0.21%;税后归属于母公司股东的净利润 542.58 亿元,同比增长 2.18%。集团资产总额 61 372.40 亿元,同比增长 4.78%;其中,本外币贷款余额 31 946.00 亿元,同比增长 15.63%。集团负债总额 57 062.55 亿元,同比增长 4.05%;其中,本外币存款余额 30 379.36 亿元,同比增长 1.20%。不良贷款率 2.14%,比上年末上升 0.25 个百分点;不良贷款准备金覆盖率 132.44%,比上年末下降 36.69 个百分点;贷款拨备率(拨贷比)2.84%,比上年末降低 0.35 个百分点。

**是年** 浦发银行位列英国《银行家》杂志"全球银行 1 000 强"第 27 位,居上榜中资银行第 8 位;以 119.63 亿美元品牌价值位列"全球银行品牌 500 强"第 18 位,居上榜中资银行第 6 位,品牌评级 AA+;位列美国《福布斯》杂志"全球企业 2 000 强"第 64 位,居上榜中资企业第 13 位、中资银行第 9 位;位列美国《财富》杂志"财富世界 500 强"第 245 位,居上榜中资企业第 54 位、中资银行第 8 位。

# 2018 年

**1月1日** 浦发银行作为国内首批实施 IFRS9 会计准则的银行,实现减值计量规则切换。

**是日** 浦发银行全面推进一级分行集中审批制度建设,相关二级分行不再有任何形式的公司授信业务审查、审批及相关业务权限。

**1月7日** 浦发银行"IFRS 9"项目完成第一阶段境内分类与计量相关的主体投产上线。

**1月8日** 上海清算所正式向市场推出人民币乙二醇掉期中央对手清算业务,浦发银行作为首批 2 家综合清算会员之一开办了代理清算业务,南京分行、宁波分行、杭州分行、上海分行的共 7 家客户积极参与首批交易。其中,南京分行重点客户——南通化工轻工股份有限公司办理全市场首单业务。

**1月9日** 浦发银行在开业 25 周年纪念日召开"全行谋划新一轮发展会议"。会议回顾 25 年来全行发展取得的重大成就,分析全行新一轮发展面临的新形势、新挑战,明确未来 5 年"以客户为中心,科技引领,打造一流数字生态银行"的战略目标。会议要求全行上下坚持目标导向,抓住关键、落实举措、砥砺奋进,全面推进数字化转型,加快推进体制机制改革创新,推动全行成为新时代金融业高质量发展的排头兵。

**是日** "同心跨越,逐梦未来"——浦发银行开业 25 周年成就展在总行中华厅正式开展。展览从发展历程、创新思维、服务实体经济、履行社会责任、党建与企业文化、媒体报道、荣誉奖项、展望未来等多个方面,采取图文展示、影视播放、多媒体互动、实物展示等相结合的形式,反映浦发银行开业 25 年来取得的跨越式发展成就。

**1月10日** 浦发银行香港分行被评选为 2017 年度银行间本币市场优秀境外机构投资者,香港分行是此次获奖的 10 家中外资银行中唯一的股份制银行。

**1月11日** 中国人民银行上海总部副主任兼上海分行行长金鹏辉一行赴浦发银行调研。浦发银行董事长高国富、行长刘信义等总行领导参加,重点就上海自贸区、自贸港、国际金融中心建设,外汇管理政策以及"一带一路"倡议等方面的一些工作建议意见与人民银行上海总部进行较为深入的探讨和沟通。

**1月12日** 浦发银行作为联席主承销商,为日本三菱东京日联银行发行中国银行间市场首单私募熊猫金融债,这也是日本发行人首次在中国资本市场成功发行熊猫债。本期债券发行金额为10亿元,期限3年,票面年利率5.3%。

**1月13日** 浦发银行举办第十一次全行志愿者日活动,以"同行二十五载,健步点亮未来"为主题,全行志愿者们以步行方式践行绿色出行,按照每2500步减排二氧化碳0.25千克计算,累计减少二氧化碳排放412吨,总计约3.3万人参与活动,捐赠近30万元支持"冬奥碳汇林"项目建设。

**1月14日** 浦发银行"海外分行金融市场交易管理平台建设项目"在新加坡分行上线,并在上线后两个工作日内落地外汇、拆借、回购等各类业务。

**1月17日** 浦发银行与碧桂园地产集团有限公司在上海举行全面战略合作协议签约仪式,浦发银行行长刘信义、碧桂园集团总裁莫斌出席仪式,浦发银行副行长王新浩、碧桂园集团副总裁欧阳腾平分别代表银企双方签署协议。

**1月18日** 浦发银行香港分行荣获2017年华富财经杰出企业大奖——"杰出国际化银行业务大奖"。

**1月19日** 中国银行业监督管理委员会就浦发银行成都分行违规发放贷款案件,依法对成都分行罚款4.62亿元,对成都分行原行长、2名副行长、1名部门负责人和1名支行行长分别给予禁止终身从事银行业工作、取消高级管理人员任职资格、警告及罚款,相关涉案人员已移交司法机关处理。浦发银行表示将认真吸取经验教训,杜绝此类事件再发生,并向公众致歉。

**是日** 浦发银行个人手机银行智能语音服务正式上线。凭借AI领域的语音语义分析引擎,浦发银行个人手机银行实现了人机语音交互办理业务。此外,智能语音银行还融入贴近日常生活的寒暄话术、节日问候语和网络流行用语,让人机对话更丰富流畅、生动活泼。

**1月21日** 浦发银行IFRS 9项目第二、三阶段上线投产成功,标志浦发银行分类计量方面已全面开始适用新金融工具会计准则。

**1月22日** 浦发银行济南分行辖属德州分行正式开业。

**1月25日** 浦发银行票据中心联合上海分行,通过数字票据交易平台办理全国首单数字票据承兑业务、首单数字票据贴现业务和首单数字票据转贴现卖断业务。首单数字票据的票面金额为95万元,由浦发银行上海分行第一营业部开户企业开出。

**1月27日** 浦发银行完成票交所直连(一期)项目上线工作,成为首批直连接入中国票据交易系统,同时也是上线接口功能最全、机构覆盖最广的会员单位之一。

**1月30日** 上海清算所正式推出信用违约互换集中清算业务,浦发银行积极参与全市场首批信用违约互换集中清算交易,交易名义本金合计4 000万元。

**是日** 浦发银行上海分行与盘谷银行中国有限公司上海分行合作开展泰铢现钞买卖业务。

**1月30日—31日** 浦发银行召开2018年全行工作会议暨党建工作会议。党委书记、董事长高国富作了题为《提高政治站位,把降风险工作落到实处》的讲话,对全行落实降风险工作提出了工作要求:一是提高政治站位,深刻认识降风险的重要性;二是把握监管要求,聚焦降风险的重点领域;三是抓关键守底线,把降风险工作落到实处。行长刘信义作题为《调结构,保收入,强管理,降风险,在更高起点上推动全行新一轮发展》的经营工作报告,回顾总结2017年工作,分析面临的形势,明确2018年工作思路、目标和主要任务。

**是月** 浦发银行CIPS间参业务签约中外资同业客户达到151家(境内中资客户101家,外资及境外客户50家)。其中,119家已通过CIPS运营机构审批,正式加入CIPS系统。浦发银行所辖间参数量居全市场第三位。

**2月1日** 浦发银行推出代发客户专属负债创新产品——"薪享存"。

**2月2日** 英国首相特蕾莎·梅(Theresa Mary May)到访浦发银行。英国国际贸易大臣利亚姆·福克斯(Liam Fox)和浦发银行董事长高国富在中英双方嘉宾的见证下,共同为浦发银行伦敦分行揭牌。特蕾莎·梅与高国富就浦发银行国际化发展、伦敦分行开业等事项进行交流,对浦发银行通过设立伦敦分行稳步推进国际化发展表示赞赏,积极支持中英两国经贸和投资发展。

**2月6日** 浦发银行伦敦分行开业仪式在伦敦市中心Drapers' Hall正式举行,浦发银行董事长高国富、伦敦金融城市长Charles Bowman、中国驻英国大使刘晓明、英国外交部副部长Mark Field分别致辞,来自中英国两国政府、大型企业、金融同业等近250位嘉宾参加开业仪式。

**是日** "浦发银行创新实验室""浦发·华为开源技术创新实验室""浦发·百度深度学习实验室""浦发·科大讯飞智能交互实验室"在上海外滩12号大楼正式揭牌,标志着浦发银行、上海清算所、华为技术有限公司、百度在线网络技术(北京)有限公司和科大讯飞股份有限公司正式达成跨界智能金融创新战略合作。

**2月7日** 浦发银行获得2018年中国外汇交易中心人民币资金存放备选银行资格,并在资金招标竞争中中标5亿元资金存放规模,约占本期总份额的1/4,实现了与外汇交易中心负债业务零的突破。

**2月8日** 浦发银行推出大额存单月月付息功能,支持每月付息,帮助客户提升资金流动性,提升大额存单产品竞争力。

**2月12日** 浦发银行上海分行陆家嘴支行"爱心接力站"举行揭牌仪式,上海市总工会主席莫负春、浦发银行工会主席吴国元等出席。作为2018年市政府实事项目,浦发银行上海分行积极响应市总工会号召,首批申报设立21个营业网点创建"爱心接力站",覆盖上海各个区域,并对有关人员进行培训,保障户外职工能有人员到位、设施到位、服务到位的休息点,切实感受到党和政府及工会组织的关爱和温暖。

**是日** 浦银金融租赁股份有限公司完成注册资本增资工作,并完成工商变更,注册资本金由人民币29.5亿元增至50亿元。

**2月22日** 浦发银行上海分行办理境外个人跨境人民币汇出汇款业务。

**2月26日** 浦发银行党委书记、董事长高国富在总行会见中共西藏自治区党委常委、常务副主席姜杰一行。

**2月27日** 浦发银行行长刘信义在宁波拜会中共浙江省委常委、宁波市委书记郑栅洁。

**2月28日** 浦银国际在浦发银行上海分行的联动支持下,完成京东物流集团A轮投资。此轮融资总额约为25亿美元,是中国物流行业最大单笔融资。

**是月** 浦发银行持有的内蒙古博源13亿元风险债券通过公开竞价方式,成功转让给信达资产管理公司。这是浦发银行第一单公募信用债转让资产管理公司(AMC)的成功案例。

**是月** 浦发银行推出"租房贷"业务,为住宅和商住两用租房客户提供租金消费贷款。"租房贷"以"小额、分散、真实、有效"为业务准则,可以批量和散单两种模式开展,在租金支付上通过设定不同的贷款发放方式即可灵活实现。

**3月5日** 浦发银行正式投产天眼系统"天机"模块,在上海、长春、济南、青岛、苏州、郑州、合肥和深圳等8家分行试运行。

**是日** 浦发银行理财资金投资深圳证券交易所首单由境内上市公司公开发行的"一带一路"公司债券——恒逸石化股份有限公司债券,金额为1亿元。

**3月8日** 浦发银行召开2018年全行党风廉洁建设工作会议暨深化整治银行业市场乱象工作动员会。党委书记、董事长高国富就全行党风廉洁建设工作作讲话,党委副书记、行长刘信义就深化整治银行业市场乱象工作作动员,党委副书记、纪委书记陈正安主持会议。会议强调:各级党委、纪委要牢固树立"四个意识",坚定不移地把党的政治建设摆在首要位置;要在坚持中深化,坚定不移地推动全面从严治党责任落到实处;要坚决落实中央八项规定精神,坚定不移地纠正"四风";要强化震慑,坚定不移地发挥纪检、监察、巡视、审计的作用;要深化运用监督执纪"四种形态",坚定不移地加强党的纪律建设;要加强标本兼治,坚定不移地巩固发展反腐败斗争压倒性态势;要发挥"关键少数"的表率作用,坚定不移地做政治上的明白人和干事创业的"领头雁"。会议对深化整治银行业市场乱象工作作动员部署,强调要深刻认识深化整治工作的重要性、持续性和坚定性,切实扭转思想意识和工作实际中的偏差和不足,准确把握深化整治工作重点,扎实落实工作要求,将深化整治银行业市场乱象作为常态化重点工作,不折不扣加以落实,以实际行动推动"强管理""降风险"目标的实现,坚决打好防范化解重大风险攻坚战。

**3月13日** 浦发银行南昌分行独立主承销萍乡市汇丰投资有限公司15亿元双创债,这是全国首单银行间市场中期票据型双创债、江西省首单双创债。

**3月14日** 浦银安盛基金公司举办外滩12号同业合作沙龙暨"新监管环境下,聚焦投资新趋势"——首期浦银安盛赢未来基金沙龙,浦发银行副行长、浦银安盛基金董事长谢伟致辞。此次会议旨在为金融同行提供一个优质的交流平台,分享行业经验、促进沟通交流、谋求共同发展。

**3月16日** 浦发银行上海分行落地全行首单Pre-ABS私人银行定制化产品。

**3月20日** 浦发银行福州分行落地阳光城集团股份有限公司2018年度第一期资产支持票据托管业务。该产品是银行间交易商协会市场首单以购房应收款作为基础资产的ABN项目。浦发银行自营资金通过浦银安盛资管计划,投资"阳光城集团股份有限公司2018年度第一期资产支持票据"优先A2级份额2亿元,期限2年。

**3月22日** 浦发银行IFRS9项目完成第四阶段的减值计量系统(在岸核心)投产工作。

**3月24日** 浦发银行杭州、温州两分行管理关系整合暨优化组合,标志着两行合并正式完成。

**3月28日** 浦发银行深圳分行与深圳市科技金融服务中心联合举办"浦发银行·私募股权·上市公司合作峰会暨浦发银行科技金融2.0方案发布会"。

**4月1日** 浦发银行风险管理板块进行机构调整和职能优化。总行组建风险管理部,整合原风险政策部、原资本管理高级方法合规达标推进领导小组办公室;设立特殊资产管理部,承接风险资产保全处职责;优化授信管理部内设机构和相关职责,整合信用审批中心、创业业务审批中心的职责,设立业务审批中心;整合授信管理处、信用管理处相关职责,组建新的授信管理处。

**4月2日** 根据《总行部分机构设置调整和职能优化方案》,浦发银行改革审计架构体制,强化审计的独立性、专业性和集约化。整合派驻各分行的审计特派办职责,组建南京、济南、广州、武汉、沈阳、西安、成都等7个审计分部,接受总行审计部领导,按片区实施分支机构和村镇银行的审计监督;优化总行审计部的处室设置,按照前、中、后台流程分工,设立5个前台审计处,以及IT及远程审计中心、质量控制处等共7个处室。

**4月7日** 浦发银行太原分行为太原钢铁(集团)有限公司注册发行2018年度第一期"一带一路"超短期融资券(债券通),金额10亿元。该笔债券既是山西省首单"一带一路"债券,也是山西省首单境外机构投资人参与投资的银行间市场债务融资工具。

**4月9日** 浦发银行与徐州工程机械集团有限公司在总行举行战略合作协议签约仪式,浦发银行行长刘信义,徐工集团党委书记、董事长王民出席仪式,浦发银行副行长王新浩、徐工集团副总裁吴江龙分别代表银、企方签署协议。

**是日** 浦发银行召开审计体制改革动员会,党委书记、董事长高国富出席会议并作动员讲话。

**是日** 浦发银行与美国桥水投资达成首单债券通交易。

**是日** 浦发银行济南分行获邀参加济南市人民政府举办的新旧动能转换基金推介会,并作为金融机构代表与济南市人民政府签署合作框架协议。

**4月10日** 浦发银行全行完成零售客户关系管理系统全面升级和客户分配初始化,标志着零售客户经营3.0——客户分层梯度经营工作起航。

**4月11日** 浦发银行香港分行举办外滩12号同业合作沙龙——固定收益和衍生品交易专场,20多家来自券商、资管、基金、债券等领域的金融机构参加,共同探讨境内外债券市场的机遇和挑战。研讨会结束后,浦发银行香港分行与国泰君安国际控股有限公司、国元国际控股有限公司、安信国际金融控股有限公司、光银国际投资有限公司、东方金融控股(香港)有限公司等五家在港非银金融机构签署《ISDA(国际掉期与衍生品协会)协议》。

**是日** 浦发银行上海分行与美国银行(Bank of America)完成美元、日币、港币等3个币种等值800万美元的现钞交接手续,标志着上海分行与美国银行的外币现钞买业务合作正式开始。

**4月17日** 浦银金融租赁股份有限公司与浦发银行宁波分行完成首单船舶融资租赁代理承销业务,在宁波交付一艘2.5万吨级散货船,融资金额3082万元。

**4月18日** "浦发科技金融服务中心(广州)授牌仪式暨科技金融在线服务平台发布会"举行。会上,浦发银行与广州市科技金融服务中心、浦发硅谷银行签订三方战略合作协议。

**4月19日** 浦发银行广州分行与广州国资发展控股有限公司签署战略合作

协议。

**4月20日**　浦发银行SWIFT全球支付创新服务(Global Payments Innovation,简称GPI)上线,成为国内首批上线SWIFT GPI服务的商业银行之一。浦发银行上海分行MT103客户美元跨境汇款业务汇出,汇款全程耗时仅5分钟。

**是日**　浦发银行印发《2018年度国别风险限额》,首次开展集团化国别风险限额管理,在集团层面开展覆盖全球80个国家/地区的三等级限额管理。

**4月24日**　浦发银行投产企业信贷系统查询企业法人和自然人高管、股东信息功能,首次实现对公、零售两套信贷系统的数据共享。

**4月25日**　中国移动-浦发银行战略合作执行委员会第十三次会议在上海召开。双方明确了下阶段基于一流数字生态银行及5G+大连接战略:在金融科技领域加强5G实验室、大数据、人工智能、手机SIM盾等创新应用;在互联网营销领域加深"金融+通信"产品融合,扩大用户营销与服务规模;在数字化应用领域持续引入中国移动先进通信技术,助力浦发银行智能化转型;在产业链金融领域打造数字化供应链金融产品,助力中国移动以5G为核心的移动通信产业链发展。会后,双方举行信息化产品合作协议签约仪式,就位置服务、大数据标签、云办公等合作项目签署相关协议。

**是日**　由浦发银行合肥分行联席承销的"奇瑞徽银——瑞泽个人汽车消费贷ABS"发行,合肥分行联席份额10亿元。这是浦发银行首单汽车金融公司资产证券化业务。

**4月26日**　在2018中国联通合作伙伴大会上,浦发银行与中国联通集团有限公司联合发布"沃金融—数据贷"网络个人经营贷款。

**4月28日**　浦发银行人民币跨境支付系统(CIPS)二期功能投产,实现对全球各时区金融市场全覆盖。

**4月29日**　浦银金融租赁股份有限公司向成都航空公司交付一架国产ARJ21-700支线客机,开金融租赁行业国产民用喷气式飞机租赁业务之先河。

**5月1日**　中国外汇交易中心开通同业拆借夜盘交易服务。首日20:30,浦发银行作为CIPS直接参与机构之一,与中国银行、农业银行达成首批同业拆借夜盘交易。浦发银行在当日晚间达成拆借交易3笔,融入资金11亿元,占首日全市场夜盘交易量的93%。

**是日**　浦发银行成立征信信息安全工作领导小组,副行长潘卫东任领导小组组长。

**5月2日**　浦发银行净值型理财产品总规模突破2 000亿元,实现全期限、全渠道、全类别的产品覆盖。

**5月9日**　中国银行保险监督管理委员会作出《关于浦发银行向浦银安盛基金管理有限公司增资的批复》(银保监复〔2018〕第42号),同意浦发银行向浦银安盛增资8.313亿元,注册资本由2.8亿元增加至19.1亿元。

**5月11日**　浦发银行与上海仪电(集团)有限公司在总行举行全面战略合作协议签约仪式。浦发银行董事长高国富、上海仪电集团董事长王强出席签约仪式,浦发银行行长刘信义、上海仪电集团总裁蔡小庆分别代表银企双方签署协议,会上同时签订《智慧城市产业基金框架协议》。双方将重点推进智慧城市领域PPP直投基金项目,并在投资银行、金融市场等领域不断深化合作。

**是日**　浦发银行完成首次灾备系统实战切换,通过总分联动、应急协同,有效避免一起长时间业务中断事件,确保网点个人和企业客户正常服务。

**5月17日**　浦发银行昆明分行与昆明市人民政府召开银政座谈会,昆明市副市长高中建介绍了近期昆明市公路、轨道等重点项目建设情况,昆明分行行长潘岭介绍了昆明分行经营发展情况及对昆明市社会经济建设融资支持情况,双方就中国铁建云南公司、市交投公司在建项目进行了深入交流和探讨。

**5月19日**　浦发银行武汉分行辖属湖北自贸试验区襄阳片区支行正式开业。

**5月21日**　浦发银行行长刘信义在总行会见世界银行副行长兼集团首席风控官拉克什米·希亚姆-桑德女士一行。双方就科技金融、绿色信贷和债券及衍生品交易等进行深入交流,表达进一步拓展业务合作面的共同愿望。

**5月22日**　浦发银行落地首单"浦商银"业务1亿元。"浦商银"业务旨在服务实体经济企业,帮助企业客户规避传统大宗商品衍生交易的基差风险。

**是日**　浦发银行银川分行上线"政采e贷"线上融资系统,并于25日落地首单业务,成为宁夏区内首家落地政府采购合同线上信用融资的金融机构。

**5月24日**　浦发银行与江西银行在南昌签署全面业务合作协议。

**5月25日**　浦发银行发行首单私募封闭式净值型理财产品——2018年第1期启臻系列理财计划,募集金额1.33亿元。该产品形态为一年期封闭式净值型,面向合格投资者销售,匹配对接分行同业借款类资产,并严格实现期限匹配、独立托管、信息披露等新规要求。

**5月28日**　浦发银行召开2017年度股东大会,董事长高国富主持。会议审议通过《公司2017年度董事会工作报告》《公司2017年度监事会工作报告》《公司2017年度财务决算和2018年度财务预算报告》《公司关于2017年度利润分配的预案》《公司关于2018年度续聘会计师事务所的议案》《公司关于发行无固定期限资本债券及相关授权的议案》《公司关于前次募集资金使用情况报告的议案》,听取了《公司2017年度独立董事述职报告》《公司监事会关于2017年度董事、监事履职评价报告》《公司关于2017年度关联交易情况的报告》。

**5月29日** 浦发银行与蚂蚁金服签署战略合作协议,标志着双方启动全面战略合作。

**5月30日** 浦发银行党委与上海报业集团党委在总行联合召开党委中心组联组学习会议并签署党建共建、战略合作协议,浦发银行党委书记、董事长高国富,行长刘信义,监事会主席孙建平,上海报业集团党委书记、社长裘新,总经理陈启伟出席会议。双方围绕党建工作、经营发展和推进上海"四大品牌"建设情况进行探讨与交流。双方表示,将逐步建立"上海报业集团—浦发银行"战略联盟,共同为响应上海打响"四大品牌"作出积极贡献。

**是日** 浦发银行在上海召开"浦发梦·劳动美"先进代表座谈会,党委书记、董事长高国富,行长刘信义,党委副书记、纪委书记陈正安,工会主席吴国元和40余名近年来获得省级及省级以上荣誉称号先进个人和先进集体代表出席座谈会。

**是月** 浦发银行广州分行落地全行首单消费金融类资产支持票据,完成上海品众商业保理有限公司10亿元资产支持票据注册。

**6月4日** 浦发银行印发《集团股权投资管理办法》,明确集团股权投资管理的原则、职责分工、管理流程、项目程序、决策流程、管理要求等。

**是日** 浦发银行举行总行直属工作党委成立仪式,党委书记、董事长高国富出席会议并讲话,党委副书记、行长刘信义主持会议,党委副书记、纪委书记陈正安宣读总行党委对各直属工作党委的干部任命。此次直属单位党组织设置优化后,共设总行公司业务、零售业务、金融市场业务、风险合规管理、运营管理、审计、资产负债管理、综合管理、信息科技等9家直属工作党委,设信用卡中心、村镇银行管理中心2家直属单位党委;各直属党委同步设立纪检组。

**6月5日** 浦发银行召开打响上海"四大品牌"工作推进动员会,会议部署落实服务好打响上海"四大品牌"工作的具体目标和工作计划,行长刘信义,副行长王新浩、谢伟出席会议并讲话。会议明确浦发银行落实打响"四大品牌"工作的总体目标,提出在支持打响"上海服务""上海制造""上海购物""上海文化"品牌方面的具体举措。

**6月6日** 浦发银行广州分行协同上海国际信托有限公司,落地全行首单家族传世信托。

**6月11日** 浦发银行与深圳市腾讯计算机系统有限公司在深圳签署战略合作协议。未来双方将重点围绕金融科技、创新金融业务和互联网联合营销等方面开展全方位合作,通过优势互补与创新合作实现互惠共赢。

**是日**　浦发银行与国银金融租赁股份有限公司在深圳举行战略合作协议签约仪式，浦发银行董事长高国富、国银租赁董事长王学东出席，副行长潘卫东、国银租赁总裁彭忠分别代表双方签署协议。

　　**6月13日**　浦发银行发行首款基金型净值公募理财产品，5亿元额度被投资者踊跃认购并提前售罄。该产品为180天封闭净值型；根据资管新规的要求，100%投向债券等标准化资产，业绩比较基准4.5%—6.5%。

　　**是日**　浦发银行行长刘信义、副行长谢伟赴昆明分行调研，并慰问一线员工。调研期间，行长刘信义、副行长谢伟一行拜会中共云南省省委常委、常务副省长宗国英，就扶贫基金后续管理问题深入交换意见。

　　**6月14日**　浦发银行乌鲁木齐分行与乌鲁木齐市城市建设投资（集团）有限公司签署党建共建合作协议。

　　**是日**　浦发银行深圳分行上线首个互联网基金销售资金监管项目。浦发银行作为唯一的资金监管银行，为腾讯科技有限公司下属子公司腾安基金提供基金销售监管及支付监督服务，系统上线一个月间，项目托管规模已超200亿元。

　　**6月15日**　浦发银行与新希望集团举行战略合作签约，浦发银行行长刘信义、新希望集团董事长刘永好出席签约仪式，浦发银行副行长王新浩、新希望集团副董事长王航分别代表双方签署协议。双方除了传统金融领域的合作以外，还将在新网银行互联网运营平台，支持企业境内外并购重组、联动融资和发债，服务小微群体、践行普惠金融等方面加强合作。

　　**6月19日**　浦发银行党委书记、董事长高国富，行长刘信义在总行会见中共辽宁省委常委、大连市委书记谭作钧一行。

　　**6月20日**　浦发银行党委书记、董事长高国富，行长刘信义在总行会见辽宁省省长唐一军一行。

　　**是日**　浦发银行与上海久事（集团）有限公司在总行举行党建共建、战略合作协议签约仪式；浦发银行党委书记、董事长高国富，行长刘信义，党委副书记陈正安，上海久事集团党委书记、董事长龚德庆，总裁郑元湖出席会议。双方将以签署党建共建、战略合作协议为契机，重点推进上海城市交通、体育产业、地产置业和资本经营等领域的合作深度。

　　**6月26日**　浦发银行上线场外业务交易管理系统票据及福费廷资管业务交易管理功能，并完成存量数据迁移工作。

　　**是日**　在"山东省新旧动能转换重大项目推介暨金融支持对接会"上，浦发银行济南分行与中通客车股份有限公司签署战略合作协议。

**6月27日** "浦发·中国移动5G金融联合创新实验室"在外滩12号揭牌。双方将发挥各自优势,共同探索5G和物联网技术在金融行业的创新应用,构建跨行业融合生态。

**7月2日** 浦发银行在上海推出国内首款i-Counter智能柜台,并围绕用户对网点服务"功能、效率、体验、内核、品质"的五大核心需求,发布智能柜台5C服务标准。i-Counter智能柜台运用多媒体、生物认证等金融科技手段,打造了刷脸交互、指纹交互、视频交互等智能交互服务。

**是日** 在上海金融业联合会组织举办的"2017年上海金融业改革发展优秀研究成果"评选中,浦发银行研究成果《自贸区金融支持科创企业创新服务模式研究》和《金融服务支持自由贸易港建设课题》获得银行类一等奖,《智慧银行——未来银行服务新模式》获得银行类二等奖,《人工智能技术在银行业的应用探索与思考》、《人民币外汇期权隐含波动率曲面构建研究》和《银行格局变化及盈利模式转型展望》获得银行类三等奖。

**7月5日** 浦发银行落地银行系债券通做市商代理结算业务,这是全市场首单通过CIPS间参开展的债券通做市商代理结算业务。该笔业务由上海分行提供代理结算服务,香港分行成为美国银行(Bank of America)上海分行首家债券通交易客户。

**是日** 浦发银行推出首款T+0货币类净值"天添盈增利1号",步入净值1天理财新时代。

**7月6日** 浦发银行天眼系统1.0投产上线,风险管理向数字化、集约化、智能化和自动化目标迈进。

**7月9日** 浦发银行举行"零售业务与科技合署办公启动会",组建由架构、开发、大数据应用等领域的技术骨干和零售业务骨干近70人组成的"混编敏捷团队",业务与科技联合工作团队的全新运作模式进入实施阶段。

**7月12日** 浦发银行推出API Bank无界开放银行,将场景金融融入互联网生态,围绕客户需求和体验,形成"即想即用"的跨界服务。银行与生态圈伙伴结合双方的优势资源,形成"金融+教育""金融+医疗""金融+制造业""金融+社交"等各种跨界金融服务,满足企业和个人各类金融需求。

**7月13日** 浦发银行石家庄分行为雄安新区秀林工程的生态环保企业投放贷款7 000万元,成为第一批以实际行动支持雄安新区建设的股份制银行之一。

**7月18日** 浦发银行对公开户新流程在全行推广。新流程提供开户套餐式、自助式、一步式服务。

**7月20日** 浦银金融租赁股份有限公司发行2018年金融债券,募集50亿元,票面利率4.49%,认购倍数2.5倍,发行利率低于同期水平。

**是日**　浦发银行广州分行参加广州市人民政府和中国人民银行广州分行召集的"绿色金融改革创新试验区现场推进会",作为首批绿色金融行业自律公约成员进行签约。

**7月23日**　中国外汇交易中心推出以境外外币债券作为抵押品的外币拆借业务,浦发银行完成市场首单交易。

**7月24日**　浦发银行依托于"Call浦"平台开发的自助设备管理平台移动端App——"自助设备移动运营"正式上线。该项目一期投产计划查询与审批、运行监控、吞卡登记、预警推送等功能,将运营管理方式从依赖于"桌面"转变为"移动式",满足运营人员在不同办公环境、业务场景下的"无边界"管理需要;同时,可实时更新设备状态、可用余额等信息,为网点客户服务与业务分流提供数据支持。

**是日**　浦发银行研发上线智能客户管理平台——i-CRM,打造"线上线下融合、双向智能互动、流程驱动、过程控制"的智能客户关系管理机制。

**7月25日**　浦发银行"票据池线上融资"功能投产上线,票据池质押项下融资业务从线下模式升级为线上模式。

**7月28日**　浦发银行联合《21世纪经济报道》举办2018年中国资管年会。浦发银行行长刘信义出席会议并作《新形势下银行资管的破局之路与未来展望》主题演讲。年会揭晓了第十一届中国资产管理"金贝奖"评选结果,浦发银行荣获"2018最佳资产管理银行""2018最具人气理财产品"等奖项。

**是日**　浦发银行武汉、成都、西安应用开发服务分中心正式启用,总行于成都分中心举办启用仪式视频会议,正式形成上海、合肥、武汉、成都、西安等五地应用开发服务分中心协同的科技发展新格局。

**7月31日**　浦发银行郑州分行落地"柏瑞爱建—兴汉正商购房尾款资产支持专项计划",资金募集16亿元。该项目是河南省首单购房尾款资产证券化项目。

**8月1日**　浦发银行推出"浦发个人贷款"小程序。这是业内首家以微信小程序为载体的贷款类在线综合服务平台。小程序集在线贷款申请、房产估值、直销银行开户等功能于一体,支持与各类互联网渠道的客户交互引流。

**是日**　浦发银行举办首届全行授信审贷专业技能比赛。

**是日**　浦发银行企业信贷服务系统并表风险管理模块正式上线。

**8月1日—3日**　浦发银行党委书记、董事长高国富赴昆明分行调研,听取昆明分行领导班子的工作汇报,看望慰问一线员工,并赴保山分行与干部员工座谈。调研期间,高国富拜会中共云南省省委书记陈豪、常务副省长宗国英、省委常委刘慧晏,并视察浦发银行扶贫基金相关项目。

**8月6日** 浦发银行北京分行与摩根大通银行(中国)有限公司北京分行完成首单现金柜台共享业务。

**8月8日** 浦发银行青岛分行高新区支行(科技金融服务中心)正式开业。

**8月10日** 浦发银行与苏宁控股集团有限公司在南京苏宁总部举行总对总战略合作协议签约仪式,浦发银行行长刘信义、苏宁控股集团董事长张近东出席会议。双方将重点推进集团授信、渠道共享、供应链金融、消费金融、支付结算、投行业务、双向投融资等领域的深度合作,强化全面合作、融合合作与集团协同,开创银企战略合作范本。

**是日** 浦银金融租赁股份有限公司首单风电租赁——中电投新疆能源化工集团木垒新能源有限公司2亿元项目投放,实现风力发电项目零的突破。

**8月17日** 浦发银行与国家开发银行正式签约,成为首批国开行柜台债券股份制承办银行,标志政策性金融债首次登陆股份制商业银行。

**8月23日** 中央国家机关养老保险管理中心在北京进行职业年金计划托管人现场评标。浦发银行董事长高国富带队述标,成功中标成为托管银行。此次中央国家机关事业单位职业年金计划托管人评选是全国首个启动的托管人招标项目,具有标杆示范意义,该业务是拉动对公负债的有利举措,也为今后争取各省市职业年金计划托管业务奠定良好基础。

**8月24日** 浦发银行成都分行牵头主承销成都金融控股集团有限公司2018年度第一期中期票据,发行规模15亿元,期限3+2年,票面利率4.67%。该中票是西部(12省市自治区)首单落地的市级金控债务融资工具。

**是日** 浦发银行行长刘信义参加香港交易所举行的沪港合作会议,并在上海市市长应勇、香港特别行政区特首林郑月娥等领导共同见证下,代表浦发银行与东亚银行签署《全面业务合作备忘录》。浦发银行与东亚银行全面业务合作覆盖战略规划、客户营销、产品创新、渠道共享、资产负债管理、风险管理、信息资源共享、员工培训、管理提升等方面。

**8月28日** 中国人民银行下发《关于规范金融机构资产管理业务的指导意见》后,浦发银行发行首款美元净值型公募理财产品,受到投资者踊跃认购。截至9月3日,认购金额超1500万美元。该产品对标公募基金设计,为360天封闭净值型产品,实现100%投资于债券等标准化资产。

**是日** 浦发银行深圳分行、香港分行、新加坡分行和伦敦分行四行联动、以全球协调人身份参与的海外发债业务,在香港地区发行3年期美元债券5亿元。

**是日**　浦发银行昆明分行联席主承销的富滇银行绿色金融债35亿元发行,期限3年,发行票面利率4.48%。该笔业务是全行主承销的首单绿色金融债券,也是云南省首单在全国银行间债券市场公开发行的绿色金融债券。

**8月31日**　浦发银行武汉分行作为牵头承销行,中标湖北省首单轨道交通专项债券2.1亿元,支持武汉轨道交通11号线东段二期工程建设。

**9月3日**　浦发银行在境内美元同业拆放参考利率报价系统完成首次境内美元拆出报价,成为首批20家外币拆借报价行之一。

**是日**　浦发银行香港分行获得中国外汇交易中心外币拆借会员资格,成为第二家获此资格的股份制行境外分行。

**9月4日**　浦发银行与中国华融股份有限公司在华融总部签署总对总战略合作协议,中国华融集团董事长王占峰、浦发银行行长刘信义、副行长刘以研、北京分行行长夏云平参加签约仪式,浦发银行副行长刘以研与中国华融副总裁熊丘谷分别代表双方签字。

**9月5日**　浦发银行在全国银行间债券市场完成首期二级资本债券发行工作。这是资管新规细则落地后,全国首单发行的股份制银行二级资本债券。本期发行债券规模为200亿元,期限10年,固定年利率4.96%。

**是日**　浦发银行与长江经济联合发展(集团)股份有限公司在上海举行战略合作协议签约仪式。浦发银行董事长高国富、长江联合集团董事长池洪出席,长江联合集团总裁居亮、浦发银行副行长王新浩分别代表双方签署战略合作协议,长江联合集团党委与浦发银行上海分行党委签署党建共建协议。

**是日**　浦发银行与万科集团在深圳签署战略合作协议,浦发银行行长刘信义,万科集团总裁、首席执行官祝九胜出席签约仪式。双方围绕万科城乡建设与生活服务的战略定位,进一步深化在供应链金融领域合作,为万科上下游客户提供服务,同时还将在教育、物业、养老等生活配套业态进行探索与创新。

**是日**　浦发银行上海分行张江高科技园区支行正式开业。

**9月7日**　浦发银行与东方国际(集团)有限公司在上海举行党建共建、战略合作协议签约仪式,浦发银行党委书记、董事长高国富,行长刘信义,东方国际集团党委书记、董事长童继生,总裁朱勇,党委副书记季正荣出席签约仪式。

**9月8日**　浦发银行网上支付跨行清算系统完成投产切换主体工作,正式恢复超级网银对外服务。本项目共涉及个人网银、个人手机银行、公司网银、银企直连等31个周边关联系统。全新的网上支付跨行清算系统采用多机双活架构模式,具有极高的业务连续性及高可用运行能力,业务处理能力可达2 000笔/秒,整体性能提升20

倍。上线首个工作日发生支付类及信息类业务共计约180万笔，总计金额160亿元，总联机交易量达526万笔。

**9月10日** 中国银行保险监督管理委员会副主席周亮一行赴浦发银行调研，董事长高国富、行长刘信义汇报了浦发银行近年发展概况、全行风险管理状况及普惠小微工作等方面情况。

**9月11日** 浦发银行首家两地（广州分行、深圳分行）联营的支行——海德支行正式开业。

**9月12日** 浦发银行与重庆市人民政府在重庆签署战略合作协议，浦发银行党委书记、董事长高国富，中共重庆市委副书记、市长唐良智出席签约仪式，浦发银行副行长王新浩、重庆市政府副市长刘桂平分别代表双方签署协议。

**是日** 浦发银行成为金交所熊猫金币合约首批成交机构。

**9月13日** 浦发银行与中国航天科技集团公司在航天五院签署战略合作协议。浦发银行党委书记、董事长高国富，中国航天科技集团党组书记、董事长吴燕生出席签约仪式，浦发银行副行长王新浩、航天科技集团副总经理王海波分别代表双方签字。

**是日** 浦发银行武汉分行与武汉汉阳区人民政府签订银政战略合作协议，双方将围绕汉阳区的发展规划，在生命健康、食品医药、新材料、财政开户、拆迁代发、不良资产处置化解等重点领域加深业务合作，共同推动汉阳区经济社会更快更好发展。

**是日** 在重庆市银监局、重庆市银行业协会组织的"联合授信试点银企协议集中签约仪式"上，浦发银行重庆分行与重庆市江津区华信资产经营（集团）有限公司签订《银行业联合授信成员银行与授信企业框架协议》，成为重庆市江津区华信资产经营（集团）有限公司联合授信牵头行。

**9月14日** 浦发银行深圳分行承销珠海大横琴13亿元双向回拨中期票据。该笔业务系深圳分行首单双向回拨中期票据。

**9月15日** 浦发银行第十届业务技术比赛在总行信息中心举行，此次比赛设置公司客户开拓综合技能、零售业务综合技能、运营柜员综合业务技能、人民币点钞、授信审查专业技能、法律合规知识等6个比赛项目。行长刘信义、党委副书记陈正安等观摩比赛。

**9月18日** 浦发银行完成第二期二级资本债券发行。本期债券发行规模为200亿元，债券期限10年，在第5年末附有条件的发行人赎回权。债券发行中市场化认购踊跃，投资者类型丰富，全场认购倍数达1.92倍，最终实现了票面利率4.96%的定价，与同期限国开债利差收窄为93 bps，与首期二级资本债利率持平。

**9月19日** 浦发银行贵阳分行与中国华融集团贵州省分公司举行了战略合作暨党组织共建签约仪式。

**9月20日** 浦发银行获得银行间外币对市场做市商资格,成为6家中资银行做市商之一。

**是日** 浦发银行在北京发起成立"科技合作共同体",并与首批16家国内外知名科技公司签署《科技合作共同体备忘录》。

**是日** 浦发银行上海分行发布《自贸区金融服务方案7.0》发布会。围绕区域经济特点,整合五大跨境核心服务、七大行业特色服务,以及五大片区专属服务,特别是重点优化了自贸区联动上海国际金融中心建设和科创中心建设的特色服务。

**9月21日** 浦发银行与世界银行(The World Bank)达成以SDR rate为基准的债券交易,标的为贴现国债,金额1亿元,利率为前一日SDR rate+7 bp。

**是日** 浦银金融租赁股份有限公司首单乘用车租赁——上海一嗨汽车租赁有限公司1.1亿元项目投放,用于采购新能源汽车。

**9月26日** 浦发银行北京分行落地供应链资产支持票据(ABN)承销业务——前海结算2018年第一期五矿地产供应链资产支持票据。该项目为全行首单央企房地产供应链资产支持票据。

**9月28日** 浦发银行2008年第一次临时股东大会在上海市莲花路1688号召开,会议审议并通过《公司关于延长公开发行可转换公司债券股东大会决议有效期和授权有效期的议案》《公司关于延长金融债券发行相关授权有效期的议案》《公司关于设立资产管理子公司的议案》和《公司关于选举董事的议案》。

**是日** 浦发银行与上海市闵行区人民政府在闵行区政府举行全面战略合作协议签约仪式,浦发银行党委书记、董事长高国富,中共闵行区委书记朱芝松出席签约仪式,浦发银行行长刘信义、闵行区区长倪耀明分别代表双方签署协议。

**10月1日—7日** 浦发银行票交所直连(二期)项目配合上海票据交易所纸电票据交易融合投产工作同期上线。

**10月8日—9日** 浦发银行发行首款滚动周期为7天的净值型公募理财产品。该产品是浦发银行首款认购起点金额为1万元的理财产品,以7天为周期,开放申购赎回功能。

**10月11日** 浦银安盛基金公司在上海举办"全球经济新形势下的投资创新与突破"——浦银安盛赢未来基金沙龙,浦发银行副行长、董事会秘书、浦银安盛基金董事长谢伟做会议致辞。安盛投资泛灵顿股票全球负责人、管理委员会成员Matthew Lovatt,腾安基金董事长、腾讯金融科技智库首席投资专家刘明军,安盛投资泛灵顿股票投资经理 Tom Riley 出席沙龙并发表主题演讲。

**10月17日** 浦发银行党委书记、董事长高国富拜会中共江苏省委书记娄勤俭、省长吴政隆、副省长王江,就共同合作防范化解地方政府隐性债务风险进行探讨沟通,就金融服务实体经济建设,支持中小企业、先进制造业、新兴产业发展作交流。

**10月17日—18日** 浦发银行行长刘信义赴济南分行调研,听取济南分行领导班子的工作汇报,了解政府债务性融资业务风险排查情况,并看望一线员工,分别与济南分行辖属二级分行及部分同城支行行长进行座谈交流。调研期间,刘信义拜会中共山东省委副书记、省长龚正,副省长王书坚以及山东省金融工作办公室主要负责人。

**10月18日** 浦发银行—中信证券首届"深化合作研讨会暨战略合作签约仪式"在北京中信证券总部大厦举行,浦发银行副行长谢伟、中信证券股份有限公司董事长张佑君等出席会议。

**10月23日—24日** 浦发银行党委书记、董事长高国富赴大连分行、鞍山分行调研,并看望基层一线员工。调研期间,高国富先后拜会中共辽宁省委常委、大连市委书记谭作钧,大连市长谭成旭,中共鞍山市委书记韩玉起,并就共同合作防范化解地方政府隐性债务风险、新形势下加强银政合作、金融服务实体经济等进行深入交流。

**10月25日—31日** 浦发银行发行资管新规细则下市场首款净值型结构性理财产品,挂钩外币对汇率期权。

**10月26日** 在中国银行业协会组织举办的"中国银行业发展研究优秀成果评选(2018年)"中,浦发银行《2017国有资本投资运营公司发展与金融服务报告》获得优秀奖。

**是日** 浦发银行广州分行为前海结算商业保理(深圳)有限公司和美的置业发行2018年度第一期资产支持票据,发行规模5.27亿元。该笔业务为首单由浦发银行牵头主承的供应链ABN,同时也是银行间市场首单AA+评级民营房地产企业作为共同债务人的供应链ABN。

**是日** 浦发银行在新加坡成立首家海外大宗商品中心,致力于以新加坡为海外支点,为全球大宗商品业者提供一站式综合金融服务方案。新加坡外交部兼贸易及工业部高级政务次长陈有明,中国驻新加坡大使洪小勇,浦发银行行长刘信义等近200位金融业与大宗商品行业人士、政府官员及经济学者出席了中心揭牌仪式。

**10月30日** 浦发银行获得首批上海期货交易所黄金期货做市商资格。

**11月1日** 浦发银行在上海举办第一届"浦发银行国际金融科技创新大赛",同时举行"浦发银行·Temenos科技生态联合实验室"揭牌仪式。

**是日** 浦发银行申请成为土耳其央行银行间债券市场交易对手。

**是日** 浦发硅谷银行深圳分行正式开业。

**11月4日** 内蒙古自治区主席布小林一行赴浦发银行拜访董事长高国富、行长刘信义，双方就支持实体经济、文化旅游产业、新兴产业发展等方面进行交流探讨。

**11月6日** 浦银金融租赁股份有限公司与中国商用飞机有限责任公司签署30架ARJ21-700飞机购买协议。

**是日** 浦发银行董事长高国富、行长刘信义在总行会见山西省副省长王一新，双方就支持实体经济，深化国资国企改革，钢铁产业、文化旅游产业、交通产业发展等方面进行交流探讨。浦发银行与山西省属10家国有企业签署战略合作协议。

**11月8日** 浦发银行行长刘信义拜会广东省副省长张光军，广东省政府副秘书长刘洪、人力资源和社会保障厅长陈奕威等领导参加会见。双方就浦发银行为广东省社保、养老提供服务进行探讨沟通，就金融支持实体经济建设等方面作交流。

**是日** 在江西省人民政府举行的全省产业与金融对接会上，浦发银行与联创电子科技股份有限公司签订银企合作协议。

**11月11日** 浦发银行举办长三角金融服务实体经济高峰论坛。上海市政协副主席周汉民、长三角区域合作办公室常务副主任阮青、上海市国资委总经济师叶劲松、上海市金融办副主任李军，中国人民银行上海总部以及江苏省、浙江省和安徽省有关领导出席论坛，浦发银行行长刘信义出席论坛并致辞。刘信义表示：浦发银行将推动深化长三角地区金融合作，服务长三角一体化发展，为打造"上海服务"品牌及促进长三角经济带发展作出积极贡献。

**11月12日** 浦发银行天津分行与天津市人民政府口岸办公室举行座谈会，双方签署协议，天津分行成为首批签约天津"单一窗口"合作银行。

**11月13日** 浦发银行与奇瑞汽车股份有限公司举行战略合作协议签约仪式。浦发银行董事长高国富、奇瑞汽车董事长尹同跃出席签约仪式，浦发银行副行长谢伟、奇瑞汽车副总经理刘杨分别代表双方签署协议，双方将围绕奇瑞汽车重点项目建设、混和所有制改革、汽车金融服务等领域加强合作。

**11月19日** 浦发银行新加坡分行发行首单中期票据，系3年期、浮动利率、3亿美元高级无抵押债券，债券评级Baa2。

**11月21日** 浦发银行符合资管新规要求的市场化净值型产品规模突破1000亿元。

**是日** 浦发银行在财政部举办的中央财政国库集中支付代理银行项目招标中，获得中央财政授权支付代理银行资格。

**是日** 浦发银行全行个人理财产品规模突破1万亿元。

**是日** 浦发银行南昌分行与先锋软件集团签署战略合作协议,浦发银行南昌分行行长张健、先锋软件集团董事长陈苏分别代表双方签字。

**11月22日** 浦发银行发行浦鑫2018年第三期不良资产支持证券,并于11月27日完成信托设立与不良资产出表。该项目发行资产支持证券总规模5亿元,优先级资产支持证券发行利率4.38%,较招商银行同期发行的信用卡不良ABS优先级发行利率低12 bp,全场认购倍数1.78,次级实现全额市场化销售。

**是日** 浦发银行"e同行"发布2.0版本,在App基础上推出网页版渠道,生态功能、界面改版全面升级。

**11月23日** 浦发银行与上海机场(集团)有限公司举行党建共建暨战略合作协议签约仪式,浦发银行党委书记、董事长高国富,监事会主席孙建平,上海机场集团党委书记、董事长秦云出席会议,浦发银行行长刘信义和上海机场集团总裁冯昕分别代表双方签署协议。双方将围绕上海机场集团重点项目建设、共同加强上海市打造"上海服务"的品牌要求,产业和金融结合,继续加强双方合作,实现携手共赢。

**是日** 浦发银行西安分行落地陕西省首单境外跨境人民币CIPS代理结算业务。

**11月28日** 浦发银行成为郑州商品交易所首批境外指定存管资格银行。

**11月29日** 浦发银行发布《助力上海打响"四大品牌"综合金融服务方案1.0》正式发布。方案重点包括航运、高端制造、绿色环保、自贸与海外金融、要素市场、科创、文创、零售八大重点领域特色金融服务方案,旨在为企业参与"上海服务""上海制造""上海购物""上海文化"四大品牌建设提供融资和融智的综合金融服务。

**是日** 2018年沪港金融论坛在香港交易所盛大举行。此次论坛以"加强沪港深度融合,开拓金融科技创新"为主题,由香港上海金融企业联合会与上海金融企业联合会联合主办,浦发银行香港分行作为论坛轮值会长单位主办。香港特别行政区行政长官林郑月娥、中国证监会前副主席李剑阁、香港交易所总裁李小加、上海金融业联合会副理事长傅帆、全国政协经济委员会委员阎峰等出席仪式。

**11月30日** "浦发·奇安信网络安全联合实验室"在总行揭牌。

**12月1日** 浦发银行核心双活系统主站点从合肥切回上海,实现核心双活系统异地切换和长时接管运行。此次核心双活切换耗时82.9秒,回切耗时72.4秒,较2017年分别提升44%和56%,对降低业务中断影响的作用进一步显现。

**12月3日** 浦发银行召开全行企业文化宣讲(视频)会议,发布了企业文化理念体系,部署了企业文化建设行动计划并作动员。

**12月4日** 浦发银行个人手机银行推出声纹认证服务,首先应用于App登录场景实现应用。

**12月5日**　浦发银行宁波分行落地全行首单社保在线代发项目业务，为浙江省内社会保障局提供服务。

**是日**　浦发银行自由贸易账户系统和自由贸易账户监测管理信息系统在海口分行通过中国人民银行海口中心支行的现场验收。

**是日**　浦发银行与广西壮族自治区农村信用社联合社在南宁签署全面业务合作协议。

**12月6日**　浦银金融租赁股份有限公司投放首单光伏发电——通力渔光一体科技南京有限公司项目2.3亿元。

**12月8日**　浦发银行与中国移动集团联合发布《5G助力银行业应用白皮书》。通过5G赋能银行，将使更多垂直行业和新兴产业更好地了解5G产业应用的广阔前景，助力5G和垂直行业的融合创新发展。

**12月11日**　浦发银行投产储蓄国债（凭证式）本息款下划和到期已兑付国债批量自动清算功能。

**12月13日**　浦银金融租赁股份有限公司在香港完成两艘8.4万方LPG运输船的租赁签约、所有权登记及船舶交付手续，投放公司首单跨境租赁业务，金额为1.1575亿美元。

**12月14日**　浦发银行北京分行落地市场首单双创示范基地创投基金债务融资工具，分行主承销的北京市海淀区国有资本经营管理中心2018年度双创中期票据完成缴款起息。

**是日**　浦发银行首次建立海外分行评级管理体系，印发《关于海外分行开展客户评级试运行工作的通知》，批复两家海外分行的客户评级管理办法。

**12月18日**　浦发银行"智能储物柜系统"投产，并在青岛分行市北支行启动试点工作。智能储物柜是由浦发银行自行设计、全新打造的一款智能设备，作为网点"云尾箱"，以集中化、共享化的方式，实现网点凭证、重要物品等运营要素的集中存放和管理。

**是日**　浦发银行机器人流程自动化（RPA）系统成功上线，完成首期15项业务需求投产。

**是日**　浦发银行与大连商品交易所续签战略合作协议，浦发银行行长刘信义、大连分行行长董军、大连商品交易所理事长李正强、大连商品交易所总经理王凤海出席签约仪式。

**12月19日**　浦发银行与云南省文山市人民政府在文山市市政中心举行村企结对

精准扶贫签约暨捐赠仪式,并向文山市扶贫开发局捐赠第一批扶贫资金 298.47 万元。

**是日** 浦发银行郑州分行与鹤壁市人民政府签署战略合作协议。

**12 月 20 日** 全国人大法制工作委员会民法室主任黄薇、最高人民法院咨询委员会副主任杜万华、天津高级人民法院副院长钱海玲一行赴浦发银行天津分行围绕保理业务相关立法工作进行调研。

**是日** 浦发银行郑州分行与郑州市工商局签署战略合作协议。

**12 月 21 日** 浦发银行落地上海黄金交易所国际板国际会员席位首单黄金自营交易业务。

**是日** 浦发银行与中国节能环保集团在总行签署战略合作协议,浦发银行副行长王新浩与中国节能集团公司总会计师解国光分别代表双方签字。

**12 月 25 日** 浦发银行与太平洋保险集团召开第二届战略合作研讨会。双方在整合资源、携手服务客户、利用各自牌照、渠道优势等方面深入交流,并在银保代理、托管业务、资金业务、代发业务、职业年金、共同投资等领域达成合作意向。

**12 月 27 日** 浦发银行天眼系统 1.0 版投产启用,包含天规(创新)、天规(传统)、天网、天平、天盾、天眼、天机、天策、天库、天幕等十大功能及 28 项子功能。

**12 月 30 日** 经中国银行保险监督管理委员会批准,浦发银行出资入股国家融资担保基金 20 亿元,持股比例 3.0257%。

**是年** 浦发银行实现营业收入 1 715.42 亿元,同比增长 1.73%;实现利润总额 652.84 亿元,同比下降 6.51%;税后归属于母公司股东的净利润 559.14 亿元,同比增长 3.05%。集团资产总额 62 896.06 亿元,同比增长 2.48%;其中,本外币贷款总额 35 492.05 亿元,同比增长 11.10%。集团负债总额 58 112.26 亿元,同比增长 1.84%;其中,本外币存款总额 32 270.18 亿元,同比增长 6.22%。不良贷款率 1.92%,比上年末下降 0.22 个百分点;不良贷款的准备金覆盖率 154.88%,比上年末上升 22.44 个百分点;贷款拨备率(拨贷比)2.97%,比上年末上升 0.13 个百分点。

**是年** 浦发银行位列英国《银行家》杂志"全球银行 1 000 强"第 25 位,居上榜中资银行第 8 位,成本收入比全球第 1;以 147.672 亿美元品牌价值位列"全球银行品牌 500 强"第 13 位,居上榜中资银行第 6 位,品牌评级 AA;位列美国《福布斯》杂志"全球企业 2 000 强"第 70 位,居上榜中资企业第 13 位、中资银行第 9 位;位列美国《财富》杂志"财富世界 500 强"第 227 位,居上榜中资企业第 48 位、中资银行第 7 位。

# 2019 年

**1月2日** 浦发银行南京分行落地全行首单"汇增利"业务,通过利率期权的结构,为客户提升美元或者人民币的资金收益,期限灵活,T+0起息、到账,可随时赎回。

**1月7日** 浦发银行全口径风险日报表正式上线,以监管报送口径为基础,围绕信贷规模、信贷结构、资产质量,分别从业务维度、机构维度、行业维度统计主要风险监测指标,包括五级分类指标、逾期贷款指标、偏离度指标等,展示信贷资产风险动态。

**是日** 浦银金融租赁股份有限公司成立航空事业部,通过建立专业化组织架构,促进公司航空租赁业务发展,提升航空租赁专业化水平。

**1月8日—10日** 浦发银行党委书记、董事长高国富一行赴西安分行调研。其间,高国富先后拜访中共陕西省委副书记、省长刘国中,陕西省委常委、常务副省长梁桂,陕西省政府秘书长方玮峰,陕西省银保监局党委书记、局长许文,就进一步深化银政合作交换意见。

**1月9日** 浦发银行与国家融资担保基金有限责任公司签署战略合作协议。浦发银行北京分行行长夏云平与国家融资担保基金总经理向世文分别代表双方签署协议。双方将在渠道建设、优质客户互荐、小微企业和"三农"等普惠领域的系统建设、数据共享等方面进行合作。

**1月11日** 浦发银行与中国农业发展银行签署全面战略合作协议,充分发挥商业性金融和政策性金融在客群、区域、网点、服务等方面的互补优势,通过项目合作、资金业务、结算代理、金融创新等,在服务"三农"、支持"一带一路""长江经济带"建设等方面共同提升金融服务质效。

**是日** 浦发银行举办长三角金融服务实体经济高峰论坛。上海市政协副主席周汉民、长三角区域合作办公室常务副主任阮青、上海市国有资产监督管理委员会总经济师叶劲松、上海市金融服务办公室副主任李军及中国人民银行上海总部和江苏省、浙江省、安徽省有关领导出席论坛。浦发银行行长刘信义出席论坛并致辞。与会嘉宾围绕"深化长三角协同，服务实体经济"的主题，对长三角一体化的发展进行全方位、多角度探讨。浦发银行副行长谢伟主持领袖圆桌论坛，围绕"加强要素市场平台联动，深化服务实体经济"开展深入交流。

**是日** 浦发银行与国泰君安证券签署《零售与数字化全面合作协议》，深化双方在证券经纪、薪资代发、产品代销、客户服务与权益体系合作、互联网金融、私人银行、零售信贷等方面的合作。

**1月15日** 浦发银行与渣打银行（Standard Chartered Bank）在上海签署《"一带一路"战略合作备忘录》。双方将在"一带一路"倡议下加强合作，在亚洲、中东和非洲地区国家，就服务双方客户的国际化发展需求开展深度合作，通过银团、联合债券承销、贸易融资、全球现金管理及金融市场等业务合作共同发展，力推人民币国际化。

**1月16日** 浦发银行在总行设立北京战略客户部、长三角战略客户部、珠三角战略客户部、TMT战略客户部、机构客户部，负责总行级战略客户直接经营。

**1月17日—18日** 浦发银行召开2019年全行工作会议暨党建工作会议。会议全面总结2018年全行经营管理和党建工作，部署2019年全行经营管理和党建工作。党委书记、董事长高国富作题为《行稳致远，提升发展质量》的讲话。行长刘信义作题为《调结构，稳增长，严合规，提质量，优管理，强能力，加快推进高质量可持续发展》的讲话。党委副书记、纪委书记陈正安代表党委作党建工作报告。会议对全行2019年党建、公司业务、零售业务、金融市场业务、风险管理、运营管理、合规内控等各项工作进行部署。

**1月21日** 浦发银行和中国银行联合举办商业银行无固定期限资本债券研讨会。中国人民银行有关负责人对该债券发行的必要性、后续流动性等进行了分析。

**1月24日** 浦发银行与吉利控股集团在杭州签署战略合作协议，浦发银行将为吉利控股集团提供涵盖供应链金融、国际经济往来本外币、离在岸、企业股权或资产并购服务、企业年金方案设计咨询，以及其他定制化创新产品的综合金融服务。

**1月29日** 浦发银行与黑龙江省人民政府签署战略合作协议，双方将围绕黑龙江省七大产业平台建设，深化银政合作，实现优势互补，合作共赢。浦发银行哈尔滨分行分别与北大荒农垦集团总公司、东北轻合金有限责任公司、哈尔滨新区、哈尔滨工业大学等单位签署战略合作协议。

**1月30日** 浦发银行广州分行落地首单华南地区IDC（Internet Data Center）并购融资业务，总融资金额达1 000万元，期限为5年。

**2月1日** 浦发银行印发《关于规范各类产品纳入统一授信额度管理的通知》，首次明确将各类授信产品和业务（包括低风险业务）全口径全额纳入统一授信管理。

**2月5日**　浦发银行伦敦分行联动北京分行,落地建信金租关联爱尔兰子公司 CCB Leasing（International）Corporation Designated Activity Company 的双边贷款业务。该笔业务为伦敦分行首单跨境联动金融机构业务。

**2月14日**　中共上海市委书记李强一行到浦发银行调研。上海市委常委、市委秘书长诸葛宇杰,市委副秘书长、市委研究室主任康旭平,市政府副秘书长、市经济信息化委主任陈鸣波,市金融工作党委书记、市地方金融监管局（市金融工作局）局长郑杨,市国资委党委副书记董勤陪同调研。党委书记、董事长高国富汇报浦发银行的经营管理和党建工作情况。李强代表市委向浦发银行全体干部员工拜年。李强指出:浦发银行是上海金融国资的一面旗帜,处在全国股份制商业银行的第一方阵,是一块响当当的牌子,浦发银行的发展与上海及全国的改革开放紧密联系在一起,市委对浦发银行在金融供给、金融改革、服务实体经济等方面的工作充分肯定。对浦发银行下一步工作,李强提出三点希望:一是在推进上海国际金融中心建设方面发挥更大作用,要牢牢把握重大发展机遇,全力打造具有国际竞争力的一流股份制商业银行,要主动服务好在上交所设立科创板并试点注册制的重大任务,找准结合点和发力点,加大面向各类科创企业的金融产品开发,支持帮助更多优质企业在上海成长壮大,为推动金融中心和科创中心联动发展作出更大贡献。二是加大服务实体经济力度,扶持企业发展,推动民生改善,为切实解决企业融资难、融资贵提供更多创新手段,帮助企业提振信心;进一步完善普惠金融服务体系,下沉服务重心,创新金融产品和服务,丰富和优化金融供给,以实实在在的举措支持实体经济发展。三是坚持底线思维,切实做好金融风险防范各项工作;要吸取成都分行的教训,更加注重风控管理、合规稳健经营,更加注重信用体系建设,更加注重排查风险隐患,进一步提升风险监管能力和水平,全力营造良好的市场环境,促进资本市场稳定运行。

**2月18日**　浦发银行印发《全面风险管理指引》,首次明确全面风险管理的涉及领域、责任主体、管理流程、管理要素等,进一步完善本行全面风险管理体系。

**是日**　浦发银行印发《一级分行风险管理暂行办法》,强化总行对一级分行风险管理工作的指导,明确了一级分行三道防线的风险管理职责、风险人员管理和岗位设置、风险管理要求、风险管理队伍和风险观等内容。

**2月19日**　浦银金融租赁股份有限公司实施专业化营销组织架构调整,成立航运业务部、车辆业务部、创新业务部,并将原"1＋2＋1"（业务管理部＋南北区域部门＋航空事业部）的营销部门架构调整为"1＋3＋3＋1"（业务管理部＋业务一部、二部、三部三个区域部门＋航空、航运、车辆三个专业部门＋创新业务部）。

**2月20日**　浦发银行宣布将2016年发起的"逐梦萤火虫"公益项目的受益规模

扩大至1 000人，目标是在2023年累计资助1 000名中西部儿科医护人员在国内三甲医院完成进修培训。

**2月21日** 浦发银行在北京召开零售业务合作伙伴大会，推出零售经营新体系，通过流程重构实现业务的模块化和组件化；通过应用API、智能感知、挖掘建模等技术，提升数据驱动运营能力；通过洞察客户需求点，连接上下游合作伙伴，形成银行业务的泛在化场景融入。

**2月26日** 浦发银行杭州分行丽水支行雷荣香被授予"全国五一巾帼标兵"荣誉称号。

**2月28日** 浦发银行App 10.0版上线，从生态开放、大数据驱动、跨渠道智能互联、OMO模式等四方面，构建全新的银行与客户、银行与合作伙伴的关系，从专注金融产品销售向融入用户生活场景转型。

**是日** 浦发银行与粤财控股签署战略合作协议，深化在综合授信、信托、担保、产业基金、金融租赁等方面的合作，共同助力粤港澳大湾区经济建设。

**是日** 浦发银行与中金资本签署战略合作协议，共同支持上海国际金融中心和科创中心建设。浦发银行通过支持中金资本系基金募集，带动私募基金行业中的优秀企业向上海地区聚集，助力上海核心竞争力提升。

**是日** 浦发银行香港分行为国内基金客户提供投资海外卢森堡基金的全流程托管服务，落地分行首单合格境内有限合伙人(QDLP)托管业务。

**3月1日** 浦发银行与中国人寿、中国人保、泰康保险3家保险集团，围绕资本补充债券投资、职业年金与企业年金、项目推介、财富代销、资产管理等领域进行深入交流，进一步深化和拓展合作空间。其间，浦发银行与泰康保险集团签订战略合作协议。

**3月3日** 浦发银行乌鲁木齐分行与安选惠民金融平台签署合作协议，双方将在"结算贷""租金贷""精英贷""房抵快贷""科技含权贷""科技多易贷""科技快速贷"等普惠金融方面开展合作。

**3月5日** 浦发银行上海分行以联合牵头行身份，为特斯拉上海超级工厂项目发放银团贷款。分行在不到1个月内完成授信审批、银团谈判、合同签约以及首单提款发放的全部流程。

**3月7日** 浦发银行与中国船舶工业集团签署战略合作协议。双方将在中船集团财务公司、智能船舶、船用动力、造船基地、智慧海洋、绿色船舶、邮轮运营服务等领域加强合作，实现共赢。

**3月8日** 浦发银行参与联合主承销的中央汇金投资公司220亿元债务融资工

具完成全额缴款起息，其中浦发银行承销份额110亿元。

**是日**　浦发银行昆明分行与云南省文山市党政代表团召开脱贫攻坚座谈会，截至当年，分行已累计投入超过500万元资金，组织实施了15个扶贫项目，帮扶当地脱贫攻坚，受益人口达1 500余户6 000余人。

**3月11日**　浦发银行与国家能源集团在总行签署战略合作协议，双方将在贸易金融、债券发行、海外业务、资产证券化等方面开展深入合作。

**3月12日**　浦发银行与新加坡投资公司在二级市场完成中央汇金投资公司该笔债务融资工具交易9.5亿元。该单业务是浦发银行首次向境外央行类机构分销信用类债券，也是境外央行类机构首次认购中央汇金公司债券。

**3月14日**　浦发银行重庆分行和新加坡交易所联合举办"一带一路与新加坡，中新项目新机遇"投资人推介会，新加坡金融管理局、新加坡交易所、QDII机构、中外资银行等共计150余名代表参会。

**3月15日**　浦发银行南昌分行落地理财投资纾困基金业务，金额8 000万元、期限1年。该笔业务是分行积极响应国家政策纾困上市公司号召、响应江西省"映山红计划"的具体行动。

**是日**　浦发银行青岛分行与青岛市科学技术局签署《科技金融合作协议》。

**3月20日**　浦发银行杭州分行落地分行首单标准REITS业务，参与投资认购国内首单可扩募物流仓储REITS产品——"菜鸟中联—中信证券—中国职能骨干网仓储资产支持专项计划"优先级份额。

**3月21日**　浦发银行成为上海地区首批成功代理集团外金融机构客户接入中国人民银行中央银行会计核算数据集中系统综合前置子系统（ACS综合前置子系统）的银行。

**3月25日**　浦发银行作为首批浙江省棚改专项债券柜台发行的试点银行之一，面向个人和中小机构投资者发售浙江省棚改专项债券。

**3月25日—27日**　浦发银行在银行间债券市场完成2019年首期500亿元小微金融债的发行。此债券期限3年，固定年利率3.50%，发行规模创下了银行间债券市场单次金融债券发行规模之最，实现了较高的认购倍数和理想的定价水平，发行价格与同期限国开债利差为30 bps。此期债券募集资金将全部用于支持小微企业发展。

**3月26日**　浦发银行与上海证券交易所签署战略合作备忘录，浦发银行党委书记、董事长高国富，上海证券交易所理事长黄红元出席签约仪式，浦发银行副行长谢伟、上海证券交易所副总经理阙波分别代表双方签署备忘录。

**是日** 浦发银行石家庄分行与中国移动通信集团河北有限公司签署战略合作协议并举行"和讯通"业务合作仪式。

**是日** 浦发银行完成天眼系统2.0版本投产并在全行推行。该系统立足于大数据、人工智能等信息技术,将风险管控与流程场景相融合,实现风险管理与经营管理的统一,打造全覆盖、全流程、多维度、智能化的风险监测平台,不断提高风险管理的数据标准化、系统智能化、管理集约化水平。

**3月28日** 浦发银行与上海申迪集团签署总对总战略合作协议,浦发银行将为申迪集团提供包括企业授信、项目贷款、现金管理、投行业务等在内的综合金融服务。

**3月29日** 上海旧区改造项目银企战略合作协议签约仪式在上海市政府举行,中共上海市委副书记、市长应勇,市委常委、常务副市长陈寅,副市长吴清见证签约,浦发银行行长刘信义参加签约仪式,上海分行代表浦发银行签署战略合作协议。

**是日** 浦发银行"朱承备自贸创新试验室"正式挂牌成立,该试验室旨在培养一支自贸业务"高、精、尖"的突击队,加强自贸产品的研发,将自贸区创新政策转化为贴近市场需求的产品,更好服务上海国际金融中心建设。

**是日** 浦发银行"IFRS 16"租赁计量系统项目第一阶段投产上线。

**3月31日** 浦发银行优化形成"1(集团)+3(境外分行)+5(并表机构)"的集团风险偏好管理体系,全面覆盖境内外、全集团、多业态。

**4月9日** 浦发银行党委书记、董事长高国富,行长刘信义在总行会见广东省副省长欧阳卫民一行。

**4月10日** 浦发银行开发上线集团股权投资管理系统。该系统集合股权关系管理、子公司基本信息管理、股权项目审批管理、预算考核管理、公司治理管理、制度文件查询等六大功能,实现了总行与子公司之间重要事项审批的线上发起、流转和批复;为总行层面的事项管理和信息共享提供界面,也为子公司加载了总行制度查询的共享界面,有效提高集团内部多业态、集团化管理效率。

**4月11日** 浦发银行印发《国别风险管理办法》,首次在集团层面建立"以风险偏好为纲领,国家评级为依据,风险限额做管控,系统工具做支撑"的管理架构,通过制定管理制度、优化限额管理、建设专项系统等工作举措,全面提升国别风险管理水平。

**4月12日** 浦发银行2019年党风廉洁建设工作会议召开。党委书记、董事长高国富出席会议并讲话。会议传达了中央和上级党委、纪委有关精神,回顾总结党的十九大以来浦发银行全面从严治党、从严治行取得的成效,分析当前党风廉洁建设形势,安排部署2019年重点工作任务。会议强调:全行各级党委要切实提高政治站位,确保党中央关于金融工作的路线方针政策落到实处;要全面履行主体责任,把从严治党、从严治行体现在各项工作中；要继续深化政治巡视，充分发挥巡视巡察利剑作用；要始终保持政治定力，不断强化监督执纪问责工作。

**4月13日** 浦发银行与摩贝化工电商平台合作的"摩浦e账通"业务上线，实现平台及平台商户API预约开户、担保支付交易、小额鉴权、网银复核等功能。该业务是"e账通"业务在电商平台担保支付领域的首次应用，是API预约开户电商类企业的首单。

**4月15日** 浦发银行大连分行与大连保税区完成"银政一体化"平台对接，成为全行首单和政务平台对接的API开户项目。

**4月17日** 浦发银行正式上线上海国际信托有限公司现金丰利集合资金信托计划托管业务，这是在资产管理新规下托管的首只现金管理类信托产品。

**4月18日** 浦发银行首次建立境外分行风险经营管理评价体系，结合境内分行评价标准，考虑境外分行属地管理的差异性，对境外分行风险经营管理工作进行评价，并纳入分行绩效考核体系。

**4月19日** 浦发银行武汉分行落地以"沪铝标准仓单"为交易标的"浦商银"业务，在大宗商品代客代理业务领域实现了零的突破。

**4月23日** 浦发银行在上海召开"你好未来"——数字人概念发布会，提出虚拟"数字人"创新理念，与百度在线网络技术（北京）有限公司、中国移动通信集团有限公司宣布正式启动"数字人"合作计划。

**是日** 浦发银行加入"债券通"一级市场信息平台，是境内首家加入"债券通"信息平台的股份制银行，并发布首批同业存单一级市场发行信息。

**4月24日** 浦发银行2018年年度股东大会在上海召开，董事长高国富主持会议，行长刘信义、监事会主席孙建平以及部分董事、监事和高管人员出席会议。会议审议并投票表决通过了《2018年度董事会工作报告》《2018年度监事会工作报告》《2018年度财务决算和2019年度财务预算报告》《2018年度利润分配预案》等10项议案。

**4月25日** 浦发银行天津分行落地全国银行间债券市场首单北金所债权融资计划挂牌金额动态调整机制项目。

**4月26日** 浦发银行南昌分行与赣州市人民政府签署共同推进赣州市经济金融发展政银战略合作协议。

**是日** 浦发银行与国泰君安证券完成5 000万欧元的S/B掉期业务，实现全行首单证券公司"浦银避险"外汇衍生套保业务合作落地。

**4月28日** 浦发银行济南分行落地全行首单职业年金托管资金，为山东省机关事业单位职业年金提供资金托管服务。

**是日** 浦发银行北京分行与上海分行携手落地全行首单熊猫债务融资工具——"中芯国际集成电路制造有限公司2019年度第一期超短期融资券",该笔熊猫债注册规模30亿元,分期发行,首期规模5亿元。

**5月7日** 浦发银行与郑州商品交易所签署全面战略合作框架协议。双方将在期货保证金存管、电子化资金业务系统、标准仓单质押融资、业务研发与课题合作、新产品开发与推广、业务拓展支持与服务、基础金融服务等方面开展深入合作。

**是日** 浦发银行制定并下发《关于贯彻执行〈关于进一步做好僵尸企业及去产能企业债务处置工作的通知〉有关事项的通知》,积极响应国家关于僵尸企业处置的政策要求。

**5月8日** 浦发银行在上海举办"智见未来·2019年智能金融高峰论坛"。论坛上分享了浦发银行联合清华大学和百度共同研制的《银行业智能语义规范》阶段性成果。同时,由浦发银行发起成立的"科技合作共同体"成员扩大至22家,研究领域涵盖移动前端、生态云的运营管理、信息安全、大数据应用、流程自动化、智能感知与智能营销等。

**是日** 浦发银行与新加坡政府投资公司(GIC)完成银行间人民币对外汇掉期交易。

**5月10日** 浦发银行北京分行与百信银行落地"商品E联盟"API对接,推出"稳赢金"系列产品。

**5月14日** 浦发银行发布科技金融服务2.0,通过万户工程、产品迭代、平台赋能,为科技型企业提供定制化、综合化金融服务。

**5月15日** 浦发银行与农银汇理基金签署战略合作协议,将在金融市场、资产管理、资产托管、零售代销以及投资银行等方面开展合作。

**5月17日** 浦发银行联合中国移动通信集团有限公司在上海张江推出5G+智慧银行网点,并完成5G网络环境下首单银行卡开卡业务。

**是日** 浦发银行重庆分行与重庆市上海商会签署战略合作协议。

**5月19日** 中共甘肃省委副书记、省长唐仁健对浦发银行兰州分行"蓝天模式"及"蓝天e贷"融资方案做出批示,对兰州分行立足贫困地区资源禀赋、支持特色产业发展带动农民脱贫的实践给予高度肯定,并提出在全省范围内进行复制推广。

**5月21日** 浦发银行"启臻逐月"系列之"养老精选1号"理财计划结束募集,总募集规模达2.4亿元。该款产品是股份制商业银行发行的首款养老功能型理财产品。

**5月28日** 　浦发银行举办第二届浦发银行国际金融科技创新大赛。本届大赛邀请国内外 Fintech 领域知名专家和学者组成评委会，共收到113项创新方案，涉及人工智能、大数据、区块链、API、5G 与物联网等技术的创新应用。赛前，"浦发—IBM 开放银行联合实验室""浦发—Teradata 数据智能联合实验室""浦发—Cloudera 数据驱动联合实验室"正式揭牌。

　　**是日** 　浦发银行北京分行与中国人民银行营业管理部、中关村科技园区管理委员会签订《"京创通"试点合作意向书》，成为北京科创型民营和小微企业专项再贴现支持工具首批试点合作银行。

　　**是日** 　浦发银行青岛分行与威高集团有限公司签署战略合作协议。威高集团董事长张华威、浦发银行行长刘信义出席签约仪式，威高集团副总裁汤正鹏与浦发银行副行长王新浩分别代表双方签约。

**5月29日** 　浦发银行联合中国金融信息中心举办"金融助力上海科创中心建设"2019年并购高峰论坛，并发布《企业科创板上市投行服务方案》。该方案打造"商行+投行""境内+境外""融资+融智+融技+投资""贷、债、股、资"四位一体的科创金融服务体系，为科创企业提供从初创到成熟，从上市前到上市后，从产业发展到并购成长的全面解决方案。

**5月30日** 　浦发银行与杭州市人民政府签署战略合作协议。浦发银行将全面支持推进浙江省"大湾区、大花园、大通道"战略，在未来三年内为杭州市提供各类融资1 000亿元以上，发挥旗下信托、租赁、基金等子公司在客户资源、信息资讯、产品创新等方面的综合金融服务平台优势，支持杭州重点项目建设、产业转型升级、互联网产业发展及中小企业发展等。

**5月31日** 　浦发银行召开云转型工程建设项目群暨"凌云"行动启动会。会上，组建云转型"凌云战队"，由架构、安全、开发、运维、测试、大数据、规划管理、项目管理等多个领域的近百位工作人员组成，标志着云转型工程建设启动实施。

　　**是日** 　浦发银行昆明分行与云南红塔证券签署全面业务合作协议。双方将在资金融通、存管结算、资产投资、资产托管、固定收益、基础金融等业务领域展开全面合作。

**6月1日** 　浦发银行"IFRS 16"租赁计量系统项目第二阶段主体功能投产上线。租赁计量系统二阶段主体功能上线，实现了浦发银行对外公布国内和国际会计准则下财务报告的目标需求；满足了海外分行、信用卡中心等在国际、国内准则并行期的会计计量、确认要求；满足了海外分行根据当地监管要求按国际会计准则编制财务报告的要求。

**6月2日**　浦发银行银川分行入选宁夏回族自治区职业年金计划托管银行,是自治区职业年金待遇支付唯一发放行,是全自治区机关单位及城镇职工基本养老金集中统一发放行。

**6月5日**　浦发银行为东亚前海证券落地同业法人账户透支业务,这是全行首单外资银行系券商同业透支业务。

**是日**　浦发银行香港分行落地"沪伦通"托管业务,为境内基金客户通过合格境内机构投资者(QDII)渠道落地投资"沪伦通"首单上市GDR(华泰证券),成为牵头投资者之一。

**是日**　浦发银行获得上海期货交易所首批白银期货做市商资格,成为唯一入选的股份制商业银行。

**6月6日**　浦发银行召开"不忘初心,牢记使命"主题教育动员大会,党委书记、董事长高国富对全行开展主题教育进行部署,中共上海市委第十七巡回指导组副组长祁明出席会议并讲话。

**6月10日**　浦发银行天津分行与天津经济技术开发区管委会签署战略合作协议。未来5年,天津分行为开发区管委会及区内企业提供500亿元授信,用于支持开发区在京津冀产业承接、生态环境保护、国企混改、产业转型升级、保障和改善民生、政府类债券承销等项目。

**6月11日**　浦发银行与中国人民保险集团在上海签署全面业务合作协议。双方将发挥各自专业优势,在基础金融业务、年金业务和投融资业务等领域开启全面战略合作,为双方客户提供更全面、更便捷、超值多样的金融服务。

**6月12日**　浦发银行与时代中国在广州签署战略合作协议,在基础金融业务、城市更新和教育等领域开展全面战略合作。浦发银行副行长王新浩、时代中国董事局主席岑钊雄等出席签约仪式。

**6月15日**　浦发银行托管系统科创板功能上线。该系统能全面支持科创板业务,包括网上、网下发行认申购、新股上市流通、场内竞价及大宗平台交易、公司权益行为、红利税上报、增值税计提、估值对账、投资监督、证券交收、清算对账等业务全流程。

**6月20日**　浦发银行党委书记、董事长高国富赴北京分别拜访泰康保险集团董事长陈东升、全国社会保障基金理事会副理事长王文灵及中国人寿保险集团董事长等机构客户负责人,就浦发银行永续债发行合作进行充分交流,并表示将在资金业务、资产托管、资产管理、投行业务、银保代理等领域加强合作。

**6月21日**　"浦天同盈1号"开放式T+0同业净值型理财产品成立。该产品是浦发银行首款同业渠道的现金管理类净值型产品。同日，浦发银行合肥分行、哈尔滨分行成为首批落地销售分行。

**6月24日** 浦银金融租赁股份有限公司与CMA CGM（达飞轮船）集装箱船舶项目完成2.53亿美元签约投放，这是浦银金租首次与客户进行直接交易的跨境船舶经营性租赁项目。本项目租赁物为两艘13 800 TEU和两艘8 500 TEU集装箱船，租赁期为8年。

**6月25日** 浦发银行入选新疆生产建设兵团机关事业单位职业年金计划托管人。

**6月26日** 浦发银行上海分行在业内率先上线自由贸易账户网银实时结售汇功能，以科技赋能提升了企业办理汇兑业务的便利化程度以及风险管理能力。

**6月27日** 浦发银行召开"守初心，担使命"推进全行基层党支部高质量建设座谈会。会议强调：全行要牢固树立党的一切工作到支部的鲜明导向，把抓支部打基础作为长远之计和固本之举。一要突出学习教育常态化，持续巩固共同奋斗的思想基础；二要突出党支部建设标准化，持续提升组织力；三要突出"三个促进"品牌化，持续创造一流业绩。会议对新修订的《党支部标准化建设实施意见》和即将出台的《党支部"分类定级、晋位升级"实施意见（试行）》进行讨论。会上还表彰了2018年度"两优一先"等先进荣誉的组织、个人和全行基层党支部建设优秀调研成果。

**是日** 浦发银行上线百度基金销售监管与支付监管转托管系统。

**6月30日** 浦发银行与交通银行达成境内外币代理结算业务合作，并在浦发银行开立英镑、瑞士法郎、澳元、加元等4个币种的结算账户。

**是月** 浦发银行智能外呼系统上线。

**7月4日** 浦发银行太原分行与山西潞安矿业集团在上海签署战略合作协议。浦发银行副行长王新浩、山西潞安矿业集团董事长游浩、浦发银行太原分行行长白海忠等出席签约仪式。

**7月5日** 浦发银行天津分行在天津市召开的"全域创建文明城市三年行动计划中期推动会"上荣获"天津市文明单位"称号，是天津市唯一获奖的股份制商业银行。

**7月8日** 浦发银行上海分行向浦银金融租赁股份有限公司发放1 500万美元借款，通过集团协同落地全行首单外币同业借款业务。

**是日** 浦发银行宁波分行与宁波股权交易中心签署战略合作协议。

**7月9日** 浦发银行召开干部大会宣布领导班子调整。中共上海市委常委、组织部部长于绍良出席会议并讲话，上海市国资委党委书记、主任白廷辉主持会议。会议宣布了上海市委有关浦发银行主要领导任免的决定。因年龄原因，高国富同志不再担任浦发银行领导职务,郑杨同志任浦发银行党委书记,提名任董事长,后续程序将按相关法律规定办理。此前,郑杨同志任上海市金融工作党委书记、地方金融监管局(市金融工作局)局长。

**是日** 浦发银行发行国际 AAA 评级银行理财产品——"天添利"稳健 1 号理财计划,T+0 起息、赎回实时到账,初始规模超 5 700 万元,投资方向以短久期利率债、高等级信用债为主。

**7月11日** 浦发银行昆明分行与昆明市五华区人民政府签订政银战略合作协议。

**7月12日** 浦发银行在全国银行间债券市场发行 300 亿元无固定期限资本债券。当期票面利率 4.73%,与 5 年期国债的利差为 172 bps,全场认购倍数超过 2 倍。

**7月15日** 浦发银行郑州分行与白银龙头企业——豫光金铅在上海黄金交易所开办白银询价期权业务首日,落地全市场首单业务。

**7月16日** 浦发银行副行长王新浩拜会宁波市副市长刘长春,双方表示将在促进长三角一体化与宁波市"246"万千亿级产业集群等重大战略上进一步深入合作。

**7月17日** 上海市政府印发《上海市人民政府关于郑杨等同志职务任免的通知》文件,正式任命郑杨为浦发银行董事长。

**7月20日** 浦发银行与《21世纪经济报道》联合举办 2019 年中国资管年会,聚焦"金融供给侧结构性改革与高质量发展",深入探讨新规落地后资管行业的未来发展,并发布《2019 年中国资产管理发展趋势报告》。

**7月24日** 浦发银行作为首批 12 家商业银行之一,与交通运输部路网监测与应急处置中心在北京签署《ETC 发行合作备忘录》,共同打造全网一体化的发行合作模式,建立发行认证和监管平台。8月2日,浦发银行推出 ETC 线上预约服务。

**7月25日** 浦发银行与鞍钢集团有限公司在上海签署战略合作协议,浦发银行行长刘信义、鞍钢集团总经理戴志浩出席签约仪式,浦发银行副行长王新浩、鞍钢集团总会计师于万源分别代表双方签署协议。

**7月26日** 浦发银行党委书记、董事长郑杨,行长刘信义在总行会见中共辽宁省委副书记周波一行。

**是日** "浦发·华为联合创新实验室(深圳)"正式揭牌,实验室将在金融 ICT 基础设施、金融物联网和 AI 影像识别等方向开展协同创新。

**是日** 浦发银行广州分行在广州举办"数字普惠,智创未来"新闻发布会,广东省内首个普惠金融一站式服务中心正式亮相。

**7月29日** 浦银安盛基金公募货币基金资产管理规模突破 1 000 亿元。

**7月30日**　上海市国资委系统召开庆祝建党98周年暨上海国企党建品牌发布会,浦发银行党委副书记、纪委书记陈正安参加大会。浦发银行上海分行党委"四双工程"、郑州分行党委"大别先锋"、北京分行党委"赶考行动"、乌鲁木齐分行党委"访惠聚"、浦银大学党支部"E党校"、上海信托党委"上善公益号"等6个优秀品牌、6项党建成果被命名"上海国企党建品牌",是上海市国资系统内获奖数量最多的单位。

**是日**　浦发银行"小企业线上票据贴现"业务上线。苏州、济南两家分行落地全行首单业务,北京、乌鲁木齐、广州作为首批试点分行也相继实现业务落地。

**8月7日**　在《中国(上海)自由贸易试验区临港新片区总体方案》落地次日,浦发银行推出《上海自贸区新片区金融服务方案》。该方案以实施资金便利收付的跨境金融管理制度的政策为基础,形成聚焦前沿产业集群、新型国际贸易、跨境资产管理、高能级航运四大专属领域的金融服务,具有突出跨境资金便捷流动和兑换、突出金融服务与国际惯例接轨、突出重点行业服务升级三大特点。

**8月8日**　浦发银行与布达拉宫管理处在拉萨签署战略合作协议,并推出"浦发梦卡之布达拉宫文化主题信用卡"。

**8月8日—9日**　浦发银行副行长刘以研带队赴大连分行召开债转股工作专题会议,分析、推动全行债转股项目加快落地实施,确保全年风险压降总目标实现。

**8月9日**　浦发银行与东浩兰生集团签署战略合作协议,浦发银行党委书记、董事长郑杨,东浩兰生集团董事长王强出席签约仪式,浦发银行行长刘信义、东浩兰生集团总裁曹炜分别代表双方签署协议。双方就供应链金融、统管资金池和跨境并购等创新产品进行探讨,并在现金管理、贸易融资、投资银行、海外业务、财务公司等方面加强合作。

**8月11日**　浦银安盛基金公募非货资产管理规模突破1 000亿元,公募资产管理总规模超2 000亿元。

**8月16日**　浦发银行使用2亿元"浦银上清所优选短融A"合格保证券基金份额,冲抵上海清算所人民币利率互换集中清算业务的最低保证金。该笔业务是全市场首单利用保证券基金冲抵保证金业务。

**8月21日**　浦发银行上海自贸试验区新片区分行在临港新区揭牌营业。上海市政府副秘书长、中国自由贸易试验区临港新片区管委会常务副主任朱芝松,浦发银行党委书记、董事长郑杨,上海市地方金融监管局副局长李军,上海市国有资产监督管理委员会副主任叶劲松,上海自贸试验区新片区管委会副主任武伟等出席开业仪式。新片区分行将围绕区域内前沿产业集群、新型国际贸易、跨境金融服务、高能级全球航运枢纽等产业,探索开展跨境投融资、资产管理、要素市场等业务创新,帮助企业提高结算效率、降低融资成本和规避汇率风险。

**8月23日** 浦发银行与南航集团签署战略合作协议。双方将在债券承销、飞机租赁、掉期业务、共享客户资源、搭建差旅系统对接等方面深化合作。

**是日** 浦发银行落地摊余成本法公募债券基金投资,投资份额占比50%。该基金产品封闭期为3年,投资标的为利率债。

**8月26日** 浦发银行印发《进一步加强风险压降与不良处置工作的指导意见》以及《关于加大现金清收工作力度的方案》,提出要引导全员踏实做好现金清收工作,树立不良资产处置"首选现金清收"的经营理念。

**是日** 浦发银行广州分行落地阿里巴巴集团乡村业务板块首个个人经营性网络贷款项目——"天猫优品贷"。项目覆盖全国约8000户乡村淘宝门店小微企业主,首期计划服务2000户,投放普惠金融贷款10亿元。

**8月29日** 浦发银行副行长王新浩在北京出席第229场银行业保险业例行新闻发布会,和特邀客户嘉宾一起,以"是使命,更是事业——浦发银行助力长三角区域一体化高质量发展"为主题,介绍浦发银行根植上海总部、辐射长三角的地域优势,通过组织协同、产品创新、服务升级、集团协作,提高服务实体经济能效,助力长三角区域一体化高质量发展的相关情况。

**是日** 浦发银行手机银行App、"浦大喜奔"App接入交通运输部ETC发行平台。开放在线申请一周,申请人数已超过1万户。

**8月30日** 浦发银行发行国内首单挂钩大商所商品指数的银行理财产品。该产品主要投向债券等标准化资产,同时嵌入商品指数期权等衍生工具。产品期限为3个月,衍生结构为双边触碰型,业绩比较基准为2.0%—5.6%。

**是日** 浦发银行深圳分行落地深圳地区首单中外合资保险公司增资创新业务,业务金额2.3亿元。

**8月31日** 浦发银行与敦煌研究院在敦煌签署战略合作协议,并推出主题联名信用卡。

**9月1日** 浦发银行30家一级分行实现集中审批,标志着浦发银行上收公司业务基层审批权限全面完成。

**9月2日** 在中国银行业协会组织举办的"中国银行业发展研究优秀成果评选(2019年)"中,浦发银行《5G在银行业应用探索》荣获优秀奖。

**9月3日** 浦发银行与上海期货交易所签署全面战略合作协议,持续探索银期合作服务实体经济新模式,助力上海国际金融中心建设。

**是日** 浦发银行印发《子公司预算管理办法》,以推进集团整体发展战略落地,建立完善全面预算管理体制、加强集团预算管理、规范子公司预算管理相关流程，对子公司预算管理有了明确的管理规则。

**9月5日** 在国务院国有资产监督管理委员会与上海市人民政府在沪签署《深化合作共同推进落实国家战略合作框架协议》签约仪式上，浦发银行分别与中国宝武集团、中国远洋海运集团签署战略合作协议。

**是日** 浦发银行全行个人金融资产突破2万亿元，达到20 019.97亿元。

**9月10日** 浦发银行深圳分行落地离岸绿色银团贷款业务，参贷中国广核集团有限公司离岸绿色银团贷款3 300万美元（折合人民币2.31亿元）。

**9月14日** 浦发银行党委书记、董事长郑杨一行赴南京，拜会江苏省省长吴政隆、副省长王江。

**9月18日** 浦发银行党委书记、董事长郑杨赴杭州分行调研，期间拜会中共浙江省委书记车俊。

**9月20日** 浦发银行与江西省国有资产监督管理委员会就深化服务江西省国资国企改革进行座谈交流，并签署战略合作协议。双方就进一步深化合作、集聚资源，支持江西省属国有企业转型升级、积极参与打造国企改革"江西样板"等方面进行了探讨与交流，达成了发展共识。

**9月25日** 浦发银行与星展银行签署合作备忘录。双方将在上海—新加坡全面合作的背景下，着眼于服务两家银行客户的国际化发展需求，在银团、联合债券承销、贸易融资、金融市场及数字化创新等领域开展深度合作。

**9月26日** 浦发银行落地全行首单保险MOM资管产品纯托管业务10亿元。

**9月27日** 浦发银行深圳分行落地全行首单零售电商平台对接API电子账户获客业务。

**9月28日** 浦发银行成都分行顺城支行开业，该支行是全行首家融合音乐、咖啡等生活元素的5G银行网点。

**9月29日** 浦发银行南京分行首任党组书记、行长姚世祜，总行零售业务部高级专家吕爱民，上海分行闵行支行副行长祝玉婷获颁"庆祝中华人民共和国成立70周年"纪念章。

**是日** 浦发银行济南分行与山东石油天然气股份有限公司签署全面战略合作协议。

**9月30日** 浦发银行香港分行获得香港交易所下香港场外结算有限公司离岸人民币及港元外汇远期与掉期清算交易资格，是首家获得该资格的在港中资股份制商业银行。

**是日** 浦发银行哈尔滨分行落地黑龙江自贸区金融业务,是黑龙江省交通投资集团有限公司旗下子公司开立美元国际信用证。

**10月8日** 浦发银行入选上海黄金交易所竞价黄金、白银做市商。

**10月9日** 浦发银行西安分行落地陕西省首单电子商业汇票再贴现业务。

**10月12日** 浦发银行全行首个内部管理类API服务——"新业务测算器"上线,可为浦发银行存贷款及表外业务提供一笔或多笔收益及价格测算服务。

**10月15日** 中国移动—浦发银行战略合作执行委员会第十四次会议在北京召开。双方明确下阶段将围绕中国移动"5G+"、浦发银行"建设一流数字生态银行"战略目标,在5G金融业务创新、大市场生态融合营销、资金及供应链金融服务、政企业务与员工服务等领域进一步加强合作,深挖双方潜能和优势,抓住5G带来的新机遇,为客户提供更为优质的通信和金融服务。

**是日** 浦发银行建立并表机构风险经营管理评价体系,首次制订5家并表机构《2019年度风险经营管理评价方案》。

**10月16日** 浦发银行召开巴塞尔协议最终版实施工作启动大会。会议强调:该项工作是国际银行业大事,时间紧、任务重、范围广、不确定性高,全行上下要充分认识其重要意义,学习国际先进经验,落实各项任务,选派业务专家参与项目;在执行过程中,要将项目成果转化为可落地的管理实践,做好押品评级、数据系统等基础建设,打造行内专家型管理团队。

**10月17日—19日** 浦发银行监事会主席孙建平受邀赴武汉出席第七届世界军人运动会开幕式。其间,孙建平拜会中共湖北省委常委、常务副省长黄楚平,湖北省政协副主席马旭明,并与宜昌市副市长王应华及中共夷陵区委、区政府主要领导等进行会谈。双方就深化银政合作,进一步推进沪鄂经济合作、沪宜对口援建工作等进行深入交流。

**10月18日** 浦发银行昆明分行与昆明市中小企业服务中心签订战略合作协议,通过B2B业务及对公API开户接口,与昆明市中小企业服务平台进行系统对接,为昆明市中小企业客户提供预约开户、支付结算等服务。

**10月22日** 浦发银行香港分行与法国巴黎银行通过OTC Clear进行交易结算,完成离岸人民币外汇远期及掉期交易。香港分行成为香港地区首家通过OTC Clear进行交易结算的中资金融机构。

**10月24日** 浦发银行披露《公开发行可转换公司债券募集说明书》和《发行公告》等文件,拟公开发行500亿元可转债,用于支持公司未来业务发展,并在转股后补充公司核心一级资本。此次可转债的六年票面利率为第一年0.20%、第二年

0.80%、第三年1.50%、第四年2.10%、第五年3.20%、第六年4.00%；到期赎回价格为110元(含最后一年利息)。

**是日** 浦发银行伦敦分行完成3亿美元国际绿色债券发行定价，并在伦敦证券交易所国际证券市场挂牌上市，这是浦发银行首单国际绿色债券，也是中国商业银行首单"低碳城市"主题绿色债券。

**是日** 浦发银行伦敦分行当选英国中国商会CCCUK第三届理事单位，成为首家当选理事单位的股份制商业银行。

**10月25日** 汇添富基金作为投资管理人、浦发银行作为托管人的"中证长三角一体化发展主题交易型开放式指数证券投资基金"在上海证券交易所上市，总募集资金规模近75亿元，其中ETF基金募集规模64.29亿元，位列当年市场已发行成立的ETF基金的第3位。

**是日** 浦发银行推出数字跨境支付结算服务——"浦发跨境通"，并发布《进博会综合金融服务方案2.0》，为境内采购商、境外参展商、参展个人提供境内外、本外币、全方位、一体化的全功能综合性金融解决方案。

**是日** 浦发银行苏州分行落地江苏自贸区苏州片区首单进出口企业"关助融"项目，项目授信额度2 500万元。

**10月28日** 浦发银行公开发行500亿元可转换公司债券完成申购，11月1日完成发行，创下A股市场公开发行品种单笔最高融资金额的纪录。

**是日** 浦银国际控股有限公司联合中金资本运营有限公司发起设立"中金上海长三角科创发展大基金"，基金首期规模60亿元，将以股权投资的方式投资于长三角地区科创和经济一体化方面的优质项目，重点布局人工智能、先进制造、信息科技、集成电路、新能源新材料、大健康、教育文化产业等领域内各个投资阶段的优质股权投资项目。

**10月29日** 浦发银行举办首届跨境金融高峰论坛，并推出《新经济企业综合跨境服务方案》，根据新经济企业在红筹架构搭建、境外获资、跨境资本运作、境内外IPO上市等不同阶段及对应的跨境金融服务需求场景，提供开户结算、资金管理、跨境投融资、市场避险、跨境政策咨询等一揽子综合跨境金融产品和服务，发挥浦发银行国际化、综合化的经营优势，主动为各行业新经济企业定制一站式金融服务。

**是日** 浦银金融租赁股份有限公司落地上海自贸区临港新片区首单跨境船舶租赁业务，为法国达飞海运集团公司两条11380 TEU(标准箱)集装箱船舶提供总计1.09亿美元资金支持。

**11月1日** 浦发银行完成A股可转换公司债券发行工作，募集资金500亿元，扣除发行费用后募集资金净额约499.12亿元。11月15日,此A股可转债在上交所挂牌交易,简称"浦发转债",代码:110059。

**是日** 浦发银行上线"分行一体化研发平台""Call浦分行掌上应用平台""前台管理网站"等研发成果共享平台。

**11月2日** 浦发银行小微企业续贷服务中心在上海揭牌。

**11月5日** 浦发银行北京分行与广州分行合作,发挥"信用运营中心进行审核,跨分行信用运营中心放行"模式的作用,完成对公保函放款审核环节的跨分行运作。

**11月6日** 浦发银行党委书记、董事长郑杨在总行会见来访的中共山东省委常委、青岛市委书记王清宪一行,副行长王新浩、青岛分行行长张湧及总行相关部门负责人陪同参加。双方就全面深化银政合作、拓展合作领域、加快推进重点项目建设等内容进行深入交流,并达成广泛共识。

**11月7日** 浦发银行召开干部大会,宣布领导班子调整。中共上海市委组织部副部长陈皓出席会议并讲话,上海市国资委党委书记、主任白廷辉主持会议。市委组织部部务委员蒋云峰宣读了市委有关浦发银行主要领导任免的决定,因工作安排,刘信义同志不再担任浦发银行领导职务,潘卫东同志任浦发银行党委副书记、行长,提名副董事长,后续程序将按相关法律规定办理。

**11月11日** 浦发银行与上海市科技创业中心共同主办"长三角科技金融创新论坛暨科创企业上市培育库扩容发布仪式",并推出《科创企业培育库专属服务方案》。该方案为培育库内的科创企业提供"债、贷、股、资"四位一体的专属金融服务方案,满足科创企业在信用贷款、日常结算、跨境支付、投资并购等全方位金融需求。

**11月12日** 上海市人民政府下发《上海市人民政府关于潘卫东同志任职的通知》,正式任命潘卫东为浦发银行行长。

**11月14日** 浦发银行党委举行党委理论中心组学习扩大(视频)会暨"浦银大讲堂"开班仪式。第十三届全国政协委员、中央党校专家工作室首席领衔专家韩庆祥教授作党的十九届四中全会作辅导报告。党委书记郑杨主持会议并对全行学习贯彻党的十九届四中全会精神提出要求。

**是日** 浦发银行第三届金融科技创新大赛在新加坡隆重举行,这是浦发银行"科技合作共同体"拓展国际金融科技合作生态的重要布局,也是第一次在境外主办科技大赛。浦发银行行长潘卫东出席大赛并致辞,新加坡金融管理局(MAS)副司长李旭春及微软全球副总裁、亚太区总裁Ralph Haupter分别代表监管机构及合作伙伴致辞。

**11月15日** 浦发银行深圳分行与顺丰控股旗下Rong-E链平台合作,落地股份行首单供应商在线"丰单"融资业务,为其平台上下游企业提供在线供应链金融服务。

**11月18日** 中共西藏自治区党委常委、区政府常务副主席罗布顿珠在上海拜会浦发银行党委书记、董事长郑杨,双方围绕金融服务西藏精准扶贫、深化边疆建设等进行深入交流,就进一步以浦发智慧金融支持西藏特色优势产业、联系优质教育医疗资源援藏,加快银证合作等相关方面达成合作意向。

**是日** 浦银金融租赁股份有限公司与中国(上海)自由贸易试验区临港新片区管委会举行临港新片区首单跨境船舶租赁项目暨战略合作协议签约仪式,该项目是国内金融租赁公司在临港新片区落地的首单跨境租赁业务。

**是日** 浦发银行香港分行、浦银国际、上信香港及香港交易中心等在港机构正式入驻香港浦发银行大厦,并按照香港本地习俗举行新大楼入驻仪式。

**11月19日** 浦发银行参与出资的"中金上海长三角科创发展大基金"在沪举行签约仪式。该基金以上海、江苏、浙江、安徽等长三角区域为中心,以股权投资方式重点对上海及长三角地区的战略新兴产业、能源、交通、通信等基础设施和长三角经济一体化进行布局,由落地上海的主基金和三省一市的平行基金、协同基金组成,总规模在100亿—200亿元。

**是日** 浦发银行广州分行落地阿里巴巴集团个人经营性网贷项目——"1688备货贷"。该项目是在1688.com场景下的个人纯信用全线上经营性贷款,为1688平台上近50万户商家提供互联网金融服务。

**11月20日** 浦发银行与中国太平保险集团在总行签署战略合作协议,浦发银行党委书记、董事长郑杨,中国太平保险集团党委书记、董事长罗熹出席签约仪式,浦发银行副行长谢伟、中国太平保险集团首席战略顾问张可分别代表双方签署协议。

**11月21日** 浦发银行落地国开绿债的银行间与柜台市场同步承销业务,完成主承销的国家开发银行2019年第一期"债券通"绿色金融债券的缴款,银行间债券市场绿债承销量7亿元,柜台债承销量0.3亿元,承销量位居全市场第三。

**11月26日** 浦发银行昆明分行与云南省市场监督管理局签署关于推进实施企业登记全程电子化和企业开办"一窗通"合作备忘录。

**11月27日** 浦发银行牵头主承销珠海大横琴投资有限公司2019年度第一期中期票据发行,规模45亿元,期限5年,认购倍率2.46倍,票面利率为4.10%。募集资金主要用于支持科创企业发展、横琴口岸等重点项目建设。

**是日** 浦发银行与好未来教育集团签署战略合作协议,双方将积极推进"教育＋金融"领域重点业务合作。

**是日** 浦发银行智能客服系统——"智能小浦"完成在境内分行全面上线,实现电话银行智能语音服务全覆盖。全行应用首日,系统整体识别率达92%以上,达到同业领先水准。

**是日** 浦银金融租赁股份有限公司、浦发银行厦门分行合作落地厦门自贸片区首架国产ARJ21飞机租赁业务。此次落户的ARJ21是厦门自贸片区首架国产租赁飞机,同时也是厦门首架国产租赁飞机。

**11月28日** 浦发银行与中国国际金融有限公司在北京签署战略合作协议。双方将以此为契机,进一步深化互信协同,加强双方在零售、公司金融和金融市场等领域的合作,互相成为战略客户、携手开拓增量客户、共同服务优质客户,开启集团化综合银证服务新局面。

**是日** 浦发银行三年行动计划编制暨2019年全行务虚会议调研座谈会在北京召开,浦发银行党委书记、董事长郑杨,行长潘卫东出席并讲话,南京、天津、郑州、大连、济南、西安、青岛、呼和浩特等8家分行负责人发言。

**是日** 浦发银行济南分行举办中国(山东)自由贸易试验区济南片区金融高端论坛。中国人民银行济南分行、国家外汇管理局山东省分局、山东省地方金融监督管理局、中国(山东)自由贸易试验区济南片区管委会(筹)、济南市地方金融监督管理局、高新区管委会及各地市百余家重点企业代表参会。论坛上,浦发银行济南分行与济南高新区管委会签署《金融服务框架合作协议》,与浪潮集团、齐鲁制药等企业代表签署《自贸区业务金融合作框架协议》。

**是日** 浦发银行香港分行获得于香港交易所旗下之香港场外结算有限公司(OTC Clearing Ltd.)的离岸人民币及港元外汇远期及掉期清算交易资格,为香港首家获得此交易资格的中资股份制银行。

**是日** 上海国际信托有限公司作为受托机构的"中远海运租赁2019年度第二期绿色资产支持票据信托"设立,此项目获最高绿色等级评定G-1级,入池资产主要为西部地区水力发电租赁项目。

**12月3日** 浦发银行推出《小企业"1+N"线上整体解决方案1.0》,将金融服务嵌入政府平台、产业互联网平台、供应链平台、大数据平台、电商平台、核心企业平台等场景,形成"1+N"供应链金融生态圈。小企业可以直接在线预约开立企业结算账户、在线申请贷款、在线还款。浦发银行基于自主研发的智能风控体系,实现贷款在线审批、在线放款。

**12月4日** 浦发银行党委书记、董事长郑杨一行赴大连分行进行党建工作现场考核,听取分行领导班子作经营管理情况汇报,并看望一线员工。其间,郑杨拜会中共辽宁省委常委、大连市委书记谭作钧,大连商品交易所理事长李正强,并就共同合作持续加强防范化解金融风险、自贸区业务创新、金融支持城市重大项目建设、推动实体经济发展等方面深入交流。

**是日**　浦发银行受邀赴国家人力资源和社会保障部举办的区块链业务专题研讨。浦发银行介绍了区块链建设历程和实践案例,并提出了基于区块链技术的年金业务创新设想。

**12月5日**　浦发银行与中国信达资产管理股份有限公司签署战略合作协议。双方将以此为契机,充分发挥各自牌照优势,加强在不良资产处置、资产投放等重点领域的合作,为企业提供多元化综合金融服务,在实现优势互补、共赢发展的同时,合力推动实体经济的转型发展。

**是日**　浦发银行发行"长三角"主题信用卡,这是国内首张以长三角一体化建设为主题的信用卡。卡面设计突出长三角区域版图,并根据区域热点推出10项特色活动和权益。

**12月6日**　浦发银行与中国人寿保险集团签署战略合作协议,浦发银行党委书记、董事长郑杨等出席签约仪式,浦发银行副行长谢伟、中国人寿保险集团副总裁盛和泰分别代表双方签署协议。双方表示将发挥牌照互补优势,打造银保合作典范。在资产托管、资金运用业务、银保代理、养老金业务、委托投资等领域深化合作。同时,推动浦发银行各集团子公司与国寿集团在境外债券承销、经纪业务、投资基金产品、投资信托计划、项目推荐等业务方面进行深入合作。

**是日**　浦发银行南昌分行与中国邮政储蓄银行江西省分行签署全面战略合作协议。

**是日**　浦发银行杭州分行、大连分行落地花旗银行(中国)有限公司柜台共享业务。

**12月9日**　在中国人民银行电子信用证信息交换系统上线当日,浦发银行南京分行为客户开出全国股份制银行首单跨行电子国内信用证。

**12月11日**　浦发银行第二届职工代表大会第六次会议召开,选举吴国元、张宜临、何卫海为第七届监事会职工监事。

**是日**　浦发银行首款自主研发的大类资产量化策略指数——"浦银全球多资产战略指数"(彭博代码SPDBGMA1)上线。同期开发的"浦银周期轮动配置指数"(彭博代码SPDBGCS1)也已启动实盘运行。

**12月12日**　浦发银行与跨境银行间支付清算有限责任公司签署战略合作协议。双方发挥各自优势,进一步加强在跨境人民币、CIPS业务、金融市场、国际业务等领域的合作,实现优势互补、合作共赢。

**是日**　浦发银行与三菱日联银行(中国)有限公司签署《理财业务合作备忘录》。

双方进一步发挥互补优势,深化在理财、资产托管等领域的合作。

**12月13日**　在2019年全国高校金融科技高峰论坛上,由浦发银行与百度联合研制的银行业首位数字员工——"小浦"正式上线。数字员工采用电影工业级的人像建模技术,能与人进行自然语言对话,可支持与平板电脑、手机、PC等设备交互。

**12月16日**　浦发银行2019年第一次临时股东大会召开,会议审议并通过《关于董事会换届改选的议案》《关于监事会换届改选的议案》《关于发行无固定期限资本债券及相关授权的议案》和《关于发行减记型二级资本债券及相关授权的议案》4项议案。会议选举郑杨、潘卫东、陈正安、刘以研等14名董事组成第七届董事会;选举孙建平、孙伟、曹奕剑、李庆丰、吴坚、王跃堂为监事,与浦发银行第二届职工代表大会第六次会议选举的吴国元、张宜临、何卫海3位职工监事组成第七届监事会。

**是日**　浦发银行第七届董事会第一次会议选举郑杨为董事长,潘卫东为副董事长,聘任潘卫东为行长;同日召开的第七届监事会第一次会议选举孙建平为监事会主席,会议审议通过《关于2019年度高管(职业经理人)考核目标责任书的议案》《关于追加高级管理层年度核销授权的议案》。

**是日**　在中国外汇交易中心与上海清算所联合推出以境内债券为抵押品的外币回购业务的首日,浦发银行落地市场首单交易,并与中国建设银行、招商银行、浙商银行等同业机构开展交易。当日成交总量等值6.6亿美元,浦发银行是首日市场成交量最大的机构。

**是日**　浦银国际控股有限公司设立"普盈香江固收两宜理财基金",这是浦银国际第一次推出开放式固定收益基金产品。

**12月19日**　浦银国际全资子公司——浦银国际证券有限公司获得香港证监会颁发的第一类"证券交易"及第四类"就证券提供意见"牌照。

**12月21日**　浦发银行天眼系统3.0版本投产启用,建立了总分行自主监测平台,支持自主开展非现场风险监测,还扩展监测范围,基本覆盖对公、零售、金融市场等业务。

**12月24日**　浦发银行与新华人寿保险股份有限公司及新华资产管理股份有限公司签署战略合作协议。双方将发挥牌照互补优势,积极在银保代理、资产托管、委托投资、养老保障等领域开展合作,实现优势互补、合作共赢。

**12月26日**　根据中共上海市委办公厅印发的《关于深化市纪委监委派驻机构改革的实施意见》精神和《关于市纪委监委向市管金融企业派驻纪检监察组的实施方案》要求,上海市纪委监委驻浦发银行纪检监察组正式设立,姜方平任组长。纪检监察组是上海市纪委监委的派出机构,由上海市纪委监委直接领导,向上海市纪委监委负责。派驻纪检监察组与浦发银行是监督与被监督的关系,履行对浦发银行的监督责任。

**是日** 浦发银行石家庄分行与中国银联股份有限公司河北分公司签署战略合作协议。

**12月27日** 浦发银行与山西省人民政府签署战略合作协议,中共山西省委副书记、代省长林武,浦发银行党委书记、董事长郑杨出席签约仪式,山西省副省长吴伟、浦发银行副行长王新浩分别代表双方签署协议。根据协议,浦发银行将为山西省提供信贷、非信贷融资、地方债券承销、PPP项目合作以及贸易融资等金融支持。双方将在能源矿产、城市基建、战略性新兴产业、综改示范区建设、乡村振兴等领域进一步加强合作。签约仪式上,浦发银行太原分行分别与山西国际能源集团有限公司、山西金控集团有限公司、山西煤炭进出口集团有限公司、大运汽车股份有限公司等4家企业签署银企全面战略合作协议。

**12月30日** 浦发银行郑州分行与河南省供销合作总社签署战略合作协议。

**12月31日** 中国人民银行正式同意浦发银行深圳分行启动RCPMIS-自由贸易账户子系统接入工作。

**是日** 浦发银行对浦银金融租赁股份有限公司、上海国际信托有限公司、浦银安盛、浦银国际、国利货币等子公司开展全面风险现场检查,检查范围覆盖融资租赁、自营投资、资产管理、投资银行、融资信托、基金管理和货币经纪等各类业务,首次实现了母行对并表机构的现场检查全覆盖。

**是年** 浦发银行实现营业收入1 906.88亿元,同比增长11.60%;实现利润总额698.17亿元,同比增长6.94%;税后归属于母公司股东的净利润589.11亿元,同比增长5.36%。集团资产总额70 059.29亿元,同比增长11.39%;其中,本外币贷款总额39 720.86亿元,同比增长11.91%。集团负债总额64 448.78亿元,同比增长10.90%;其中,本外币存款总额36 278.53亿元,同比增长12.42%。不良贷款率2.05%,较上年末上升0.13个百分点;不良贷款的准备金覆盖率133.73%,比上年末下降21.15个百分点;贷款拨备率(拨贷比)2.74%,比上年末降低0.23个百分点。

**是年** 浦发银行位列英国《银行家》杂志"全球银行1 000"第24位,居上榜中资银行第9位;以139.47亿美元品牌价值,位列"全球银行品牌500强"第17位,居上榜中资银行第7位,品牌评级AA;位列美国《福布斯》杂志"全球企业2 000强"第65位,居上榜中资企业第13位、中资银行第9位;位列美国《财富》杂志"财富世界500强"第216位,居上榜中资企业第56位、中资商业银行第8位。

# 2020 年

**1月1日** 浦发银行完成2019年年终决算工作。年终决算现场通过"年终决算流程管理系统",及时掌握决算日各项任务的完成情况,首次将海外分行、离岸、信用卡加入过程控制;实时掌握各级账务机构的关账情况、外部清算渠道、行内各账务系统的关闭进程以及境内总分行存贷款数据、核心交易笔数等实时数据。同时,此次年终决算首次实现由总账系统独立承担年终决算账务处理,使核心业务系统的停机时间大幅缩短,进一步优化了客户体验,提高了年终决算效率。

**是日** 浦发银行北京分行获"2018—2019年全国金融系统思想政治工作标兵单位"荣誉称号。

**1月3日** 浦发银行重庆分行与重医附二院北部宽仁医院落地智慧医疗合作项目,这是重庆分行首个智慧医疗项目。分行利用大数据、人工智能等新技术,与院方共同建设智慧医疗系统,搭建就医流程建设信息化系统,解决患者就医痛点,为医院提供信息、效率等方面支持。

**1月4日** 浦发银行举办第十三次全行志愿者日活动,以"浦绘童梦,星好有你"为主题,全行上万名志愿者走进社区、贫困村、希望小学,为特殊儿童、困难儿童搭建与社会沟通的平台,并捐赠55.9万元用于为自闭症、脑瘫儿童等提供免费艺术疗愈课程。

**1月5日** 浦发银行与河南省农村信用社联合社签署战略合作协议。双方将发挥牌照互补优势,在资金业务、代理业务、金融科技、风险管理及人才交流等领域开展合作。

**1月7日** 浦发银行与网联清算有限公司签署全面战略合作协议。双方将在零售支付、跨境支付、普惠民生等领域发挥金融科技优势,协同开展支付产品创新,提供便民利民服务。

**1月8日** 浦发银行上海分行参与某世界500强企业的海外银团贷款业务,是自贸业务领域落地的首单大宗商品贸易型企业海外银团贷款业务。

**1月9日** 浦发银行与上海市大数据中心签署全面战略合作协议,通过政银合作助力上海"一网通办"平台建设,依托银行网点和服务渠道,为客户提供一站式"政务＋金融"服务。

**是日** 浦发银行与大连商品交易所、大连市金融局联合举办"浦银避险——金融服务实体经济"专题研讨会并发布《2020年市场展望蓝皮书》。

**是日** 浦发银行深圳分行落地某物流行业新经济企业的并购过桥贷款,金额8 000万美元,系全行首单VIE模式项下的红筹结构过桥融资。

**是日** 浦银金融租赁股份有限公司与江南造船(集团)有限责任公司举行超大型液化乙烷船(VLEC)造船项目签约仪式。所采购的9.8万立方超大型液化乙烷船是全球容量最大的乙烷船首制船。

**1月10日** 浦发银行与上海市黄浦区人民政府在总行签署战略合作协议,浦发银行党委书记、董事长郑杨,中共黄浦区区委书记杲云出席签约仪式,浦发银行行长潘卫东与黄浦区区长巢克俭分别代表双方签署协议。双方将在区域经济发展、旧区改造、城市更新、金融聚集带建设、区域商业升级改造、国资国企改革、智慧云、科技金融、普惠金融服务等方面开展全方位合作,共同贯彻落实好中央交给上海的"三大任务"和"一个平台"有关要求,共同推进上海"五个中心"和"四大品牌"建设。

**1月13日** 浦发银行与上海市虹口区人民政府签署战略合作协议,浦发银行党委书记、董事长郑杨,中共虹口区区委书记吴信宝出席签约仪式,浦发银行行长潘卫东与虹口区区长胡广杰分别代表双方签署协议。双方将继续围绕旧区改造、北外滩区域开发、国资国企改革、民生保障领域建设、支持科技金融发展等领域开展深入合作,提高银政合作的深度和广度,共同推进区域经济高质量发展。

**是日** 浦发银行第七届董事会第二次会议审议通过,印发《上海浦东发展银行股份有限公司内部审计章程(B/1)》。

**1月14日** 浦发银行与东方财富集团举行合作交流会并签署全面合作协议。双方将通过深化集团协同、重点业务驱动,更好服务双方零售、公司、机构客户,通过数字化平台对接合作,实现优势互补,创造更大价值,推动双方合作共赢。

**是日** 浦发银行深圳分行落地前海蛇口自贸片区首个自由贸易分账核算单元账户(FT账户)。

**1月15日** 浦发银行"e同行"平台"利率债销售"功能上线,成为股份制商业银行中首个实现利率债线上投标功能的同业平台。

**1月16日—17日** 浦发银行召开2020年全行工作会议暨党建工作会议。会议全面总结2019年全行经营管理和党建工作,部署2020年全行经营管理和党建工作。党委书记、董事长郑杨对全行"三年行动计划"起草情况进行说明,并作会议总结讲话。党委副书记、行长潘卫东作题为《统一思想，聚焦效益，突出重点，夯实基础，全面开启高质量发展新征程》的讲话。党委副书记陈正安代表党委作党建工作报告。副行长、财务总监王新浩作全行经营财务分析报告。驻行纪检监察组组长姜方平通报剖析违纪违法案例并部署纪检监察工作。会议对全行2020年公司业务、零售业务、金融市场业务、风险管理、运营管理、合规内控等各专项领域工作进行部署。

**1月17日** 浦发银行上海分行落地信惠集团的跨境双向人民币资金池业务。这是浦发银行首次为"一带一路"企业搭建资金池，满足企业对海外工程项目建设进行资金集中管理的需求。

**1月21日** 浦发银行太原分行与山西省市场监督管理局签署战略合作协议。

**1月22日** 浦发银行召开视频会议，传达习近平总书记、李克强总理和上海市委市政府关于做好新型冠状病毒感染的肺炎疫情防控工作相关精神。党委书记、董事长郑杨强调：全行员工要切实把思想和行动高度统一到党中央、国务院部署要求上来，增强"四个意识"、坚定"四个自信"、做到"两个维护"，坚持以人民为中心、客户至上的理念，切实把各项防范工作做深做细做到位。全行各单位必须全面排查防控，做到关口前移，加强对本辖情况的疫情动态监测报告；必须压紧压实责任，狠抓工作落实，严格落实各级党政一把手第一责任人责任、分管领导直接责任、班子成员"一岗双责"、各部门职能责任和各地属地责任。行长潘卫东要求：各单位认真贯彻落实好上级精神，从抓好卫生防疫、强化自律意识和责任意识、落实应急预案、加强舆情监控等四个方面作了工作部署。

**是日** 浦发银行印发《并表风险管理办法》，建立全方位、多层级、穿透式的并表风险管理机制，进一步强化各层级风险管理职责、推进风险管理有机融合。

**是日** 浦发银行印发《境外分行管理办法》，明确三道防线职责要求，强化制度内容顶层设计，有效体现"一个法人"和"境内外兼顾"的管理思路。

**1月26日** 浦发银行首批捐资2 200万元，全力支持新冠肺炎疫情防控工作。

**1月27日—29日** 浦发银行武汉分行为"火神山"医院承建单位优化支付渠道，确保中建三局对其合作单位近3亿元资金结算业务，在特殊时期践行金融企业社会责任。

**2月2日** 浦发银行响应央行等五部委联合下发的《关于进一步强化金融支持防控新型冠状病毒感染肺炎疫情的通知》要求，推出两项抗疫情专项金融服务方案：一是制订抗击疫情应急周转资金贷款业务专项方案，开辟对公客户应急周转资金快速审批通道，快速响应疫情防控相关融资需求；二是制订抗击疫情国际结算业务专项方案，开辟对公客户国际结算快速办理通道，高效快捷的线上服务为企业抵抗疫情、为外贸保驾护航。

**2月5日**　浦发银行独家主承销的珠海华发集团有限公司2020年度第三期超短期融资券发行,发行规模10亿元,期限90天,票面利率2.50%。募集资金主要用于防控疫情及相关实体经济的流动性需求。

**2月6日**　浦发银行面向基金、城农商行、信托、证券等金融机构销售2.2亿元国家开发银行、2 000万元中国进出口银行"战疫专项债"。14家分行、21家客户通过"e同行"平台,完成了国开行战疫债、进出口行战疫债的投标,助力打赢疫情防控阻击战。

**是日**　浦发银行获得中国网络安全审查技术与认证中心颁发的ISO20000-1:2018认证证书。

**2月13日**　浦发银行印发《关于当前疫情形势下持续稳妥做好不良资产清收处置工作的通知》,要求各分行适应疫情防控需要及时转变保全工作方式,积极运用相关系统工具、外部公开网站、司法网站、法院网上立案系统等信息化手段,实现全行保全工作不断档、精神不松懈、目标不放松,并对疫情形势下全行加大企业不良重组支持力度、强化核销政策手段运用、推进重点项目不良资产债转股等工作进行重点部署。

**2月14日**　浦发银行推出"甜橘"App,着重聚焦购房客群在不同时期的需求,为客户提供从看房选房、贷款申请到居住生活优惠权益的全面服务,并基于流程重构实现按揭贷款线上化受理。

**2月21日**　浦发银行牵头主承销的黄石市城市建设投资开发有限责任公司2020年度第一期定向债务融资工具(疫情防控债)10亿元发行。这是湖北省首支疫情防控定向债务融资工具,债券期限3年,发行利率是同类产品历史最低,为疫区企业节约了资金成本。

**2月26日**　浦发银行成立党委全面深化改革领导小组,由党委书记、董事长郑杨担任组长,行长潘卫东、党委副书记陈正安担任副组长。小组成员包括党委班子成员、公司业务总监、零售业务总监、风险总监、首席审计官、党委办公室、党委组织部(人力资源部)、资产负债管理部、公司业务部、零售业务部、金融机构部、运营管理部、信息科技部、战略发展与执行部、法律合规部主要负责人。领导小组办公室由党委办公室和战略发展与执行部共同组成。领导小组通过统筹谋划、系统推进重点领域改革,纵深驱动全行高质量发展行稳致远。

**2月27日**　浦发银行行长潘卫东出席"上海市新冠肺炎疫情防控第35场新闻发布会"并回答记者提问。截至2月26日,浦发银行已对全国494户疫情防控相关企业,批复授信额度715亿元。其中湖北区域企业28户,授信总额70亿元,通过债券市场积极支持企业发展。现已累计投资购买"抗击疫情主题债"17支,共33.91亿元,为全国15家企业承销"疫情防控债",总规模118.5亿元。对遇到的到期还款资金不足或还款不便等情况的个人客户,浦发银行为其提供宽限期服务,已为34.31万个人客户提供此服务,并为宽限期还款客户主动修复征信记录。

**是日** 浦发银行郑州分行落地全行首单理财投资保障房资产支持专项计划业务。该笔业务也是中部六省首单保障房资产支持专项计划,发行总金额共计12.9亿元,浦发银行簿记中标优先级2亿元。

**2月28日** 浦发银行中标中国邮政储蓄银行800亿元永续债主承项目,首次主承销国有大行金融债券。

**是日** 浦发银行印发《不良资产尽职调查系统工具运用指引1.0》,详细介绍了行内外各项系统尽调工具,为分行对不良客户主体信息、行内外资产信息、涉诉信息、投融资信息等方面进行资产线索排查和尽调提供了具体方法和工具指引,进一步提高不良资产处置成效。

**3月1日** 浦发银行正式建成新的全行审查工作标准体系,审查模板体系总计5大类、14小类授信,规范了审查要点,提升质量、效率成果显现。

**3月5日** 浦发银行上海分行推出《临港新片区跨境人民币结算便利化服务指引》,首批落地50余家企业,涵盖人工智能、生物医药、航空航天、新能源汽车、高端装备等新片区重点支持发展的产业。

**3月17日** 浦发银行入选交通银行金融债券主承销商合作名单,有效期3年,并入围交通银行2020年1 300亿元金融债发行主承销资格。

**3月18日** 浦发银行召开全行低成本负债、中间业务收入业务动员(视频)会议,部署拓展低成本负债及中间业务收入工作。

**3月19日** 经跨境银行间支付清算有限公司批复,花旗银行(CitiBank)新加坡分行通过浦发银行参加人民币跨境支付系统(CIPS)。

**3月20日** 浦发银行重庆分行与重庆市渝中区人民政府签署战略合作协议。

**3月23日** 浦发银行落地全市场首批人民币利率期权交易,并通过集团投资企业——上海国利货币经纪有限公司落地全市场首单经纪成交的利率互换期权业务。

**3月25日** 上海市国资委党委书记、主任白廷辉,副主任康杰一行来浦发银行调研,浦发银行党委书记、董事长郑杨,行长潘卫东参加调研座谈。白廷辉表示,浦发银行认真贯彻市委市政府部署要求,在抗击疫情中主动服务、担当作为,坚持一手抓疫情防控,一手抓经营发展,为全市乃至全国经济社会发展作出的重要贡献。

**是日** 中央国债登记结算有限责任公司首次认购浦发银行理财产品,规模20亿元。

**3月26日** 浦发银行印发《上海浦东发展银行(集团)2019—2021年行动计划》。

**3月30日** 浦发银行郑州分行与郑州市中级人民法院签订业务合作协议,开立法院案管账户。

**3月31日** 为贯彻落实"金融30条",中国人民银行上海总部举办新闻发布会,推出《中国(上海)自由贸易试验区临港新片区境内贸易融资资产转让业务操作指引》,正式启动在临港新片区内试点开展境内贸易融资资产跨境转让业务。在新政发布后,浦发银行上海分行按照《指引》,第一时间完成业务落地,将名下国内信用证福费廷资产转让给境外交易对手浦发银行新加坡分行,通过高效的全行境内外联动,推动创新落地,进一步支持实体经济发展。

**是日** 浦发银行广州分行与广东省工业和信息化厅签署《助力制造业企业满工满产合作协议》。

**4月4日** 浦发银行零售信贷创新产品"发呗"落地首个项目——长沙分行移动信用购机。

**4月7日** 浦发银行长三角一体化示范区管理总部在上海成立,进一步深入参与长三角一体化发展建设,在跨区合作、配套服务、信息共享等领域积极先行先试,更好地服务长三角一体化高质量发展。浦发银行党委书记、董事长郑杨和长三角生态绿色一体化发展执行委员会副主任、上海市发展和改革委员会副主任张忠伟共同揭牌。上海市国有资产监督管理委员会、上海市地方金融监督管理局、青浦区政府相关领导出席揭牌仪式。

**4月9日** 浦发银行昆明分行与云南省退役军人事务厅签署《拥军优抚合作协议》。

**4月10日** 浦发银行2020年全行第一季度(视频)会议在上海召开。党委书记、董事长郑杨出席会议并讲话,行长潘卫东作全行一季度经营工作报告。会议强调,一季度全行主要经营指标开局良好,下一阶段要再接再厉,加快改革发展步伐,加快落实三年行动计划,高起点高标准做好新五年规划编制工作。

**4月13日** 浦发银行与国家医疗保障局签署框架合作协议,成为首批与国家医保局签约的商业银行之一。双方将建立长期合作机制,充分发挥各自资源及优势,进一步深化合作,助力国家医保局推进医保电子凭证和移动支付应用。

**是日** 浦发银行武汉分行落地分行首单农民工工资保函,为中国葛洲坝集团市政工程有限公司成功开立两笔、总额451.72万元的农民工工资保函。

**4月14日**　浦发银行与国泰君安证券举行合作交流会并签署战略合作协议。双方将以此次签约为契机,加强资源共享和优势互补,全面深化在防疫复产、长三角一体化、科技金融、财富管理等领域合作,并进一步提升13项具体业务的合作规模,推动双方实现合作高渗透、规模扩增长、产品多创新、生态共建设的互利共赢模式。

**是日**　浦发银行石家庄分行与河北石药大药房连锁有限公司签署战略合作协议。双方将在医保账户清算管理、支付场景智慧搭建、收单账户结算管理、短期融资等方面实现多项合作。

**4月16日**　浦发银行印发《上海浦东发展银行股份有限公司审计基本准则(B/0)》等审计准则。

**4月17日**　浦发银行上海分行落地自贸新片区首单FT项下货物转手买卖贸易结算业务,按照国际通行做法为埃克森提供转手买卖结算服务。

**是日**　浦发银行乌鲁木齐分行与新疆中泰集团签署供应链金融银企战略合作协议。

**4月21日**　浦发银行获准在全国银行间债券市场公开发行不超过500亿元人民币金融债券,核准额度自决定书发出之日起2年内有效。

**是日**　浦发银行西安分行与西安市高新区管委会、经开区管委会、航天基地管委会、航空基地管委会签订《科技金融合作协议》,与市内优质担保公司签订《科技金融合作协议》,与市内优秀科技企业代表签订《融资额度协议》。

**4月22日**　浦发银行武汉分行与中国城乡集团公司签署信贷支持协议,携手抗击疫情,助力企业发展,加快推动武汉疫后重振。

**4月24日**　上海市政协主席董云虎率部分委员来浦发银行调研,实地察看营业厅、党建工作室并座谈交流,深入了解上海市金融企业应对疫情挑战,服务实体经济有关情况。浦发银行党委书记、董事长郑杨陪同调研并汇报浦发银行贯彻落实党中央和上海市委部署,扎实抓好疫情防控,全力支持企业复工复产,实现均衡稳定发展的相关情况,监事会主席孙建平陪同。董云虎一行对浦发银行做大做优做强行业品牌所取得的成绩表示肯定,并围绕充分发挥银行金融机构支柱作用,助推上海全面实施三项新的重大任务,建设"五个中心""四大品牌",强化"四大功能",助力实现高质量发展、创造高品质生活深入交流。上海市政协秘书长贝晓曦参加调研,浦发银行党委副书记陈正安,副行长徐海燕、崔炳文陪同。

**是日**　浦发银行上海分行落实全行首单产城融合贷款,为上海市文化创意产业园区发放产城融合贷款10亿元。

**4月27日—29日**　浦发银行在银行间市场完成2020年第一期金融债券发行,

规模 500 亿元,期限 3 年,票面利率 2.08%。本期债券全场认购倍数达 1.76 倍,参与机构近 150 家。

**4月28日** 浦发银行首次落地单笔超 10 亿元家族信托业务。

**是日** 浦发银行太原分行团委获 2019 年度"全国五四红旗团委"荣誉称号。

**4月29日** 浦发银行昆明分行与中国工商银行云南省分行合作,落地票据"贴现通"贴现业务。

**5月6日** 浦发银行落地银行间市场新一代衍生品平台的人民币利率互换交易,并为市场提供全品种活跃报价。平台上线首日,浦发银行交易笔数位列全市场第一,交易量位列全市场第三。

**是日** 中国外汇交易中心上线银行间市场本币交易回购及衍生品(一期)新一代交易平台。浦发银行在上线首日落地市场首单跨托管质押式回购交易,成为全市场首批九家请求报价资金交易商之一。

**是日** 浦发银行青岛分行落地全行首单代客人民币利率期权业务,锁定企业人民币贷款上限成本,降低企业经营压力。

**5月7日** 中共上海市委常委、常务副市长陈寅一行赴浦发银行调研,实地察看营业厅、党建工作室并座谈交流,深入了解金融企业服务实体经济、应对疫情挑战及未来发展规划等有关情况。浦发银行董事长郑杨、行长潘卫东、监事会主席孙建平陪同,并汇报推进经营发展、服务国家战略、抓好疫情防控等工作情况。陈寅对浦发银行 27 年来特别是近年来取得的成绩表示充分肯定,对浦发银行三年行动计划以及下一步发展思路表示赞同,并指出浦发银行要立足大局、放眼长远,紧紧围绕习近平总书记对上海提出的"四大功能""三大任务"和上海高标准建设"五个中心"的要求,遵循银行业发展的基本规律,加快提升金融科技水平,强化管理穿透力,在更好对接国家战略、服务实体经济的过程中,实现高质量可持续发展,朝着建设具有国际竞争力的一流股份制商业银行阔步前行。上海市政府副秘书长、上海市发展和改革委员会主任马春雷,上海市地方金融监管局局长解冬,上海市国有资产监督管理委员会主任白廷辉参加调研。浦发银行党委副书记陈正安、副行长王新浩等陪同。

**是日** 浦发银行在"Call浦"App 上线"浦发志愿者"应用,员工可在线注册、活动报名、服务打卡等。

**是日** 中国进出口银行发行支持湖北振兴主题金融债券,发行数额 50 亿元。浦发银行参与债券承销,实际中标 23.1 亿元,承销量位居全市场第一,支持疫情后的湖北经济振兴。

**是日** 浦发银行郑州分行落地全行首单自营资金受让同业借款业务,总金额 10

亿元。

**5月8日** 浦发银行在中国外汇交易中心同业拆借平台达成自贸账户项下外币拆借交易。

**5月12日** 浦发银行上海分行落地上海自贸新片区首单全功能型跨境双向人民币资金池,为密尔克卫集团完成境外集团成员单位的资金入账。

**是日** 浦发银行上海分行落地长三角一体化发展示范区内对公客户办理双异地开户业务,针对注册地、经营地都不在上海的企业,实现示范区内互通开户。

**5月13日** 浦发银行举行党委理论学习中心组扩大(视频)学习会暨2020年第2期"浦银大讲堂",党委书记、董事长郑杨解读全行三年行动计划,深入阐述战略目标和战略路径的重要内涵,对切实增强全行战略执行的紧迫感提出了具体要求。

**5月15日** 浦发银行与中国核工业集团签署总对总战略合作协议,将充分发挥各自专业优势,在传统信贷、投资银行、海外并购、产业基金等方面开展全方位合作,共同推动核技术领域的金融服务迈上新台阶。

**是日** 浦发银行杭州分行作为牵头主承销商,落地分行首单资产支持票据承销业务。业务注册总规模100亿元,分行承销份额50亿元。

**5月18日** 浦发银行获得2020年中国进出口银行永续债券主承销商资格,首次入围进出口银行永续债券主承销团。

**是日** 浦发银行成为易方达基金销售监管业务托管行。

**5月20日** 浦发银行哈尔滨分行落地哈尔滨市首单"互联网+不动产抵押登记"业务,成为该业务的首家试点银行。

**5月22日** 浦发银行昆明分行落地分行首单资本市场业务,为一心堂药业集团股份有限公司开展限制性股票激励计划。

**5月25日** 浦发银行西安分行落地8亿元重点集团客户银票贴现业务,该业务是西安分行首次通过同业间报价竞标方式获得客户银票贴现业务的主办权。

**5月26日** 浦发银行2020年全面从严治党工作会议召开。党委书记、董事长郑杨出席会议并讲话,党委副书记、行长潘卫东出席会议并传达十九届中央纪委四次全会、十一届上海市纪委四次全会和上海市国资委系统全面从严治党工作会议精神,上海市纪委、监委驻行纪检监察组组长姜方平传达市纪委有关领导讲话精神,上海市纪委、监委派员参加会议。会议指出:全行坚持把党的政治建设摆在首位,扎实推进全面从严治党,以全面从严治党引领从严治行,"学"的基础进一步稳固,"硬"的作风进一步展现,"严"的态势进一步形成,"查"的力度进一步加大,"改"的成效进一步显现,"督"的合力进一步发挥,推动各项工作迈上新台阶。

是日　浦发银行深圳分行落地华润资产管理有限公司的履约保函业务，为全行首单上市公司要约收购履约保函，开创浦发银行参与国企混合所有制改革的业务新形式。

是日　浦发银行上海分行落地中债登"全球通 2.0"业务，为新加坡分行提供境内债券投资的结算代理服务，帮助海外分行交割超过 1 亿元银行间市场政策性银行债。

5 月 26 日—27 日　中国共产党浦发银行第一次代表大会召开，中共上海市委组织部、上海市国资委、上海市金融工作局有关领导应邀出席会议。浦发银行党委书记、董事长郑杨，党委副书记、行长潘卫东，党委副书记陈正安出席会议。应到代表 163 人、实到代表 159 人出席会议，总行部分老领导应邀列席会议。会议期间，代表们分成 6 个代表团进行分组讨论，充分发扬民主，认真履职尽责，审议通过了郑杨所作工作报告和大会决议，书面审议并通过党代表任期制实施办法，党费收缴、使用和管理情况的报告等会议文件。全体代表以无记名投票方式差额选举产生中国共产党浦发银行第一届委员会委员，丁蔚、王新浩、刘以研、陈正安、郑杨、姜方平、崔炳文、谢伟、潘卫东当选。会后，新一届党委召开第一次全体会议，郑杨当选为党委书记，潘卫东、陈正安当选为党委副书记。

5 月 29 日　大连商品交易所上线标准仓单交易系统，浦发银行获得首批交易资格，并成为首家参与大商所标准仓单交易的银行。

6 月 1 日　中国银行保险监督管理委员会上海监管局印发《关于浦发硅谷银行有限公司变更注册资本的批复》，同意浦发银行向浦发硅谷银行增资 2.5 亿元，浦发硅谷银行注册资本由 10 亿元等值人民币增加到 15 亿元等值人民币。

是日　浦发银行启动集团并表统一视图项目，联通母子公司信息系统、打破监测预警数据壁垒，实现"全覆盖、自动化、精准化、可视化"的建设目标。

6 月 2 日　浦发银行与银华基金落地全行首单跨季、跨市场债券借贷业务，规模 1 亿元。

是日　浦发银行昆明分行入选昆明市建设领域农民工工资专用账户监管服务银行。

6 月 3 日　浦发银行巴塞尔协议 III 最终版实施工作领导小组召开 2020 年第一次会议，听取巴塞尔协议 III 最终版整体实施情况，以及信用风险、市场风险、操作风险 3 个咨询项目进展情况的汇报。

是日　浦发银行上海分行联合杭州分行落地长三角一体化专项授权授信业务。

6 月 4 日　浦发银行发行"幸福长三角"主题借记卡，围绕长三角地区丰富的旅游、购物、文化、生活等资源，线上、线下融合，个性化、定制化服务叠加，场景化经营，全力支持长三角一体化高质量发展。

**是日** 浦发银行与上海清算所、浦银安盛基金共同签署《银行间市场清算所股份有限公司基金份额质押三方合作协议》,标志着浦发银行在全市场率先推出利率互换代理清算模式下高等级信用债基金抵充利率互换保证金业务。

**6月5日** 浦发银行印发《预算管理办法》,明确全行预算管理的总体原则、组织架构、编制下达、控制执行分析、滚动调整、考核评价等内容,以推进全行资源配置优化,确保战略目标实现,规范预算管理工作。

**是日** 浦发银行南宁分行辖属广西自贸试验区南宁片区支行正式开业。

**6月10日** 浦发银行联合花旗银行(CitiBank)推出"全新跨境电商全球收款服务",为在亚马逊(Amazon)平台开店的外贸小微企业提供秒级注册、快速收款、在线结汇等整体金融解决方案。

**是日** 浦发银行在自贸区分账核算单元(FTU)项下与法国巴黎银行(BNP Paribas)达成外币债券买入交易,并于6月12日完成交割清算,落地浦发银行首单FTU项下外币债权投资业务。

**6月11日** 浦发银行与湖北省人民政府在武汉签署《关于金融支持湖北省经济高质量发展战略合作协议》。双方围绕金融支持湖北省疫情防控和经济社会恢复发展、重大项目建设、金融产品创新等进行深入交流,共同表达进一步深化银政合作的意愿。浦发银行将在未来3—5年内为湖北地区提供不低于2 000亿元的专项融资额度,全力支持湖北重点企业复工复产和后续发展,并在贷款利率优惠、地方债券发行、扶持小微企业、人员就业等方面提供支持,助力湖北实现经济高质量发展战略目标。

**6月16日** 浦发银行深圳分行落地自营资金投资光大水务(深圳)有限公司污水处理收费权ABS业务,系全行首单基础设施类资产证券化投资业务。

**是日** 浦发银行杭州分行落地全行首单跨境电商全球收款资金入账。

**6月18日** 为支持疫情后经济重建,财政部启动抗疫特别国债发行计划,第一、二期总计发行1 000亿元。浦发银行积极参与此次抗疫特别国债的承分销工作,承销32.80亿元,承销量排名股份制银行第二,为疫情后经济振兴提供金融支持。

**是日** 浦发银行上海分行落地分行首单客户电子证照对公结算账户开立业务。

**是日** 浦发银行上海分行落地资管模式PE股权基金产品创设。此次创设的"博时资本—铂瓴天成X号集合资产管理计划"首期获批规模3亿元,由博时资本主动管理,募集资金用于认购由高瓴资本发起管理的高瓴第三期人民币主基金的LP份额,将投资于未上市公司股权,重点投资领域为消费、医疗、互联网等。

**6月19日** 浦发银行召开2019年度股东大会,董事长郑杨主持。会议审议通过

《公司2019年度董事会工作报告》《公司2019年度监事会工作报告》《公司2019年度财务决算和2020年度财务预算报告》《公司2019年度利润分配的预案》《公司关于2020年度续聘会计师事务所的议案》《公司关于修订〈公司章程〉的议案》《公司关于修订〈董事会议事规则〉的议案》《公司关于修订〈监事会议事规则〉的议案》《公司关于投资国家绿色发展基金的议案》《公司关于设立金融资产投资公司的议案》，听取了《公司2019年度独立董事述职报告》《公司2019年度关联交易情况的报告》《公司监事会关于2019年度董事、监事和高级管理人员履职评价情况的报告》。

**6月20日** 浦发银行在外汇交易中心推出的iDeal工作台上，落地人民币利率互换全品种全期限报价，成为全市场首家iDeal利率互换报价商。报价品种包括LPR_1Y、LPR_5Y、Shibor_3M、FR007等。

**是日** 浦发银行通过上海、合肥、西安、新加坡四地远程协同，完成境外信贷风险管理系统二期建设（额度及押品管控模块）投产及存量数据迁移工作，并在新加坡分行正式上线。

**6月21日** 浦发银行拉萨分行落地分行首单企业年金业务，为中国检验认证（集团）有限公司西藏有限公司提供企业年金托管业务。

**6月22日** 中国太保GDR（全球存托凭证）首单18.106亿美元募集资金全额落地其在浦发银行伦敦分行开设的上市募集账户。这是浦发银行首次开立沪伦通上市募集账户、首次成为GDR发行收款银行、首次全流程服务上海市属国企在浦发银行伦敦分行开立账户。

**6月23日** 浦发银行对公综合自助设备上线对公自助开户及产品签约受理功能。

**7月2日**，浦发银行全面深化改革领导小组召开第一次会议，党委书记、董事长、深改小组组长郑杨主持会议。会议主要审议风险管理、合规内控等有关领域的改革建议方案，要求加强顶层设计，强化统筹组织，深入推进相关体制机制优化工作。

**7月3日** 浦发银行与中国银联股份有限公司签署战略合作协议。浦发银行党委书记、董事长郑杨，行长潘卫东，中国银联董事长邵伏军，总裁时文朝出席签约仪式，浦发银行副行长谢伟、中国银联执行副总裁胡浩中分别代表双方签署协议。

**7月8日** 浦发银行苏州分行落地苏州轴承厂股份有限公司新三板精选层募集资金监管1.06亿元，为全行首单新三板精选层募集资金监管业务。

**是日** 浦发银行深圳分行协同浦银国际，联动香港分行，分别作为联席簿记行、联席牵头行，落地华侨城（亚洲）控股有限公司优先担保永续资本证券5亿美元，系全行首单境外永续债项目。此期债券发行获得国际顶级投资者认可，峰值认购金额超过 24 亿美元。

**是日**　青岛—上海现代服务业发展交流与合作对接会在上海举行,浦发银行青岛分行在会上与中国(山东)自由贸易试验区青岛片区管理委员会、浦银金融租赁股份有限公司签署三方战略合作协议。

**7月9日**　浦发银行与百度集团在上海签署全面战略合作协议,浦发银行行长潘卫东、百度集团董事长李彦宏参加签约仪式。双方将充分发挥各自专业优势,在推进企业数字化转型、构建数字化产业链、培育数字化生态方面开展全方位合作。

**7月10日**　浦发银行与贵州省人民政府在贵阳签署战略合作协议。中共贵州省委副书记、省长谌贻琴,浦发银行党委书记、董事长郑杨出席签约仪式,贵州省副省长谭炯、浦发银行副行长王新浩分别代表双方签署协议。

**是日**　浦发银行福州分行与恒申控股集团签订战略合作协议,双方将在融资、现金管理、资金结算、投资银行、外汇业务、企业年金、网络金融等多方面进行深度合作。

**7月15日**　浦发银行与中国金融期货交易所签署战略合作协议,浦发银行党委书记、董事长郑杨,行长潘卫东,中国金融期货交易所董事长胡政,总经理霍瑞戎出席签约仪式,浦发银行副行长谢伟、中国金融期货交易所副总经理史光伟分别代表双方签署协议。

**7月16日**　浦发银行2020年全行年中工作会议暨党建工作会议在上海召开。党委书记、董事长郑杨出席会议并作总结讲话;行长潘卫东总结分析上半年全行经营工作情况,并对下一阶段工作作出具体部署。会议指出,面对新冠疫情的严重冲击和国内外经济形势的复杂变化,全行经营发展稳中有进、整体向好。下半年要妥善处理好经营发展和常态化疫情防控之间的关系,持续优化各项经营管理工作。

**7月21日**　浦发银行参加中国人民银行上海总部召开的长三角地区法人银行跨行账户信息验证工作启动会。浦发银行作为长三角地区首批向中小银行开放跨行账户信息验证的全国性股份制商业银行,实现与长三角地区主要法人银行的互联互通。

**7月23日**　浦发银行与矩阵元技术有限公司在上海成立"浦发银行·矩阵元隐私计算联合实验室",共同探索在保护多方数据隐私的前提下,为参与各方带来数据资产的保值、增值。

**是日**　浦发银行西宁分行与青海省人民政府签订金融支持青海省经济转型发展战略合作协议,助力青海省经济转型发展,逐步建设成为国家公园、清洁能源、绿色有机农畜产品、高原美丽城镇、民族团结进步"五个示范省"。

**7月24日**　浦发银行与浙江大学成立分布式金融技术联合创新中心。

**7月27日**　浦发银行成立全行质量提升重点项目推进工作领导小组,由党委书记、董事长郑杨,行长潘卫东担任组长,党委班子成员担任副组长。小组成员包括战略发展与执行部、公司业务部、零售业务部、金融市场部、风险管理部、信息科技部、运营管理部、资产负债管理部、党委组织部(人力资源部)、法律合规部、办公室主要负责人。领导小组办公室设在战略发展与执行部。领导小组通过统筹推动全行建立健全高质量发展的基础管理和过程管理体系,贯彻落实质量提升的重点部署,促进经营发展质量不断提升,努力探索符合浦发银行特点的可持续发展模式。

**7月28日** 浦发银行与北京金融控股集团有限公司在京签署战略合作协议,浦发银行党委书记、董事长郑杨,北京金控集团董事长范文仲出席签约仪式,浦发银行副行长崔炳文、北京金控董事孟振全分别代表双方签署协议。双方将围绕区域重大项目、重点产业开展合作,助力北京市"智慧政务"和"智慧城市"建设,不断探索银企合作新模式、深化业务合作,共同建设科技驱动、面向未来的智慧金融服务体系,为在京小微企业提供多样化普惠金融服务。

**是日** 中国人民银行正式实施《标准化票据管理办法》首日,浦发银行存托并承销的"浦发浦票盈2020年度第一期标准化票据"在上海票据交易所、上海清算所、外汇交易中心完成全市场首批挂网公告,并于7月30日完成创设,规模5 000万元。

**7月29日** 国家开发银行在上海通过多市场发行首单"应对气候变化"专题"债券通"绿色金融债券3年期100亿元。浦发银行承销规模合计16.8亿元,位列全市场第一。

**7月30日** 随着最后一期700亿元抗疫特别国债的发行,财政部1万亿元抗疫特别国债发行圆满收官。浦发银行完成272.9亿元抗疫特别国债的承分销工作,承销量位列全市场第五、股份制银行第一,为全国打赢疫情防控阻击战贡献浦发力量。

**7月30日—8月3日** 浦发银行在银行间债券市场完成2020年第一期二级资本债券发行,发行规模400亿元,设有两个期限品种。其中"5+5"年期发行规模320亿元,票面利率3.87%,较5年期国开债加70基点;"10+5"年期发行规模80亿元,票面利率4.18%,较10年期国开债加81个基点。

**是月** 中国银行业协会公布"2019年中国银行业社会责任百佳"评选结果,浦发银行荣获"最佳绿色金融成效奖"。

**8月3日** 浦发银行上海分行新片区分行落地全行首单FT项下API直连服务项目。

**8月4日** 浦发银行与云南省文山市人民政府在文山签署新一轮《村企结对帮扶协议》,落实上海市国资委关于继续开展"双一百"村企结对精准扶贫行动,巩固提升脱贫工作成效相关要求。

**是日** 浦发银行与浦银国际协同,作为唯一的股份制银行承销商,参与中国农业发展银行境外人民币债券的发行。

**8月5日** 中国银行保险监督管理委员正式批准浦发银行出资50亿元,筹建浦银理财有限责任公司。

**8月6日** 浦发银行与嘉实基金管理有限公司在北京签署战略合作协议。双方将聚焦科技金融、大类资产配置、人工智能、大数据等领域,依托产业数据化为科技赋能,在零售业务、金融市场、公司金融等方面进一步强化合作成果、扩宽合作范围。

**是日** 中国人民银行第二批金融科技"监管沙箱"项目完成公示,浦发银行北京分行联合腾讯云计算(北京)有限责任公司、北京小微企业金融综合服务有限公司等共同参与的"多方数据学习'政融通'在线融资项目"成功"入盒"。

**是日** 浦发银行上海分行推出"互联网+医疗+金融"服务模式,助力推进上海"一网通办"重点项目——上海医疗付费"一件事"项目。医疗、医保、金融服务无缝衔接,患者就医时只需出示医保电子凭证,即可体验到信用就医和无感支付。

**8月7日** 浦发银行党委副书记陈正安一行在昆明拜会中共云南省委书记陈豪,双方围绕加强优势对接、深化合作共建,进一步加大金融服务经济社会发展力度、积极参与沿边金融综合改革、构建金融扶贫长效机制、助力云南实现高质量发展等进行交流。

**是日** "清华·浦发数字金融技术联合研究中心"正式成立,浦发银行行长潘卫东和中国工程院院士、清华大学副校长尤政共同为联合研究中心揭牌。仪式前,潘卫东与清华大学校长邱勇就双方加强交流进行交流。

**8月9日** 浦发银行与《21世纪经济报道》联合举办2020年中国资产管理年会,聚焦"开放变革与全球资管趋势",探讨了新形势下资管行业未来发展,并发布《2020中国资产管理发展趋势报告》。

**8月10日** 浦发银行太原分行与中国银行山西省分行举行全面战略合作暨党建共建协议签约仪式,浦发银行太原分行党委书记、行长白海忠,中国银行山西省分行党委书记、行长臧新军出席签约仪式。

**8月11日** 浦发银行与华为技术有限公司签署战略合作协议,浦发银行党委书记、董事长郑杨,行长潘卫东,华为轮值董事长胡厚崑出席签约仪式,浦发银行副行长王新浩、华为中国政企业务总裁蔡英华分别代表双方签署协议。双方将通过金融和技术相互赋能,以金融科技服务产业生态,在联合创新升级、数字化转型、产业金融服务等领域进一步强化合作成果、扩宽合作范围、实现深度协作。

**是日** 浦发银行公司银行App上线小微企业全流程在线融资业务,实现小微企业客户贷款从申请、签约、审批、放款、还款、查询等功能的全线上服务。

**8月12日** 浦银金融租赁股份有限公司发行首单二级资本债,发行规模11亿元,发行期限5+5年期限,发行利率4.2%。

**是日** 浦发银行与星展银行合作,落地外资银行债券借贷业务,标的债券面额2.5亿元。

**8月13日** 浦发银行发布《自贸区新片区金融服务方案2.0》,发挥数字化先行优势提升服务便利,通过多元化融资助力产城发展,三位一体打造离在岸枢纽。

**8月14日** 浦发银行与宁波市人民政府签署全面战略合作协议。双方围绕重大基建项目、产业升级及战略新兴产业、先进制造业、普惠金融以及长三角区域一体化高质量发展等领域进行深入交流,并就推进宁波经济高质量发展进一步深化合作达成共识。

**8月24日** 浦发银行西安分行主承销陕西煤业化工集团有限责任公司绿色中期票据,这是陕西省首单绿色中期票据。

**8月25日** 浦发银行香港分行作为独家牵头行,为申万宏源(香港)有限公司发放银团贷款30亿港元,是浦发银行首次作为独家牵头行服务中资券商境外银团项目。

**8月26日** 长三角生态绿色一体化发展示范区开发者大会在上海国家会展中心召开,浦发银行党委书记、董事长郑杨受邀出席大会。会上,浦发银行与长三角生态绿色一体化示范区执委会、国家绿色发展基金股份有限公司、两区一县政府、上海投资咨询公司、交通银行股份有限公司共同签署了《联动共建一体化绿色项目库合力助推示范区绿色发展框架合作协议》。

**是日** 浦发银行上海分行推出"上市贷"。该产品是浦发银行设计的无抵押无担保信用贷款,准入条件更灵活,覆盖了未盈利企业;贷款额度更高,根据企业发展情况分层设定贷款额度;贷款期限更长,单笔贷款期限最长可达3年。

**是日** 中国银行业协会对外发布《人民币国际化报告(2019—2020)》。浦发银行作为中国银行业协会贸易金融专业委员会常委单位,首次牵头该报告的撰写工作。

**8月27日** 浦发银行取得不良资产支持证券注册行政许可决定书,成为不良资产证券化注册制改革后全国首家注册成功的商业银行。

**8月31日** 浦发银行福州分行为阳光城集团股份有限公司发行2020年第二期资产支持票据,发行金额8.2亿元,为全国首单服务式公寓CMBN。

**9月3日** 浦发银行与海尔集团成立"海尔—浦发数字交易信用联合实验室"。

**9月7日** 浦发银行北京分行成为北京文化类企业专项再贴现支持工具的首批

试点合作银行,并于试点首日起息再贴现业务。

**9月8日**　由上海市国有资产监督管理委员会主办、浦发银行承办的上海国资国企创新发展高峰论坛在上海展览中心举办,浦发银行党委书记、董事长郑杨出席活动,行长潘卫东发表题为《开拓创新,共享共赢,打造数字融合经营新模式》的演讲。该论坛是上海国资国企创新发展大会的重要组成部分。

**9月9日**　浦发银行太原分行与山西省投资促进局在山西省资本招商项目推介对接会上签署《金融支持山西省招商引资引智引技战略合作协议》。

**9月10日**　中国银行业协会《中国资产托管行业发展报告(2020)》正式发布。《报告》由浦发银行担任课题组长,14家会员单位共同撰写完成。

**是日**　浦发银行福州分行作为联席牵头人和联席账簿管理人,承销宁德时代债券7.32亿元,为后续与宁德时代进一步深化业务合作打下良好基础。

**9月15日—17日**　浦发银行在银行间债券市场完成2020年第二期二级资本债券发行。本期规模400亿元,设有两个期限品种:一是5+5年期,发行规模300亿元,票面利率4.27%,较5年期国开债加点77基点;二是10+5年期,发行规模100亿元,票面利率4.52%,较10年期国开债加86个基点。

**9月16日**　浦发银行党委书记、董事长郑杨在总行会见湖北省副省长赵海山一行,副行长王新浩、崔炳文等参加会谈。

**是日**　浦发银行上海分行作为独家牵头行、代理行发放FT美元与人民币银团贷款,助力58同城私有化交易。

**9月17日**　浦发银行党委书记、董事长郑杨在兰州拜会中共甘肃省委书记林铎,副行长崔炳文等参加会谈。

**是日**　浦发银行行长潘卫东在哈尔滨拜会中共黑龙江省委副书记、省长王文涛。

**是日**　国家档案局对浦发银行企业电子文件归档和电子档案管理试点工作进行现场验收。经专家组评议,通过验收。

**是日**　浦发银行福州分行辖属自贸区分行落地分行首单租赁公司开立国内证支付租赁物对价款业务。

**9月18日**　浦发银行与中国国新控股有限责任公司在北京签署战略合作协议,浦发银行党委书记、董事长郑杨,中国国新党委书记、董事长周渝波出席签约仪式,浦发银行副行长崔炳文和中国国新总会计师刘学诗分别代表双方签署协议。

**9月21日**　浦发银行与上海文化广播影视集团有限公司在总行签署战略合作协议及党建共建协议,浦发银行党委书记、董事长郑杨,上海文广集团党委书记、董事长王建军出席签约仪式,浦发银行党委副书记陈正安、副行长王新浩与上海文广集团党委副书记王治平、总会计师钟璟分别代表双方签署有关协议。

**是日** 浦发银行印发《集团股权投资管理办法》,进一步落实党委前置程序要求和有关审计整改要求。

**9月24日** "华为全联接大会"在上海举行,浦发银行与华为公司联合发布《"物的银行"白皮书》。"物的银行"的主要特征是将直接服务对象由"人"延伸到"智能物",构建以场景为核心的业务模式,以及基于客观数据信用体系的风险管理模式。

**是日** 浦发银行贵金属电商业务登陆苏宁易购平台,推出贵金属苏宁易购旗舰店。

**是日** 浦发银行南昌分行与江西省上饶市人民政府、省辖15家银行金融机构签署战略合作协议,共同促进上饶市经济社会高质量发展。

**9月25日**,浦发银行在2020 INCLUSION·外滩大会上主办"开放金融与未来"论坛,正式发布"开放银行2.0——全景银行系列蓝皮书",并联合发起成立"开放金融联盟"。中国人民银行科技司司长李伟,浦发银行党委书记、董事长郑杨,行长潘卫东,上海市地方金融监管局副局长葛平出席论坛并讲话,上海市国有资产监督管理委员会副主任叶劲松出席论坛并共同见证开放金融联盟成立。开放金融联盟由浦发银行联合太平洋保险、国泰君安证券发起成立,成员还包括中信建投证券、江苏银行、苏州银行、宁波银行、徽商银行、华安证券、上海农商行、国元证券、江苏苏宁银行等,聚合银、证、保多个业态的金融机构,旨在通过成员间业务共享、科技赋能、生态共建等深度合作,实现优势互补、合作共赢、协同发展。

**9月28日** 浦发银行召开三年行动计划落实暨新五年战略规划编制推进工作会议,党委书记、董事长郑杨出席会议并讲话。郑杨强调,总行党委高度重视战略工作,各部门要把增强顶层设计与坚持开门问策相结合,加快谋划浦发银行的新蓝图。

**是日** 浦发银行上线基于区块链的网络货运在线融资业务并落地首单业务。

**9月29日** 浦发银行北京分行投放55亿元银团贷款,支持国家石油天然气管网集团有限公司增资并购。浦发银行参团总份额在13家参与项目的金融机构中排名第五、股份制银行第一。

**9月30日** 浦发银行深圳分行落地全行首单云端ERP(H5对接)业务。

**10月11日** 浦发银行"核心产品化系统扩容"项目完成上海、合肥双站点扩容,用时100秒完成合肥至上海的系统回切,将过去数小时的停机升级方式缩短至分钟级。

**10月12日** 浦发银行香港分行获得上海黄金交易所批准,成为上金所国际板A类会员,标志着香港分行可直接参与上金所人民币报价的贵金属及相关衍生品交易,同时也可参与伦敦金交易,实现在境内外黄金市场的互联互通。

**10月15日** 浦发银行2020年第3期党建工作专题调研现场(视频)会召开。党委书记、董事长郑杨,行长潘卫东出席会议,并为首批"浦发银行企业文化建设示范基地"颁奖授牌。会议全面回顾总结三年来全行企业文化建设推进情况,分析存在的短板,研究部署下阶段工作,发布企业文化标识。上海分行第一营业部、上海分行静安支行、北京分行阜成支行、广州分行营业部、深圳分行福田支行、天津分行营业部、西安分行辖属宝鸡分行、太原分行辖属长治分行、南昌分行营业部、合肥分行辖属芜湖分行、上海国际信托有限公司等单位荣获首批"浦发银行企业文化建设示范基地"称号。

**是日** 浦发银行昆明分行党委办公室荣获"云南省2020年脱贫攻坚奖扶贫先进集体"荣誉称号。

**10月16日** 浦发银行2020年全行第二次季度工作会议在上海召开。党委书记、董事长郑杨出席会议并讲话,行长潘卫东作全行三季度经营工作报告。会议强调,前三季度全行统筹推进疫情防控和经营发展,在艰难的环境中实现营收增长。四季度坚定信心、保持定力,全力以赴完成全年目标任务,确保全行"十三五"规划圆满收官,为"十四五"规划开好局、起好步做好准备。

**10月21日** 浦发银行党委书记、董事长郑杨在苏州拜会中共江苏省委常委、苏州市委书记许昆林,苏州市委常委、苏州工业园区党工委书记吴庆文,市委常委、秘书长俞杏楠参加会见。

**是日** 浦发银行成为上海马拉松荣耀合作商、唯一指定合作银行,全程参与赛事举办,通过API连接上马赛事的账户和支付体系,与上马共建"马拉松跑者"App钱包,并为跑者和热爱运动的人士打造"浦发梦卡之上海马拉松银联白金信用卡"。

**10月23日** 上海市人民政府印发《上海市人民政府关于王建平同志任职的通知》文件,任命王建平为浦发银行监事会主席。

**是日** 长三角投资(上海)有限公司成立仪式在上海市青浦区朱家角镇举行。浦发银行党委书记、董事长郑杨出席仪式,并代表浦发银行与长三角投资(上海)有限公司签署总对总战略合作协议。

**10月28日** 浦发银行与甘肃省人民政府在总行签署战略合作协议。双方围绕脱贫攻坚、产业链升级、十大生态产业、区域增长级、财政管理、人才交流等领域,就积极推进双方共同发展达成共识。

**是日** 上海市政协主席董云虎赴上海国际信托有限公司调研,中共黄浦区委书记呆云，浦发银行行长、上海国际信托有限公司董事长潘卫东陪同调研。

**是日** 浦发银行天津分行受邀参加天津工业大学师生服务中心启用仪式，并与天津工业大学签署全面合作协议。

**10月29日** 浦发银行党委书记、董事长郑杨，行长潘卫东拜会中共上海市委常委、浦东新区区委书记翁祖亮和区长杭迎伟，浦东新区副区长杨朝、浦发银行副行长王新浩参加会谈。

**是日** 浦发银行深圳分行中标深圳地铁一号线公募REITs托管银行资格，系全行首单基础设施公募REITs托管。

**10月30日** 浦发银行独家主承销"长三角科创企业2020年度第一期集合短期融资券"，发行规模5亿元，期限1年，发行利率3.3%，较一年期LPR低55BP，募集资金用于长三角地区的4家民营科创企业联合发行人（上海韦尔股份、江苏维信诺、安徽科大国创、浙江激智科技）偿还有息债务及补充日常营运资金。

**是日** 浦发银行福州分行落地分行首单非银机构资产证券化承销业务，承销兴业消费金融有限公司发行的"兴晴2020年第一期个人消费贷款资产支持证券"，发行总规模19.18亿元。

**11月2日** 浦发银行与中国外汇交易中心在总行签署战略合作协议，并为双方合作研发的首只债券指数——"CFETS 0-5央企债券指数"揭牌。

**11月5日** 浦发银行行长潘卫东在总行会见四川省副省长李云泽一行。

**是日** 浦发银行发行旅行通卡（E Money），并在上海分行实现首发。该卡支持POS刷卡消费、银联二维码、银联卡闪付、银联手机闪付等；涵盖出行、购物、餐饮、休闲娱乐、旅游门票等多种消费场景，可为日韩等境外短期入境人士在中国境内支付提供便利。

**11月7日** 在第三届中国国际进口博览会上海交易团国资分团举行集中签约仪式上，浦发银行与三菱日联银行、东方汇理银行签署全面业务合作备忘录。

**11月10日** 浦发银行与中国电子信息产业集团在总行签署战略合作协议。双方将进一步推进在金融信创、金融服务、资源共享等领域的全面合作。

**是日** 由中央广播电视总台制作、浦发银行和上海国际信托有限公司联合支持的专题纪录片《而立浦东》在上海首发。中共中央宣传部副部长、中央广播电视总台台长兼总编辑慎海雄和中共上海市委副书记、市长龚正共同出席纪录片首发活动。

**11月11日** 浦发银行深圳分行法院破产资金云监管项目正式上线，成为与法院合作"破产资金线上监管"的首家银行。

**11月14日** 浦发银行同城电子清算系统业务迁移项目完成全部分行迁移上线工作。

**11月16日** 中国外汇交易中心推出挂钩FDR001的利率互换交易品种,浦发银行落地市场首批交易,并作为银行间利率互换报价行成员之一,为市场提供该品种全期限报价。

**是日** 浦发银行上海自贸试验区分行与南京分行联动,落地跨分行联动内存自贸贷业务,为德乐控股有限公司的境外子公司开立FTN账户,采用内存自贸贷的模式,提供跨境本外币融资服务。

**11月17日** 中共河南省委书记王国生、省长尹弘、省政协主席刘伟率领河南省党政代表团一行赴浦发银行总行访问,上海市人大常委会主任蒋卓庆、上海市副市长汤志平等市领导出席,浦发银行党委书记、董事长郑杨,行长潘卫东,监事会主席王建平与河南省党政代表团举行会谈。会谈后,河南省副省长何金平与浦发银行行长潘卫东分别代表双方签署战略合作协议。双方围绕黄河流域生态保护和高质量发展、"两新一重"重点项目建设、"三区一群"快速发展、"一带一路"跨境金融服务、新兴产业链发展等展开深入交流。

**11月19日—23日** 浦发银行在银行间债券市场发行500亿元无固定期限资本债券。债券期限5+N,当期票面利率4.75%,较股份制银行无固定期限资本债券二级市场估值低4个基点。

**11月20日** 浦发银行与天津市人民政府在天津签署战略合作协议。中共天津市委书记李鸿忠,市长廖国勋,副市长康义,浦发银行党委书记、董事长郑杨,行长潘卫东,监事会主席王建平,副行长崔炳文出席签约仪式,天津市副市长康义和浦发银行行长潘卫东分别代表双方签署协议。

**是日** 全国精神文明建设表彰大会在北京举行,浦发银行上海分行第一营业部通过第五届全国文明单位复评,天津分行、南宁分行、天津分行浦悦支行和子公司上海国际信托有限公司4家单位成功创建第六届全国文明单位。

**11月23日** 浦发银行在全国银行间债券市场完成发行"上海浦东发展银行股份有限公司2020年无固定期限资本债券",发行规模为500亿元,扣除发行等费用后,实际募集资金499.93亿元。

**是日** 浦发银行深圳分行落地全行首单线上代理西联收款结汇创新业务。

**11月24日** "明略科技·浦发金融认知工程联合实验室"正式成立。

**11月26日** 浦发银行牵头主承销粤港澳大湾区首单央地混改专项债券——2020年度广州市城市建设投资集团有限公司第二期中期票据。

**是日**　浦发银行深圳分行联席主承销的华电金泰（北京）投资基金管理有限公司2020年度第一期定向资产支持票据成功发行，该业务为全行首单央企创新型并表ABN。

**11月26日—27日**　浦发银行党委书记、董事长郑杨在宁波出席第二届长三角地区国资国企联席会议。会议围绕长三角国资国企"十四五"规划编制和服务长三角一体化国家战略的思路举措展开深入研讨。会上，长三角一体化发展国资百企联盟揭牌成立，并举行项目签约仪式，浦发银行与国元证券签订全面战略合作协议。

**11月29日**　浦发银行全程参与支持的2020上海马拉松赛在外滩12号总行大楼前鸣枪开跑，行长潘卫东出席起跑观礼仪式，47位员工组成"浦发员工跑团"参赛。

**11月30日**　浦发银行武汉分行辖属孝感分行正式开业。

**是月**　浦发银行推出"浦慧"App，以"全栈化、多触点、泛融合、广赋能"为特色，从个人服务、公司服务、支付结算业务、贷款服务、增值服务五个方向全面聚焦个人小微客户的金融产品服务需求，为小微企业主提供智能化综合服务方案。

**12月1日**　浦银金融租赁股份有限公司在公海区域完成1架吉祥航空A320CEO飞机资产交易交割。该项目是浦银金租首单跨境飞机资产交易，对手方是一家注册在爱尔兰的国际飞机租赁公司。

**是日**　中共宁夏回族自治区银川市委副书记、市长杨玉经一行赴浦发银行银川分行调研，征求对银川市"十四五"规划编制的意见建议。

**12月3日**　浦发银行党委书记、董事长郑杨拜访上海证券交易所，并与上海证券交易所党委书记、理事长黄红元举行会谈。浦发银行副行长谢伟参加会谈。

**是日**　浦发银行广州分行与广东省工业和信息化厅签署《培育发展战略性产业集群战略合作框架协议》并联合推出《培育发展战略性产业集群专属融资服务方案》，助力粤港澳大湾区制造业高质量发展。

**是日**　浦发银行与中银基金管理有限公司在总行签署战略合作协议，双方围绕零售代销业务、金融市场业务、产品托管及资产管理业务等展开研讨。

**12月4日**　"16郑新发展PPN001现金要约收购项目"落地，由浦发银行承担交易管理职责。该项目是全国首单非金融企业债务融资工具现金要约收购业务，实现发行人以现金方式收购全部流通中标的债券并注销。

**12月8日**　浦发银行印发《不良资产债转股业务管理暂行办法》，积极贯彻和落实国家和监管机构政策要求，明确和规范内部管理要求。

**12月9日**　浦发银行武汉分行举办"银企共创,投贷联动"——科技金融业务推介会,与武汉科技投资有限公司签署全面战略合作协议,发布《浦发银行武汉分行科技金融服务方案2.0》,吸引20多家创投基金及50余家科技型企业踊跃参与。

**是日**　浦发银行合肥分行辖属阜阳分行正式开业。

**12月10日**　浦发银行杭州分行承办"金融赋能浙江自贸扩区研讨会暨跨境人民币十周年推进会",浦发银行党委书记、董事长郑杨出席会议并致辞。会上,浦发银行推出《浦发银行浙江自贸区金融服务方案2.0》,结合扩区后的"五大功能定位"进一步强化针对性服务,大力支持浙江自贸区扩区发展。

**是日**　浦发银行党委书记、董事长郑杨一行走访浙江吉利控股集团,并与吉利控股集团董事长李书福进行会谈。浦发银行副行长王新浩、吉利控股集团CEO李东辉分别代表双方签署战略合作协议。

**是日**　浦发银行举办"浦发银行第三批科技合作共同体签约仪式暨金融科技基金投资签约仪式",与9家企业完成科技合作共同体成员签约。

**12月11日**　上海市—新加坡全面合作理事会第二次会议通过视频连线方式举行,沪新理事会上海方主席、上海市市长龚正,沪新理事会新加坡方主席、新加坡教育部长兼财政部第二部长黄循财出席会议,并见证浦发银行与星展银行签署《金融科技合作备忘录》,浦发银行行长潘卫东、星展银行集团中国区总裁葛甘牛分别代表双方签约。

**12月15日**　浦发银行上线公司网银挂单结汇业务,为结汇业务增加新模式。

**是日**　浦发银行离岸客户评级模型上线,首次实现离岸客户内部评级覆盖。

**是日**　浦银金融租赁股份有限公司与中远海运川崎在上海举行6艘8.2万吨级散货船建造签约仪式,船板切割仪式以视频方式在大连同步举行。连同在10月签约的4艘6.1万吨级散货船,浦银金租2批共10条新造散货船订单全部落地。

**是日**　浦发银行香港分行首次荣获香港特区政府劳工及福利局社区投资共享基金"社会资本动力奖",并被授予"社会资本动力标志奖"。

**12月16日**　中国移动—浦发银行战略合作联席委员会第五次会议暨执行委员会第十五次会议在北京召开。双方总结第十四次执委会以来在大市场生态融合营销、资金业务及供应链金融、政企合作、员工服务等领域所取得的成绩;明确了新五年战略合作围绕中国移动"创世界一流力量大厦"和"5G+计划"战略,以及浦发银行"建设具有国际竞争力的一流股份制商业银行"战略目标和"全景银行"建设,在5G金融通信创新与数字化应用、大市场产品与渠道融合、资金管理服务和产业链生态、员工服务四个领域方向深化合作,并进一步优化战略合作工作机制,在四个领域建立工作小组开展专项推进。

**是日** 为全面提升审计监督效能，完善审计前、中、后台协同作业格局，服务全行高质量发展，浦发银行印发《关于总行审计部组织架构优化调整的通知》，对总行审计部组织架构进行优化调整，撤销审计一处至四处、投资管理审计处、IT及远程审计中心；设立现场审计中心、业务技术处、信息科技处、审计管理处。

**12月18日—19日** 浦发银行全行战略务虚会在上海召开。党委书记、董事长郑杨作《2021—2025年发展战略规划框架》主题报告和总结讲话，与会人员围绕主题报告开展讨论。会议强调，"十四五"期间，全行要坚持对标最好、做到更好，以高目标引领高质量发展，守牢初心和使命，坚持不断完善"五位一体"；要坚持"三支柱"战略，以高质量发展为主线，以服务为根本，以市场为导向，强化重点领域的风险化解，加快形成集成优势，构筑"护城河"，不断提升行业影响力和市场竞争力。会议还传达学习了中央经济工作会议精神，要求全行准确理解会议确定的工作总基调、宏观政策安排、重点工作任务和具体实施路径，坚定信心、抢抓机遇、深化改革、强化创新，科学谋划好明年全行各项工作。

**12月21日** 浦发银行"浦慧税贷"业务在重庆、上海、太原分行率先落地。

**是日** 浦发银行国产化智能自助平台完成系统群投产，首批投产22项高频零售业务功能，并支持国产化芯片和操作系统。

**是日** 浦发银行深圳分行落地全行最大金额的国企混改要约收购履约保函业务，开立保函金额近70亿元。

**是日** 浦发银行昆明分行辖属自贸区支行开业。

**12月22日** 银行间市场推出利率互换请求报价（RFQ）交易功能，浦发银行作为首批10家利率互换RFQ回复机构成员之一，为市场提供最优报价，并达成全市场首单RFQ利率互换交易。

**12月24日** 浦发银行与易方达基金管理有限公司在广州签署战略合作协议。

**12月27日** 浦发银行第五届工会会员代表大会第一次会议在上海召开。上海市地方金融监督管理局副局长、上海市金融工会主任葛平，浦发银行党委书记、董事长郑杨，行长潘卫东，党委副书记陈正安出席会议，第五届工会会员代表149人出席会议。会议审议并通过上海浦东发展银行第四届工会委员会工作报告、财务工作报告、经费审查委员会工作报告。全体代表以无记名投票方式选举产生上海浦东发展银行第五届工会委员会、经费审查委员会、女职工委员会；李光明当选第五届工会委员会主席，冷静当选副主席；林道峰当选经费审查委员会主任，高红当选女职工委员会主任。

**12月29日**　上海浦东发展银行第三届职工代表大会第一次会议召开,会议听取和审议了经营管理层(行长室)工作报告、二届五次职代会职工代表意见建议处理落实情况报告、2019年全行问责情况报告、《员工违规行为处理办法》和《员工违规行为处理标准》修订说明、2019年全行培训经费使用情况报告及2020年全行培训经费预算安排报告、2019年全行职工福利费使用情况报告、关于补选第七届监事会2名职工监事的情况说明、第三届职代会成立三个民主管理小组的说明(草案)、2019年职工监事述职述廉报告等。大会选举李光明、张宝全为第七届监事会职工监事。

**是日**　浦发银行与上海市政府办公厅电子政务办、上海市大数据中心合作,成为首家实现银行卡服务接入"随申办"App、"随申办"支付宝小程序、"随申办"微信小程序市民主页的银行。

**是日**　国务院国有资产监督管理委员会党委书记、主任郝鹏一行视察调研浦发银行,上海市副市长陈通,上海市政府副秘书长、上海市发展和改革委员会主任马春雷,上海市国有资产监督管理委员会主任白廷辉等陪同调研。浦发银行党委书记、董事长郑杨,行长潘卫东,监事会主席王建平参加调研并汇报浦发银行推进经营发展、服务国家战略和中央企业等工作情况。

**12月30日**　浦发银行2020年第一次临时股东大会在上海市莲花路1688号召开,会议选举董桂林为董事,选举王建平为监事。

**是日**　浦发银行郑州分行863中部软件园小微支行正式开业,该支行为全行首家新型数字化网点"小浦新店",面向中小企业客户和企业关联零售客户。

**12月31日**　经中国人民银行确认,浦发银行如期完成国务院常务会议部署的市场化债转股任务,实现定向降准资金147亿元全部落实至实体经济,并按照不低于1:1的比例撬动社会资金参与债转股项目。

**是日**　浦发银行苏州分行辖属江苏自贸试验区苏州片区支行正式开业。

**是年**　浦发银行实现营业收入1 963.84亿元,同比增长2.99%;实现利润总额666.82亿元,同比下降4.49%;税后归属于母公司股东的净利润583.25亿元,同比下降0.99%。集团资产总额79 502.18亿元,同比增长13.48%;其中,本外币贷款总额45 339.73亿元,同比增长12.62%。集团负债总额73 044.01亿元,同比增长13.34%;其中,本外币存款总额40 764.84亿元,同比增长12.37%。不良贷款率1.73%,较上年末下降0.30个百分点;不良贷款准备金覆盖率152.77%,比上年末上升17.83个百分点。

**是年**　浦发银行位列英国《银行家》杂志"全球银行1000强"第20位,居上榜中资银行第 7 位;以 150.53 亿美元品牌价值,位列"全球银行品牌 500 强"第 15 位,居上榜中资银行第 7 位,品牌评级 AAA-;位列美国《福布斯》杂志"全球企业 2000 强"第 65 位,居上榜中资企业第 16 位、中资银行第 9 位;位列美国《财富》杂志"财富世界 500 强"第 220 位,居上榜中资企业第 58 位、中资银行第 7 位。

# 2021 年

**1月1日** 浦发银行实施新租赁准则《企业会计准则第21号——租赁》,通过租赁计量系统实现租赁合同的会计计量、确认,并实现租赁计量系统计量结果与总账系统的对接。

**1月4日** 全国银行间同业拆借中心公布2020年银行间本币市场评优结果,浦发银行获得"2020年核心交易商""优秀货币市场交易商""优秀债券市场交易商""优秀衍生品市场交易商""优秀同业存单发行人""优秀资产管理机构""对外开放贡献奖""市场创新奖",以及"X‐Repo、X‐Swap、X‐Lending、iDeal交易机制创新奖"等12个奖项。

**是日** 浦发银行获得中央国债登记结算有限责任公司"优秀金融债发行人""优秀承销机构""结算100强""优秀托管人""优秀国债做市结算机构""优秀地方债做市结算机构""优秀政策性金融债做市结算机构"等7个奖项。

**是日** 浦发银行与上海世纪出版(集团)有限公司在总行签署党建共建协议及战略合作协议。浦发银行党委书记、董事长郑杨,上海世纪出版集团党委书记、董事长黄强出席签约仪式,浦发银行行长潘卫东、上海世纪出版集团总经理阚宁辉分别代表双方签署协议。双方将充分发挥各自优势,进一步推进在投行并购、交易银行、产业基金、出版文化等业务领域的全面合作,打造文化金融合作的新亮点,打响上海文化品牌,推动文化产业发展,全力支持上海"四大品牌"建设。

**是日** 浦发银行与华东建筑集团股份有限公司签署党建共建协议及战略合作协议。浦发银行党委书记、董事长郑杨,华建集团党委书记、董事长顾伟华出席签约仪式,浦发银行行长潘卫东、华建集团总裁沈立东分别代表双方签署协议。根据协议,双方将进一步推进在债务融资工具、项目融资、并购融资,以及长三角一体化建设、临港新片区建设、智慧医疗建筑等领域的全面合作,增加客户黏性、丰富产品加载,探索银行与建筑设计公司合作的创新点,深入践行"人民城市人民建,人民城市为人民"的理念,为新时代浦东改革开放再出发贡献更大力量,助力上海建设成为具有全球影响力的卓越城市。

**1月5日**　浦发银行广州分行"利率E联盟"客户端为辖内企业客户提供利率互换服务,落地全行首单线上利率互换业务。

**1月8日**　浦发银行第七届董事会第十八次会议审议通过《上海浦东发展银行股份有限公司首席风险官工作制度》,明确首席风险官牵头全面风险管理工作。

**是日**　浦发银行在郑州举办《2021年浦银避险市场展望蓝皮书》发布会。活动得到河南省地方金融监督管理局、中国证监会河南监管局、郑州商品交易所等单位支持,河南国资委、中国人民银行郑州中心支行、河南省工信厅以及数十家金融机构参与。

**1月9日**　浦发银行举办第十四次全行志愿者日活动,以"我们减塑,给地球减负"为主题,上万名志愿者们走进超市、书店、社区,普及"减塑"知识,向市民赠送环保袋,共有15.6万人线上响应。同时,员工食堂停止使用一次性塑料制品,推广可循环使用或环保材料制品。

**1月11日**　浦发银行启动基于重大负面舆情信息的实时风险预警管理工作机制,通过及时获取和识别客户重大风险信息,第一时间推送至相关分行,在限定时间内完成风险信息的查验、核实,对具有实质风险的风险信息立即采取应对措施。

**是日**　浦发银行新加坡分行发行3亿美元3年期固定利息高级无抵押债券,并获得来自全球各地36家机构4.3倍的认购。

**1月13日**　浦发银行南昌分行与江西省信息中心合作的API项目在省政务服务平台——"赣服通"正式上线。

**是日**　浦发银行乌鲁木齐分行先后获得2021—2023年新疆维吾尔自治区、新疆生产建设兵团政府债券主承销商资格。

**1月20日**　浦发银行与58集团在上海签署总对总战略合作协议,浦发银行行长潘卫东、58集团董事长姚劲波出席签约仪式,58集团联席总裁庄建东和浦发银行副行长王新浩分别代表双方签署协议。

**1月25日**　浦发银行"新加坡创新中心"揭牌成立。新加坡金融管理局助理行长(发展与国际)柯丽明致贺电,浦发银行行长潘卫东在线出席仪式,新加坡金融管理局金融中心发展司司长唐菱霙和浦发银行新加坡分行行长徐俊共同为新加坡创新中心揭牌。

**是日**　中国共产党上海国际信托有限公司第一次代表大会胜利召开。

**1月28日**　浦发银行召开2021年全行工作会议暨党建工作会议。会议的主要任务是深入学习贯彻党的十九届五中全会精神、中央经济工作会议精神和金融监管要求,总结2020年经营管理和党建工作,部署2021年任务。党委书记、董事长郑杨作题为《增强使命担当,保持战略定力,坚持改革创新,开启全面建设一流股份制商业银行新征程》的讲话;行长潘卫东作题为《做强特色,补齐短板,夯实基础,挑战极限,全面推进一流股份制商业银行建设》的工作报告;监事会主席王建平出席会议,党委副书记陈正安作党建工作报告,各分管行领导对2021年相关条线工作进行部署。会议组织观看了党风廉政警示教育专题片。会议对2020年度全行先进单位及荣获全国性荣誉的单位等进行了表彰。会议要求全行统一思想、把握形势、坚定高质量发展信心,用"比学赶超"要求开创发展新局面。

**是日** 浦发银行南昌分行辖属赣州分行落地江西省单笔注册规模最大的险资保债计划,总金额30亿元。该笔业务是江西省注册获批的最大险资债权投资计划之一,也是南昌分行组合融资业务开展以来最大注册规模及最大首单提款规模项目。

**1月29日** 浦发银行召开第一次人才工作会议。中共上海市委组织部副部长、市人才办主任冷伟青,上海市国有资产监督管理委员会党委副书记董勤,上海市金融工作党委二级巡视员黄斌兵出席会议。浦发银行党委书记、董事长郑杨出席会议并作报告,行长潘卫东、监事会主席王建平出席会议。会上发布了"浦发银行紧缺人才开发目录""浦汇金英"工程和"浦慧智联"人才生态圈三个重点人才项目。

**是日** 浦发银行召开支持长三角一体化发展委员会扩大会议。党委书记、董事长、支持长三角一体化发展委员会主任郑杨出席会议并讲话,行长潘卫东对浦发银行支持长三角一体化发展进行工作部署。会议强调,长三角一体化发展是习近平总书记亲自谋划、亲自部署、亲自推动的重大战略,是着眼于实现"两个一百年"奋斗目标、推进新时代改革开放形成新格局作出的重大决策,全行上下要提高政治站位,深刻认识服务好长三角一体化发展的重大意义,全力支持长三角一体化发展。会议要求:浦发银行长三角地区各经营机构要充分贯彻"做强上海主场和长三角"新要求,形成浦发银行在长三角区域的绝对优势。

**是日** 浦发银行从农业银行借入标的债券5亿元再融出给平安银行,落地全行首单债券借贷过桥业务。

**2月1日** 浦发银行深圳分行落地分行首单某股份制银行挂钩LPR定制化人民币利率互换业务。

**是日** 浦发银行成都分行首次落地线上外汇衍生交易,帮助客户在疫情期间足不出户办理外汇衍生交易。

**是日** 中国银行业协会组织的中国银行业发展研究优秀成果评选(2018年)公布,浦发银行《银行理财参与国家养老三支柱建设的机遇与路径选择——以资管新规为背景》获得优秀奖。

**2月2日** 浦发银行成都分行与成都产业投资集团有限公司签署战略合作协议。

**2月3日** 浦发银行上海分行为国产豪华邮轮供应链平台——中船外高桥邮轮供应链（上海）有限公司搭建全功能版跨境人民币双向资金池，该资金池为全行首个全部采用FT账户入池的跨境人民币资金池。通过全FT账户入池方式，该全功能型资金池实现了二线划转无额度限制，为企业实现境内外成员单位资金跨境自由流通和资金集中管理提供了有效的工具。

**是日** 浦发银行广州分行与广东省工业和信息化厅联合推出《培育发展战略性产业集群专属融资服务方案》，共同推进广东省制造业重点企业及上下游产业链满工满产和制造业重大项目的建设。

**是日** 浦发银行郑州分行与黄河勘测规划设计研究院签署战略合作协议，积极践行黄河流域生态保护与高质量发展重大战略。

**2月4日** 浦发银行召开全行合规管理工作会议。会议指出，后续将在公司治理、审慎经营、合规管理、政策落实等四个方面转变思想，构建全覆盖、全流程、全嵌入的法律合规管理体系。

**2月5日** 浦发银行全面深化改革领导小组召开第二次会议，党委书记、董事长、深改小组组长郑杨主持会议并讲话，会议研究审议信息科技领域体制机制优化等相关事项。

**是日** 浦发银行启动全行首期优秀年轻干部高级管理岗位实践锻炼项目，从新一轮总行直管后备干部库中遴选12位"80后"优秀年轻干部，分赴重点分行、困难分行担任见习副行长，通过在更高层面管理岗位的实践锻炼，进一步提升年轻干部的政治素质，强化干部的一岗双责意识，增强个人综合管理能力和市场经营能力。

**2月7日** 浦发银行太原分行与邮政储蓄银行山西分行签署全面战略合作协议与党建共建协议。

**2月8日** 浦发银行西安分行与西安财金投资管理有限公司签署《西安市小微企业融资担保增信基金业务合作协议》。

**是日** 浦发银行成都分行牵头主承销成都交子金融控股集团有限公司发行"21交子金融GN001"绿色债券3亿元，期限3年（3＋2），该期中期票据是全国首单金控企业绿债。

**2月9日** 浦发银行自主投资并中标全国首批碳中和债券——华能国际电力股份有限公司2021年度第一期绿色中期票据。

**2月15日** 浦发银行上线中央评级引擎。中央评级引擎通过引入Power Curve风控引擎，整合了浦发银行公司、零售、海外分行以及并表机构的评级决策模块，首次实现了评级业务的统一管理和风控决策的智能应用。

**2月18日** 浦发银行印发《二级分行风险管理办法》,标志着全面风险管理理念在二级分行层面的深化,体现一、二道防线之间的协同配合,要求"一道防线"切实履责,统一风险人员管理模式,探索推行"平行作业"新模式。

**2月19日** 根据《上海市国资委关于监管企业落实稳增长促发展工作的通知》要求,浦发银行成立"稳增长促发展工作领导小组",董事长郑杨、行长潘卫东担任领导小组组长,副行长王新浩、崔炳文担任领导小组副组长。小组成员包括资产负债管理部、战略发展与执行部、财务会计部、办公室、公司业务部、零售业务部、金融市场部、风险管理部、信息科技部、党委组织部(人力资源部)、上海分行负责人。稳增长促发展工作领导小组下设办公室,设在资产负债管理部。

**是日** 浦发银行天津分行与融创服务集团签署战略合作协议,浦发银行天津分行行长王鹏与融创中国行政总裁汪孟德、融创服务集团总裁曹鸿玲见证签约仪式。

**2月24日** 浦发银行广州分行与雅阁酒店集团签署战略合作协议,助力集团及加盟商酒店全面发展。

**是日** 浦发银行郑州分行落地全行首单CFETS人民币存放同业业务,与属地某城商行达成线上化业务交易。

**是日** 湖北疫后重振早春行活动在宜昌举行,浦发银行武汉分行与宜昌市人民政府签署战略合作协议。

**2月25日** 浦发银行与天津城市基础设施建设投资集团有限公司签署战略合作协议,浦发银行行长潘卫东、天津城投集团总经理潘伟出席签约仪式,浦发银行副行长王新浩、天津城投集团副总经理汲广林分别代表双方签署协议。

**是日** 浦发银行郑州分行落地全行首单无账户商票保贴业务13.5亿元。

**2月26日** 由中共上海市委宣传部、市国资委党委指导,浦发银行和新民晚报社、中共一大纪念馆共同主办的"红色文化进国企"系列活动之"日出东方——近代上海与中国共产党的创建文物史料图片展"在浦发银行总行举行开幕式。市国资委党委副书记程巍,浦发银行党委书记、董事长郑杨,行长潘卫东,党委副书记陈正安,新民晚报社党委副书记、纪委书记杨咏梅,上海市文明办副主任冯芳,中共一大纪念馆党总支副书记、副馆长宋依璇出席活动并共同为图片展揭幕。

**是日** 浦发银行北京分行结合北京首都城市战略定位和经济发展特点,推出《北京分行关于加快资产业务发展的若干意见》,明确"京系号"资产投向"主战场"为"新、高、国、民、上、科、文、基、服、医、外、链、农"等十三大重点行业领域。

**是日** 浦发银行青岛分行与青岛市体育局推出支持体育产业发展八条措施,为体育产业相关企业提供并购贷款、流动资金贷款、贸易融资、跨境结算、商户收单、现金管理等多方面的金融产品服务。

**3月1日** 银行间市场清算所股份有限公司的大宗商品现货清算业务启动试运行。在首批上线的四家代理结算银行中,浦发银行作为唯一股份制银行,向市场推出大宗商品现货交易代理结算服务。在试运行首日,浦发银行与上海清算所指定的现货平台江苏省张家港保税科技集团落地对接,为南京地区的3家实体企业提供乙二醇现货交易结算服务,累计结算金额1880万元,在当日全市场结算总额中占比近50%。

**是日** "浦发卓信"品牌焕新发布暨基金专属月启动仪式在上海召开,"浦发卓信"是浦发银行2007年推出的贵宾理财品牌。发布会上,浦发银行与战略合作伙伴——汇添富基金联合推出基金投资专属月活动。

**是日** 浦发银行西安分行与中国移动通信集团陕西有限公司签署战略合作协议,浦发银行西安分行行长张瑞林,中国移动陕西公司董事长、总经理陈怀达分别代表双方致辞。

**3月3日** 浦发银行天津分行与天津市河北区人民政府签署全面战略合作协议,浦发银行天津分行党委书记、行长王鹏,中共河北区委书记刘志强,区委副书记、区长徐刚出席签约仪式。

**3月4日** 浦发银行按照现金管理新规要求,发行"天添盈增利5号"产品。截至当年末,产品规模突破500亿元。

**3月7日** 浦发银行成都分行与成都市住建局对接开发的"预售房资金监管系统"上线。

**3月8日** 浦发银行北京分行落地"绿色保理"融资业务,以回购型租赁保理方式,为国电融资租赁有限公司投放5.58亿元,专项用于集团风电、光伏等新能源项目融资租赁服务。

**是日** 浦发银行贵阳分行作为轮值主席,承办首届上海市国资委系统在黔企业党建联建工作联席会议。

**是日** 浦发银行兰州分行作为轮值主席,承办上海市国资委系统在兰企业党建联建签约仪式。

**3月9日** 浦发银行海口分行作为轮值主席,承办上海市国资委系统在海口企业党建联建签约仪式。

**3月10日** 浦发银行建立稳增长促发展长效工作机制,明确稳增长促发展工作领导小组主要职责为牵头协调推动浦发银行稳增长促发展工作,包括相关政策研究制订、目标任务确定、沟通协调、指导督办和考核评价等相关工作。建立了四大工作机制：一是会议机制，建立领导小组会议、月度稳增长分析会、工作层面会议；二是沟通协调机制，建立上下沟通协调、各监管机构沟通协调、内部沟通协调；三是报告机制，建立定期报告、临时报告；四是督查督办机制，跟踪督办稳增长促发展重点任务。

**是日** 浦发银行与晋能控股集团有限公司签署战略合作协议，浦发银行行长潘卫东、山西国资运营公司董事长郭保民、晋能控股集团总经理李国彪出席签约仪式，浦发银行副行长王新浩、晋能控股集团总会计师郑绍祖分别代表双方签署协议。双方将进一步推进在绿色金融、债务融资工具、并购融资、产业数字金融等领域的创新合作，持续挖掘国资国企改革发展等方面的战略机遇，建立长期、稳定、共赢的全面战略合作伙伴关系。

**3月12日** 浦发银行与东方汇理银行（中国）成功达成银行间首单欧元兑人民币蝶式期权组合交易，标志着中国银行间市场非美货币对曲面期权报价正式进入可交易阶段。

**3月15日** 浦发银行召开全行党史学习教育动员大会，并举行党委理论学习中心组扩大（视频）学习会暨2021年第1期浦银大讲堂。会议指出：全行各级党组织要提高站位，深刻领会开展党史学习教育的重大意义，切实做到学史明理、学史增信、学史崇德、学史力行，坚守马克思主义真理之理，增强"四个自信"之信，崇尚延续红色血脉之德，鼓起奋进新时代的精气神。会议强调：全行各级党组织要认真有效开展学习教育，做好与浦发银行实际工作的融合，把学习教育的精气神转化为干事创业、担当作为的强大动力。会议邀请中共上海市委讲师团党史学习教育专家宣讲团成员、中共上海市委党校（上海行政学院）马克思主义学院执行院长王公龙教授作题为《深入学习习近平总书记关于中共党史的重要论述》辅导报告。

**是日** 浦发银行上海分行落户全行首单自营资金投资绿色熊猫债，为客户SSHJ公司成功在上交所发行公司债券，总规模100亿元，第一期发行15亿元，上海分行以自营资金投资3亿元。

**3月16日** 浦发银行主承销的全市场首批乡村振兴票据——重庆医药（集团）股份有限公司2021年度第四期超短期融资券（乡村振兴）发行。本期乡村振兴票据发行金额2亿元，部分用于重药集团旗下区县公司的专项药品采购，保障城口、南川、万州、武隆、丰都、云阳、巫山、石柱、奉节、巫溪、彭水等多个近年脱贫摘帽的重点区县的药品供应，主要覆盖所辖区县的人民医院、乡镇卫生院、村卫生室、诊所等基层医疗机构。

**是日** 浦发银行与哈尔滨工业大学在总行签署战略合作协议。浦发银行行长潘卫东、哈尔滨工业大学党委书记熊四皓出席签约仪式,共同为"哈尔滨工业大学—浦发银行金融网络空间安全联合创新中心"揭牌。双方签署《共建金融网络空间安全联合创新中心协议》,并召开第一次联合创新中心管委会会议和第一次联合创新中心专家委员会会议,表决通过《联合创新中心章程》,就2021—2022年度研究课题进行研讨。

**3月17日**　浦发银行与光大证券股份有限公司签署战略合作协议。

**3月18日**　浦发银行承销国家开发银行首单"碳中和"专题"债券通"绿色金融债券。作为5家主承销商之一,浦发银行承销规模位列全市场第一。

**3月19日**　浦发银行行长潘卫东在昆明与云南省人民政府副省长王显刚会晤,王显刚对浦发银行多年来支持云南省经济社会发展所作出的贡献表示衷心感谢。双方就共同关心的工作进行了深入探讨,对进一步加强银政合作达成共识。云南省扶贫开发办公室以及省发改委、财政厅、金融监管局等负责人参加座谈。

**是日**　浦发银行作为联席主承销商,联合中央结算公司首次运用区块链技术支持星展银行(中国)有限公司发行20亿元二级资本债。

**是日**　浦发银行郑州分行与河南省工业和信息化厅签署战略合作协议。双方将发挥各自资源优势,聚焦河南省制造业关键领域和薄弱环节,推动河南省产业转型发展。

**3月22日**　上海金融业联合会换届会员代表大会暨四届一次理事会在中国金融信息中心举行。浦发银行党委书记、董事长郑杨当选为上海金融业联合会常务副理事长。

**3月23日—25日**　浦发银行在银行间债券市场发行600亿元金融债券,债券期限3年,票面利率3.48%。全场认购倍数超1.6倍、认购资金近千亿元。投资者点多、面广、类多,涵盖了国有银行、政策性银行、股份制银行、城农商行、理财子公司、证券、基金、保险、信托、境外投资者。

**是日**　浦发银行行长潘卫东在总行会见中国建材集团党委书记、董事长周育先一行。

**是日**　浦发银行郑州分行与郑州粮食批发市场签署《党工团联建共建协议暨战略合作协议》。

**3月29日**　浦发银行深圳分行落地分行首单FTN美元及人民币结构性存款业务。

**3月31日**　浦发银行与中国信息通信研究院在北京签署战略合作协议,浦发银行行长潘卫东与中国信通院院长余晓晖出席签约仪式,并共同为"中国信通院·浦发银行数字金融联合创新中心"揭牌。双方将重点围绕新技术、产业融合、数字经济等领域开展合作,聚焦云计算、大数据、区块链、人工智能等技术,提升创新应用能力和产业协同效能。

**是日** 浦发银行零售存款余额首次突破1万亿元。

**是日** 浦发银行南昌分行牵头主承销的江西省水利投资集团有限公司2021年度第三期超短融落地。该单业务系江西省首单乡村振兴票据,是浦发银行贯彻落实国家乡村振兴战略、助力农业农村现代化建设的又一重要举措。

**4月1日** 浦发银行行长潘卫东赴贵阳分行调研。期间,潘卫东分别拜会中共贵州省委副书记、省长李炳军和副省长谭炯,围绕浦发银行发挥金融关键作用支持贵州省社会经济建设进行交流。

**4月7日** 浦发银行南昌分行与江西省政务服务管理办公室、江西省信息中心签署《"赣服通"战略合作协议》。

**4月8日** 全国银行间同业拆借中心正式推出"中国外汇交易中心—上海清算所—国泰君安高等级CDS指数"交易品种,浦发银行成功达成全市场首批CDS指数交易。

**4月9日** 浦发银行长沙分行与湖南湘江新区发展集团有限公司签署银企合作意向协议。

**4月10日** 浦发银行郑州分行与万达商管郑州城市公司签署战略合作协议。

**4月12日** 浦发银行长沙分行与国家开发银行湖南省分行签署合作协议。

**4月13日** 浦发银行2021年全面从严治党暨纪检监察、巡察工作会议召开。上海市国有资产监督管理委员会党委副书记董勤出席会议并讲话,中共上海市纪律检查委员会、市监察委员会六室副主任王清峰到会指导。浦发银行党委副书记、行长潘卫东总结回顾2020年全行从严治党、从严治行工作,剖析问题不足,并对2021年重点工作进行部署;总行党委副书记陈正安主持会议,并总结2020年巡察工作、布置下阶段巡察工作重点任务;驻行纪检监察组组长姜方平传达上级有关会议精神,总结回顾2020年纪检监察工作并作2021年重点工作部署。会议强调:要准确把握巡察工作的定位和重点,全面加强党的领导,坚持高标准高质量,切实把政治巡察、主体责任、巡察规范落到实处,为全行新五年规划开好局、起好步提供坚强的政治保障;驻行纪检监察组和全行纪检组织要切实提升政治判断力、政治领悟力和政治执行力,深化细化"四责协同"工作机制,始终保持全面从严治党的高压态势,减存量,遏增量,坚决整治惩处"四风问题",打造一支高素质专业化的浦发银行纪检干部队伍,建立完善监督体系。

**是日** 浦发银行与台湾当地头部券商——永丰金证券在外汇交易中心系统上,达成全市场首单 RFQ 模式下境外法人机构集中清算人民币利率互换交易。

**4月15日** 浦发银行在上海地区的首家"小浦新店"开业。"小浦新店"位于浦东新区张江科学城的核心区域,着重突出以数字化服务为核心,面向年轻化客群与科技型企业,打造出集智能化、普惠性、潮流化、创新性、未来感为一体的金融服务体验。

**4月16日** 浦发银行大连分行落地全行首单上市公司定向增发组合融资业务,金额3.7亿元。

**4月18日** 2021浦发银行上海半程马拉松赛在上海浦东新区举办,赛道起点为浦东新区丰和路,终点为东方体育中心,全长21.0975公里。浦发银行行长潘卫东出席起跑仪式并开发令枪,副行长王新浩、谢伟出席颁奖仪式并分别为女子、男子前三名颁奖。

**4月20日** 浦发银行升级推出"认股选择权＋科技含权贷",为高成长性科创企业提供股权与债权相结合的融资服务,根据企业实际成长情况,灵活配置认股选择权期限及退出方式,除回购、出售、转让,还引入浦银国际、上海国际信托有限公司等浦发银行集团子公司的直接投资,以股权投资方式伴随企业健康成长。

**是日** 浦发银行携手复旦大学管理学院、上海证券交易所等生态合作伙伴,举办"策源科创,浦梦未来——浦发银行上市贷及科技含权贷科技金融推介会"。会上,浦发银行上海分行与复旦大学管理学院签署战略合作备忘录。

**是日** 浦发银行兰州分行发行"甘肃省公路交通建设集团有限公司乡村振兴短期融资券",发行规模10亿元,期限1年,利率3.78％。该笔债券是全国首单乡村振兴短期融资券,也是甘肃省内首单乡村振兴债券,债券募集资金主要用于乡村振兴巩固脱贫攻坚成果领域。

**是日** 浦发银行成都分行牵头主承销四川科伦药业股份有限公司发行21科伦SCP003(高成长债)4亿元,期限180天,该期超短期融资券为浦发银行全行首单高成长债券。

**4月22日** 浦发银行郑州分行与河南省发展和改革委员会签署战略合作协议。浦发银行郑州分行将精准对接中部地区崛起、黄河流域生态保护和高质量发展、郑州国家中心城市建设等战略实施,推动设立豫沪合作产业发展基金,优先支持河南省经济和社会发展规划及重点区域、重点产业、重大基础设施建设、重点民生保障工程和优质民营企业。

**4月23日** 浦发银行浦鑫安居2021年第一期个人住房抵押贷款资产支持证券发行,是全行单笔发行规模最大的RMBS项目,发行规模95.54亿元。项目首次引入外资银行和保险资金参与投资。

**4月24日**　中国共产党上海浦东发展银行济南分行第一次代表大会胜利召开。

**4月25日**　浦发银行宁波分行第三团支部、太原分行杨佳新分别荣获2020年度"全国五四红旗团支部"称号及"全国优秀共青团员"称号。

**4月28日**　浦发银行召开全行金融要素市场客户深化经营座谈会,副行长谢伟出席会议并做讲话,会议回顾金融要素市场客户经营情况,提出下阶段工作的提升方向。

**是日**　浦发银行西安分行荣获"陕西省五一劳动奖状"荣誉称号。

**是日**　浦发银行上海分行根据中国人民银行上海总部和上海市商务委员会出台《关于明确自由贸易账户支持上海发展离岸经贸有关事项的通知》,第一时间就新政向企业进行了重点推介并启动配套服务,率先落地了涵盖货物贸易和服务贸易的中石化集团、江波龙集团、艾尔贝包装等企业的的首批离岸经贸业务。

**是月**　"浦大喜奔"App正式上线7.0版本,构建信用卡App场景化生态圈。

**是月**　浦发银行联席主承销"国家电网有限公司2021年度第三期绿色中期票据(碳中和债)",募集资金45亿元,用于特高压直流输电工程换流站及部分输电线路项目。

**是月**　浦发银行西安分行牵头10家银行机构,与陕西省金融监管局签订《后备上市企业合作协议》。

**是月**　在浙江省财贸工会召开的财贸系统第七届委员会第七次全体会议上,浦发银行杭州分行获颁中华总工会"全国模范职工之家"奖牌。

**5月6日**　浦发银行行长潘卫东在总行会见到访的河北省副省长葛海蛟一行。

**5月7日**　中国银行保险监督管理委员会股份制银行部在浦发银行召开年度审慎监管座谈会,银保监会股份制银行部副主任邓霞出席会议并讲话,浦发银行行长潘卫东、监事会主席王建平出席会议。

**5月8日**　浦发银行宁波分行落地浙江自贸区宁波片区首个QFLP项目。

**是日**　浦发银行兰州分行与《甘肃日报》报业集团公司签订战略合作协议。

**5月10日**　浦发银行投资国内首批可持续发展挂钩债券,金额共计1.3亿元。

**5月11日**　浦发银行发布"浦发绿创"品牌,焕新推出《绿色金融综合服务方案3.0》,打造立体式、全流程、全覆盖的绿色金融服务体系,覆盖绿色智造、绿色城镇化、绿色能源、环境保护、新能源汽车、碳金融等六大领域及其产业链上下游。

**是日**　浦发银行上海分行与旭辉集团股份有限公司签署战略合作协议,浦发银行副行长王新浩、旭辉集团总裁林峰出席签约仪式。

**是日** 浦发银行伦敦分行落地分行首单代客外汇业务,金额863万欧元。

**5月12日** 浦发银行宁波分行与融创中国东南集团浙东公司签署战略合作协议。浦发银行宁波分行行长陈雷、融创中国东南集团东南区域副总裁兼浙东公司总经理吴树彪出席签约仪式,并代表双方签约。

**是日** 中国银行保险监督管理委员会正式启动对浦发银行风险管理及内控有效性全面现场检查并召开进场会。浦发银行行长潘卫东代表党委书记、董事长郑杨汇报浦发银行总体经营管理和风险合规管理情况。

**5月13日** 浦发银行行长潘卫东在北京出席银保监会第271场例行新闻发布会,围绕"推动绿色金融服务,实现社会经济可持续发展"进行主题发言,并就助力"碳达峰、碳中和"国家战略目标、绿色金融产品和服务创新探索等话题,回答记者提问。

**5月18日** 浦发银行河北雄安分行开业。浦发银行行长潘卫东、雄安新区管委会副主任刘树军出席开业仪式。河北雄安分行与河北雄安新区管委会公共服务局举行"企业登记服务站"授牌仪式,并与中国移动通信集团河北有限公司雄安新区分公司、中交雄安融资租赁有限公司、中交雄安产业发展有限公司、中国华电集团雄安能源有限公司、河北雄安润设建设发展有限公司签署战略合作协议。会后,浦发银行行长潘卫东拜会中共河北省委常委、副省长、雄安新区党工委书记、管委会主任张国华。

**是日** 浦发银行举办"青春逐梦心向党,砥砺奋进开新局"首期青春训练营暨五四青年节主题活动。

**是日** 浦发银行合肥分行安徽自贸试验区芜湖片区支行正式开业。

**5月19日** 浦发银行推出面向个人投资者的"碳中和"主题结构性存款产品。

**5月20日** 浦发银行广州分行与华立大学集团有限公司签订全面战略合作协议。

**5月21日** 浦发银行上海分行通过自贸区分账核算单元,全流程参与行业首单上海自贸区离岸人民币债券投资以及清算业务,取得中央结算公司自贸债发行清算行的资质,中标额度9亿元,占此次发行金额的30%,是此次债券发行投资份额最大的投资人、财务顾问之一以及募集资金归集的银行。

**是日** 新疆维吾尔族自治区脱贫攻坚总结表彰大会在新疆人民会堂隆重举行,浦发银行乌鲁木齐分行办公室被表彰为"自治区脱贫攻坚先进集体",石磊、刘涛被表彰为"自治区脱贫攻坚先进个人",陈勇被表彰为"自治区优秀共产党员"。

**是日** 浦发银行青岛分行与中国科学院青岛生物能源与过程研究所(山东能源研究院)签署战略合作协议及党建结对共建协议。

**5月22日** 浦发银行太原分行与山西省科技厅与签署战略合作协议。

**5月24日** 浦发银行郑州分行与河南省市场监督管理局签署战略合作协议。

**5月25日** "浦发银行创新实验室（北京）"正式揭牌。浦发银行行长潘卫东，中国科学院院士、清华大学—浦发银行数字金融技术联合研究中心首席科学家张钹出席仪式并致辞，中国科学院院士王小云出席并见证。

**5月26日** 浦发银行昆明分行与云南广播电视台、云南广电传媒集团有限公司签署全面战略合作协议。双方将充分发挥媒体平台、宣传发行、金融服务等方面的优势，在银行融资、现金管理、个人理财、媒体宣传、企业文化建设、党建联建等方面展开深度合作。

**5月27日** 浦发银行南京分行与江苏省港口集团有限公司签署战略合作协议。

**是日** 浦发银行广州分行落地全国首单基础设施公募REITs并表型并购贷款，投放金额17.54亿元。

**5月28日** 浦发银行首单"线上离岸出口保理"业务落地，为国内互联网广告行业独角兽企业"易点天下"的上游供应商提供应收账款融资。

**是月** 浦发银行携手上海环境能源交易所，为申能碳科技有限公司落地碳排放权（SHEA）、国家核证自愿减排量（CCER）组合质押融资。

**是月** 浦发银行南京分行辖下科技支行在南京江宁区正式揭牌，并发布面向南京市创新型领军企业的专项服务方案"科创贷"。

**6月2日** 浦发银行宁波分行上线亚马逊跨境电商互联网快贷项目——"豆沙包跨商贷"。该项目系全行首次进入亚马逊电商平台场景为跨境电商提供互联网贷款服务，帮助亚马逊电商平台上的中国卖家解决资金周转难题，让客户享受更周到的普惠金融服务。

**是日** 浦发银行乌鲁木齐分行与新疆交通建设投资控股有限公司、新疆交通建设集团股份有限公司、新疆文化旅游投资集团有限公司签署战略合作协议，浦发银行乌鲁木齐分行行长吴晓峰及三家公司董事长沈金生出席签约仪式。

**6月3日** 浦发银行与伊利集团签署总对总战略合作协议。双方将在公司金融、零售金融、产业数字金融、生态圈融合等领域持续探索合作。

**6月7日** 浦发银行举行浦发银行大厦（香港）命名及亮灯仪式，行长潘卫东在上海以视频方式出席仪式并致辞。

**6月8日** 2021全球硬科技创新大会开幕式在西安举行。中共陕西省委副书记、省长赵一德，省委常委、西安市委书记王浩，西安市委副书记、市长李明远等领导出席。浦发银行行长潘卫东受邀参加，并与西安市常务副市长玉苏甫江、陕西银保监局局长黄晋波共同启动浦发银行西安高新技术产业开发区硬科技支行建设，浦发银行副行长王新浩与西安市人民政府领导分别代表双方签订战略合作框架协议。

**是日** 在第二届中国—中东欧国家博览会上,浦发银行宁波分行作为中东欧采购联盟成员与中东欧农促会签署战略合作协议。

**6月9日** 浦发银行北京分行与邮储银行落地首单伦敦金租借业务,金额5亿元。

**6月10日—11日** 浦发银行行长潘卫东受邀出席第十三届陆家嘴论坛开幕式,并在以"经济金融数字化转型"为主题的第六场全体大会上发言,向与会来宾介绍浦发银行数字化转型的总体思路和具体实践。

**6月11日** 浦发银行召开2020年度股东大会,会议审议通过《公司2020年度董事会工作报告》《公司2020年度监事会工作报告》《公司2020年度财务决算和2021年度财务预算报告》《公司2020年度利润分配的预案》《公司关于2021年度续聘会计师事务所的议案》《公司关于延长金融债券发行相关授权的议案》《公司关于未来三年境内外发行资本债券计划的议案》;听取了《公司2020年度独立董事述职报告》《公司监事会关于2020年度董事、监事、高级管理层履职评价情况的报告》《公司2020年度关联交易情况的报告》。

**是日** 浦发银行合肥分行与合肥产投集团签署战略合作协议及党建共建协议。

**6月15日** 浦发银行行长潘卫东与锦江集团董事长赵奇举行会谈。双方回顾前期在贷款和发债等方面的良好合作历史,围绕代发、全球采购平台供应链融资、结算特色产品等进行了深入探讨,并就推进创新业务发展和进一步深化合作达成共识。

**6月16日** 上海市金融工会、上海市金融团工委举行"心向党,新征程"——上海金融系统职工青年庆祝中国共产党成立100周年风采展示活动,浦发银行工会受邀参加活动。会上,浦发银行上海分行祝玉婷劳模创新工作室被授予"上海市劳模创新工作室"铜牌。浦发银行上海分行交易银行部(普惠金融部)荣获"2021年全国五一巾帼标兵岗"和"2020年上海市模范集体",浦银金融租赁股份有限公司工会、广州分行工会荣获"上海金融系统先进职工之家",上海分行陆家嘴支行工会、杭州分行临安支行工会荣获"上海金融系统先进职工小家",南京分行陈晨、天津分行祁军荣获"上海金融系统优秀工会干部"。

**是日** 浦发银行落地首单进出口银行债券做市支持交易业务。

**是日** 浦发银行举办"诵读红色经典,献礼建党百年"青年红色诵读活动。

**6月17日** 浦发银行行长潘卫东在总行会见到访的中共山东省委常委、济南市委书记孙立成一行。期间,济南分行与济南融资担保集团有限公司签订战略合作框架协议。

**是日** 浦发银行北京分行起息全行首单底层同业借款的银登转让业务,金额20亿元。

**6月18日** 浦发银行启动"In+hub"创新社区,致力于打造汇聚产业头部企业、科创企业、高等院校、科研机构、投资机构等多方参与的创新平台。

**是日** 浦发银行代销浦银安盛嘉和稳健一年持有期FOF,首发募集突破54亿元,成为浦发银行代销浦银安盛首发募集规模最大的产品。

**是日** 浦发银行福州分行主承销售全国首单公交类绿色中票(碳中和债)。

**是日** 浦发银行广州分行牵头主承销知识城(广州)投资集团有限公司2021年度第三期中期票据,发行规模20亿元,是全国首单权益出资型永续中票。

**6月21日** 浦发银行党委副书记、行长潘卫东赴兰州分行调研,其间分别拜会中共甘肃省委书记尹弘、副省长张锦刚。

**是日** 浦发银行上海分行为新能源汽车充电桩企业——特来电,提供境内首单基础设施领域的可持续发展关联贷款。

**6月22日** 浦发银行推出"智能财富规划"服务,基于客户全景画像,打造养老、教育、保障、投资、购房、财富诊断等六大模块,满足客户综合性、个性化、场景式的投资需求,为客户提供"专家×智能"的资产配置服务。

**是日** 浦发银行深圳分行落地自营资金投资"中信证券—成都中海国际中心绿色资产支持专项计划(专项用于碳中和)",中标金额3亿元。该项目为全国首单碳中和CMBS项目,也是浦发银行投资的首单碳中和项目。

**6月23日** 浦发银行南京分行与中国移动江苏公司签署战略合作协议。

**是日** 浦发银行哈尔滨分行与北大荒信息有限公司签订战略框架合作协议。

**是日** 浦发银行深圳分行落地全国首单FTN大额存单,金额11.5亿元。

**6月24日** 浦发银行郑州分行与黄河明珠集团签署战略合作协议。

**6月25日** 浦发银行青岛分行落地全行首单"靠浦薪"平台业务。"靠浦薪"平台是依托浦发专业内部资源,携手业内优质行业供应商打造的企业及员工一体化平台。

**6月26日** 中国共产党上海浦东发展银行贵阳分行第一次代表大会胜利召开。

**是日** 中国共产党上海浦东发展银行昆明分行第一次代表大会胜利召开。

**6月27日** 中国共产党上海浦东发展银行宁波分行第一次代表大会胜利召开。

**是日** 中国共产党上海浦东发展银行杭州分行第一次代表大会胜利召开。

**6月28日** 浦发银行厦门分行落地首单绿色银团贷款,为厦门某新能源科技企业锂电研发及智能制造项目融资银团贷款。

**是日** 中国共产党上海浦东发展银行沈阳分行第一次代表大会胜利召开。

**6月29日**　浦发银行获得中国人民银行征信中心2020年度征信系统(企业业务、个人业务)数据质量工作"优秀机构"和"优秀个人"荣誉称号。

**是日**　浦发银行青岛分行落地山东省绿色发展股权投资基金的托管业务,首期募集资金到账2.5亿元。

**6月30日**　浦发银行推出财务人事云端一体化平台——"靠浦薪1.0"。

**是日**　浦发银行广州分行主承销的广州地铁集团有限公司2021年度第五期绿色超短期融资券发行,规模为20亿元,为粤港澳大湾区首单绿色超短期融资券。

**是日**　浦发银行重庆分行为重庆市首单"以肉牛活体抵押跨境融资"提供跨境资金。

**是日**　中国共产党上海浦东发展银行重庆分行第一次代表大会胜利召开。

**是日**　中国共产党上海浦东发展银行成都分行第一次代表大会胜利召开。

**7月1日**　浦发银行党委书记、董事长郑杨在中共中央党校收看庆祝中国共产党成立100周年大会活动,并在活动结束后接受《国际金融报》《金融时报》《解放日报》等多家媒体采访。浦发银行行长潘卫东、监事会主席王建平等总行领导在外滩12号集中收看直播,全行各级党组织和广大党员、群众通过电视直播、"学习强国"、网络直播等渠道收看收听。

**7月2日**　中国共产党上海浦东发展银行南昌分行第一次代表大会胜利召开。

**是日**　浦发银行哈尔滨分行落地全行首单债券借贷融入业务。

**7月3日**　浦发银行党委召开理论学习中心组集体学习会,学习贯彻习近平总书记在庆祝中国共产党成立100周年大会上的重要讲话精神、中国共产党上海市第十一届委员会第十一次全体会议精神,以及上海市委常委会会议精神。浦发银行党委书记郑杨以视频方式主持会议并讲话。郑杨要求,学习贯彻习近平总书记在庆祝中国共产党成立100周年大会上的重要讲话精神,是全行当前和今后一个时期的重大政治任务和头等大事;各级党组织要精心组织部署,迅速掀起热潮。会上,党委副书记、行长潘卫东提出要通过回顾百年党史、赓续精神血脉,体悟初心使命、勇做忠实传人,助推高质量发展、彰显国企担当;党委副书记陈正安认为,要传承好伟大建党精神、传承好党的优良传统、传承好上海红色基因;党委委员姜方平、刘以研分别围绕"加强企业软实力建设"等内容作交流发言。

**是日**　浦发银行拉萨分行中标西藏自治区职业年金计划托管人,标志着浦发银行实现全国各省市职业年金计划全覆盖。

**是日**　中国共产党上海浦东发展银行大连分行第一次代表大会胜利召开。

**7月5日**　浦发银行北京分行起息"京绿通"再贴现业务3 200余万元,此笔业务是北京地区股份制银行落地的首单"京绿通"再贴现业务。

**7月7日** 浦银金融租赁股份有限公司发行2021年绿色金融债"21浦银租赁绿色债",发行规模30亿元,期限3年,由浦发银行担任牵头主承销商和簿记管理人,认购倍数达3.7倍,票面利率3.38%。

**7月8日** 中国共产党上海浦东发展银行天津分行第一次代表大会胜利召开。

**是日** 浦发银行北京分行主承的远洋控股集团(中国)有限公司2021年度第一期定向资产支持票据落地,发行规模32.01亿元。该笔业务是全市场首单1.5版CMBN、全市场首单续发型CMBN。

**是日** 浦发银行与黑龙江省人民政府签署《柜台债承销协议》,协助黑龙江省政府完成首单政府债柜台承销任务。

**7月9日** 浦发银行在2021世界人工智能大会上主办"智惠金融,共襄未来"AI+金融行业论坛,行长潘卫东出席论坛并致辞。来自金融同业、政府机构、研究机构、科技公司的专家学者等出席论坛,围绕"开放AI、普适AI、可信AI"进行交流和分享。

**是日** 在厦门市地方金融监管局的指导下,浦发银行厦门分行主办"金企携手,资本赋能——厦门市金融赋能企业发展交流会",110多家具有关键核心技术的科技型企业到会交流。会上,厦门分行与8家企业签约,为企业提供全方位的金融服务支持。

**7月11日** 中国共产党上海浦东发展银行长沙分行第一次代表大会胜利召开。

**是日** 中国共产党上海浦东发展银行呼和浩特分行第一次代表大会胜利召开。

**7月13日** 浦发银行重庆分行与重庆市合川区人民政府签署战略合作框架协议。浦发银行重庆分行行长华巍、中共合川区区委书记李应兰等领导出席签署仪式。

**是日** 浦发银行兰州分行与金昌市人民政府签订战略合作协议。

**7月15日** 浦发银行西安分行与陕西供销集团签署战略合作协议。

**7月16日** 浦发银行党委书记、董事长郑杨赴北京拜会中国人民银行行长易纲。

**是日** 全国碳排放权交易市场正式开市,上海环境能源交易所承担交易中心职能,湖北碳排放权交易中心承担登记、结算职能。浦发银行行长潘卫东、副行长王新浩分别在上海、武汉出席全国碳市场上线交易启动仪式。

**是日** 国家开发银行在银行间发行全市场首单黄河流域生态保护及高质量发展的专题绿色债券。浦发银行作为承销成员行,在发行当日承销8.5亿元绿色债券。

**7月17日** 中国共产党上海浦东发展银行广州分行第一次代表大会胜利召开。

**7月20日** 浦发银行总行向海口分行下发《关于授权海口分行开办离岸银行业

务的通知》，海口分行成为海南自贸港内首个获得总行授权独立开办离岸银行业务的商业银行分支机构。

**是日** 浦发银行合肥分行落地全国首单碳中和挂钩贷款，主要用于滁州隆乐新能源有限公司滁州隆基乐叶34.5兆屋顶工商业分布式光伏发电项目的建设，贷款利率与项目对"碳达峰、碳中和"目标的贡献程度即光伏发电项目供电量、碳减排量相挂钩，企业融资成本随着发电量以及碳减排量的上升而下降。

**7月21日** 中共上海市委副书记、市长龚正一行赴浦发银行调研，详细了解特色业务，察看数据运营系统和风控系统，并就行业发展趋势进行交流。上海市委常委、副市长吴清陪同调研，浦发银行党委书记、董事长郑杨汇报了浦发银行的经营管理情况。

**是日** 财政部副部长邹加怡调研浦发银行。浦发银行党委书记、董事长郑杨和副行长崔炳文陪同调研。

**是日** 浦发银行开展上海清算所托管债券柜台业务。

**是日** 浦发银行《基于5G＋数字孪生的银行网点数字化转型解决方案》《浦发远程智慧客服——"智能小浦"》入选中国通信学会"2021年度金融科技与数字化转型创新成果"。

**7月22日—23日** 浦发银行2021年全行年中工作会议暨党建工作会议在上海召开。党委书记、董事长郑杨出席会议并作总结讲话；行长潘卫东总结分析上半年全行经营管理情况，对下一阶段工作作出具体部署。会议指出，今年是中国共产党成立100周年，是"十四五"规划开局之年，上半年全行部分关键指标呈现向好趋势，各领域工作取得积极进展，后续要重点处理好党建工作和中心工作、当前与长远、方向与速度、银行与客户等利益相关者、规模结构质量效益、重点突破和整体推进、三大板块及前中后台协调发展、总行与基层等八个方面的关系，保持定力，保持稳定的发展预期和发展态势。

**7月23日** "永远跟党走，迈向新征程"庆祝中国共产党成立100周年上海浦东发展银行职工歌咏大会在上海东方艺术中心隆重举行。中共上海市委党史学习教育第八巡回指导组组长郑沈芳、上海市金融工作党委副书记赵永健、上海市国资委党委副书记程巍，浦发银行首任行长裴静之、监事会原主席孙建平出席，党委书记、董事长郑杨致辞。郑杨表示，28年来，在市委市政府、市国资委党委、市金融工作党委的坚强领导、指导下，浦发银行始终秉承上海这座光荣之城、英雄之城的城市品格，取得了令人瞩目的成绩；新的征程上，浦发银行将以习近平新时代中国特色社会主义思想为指导，积极贯彻李强书记提出的"不断增强国家战略的政治自觉和历史担当"，落实龚正市长提出的"主动服务浦东打造社会主义现代化建设引领区"工作要求,勇当金融改革的探索者、创新者、先行者。

**是日** 浦发银行上海分行正式签订嘉定区北虹桥城中村改造项目银团贷款协议。该项目将助力虹桥商务区作为"国际会客厅"的前沿窗口,提升服务长三角、联通国际的枢纽功能,打造企业长三角第二总部集聚区。

**7月24日** 浦发银行广州分行落地全国首单澳门特别行政区熊猫债,广州分行作为联席主承销商协助澳门国际银行在银行间债券市场发行15亿元熊猫债。本期债券是澳门地区主体在银行间债券发行市场的首次亮相。

**7月25日** 中国共产党上海浦东发展银行银川分行党员大会胜利召开。

**7月26日** 浦发银行成立支持浦东新区打造社会主义现代化建设引领区工作小组,由党委书记、董事长郑杨和行长潘卫东担任组长,党委班子成员担任副组长。工作小组办公室由公司业务部、战略发展与执行部及上海分行三个经营单位共同组成,通过战略指引、产品创新、资源配置及分行执行落地一体化推进。

**是日** 浦发银行成都分行积极践行中国人民银行"碳减排票据再贴现专项支持计划",以低于同档同期银票贴现利率21个基点,起息全行首单碳减排票据再贴现4 300万元。该笔碳减排票据再贴现对应标准煤节约量0.25万吨,实现二氧化碳减排0.13万吨,实现节水1.3万吨。

**7月27日—28日** 浦发银行党委书记、董事长郑杨赴长春,分别拜会中共吉林省委副书记、省长韩俊,吉林省委常委、常务副省长吴靖平。

**7月28日** 浦发银行与中国信托业保障基金有限责任公司签署战略合作协议。

**7月29日** 浦发银行党委书记、董事长郑杨赴哈尔滨分行调研,并慰问分行一线员工。期间,郑杨在哈尔滨分别拜会中共黑龙江省委书记张庆伟、省长胡昌升。

**是日** 浦发银行推出"浦慧税贷"SAAS场景获客新模式,与金蝶、用友等财税SAAS软件服务商合作,将浦慧税贷服务嵌入小微企业财税办公场景。

**是日** 浦发银行宁波分行在"2021寻找宁波最具投资价值企业"颁奖典礼暨甬股交五周年庆典活动中,与赛诺微医疗科技和宁波晶钻工业科技签署合作协议。

**7月30日** 中国共产党上海浦东发展银行上海分行第一次代表大会胜利召开。

**是日** 中国共产党上海浦东发展银行郑州分行第一次代表大会胜利召开。

**是日** 中国共产党上海浦东发展银行太原分行第一次代表大会胜利召开。

**是日** 浦发银行北京分行代发SMC(中国)有限公司单一托管企业年金,落地全行首单单一托管企业年金代发业务。

**7月31日** 浦发硅谷银行累计服务客户数突破3 000家,为中国本土科创企业持续提供全生命周期的服务。

**8月1日** 中国共产党上海浦东发展银行北京分行第一次代表大会胜利召开。

**是日** 中国共产党上海浦东发展银行青岛分行第一次代表大会胜利召开。

**是日** 浦发银行与远东国际租赁有限公司签署项目协调业务合作协议,双方合作重点聚焦在城投、地产、文化旅游、交通物流、建筑施工、医疗健康机械制造等业务领域。

**8月4日** 浦发银行与上海电气集团签署总对总战略合作协议,双方围绕中国双碳目标的推进实施,将共同探索创新金融与先进制造业的融合发展模式,进一步深化合作、互惠共赢,共同推动转型发展。

**8月6日** 浦发银行协同浦银国际参与中国电信A股战略配售,并通过浦银国际、上投摩根在港股进行市场化投资。这是中国电信首次公开发行A股股票并在上海证券交易所主板上市。

**8月10日** 中国人民银行印发《中国人民银行关于认定境内外币支付系统第五期代理结算银行的通知》,授予浦发银行第五期英镑、加拿大元、澳大利亚元及瑞士法郎境内支付系统结算银行资格,期限为3年。

**8月11日** 在上海市国有资产监督管理委员会主办的首届"共创数字未来——2021年上海国资国企数字化转型创新大赛"的"数字金融分赛道"决赛上,浦发银行《电话银行实时智能风控》荣获大赛一等奖"数字创新卓越奖"。

**是日** 浦发银行广州分行举办上海国资委系统在穗企业单位共同开展党建联建主题活动,发布《上海市国资委系统在广州企业2021年党建联建工作方案》,并与6家在穗企业党组织举行战略合作签约仪式,全面开启更深层次交流与合作。

**8月12日** 中国进出口银行在上海证券交易所发行全市场首单支持长三角区域一体化发展主题的金融债券,浦发银行当日承销7.7亿元。

**是日** 浦发银行首次承销并中标中国信达资产管理公司永续债,中标金额18亿元。

**8月14日** 中国共产党上海浦东发展银行厦门分行党员大会胜利召开。

**是日** 中国共产党上海浦东发展银行乌鲁木齐分行第一次代表大会胜利召开。

**8月18日** 浦发银行北京分行主承销的"华能国际电力股份有限公司2021年度第一期中期票据"(可持续发展挂钩债券)完成发行,规模20亿元,3年期票面利率2.99%。这是全行首单可持续发展挂钩债券。

**8月19日** 浦发银行兰州分行与中国农业科学院兰州兽医研究所、中农威特生物科技股份有限公司签署战略合作协议。

**8月20日**　中国银行保险监督管理委员会批复同意浦发银行参股国家绿色发展基金股份有限公司,投资金额70亿元,持股比例7.9096%。

**是日**　浦发银行落实监管政策要求,组织指导北京、杭州、天津、宁波4家分行启动个人贷款不良转让试点工作,首批个贷不良资产包在银行业信贷资产登记流转中心经过多轮激烈竞价后全部成交,成功探索了零售不良贷款的处置新路径。

**是日**　浦发银行深圳分行发行中广核风电有限公司2021年度第四期绿色超短期融资券,发行规模20亿元,深圳分行的份额10亿元,期限90天,票面利率为同期同类企业同期限产品最低发行利率。募集资金专项用于海上风电项目建设,进一步助力我国清洁能源产业发展。

**8月25日**　浦发银行与富邦华一银行签署《全面业务合作备忘录》,浦发银行董事长郑杨、富邦华一银行董事长马立新出席签约仪式,浦发银行副行长王新浩、富邦华一银行行长陈峰分别代表双方签署协议。

**8月26日**　浦发银行主承销的2只革命老区债发行。其中,国电电力发展股份有限公司2021年度第三期绿色中期票据(碳中和债、革命老区振兴发展)发行金额8亿元,期限3年,认购倍数3.68倍。江西省交通投资集团有限责任公司2021年度第七期中期票据(革命老区、乡村振兴)发行金额10亿元,期限3+N年,认购倍数2.62倍。

**是日**　浦发银行兰州分行与国家电力投资有限集团公司甘肃分公司签署战略合作协议。浦发银行将以"双碳"目标为引领,发挥金融创新能力,助力甘肃省能源产业向新产业、新业态、新模式转型发展,提供多维度的绿色金融服务。

**是日**　浦发银行石家庄分行与中国石油河北销售分公司签署全面战略合作协议。

**8月27日**　浦发银行捐赠1000万元,用于河南省抗汛救灾和灾后重建,并推出五大融资方案和十项服务举措,助力当地企业恢复正常生产经营。

**8月28日**　中国共产党上海浦东发展银行长春分行第一次代表大会胜利召开。

**是日**　中国共产党上海浦东发展银行福州分行第一次代表大会胜利召开。

**8月30日**　浦发银行党委书记、董事长郑杨会见中粮集团董事长吕军一行。

**8月31日**　浦发银行党委书记、董事长郑杨与新加坡金融管理局副局长梁新松举行视频会谈,双方共同回顾过往良好的合作历史,围绕绿色金融、科技创新、沪新两个国际金融中心深化合作、资本市场互联互通等话题开展深入交流。

**是日**　上海市政协副主席李逸平、寿子琪赴浦发银行总行调研,并召开上海市政协经济委员会主任会议暨学习贯彻习近平总书记"七一"重要讲话精神交流会。浦发银行党委书记、董事长郑杨汇报了浦发银行学习总书记"七一"重要讲话精神情况，并就"浦发人如何学思践悟伟大建党精神"作主题交流，监事会主席王建平出席会议。

**是月** 浦发银行正式接入数字人民币互联互通平台。

**9月2日** 浦发银行青岛分行落地山东省内首单船舶离岸融资租赁业务。

**9月3日** 浦发银行伦敦分行落地分行首单海外直贷项目，授信额度2亿元。

**9月4日** 中国共产党上海浦东发展银行南宁分行第一次代表大会胜利召开。

**9月5日** 中国共产党上海浦东发展银行苏州分行第一次代表大会胜利召开。

**是日** 浦发银行上海分行承销宝山钢铁股份有限公司2021年度第一期中期票据（可持续挂钩）发行。该债券是上海市首单可持续发展挂钩债券，也是银行间市场金额最大的可持续发展挂钩债券。

**9月7日** 浦发银行印发《2021—2025年发展战略规划》和《2021—2025年创新规划》，明确了"十四五"时期全行战略发展和创新的总路线图、目标任务和关键举措。

**是日** 浦发银行与中欧基金管理有限公司在总行签署战略合作协议，浦发银行行长潘卫东、中欧基金董事长窦玉明出席签约仪式，浦发银行副行长谢伟、中欧基金总经理刘建平分别代表双方签署协议。

**是日** 浦发银行总行党委书记、董事长郑杨在总行会见中国外汇交易中心暨全国银行间同业拆借中心党委书记霍颖励一行。双方回顾了良好合作历史，围绕银行间市场交易产品创新、跨资产交易平台建设、金融市场与金融科技创新融合、债券指数研发及应用等领域合作展开交流，就相互支持、共同发展达成共识。

**是日** 浦发银行公司渠道新净值产品规模首次突破1300亿元大关。

**9月8日** 浦发银行上海分行党委与上海临港新城投资建设有限公司党委签署党建共建协议及战略合作协议，浦发银行上海分行党委书记、行长汪素南，临港城投党委书记、董事长陆颖青等出席签约仪式。

**9月10日** 浦发银行哈尔滨分行落地分行首单跨区域债券借贷业务。

**9月10日—13日** 浦发银行与埃森哲（中国）有限公司就"创新模式、创新业务、创新生态"主题举行研讨会，党委书记、董事长郑杨，行长潘卫东，埃森哲大中华区主席朱虹出席研讨会。会议聚焦"科技驱动业务模式创新"和"生态经营赋能公司金融"，由埃森哲（中国）有限公司相关专家进行经验分享和观点阐述，双方就相关内容进行了深入探讨。

**9月11日** 中国共产党上海浦东发展银行西宁分行党员大会胜利召开。

**9月13日** 浦发银行党委书记、董事长郑杨在总行会见国信证券董事长张纳沙一行。双方回顾了过往良好的合作历史，重点围绕财富管理、投资银行、金融市场、科技金融四大业务等展开研讨交流。

**是日** 浦发银行香港分行落地首单离岸人民币央票回购(Repo)业务。

**是日** 浦发银行投资雄安新区首单资产证券化产品。该产品以央企确权的应付工程款项为基础资产,总发行金额 6.27 亿元,浦发银行投资优先 01 级和优先 02 级共 0.72 亿元。

**9 月 14 日** 全国政协常委、民建中央副主席、上海市政协副主席周汉民一行赴浦发银行调研。浦发银行党委书记、董事长郑杨汇报了浦发银行风险经营情况,副行长刘以研介绍了天眼系统的应用与成效。

**9 月 16 日** 浦发银行上海分行与远东宏信有限公司签订战略合作协议。

**是日** 浦发银行认购中国工商银行首期境外发行的美元永续债项目。该笔债券为 2021 年市场首单国有大行境外永续债,发行规模 61.6 亿美元。

**是日** 浦发银行郑州分行与鹤壁市人民政府签署战略合作协议。

**9 月 17 日** 浦发银行以"总行离岸直营"授信模式,以全球牵头行角色,为高瓴集团收购飞利浦小电器业务板块落地了离岸并购银团贷款业务,份额 2.2 亿欧元,这是中资私募基金在欧美市场落地的首单银团贷款。

**是日** 在中国资产管理年会上,浦发银行发布《2021 年中国资产管理发展趋势报告》,并荣获 2021 年度"最佳资产管理银行""卓越投教服务机构""最具人气理财产品"三项金贝奖。

**是日** 中国共产党上海浦东发展银行兰州分行第一次代表大会胜利召开。

**9 月 17 日** 浦发银行广州分行与广州开发区控股集团、粤开证券签署战略合作协议,将发挥各自在绿色金融领域的优势,进一步推动在绿色可持续发展相关领域的深入合作。

**是日** 浦发银行广州分行与广州市荔湾区人民政府签署战略合作协议,全力支持荔湾区以高标准打造广州西翼 CBD、千年商都 RBD、岭南生活 CLD,对广州市荔湾区的战略性新兴产业项目、重点基础设施建设项目、乡村振兴项目、城市更新项目、地方债和国企改革项目提供全方位、综合化金融服务。

**9 月 23 日** 浦发银行与中国建设银行在北京签署《新金融战略合作协议》,中国建设银行党委书记、董事长田国立,浦发银行党委书记、董事长郑杨出席签约仪式,中国建设银行副行长纪志宏与浦发银行副行长谢伟分别代表双方签署协议。双方约定将全面加强战略合作,共同服务国家重大战略布局、共同服务金融要素市场建设、共同推进科技创新转型为主攻合作方向,秉承"互惠互利、合作共赢"的原则,切实服务好实体经济,防范好金融风险,全力支持"六稳""六保"工作,在创新共赢中实现双方的价值提升。

**9月24日**　浦发银行与中国移动通信集团有限公司在上海签署总对总战略合作协议。双方将在5G金融云、AI大数据应用赋能、产业链与资金管理、大市场产品与渠道融合、通信金融服务互惠等五个重点方向开展深入合作。中国移动通信集团有限公司董事长、党组书记杨杰和总会计师李荣华,浦发银行党委书记、董事长郑杨出席签约仪式。中国移动通信集团有限公司总经理董昕与浦发银行行长潘卫东分别代表双方签署协议。

**是日**　在债券通"南向通"上线首日,浦发银行作为"南向通"首批境内投资者,分别与中国银行(香港)有限公司、中国工商银行(亚洲)有限公司等多家"南向通"境外做市商达成多笔债券市场交易业务。在"南向通"启动仪式上,浦发银行党委书记、董事长郑杨作为4家境内机构的代表参与启动。

**9月27日**　浦发银行落地上海国际信托有限公司"鑫月丰利固定收益类集合信托计划"转托管业务,实现上海国际信托有限公司现金丰利系列、鑫月系列、红宝石系列三大标准化信托产品全托管。

**是日**　浦发银行呼和浩特分行与中国航天科工六院签署党建共建协议。

**9月28日**　浦发银行深圳分行落地全国首创嵌入式离岸线上贸易融资业务。

**9月29日**　浦发银行总行党委书记、董事长郑杨在总行会见上海清算所负责人一行。双方围绕集中清算机制应用品种范围、债券押品管理、多级托管体系建设、风险管理机制等领域展开交流,就进一步密切合作、深化战略合作达成共识。

**是日**　浦发银行与保定市长城控股集团签署总对总战略合作协议。双方将加强数字化、生态化建设合作,以长城工业互联网平台打造和浦发银行产业数字金融为基础,结合车生态各类场景,在创新结算体系、自贸和跨境金融、供应链金融、零售金融、生态圈融合等领域进一步深化战略合作,支持长城各产业基地和战略新兴产业的发展。

**是日**　浦发银行升级推出2021版《上海自贸区金融服务方案》,结合八年服务自贸区的实践经验,聚焦浦东打造社会主义现代化建设引领区的新趋势,充分利用主场优势、服务优势、科技优势、创新优势,提升自贸金融服务能级。

**10月10日**　浦发硅谷银行服务基金客户跨境融通规模首次当年突破100亿元,持续助力科创双循环及金融开放。

**是日**　浦发银行拉萨分行全国首发"珠穆朗玛峰"主题信用卡、联名借记卡。

**10月11日**　浦发银行落地"离岸嵌入式线上新型贸易融资项目"。该项目以API嵌入企业内部系统,依托与客户资金流、物流、信息流大数据共享、参数化设置,实现了线上批量放款及汇款操作,在提升客户体验的同时推进了离岸贸易融资模式的数字化、无纸化和智能化。

**是日** 浦发银行合肥分行落地华能安徽怀宁风力发电有限责任公司50 MW风电场项目营运期贷款,是合肥分行落地的首单电力央企清洁能源中长期贷款。

**10月13日** 浦发银行发布"i浦汇"跨境金融服务体系,打出"3+3+N"综合跨境金融服务牌,即"3项基础服务+3大特色方案+N个行业解决方案",以数字化服务满足外贸外资企业转型升级中的金融需求。

**10月14日** 中国银行保险监督管理委员会"风险管理及内控有效性现场检查情况通报会"在浦发银行总行举行。银保监会风险管理及内控有效性检查组组长、银保监会银行检查局副局长朱秀杰,银保监会风险管理及内控有效性检查组组长、湖北银保监局副局长刘咏出席会议并讲话。浦发银行党委书记、董事长郑杨,行长潘卫东,监事会主席王建平出席会议。郑杨表示,后续全行将从严从实抓好问题整改,同时举一反三,深挖问题根源,切实解决体制机制漏洞,严肃做好问责工作,扎实提升发展质量。

**10月15日** 浦发银行与中国船舶集团有限公司在北京签署总对总战略合作协议,双方将在重大项目、海洋经济、跨境金融、绿色金融、银租联动等业务方面持续加强合作,建立长期全面战略合作伙伴关系,不断提升合作深度和广度,实现银企双赢目标。中国船舶集团董事长雷凡培、总会计师贾海英,浦发银行董事长郑杨、副行长王新浩出席签约仪式。王新浩、贾海英分别代表双方签字。

**是日** 浦发银行党委书记、董事长郑杨在北京拜会中粮集团副总裁伊力扎提·艾合买提江和总会计师粟健。

**是日** 浦发银行党委书记、董事长郑杨在北京拜会中国化学工程集团有限公司党委书记、董事长戴和根。

**是日** 浦发银行被中国人民银行、中国银行保险监督管理委员会评估认定为国内系统重要性银行。

**是日** 浦发银行重庆分行与重庆市万和药房连锁有限公司签署战略合作协议,浦发银行重庆分行行长华巍、万和药房连锁董事长唐先伟分别代表双方签约。

**10月16日** 浦发银行党委书记、董事长郑杨在北京拜访中共密云区委书记余卫国。

**是日** 中国共产党上海浦东发展银行深圳分行第一次代表大会胜利召开。

**10月18日** 浦发银行上海分行与香港分行联动,落地上海地产(集团)有限公司公募上海自贸区人民币债券7.5亿元的主承销业务。这是市场首单公募上海自贸区人民币债券业务，也是上海地产首次在境外公开市场发行的上海自贸区人民币公募债券。

**是日** 浦发银行"南向通""北向通"业务入围中国人民银行公布的粤港澳大湾区"跨境理财通"首批试点银行名单。截至10月19日，浦发银行广州分行、深圳分行落地首单"南向通"及"北向通"业务，香港分行完成首个"北向通"账户开立及资金入账。

**10月19日** 浦发银行党委书记、董事长郑杨在上海会见宁夏回族自治区政府副主席陈春平一行。双方围绕金融支持宁夏建设黄河流域生态保护和高质量发展先行区战略进行深入交流，就进一步加大在投融资等方面的合作达成共识。双方表示，未来将围绕自治区九大重点产业，在制造业转型升级、新能源等领域，开展全面合作。

**是日** 浦发银行与宁夏宝丰能源集团股份有限公司在上海签署战略合作协议，宁夏回族自治区政府副主席陈春平、浦发银行行长潘卫东与宝丰能源董事长党彦宝出席签约仪式，浦发银行副行长王新浩与宝丰能源副总裁卢军分别代表双方签署协议。双方将在银团贷款、项目融资、债券承销、供应链融资等业务领域开展更加深入的合作，进一步巩固深化战略合作关系。

**是日** 浦发银行与上海清算所签订《非集中清算衍生品保证金合作协议》。浦发银行副行长谢伟与上海清算所副总经理汪洪波出席签约仪式，并分别代表双方签署协议。

**是日** 浦发银行北京分行与国家能源集团二级子公司——国电联合动力技术有限公司签署战略合作协议。

**是日** 浦发银行天津分行与中国北方人才市场签署战略合作协议。

**10月20日** 浦发银行南宁分行与广西博世科环保科技股份有限公司签署战略合作协议。

**10月21日** 浦发银行2021年全行第二次季度工作暨10月份月度（视频）会议在上海召开。总行党委书记、董事长郑杨主持会议并讲话，行长潘卫东作经营管理工作报告。会议强调，要切实增强抓工作的韧劲，争分夺秒赶进度、拉长板、补缺口，确保今年工作顺利收官，推动三年行动计划圆满收官和"十四五"规划发展良好开局。

**是日** 浦发银行上线"卓信财富开放平台"，在手机银行推出"卓信财富号"，与金融机构合作，为个人投资者提供金融知识、市场分析、产品优选，及售后陪伴等服务。首批入驻"卓信财富号"的机构包括易方达、南方、广发、汇添富、嘉实等5家基金公司。

**是日** 浦发银行青岛分行承销的海尔金融保理（重庆）有限公司2021年度海尔1号第一期资产支持商业票据落地，该业务是山东省内落地的首单金融机构承销公募资产支持商业票据。

**是日** 浦发银行广州分行联合广州市工信局、广东股权交易所推出"专精特新"信用贷专属产品,为国家级专精特新"小巨人"企业、广东省以及各地市"专精特新"企业提供信用贷款。

**10月22日** 浦发银行与四川大学在成都签署战略合作协议,四川大学党委副书记、校长李言荣与浦发银行党委书记、董事长郑杨出席签约仪式,浦发银行副行长刘以研与四川大学副校长侯太平分别代表双方签署协议。

**是日** 浦发银行党委书记、董事长郑杨和行长潘卫东在成都拜会中共四川省委常委、成都市委书记施小琳。

**是日** 浦发银行在成都召开"成都分行案件风险处置联合推进专题会",中国银行保险监督管理委员会股份制银行部、银行检查局、上海市国资委、上海市地方金融监管局、四川省地方金融监管局、四川省银保监局等单位出席。相关金融监管部门对浦发银行举全行之力处置化解成都分行风险、支持成都分行发展表示肯定,并对浦发银行消化沉重历史包袱、迈上高质量发展的新征程表示支持,同时也提出了希望与建议。

**是日** 浦发银行获得中央国债登记结算公司担保品十周年"杰出贡献机构奖"。

**是日** 浦发银行广州分行落地全行首单金融机构远期外汇E联盟业务,通过线上交易模式促成全行首笔"浦发银行—金融机构—客户"三方合作远期外汇E联盟业务的落地。

**10月23日** 浦发银行在成都召开内控合规管理建设年工作暨全行重大案件"举一反三"会议,党委书记、董事长郑杨,行长潘卫东在主会场出席并讲话,监事会主席王建平在上海外滩分会场出席会议。

**是日** 浦发银行青岛分行与中国海洋工程研究院(青岛)签订战略合作协议,双方将在涉海项目建设、海洋科技成果转化、自然碳汇交易中心、基金设计托管等领域开展全面合作。

**是日** 中国共产党上海浦东发展银行南京分行第一次代表大会胜利召开。

**是日** 中国共产党上海浦东发展银行西安分行第一次代表大会胜利召开。

**10月24日** 中国共产党上海浦东发展银行海口分行党员大会胜利召开。

**10月25日** 浦发银行与汇添富基金管理股份有限公司在汇添富大楼签署战略合作协议,浦发银行行长潘卫东与汇添富基金董事长李文见证签约,浦发银行副行长谢伟与汇添富基金总经理张晖分别代表双方签署协议。双方将通过财富管理品牌效应叠加、投资业绩持续优化、托管规模稳步提升、科技创新互动共享等推动合作升级,打造大资管时代银基合作生态圈。

**10月26日** 浦发银行成都分行与成都芯谷产业园发展有限公司签署战略合作协议。

**是日** 浦发硅谷银行理财代销业务正式上线。

**10月27日** 浦发银行与中国太平洋保险(集团)股份有限公司举行《深化业务合作备忘录》签署暨保单交接仪式，浦发银行党委书记、董事长郑杨与中国太保党委书记、董事长孔庆伟出席仪式，浦发银行行长潘卫东与中国太保总经理傅帆分别代表双方签署备忘录，浦发银行副行长谢伟与中国太保副总裁俞斌分别代表双方交接保单。双方并将联合打造长三角地区更高质量一体化发展的新型银保合作模式，为彼此的客户定制"银行+保险"综合金融服务方案。

**是日** 浦发银行北京分行牵头主承销的中国中车股份有限公司2021年度同行1号第五期资产支持商业票据(ABCP)落地，该笔业务是全行首单出表型资产支持商业票据。

**10月28日** 浦发银行首款多元系列之"浦合1号"产品募集成立，单款产品募集规模超过25亿元。

**是日** 浦发银行新加坡分行完成市场首单全球通下外币回购业务，支持国家债券市场对外开放和上海国际金融中心建设。

**10月29日** 浦发银行联合IBM、中国信息通信研究院共同发布《商业银行数据资产管理体系建设实践报告》。报告阐明了数据资产的概念、数据资产管理体系的内涵与外延、体系框架、管理规则等内容，旨在为商业银行数据资产化之路提供有价值的参考，为深化数据要素市场化配置改革、促进数据要素有序流动贡献力量。

**10月30日** 浦发银行与浙江大学联合发布《数据原生的金融架构蓝皮书》，提出数据原生理念、数原体的概念架构和技术构建方法，用数据来定义业务及架构，把金融业务系统直接建设在场景数据之上，将服务更高效地嵌入到用户生产经营与生活场景中，实现用户需求的即时感知与智能响应，与用户的生活无缝整合。

**10月31日** 浦发银行贵阳分行发行分行首单超短期融资券业务，为贵州高速公路集团有限公司10亿元资金支持。

**是月** 《上海市级专志·上海浦东发展银行志》由上海社会科学院出版社正式出版发行，该志是第28部公开发行的上海市级专志。全志共158.6万字，收录卷首照89幅，随文照74幅，系统梳理了1993—2010年浦发银行创业、创新、转型三个阶段的发展历程。

**11月1日—3日** 2021年中国移动全球合作伙伴大会在广州举行。大会以"数即万物,智算未来"为主题,旨在进一步推动 5G 创新应用,加速数智新生态构建,助力社会经济发展。浦发银行作为金融行业唯一受邀合作伙伴,参与发布"中国移动 TOP100 品牌联盟计划",浦发银行行长潘卫东应邀参会。

**11 月 3 日**　浦发银行在上海举行"绿融万物,共创未来"绿色金融发布会。会上,浦发银行发布《金融助力碳中和发展与实现蓝皮书》,对金融机构应对气候变化和助力碳中和提出具有实操性的行动建议;推出适用于企业和个人的碳账户体系;推出"浦银—北极星 ESG 指数";发行浦发银联"绿色低碳"主题信用卡和借记卡;分别与国家绿色发展基金股份有限公司、上海环境能源交易所股份有限公司签署战略合作协议。

**是日**　浦发银行上海分行党委与上海报业集团分别于报业集团 1925 书局、浦发银行上海分行本部举行党建共建活动及党建共建协议签约仪式。浦发银行上海分行党委书记、行长汪素南,上海报业集团党委副书记、总经理、副社长、新华传媒党委书记陈启伟等参加活动及签约仪式。

**11 月 4 日**　浦发银行与兴证全球基金管理有限公司在上海签署战略合作协议,浦发银行行长潘卫东和兴业证券董事长兼兴证全球基金董事长杨华辉出席签约仪式,浦发银行副行长谢伟与兴证全球基金总经理庄园芳分别代表双方签署协议。双方将发挥牌照互补优势,在财富管理品牌效应叠加、投资业绩持续优化、托管规模稳步提升、绿色金融创新、金融科技共享等重要领域开展深入合作,服务共同客户,共铸平台价值,打造大资管时代银基合作生态圈。

**11 月 5 日**　浦发银行与中国化学工程集团有限公司在上海签署《总对总深化合作协议》,中国化学工程集团党委书记、董事长戴和根,副总经理韩兵,监事会主席徐万明与浦发银行党委书记、董事长郑杨出席签约仪式。双方将在项目建设投融资、资产并购、绿色金融、融资租赁等业务方面继续加强合作,进一步深化总对总合作关系。

**11 月 8 日**　浦发银行南宁分行党委与华能集团广西分公司党委签署党建共建协议。

**11 月 9 日**　浦发银行党委书记、董事长郑杨拜会天津市副市长康义。

**11 月 9 日—15 日**　浦发银行北京分行牵头主承销的 20 亿元能源保供用途项目落地。落地项目为北京京能电力股份有限公司 2021 年度第三期超短期融资券、华电国际电力股份有限公司 2021 年度第五期超短期融资券。两期产品均为市场首批能源保供用途债券,募集资金将专项用于能源生产供应。

**11 月 10 日**　浦发银行深圳分行联合 3 家香港金融机构和 1 家澳门金融机构,落地全行首单以海外银团借入外债模式的创新型同业借款业务。

**11月11日**　浦发银行全面深化改革领导小组召开第3次会议,党委书记、董事长、深改小组组长郑杨主持会议并讲话。会议研究审议总行公司业务板块组织架构优化方案,要求围绕全行战略规划的部署,立足解决未来面临的中长期问题,进一步优化改革方案。

**11月15日**　浦发银行与湖南省人民政府在长沙签署新一轮战略合作框架协议,中共湖南省委副书记、省长毛伟明与浦发银行党委书记、董事长郑杨座谈并共同见证签约,省委常委、常务副省长谢建辉,省政府秘书长邓群策参加。根据协议,双方将建立更加紧密稳定的政银合作关系,浦发银行5年内为湖南提供不低于2500亿元的信贷、非信贷意向综合授信额度,积极支持湖南打造"三个高地",在乡村振兴、"两新一重"、绿色低碳、文化旅游、小微企业发展等领域加大合作力度,助推湖南走在中部地区崛起前列。

**是日**　浦发银行雄安分行为3家参与雄安新区工程建设的中小供应商发放640万元区块链订单贷款,落地全国首单政府区块链订单融资业务。

**是日**　浦发银行银川分行落地分行首单银团贷款业务,总额7亿元,由国家开发银行牵头,银川分行作为第二大参与行,投放资金2亿元,用于支持宁夏农垦贺兰山奶业有限公司奶牛场项目建设。

**11月17日**　浦发银行长春分行与呼和浩特分行联动,为国电投集团某风力发电项目发放绿色项目贷款18亿元。

**11月18日**　浦发银行"浦惠e融"数字化融资平台项目获得上海市人民政府颁发的"2020年度上海金融创新奖"。

**11月19日**　浦发银行托管并代销的市场首批创新FOF-LOF产品——"兴证全球积极配置三年封闭运作混合型基金中基金"在上交所正式上市,全渠道首发规模达42.3亿元。

**是日**　浦发苏州分行与苏州国发集团签署"党建＋战略"双协议。

**是日**　浦发银行深圳分行承销珠海大横琴集团有限公司2021年度第二期绿色中期票据,该笔债券是全国首单用于偿还境外债的绿色债券,也是横琴粤澳深度合作区成立以来发行的首单绿色债券。

**11月22日**　浦发银行与吉林省住房和城乡建设厅签署战略合作协议。

**11月23日**　浦发银行与浙江浙银金融租赁有限公司签署《项目协调业务合作协议》,双方合作将聚焦在钢铁、地产、文化旅游、交通物流、智慧农业、先进制造等业务领域。

**是日**　浦发银行在上海举办"第五届浦发银行国际金融科技创新大赛",共收到境内外103家公司的130项创新方案,覆盖金融数字化、智能化、普惠金融等领域。

**是日** 浦发银行"浦惠e融"数字化融资平台项目在第十五届"金洽会"上海市金融业助力人民城市建设成果评选中,荣获"上海人民金融优秀应用场景奖"。

**11月24日** 浦发银行达成全市场首笔标准债券远期实物交割交易,并通过为市场提供标准债券远期活跃报价积极参与首日交易。

**是日** 浦发银行上海分行落地全行首单跨境人民币结算便利化业务。

**11月26日** 浦发银行副行长谢伟出席由中国信托登记有限责任公司举办的2021年信托业转型发展论坛,并与中国信托登记有限责任公司领导签署战略合作框架协议。

**是日** 浦发银行北京分行推出"京浦北鸣贷",为北交所拟上市企业提供专属融资服务。该产品最高额度8000万元,贷款最长期限3年,享受专项绿色审批通道。

**是日** 浦发银行宁波分行作为指定服务的两家银行之一,与宁波股权交易中心签署信贷合作协议,为"专精特新""小巨人"企业提供20亿元信贷支持。

**是日** 浦发银行南昌分行为华能集团华能江西清洁能源有限责任公司发放江西省首单"碳中和挂钩项目贷款",金额9160万元,期限12年,用于支持蒋公岭风力发电项目建设与运营。

**11月27日** 中国共产党上海浦东发展银行合肥分行第一次代表大会胜利召开。

**11月28日** 浦发银行和中国信息通信研究院联合编写的《金融行业开源生态深度研究报告》正式发布。

**11月30日** 浦发银行绿色金融业务推进委员会召开第一次专题工作会议,行长潘卫东、副行长王新浩出席会议。会议要求,应加大绿色金融考核力度和相关资源支持,明确践行"双碳"战略路线图,完善绿色金融业务产品体系,提升绿色金融业务服务意识;要以体系化、数字化、可视化方式推进绿色银行建设,做好零碳银行研究、试点和推广工作;逐步提升绿色银行品牌形象。

**是日** 上海市国资委党委以视频电视电话方式,举行哈尔滨、长春、沈阳、呼和浩特、乌鲁木齐、南宁等六地沪外企业党建联建签约仪式,浦发银行长春、乌鲁木齐、南宁分行担任当地党建联建轮值主席单位。

**是日** 浦发银行深圳、南昌、苏州、北京分行为某通讯行业龙头户落地全行首单国内保险项下公开型买断型保理业务。

**是日** 浦发银行成都分行与成都交子金融控股集团签署战略合作协议。

**12月1日** 浦发银行党委书记、董事长郑杨在南京拜会江苏省副省长马欣。

**是日** 浦发银行伦敦分行首单在岸人民币债券通交易业务落地。

**12月2日**　浦发银行落地信银理财有限责任公司17亿元托管业务,是全行首单他行理财子产品托管业务。

**12月2日—6日**　浦发银行在银行间债券市场发行400亿元金融债券,债券期限3年,票面利率2.97%。全场认购倍数近2.4倍、认购资金近1 000亿元。

**12月3日**　浦发银行宁波分行落地全行首单券商REITs集合资产管理计划托管业务,为中泰证券(上海)资产管理有限公司"中泰鑫创6号REITs集合资产管理计划"提供托管服务。资金由管理人自行募集,成立规模为1 000万元,资管计划期限10年。

**12月6日**　浦发银行党委书记、董事长郑杨在海口市拜会中共海南省委书记沈晓明,并与省委副书记、省长冯飞座谈交流。海南省政府秘书长符宣朝、省发展和改革委员会主任顾刚、省财政厅厅长蔡强、省地方金融监管局局长陈阳、省银保监局局长傅平江、中国人民银行海口中心支行副行长谢端纯出席会议,浦发银行副行长刘以研等陪同参加。

**是日**　浦发银行伦敦分行首次参与澳门证券交易所业务,进一步拓宽业务发展平台。

**12月7日**　浦发银行深圳分行与深圳天使母基金承办的"创新发展,天使引领"——2021年中国(深圳)天使投资峰会在深圳市开幕,浦发银行副行长王新浩发表致辞。浦发银行深圳分行与深圳天使母基金管理公司、国信证券股份有限公司、南方科技大学等机构签署合作协议。

**是日**　浦发银行在市场上率先推出面向同业跨境人民币即时在线服务产品——"清算问问"AI服务助手。

**12月8日**　中国外汇交易中心与浦发银行、浦银安盛基金在上海共同举办"央企发展新动能,创新驱动'债'加速"——首只跟踪CFETS债券指数基金发布会,中国外汇交易中心总裁张漪,浦发银行副行长、浦银安盛基金董事长谢伟出席发布会并致辞。

**是日**　浦发银行行长潘卫东在深圳拜访比亚迪集团,与比亚迪集团董事长、总裁王传福围绕绿色低碳能源、新能源汽车、绿色金融、经销商三方融资、消费者汽车金融、供应链生态等领域展开深入探讨。

**12月9日**　为加强对境外商业银行类分支机构内部审计工作的管理,规范对境外商业银行类分支机构的内部审计行为,浦发银行印发《上海浦东发展银行境外商业银行类分支机构内部审计管理办法》。

**12月10日**　浦发银行北京分行与全国中小企业股份转让系统有限责任公司、北京证券交易所签署战略合作协议。三方将在企业培育、信贷支持、产品投资、信息共享、科技金融、创新研究等方面开展广泛合作,并建立常态化交流机制。

**12月17日** 浦发银行印发《投资企业管理办法》,进一步明确股权管理的管理要求和流程。

**是日** 浦发银行南京分行为江苏交通控股有限公司在上海证券交易所发行全国首单长三角一体化建设暨绿色公司债券,发行规模5亿元。

**12月20日** 浦发银行审计智能管理平台投产上线。

**12月21日** 在中国信息通信研究院主办的"2021数据安全产业峰会"上,浦发银行联合矩阵元、中国信息通信研究院,共同发布《"数据银行"概念模型与建设规划研究报告》。

**是日** "浦惠税贷"二期上线,浦发银行上海分行对接税务局,通过报税信息为小企业主提供经营贷服务。

**是日** 浦发银行西安分行为西安某半导体设计企业落地发放国内首单"技术交易信用贷"。

**12月22日** 浦发银行与富国基金管理有限公司在上海签署战略合作协议,浦发银行行长潘卫东与富国基金总经理陈戈出席签约仪式,浦发银行副行长谢伟与富国基金副总经理陆文佳分别代表双方签署协议。双方确认将围绕共建财富生态圈、投资业绩持续优化、托管规模稳步提升、绿色金融创新、金融科技共享等重要领域,彼此深化合作,服务共同客户,共铸平台价值,打造银基合作新标杆。

**12月23日** 浦发银行成立全行战略执行联合推进工作领导小组,由党委书记、董事长郑杨担任组长,行长潘卫东、党委副书记陈正安担任第一副组长,党委班子成员担任副组长。小组成员包括战略发展与执行部、资产负债管理部、党委组织部(人力资源部)主要负责人。领导小组办公室设在战略发展与执行部。领导小组通过统筹部署全行战略执行、资源配置、考核激励等流程机制,推动全行牢固树立长期主义信念,促进战略目标、重点任务和重点转型稳步实施。

**是日** 浦发银行成立全行数字化转型领导小组,由党委书记、董事长郑杨担任组长,行长潘卫东担任第一副组长,党委班子成员担任副组长。小组成员包括战略发展与执行部、信息科技部、资产负债管理部、党委组织部(人力资源部)、公司业务部、零售业务部、金融市场部、运营管理部、风险管理部主要负责人。领导小组办公室由战略发展与执行部、信息科技部、资产负债管理部共同组成。领导小组通过顶层设计和统筹组织,增强协同联动,协调关键资源,调动各方积极性,促进全行战略实施和数字化转型工作整体高效推进。

**是日**　浦发银行北京分行独立主承销的深圳德远商业保理有限公司2021年度中建一局1号第一期供应链绿色定向资产支持商业票据落地。

**是日**　浦发银行成都分行落地"碳中和"绿债投资1 000万元,发行人为东方电气集团公司。

**12月24日**　浦发银行与云南省人民政府在昆明签署"十四五"期间战略合作协议,中共云南省委书记王宁与浦发银行党委书记、董事长郑杨出席签约仪式,浦发银行行长潘卫东与云南省常务副省长宗国英分别代表双方签署协议。浦发银行将在巩固拓展脱贫攻坚成果、产业转型升级、面向南亚东南亚辐射中心建设等方面给予资金支持,助力云南高质量发展。

**是日**　浦发银行成为境内首家与贝莱德基金达成合作的股份制商业银行。

**12月28日**　"浦发银行东方体育中心冠名签约仪式"在东方体育大厦举行,上海市体育局党组书记、局长徐彬,浦发银行党委书记、董事长郑杨,上海久事(集团)有限公司党委书记、董事长过剑飞等领导共同出席见证。2022年至2023年期间,东方体育中心将更名为"浦发银行东方体育中心",东方体育中心海上王冠、玉兰桥、月亮湾也将更名为"浦发银行东方体育中心综合馆""浦发银行东方体育中心游泳馆""浦发银行东方体育中心跳水馆"。双方将以东方体育中心为引擎,开发新产品、新模式,共同激活体育场馆和数字金融的融合生态,探索体育产业资源平台。

**是日**　上海市2020年度金融创新成果奖评选结果揭晓,浦发银行《释放数据资产价值,构建价值驱动的数据资产经营体系》项目获得二等奖。

**是日**　浦发银行昆明分行建成昆明市首家省级金融教育示范基地。

**是日**　浦发银行深圳分行荣获2020—2021年深圳银行业社会责任"服务小微"优秀案例奖。

**是日**　浦银安盛基金"浦"公英慈善公益项目正式启动,信托资金规模为200万元,用于救助自然灾害、事故灾难和公共卫生事件等突发事件造成的损害,旨在促进教育、科学、文化、卫生、体育等事业的发展。

**是日**　浦发硅谷银行苏州分行获批颁发中华人民共和国金融许可证。

**12月29日**　为强化审计发现问题整改责任落实,健全整改工作机制,推动整改结果运用,提升审计整改质量和效果,完善公司治理、健全内部控制,浦发银行印发《上海浦东发展银行审计发现问题整改管理办法》。

**是日**　为贯彻总行集团化管理要求,推动总行与附属机构建立内部审计工作联系,规范附属机构的内部审计工作,浦发银行印发《上海浦东发展银行附属机构内部审计管理办法》。

**12月30日**　浦发银行发放"浦慧云仓"技术支持下的"优浦e仓贷"首单贷款。

**是日**　浦惠到家平台注册用户突破2 000万户。

**是日**　浦发银行伦敦分行落地分行首单同业代付交易业务,积极推动新业务产品拓展。

**是日**　中国共产党上海浦东发展银行拉萨分行第一次代表大会胜利召开。

**12月31日**　浦发银行党委巡察工作领导小组召开2021年第五次会议,听取当年第五批总行党委巡察情况报告,党委书记、巡察工作领导小组组长郑杨主持会议。会议认为,总行党委认真履行主体责任,把巡察作为重要政治任务来抓,突出政治巡察,强化问题导向,圆满完成了2019年启动的新一轮巡察三年全覆盖的工作任务。三年共组织开展14批常规巡察和巡察"回头看",完成对辖属48家一级机构党委三年全覆盖的巡察任务,为"建设具有国际竞争力的一流股份制商业银行"提供了有力保障。

**是日**　浦发银行内部交易管理委员会成立。

**是日**　经浦发银行第七届董事会第三十二次会议审议通过,浦发银行印发《上海浦东发展银行2021—2025年内部审计工作规划》。

**是日**　浦发银行广州分行落地全行首单电力央企分布式光伏项目融资和国能集团新能源项目贷款,并以此为契机,引入国能集团7个新能源项目。

**是月**　在中国金融工会全国委员会发布的表彰决定中,浦发银行宁波分行杭州湾新区支行徐培培、郑州分行许昌分行王真获评"全国金融五一劳动奖章";长治分行营业部、广州分行营业部、西安分行曲江文创支行、青岛分行崂山支行获评"全国金融先锋号"。

**是月**　浦发银行建成"借据层+客户层+批量层"的零售信贷三支柱预警体系,"集中推送+导出下载+批量上传"的预警集中处置机制平稳运行,全年全行预警处置率达到100%。三支柱风险预警为分行开展贷后检查、风险排查处置等提供了名单管理基础,对全行推进合规风险和重点领域信用风险主动管理的赋能日益明显。

**是年**　浦发银行实现营业收入1 909.82亿元,同比下降2.75%;实现利润总额590.71亿元,同比下降11.41%;税后归属于母公司股东的净利润530.03亿元,同比下降9.12%。集团资产总额81 367.57亿元,同比增长2.35%;其中,本外币贷款总额(含票据贴现)47 860.40亿元,同比增长5.56%。集团负债总额74 585.39亿元,同比增长2.11%;其中,本外币存款总额44 030.56亿元,同比增长8.01%。不良贷款率1.61%,较上年末下降0.12个百分点;拨备覆盖率143.96%,较上年末下降8.81个百分点;贷款拨备率(拨贷比)2.31%。

**是年**　浦发银行位列英国《银行家》杂志"全球银行1000强"第18位,居上榜中资银行第8位;以143.13亿美元品牌价值位列"全球银行品牌500强"第19位,居上榜中资银行第8位,品牌评级AAA-;位列美国《财富》杂志"财富世界500强"第201位,居上榜中资银行第8位;位列美国《福布斯》杂志"全球企业2000强"第68位,居上榜中资企业第18位、中资银行第9位。

# 2022 年

**1月4日** 中央国债登记结算有限责任公司发布2021年度中债成员业务发展质量评价结果,浦发银行荣获年度"债市领军机构""优秀金融债发行机构""优秀债券承销机构""地方债柜台业务优秀承销机构""自营结算100强""优秀资产托管机构""国际化业务卓越贡献机构""中债绿债指数优秀承销机构""ESG业务卓越贡献机构"等9个奖项。

**是日** 中国外汇交易中心通过银行间市场标准化外汇产品交易模块(C-Trade)推出外币拆借撮合交易(C-Lending)。浦发银行于业务上线首日,达成银行间市场首单交易。

**是日** 中国共产党上海浦东发展银行武汉分行第一次代表大会胜利召开。

**1月5日** 中国人民银行营业管理部公布《北京金融数据综合应用试点项目清单》,浦发银行"基于知识图谱的智能营销服务"入围"强化数据融合应用—智慧金融"试点项目。

**是日** 浦发银行杭州分行落地某头部信托公司主动管理型TOT信托托管业务,该产品托管规模超200亿元。

**1月6日** 浦发银行监事会主席王建平会见国家绿色发展基金监事会主席汪义达一行,围绕服务国家绿色金融发展战略、推动建设绿色投资生态圈、建立监事会工作联系机制等方面展开交流。

**1月7日** 浦发银行在上海证券交易所新债券交易系统达成债券现券竞价交易,成为首批完成新债券交易系统对接切换并达成交易的商业银行。

**是日** 浦发银行上海分行落地全国首单自贸债境外募集资金回境管理业务,为湖州新型城市投资发展集团实现境外募集资金回境6.7亿元。

**是日** 浦发银行西安分行获评"2020—2021年全国金融系统思想政治工作优秀单位"。

**1月8日** 浦发银行推出企业内刊《外滩十二号》,该刊物包含经营发展情况、新闻报道、人文历史等内容,设有要闻、专题、热点、交流、读史、有味、心声等栏目。

**是日** 浦发银行举办第十五次全行志愿者日活动,以"守护生物多样性,我是行动者"为主题,全行万名志愿者们走进植物园、动物园、海洋馆、自然博物馆和公园绿地,宣传普及动植物养护、环境治理、节能减排等知识,全国共有36万人在线上响应。

**是日** 浦发银行召开战略务虚会暨"十四五"规划推进研修班。党委书记、董事长郑杨,行长潘卫东出席并讲话,监事会主席王建平出席。会议邀请中国建设银行原副行长黄毅、清华大学金融与发展研究中心主任马骏、十三届全国政协经济委员会副主任刘世锦分别就"商业银行转型观察""碳中和背景下的投资机遇与风险""宏观经济走势与增长新动能"进行主题培训。

**1月9日** 浦发银行举行"谱发展新篇,启资管未来"主题论坛暨浦银理财开业仪式及相关签约仪式。中共上海市委常委、常务副市长吴清委托致贺,上海市委常委、浦东新区区委书记朱芝松出席,上海市政府副秘书长、浦东新区区长杭迎伟,上海市地方金融监管局局长、金融工作局局长解冬,上海市国有资产监督管理委员会党委书记、主任白廷辉出席并致辞。浦发银行党委书记、董事长郑杨出席并致答谢词,行长潘卫东,监事会主席王建平出席。签约仪式上,中共上海市浦东新区区委常委、副区长杨朝与浦发银行副行长王新浩分别代表浦东新区人民政府与浦发银行签署《共同打造社会主义现代化建设引领区全面战略合作协议》。根据协议,双方将在区域开发、产业升级、国资国企改革、人才交流,以及科创金融、普惠金融、绿色金融等领域加强银政合作。浦发银行作为浦东新区总体产业发展的主要合作银行之一,将在未来5年内为浦东新区内企业提供总额不低于1 000亿元的信贷支持,助力区域经济社会发展。

**是日** 浦发银行与上海期货交易所在上海联合主办"适远:厚积薄发"《浦银避险2022年市场展望蓝皮书》暨中债—浦发银行ESG精选债券指数发布仪式。浦发银行副行长谢伟、上海期货交易所副总经理陆丰、中央结算公司上海总部副总经理宁新虎等出席活动。

**1月10日** 浦发银行新一代审计工作平台完成系统数据架构改造和用户界面重新设计,正式推广使用。

**1月11日** 财政部发布《关于记账式国债承销团2021年综合排名的通知》,浦发银行2021年国债承销量在55家承销团成员中,排名全市场第四,股份制银行第一。

**是日** 浦发银行行长潘卫东在总行会见网商银行董事长金晓龙一行。

**1月13日** 中国外汇交易中心公布2021年银行间外币货币市场评优结果,浦发银行荣获2021年度"银行间外币货币市场20强"称号,并获2021年度"外币货币市场优秀交易主管"和2021年度"外币货币市场优秀交易员"等奖项。

**1月16日** 浦发银行上海分行为上海城投置地(集团)有限公司落地全行首单按账号签约人民币资金池业务。

**1月17日** 中国太保—浦发银行深化战略合作启动会召开。上海市国有资产监督管理委员会副主任康杰出席活动并为"太保浦发＋引领新生态"揭牌,浦发银行党委书记、董事长郑杨和中国太平洋保险(集团)党委书记、董事长孔庆伟分别作启动会动员发言,浦发银行行长潘卫东与中国太平洋保险(集团)总裁傅帆为双方攻坚小组颁授工作任务书。双方明确了全面推进合作的具体路径,并设定"互为首选、互为第一、互为全覆盖以及共同服务客户、共同服务国家战略"的合作目标。

**是日** 浦发银行信用卡中心商户类服务平台项目投产上线,并在"浦大喜奔"App亮相。该项目实现了信用卡中心商户类业务的本地化运营,以及业务数据的自主留存,为信用卡客户经营及相关业务开展提供了强大的工具支撑。

**是日** 浦发银行北京分行落地中建投租赁2笔ABS资产投资业务,为市场首单"成渝双城经济圈"ABS,此次新增投放金额1.43亿元,并带动7倍规模托管落地。

**1月19日** 上海证券交易所发布债券市场2021年度优秀参与机构及个人评选结果,浦发银行2021年度上交所金融债券承销量排名全市场银行类机构第一,荣获"金融债券优秀承销商"称号。

**是日** 浦发银行伦敦分行获评"2021年英国中国商会杰出贡献奖",成为唯一获奖的股份制商业银行。

**1月21日—25日** 浦发银行在银行间债券市场发行300亿元金融债券,债券期限3年,票面利率2.69％。本期债券品种分为普通金融债券,规模为250亿元;房地产项目并购主题债券,规模为50亿元。在本期债券发行中,近160户投资者参与,全场认购倍数超2.5倍。

**1月24日** 浦发银行荣获2021年度深圳证券交易所债券市场"优秀跨市场债券交易机构""债券交易机制优化积极贡献奖""优秀利率债承销机构"等奖项。

**1月24日—25日** 浦发银行通过现场和视频相结合方式召开2022年全行工作会议暨党建工作会议。会议总结全行2021年工作,部署2022年工作,强调坚持稳字当头、稳中求进,统一思想、凝聚共识,扎实推动"十四五"规划各项战略任务按进度落实落地,持续推进全行高质量可持续发展。党委书记、董事长郑杨作题为《稳字当头,稳中求进,凝心聚力,开创新局,全力推动高质量发展行稳致远》的讲话,行长潘卫东作题为《坚守长期,夯实基础,整体推进,数字赋能,奋力开创浦发银行新发展格局》的工作报告,监事会主席王建平、党委副书记陈正安分别主持会议。陈正安作党建工作部署,副行长、财务总监王新浩作2021年度全行经营情况分析通报,各分管行领导对

2022年相关条线工作进行部署。会议对2021年度全行先进单位进行表彰,通报2021年审计发现案例并进行警示教育。会议还以分组形式围绕全行"十四五"规划落实、经营管理和党建工作等主题展开深入讨论并提出意见建议。

**1月29日** 浦发银行与上海市长宁区人民政府在总行签署战略合作协议。中共长宁区委书记王岚,区长张伟,区委副书记纪晓鹏,浦发银行党委书记、董事长郑杨,行长潘卫东,监事会主席王建平出席签约仪式,浦发银行副行长王新浩与长宁区副区长杨元飞分别代表双方签约。

**1月30日** 上海市国有资产监督管理委员会副主任叶劲松一行赴上海国际信托有限公司,实地检查公司所在地上投大厦疫情防控及安全生产工作,听取公司转型发展、安全保障情况以及有关意见建议。浦发银行行长、上海国际信托有限公司董事长潘卫东陪同调研。

**是月** 浦发银行正式通过中国网络安全审查技术与认证中心(CCRC)ISO/IEC 27701"隐私信息管理体系认证"审核,成为第一家获得该认证的全国性股份制商业银行。

**2月7日** 根据上海市国有资产监督管理委员会印发的《关于开展总审计师制度试点有关工作的通知》,浦发银行启动总审计师试点工作。

**2月10日** 浦银理财发行首只理财产品——"多元系列之鸿瑞启航",当日即完成募集,金额120亿,比销售计划提前6天售罄。

**2月11日** 浦发银行党委书记、董事长郑杨在福州拜会中共福建省委书记尹力。福建省委常委、副省长郭宁宁,省委常委、秘书长吴偕林,福建省地方金融监管局局长薛鹤峰出席会议,浦发银行副行长谢伟等陪同参加。

**是日** 浦发银行合肥分行落地全行首单公司网银渠道非融资类保函业务,为合肥建工集团有限公司办理了电子保函。

**2月14日** 浦发银行上海分行为注册在临港新片区的外资企业晨笛医药科技(上海)有限公司,落地全行首单跨境贸易投资高水平开放外管改革试点新政项下外汇资本业务。

**2月15日** 浦发银行上海分行落地全行首单房地产纾困并购贷款,实现全行首单房地产并购专项债项下的贷款投放。

**是日** 浦发银行团委荣获"2021年度市国资委系统优秀共青团组织"称号。

**2月16日** 浦发银行印发《上海浦东发展银行推进总行直管干部能上能下实施办法》《上海浦东发展银行总行直管干部任期制和契约化管理办法》,严明党的政治纪律和政治规矩,完善干部选拔任用管理制度体系,形成能上能下的选人用人机制,建立"责权明晰、奖惩分明、注重实绩、流动有序"的岗位管理模式,落实"干部能上能下"的动态管理机制,持续激发改革发展的动力和创新转型的活力。

**2月17日**　浦发银行党委书记、董事长郑杨在北京拜会中国稀土集团有限公司党委书记、董事长敖宏。

**2月18日**　浦发银行与大悦城控股集团股份有限公司签署并购融资全面合作协议。

**是日**　浦发银行上海分行收到推进G60科创走廊建设专责小组办公室及长三角G60科创走廊联席会议办公室联合签发的中标通知,正式获得长三角G60科创走廊科技成果转化基金托管资格,预计规模可达100亿元,首期规模20亿元。

**2月24日**　浦发银行上海分行携手国网英大长三角金融中心、国网上海市电力公司浦东供电公司、上海市中小微企业政策性融资担保基金管理中心,为某高新技术、专精特新小微企业发放了全市首单市融资担保中心担保项下的"碳中和科技贷"。

**是日**　浦发银行上海分行党委与上海市漕河泾新兴技术开发区发展总公司党委举行党建共建协议签约仪式。

**2月24日—3月1日**　浦发银行在银行间债券市场完成2022年第二期金融债券发行,规模300亿元,期限3年,票面利率2.78%。

**2月28日**　浦发银行党委书记、董事长郑杨在总行会见中国银河金融控股有限责任公司党委书记、董事长刘志红一行,双方围绕银河金控集团及其子公司银河资产和银河基金与浦发银行业务合作展开深入探讨。

**是日**　浦发银行上海分行发放分行FTN内的首单保理业务,支持客户在中东地区的工程建设。

**是日**　浦发银行呼和浩特分行落地内蒙古伊利实业集团股份有限公司子公司——通辽优然牧业有限责任公司"通辽地区1.2万头绿色牧场项目贷款",贷款总金额4.09亿元。

**是日**　浦发银行托管首支ESG主题证券投资基金——"东方红ESG可持续投资混合型证券投资基金"发行。

**3月2日**　浦发银行党委书记、董事长郑杨在北京分别拜会中国进出口银行党委书记、董事长胡晓炼,中国农业银行党委书记、董事长谷澍以及中国证券监督管理委员会副主席李超。

**3月3日**　浦发银行为上海某客户定制挂钩碳排放额的结构性存款。该笔业务为境内金融机构发行的首单挂钩碳排放额的结构性产品,标的为欧盟碳排放配额的12月交割期货。

**3月4日** 浦发银行召开全行青年员工座谈会,深入学习贯彻习近平总书记在2022年春季学期中央党校中青年干部培训班开班式上的重要讲话精神,以加强青年人才队伍建设,浦发银行党委书记、董事长郑杨出席会议并讲话。

**3月7日** 中共上海市委组织部、上海市国有资产监督管理委员会考察组赴浦发银行,对郑杨同志作为浦发银行出席中国共产党上海市第十二次代表大会候选人开展考察工作;并通过审核档案、民主测评、个别访谈、核查个人有关事项报告、听取纪检机关意见等方式进行考察,最终经差额选举,郑杨、祝玉婷、张健、邹俪当选上海市第十二次党代表大会代表。

**3月8日** 浦发银行与中保投资有限责任公司签署战略合作协议,浦发银行党委书记、董事长郑杨与中保投资公司总裁贾飙出席签约仪式,浦发银行副行长谢伟与中保投资公司副总裁陈子昊分别代表双方签署协议。

**3月14日** 浦发银行应对新型冠状病毒感染肺炎疫情工作领导小组召开第一次会议,党委书记、董事长、领导小组组长郑杨,行长潘卫东,监事会主席王建平,党委副书记陈正安出席会议。会议指出,为应对上海突发疫情形势,全行必须高度重视,制定完善各项应急预案,全力维护员工生命安全和身体健康,切实做好业务连续性管理,确保全行工作不断、不乱。

**是日** 浦发银行系统运维中心紧急制定上海信息中心封闭运行方案,并紧急启动执行封闭方案,按照AB排班安排运维、安全人员和合作厂商开始封闭办公,以确保上海信息中心的物理安全和全行生产系统的连续运行。

**是日** 浦发银行同业互动式营销平台"e同行"微信小程序正式发布。

**3月16日** 浦发银行承销财政部在银行间债券市场发行2年期、5年期附息国债共计53.6亿元。同时,浦发银行还中标国际清算银行25亿元2年期国债。

**3月17日** 浦发银行宁波分行办理全行首单跨境人民币CIPS收发器对公客户汇款业务。

**3月18日** 浦发银行苏州分行为苏州市轨道交通集团有限公司发放绿色银团项目贷款超过6亿元,用于轨道交通3号线(西段)项目建设。

**3月23日** 浦发银行开展"坚定跟党走,喜迎二十大"党建主题活动,以全行党的建设"质量提升年"为抓手,通过十项工作举措,引领全行各级党组织和广大党员凝心聚力、攻坚克难,以实际行动迎接党的二十大和上海市第十二次党代会胜利召开。

**是日** 浦发银行兰州分行上线甘肃煤炭交易中心有限公司"E存管"交易平台,服务煤炭交易的上下游客户。

**是日** 浦发银行北京分行落地市场首单保险资管机构CFETS同业存款业务,金额 6 亿元,期限 1 年。

**3 月 24 日**　浦发银行凭借 2021 年在全国企业年金和养老金产品信息报告和披露工作中的良好表现,以及全年数据服务"零差错"的优异成绩,获得人力资源与社会保障部授予的"优秀账户管理机构"和"优秀托管机构"称号。

**3 月 28 日**　浦发银行升级网上银行国际贸易结算业务服务功能,进一步畅通大型企业跨境贸易结算业务通路。

**是日**　浦发银行上海分行与深圳分行联动,完成 15 亿元中海地产碳中和 CMBS 优先级份额投资并获得项目监管行角色,实现上海分行首单绿色碳中和 CMBS 业务。

**3 月 29 日**　由中国人民银行、中国银行保险监督管理委员会、中国证券监督管理委员会共同组织开展的 2021 年度全国金融领域企业标准"领跑者"评选结果正式出炉,浦发银行蝉联网上银行服务、商业银行应用程序接口服务两项企业标准"领跑者"称号,并荣获 2021 年度移动金融客户端应用、金融分布式账本技术应用和银行营业网点服务三项企业标准"领跑者"称号。

**3 月 30 日**　浦发银行印发《关于发动党员到防疫一线的工作提示》,全方位发动党员干部下沉一线,向所属社区报到,在疫情防控阻击战中充分发挥党员的先锋模范作用。

**3 月 31 日**　浦发银行独立承销、理财子公司全额投资的晋能控股国资整合北金所债权融资计划项目落地,金额合计 30 亿元。

**是日**　浦发银行发布资产托管数字化经营分析与交互平台,依托数据驱动模式赋能托管线上经营,实现 16 类托管产品信息灵活查询、多维度一键统计、图形化直观展示、经营指标 T+1 日自动发布等功能。

**是日**　浦发银行伦敦分行完成首单代客英镑、美元外汇掉期交易。

**4 月 2 日**　浦发银行郑州分行落地 2022 年河南省首单绿色债券。

**4 月 5 日**　浦发银行响应《上海市全力抗疫情助企业促发展的若干政策措施》,推出《支持打赢疫情防控阻击战"十六条"措施》,加大信贷支持力度,设立专项信贷额度 2 000 亿元,提供直接融资渠道 1 000 亿元,切实提升金融服务的可得性和便利度,减费让利中小微企业,助力保障全市生产生活平稳有序,保障产业链供应链稳定。

**4 月 6 日**　浦发银行依托"离岸 OSA+自贸 FTN+海外分行"三位一体、多轮驱动的国际平台,为深圳地区总行战略客户——立讯有限公司落地由离岸银行担任全球牵头行、簿记行,深圳 FTN 平台担任担保代理行,香港分行担任协调行的 5 年期海外并购银团业务。

**4 月 7 日**　浦发银行上海分行落地央企集团绿色产业基金托管业务,为中国长江三峡集团下属的长江绿色发展基金提供托管服务,基金首期规模200亿元。

**4月9日** 浦发银行抵质押资产管理系统重构后正式投入使用。

**4月12日** 为进一步提升消费者权益保护工作水平,增强投诉处理与信访维稳工作能力,浦发银行总行设立消费者权益保护部,与总行办公室合署办公。

**4月13日** 浦发银行召开第一次研究工作会议,党委书记、董事长郑杨,副行长刘以研、王新浩参加会议。会议强调,要高度重视研究工作对于全行高质量发展的重要作用,着力强化研究能力建设,打造与"全面一流"商业银行建设相匹配的一流研究团队,使研究能力真正成为浦发银行的硬实力、软实力、巧实力;要打造研究高地,切实提升研究能力,强化前瞻性、创新性、应用性和务实性研究,着力打造具有浦发特色的一流智库;要坚持研究立行,打造研究型组织,打造一支专业化、可持续的研究队伍,做实研究工作的组织保障,将研究工作真正打造成为浦发银行新的护城河和新的特色。

**是日** 浦发银行北京分行与中信证券股份有限公司落地全行首单"策略性+贵金属衍生"组合交易,交易本金50亿元。

**是日** 浦发银行上海分行落地全行首单SOFR定价离岸银团贷款,为某知名医药企业发放离岸银团贷款5 000万美元。

**4月18日** 浦发银行在中国外汇交易中心FX2017交易平台达成以中央结算公司托管债券为押品的指定券模式外币回购交易。

**是日** 浦发银行印发《关于零售信贷业务疫情延期还款付息、宽限期政策说明的通知》及《关于下发〈2022年受新型冠状病毒感染肺炎疫情影响的个人贷款宽限期应急方案〉的通知》,给予受疫情影响四类人群金融纾困服务。

**4月20日** 浦发银行广州分行推出《浦惠助粤新市民金十条》服务方案。

**4月22日** 浦发银行首支"总行零售重点代销+互联网定制"公募基金托管产品——"兴证全球优选稳健6个月持有期债券型基金中基金(FOF)"募集成立,首发规模24亿元。

**4月25日** 浦发银行北京分行与上海分行以自营资金联合投资"中信证券—金茂凯晨2022年绿色资产支持专项计划(碳中和)"证券化项目优先级份额20亿元。该项目为全国最大规模碳中和CMBS项目,项目合计发行规模87.08亿元,外部评级AAA。

**4月27日** 浦发银行2022年全行第一次季度工作(视频)会议在上海召开。党委书记、董事长郑杨主持会议并讲话,行长潘卫东作全行经营工作报告并部署下一阶段工作。会议强调,全行在艰难形势下实现营收、利润"双增长";下一阶段要精准把握政治经济形势变化,在服务稳增长中把牢发展机遇,努力实现稳增长目标,确保继续实现不良"双降",加快推进全行数字化转型,高质量完成各项经营目标。

**4月29日** 浦发银行与可持续融资研究机构ARE(Asia Research & Engagement)举行线上交流会,就2022年3月ARE发布的《亚洲银行应对气候变化表现报告》进行交流探讨。

**是日** 浦发银行牵头主承的上海电气风电集团股份有限公司2022年度第一期7.5亿元绿色中期票据成功发行,标志着长三角区域首单风电设备制造业企业绿色债券的落地。

**5月4日** 上海市国有资产监督管理委员会印发《关于表彰2021年度市国资委系统企业优秀课题成果的通知》,浦发银行报送的《以高水平企业文化建设推动商业银行高质量发展——对浦发银行11家企业文化示范基地的深度调研报告》获"十佳优秀课题成果奖"。

**5月5日** 浦发银行伦敦分行与上海分行联动投资的东方证券首单欧元玉兰债完成发行。

**5月10日** 浦发银行个人消费贷款"优客点贷"产品上线,对"数据驱动、以客户为中心"的"大点贷"业务模式形成有力补充。"优客点贷"基于个人征信、公积金、社保、外部数据等多维度公信力数据,以行员PAD、数字化风控为基础,在业务受理模式、产品额度、客户体验等方面都得到了巨大提升,融合线下客户经理面谈机制,贷款额度最高可达50万元,贷款期限最长为5年。

**是日** 浦发银行上线"审批质量后督机器人"功能,运用数字技术手段,辅助人工审贷抽检,实现个贷审批业务"人工抽检主要看信用风险,机器后督主要看合规风险"的双线并行管控。

**5月11日** 浦发银行上海分行与上海市科学技术委员会联合举行云上会议,发布《助力科技企业复工复产一揽子服务方案》,包括六方面18条举措,全力支持符合国家和上海产业导向的科技企业复工复产。

**是日** 浦发银行上海分行落地全行首单玉米淀粉仓单"浦商银"业务,采用仓单冲抵履约预付款模式,为客户企业盘活库存,缓解资金流动性紧张的压力。

**5月18日** 浦发银行总对总接入教育部全国校外教育培训监管与服务综合平台,成为教育部首批监管业务合作系统接入银行。

**是日** 浦发银行上海分行为上海久事体育资产经营有限公司发放城市更新改造固定资产贷款,项目贷款总金额15亿元,用于上海重大基础设施建设项目——上海体育场更新改造。

**是日** 浦发银行北京分行落地全行首单个人经营性贷款"提放保"业务。

**5月20日** 浦发银行强化外评机构管理,首次全面实施线上化闭环管理。总行依托抵质押资产管理系统的外评机构管理功能,全面强化对全行外评机构的线上化管理,实现全线上化外评派发,对全行评估机构的作业质量和作业效率实现线上化监测与管理,彻底改变手工作业效率低下、难以把握评估质量等问题,提升评估机构后评价管理。

**5月21日** 浦发银行长沙分行与湖南省医药行业协会签订战略合作协议。

**5月24日** 浦发银行天津分行落地全行首笔人民币外汇美式期权业务。

**5月28日** 浦发银行通过线上形式举办"In+hub"创新社区第二期加速营甄选日活动。上海市经济和信息化委员会副主任张英出席活动并致辞,浦发银行行长潘卫东出席,长城汽车、中国太保集团、华为、腾讯云、璞跃中国等46家头部企业线上参加。

**5月30日** 浦发银行乌鲁木齐分行落地乡村振兴衔接资金云监管业务。新疆疏勒县2022年度乡村振兴衔接项目包括疏勒县农业农村局农副产品深加工项目和疏勒县阿拉力乡污水处理厂项目的中标方在乌鲁木齐分行开立监管账户和农民工工资专户。

**5月31日** 浦发银行深圳分行举办首家"科创金融特色支行"暨"天使投资人之家"揭牌仪式,浦发银行深圳福华支行成为首家被授牌支行。

**是日** 浦发银行河北雄安分行"雄安新区区块链在线订单融资项目"获评2021年度"河北省金融创新专项奖"。

**是日** 浦发银行天津分行经国家外汇管理局批准,成为当地高新技术和"专精特新"企业跨境融资便利化试点单位。

**是日** 浦发银行伦敦分行发放分行首笔基金缴资贷款5 000万美元,这也是伦敦分行首笔根据SOFR定价的美元贷款。

**是月** 浦发银行杭州分行落地全行首单在建筑节能领域的可持续发展挂钩贷款,与蚂蚁集团签订《可持续发展挂钩贷款协议》,支持蚂蚁集团推进碳中和目标及可持续发展。

**是月** 浦发银行杭州分行与浙江省经济和信息化厅联合发布《促进中小微企业"专精特新"发展专项金融服务方案(2022—2024)》。

**是月** 在第十六届国际语义评测(SemEval)大赛上,浦发银行与百度组建联合团队,在6个子赛道均获佳绩,通过使用文心大模型,斩获3个第一名、2个第二名、1个第三名,并有4篇论文在国际自然语言处理会议的NAACL SemEval Workshop上发表。

**6月1日** 上海进入全面恢复正常生产生活秩序阶段。浦发银行上海地区的19个网点(自贸新片区分行、第一营业部、分行营业部、宝山支行、长宁支行、崇明支行、北门路支行、长兴支行、奉贤支行、解放中路支行、虹桥支行、人民大厦支行、市府浦东行政中心支行、金山支行、闵行支行、青浦支行、松江支行、徐汇支行、张江科技支行)恢复对外营业。

**6月6日** 浦发银行西安分行落地陕西省首笔高新技术和"专精特新"企业跨境融资便利化试点业务。

**6月8日** 经中国银行保险监督管理委员会陕西监管局批准,全国首家精准服务硬科技企业、促进硬科技技术发展的银行专业机构——浦发银行西安高新技术产业开发区硬科技支行在西安高新区揭牌开业。西安市科技局副局长李建勋出席并讲话,西安高新区管委会副主任杨华与浦发银行西安分行行长张瑞林共同为支行揭牌。

**是日** 在广州建设粤港澳大湾区跨境理财和资管中心启动仪式上,浦发银行广州分行与天河区政府签署"浦发绿创"绿色金融创新实验室及特色期货服务项目协议。

**6月9日** 上海市工商联、市融资担保中心、浦发银行上海分行联合举办"稳链、保链、固链,助力民营企业复工达产"线上发布会,聚焦供应链、产业链上下游民营小微企业,共同启动"政会银企多方协作,助力产业链供应链复工达产"专项行动,并发布《支持产业链、供应链复工达产金融服务方案》。

**6月10日** 浦发银行主承销的山东黄金集团有限公司2022年度第三期中期票据(科创票据可持续挂钩)完成发行,发行规模10亿元。这是山东省首单科创票据,也是浦发银行主承销的首单科创票据。

**是日** 浦发银行北京分行参加北京市级重大基础设施——北京工人体育场PPP绿色城市更新银团贷款。

**是日** 浦发银行杭州分行响应《浙江省贯彻落实国务院扎实稳住经济一揽子政策措施实施方案》,推出《杭州分行落实"浙江省经济稳进提质八大攻坚行动"十一条工作举措》,支持地方实体经济发展,推动全省经济加快企稳回升向好。

**是日** 在临港新片区"百家万亿"系列活动中国·长三角站——浦发银行"跨境新视界"新型国际贸易和总部经济专场活动上,浦发银行上海自贸试验区新片区分行与上海临港新片区经济发展有限公司签署《新型国际贸易跨境金融创新合作协议》,与愿景集团、江波龙集团、卖好车集团等企业签署《综合跨境金融服务协议》。

**是日** 浦发银行呼和浩特分行与呼和浩特市退役军人创业就业园签署战略合作

协议。

**6月13日** 中国外汇交易中心上线银行间外汇市场人民币美式、亚式等新品种期权业务。浦发银行于上线首日，落地银行间外汇市场首单人民币美式期权、首单人民币亚式期权及首单外币对奇异期权交易，与多家中外资银行、证券机构落地14笔交易，充分满足银行间金融机构汇率风险管理对冲需求，市场规模占比50%。

**是日** 浙江省宁波市奉化区人民政府与浦发银行宁波分行签署战略合作协议，中共奉化区委书记胡永光、副区长吴盈盈，浦发银行宁波分行行长陈雷等出席签约仪式。

**是日** 浦发银行天津分行落地天津市首笔高新技术企业跨境融资便利化业务。

**6月17日** 浦发银行以线上视频会议形式召开2021年度股东大会。会议审议并高票表决通过了《2021年度董事会工作报告》《2021年度监事会工作报告》《2021年度财务决算和2022年度财务预算报告》《2021年度利润分配的预案》《关于修订〈公司章程〉的议案》《关于选举董事的议案》《关于2020、2021年度高级管理人员薪酬的议案》等11项议案，大会还审阅了《关于2021年度大股东评估情况的报告》《2021年度独立董事述职报告》等4项报告。

**6月24日** 浦发银行苏州分行落地当地首批跨境人民币项下外贸企业再贴现业务，为2家外贸企业提供资金488万元，帮助企业降低票据融资成本，助力企业复工达产。

**6月25日** 中国共产党上海市第十二次代表大会在世博中心隆重开幕。浦发银行党代会代表、党委书记、董事长郑杨参加会议，驻行纪检监察组组长姜方平列席会议，浦发银行党代会代表张健、邹俪、祝玉婷参加会议。

**6月27日** 浦发银行上海分行闵行支行党委书记、行长祝玉婷在中国共产党上海市第十二次代表大会上当选为中国共产党第二十次全国代表大会代表。

**6月29日** 浦发银行全面落实国务院《关于印发扎实稳住经济一揽子政策措施的通知》，积极响应上海市委、市政府《上海市加快经济恢复和重振行动方案》精神，以及监管部门要求，推出《关于支持上海经济重振发展"二十条"措施》，追加1 900亿元专项贷款额度，从企业纾困、企业复工达产、重大项目支持、稳定外贸、消费提振、服务保障等六个方面，助力相关行业、企业走出疫情影响，焕发新活力。

**6月30日** 浦银租赁协同浦发银行长春分行向长光卫星技术股份有限公司在轨遥感卫星售后回租项目投放资金5 000万元。这笔业务是浦银租赁在航天领域的首次创新实践，实现了租赁物从"陆、海、空"到"陆、海、空、天"的飞越，也成为目前中国租赁业率先涉足卫星租赁领域三家租赁机构之一。

**是日** 浦发银行落地全市场首单境外机构一级分销认购境内政策性银行金融债业务，并参与国家开发银行、中国进出口银行、中国农业发展银行发行三家政策性银行金融债一级认购后的上市过户交易。

**是日** 浦发银行境内外并购贷款余额突破 1 500 亿元，达到 1 518.62 亿元。

**是日** 浦发银行伦敦分行发放以 Term SOFR 为基础利率计价方式的贷款。此次银团贷款总金额 85 亿美元，浦发银行伦敦分行以牵头经理行的身份参贷。

**是月** 浦发银行北京分行围绕"专精特新"上市及拟上市企业，推出"北鸣链"金融服务方案。

**是月** 浦发银行香港分行推出绿色定期存款产品，产品符合国际资本市场协会颁布的《绿色债券原则》及贷款市场协会、亚太贷款市场协会及贷款市场协会共同颁布的《绿色贷款原则》，并经过香港品质保证局认证。

**7月1日** 浦发银行拉萨分行与西藏开发投资集团有限公司签订全面战略合作协议，支持集团"十四五"期间清洁能源基地建设。

**7月5日** 浦发银行贵阳分行与贵州省大数据发展管理局签署战略合作协议。

**7月6日** 浦发银行福州分行、厦门分行与招商蛇口福建公司在厦门海上世界举行党建共建和战略合作签约仪式。三方将在项目融资、现金管理、理财投资等多个领域展开深入合作。

**是日** 浦发银行南京分行营销属地某上市公司落地全行首单企业客户代客大宗商品场外期权组合业务。

**7月7日** 中共上海市委常委、副市长张为带队来浦发银行开展"防疫情、稳经济、保安全"大走访、大排查，了解浦发银行疫情防控和支持经济社会发展相关情况，上海市政府副秘书长庄木弟和上海市地方金融监管局、上海市国资委相关领导陪同调研。浦发银行党委书记、董事长郑杨汇报浦发银行在疫情防控、全力推进复工达产、支持上海经济重振发展等方面的情况，并围绕重大项目建设、支持资本补充等方面与市领导进行交流，浦发银行行长潘卫东、监事会主席王建平出席会议。

**是日** 浦发银行伦敦分行完成 4 亿美元三年期国际绿色债券发行定价。本次发行价格创下中资股份制银行三年期美元债发行的历史最低信用价差记录，获得了 6.2 倍的认购量。

**7月8日** 浦银金融租赁在银行间市场簿记发行 15 亿元三年期货运物流主题金融债券。该债券是上海市首单货运物流主题金融债券，浦发银行上海分行担任此次债券发行的联席主承销商。

**是日** 浦发银行重庆分行落地全行首笔服务贸易项下进口代付业务，为某全球领先的综合性物流服务商提供服务贸易融资。

**7月11日** 浦发银行广州分行与伦敦分行联动,落地明阳智慧能源集团股份有限公司全球存托凭证(Global Depositary Receipts,简称"GDR")境外资金账户,募集资金总额6.5亿美元。

**7月12日** 中国银行业协会托管业务专业委员会发布行业数据,截至2022年6月末,浦发银行资产托管规模突破15万亿元,位居全市场第四位,多项重点产品排名领先。浦发银行是业内较早开展资产托管业务的商业银行之一,自2003年以来,已经成为国内托管资格最全、服务客户最广、运作经验最丰富的托管银行之一。

**7月14日** 浦发银行承销的晋建国际商业保理(珠海横琴)有限公司2022年度晋建4号第一期保供稳链资产支持商业票据成功发行,发行规模2.28亿元。这是全国首单应付账款保供稳链资产支持商业票据。

**7月15日** 浦发银行西安分行落地全行首笔二氧化碳捕集、利用封存(CCUS)项目贷款,用于中煤陕西榆林能源化工有限公司"综合利用煤化工尾气年产100万吨液体二氧化碳、2万吨碳酸氢铵及1万吨工业氨水项目"建设。

**是日** 浦发银行大连分行与大连产权交易所在大连市公共行政服务中心举行战略合作协议签约仪式。

**是日** 浦发银行太原分行与晋中市国家农业高新技术示范区、山西东辉现代农业发展集团有限公司签署战略合作协议。

**7月16日** 在2022年中国国际碳交易大会上,上海环境集团股份有限公司、国泰君安证券股份有限公司、上海浦东发展银行举行基于CCER减排量交易协议的融资合作签约。该合作是国内首单基于CCER减排量交易协议的融资业务。

**是日** 浦发银行郑州分行与濮阳市人民政府签署战略合作协议。

**7月19日** 浦发银行苏州分行与苏州市科技局举行"党建引领支部共建,金融助力科创苏州"党建·战略双签约暨党组织共建单位揭牌仪式,苏州市政协副主席、市科技局局长张东驰,浦发银行苏州分行党委书记、行长沙颖出席仪式并见证。

**7月21日** 上海浦东发展银行公益基金会成立。该基金会是浦发银行旗下首个非盈利机构,依据《中华人民共和国慈善法》和《基金会管理条例》设立、在上海市民政局登记注册的慈善组织。

**7月21日—22日** 浦发银行2022年全行年中工作会议暨党建工作会议在上海召开。党委书记、董事长郑杨出席会议并讲话;行长潘卫东总结分析上半年全行经营管理情况,部署下一阶段工作。会议认为,2022年上半年,全行广大干部员工齐心协力、迎难而上,奋力夺取疫情防控和经营发展"双胜利";下半年要继续全面贯彻好中央"疫情要防住、经济要稳住、发展要安全"的总要求,更好服务实体经济稳增长,确保完成全年工作目标任务。

**7月25日** 浦发硅谷银行苏州分行在苏州工业园区正式开业,并与苏州工业园区管委会、苏州市科技局、苏州市创新投资集团、苏州元禾控股股份有限公司,以及首批授信客户签约。中共江苏省委常委、苏州市委书记曹路宝,苏州市委副书记、市长吴庆文,浦发银行党委书记、董事长、浦发硅谷银行董事长郑杨出席开业仪式,美国硅谷银行金融集团总裁兼首席执行官裴戈锐(Greg Becker)发表视频祝福。活动期间,郑杨在苏州拜会中共江苏省委常委、苏州市委书记曹路宝,苏州市委副书记、市长吴庆文。

**7月26日** 浦发银行党委书记、董事长郑杨在总行会见中共云南省委常委、组织部部长李刚,省委组织部副部长韩富海,省地方金融监督管理局局长李春晖一行。双方围绕干部队伍建设、人才培养工作进行重点交流,就优秀年轻干部跨地区交流进行探讨对接。

**是日** 浦发银行广州分行联合广州电子口岸管理有限公司推出"i浦采"小程序,并落地广东省首笔市场采购线上收结汇业务。

**7月27日** 浦发银行印发《上海浦东发展银行自贸业务跨分行联动营销管理规程》,标志着浦发银行正式建立全新的全行自贸业务联动机制,自贸业务联动平台涵盖了上海、深圳和海口分行等三家FT分行。

**是日** 共青团上海浦东发展银行第七次代表大会召开。浦发银行党委书记、董事长郑杨,上海市国资委党委副书记程巍,共青团上海市委副书记邬斌,浦发银行行长潘卫东,党委副书记陈正安出席大会。大会选举产生共青团上海浦东发展银行第八届委员会,王晓龙任书记。

**7月30日—31日** 浦发银行党委书记、董事长郑杨拜会中共内蒙古自治区党委副书记、自治区政府主席王莉霞,与行长潘卫东拜会中共内蒙古自治区委常委、呼和浩特市委书记包钢,浦发银行将加大在绿色低碳、奶业振兴等重点领域重点行业的金融支持。内蒙古自治区政府秘书长郑东波,中共呼和浩特市委副书记、市长贺海东,浦发银行副行长崔炳文、谢伟等参加。

**是月** 浦发银行信用风险模型验证系统建设分期投入使用,该系统共规划了验证模型库管理、模型生命周期管理、模型监控管理、数据和文档管理等4大功能,助力提升数字化转型时期的核心竞争力。

**是月** 浦发银行零售信贷业务综合内外部数据和业务场景特色信息系统完成数字化升级,在模型开发层面实现了全业务品类申请及行为评分模型全覆盖。

**8月1日** 广州期货交易所批复同意浦发银行开展境内客户期货保证金存管业务。至此,浦发银行已获得我国全部五家期货交易所存管业务资格。

**8月3日** 浦发银行与城银清算服务有限责任公司在总行签署全面业务合作备忘录。城银清算是经中国人民银行批准设立的特许清算组织,是国内支付清算金融基础设施之一。

**是日** 浦发银行全面深化改革领导小组召开第四次会议,党委书记、董事长、深改小组组长郑杨主持会议并讲话。会议研究审议完善后的总行公司业务板块组织架构优化方案,要求要强化目标导向,进一步研究制定针对性强的配套改革举措。

**8月4日** 由浦发银行独家主承销的市场首单碳资产债券——安徽省能源集团有限公司2022年度第四期超短期融资券(碳资产)在银行间债券市场发行。本期债券是国内首只挂钩碳配额交易收益设计理念的债券产品、全国首只"碳资产"标识债券、全国首只通过挂钩碳配额交易发挥市场化激励机制的债券。本期债券发行规模10亿元,期限260天,采取固定利率+浮动利率发行,浮动利率挂钩碳排放配额(CEA)收益率。

**8月8日** 浦发党委书记、董事长郑杨在总行会见中共山东省委副书记、青岛市委书记陆治原一行,浦发银行将持续发挥在科技金融、海洋经济等领域的专业优势,助力青岛"六个城市"建设。浦发银行副行长王新浩等参加会见。

**是日** 浦发银行香港分行落地全行首笔挂钩海外(欧洲)碳排放权结构性存款。

**8月10日** "浦银一号"遥感卫星在山西岢岚卫星发射中心搭载长征六号火箭成功发射,并进入预定轨道。"浦银一号"是浦发银行、浦银租赁联合长光卫星共同打造的高分辨光学遥感卫星。该卫星可获取高空间分辨率对地观测彩色静态影像,为国土资源监测、智慧城市建设、林业资源普查、生态环境监测等领域提供遥感数据服务,助力我国民生改善及智慧城市建设。

**是日** 浦发银行福州分行与福州市科技局签订战略合作协议,加快科技创新专项再贷款在榕落地,助推福州科创走廊实现高质量发展。同时,浦发银行福州分行还与中琉科技有限公司签署战略合作协议。

**8月11日** 浦发银行发布2022年半年度业绩快报,为浦发银行首次披露半年度业绩快报。

**是日** 浦发银行长沙分行牵头主承销的"22湖南钢铁GN003(科创票据)"在银行间债券市场发行。本期债券为全国首批"绿色+科创"票据,也是湖南省以及钢铁行业首单"绿色+科创"双贴标债券,发行规模5亿元,期限5年。

**8月12日** 浦发银行党委书记、董事长郑杨在总行会见中共天津市委常委、滨海新区区委书记连茂君一行。浦发银行天津分行、浦银租赁分别与天津东疆综合保税区管委会签署战略合作协议。浦发银行副行长王新浩等参加会见。

**是日** 浦发银行召开数字化转型领导小组第2次会议，党委书记、董事长、数字化转型组组长郑杨主持会议并讲话。会议审议通过全行数字化转型领导小组工作规则，重点审议《商业银行数字化转型现状暨我行建立数字化转型评价体系的框架建议》，对框架建议作出了充分肯定和较高评价。

**8月15日** 浦发银行上海分行协同新加坡分行落地全行首笔境内外联动银团贷款。上海分行作为联合牵头行参加凯德集团控股的上海浦发大厦置业有限公司境内7.5亿元房地产支持绿色贷款银团，新加坡分行参加该集团境外企业的1.5亿美元并购贷款银团。

**8月16日** 浦发银行旗下国利货币经纪公司召开股东沟通会，确定公司法人治理结构优化安排。10月31日，国利货币召开第三届董事会第十六次会议，审议通过关于修订《公司章程》、修订《关联交易管理办法》、制定《董事会授权管理办法》等一系列议案。

**8月17日** 浦发银行海口分行联动宁波分行，为某造纸行业客户落地全行首单境内同业担保项下FTN人民币贷款业务3.18亿元。

**8月20日—21日** 浦发银行票据新一代业务系统实现投产上线，实现标准金额票据组成的票据包交易，提高了票据到期兑付的电子化处理水平，推动票据系统和规则的双统一。

**8月21日—9月7日** 浦发银行党委启动新三年全覆盖首批巡察，按照时间服从质量原则，采取"常规+一托二"交叉方式，组织四个巡察组开展对公司业务、风险管理、信息科技三家总行直属党委和苏州分行党委常规巡察，以及对总行信用卡中心、上海信托、合肥分行三家单位进行巡察"回头看"，指导督导二级巡察工作。

**8月22日** 浦发银行大厦（白莲泾路29号）正式启用。总行党委书记、董事长郑杨，行长潘卫东，监事会主席王建平等行领导出席活动。庄严的升国旗仪式上，郑杨宣布大厦正式投入使用，全体人员共唱行歌。随后，总行领导考察各楼层并看望入驻员工。

**是日** 浦发银行在银行间市场本币交易平台与香港金融管理局落地全行首笔人民币债券回购交易，成为全市场首家与香港金管局开展人民币回购业务的股份制银行，也是浦发银行首次与境外央行或货币当局机构开展人民币回购交易。

**是日** 上海国资企业沪滇协作座谈会在浦发银行昆明分行召开。上海市国有资产监督管理委员会副主任马晓宾出席会议并讲话，上海市人民政府驻昆明办事处及

22家上海在滇国有企业相关负责人参加座谈会。

**8月23日** 浦发银行与福建省人民政府签署战略合作协议,聚焦福建海洋经济、数字经济、绿色经济、文旅经济、城市更新改造、现代产业等重点领域,全力提升服务福建区域实体经济质效。中共福建省委副书记、省长赵龙与浦发银行党委书记、董事长郑杨出席签约仪式,浦发银行副行长王新浩与福建省常务副省长郭宁宁分别代表双方签署战略合作协议。

**8月24日** 在以"共建共享,数字之都"为主题的上海城市数字化转型体验周上,上海市城市数字化转型工作领导小组办公室宣布浦发银行等12家单位入选"上海城市数字化转型创新基地",助力上海城市数字化转型走向纵深。

**8月25日** 浦发银行北京分行与中信证券完成第三支柱个人养老金监管行合作协议签署,中标全市场首单券商第三支柱个人养老金监管业务。

**8月28日** 浦发银行面向获得国家级专精特新"小巨人"企业,推出专精特新"小巨人"信用贷方案,提供最高5 000万元、最长3年期的信用贷款,支持"小巨人"企业提升创新能力,加大研发及生产投入。

**8月29日** 上海市体育局与浦发银行、中国太平洋保险共同签署合作协议,浦发银行与中国太保联合支持上海市第十七届运动会,将为市运会提供全面的银行、保险服务,组建志愿服务团队保障市运会进行,共同参与上海市体育发展基金会体育关爱公益项目及上海市青少年运动员培养输送保障项目。

**8月30日** 浦发银行上海分行落地全行首款绿色结构性存款产品,挂钩上海清算所碳中和债券指数(净价指数)。

**是月** 浦发银行中央财政预算管理一体化系统投产上线,并通过财政部系统验收,成为中央财政集中支付代理银行。

**是月** 浦发银行"绿色网点"项目在上海分行辖属张江科技支行落地。

**9月1日** 浦发银行党委书记、董事长郑杨在总行会见上海市人大常委会秘书长赵卫星。

**9月2日** 浦发银行在2022世界人工智能大会上主办"开放金融,赋能数字之都"金融行业论坛,与中国太平洋携手启动"碳寻足迹,绿动未来"联合行动计划,携手开放金融联盟成员单位共同发布数字勋章及APIX合作伙伴招募仪式。会上,清华大学-浦发银行数字金融技术联合研究中心发布《金融科技新动力:数字化劳动力的应用与前瞻》研究报告。

**9月8日** 浦发银行推出个人外汇"一网通办"功能,实现出国金融服务便利化再升级。

**9月9日** 浦发银行在中国人民银行、中国银行保险监督管理委员会开展的2022年我国系统重要性银行评估中,被认定为国内系统重要性银行。

**是日** 以"加快打造社会主义现代化建设引领区,更好服务改革开放发展大局"为主题的中央企业助力上海高质量发展大会在沪举行。会上,浦发银行党委书记、董事长郑杨与中国三峡集团总会计师曾义、浦发银行副行长王新浩与中国石化集团总会计师张少峰分别代表双方签署战略合作协议,协议将进一步推动浦发银行与中国三峡集团在大型水电站开发、风电和太阳能利用、抽水蓄能电站建设等领域业务合作;推动浦发银行与中国石化集团在成品油销售、油气开采、化工生产、新能源开发等领域业务合作,服务中国石化打造世界领先洁净能源化工公司。

**是日** 浦发银行党委书记、董事长郑杨在总行会见中国长江三峡集团有限公司党组书记、董事长雷鸣山和总会计师曾义一行。浦发银行与长江三峡集团将推动绿色金融、债券融资、交易结算、产业投资等领域合作全面升级,助力中国三峡集团实现碳达峰、碳中和。长江三峡集团副总会计师何红心、浦发银行副行长王新浩等参加会见。

**9月15日** 第十九届中共中央委员、全国人大环境与资源保护委员会副主任委员布小林一行来浦发银行调研,浦发银行党委书记、董事长郑杨参加调研活动。

**是日** 浦发银行以银团贷款联合牵头行身份助力上海机场(集团)有限公司完成本年度上海国资系统内最大并购交易。银团贷款总金额50亿元,浦发银行份额34%。

**9月17日** 在南宁举行的"RCEP框架下中国—东盟金融合作"第14届中国—东盟金融合作与发展领袖论坛上,浦发银行南宁分行与平陆运河集团签订"综合金融服务平陆运河建设,打造面向东盟的黄金出海通道"战略合作协议。

**9月19日** 浦发银行参加由苏州市人民政府、中国人民银行南京分行、江苏省地方金融监督管理局主办的第二届长三角数字金融产业创新周开幕式暨苏州市金融支持产业创新集群发展大会。会上,浦发银行苏州分行作为首批代表参与苏州市金融支持产业创新集群重点企业授信(投资)项目签约,支持苏州重点产业创新发展。

**是日** 浦发银行党委书记、董事长郑杨在苏州市相城区拜会中共江苏省委常委兼苏州市委书记曹路宝、江苏省副省长马欣并参加相关座谈会。

**9月22日** 浦发银行战略执行联合推进工作领导小组召开第一次会议,党委书记、董事长、战略执行联合推进小组组长郑杨主持会议并讲话。会议审议《上海浦东发展银行(集团)2022—2024年行动计划(初稿)》《上海浦东发展银行(集团)2022—2024年创新行动规划(初稿)》。

**9月23日** 浦发银行向贝达梦工场(浙江)医药控股有限公司发放2 625万元项目贷款,用于支持其"盐酸恩沙替尼""伏罗尼布"两款国产原研创新药的生产,是国家发展和改革委员会"扩大制造业中长期贷款投放工作专班"成立以来的全国首单业务。

**是日** 浦发银行深圳分行落地全行首单农险套保业务,通过"农业保险""浦银避险",融合保险产品与套保工具,拓宽保险风险管理渠道,推动市场化助农服务。

**是日** 浦发银行北京分行落地全行首笔小企业"在线房抵快贷"业务,客户获批569万元授信额度,单笔提款期限最长5年,且已全额提款。该业务的落地标志浦发银行"小企业房抵类融资产品"正式全线上化,并成为继在线贴现、在线保理、在线福费廷、银税贷、银信贷之后的第6款标准化小企业在线融资产品。

**9月26日** 浦发银行行长潘卫东在安徽合肥拜会安徽省省长王清宪。省政府秘书长潘朝晖、合肥市市长罗云峰、安徽省地方金融监管局局长何毅、安徽银保监局局长周家龙、浦发银行副行长谢伟等参加会议。

**是日** 浦发银行在新启用的浦发银行大厦召开老干部座谈会,党委书记、董事长郑杨,行长潘卫东,监事会主席王建平出席。郑杨通报了浦发银行近年以来整体发展情况,希望老领导们一如既往关心、支持浦发银行的发展;潘卫东汇报了浦发银行2022年全力服务稳住经济大盘和抗击疫情等基本情况。裴静之、张广生、吉晓辉、孙建平等老领导积极为浦发银行未来发展出谋划策。

**9月27日** 浦发银行手机银行App推出11.80版,迭代升级"AI数字理财专员",支持280余项智能财富服务,构筑起贯穿财富全旅程的顾问式服务。

**是日** 浦发银行首个汽车网贷直客系统投产上线。该系统基于SpringCloud分布式微服务架构开发,实现高性能、高可用性、易操作、易维护、易拓展、覆盖全生命周期管理的汽车贷款业务平台,为客户提供在线汽车消费贷款服务。

**9月28日** 浦发银行保险金融资产达到1200.75亿元,较年初新增156.55亿元,实现历史性的新高。

**是日** 教育部党组成员、副部长翁铁慧一行来浦发银行调研,浦发银行党委书记、董事长郑杨陪同调研。

**是日** 浦发银行深圳分行落地全行首单股权家族信托业务,规模10亿元,同时也是全市场首单持股平台+FGT(外国委托人信托)股权家族信托业务。

**9月29日** 在中国银行业协会组织举办的"中国银行业发展研究优秀成果评选(2021年)"中,浦发银行《环境气候风险分析及银行应对策略建议》《RCEP签署的重要意义及对我国进出口影响的量化评估》(战略发展与执行部)获得优秀成果奖。

**9月29日** 浦发银行第十次更新推出上海自贸区金融服务方案。新版方案新增20余项重点产品和服务，涵盖与新型贸易、高端航运、前沿科技、金融要素及同业相关的13个行业，并在此基础上增加"绿色金融"和"总部经济"专属方案。

**是日** 浦发银行南昌分行落地全行首单银行自营资金大额活期托管业务，为江西裕民银行提供自营资金大额活期托管业务，首期规模2亿元。

**是日** 浦发银行与山东自贸区济南片区签署《自贸科创金融战略合作协议》。

**9月30日** 2022年度长三角城市群党建联建会议以视频连线方式，发布"三省一市"首批20个党建引领高质量发展合作项目。其中，"浦发银行绿色金融朋友圈"项目是唯一来自企业的项目。

**是月** 由浦发银行党委书记、董事长郑杨主编的《银行业高质量发展研究——来自上海国际金融中心一线的思考》一书由中国金融出版社出版发行，该书记录了浦发银行近年来在组织研究、制定浦发银行三年行动计划（2019—2021）、"十四五"发展战略规划及创新规划等战略规划文件的过程中，基于上海国际金融中心第一线建设者的视角，从全局、长远等方面着手，就支持国际金融中心建设、服务实体经济、ESG与绿色发展、长三角一体化发展等重大战略问题进行的思考。

**是月** 浦发银行西安分行落地全行最大单家族办公室过亿元的终身寿险保单和保险金信托，也是全行首单家族办公室亿元保单，全行总保费最大的终身寿保单。

**10月6日** 浦发银行福州分行新办公大楼正式启用，新办公大楼位于福州市金融街CBD核心区的富闽时代广场。

**10月8日** 浦发银行与上海临港新片区通过视频形式举行交流座谈会，中共上海市委常委、临港新片区党工委书记、管委会主任陈金山，浦发银行党委书记、董事长郑杨，行长潘卫东等参加。双方将建立常态化沟通工作机制，在离岸金融、自贸金融、科技金融、金融科技、绿色金融、供应链金融等方面加强合作，助力建设具有国际影响力和竞争力的特殊经济功能区。

**是日** 浦发银行南京分行新办公大楼正式启用，新办公大楼坐落于南京市玄武区中山东路301号B座。

**10月10日** 上海市国资委系统第二轮上海国企党建品牌发布会在上海展览中心召开。浦发银行党委"浦汇金英"、上海分行党委"三聚三联"、广州分行党委"浦粤先锋"、深圳分行党委"双区启航"等4个品牌入选"上海国企党建工作品牌"，杭州分行党委"红船起航"、西安分行党委"延安精神"铸魂工程、太原分行党委"浦慧·飞鹰"、哈尔滨分行汇宾支行党支部"云传承"等4个品牌入选"上海国企党建文化品牌"，是上海国资委系统参评和获评品牌数量最多的单位。

**是日**　浦银安盛基金管理有限公司新址（上海陆家嘴滨江中心 S2 - 滨江大道 5189 号）正式启用。

**是日**　浦发银行重庆分行与重庆美利信科技股份有限公司签署战略合作协议暨党建共建协议，重庆美利信科技总经理余亚军，浦发银行重庆分行党委书记、行长华巍出席签约仪式。

**10 月 11 日**　中国人民银行上海总部党委副书记、副主任、上海分行行长金鹏辉赴浦发银行调研，浦发银行党委书记、董事长郑杨陪同调研。

**10 月 12 日**　浦发银行福州分行为泉州职业技术大学投放首笔固定资产贷款 500 万元，为全行首单设备更新改造再贷款项目贷款。

**10 月 13 日**　浦发银行深圳分行为某大型通讯企业落地全行首笔银票回购式贴现业务。

**是日**　浦发银行深圳分行为医疗器械行业龙头企业迈瑞医疗的经销商提供的"迈瑞经销商场景贷"首笔融资落地，是全行落地的首个"场景贷"在线融资批量项目。

**是日**　浦发银行武汉分行与湖北碳排放权交易中心举行战略合作签约仪式。

**10 月 16 日**　中国共产党第二十次全国代表大会开幕。浦发银行党委高度重视学习宣传贯彻党的二十大精神，10 月 16 日上午组织全行各层级党员干部集中收看党的二十大开幕直播。会后，党委书记、董事长郑杨及时交流学习心得，对全行学习宣传贯彻党的二十大精神提出明确要求。同时，总行党委通过集中学习研讨、中心组联组学习、党代表宣讲、专家辅导等方式，全面、系统、深入学习贯彻党的二十大精神，提出贯彻落实举措。

**10 月 17 日**　浦发银行济南分行与中国广电山东网络有限公司共同举办党建共建暨战略合作协议签署仪式，中国广电山东网络有限公司党委书记、董事长李建华，浦发银行济南分行党委书记陆炜见证签约。

**10 月 18 日**　浦发银行贵阳分行提供授信支持的中国电建集团贵州工程有限公司卡塔尔 800.15 兆瓦光伏项目举行投产仪式。该项目是目前为止世界第三大单体光伏发电站，也是世界最大运用跟踪系统和双面组件的光伏项目。

**10 月 20 日**　浦发银行印发《上海浦东发展银行风险偏好管理办法》，从风险偏好框架、指标监测体系、绩效考评等方面进行优化和补充。

**10 月 21 日**　浦发银行 2022 年全行第二次季度工作（视频）会议在上海召开。党委书记、董事长郑杨主持会议并讲话，行长潘卫东作全行经营工作报告并部署下一阶段工作。会议强调，要提高政治站位，深刻学习领会、准确把握、全面贯彻落实党的二十大会议精神，深入践行金融工作的政治性和人民性，把握内外部形势和政策机遇，全力推动营收稳定增长,防范化解金融风险,提升全行协同作战能力,全力以赴完成年度工作任务。

**是日**　浦发银行党委书记、董事长郑杨讲授题为"学深悟透,笃行不怠,推动二十大精神在浦发银行落地生根"的主题党课。郑杨指出,全行要认真学习贯彻党的二十大报告提出的各项战略部署和要求,结合本行实际,认真思考浦发银行如何答好"不忘初心、牢记使命""谦虚谨慎、艰苦奋斗""敢于斗争、善于斗争""自我革命""深入践行中国特色金融发展之路""贯彻落实好总体安全观""增强文化自信自强""深化改革创新""坚持和加强党的全面领导""形成团结奋斗的新局面"这十个问题。郑杨强调,全行要学深悟透党的二十大报告的思想精髓和深刻内涵,坚定长期主义信念,处理好本行提出的八个方面的关系,不断提升服务实体经济的内功,推动全行高质量发展行稳致远。

**是日**　上海浦东发展银行工会委员会和上海浦东发展银行在上海市中山东一路12号共同签署《上海浦东发展银行集体合同(草案)》,双方在劳动报酬、工作时间、休息休假、劳动安全与卫生、女职工特殊保护等方面进行充分协商,最终达成一致意见。这是上海市属国资银行企业签署的首份集体合同,标志浦发银行企业民主管理制度进一步健全。

**10月24日**　浦发银行战略执行联合推进工作领导小组召开第2次会议,党委书记、董事长、战略执行联合推进工作小组组长郑杨出席并讲话。会议重点审议《上海浦东发展银行(集团)2022—2024年行动计划(审议稿)》《上海浦东发展银行(集团)2022—2024年创新行动规划(审议稿)》。

**10月25日**　浦发银行独家承销的君创国际融资租赁有限公司2022年度第三期普惠定向资产支持票据(债券通)发行,发行金额13.51亿元。这是全国首单债券通项下助力普惠金融资产支持票据业务。

**10月26日**　浦发银行海口分行联动香港分行作为联席主承销商兼联席账簿管理人,助力海南省人民政府完成50亿元离岸人民币地方政府债券的簿记定价工作。本次发行是中国地方政府首次在国际资本市场发行蓝色债券和可持续发展债券,也是海南省首次赴境外发行地方政府债券。

**10月28日**　浦发银行举行党委理论学习中心组扩大(视频)学习会暨2022年第5期"浦银大讲堂",邀请上海市社联副主席、上海市重点智库(市委党校)首席专家李琪及党的二十大代表、浦发银行上海分行闵行支行党委书记、行长祝玉婷专题解读党的二十大精神,党委书记、董事长郑杨主持会议并讲话。至此,总行党委围绕党的二十大精神已组织5次专题学习,总行党委班子成员结合自身工作实际,积极交流学习体会,确保学深悟透、落到实处。

**10月31日** 浦发银行—中国移动信用购机业务规模突破百万户,达到105.05万户,贷款余额9.34亿元。

**11月1日** 浦发银行与申万宏源证券有限公司举行战略合作协议签约仪式。浦发银行党委书记、董事长郑杨,申万宏源证券党委书记、董事长刘健出席活动,浦发银行行长潘卫东与申万宏源证券总裁、执委会主任杨玉成分别代表双方签署新一轮战略合作协议。

**11月5日** 第五届虹桥国际经济论坛"践行企业社会责任,合作推进产业链可持续发展"分论坛及"践行全球发展倡议,建设世界一流企业"分论坛在国家会展中心(上海)举行,浦发银行党委书记、董事长郑杨受邀出席两场分论坛并发表演讲。

**11月7日** 浦发银行召开党委理论学习中心组集体学习会,学习贯彻《中共中央关于认真学习宣传贯彻党的二十大精神的决定》;传达学习中央宣讲团成员、上海市委书记陈吉宁在上海市学习贯彻党的二十大精神中央宣讲团报告会暨第1期领导干部学习贯彻党的二十大精神专题研讨班开班式上的讲话精神,以及中央宣讲团成员、中国人民银行党委书记、中国银保监会党委书记郭树清面向银保监会系统和银行业保险业机构所作的宣讲报告;传达贯彻中共中央办公厅印发的《十九届中央政治局贯彻执行中央八项规定情况报告》《关于党的十九大以来整治形式主义为基层减负工作情况的报告》和上海市委办公厅转发的《2022年基层减负观测点蹲点调研报告》。党委书记、董事长郑杨主持会议。

**11月8日** 第五届中国国际进口博览会2022长三角G60科创走廊高质量发展要素对接大会在国家会展中心(上海)举行,浦发银行党委书记、董事长郑杨出席大会并讲话,浦发银行副行长王新浩与长三角G60科创走廊联席会议办公室主任刘福升分别代表双方签署全面战略合作协议。

**11月8日** 浦发银行旗下金融租赁子公司——浦银金融租赁股份有限公司与中国商用飞机有限责任公司在第十四届中国国际航空航天博览会上签署30架国产大飞机C919的确认订单意向书。

**11月9日** 浦发银行牵头主承销的全国首单"科创票据+保供稳链"资产证券化产品——中联重科保供稳链资产支持票据(科创票据)落地,募集资金11.79亿元。

**11月25日** 浦发银行个人养老金业务正式全面开放办理,客户可至浦发银行网点或登录浦发银行App,开立个人养老金资金账户,享受税收优惠政策。

**12月1日** 浦发银行分别与万科、碧桂园、龙湖集团、绿城中国、美的置业、仁恒置地、大华集团、保利发展、中海发展、华润置地、招商蛇口、中国金茂、大悦城、华发股份、越秀地产及建发地产等16家房地产企业签订总对总战略合作协议,落实房地产长效机制,支持房地产市场平稳健康发展。

**12月7日** 浦发银行在上海临港新片区举办"第六届浦发银行国际金融科技创新大赛"。作为滴水湖新兴金融大会的系列活动之一,本届大赛由中国(上海)自由贸易试验区临港新片区管委会指导,浦发银行行长潘卫东,临港新片区党工委副书记、临港集团党委书记、董事长袁国华出席活动并讲话。本届大赛收到百项参赛方案涵盖智慧管理、数字隐私保护、流程挖掘、网络安全等数字化场景的创新应用。

**12月10日** "双碳转型研讨会"暨第四届外滩金融峰会外滩闭门会在上海召开。会议邀请中国金融四十人论坛常务理事、外滩金融峰会组委会执行主席、上海市原常务副市长屠光绍,中国银保监会政策研究局一级巡视员叶燕斐,中央财经大学绿色金融国际研究院院长王遥,上海新金融研究院副院长刘晓春,国家绿色发展基金总经理张荣庆,中美绿色基金董事长徐林等领导专家,对新形势下全球绿色治理体系以及国家推进"双碳"转型的新变革新动向进行深入解读,以期更好助力全行推进"双碳"转型,打造绿色银行。浦发银行党委书记、董事长郑杨出席会议并致辞,行长潘卫东主持会议。会议有效推动全行统一共识,在更广维度上理解绿色金融内涵,以更大力度创新推进绿色金融业务发展,推动"双碳"转型取得实效。

**12月11日** 由中欧国际工商学院和中欧陆家嘴国际金融研究院发起主办的中欧陆家嘴金融50人论坛(CLF50)启动暨中欧陆家嘴国际金融研究院成立15周年圆桌会议在上海举行。中共上海市委常委、常务副市长吴清,中欧陆家嘴国际金融研究院院长、中国工商银行原董事长姜建清,上海交通大学高金学院执行理事、上海市原常务副市长屠光绍等领导出席并致辞。浦发银行党委书记、董事长郑杨出席活动并作《走好中国特色商业银行高质量发展之路》主题报告。

**12月14日** 上海国有资本投资母基金有限公司正式揭牌成立,以更好发挥国有资本服务国家战略、推动经济转型的主力军作用。中共上海市委副书记、市长龚正为上海国资母基金揭牌,市委常委、副市长张为介绍基金组建情况。浦发银行作为首批重要战略合作伙伴,党委书记、董事长郑杨参加活动。

**12月15日** 浦发银行召开"贯彻落实党的二十大精神,推进高质量党建工作"(视频)会议,党委书记、董事长郑杨出席会议并讲话,党委副书记陈正安主持会议。会议表彰了"浦发银行党建品牌""五星党支部"和"两优一先"获奖单位。

**12月16日** 浦发银行2022年全行战略务虚(视频)会议在上海召开。党委书记、董事长郑杨出席会议并作主题报告。会议强调,全行要全面贯彻落实党的二十大精神,统筹抓好疫情防控和经营发展各项工作,坚守长期,按照世界一流企业建设"十六字"标准,加快迈向"全面一流",推动全行更好履行政治责任、经济责任和社会责任。

**12月31日** 浦发银行克服复杂多变的疫情形势,顺利完成2022年终决算工作。浦发银行党委书记、董事长郑杨,行长潘卫东,监事会主席王建平等通过浦发视讯会议指导年终决算工作,听取年终决算进展情况和各板块经营情况汇报,向全行干部员工及家属致以感谢和慰问。

# 2023 年

**1月15日** 浦发银行党委召开党委理论学习中心组集体学习会,学习贯彻上海市"两会"精神和上海市委关于加强对"一把手"和领导班子监督的实施意见,党委书记、董事长郑杨主持会议。

**1月9日** 在浦发银行开业三十周年纪念日之际,"浦发银行企业展厅"在外滩12号中华厅正式开馆。浦发银行党委书记、董事长郑杨,行长潘卫东,监事会主席王建平,党委副书记陈正安出席活动为展厅揭幕,并与总行各部(室)负责人、在沪子公司负责人、上海分行负责人等参观展厅。

**1月16日** 浦发银行通过现场和视频相结合方式召开2023年全行工作会议暨党建工作会议。会议深入贯彻落实党的二十大和中央经济工作会议精神,落实全行战略务虚会议及全行预算工作会议要求,总结全行2022年工作,部署2023年工作,扎实推动"十四五"规划各项战略任务按进度落地落细落实,加快推进全行高质量发展取得新成效。党委书记、董事长郑杨出席会议并讲话,行长潘卫东作全行经营工作报告,监事会主席王建平主持会议,党委副书记陈正安作2023年党建工作部署。

**1月19日** 浦发银行印发《关于表彰浦发银行30周年行庆"金鹰奖""金牛奖"获奖人员的决定》,总行党委决定授予马黎蔚等100名同志浦发银行30周年行庆"金鹰奖"荣誉称号,授予马岚等301名同志浦发银行30周年行庆"金牛奖"荣誉称号。

**1月29日** 浦发银行党委书记、董事长郑杨在福州与兴业银行党委书记、董事长吕家劲就推进商业银行转型发展、深化未来合作深入交流。

**1月31日—2月3日** 浦发银行举办直管领导干部学习贯彻党的二十大精神专题研讨班(第3期),浦发银行党委书记、董事长郑杨出席开班仪式并做题为"守正创新,振奋精神,建设风清气正新浦发"授课,行长潘卫东出席活动并做题为"贯彻落实二十大精神,融入现代化产业体系建设,为服务实体经济贡献浦发力量"授课,监事会主席王建平、党委副书记陈正安等出席。

**2月3日** 浦发银行与中国农业发展银行在北京签署全面战略合作协议,浦发银行党委书记、董事长郑杨与中国农业发展银行党委书记、董事长钱文挥出席签约仪式,浦发银行副行长崔炳文与中国农业发展银行副行长孙兰生分别代表双方签约。

**2月15日** 浦发银行与河钢集团有限公司在上海签署战略合作协议,浦发银行党委书记、董事长郑杨与河钢集团党委书记、董事长于勇出席签约仪式,浦发银行行长潘卫东与河钢集团首席财务官、总会计师胡志刚分别代表双方签约。

**2月17日** 浦发银行荣获上海市人民政府颁发的首届"上海慈善奖"捐赠企业奖,浦发银行党委书记、董事长郑杨出席活动代表浦发银行领奖。"上海慈善奖"是上海慈善领域的最高奖项,2021年经国务院批准设立。

**2月18日** "上海浦东发展银行三十周年发展座谈会"在浦发银行总行举行。中共上海市委副书记、上海市市长龚正对浦发银行汇报材料作出批示,肯定浦发银行在服务实体经济发展、服务上海国际金融中心建设中发挥了重要作用,并希望浦发银行坚持以习近平新时代中国特色社会主义思想为指导,在市委市政府的坚强领导下,努力走出新时代商业银行高质量发展之路,为上海建设社会主义现代化国际大都市作出新的贡献。中国人民银行上海总部党委副书记、副主任兼上海分行行长、国家外汇管理局上海市分局局长金鹏辉,上海市金融工作党委书记信亚东,上海银保监局副局长刘琦,上海市国资委副主任康杰等领导及浦发银行老领导裴静之、张广生、吉晓辉、高国富、傅建华、朱玉辰等出席会议。浦发银行党委书记、董事长郑杨作主题报告,行长潘卫东、监事会主席王建平参加会议。

**2月18日** 上海浦东发展银行开业三十周年表彰会在上海举行。浦发银行党委书记、董事长郑杨,行长潘卫东出席会议,并与浦发银行老领导裴静之、张广生、吉晓辉、高国富、傅建华、朱玉辰等一同为获得"金鹰奖""金牛奖"荣誉称号及"在岗30年员工"的员工代表颁发纪念章。监事会主席王建平宣读相关表彰决定并颁奖。党委副书记陈正安主持会议。

# 编 后 记

2023年,伴随着浦东开发开放的时代节奏而成长的上海浦东发展银行将迎来自己的"而立之年"。三十而立,"浦"写新篇,值此全行庆祝开业30周年的重要时刻,《同心跨越三十年——浦发银行大事记(1993—2023)》(以下简称《大事记》)在总行党委和历任老领导的亲切关怀下正式付梓,既是献给全体浦发人的一份生日礼物,也借以向社会公众全面展示浦发银行30年来的发展历程和取得的不凡业绩。

《大事记》的编纂工作于2020年底启动,历时近两年最终定稿。参与编写的人员分别来自浦发银行办公室和复旦大学中国金融史研究中心,编写过程中得到浦发银行总行各部门、各分行及子公司的鼎力支持。《大事记》初稿完成后,又承蒙陈耀琪、杨国平、张炬、李麟、刘建波、冷静、吴蓉等同志提出了修改意见,谨致谢忱。

《大事记》以《上海市级专志·上海浦东发展银行志》(上海市地方志编纂委员会编,上海社会科学院出版社2021年版)(以下简称《志稿》)为基础,对内容予以扩充,在保证时、地、人、事等信息准确无误的基础上,进一步记录浦发银行的业务开展与创新尤其是新时代十年的发展历程,完整记载1992筹建以来30年间浦发银行发展壮大的重要史事。

此外,《大事记》的主要资料来源还包括已出版的《浦发银行史(1993—2006)》(上海浦东发展银行编,文汇出版社2012年版)、《浦发银行志稿资料长编》,历年大事记底稿,浦发银行内部《简报》,党委会、董事会及行长办公会议纪要,各分行及子公司大事记汇编等各类内部档案,以及历年在上海证券交易所官网发布的上市公司信息和各类新闻媒体报道等。

对30年发展历程中的史事进行考证和记载,有助于全方位还原浦发银行为全面贯彻落实党中央、国务院决策部署和监管要求,全面建设具有国际竞争力的一流股份制商业银行所付出的努力和取得的成绩,也是向所有参与这一光辉历程的浦发人的致敬。衷心感谢在编纂过程中为查阅、获取以上资料提供便利和帮助的所有同事。

大事记编纂工作是一项要求较高的系统工程，涉及面广、时间跨度长、内容繁多，尽管我们秉承实事求是、精益求精的原则，但难免挂一漏万，有疏漏、不当之处，敬请广大读者批评指正。

编 者

2023 年 5 月 20 日

# 图书在版编目(CIP)数据

同心跨越三十年：浦发银行大事记：1993—2023 / 上海浦东发展银行，复旦大学中国金融史研究中心编.——上海：上海社会科学院出版社，2023
 ISBN 978-7-5520-4006-7

Ⅰ.①同… Ⅱ.①上… ②复… Ⅲ.①上海浦东发展银行—大事记—1993-2023 Ⅳ.①F832.33

中国版本图书馆 CIP 数据核字(2022)第 213954 号

## 同心跨越三十年
——浦发银行大事记(1993—2023)

| | |
|---|---|
| 编　　者： | 上海浦东发展银行　复旦大学中国金融史研究中心 |
| 责任编辑： | 董汉玲 |
| 封面设计： | 周清华 |
| 美术设计： | 霍　覃 |
| 出版发行： | 上海社会科学院出版社 |
| | 　上海顺昌路 622 号　邮编 200025 |
| | 　电话总机 021-63315947　销售热线 021-53063735 |
| | 　http://www.sassp.cn　E-mail:sassp@sassp.cn |
| 排　　版： | 南京展望文化发展有限公司 |
| 印　　刷： | 上海颛辉印刷厂有限公司 |
| 开　　本： | 720 毫米×1000 毫米　1/16 |
| 印　　张： | 28.25 |
| 插　　页： | 30 |
| 字　　数： | 592 千 |
| 版　　次： | 2023 年 6 月第 1 版　2023 年 6 月第 1 次印刷 |

ISBN 978-7-5520-4006-7/F·720　　　　定价：188.00 元

版权所有　翻印必究